W0219232

Clausen / Riedel : Schöpferisches Gestalten mit

Band IV

Anke-Usche Clausen und Martin Riedel

IV Schöpferisches Gestalten mit Farben

M e t h o d i s c h e r A u f b a u

und die dazugehörige Materialkunde

A n r e g u n g e n für Erzieher,
Eltern,
Interessierte
und Suchende,
die sich
malerisch
betätigen
wollen

Erfahrungen in einer Waldorfschule,
in der Heilpädagogik,
in der Gefängnisarbeit,
in öffentlichen Kursen,

mit Angaben von Rudolf Steiner,
von Meistern der Kunst und Pädagogik,
mit vielen Bild-Beispielen von Schülern
(u. a. von Wiebke Bielenberg)
und Anke-Usche Clausen

mit über 500 farbigen Bildern

J. Ch. Mellinger Verlag GmbH Stuttgart

Das rechte künstlerische Arbeiten ist immerwährend im Fluß, darum ist auch der vorliegende Arbeitsbericht als "Stufe" zu betrachten. Wir haben uns bemüht, vom Quellgebiet der Geisteswissenschaft Rudolf Steiners und von Meistern der Kunst zu schöpfen, um unsere Arbeit aufzubauen und befruchten zu lassen. "Fünfzigerlei" Wege gibt es im Tun, einer darunter und vielleicht ein anregender möge unser vorliegender, aphoristischer Aufbau sein.

Um ein guter Maler zu sein,
braucht es vier Dinge:
Weiches Herz, feines Auge,
Leichte Hand und immer
frisch gewaschene Pinsel."

Anselm Feuerbach

Zeichnungen und Einband von Anke-Usche Clausen

3. Auflage 1981
© J. Ch. Mellinger Verlag GmbH, Wolfgang Militz CoKG, Stuttgart
ISBN 3-88069-024-3

Inhaltsverzeichnis

Seite
4 Vorwort - Einführung
5 Inhaltsverzeichnis
6 - 15 Meisterworte
15 - 18 Kunst und Mensch, Kunst und Pädagogik
18 - 22 Zur Materialkunde: Tinten und Pigmente, über die Farbstoffe in der Natur
22 - 26 Zur Geschichte der Färberei, Völkerkundliches der Farbe.
26 - 30 über Pflanzenfarben (Krapp, Indigo, Reseda), Wirtschaftliches
31 - 40 Erfahrungen aus alter Zeit im Färben und Beizen, mittelalterliche Handel, Farbstoffe, alte Regeln
41 - 47 Farben aus dem Tierreich, künstliche Farben, Handelsformen, giftige und ungiftige Farben
48 - 51 überblick über Bindemittel und Firnisse, Einteilung der Farben und Verwendung
51 - 63 Maltechniken: Verschiedene Ausdrucksmittel des Malers
51 - 56 Tempera, ölfarbe
56 - 60 Aquarellfarben, Pflanzenfarben: Zubereitung und Qualität
61 - 64 Verschiedene Techniken: Naß in Naß, Feucht-Schichtung, Feucht in Feucht, Schicht-Technik
64 - 70 Malordnung: Arbeitsgeräte; Malgrund auf Papier, Pergament, Seide, Wand.
71 - 81 über verschiedene Tuschen: Herstellung, Schwarze Tusche, zum Pinselzeichnen, Herstellung von Tuschen, Kleksographie, Sprengtechniken
82 - 83 über Tinten: alte und neue Tinten (Gallustinte)
84 - 86 über Pastellfarben, Herstellung und Technik
87 - 88 Zu den Bienenwachsfarben: Herstellung und verschiedene Techniken
89 - 90 Wachs-Kreiden, Bleistifte, Graphit
91 - 94 Was man über Papier wissen muß: Papyrus, Pergament, Papier-Herstellung
95 Zur Arbeit: Schöpferisches Gestalten
95 Die vier Ausdrucksmittel im Malerischen
96 - 97 über die Ikonenmalerei
97 - 98 über das Geistige in der Kunst (Wassily Kandinsky)
99 - 100 Der Farbweg von Goghs
100 Wege zur Farbe
100 - 102 Aus der Forschungsarbeit verschiedener Künstler und Wissenschaftler - Farben offenbaren sich in Tönen
103 - 107 über die Sinne, Gefährdung des Auges und der Seele
107 - 110 Heilkräfte der Farben
110 - 112 Farbwirkungen im Gefängnis, aus unserer Praxis.
113 - 115 Die Bedeutung der Erziehung zur Farbe, die Farben als Helfer und Heiler in der Pädagogik
115 - 116 Beleuchtung - Farbe und Raum
116 - 117 über Transparentfenster und Farbkulissen
117 - 119 über Wandschmuck und Raum-Farben in der Schule
120 - 123 übersichtsplan: Raumgestaltung, Klassenschmuck
124 - 125 Die verschiedenen künstlerischen Tätigkeiten und deren Wirkungen auf den Menschen
126 - 127 Vom Wesen der Malerei
127 - 129 Farben und Temperamente
129 - 131 Beziehung des Farberlebens zur Krebspsyche und die Therapie
131 - 132 Neue Impulse
133 - 135 Zukunftsaufgaben der Kunst
135 Neue Inhalte als Befruchtung für die Kunst
136 - 137 Methodischer Aufbau Lehrplan für das 1. Schuljahr
138 - 157 Methodischer Aufbau Lehrplan des 2. bis 12. Schuljahres
158 Schlußworte
159 Bücher zum Studium
160 überblick der farbigen Bildtafeln
161 - 253 Farb-Bild-Tafeln (über 500 farbige Bildbeispiele)
254 - 256 Buchankündigungen

Der Text enthält eine Reihe Skizzen mit verschiedenem Material gezeichnet und gemalt (in Schwarz).

Quellenangaben sind auf der jeweiligen Seite zu finden.

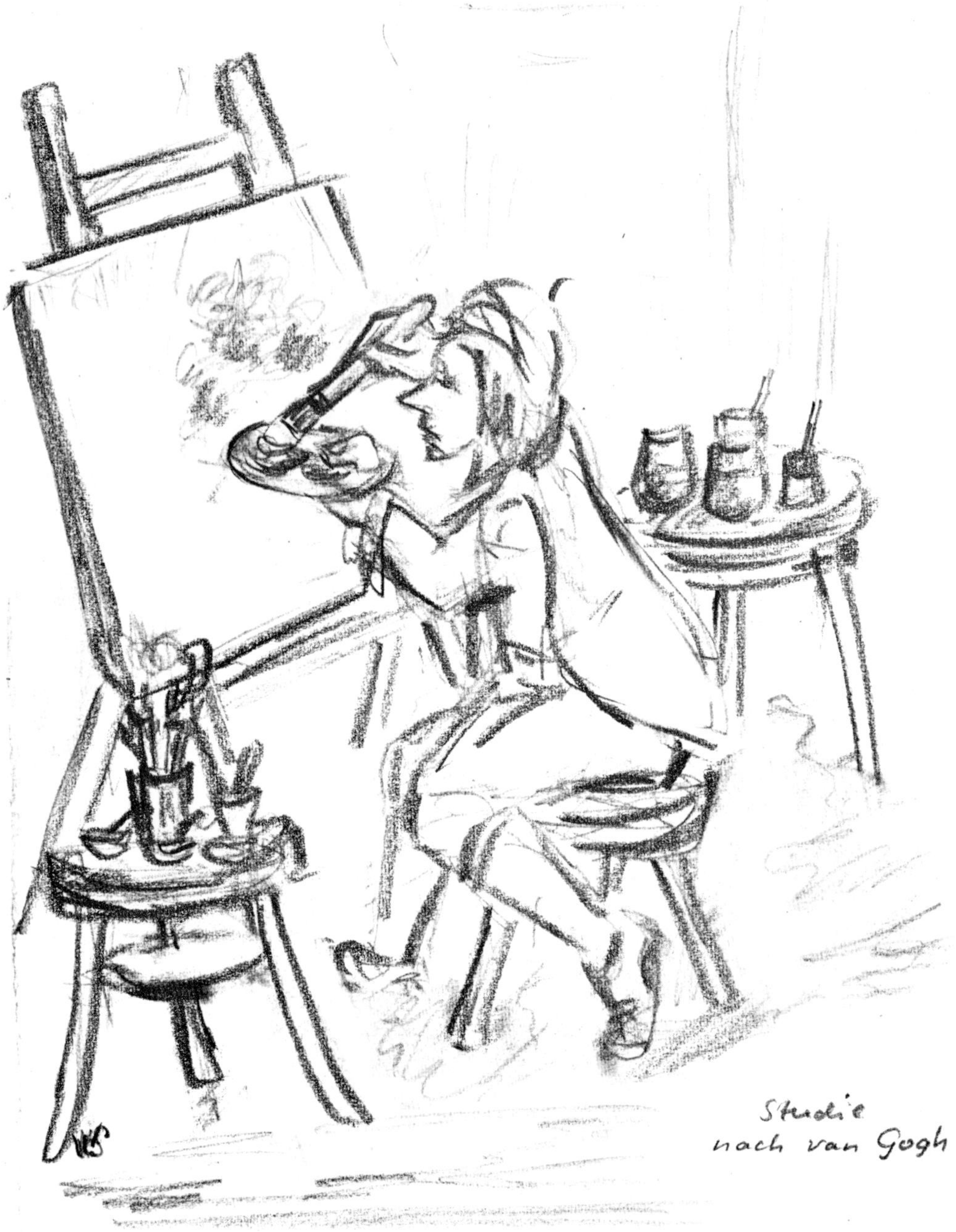

...Wohl erfunden, klug ersonnen
Schön gebildet, zart vollbracht,
So von jeher hat gewonnen
Künstler kunstreich seine Macht.

Goethe, Künstlerlied

Meisterworte zur Kunst und Malerei

"Der Bereich der Malerei ist sehr weit; er umfaßt alles zwischen Himmel und Erde. Indem die Maler ihre Gedanken sammeln und die Spitze des Pinsels lecken, vermögen sie die Eigenart aller Dinge darzustellen. Aber es gibt nur eine Methode, durch die dies ganz erreicht werden kann. Welche? Sie wird das "Übertragen des Geistes" genannt. Die Leute denken, daß der Geist dem Menschen allein zukomme; sie vergegenwärtigen sich nicht, daß jedes Ding durchgeistigt ist. ... Daher ist gute Malerei die vornehmste, die den Geist spiegelt und vom Rhythmus des Lebens erfüllt ist." TENG CH'UN

"Durch die Farbe werden die in die Dunkelheit gefallenen Dinge wieder erlöst." Goethe

"Es handelt sich nicht darum, daß die Farbe was anderes bedeutet als sie selbst, aber es handelt sich darum, daß man mit der Farbe leben kann." Rudolf Steiner

"Es ist nun ein ausgemachter Satz" immer die Form gibt der Materie ihr Wesen. - Die Vernunft harrt der Wahrheit, wie die Materie der Form harrt. Wie die Materie nicht ruht, sie werde denn erfüllt mit allen Formen, so ruht die Vernunft nimmer als allein in der wesenhaften Wahrheit." Eckehardt

"Ich habe mir die Gestalt wohl gemerkt und werde ihr im Geiste meine Iphigenie vorlesen und meine Heldin nichts sagen lassen, was diese Heilige nicht aussprechen möchte."

"Es ist nichts außer uns, was nicht zugleich in uns wäre, und wie die äußere Welt ihre Farbe hat, so hat sie auch das Auge." Goethe

"Denn des Anschauns, siehe, ist eine Grenze.
Und die geschaute Welt will in der Liebe gedeihn.
Werk des Gesichts ist getan,
tue nun Herzwerk an den Bildern in dir." ... R. M. Rilke

"Erkennen und sehen wollen ist immer die Vorstufe zum wirklichen Erkennen und Sehen. ... Liebe zum Traum. ..." Kubin

"Vergleichen lassen sich Farbe und Ton auf keine Weise. Aber beide lassen sich auf eine höhere Formel beziehen. ... Wie zwei Flüsse, die auf einem Berge entspringen, aber unter ganz verschiedenen Bedingungen in zwei ganz entgegengesetzte Weltgegenden laufen ... so sind auch Farbe und Ton." Goethe

"In den höheren Regionen des künstlerischen Verfahrens, wodurch das Bild erst zum Bilde wird, hat er (der Künstler) ein freies Spiel." Goethe

"... noch verträumt und in die erledigte Arbeit vertieft, als ich plötzlich ein unbeschreiblich schönes, von einem inneren Glühen durchtränktes Bild sah. Ich stutzte erst, dann ging ich schnell auf dieses rätselhafte Bild zu, auf dem ich nichts als Formen und Farben sah, das inhaltlich unverständlich war. ...
Ich versuchte den nächsten Tag bei Tageslicht den gestrigen Eindruck von diesem Bild zu bekommen. Es gelang mir nur halb. ... Die feine Lasur der Dämmerung fehlte. Ich wußte jetzt genau, daß der Gegenstand meinen Bildern schadet." W. Kandinsky Rückblick

"... nun habe ich mir aber seit vierzehn Tagen einen Mut gefaßt und bin mit kleinen Blättern hinausgegangen, durch die Tiefen und Höhen der Villen und habe mir ohne viel Besinnens kleine auffallende, wahrhaft südliche und römische Gegenstände entworfen und suche nun mit Hilfe des guten Glücks, ihnen Licht und Schatten zu geben. Es ist ganz eigen, daß man deutlich sehen und wissen kann, was gut und besser ist; will man sich's aber zueignen, so schwindet's gleichsam unter den Händen, und wir greifen nicht nach dem Rechten, sondern nach dem, was wir zu fassen gewohnt sind. Nur durch geregelte übung könnte man vorwärts kommen; wo aber sollte ich Zeit und Sammlung finden! Indessen fühle ich mich denn doch durch das leidenschaftliche, vierzehntägige Streben um vieles gebessert.

Die Künstler belehren mich gerne, denn ich fasse geschwind. Nun ist aber das Gefaßte nicht gleich geleistet: etwas schnell zu begreifen, ist ja ohnehin die Eigenschaft des Geistes, aber etwas recht zu tun, dazu gehört die Übung des ganzen Lebens. Und doch soll der Liebhaber, so schwach er auch nachstrebt, sich nicht abschrecken lassen. Die wenigen Linien, die ich aufs Papier ziehe, oft übereilt, selten richtig, erleichtern mir jede Vorstellung von sinnlichen Dingen; denn man erhebt sich ja eher zum Allgemeinen, wenn man die Gegenstände genauer und schärfer betrachtet."

Goethe

"Jedes Malen nach dem Modell ist unkünstlerisch - unsere Seele muß hineinwachsen in das völlig freie Gestalten."

R. Steiner

"Man muß lernen, in den Farben zu leben, so daß Farbe Mittel werden kann der Malerei. Farben-Erleben muß durchseelt werden, es muß aus der Farbe heraus gemalt werden."

R. Steiner

"Die Malerei ist die läßlichste und bequemste von allen Künsten. Die läßlichste, weil man ihr um des Stoffes und des Gegenstandes willen, auch da, wo sie nur Handwerk oder kaum eine Kunst ist, vieles zu gute hält und sich an ihr erfreut; teils, eine technische, obgleich geistlose Ausführung den Ungebildeten wie den Gebildeten in Verwunderung setzt, so daß sie sich also nur einigermaßen zur Kunst zu steigern braucht, um in einem höheren Grade willkommen zu sein. Wahrheit und Farben, Oberflächen, in Beziehung der sichtbaren Gegenstände aufeinander, ist schon angenehm; und da das Auge ohnehin gewohnt ist, alles zu sehen, so ist ihm eine Mißgestalt und also auch ein Mißbild nicht so zuwider als dem Ohr ein Mißton. Man läßt die schlechteste Abbildung gelten, weil man noch schlechtere Gegenstände zu sehen gewohnt ist. Der Maler darf also nur einigermaßen Künstler sein,so findet er schon ein größeres Publikum als der Musiker, der auf gleichem Grade stünde; wenigstens kann der geringere Maler, immer für sich operieren, anstatt daß der mindere Musiker sich mit anderen soziieren muß, um durch gesellige Leistung einigen Effekt zu tun."

Goethe

"O elende Menschen, öffnet die Augen! Leonardo

Licht und Schatten kommen vom Spender des Lichts.

Das schöne Blau der Luft wird durch die Dunkelheit hervorgerufen, die dahinter ist.

Zwischen der Sonne und uns ist Finsternis. Und deshalb erscheint die Luft blau.

Der Mensch ist das Modell des Kosmos.

Du, der mit Worten die Gestalt des Menschen zeigen willst, entferne nur von dir solche Meinung: es ist notwendig zu zeichnen und zu beschreiben.

Das Auge ist der überlegene Sinn und Fürst der anderen.

Unser ganzes Wissen beruht auf Schauen.

Das frühste Werk der Malerei war jene Linie, die jemand um den Schatten eines Menschen zog auf einer besonnten Wand.

Wenn du auf buntgefleckte Mauern blickst, so kannst du dort Bilder von allerlei Landschaften sehen, die mit Bergen, Flüssen, Felsen, Bäumen, weiten Ebenen, Tälern und Hügeln in mancherlei Weise ausgestattet sind. Du kannst dort auch allerlei Schlachten und Gestalten mit lebhaften Gebärden erblicken, ferner seltsame Gesichtszüge und Gewänder, die du später in vollkommener und schöner Form wiedergeben kannst.

Das transparente Laub zeigt eine schönere Farbe als ihm von Natur eigen.

Die Transparenz ist der höchste Grad der Schönheit.

In Beleuchtung von unten her wird ein Werk formlos und unheimlich.

Zu viel Licht macht die Dinge hart und roh.

Allzu grelles Licht gibt keinen schönen Schatten.

Bei trübem regnerischen Wetter erscheinen die Umrisse der Dinge viel schärfer als bei Sonnenschein.

Wenn du jemanden malen willst, male ihn bei schlechtem Wetter oder beim Herandämmern des Abends.

Male dein Bild nur in der Abenddämmerung. Da nämlich ist das Licht vollkommen.

Denke daran, daß es zwischen Licht und Schatten noch ein Mittleres gibt, etwas Zwittriges, das beiden gleicherweise eigen ist, wie heller Schatten oder ein dunkles Licht. Das mußt du suchen, o Maler.

Ich mahne dich, Maler, du sollst deine Gestalten in möglichst helle Farben kleiden. Nur bei hellen Farben gibt es mancherlei Unterschiede.

O Maleranatom, sieh dich vor, daß nicht zuviel Wissen um die Knochen, Sehnen und Muskeln dich zu einem hölzernen Maler mache!

Der Maler oder Zeichner soll der Einsamkeit ergeben sein.

Das Schöne stirbt als Leib, aber nicht als Kunstwerk."

Worte Meister Leonardos, Auswahl E.Bertram

Der Künstler, im besonderen der Maler, ergänzt hier zuletzt als eigentlicher Herr der Welt, als Schöpfer eines zweiten leuchtenderen Alls: will er ein geliebtes Schöneres erschauen, Herr ist er dann, es zu schaffen, Herr über das Schöne und über Gott, wie Leonardo es steigert. Der Geist des Malers schwingt sich zur Ähnlichkeit mit dem Gottesgeiste hinauf: Malerei, Enkelin der Natur, ist verwandt mit Gott. Und wenn nach Leonardo der Mensch das Modell des Kosmos ist, der Maler wird sein vollkommenster Deuter, im einmaligen und unwiederholbaren Werk. Als wahrer Gottesdienst hat diese heilige Einmaligkeit, die höchste Würde des Menschen und seiner Gebilde, dem wahren Künstler Gesetz zu werden: nie dürfen seine Gesichter und Gesichte je einander gleichen. Nur Einmaliges ist heilig.

E. Bertram

"Niemals berührten die alten Meister mit dem Pinsel die Seide, wenn sie nicht von einer Idee beherrscht waren." Kuo Jo-hsü

"Die Gemälde des Wang Wei, der als Vater der neuen Landschaftsmalerei gelten kann, waren voll tiefer Bedeutung und wetteiferten mit der Natur selbst, so daß seine Ideen in das Reich jenseits der Grenzen der Sterblichkeit hinabführten."

"Nur in der Landschaft findet man Tiefe und Genüsse, die nimmer versagen. Drum wendet sich der gebildete Mann, der malt, vor allem der Landschaft zu."

Um das Jahr 750 faßte den Kaiser Sehnsucht, die Landschaft an dem Flusse Chia-ling in Ssuch-van zu sehen, und er sandte Wu-Tao-tzu aus, sie zu malen. Wu kehrte heim ohne eine einzige Skizze. Als der Kaiser Aufklärung verlangte, erwiderte er: "Ich habe alles im Herzen! Dann ging er hinein in eine von den Hallen des Palastes und zeichnete an einem einzigen Tage hundert Meilen Landes. Sein Pinsel ging wie fließendes Wasser.

"Das erste, worauf man in einem Bilde achten soll, sind Geist und Rhythmus, dann erst mag man an Stil und Pinselführung denken."

"Der Bergwälder steile Hänge, uralter Bäume Höhlungen und Löcher, sie sind wie Nasen, wie Mäuler, wie Ohren, die Dachgestühle, wie Ringe, wie Mörser, wie Pfützen, wie Wasserlachen. - Da zischt es, da schwirrt es, da schilt es, da schnauft es, da ruft es, da klagt es, da dröhnt es, da kracht es." Chuan tze

Chao-Chang (11. Jh.) ging an jedem Morgen, bevor der Tau geschwunden war, in seinem Garten umher, betrachtete eingehend die einzelnen Blumen, indem er sie in seiner Hand nach allen Seiten wendete. Dann ging er und malte sie.

"Das Höchste des Redens ist nicht zu reden." Laotse

"Man soll den Pinsel mit dem Arme führen, nicht mit der Hand. So vermeidet man Zusammenhanglosigkeit. Nach langer Übung erst kann man Vollkommenheit in der Pinselführung erreichen. Dann hat man das Gefühl, als ob im Pinsel selbst eine geistige Kraft sei." Chuan tze

"Ferne Menschen haben keine Augen, ferne Bäume keine Zweige, ferne Berge keine Felsen, sondern sind unbestimmt wie Augenbrauen; fernes Wasser hat keine Wellen, sondern steigt empor und berührt die Wolken."

Wang Wei

Um das Jahr 720 malte er sein berühmtes Porträt des Generals P'ei, der ihm nicht saß, sondern einen Schwerttanz vor ihm aufführte. Der Erfolg war, daß Wu ein Bild vollendete, von dem die Leute sagten, die Götter selbst müßten ihm geholfen haben.

Geschichte von Wu-Tao-tzu

"Will man den natürlichen Ausdruck eines Menschen erfassen, so soll man ihn heimlich im Umgang mit anderen beobachten. Aber heutzutage läßt man ihn Hut und Kleider schön ordnen, dann niedersitzen und auf einen bestimmten Punkt starren. Das Resultat ist, daß er einen Ausdruck annimmt, der nicht der seine ist. Wie kann man so erwarten, sein wahres Selbst zu erfassen? Der Ausdruckspunkt eines jeden Menschen sitzt an einer besonderen Stelle, wie Augen, Augenbrauen, Nase, Mund. Ku-K'aichih sagte, wenn man einem Menschen drei Haare mehr am Kinn gebe, könne man mit eins seinen Ausdruck herausbringen. Er meinte natürlich den Fall, daß der Ausdruck des Mannes in seinem Kinn saß."

Su Tung-p'o

"Das (Wasser) immer im Zeugen und Wandeln Begriffene hört niemals auf, zu zeugen und sich zu wandeln; so verhält es sich mit Licht und Finsternis, so verhält es sich mit den vier Jahreszeiten."

Liädsi

"Besser denn das Studium der Stile der alten Meister sei es, die Dinge selbst zu studieren; und besser noch denn das Studium der Dinge sei es, das Innere dieser Dinge zu studieren."

Fan K'uan

"In Kalligraphie wie Malerei bedeutet die Seele mehr als die Form. Die guten Leute, die Bilder betrachten, können meist kleine Fehler in Form, Komposition, Farbe herausfinden. Aber weiter kommen sie nicht. Zu den tieferen Prinzipien dringen nur wenige vor."

Hölzel

"Mit der größten Vereinfachung werden die stärksten Wirkungen erzielt."

Hölzel

"Rot" ist die Liebe zur Arbeit."

Indianer Weisheit

"Daraus wird der heimlich versammelte Schatz des Herzens offenbar durch das Werk - die neue Kreatur, die einer in seinem Herzen schöpft in der Gestalt eines Dings." Dürer

"Heißt dein Herz dich Gutes tun,
Tu es rein um deinetwillen;
Läßt das Schöne dich nicht ruhn,
Bild es, deinen Trieb zu stillen;
Doch das lasse dich ungeirrt,
Was die Welt dazu sagen wird." Emanuel Geibel

"Machen Sie lange Spaziergänge, machen Sie sie oft und versuchen Sie so viel wie möglich, das stumpfsinnig machende Auto zu vermeiden, das Sie Ihrer Vision ebenso beraubt, wie der Film und die zahlreichen Illustrierten. Lernen Sie die Formen der Natur auswendig, dann können Sie sie benutzen, wie die Musikzeichen einer Komposition. Dazu sind diese Formen da. Natur ist ein wundervolles Chaos, das in eine Ordnung gebracht und vervollständigt werden soll ... Der Eindruck, den die Natur auf Sie macht, muß immer ein Ausdruck Ihrer eigenen Freude oder Ihres eigenen Leides werden." Beckmann

"China marschiert zwar, aber es ist kein Land von marschierenden Kolonnen geworden - es ist bei all dem das Land einer uralten Kultur geblieben. Einmal sahen wir zwei Arbeiter nach Feierabend einer nahen Wiese zustreben, sich ins Gras legen und ein Päckchen entfalten. Papier, Pinsel und Tuschstein kamen zum Vorschein, und die beiden begannen 'Gräser im Wind' zu malen. ..." Wolfgang Weber "Der große Mao schaut zu"

"Wir haben Dinge gesehen, die für die anderen einfach nicht da waren." Kokoschka

"Es ist offenbar, daß sich das Auge nach den Gegenständen bildet, die es von Jugend auf erblickt, und so muß der venezianische Maler alles klarer und heiterer sehen als andere Menschen." P. Veronese

"Meinen Tag habe ich bestmöglichst angewendet, um zu sehen und wieder zu sehen; aber es geht mit der Kunst wie mit dem Leben; je weiter man hineinkommt, je breiter wird sie." P. Veronese

"Der Bereich der Kunst beginnt dort, wo lebendige Seelenkräfte zur Darstellung kommen. Nur der seelisch ergriffen, bewegte Künstler vermag Ergreifendes, seelisch Bedeutsames zu gestalten. Alles nur Erdachte, nur Gesehene vermag niemals jenes Undenkbare, Unsichtbare fühlbar, erlebbar zu machen." Johannes Otten

Die Kunst und der Mensch

Jeder Mensch trägt künstlerische Fähigkeiten in sich, diese müssen nur herausgelockt und entwickelt werden. Die Erziehung ist heute im Allgemeinen aber wenig darauf bedacht, die Herzenskräfte und damit die künstlerischen Kräfte zu schulen, als vorwiegend den Intellekt. Man kann immer deutlicher erleben, daß der Mensch, ob jung ob alt, eine Therapie der Seelenkräfte nötig hat, denn Kunst - üben ist Therapie.
x)"Ohne die Kunst ist ein menschenwürdiges Dasein nicht zu denken. Je stärker unser Zeitalter vom Geist der Maschine beherrscht wird, um so klarer wird es jedem Einsichtigen werden, daß die Kunst das einzige Gegengewicht gegen die drohende Mechanisierung des Lebens sein kann, ja, daß die Kunst unser Dasein erst im eigentlichen Sinne menschlich zu gestalten vermag. Denn sie hat eine besondere Beziehung zum innersten Wesen des Menschen ... Ja, wer tiefer schaut, kann erkennen, daß Glück oder Unglück, Gesundheit oder Krankheit eines Menschen davon abhängen kann, ob er auf irgend einem Gebiet, und sei es noch so bescheiden, zu einer schöpferischen Tätigkeit und der daraus folgenden tiefen Befriedigung kommt ...
Die drei großen Bereiche menschlicher Kultur - Religion, Kunst und Wissenschaft - sind der Ausdruck der drei Grundkräfte der Seele, die sich im Wollen, im Fühlen und im Denken erleben. Die Religion hat es zu tun mit der Einordnung unseres Willens in den göttlichen Willen, mit der Verantwortung gegenüber der höheren Welt und dem Streben nach dem Guten. In der Wissenschaft bestätigt sich der Erkenntnistrieb der denkenden Menschenseele, die das Licht der Wahrheit sucht. Die Kunst aber hängt aufs engste zusammen mit der fühlenden Menschenseele, mit dem "Menschen im Menschen", mit dem Herzen, das im Miterleben des Geschaffenen seine eigene freie Welt der Schönheit aufbaut. Die Kunst flutet wie der alles belebende Atem durch die Zeiten und hinterläßt die großen Zeugen der Vergangenheit. An den Werken der Kunst können wir heute noch vergangene Daseinsformen ablesen. An den Pyramiden, den griechischen Tempeln, den gotischen Domen, den Plastiken und Bildern der Jahrtausende sehen wir, was Menschen einmal empfunden und als den würdigsten Ausdruck ihrer Beziehung zum Geist gestaltet haben. Religion, Kunst und Wissenschaft haben aber im Laufe der Entwicklung ihr Verhältnis zueinander grundlegend verändert. Früher durchpulste das religiöse Leben wie ein alles durchwärmender Strom ganze Menschheitsgruppen und impul-

x) Dr. med. Hauschka, "Künstlerische Therapie", aus Merkblatt: "soziale Hygiene" nr.3. Verein zur Förderung eine erweiterten Heilwesens, 7261 Unterlegenhart

sierte ihren Willen bis in die täglichen Verrichtungen hinein.
Heute herrscht der Wissenschaftsgeist mit seiner analytischen Verstandeskraft. Durch ihn wird auch die Technik entwickelt, die den Menschen in eine immer mechanisiertere und kältere Welt einspannt. Gehirn und Nerven beherrschen unsere Zeit. Ihr Prinzip dringt immer mehr auch in das Gebiet des Künstlerischen ein, das wie der Atem alles in uns verbinden und beleben sollte. Das Fehlen der Mitte aber bewirkt, daß die beiden Pole - Denken und Wollen - sich zu einseitig entwickeln. überall können wir eine zunehmende intellektuelle Verstandeskälte beobachten und daneben einen auf Sport, Rekordleistung und ungeläuterten Genuß gerichteten Willen - oder aber die allgemeine Willensschwäche. Künstlerische Betätigungen aber beleben das verdorrende Schöpferische im Menschen und können daher zum Heilmittel werden für die gefährlichen Wirkungen unserer überwuchernden Kopfkultur. Das Ausüben der Kunst bringt die Seele wieder zum Atmen und verbindet in gesunder Weise die Prozesse des Denkens, Fühlens und Wollens miteinander. Eine lebendige und gesunde Verbindung von Wahrnehmen, Fühlen und Wollen ist nun gerade jede künstlerische Betätigung. Die Anregungen dazu kommen aus äußeren und inneren Eindrücken, diese werden in der Seele bewegt, mit dem Gefühl beurteilt, bejaht oder wieder verworfen. Solche Eindrücke ruhen nicht wie toter Ballast in uns, sondern mit der Wärme der Schaffensfreude wird an ihnen gearbeitet. Immer wieder neu beschaut, entsteht an der Wahrnehmung ein ästhetisches Gefühlsurteil, dem ein Willensimpuls folgt; dieser drängt zur Gestaltung und endet in einer Tat, nämlich in einer Ton-, Farben- oder Formenbildung. So ist im künstlerischen Schaffen auf harmonische Weise der ganze Mensch in lebendiger Tätigkeit. Er faßt sich in seiner schöpferischen Mitte vom Ich aus zusammen und prägt seinen Geist dem Stoff ein. Er schafft einen Leib für seine Idee. Die Kunst ist eine "Vermenschlichung" der Welt. Nie könnte die Natur die Klänge einer Symphonie oder eine Sixtinische Madonna hervorbringen! Der Mensch allein vermag den Stoff zu einem Ausdruck seines Selbst zu erhöhen. So setzt er, wenn er künstlerisch arbeitet, den krankmachenden Tendenzen der Zeit ein hellendes Tun entgegen. Er bestätigt seine Mitte und gibt sich an die Wahrnehmung und an das Material hin. Er läßt seine Seele nach beiden Polen ihres Seins ausstrahlen und verbindet diese durch ein liebevolles Tun. Nur eine liebevolle Bearbeitung eines Stoffes kann etwas Künstlerisches erzeugen. Die Empfänglichkeit für das Schöne und die Urteilsfähigkeit auf diesem Gebiet wird in unserer materialistischen Zeit in ihrer Bedeutung sehr unterschätzt. Wer mit seiner Seele nicht mehr antworten kann auf das ewig wechselnde Schauspiel der Natur, das uns umgibt, wer den stillen Zauber einer Rose nicht mehr empfinden, wem die Werke der Kunst nichts mehr sagen, der ist schon nicht mehr als ein voll gesunder Mensch zu bezeichnen. Er besitzt zwar noch seine Sinne und nimmt die Welt äußerlich wahr, aber er geht nicht mehr mit Seele und Geist in die Sinnesvorgänge hinein. Die Seele fühlt sich daher bald öde und einsam und der Geist wird immer ärmer, anstatt bereichert zu werden durch die erhabene Schönheit der Welt. Eine Zeitlang kann sich das noch unbemerkt im Seeleninnern abspielen, dann aber werden sich daraus sehr schnell Folgen für das Leibliche ergeben ..."

nach x) Rudolf Steiner, "Pädagogik und Kunst. Pädagogik und Moral", S.21
Verlag Freies Geistesleben Stuttgart, 1951

K u n s t   und   P ä d a g o g i k

x)"Kunst und der künstlerische Sinn sind dasjenige, was die Menschenerkenntnis hineinstellt zwischen die reine Geisteserkenntnis und die naturgemäße Sinneserkenntnis. Kunst ist auch dasjenige, was uns in die Erziehungslebenspraxis in der schönsten Weise hineinführen kann. Derjenige, der Kunst liebt, der den Menschen achtet, wird aus solcher Gesinnungspädagogik, wie ich sie versuchte skizzenhaft anzudeuten, der Kunst in der Schule den richtigen Platz anweisen. Er wird der Kunst den richtigen Platz anweisen aus seiner ganzen totalen Menschenempfindung heraus, die sich dann konzentriert durch den Umgang mit der Schülerschaft selber zur pädagogischen Gesinnung und zu pädagogischem Leben. Denn dasjenige, was er tut, das wird nicht auf der einen Seite diejenige Bildung vernachlässigen, die mehr nach dem Geiste hingeht, auch nicht diejenige Bildung, die mehr nach dem Körper hingeht. In dem die Kunst in der richtigen Weise in die Schule hineingestellt wird, empfängt die Schule auch den richtigen Geist und die richtige Leibesentwickelung der Kinder. Denn Kunst, wo sie hingestellt wird, wirkt so im Leben, daß sie auf der einen Seite empfänglich ist für das geistige Licht, das der Mensch zu seiner Entwickelung für seine eigene Wesenheit braucht. Kunst kann sie durchdringen durch ihre eigene Wesenheit mit dem geistigen Lichte, und Kunst, durchdrungen mit diesem geistigen Lichte, bewahrt dieses Licht. Wo sie wieder ausströmt ihr Wesen, da durchtränkt sie dasjenige, in das sie sich ergießt, mit dem Lichte, das sie von der Geistessonne selbst empfangen hat, duchtränkt auch das Materielle mit dem Lichte, so daß das Materielle Geistiges ausdrücken darf, seelisch-glänzend, leuchtend an seiner Außenseite wird. Kunst ist imstande, das Licht des Weltenalls in sich zu versammeln. Kunst ist aber auch imstande, allem Irdisch-Materiellen Lichtglanz zu geben. Daher ist Kunst imstande, die Geheimnisse der geistigen Welt in die Schule hereinzuholen und der kindlichen Seele jenen geistig-seelischen Glanz zu verleihen, durch den dann diese kindliche Seele in das Leben so eintreten kann, daß es die Arbeit nicht mehr bloß als drückende Last zu empfinden braucht, sondern das allmählich im sozialen Zusammenwirken der Menschheit die Arbeit ihres bloß Lastenden entkleidet werden kann. Und das soziale Leben, es kann gerade dadurch eine Vertiefung, zu gleicher Zeit eine Befreiung für die Menschheit erfahren, daß wir, so paradox das klingt, die Kunst in der richtigen Weise in die Schule hineinzustellen vermögen ..."

So ist das Kunst-üben für die Pädagogik heute unerläßlich, ja auch für jeden einzelnen Menschen von besonderer Bedeutung. Die Kunst sollte mehr denn je zur Therapie werden. Das M a t e r i a l des schaffenden, schöpferisch-tätigen Menschen hat als solches auch seine therapeutische W i r k u n g. Das Material ist gewissermaßen der "Leib" der Bildenden Künste! Material-Kunde ist von großer Wichtigkeit und von entscheidender Bedeutung für die Inkarnation der Formen mit sinnlich-sittlicher Wirkung.

Wir versuchen durch das Kennenlernen des verschiedenen Materiales und dessen Handhabung usw. und durch zahlreiche Übungsbeispiele eine Reichhaltigkeit der einzelnen Tätigkeiten zu geben, so daß man vielleicht hierdurch Impulse bekommt zum unbefangenen schöpferischen Gestalten.

Zur Maltechnik:

Die Farbstoffe, der Malgrund und die Bindemittel, mit denen die Farbstoffe auf dem Malgrund haften, sind die drei Stoff-Elemente der Malerei! Die stofflich richtige Abstimmung dieser drei Elemente aufeinander und ihre Handhabung machen das Handwerk des Malers, die Maltechnik aus.

Hiermit beginnen wir mit einer ausführlichen MATERIALKUNDE!

Rudolf Steiner hat uns in der Waldorfschulpädagogik wesentliche Hilfen gegeben, das Material als wichtig und grundlegend in die Arbeit aufzunehmen, er hat der Pflege des Technologie-Lebenskundeunterrichtes, den er als zeitgemäßes Fach dem Lehrplan eingefügt hat, einen menschenbildenden Wert beigemessen. x)" Durch seine weitschichtige und vielfältige Beziehung zu verschiedenen Lebensgebieten ist das Färben von Stoffen ein vorzügliches Thema dafür. Pflanzenkunde, Gesteinskunde, Gartenbau (Sammeln und Anpflanzen von Färbpflanzen usw.), Chemie (das Wirken von Säuren und Basen usw.) Werkstatt (Herstellen von Spindeln), Spinnen und Weben werden in diesen Prozeß miteinbezogen. Welch ein Erlebnis für die Großstadtkinder, wenn sie gar zusehen dürfen, wie die Schafe, die zum Schulgarten oder befreundeten Hof gehören, geschoren werden; wenn sie später die fertige Wolle waschen und färben dürfen und schließlich in der neunten, zehnten Klasse verspinnen und verweben können ... Färben mit Pflanzen scheint uns eine Tätigkeit, die vermehrt aufgegriffen werden sollte. Sie kann auf den verschiedenen Klassenstufen entsprechend gepflegt werden - Sammeln der Flechten, Moose und Apfelrinde und so weiter in der Unterstufe; Färben in der Färberküche und Verarbeiten in der Mittel- und Oberstufe -, wodurch die ganze Schule in wachsendem Interesse angesprochen ist. Alle diese Erlebnisse schließen sich dann für das Empfinden des Kindes zu einem Ganzen zusammen. Die Anregung Rudolf Steiners, den Zukunftsunterricht immer mehr im Sinne einer Lebenskunde auszubauen, dürfte sich im Aufgreifen des Färbens mit Pflanzen geradezu in idealem Sinne erfüllen." Schon bereits im Kindergarten wäre dieses möglich und nötig. Es ist sogar auch in mehreren Orten mit Erfolg erprobt. Die Kinder lernen die Pflanzenfarben in selbstgekochten Farbbrühen (Lösungen-Tinten) und in selbstangeriebenen Malfarben (Pigmenten) kennen.

Tinten und Pigmente

Zum Färben braucht man die Farbe im gelösten Zustand. Der Stoff wird in die Lösung eingetaucht und der Farbstoff bindet sich chemisch an die Textilfaser. Malen kann man mit Farbenlösungen - Tinten - oder mit Pigmentfarben. Unter Pigmentfarben versteht man Farbpulver, die nicht wasserlöslich sind, sondern feinverteilt in einem Bindemittel (z.B. Leim) schweben. Ölfarben z.B. setzen sich mit der Zeit ab und müssen wieder aufgerührt werden. Je nach dem Bindemittel bilden die Pigmentfarben durchscheinende oder deckende Schichten auf dem behandelten Gegenstand. Im Mittelalter rieben sich die Maler ihre Farben selbst an. Noch Böcklin malte mit Pigmentpulver von ungebranntem Lehm, der getrocknet und fein verrieben war oder mit gebrannten Ziegeln

x) Hans Rudolf Niederhäuser, "Das Färben mit Pflanzen", aus "Menschenschule", Zbinden Druck u.V Verlag AG Basel, Heft 1/8, 46. Jahrg.

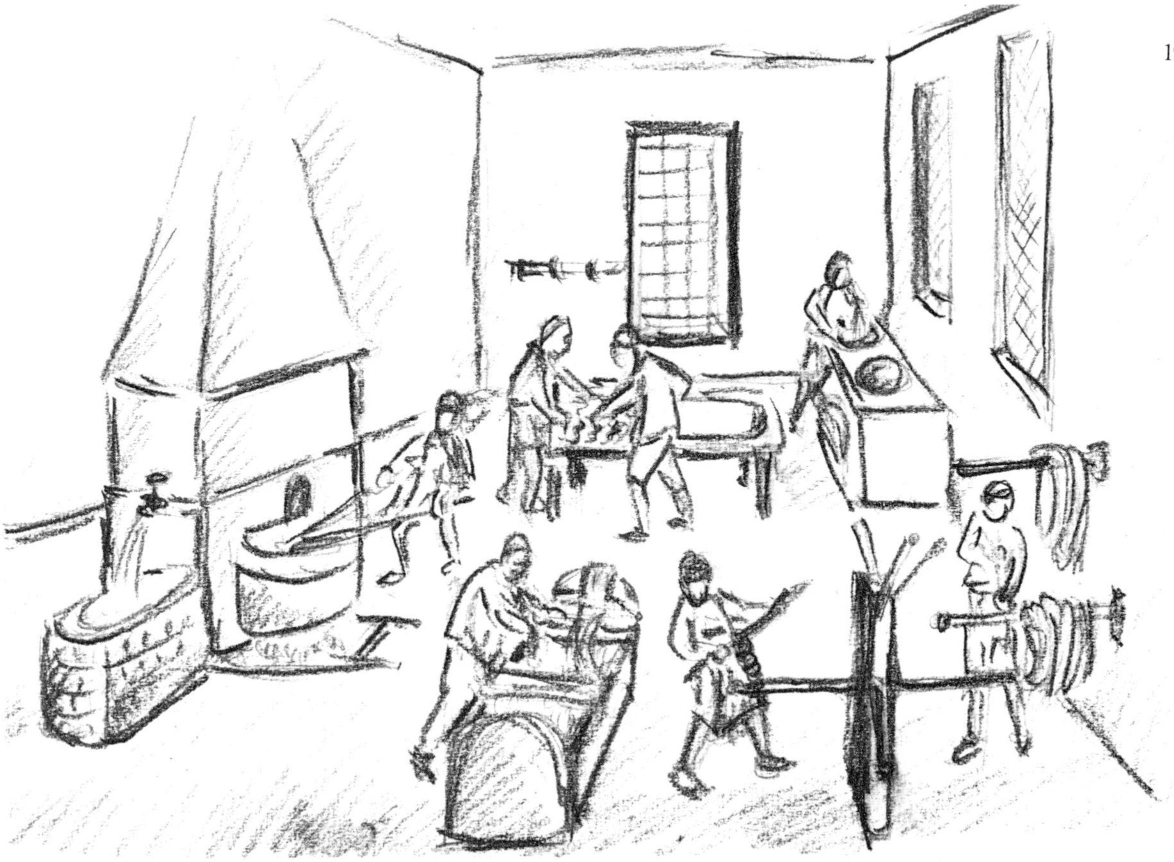

Färberei aus dem Jahre 1763

die zu feinem Staub vermahlen waren. -

Die alten farbstarken Pigmente waren zum großen Teil organische Tinten pflanzlicher oder tierischer Herkunft, die auf Tonerde niedergeschlagen wurden. Man nennt sie unter dem Sammelbegriff "Stubstratfarben" oder "Lack", weil sie auf einer Unterlage, einem Substrat erst zu Pigmentfarben werden. Aus Indigo kann man eine blaue Tinte machen. Krapplack ist eine Färber-Tinte aus der Krappwurzel. Ein echter Lack ist Drachenblut. Sepia-aus den Schuppen einiger Tintenfischarten aus dem Mittelmeer gewonnen - ist eine organische Tinte.

Über die Farbstoffe aus der Natur

Bis zur Einführung der aus dem Steinkohlenteer gewonnenen künstlichen Farbstoffen waren die Färber, Drucker und Maler bedacht darauf, die von der Natur gelieferten Farbstoffe zu benutzen, die zum allergrößten Teil dem Pflanzen- und Mineralreich und nur einige dem Tierreich entstammen.

Die Anorganischen Farbstoffe entstammen dem Mineralreich, zu ihnen rechnet man auch Farbstoffe wie Ruß, Graphit u.a. Unter den Erd- und Mineralfarben findet man einerseits solche, die in ihrer natürlichen Form zur Verwendung kommen, andererseits aber auch zahlreiche Farbstoffe, welche auf chemischem Wege aus den Mineralien gewonnen werden ... Die Mineralfarben werden vor allem verwendet für

Drucktechniken aller Art (Buch- u. Steindruck)

Anstrichfarben für Holz, Metalle, Mauerwerk u.a. mit Leim, Kalk, Öl, Firnis u. dgl. als Bindemittel

Papierfärberei (in der Masse)

Künstlerfarben (Aquarell- u. Ölfarben), Glas-, Porzellan-, Steingut u. Emailwaren

Appretur- und Beschwerungsmittel für die Textilindustrie (weiße Farbstoffe)

Tapeten- u. Buntpapierfabrikation usw.

... Die Wandgemälde der Höhlenbewohner zeigen die Bestandteile der Ockererde und des Manganschwarz, die vom Rot über Braun alle Mischungen bis zum Tiefschwarz enthalten. Rotbraun und Gelbbraun ergeben eine natürliche Mammutfarbe, wie sie durch sibirische Funde im 19. Jahrhundert bestätigt wurden.

Ocker: die schönsten Ockererden kommen aus dem Harz, aus Thüringen, Bayern, dem Westerwald usw. Durch brennen der gelblichen Ocker wird der Farbton röter und entspricht dann etwa dem der rötlichen Ocker, bei sehr hoher Temperatur (B.980) (950-980^{0}) wird ein Braun erzielt. (Terra die Siena)

Eisenrot: findet sich in der Natur als Eisenglanz, Roteisenstein und als Bestandteil vieler Mineralien und Gesteine, die durch Eisenoxydgehalt rot oder bräunlichrot gefärbt sind, z.B. roter Bolus, rote Tonarten usw.

Raseneisenstein (Wiesenerz, Morasterz, Sumpferz, Seerz, Limonit)

Braunerz, das durch die Einwirkung von Luft und kohlensäurehaltigem Wasser aus Spateisenstein entsteht.

Ton- oder Kieseleisenstein, mit Kieselerde gemengter Roteisenstein. (Rötel)

Roter Ton: in Lagern und Schichten in ziemlicher Mächtigkeit vorwiegend im bunten Sandstein, auch im Lias. Der sog. armenische Bolus oder die Lemnische Erde findet sich in mehr oder weniger harten und derben, bräunlichen Massen, und wird gewöhnlich in derselben Form, wie sie gefunden wird, etwas getrocknet, in den Handel gebracht.

Zinnober - Bergzinnober, Merkurblende ist natürlicher Zinnober. Er findet sich auf Lagern und Gängen im kristallinischen Schiefergebirge.

Mennige - Bleimennige: Oxydiren von metallischem Blei bzw. Bleioxyd bei hoher Temperatur unter Luftzutritt. (Malermennige)

Ultramarin kommt vor: Als Lasurstein, Lapislazuli in Sibirien, China, Persien, Brasilien. (Azurblau), (Waschblau)

Bergblau: natürliches Bergblau kommt vor in tafel- oder säulenförmigen Kristallen, sowie derb und eingesprengt in strahligen bis dichten Varietäten oder erdigen Massen zusammen mit anderen Kupfererzen.

Ölblau: Vorkommen als Covelin, Covellite und Kupferindig in Mansfeld, Chile u.a.

Grünerde: Grünerde im engeren Sinne ist ein häufiges Zersetzungsprodukt von Augit u. Hornblende und findet sich besonders charakteristisch in Böhmen, am Monte Baldo, auf Cypern, in basalttischen Mandelsteinen Islands und der Faröer als überzug, stark tonig und sich daher fettig anfühlend, derb, mandelförmig in Grünsand und Grünsandsteinen sind verbreitet in Westfalen, Hessen, am Harz usw.

Asphalt findet sich derb, eingesprengt in Hohlräumen verschiedenartiger Gesteine, auch auf Erzgängen, als Kluftausfüllung, als Imprägnation von Sand- u. Kalkstein. In Albanien (Asphaltstein) auf Trinidad (Asphaltsee) auf Cuba usw. (Erdpech, Bitumen, Mineralteer usw. sind weitere Namen)

Bitumen = ähnlich dem Asphalt, aber etwas heller in der Farbe.
Asphaltlack, Braunschweiger Lack, Eisenlack, Japanlack. Lösungen von Asphalt in Terpentinöl u.a.

Mumie, Knochenbraun = Mahlen der mit Asphalt imprägnierten ägyptischen Mumien (heute selten, wird aus Kadaver hergestellt)

Kreide: ein feinerdiger, weiß, grau o. gelblich gefärbter Kalkstein.

Kalk: in großen Massen als Gebirge vorkommender kohlensaurer Kalk usw.

Gips: im unreineren, dichteren Zustand als Gipsstein mächtige Gebirgslager, in körnigem kristallinischen Zustande - Alabaster, plattenförmig mit blättrigem Gefüge - Marienglas oder Fraueneis, in stängligen u. faserigen Massen- Fasergips oder Federweiß.

Kasselerbraun: findet sich in Torf- und Braunkohlenlagern, in Nestern, als erdiges Pulver oder in Brocken von erdiger Weichheit, gemischt mit Holzteilen (Kassel)

Terra di Siena: im Harz, in Toscana, in Nordamerika usw. in der Form von dunkelbraunen bis gelblichbraunen, mitunter sehr harten Brocken und Stücken gewonnen.

Umbra: findet sich in fast allen Ländern der Erde (i. Thüringen, am Saaleufer usw., Harz, am Rhein, Elsaß)

Gebrannte Umbra, durch Brennen der rohen Umbra unter Luftzutritt entstehen, je nach der Zusammensetzung der Umbra, lebhaft rötlichbraune bis tiefschwarzbraune Farben.

Rehbraun (Fawn Brown), Samtbraun sind Mischungen von roher und gebrannter Umbra mit stark gefärbter Ocker.

Ruß: Chenisische Tusche: ist sehr feiner Ruß und wird mit Gummilösung unter Zusatz von geringen Mengen von Kampher und Moschus angerieben. Der Ruß der Holzkohle wird in einem Trichter aufgefangen.

Weiß aus Muscheln, die zu einem Pulver gemahlen sind als Muschelweiß.

Schieferschwarz: findet sich besonders rein in Spanien, Thüringen, bei Osnabrück, Bayreuth, in der Schweiz usw., es wird bergmännisch gefördert.

Saalfelder Grau: entsteht durch Mischung von Schieferschwarz und Gips.

Graphit: kommt in sehr verschiedener Form und Reinheit vor, christallisiert in hexagonal-rhomboedrischen dünnen Tafeln oder kurzen Säulen, häufiger derb in blättrigen bis dichten Aggregaten, im Mineralreich sehr verbreitet. Im Granit, Gneis, Glimmerschiefer, Urkalk. (Schottland, Cumberland, südl. Sibirien, Insel Ceylon, Marburg, Böhmen u.w. (Schlämmen, Silbergraphit)

Schiefergrau: in Gängen, Stöcken oder vereinzelten Knollen mit Schwefelkies durchsetzt, sehr verbreitet (am Rhein, Eifel, Thüringen usw.)

Zinkblende oder Metallweiß: in derben, blättrigen, dornigen, zuweilen faserigen oder stengeligen Aggregaten (Strahlenblende), oder nach den Flächen des Rombendodekaeders gut spaltbaren Kristallen in der Natur. (Oberharz, Erzgebirge usw.)

Quellen aus: Gustav Schultz, "Farbstofftabellen", Akademische Verlagsanstalt, Leipzig

Eisenoxydschwarz als Magneteisenerz viel verbreitet (wichtiges Eisenerz)
mit Ammoniak, Natronlauge oder Soda unter Einwirkung von Luft. Auswaschen und Trocknen des entstandenen Niederschlages.

Manganschwarz: Braunstein findet sich in der Natur als Pyrolusit und als Polianit.

Verschiedene Farben-Arten

Anorganische Farben: Erdfarben, Mineralfarben

Natürliche organische Farben: Pflanzen- und Tierfarben und die daraus gewonnenen Extrakte.

Schwarze Farben: Ruße und Schwärzen

Rohstoffe, die gleichzeitig als Farbe und als Gerbmittel dienen.

Künstliche organische Stoffe: insbesondere Teerfarben

Bindemittel: Firnisse und Lacke
Mineralische Bindemittel
Pflanzliche Bindemittel, Firnisse und Lacke.

Zur Geschichte der Färberei

x)
"Die Zustände ungebildeter Völker, sowohl der alten als der neueren Zeit sind sich meistens ähnlich. Stark in die Sinne fallende Phänomene werden lebhaft aufgefaßt. (D.h. Gefärbtes fällt auf!) In dem Kreise meteorischer Erscheinungen mußte der seltenere, unter gleichen Bedingungen immer wiederkehrende Regenbogen die Aufmerksamkeit der Naturmenschen besonders an sich ziehen. (Der Regenbogen als Götterbrücke!) Die übrigen atmosphärischen Farbenerscheinungen, allgemein, weit ausgebreitet, immer wiederkehrend, waren nicht gleich auffallend. Die Morgenröte nur noch erschien gestaltet ... Das Erfreuliche des Farbigen,Bunten wurde gleich gefühlt; und da die Zierde des Menschen erstes Bedürfnis zu sein scheint und ihm fast über das Notwendige geht, so war die Anwendung der Farben auf den nackten Körper und zu Gewändern bald in Gebrauch. Nirgends fehlte das Material zum Färben. Die Fruchtsäfte, fast jede Feuchtigkeit außer dem reinen Wasser, das Blut der Tiere, alles ist gefärbt; so auch die Metallkalke, besonders des überall vorhandenen Eisens. Mehrere verfaulte Pflanzen geben einen entschiedenen Farbstoff, dergestalt, daß der Schlick an seichten Stellen großer Flüsse als Färbematerial benutzt werden konnte.
Jedes Beflecken ist eine Art von Färben, und die augenblickliche Mitteilung konnte jeder bemerken, der eine rote Beere zerdrückte. Die Dauer dieser Mitteilung erfährt man gleichfalls bald. Auf dem Körper bewirkte man sie durch Tätowieren und Einreiben. Für die Gewänder fanden sich bald farbige Stoffe, welche auch die beizende Dauer mit sich führen, vorzüglich der Eisenrost, gewisse Fruchtschalen, durch welche sich der Übergang zu den Galläpfeln mag gefunden haben. Besonders

X) Goethe

aber machte sich der Saft der Purpurschnecke merkwürdig, indem das damit Gefärbte nicht allein schön und dauerhaft war, sondern auch zugleich mit der Dauer an Schönheit wuchs. Die Färberei konnte sich leicht und bequem vervollkommnen. Das Mischen, Sudeln und Manschen ist dem Menschen angeboren. Schwankendes Tasten und Versuchen ist seine Lust ... Das Saure und Alkalische in seinem rohesten empirischen Vorkommen, in seinen absurdesten Mischungen wurde von jeher zur Färberei gebraucht, und viele Färberrezepte bis auf den heutigen Tag (um 1800) sind lächerlich und zweckwidrig. Doch konnte bei geringem Wachstum der Kultur bald eine gewisse Absonderung der Materialien sowie Reinlichkeit und Konsequenz stattfinden, und die Technik gewann durch überlieferung unendlich. Deswegen finden wir die Färberei bei Völkern von stationären Sitten auf einem so hohen Grade der Vollkommenheit, bei Ägyptern, Indern, Chinesen. Stationäre Völker behandeln ihre Technik mit Religion. Ihre Vorarbeit und Vorbereitung der Stoffe ist höchst reinlich und genau, die Bearbeitung stufenweise sehr umständlich. Sie gehen mit einer Art von Naturlangsamkeit zu Werke; dadurch bringen sie Fabrikate hervor, welche bildungsfähigeren schnell vorschreitenden Nationen unnachahmlich sind. Nur die technisch höchstgebildeten Völker, wo die Maschinen wieder zu verständigen Organen werden, wo die größte Genauigkeit sich mit der größten Schnelligkeit verbindet, solche reichen an jene hinan und übertreffen sie in vielem. Der charakteristische Eindruck der verschiedenen Farben wurde gar bald von den Völkern bemerkt, und man kann die verschiedene Anwendung in diesem Sinne bei der Färberei und der damit verbundenen Weberei, wenigstens manchmal, als absichtlich und aus einer richtigen Empfindung entspringend ansehen."

x) "Die Färberei eröffnete das Haupttor zur textilen Schönheit. Ohne Färberei gäbe es sicher keinen Zeugdruck, der eine geistreiche Fortbildung und Abwandlung ihrer technischen Grundsätze ist.
Färbende Säfte waren vonnöten, um die Gewebe damit zu tränken. Solche Säfte erhielt man aus den Erdfarben nicht, weil deren färbende Bestandteile sich nicht in der Flüssigkeit lösten. Aber in Pflanze und Tier mußten sie enthalten sein, hier, wo Saftströme kreisten, die Blüten und Blätter, Federn, Haare und Haut "durch und durch" färbten. Es kam also darauf an, aus der belebten Natur auf irgend einem Wege jene färbenden Substanzen zu gewinnen. Unzählige mißlungene Versuche müssen unsere Urahnen in Atem gehalten haben, ehe durch günstige Zufälle die ersten brauchbaren, tierischen und pflanzlichen Farbstoffe entdeckt wurden. Damit begann ein abenteuerliches Sonderkapitel Kurlturgeschichte voll der merkwürdigsten überraschungen, reich an dramatischen Spannungen bis zum Kampf der Farben untereinander, in dessen Verlauf Länder reich und arm wurden. Technik und Mode erfuhren ungeahnten Auftrieb, und an allem waren Schönheitssinn und Eitelkeit schuld.

Am einfachsten war es, sich farbiger Erde zu bedienen. Da gibt es z.B. den Rötel, einen abfärbenden roten Toneisenstein, der heute noch zu Buntstiften verarbeitet wird. Der Zinnober, ein Quecksilbererz, ist ebenfalls rot. Ocker ist eine Gelberde. Wenn man diese Erden zerpulvert, feucht anrührt und ein Bindemittel zusetzt, kann man mit ihnen "malen". Sie sind wohl auch die ältesten Farben der Menschheit, die Farben, mit denen Köpfe, Masken und Tongefäße geschmückt wurden.Dieses "Malen" war lediglich eine Verteilung feinster Partikelchen der betreffenden farbigen Materie auf der Oberfläche des zu zierenden Gegenstandes. Ein solcher bunter Auftrag ließ sich aber leicht wieder abreiben oder mit Wasser abspülen. Das konnte in einigen Fällen sogar erwünscht, in anderen Fällen indessen arger Nachteil sein, weil ja die Färbearbeit unaufhörlich wiederholt werden mußte. Man stelle sich vor, was es gäbe, wenn die Frau ihr Sommerkleid allwöchentlich neu einfärben oder mit bunten Mustern bedrucken lassen sollte. Was gebraucht wurde, war eine Substanz, die "durch und durch" färbte und sich z.B. dem Gewebe bis in jede Faser mitteilte. Man achte auf das Wörtchen "in"! Wer der Menschheit die Kunst des Färbens bescherte, ist, mit den Augen des Textilgewerbes gesehen, Prometheus vergleichbar, der ihr der Sage zufolge das Feuer brachte und damit den Aufstieg zur Kultur überhaupt ermöglichte."

Völkerkundliches der Farbe

Vom Bemalen des eigenen Körpers, das dem Bedürfnis nach Schmuck und der Insektenabwehr diente, bis zum Färben des Fellschurzes oder des Rindenstoffmantels führte ein leicht getaner Schritt. Solange das Feuer und Kochgeräte noch nicht erfunden waren, mußte man sich allerdings mit dem Kaltfärben mittels mineralischer Farbstoffe begnügen. Doch die natürlichen Farben der "durch Eisenverbindungen gefärbten Tone, wie Ocker, Bolus, Umbra und dergl., ferner Kreide, Gips, Kohle usf." geben den Stoffen "ohne weiteren Zusatz aufgetragen, einen nur wenig haltbaren Anstrich", der, nach Weule "aber sofort dauerhafter wird, wenn man als Bindemittel Fett oder Leim beimengt".

Die nordamerikanischen Indianer suchten in Gruben und Brüchen nach eisenhaltigen Mineralien, woraus sie die Farben Braun, Rot, Grün, Blau, Gelb, Orange und Purpur gewannen. Die weiße Farbe erzeugten sie durch Schlämmen und auftragen von Kaolin, Kalk und Gips, die schwarze Farbe wurde durch Verwendung von Graphit, Pulverkohle und Ruß erzielt, Grün und Blau durch Kupfererze und Eisenphosphat. Als Bindemittel dienten Fett oder Leim. Die Omaha stellten eine dunkelblaue Farbe her aus der Rin-

x) H. Klammfoth, "Farbe und Volk",

de des weißen Ahorns und gestoßenem gelben Ocker. Die Präriebewohner benutzten den Saft der indianischen Feige als Bindemittel und geröstete Leber als Auflösungs- und Entfernungsmittel. "Die Eskimo färben das Leder rot, indem sie den Saft der Purpurschnecke in das Leder einkauen." Hierbei wirkt das Ptyalin, ein Ferment (Gärungsmittel) des Speichels, als chemisches Bindemittel oder Beize.
Die Wollfärberei konnte bei den Indianerstämmen der Chilkat in Alaska und der Navaho im Südwesten Amerikas beobachtet werden, die Baumwollfärberei bei den Hopi im Pueblogebiet. Wolle und Seide nehmen als tierische Fasern (Eiweißverbindungen) die Farbstoffe leichter auf als die pflanzlichen Gewebearten Baumwolle, Leinen und Jute. Die genannten Indianerstämme bedienten sich vorwiegend pflanzlicher Farbstoffe. Als Beizen verwenden die Navaho und Hopi den Urin, Alaun und eine mit organischen Säuren versetzte Eisenverbindung für die Schwarzfärberei. Alaun ist ein Doppelsalz, das aus schwefelsaurem Kali und schwefelsaurer Tonerde besteht. Die Tonerde ist z. B. für die Weißgerberei unerläßlich und sorgt auch in der Färberei für eine unlösbare Verbindung der Gewebefaser mit dem Farbstoff ..."
... Goethe: "Naturmenschen, rohe Völker, Kinder haben große Neigung zur Farbe in ihrer höchsten Energie, und also besonders zu dem Gelbroten. Sie haben auch eine Neigung zum Bunten. Das Bunte aber entsteht, wenn die Farben in ihrer höchsten Energie ohne hermonisches Gleichgewicht zusammengestellt werden. Findet sich aber dieses Gleichgewicht durch Instinkt oder zufällig beobachtetes, so entsteht eine angenehme Wirkung. Ich erinnere mich, daß ein hessischer Offizier, der aus Amerika kam, sein Gesicht nach Art der Wilden mit reinen Farben bemalte, wodurch eine Art von Totalität entstand, die keine unangenehme Wirkung tat. Die Völker des südlichen Europa tragen zu Kleidern sehr lebhafte Farben. Die Seidenwaren, welche sie leichten Kaufs haben, begünstigen diese Neigung. Auch sind besonders die Frauen mit ihren lebhaften Miedern und Bändern immer mit der Gegend in Harmonie ... Die weibliche Jugend hält auf Rosenfarb und Meergrün, das Alter auf Violett und Dunkelgrün. Die Blondine hat zu Violett und Hellgelb, die Brünette zu Blau und Gelbrot Neigung, und sämtlich mit Recht."
Bei den Steinzeitmenschen fand man besonders oft den roten Farbstoff, der aus dem Roteisenstein hergestellt wurde. Die gelbe Farbe wurde aus dem Wau - einer Resedapflanze - gewonnen, das Blau aus dem Attich (Sambucus nigra, schwarzer Hollunder), der heute noch zum Weinfärben benutzt wird. Das Schwarz wurde aus dem Ruß der Herdstellen oder aus mit Fett versetzter Kohle hergestellt.
Auch die Naturvölker der Gegenwart sind in der Herstellung von Pflanzenfarben geübt. Im asiatischen Inselreich (Melanesien) wird die Nuß der Betelpalme zerkleinert, mit Kalk in Betelpfefferblätter gewickelt und dann gekaut, wodurch der Speichel, das Zahnfleisch und die Lippen blutrot gefärbt werden. Diese Farbe wird dann zum Färben von Haaren und anderen Stoffen weiter benutzt. Wird der Kalkzusatz erhöht, ergibt sich die gelbrote Farbe, von der Goethe bereits meinte, daß sie die Lieblingsfarbe der Naturmenschen sei. Auf der Insel Yap in den Karolinen

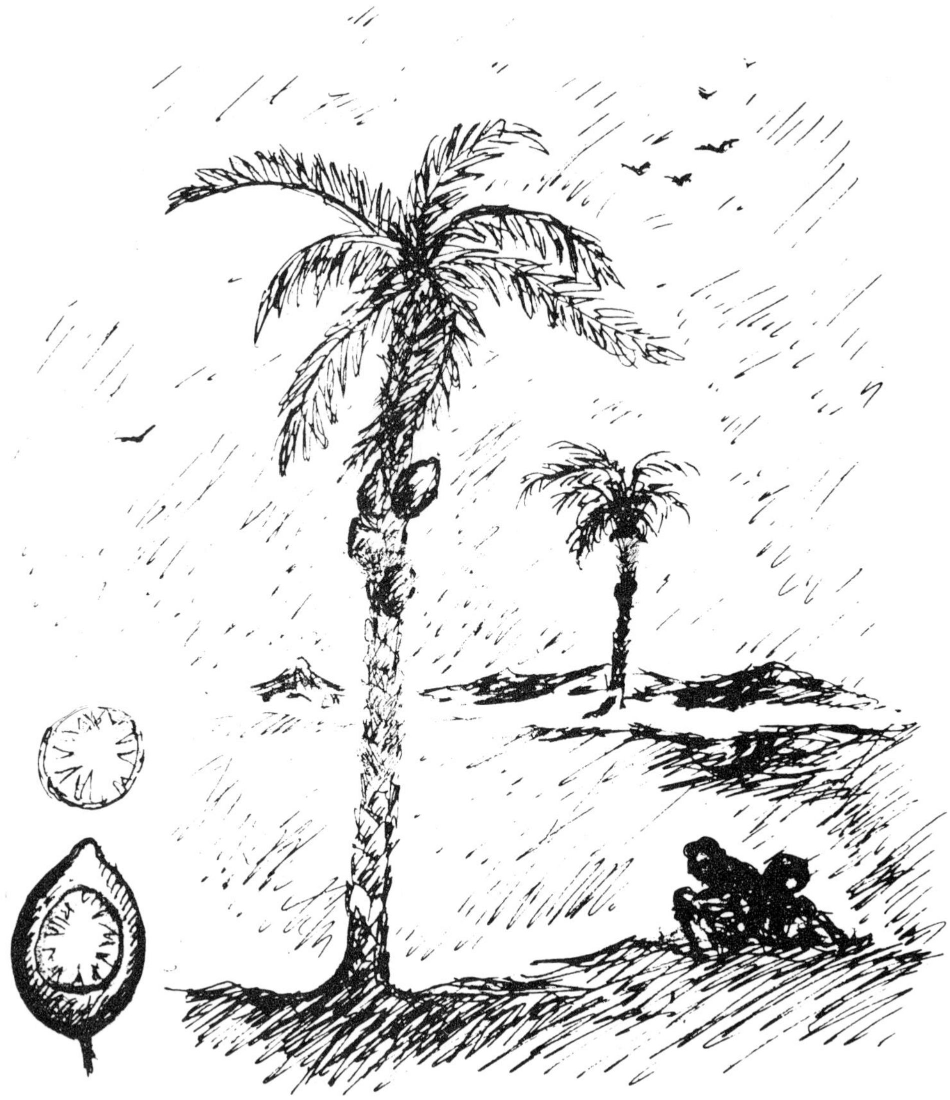

Areca catechu
Katechu-Betelnuß-Palme
a. Querschnitt
b. Längsschnitt

setzt man der geschabten Wurzel des Morindabaumes Kalk zu, wodurch sie sich dunkelrot färbt. Der Kalk dient zugleich als Beize, ohne die das feine Bastgewebe die Farbe nicht annehmen würde. Der Baststoff wird in der mit Wasser verdünnten dunkelroten Farbbrühe gekocht und erhält dadurch eine bräunliche Farbe. Hierauf schüttet man den Sud in eine Arekablattschale, es wird wiederum Kalkpulver hinzugetan und in dieser Farbstofflauge färbt sich dann der Stoff schön dunkelrot. Reine Pflanzenfarben der tropischen Völker sind Gelb aus der Kurkumawurzel; Karmesin (eine dunkelrote ins Bläuliche fallende Farbe) aus der Mangrove; schwarz- bis dunkelroter Firnis, ein Absud aus den gebrannten Nüssen von Aleurites triloba; Rot aus Früchten von Ficus tinctoria und den Blättern von Coria sebestana. In Afrika wird eine Rotholzschminke zur Färbung des Körpers benutzt, Gelb aus Eisenocker, Weiß am Obernil aus Hundekot, Schwarz aus Gardeniasaft gewonnen; als Beize dient der Humus der Bäche und Sümpfe, wo die zu färbenden Stoffe eingegraben werden. x)

Etwas über einzelne w i c h t i g e P f l a n z e n f a r b e n

Ein anderer, bereits frühzeitig benutzter Pflanzenfarbstoff ist das Krapprot. Seine Entdeckung dürfte der menschlichen Genäschigkeit zu verdanken sein. Man sieht ihn

x) Feldhaus, "Der Färber in der Vergangenheit", Leipzig

fast leibhaftig vor sich, jenen Schlecker aus ferner Vorzeit, der den fingerdicken, kriechenden Wurzelstock des mit unserem Waldmeister verwandten Krautes ausgräbt, die Oberhaut abschält und das süße, gelbrötliche Fleisch voll Behagen zerkaut. Doch was ist das? Roter Schaum vor dem Munde? Etwa Blut? Angst ergreift den erschreckten Süßschnabel, bis er merkt: es ist nur gefärbter Speichel. Die Wurzel muß offenbar schuld sein, obwohl sie, frisch angeschnitten, keinen blutroten Saft abgibt. Vielleicht hat man daraufhin den Farbstoff eine Zeitlang unbefangen so hergestellt, daß man größere Mengen der süßen Wurzel gemeinschaftlich zerkaute und den anfallenden Saft in Gefäßen sammelte. Wem dieses "mündliche Verfahren" bedenklich erscheint, mag sich vergegenwärtigen, daß in der Südsee nach dem gleichen Verfahren sogar Rauschgetränke für gastliche Gelage mit hochstehenden Besuchern hergestellt werden.
Eines Tages muß dann ein heller Kopf die Beobachtung gemacht haben, daß man die Umwandlung des Wurzelzuckers in roten Farbstoff auch erreichen konnte, indem man die Wurzeln zerschnitt und dörrte. Nun brauchte man diese ausgetrockneten Stücke nur noch aufzukochen und erhielt den gebrauchsfertigen, färbenden Absud. Erst damit wurde die Angelegenheit wirklich wirtschaftlich." x)

D e r   K r a p p   oder   d i e   F ä r b e r r ö t e

xx) "Rubia tinctorum und peregrina, sieht unseren einheimischen Labkräutern sehr ähnlich. Wie diese hat sie einen schlaffen Wuchs, der sie manchmal bis zu einem Meter in Hecken klimmen läßt, ein andermal liegt sie hingestreckt am Boden. Ihre Blüten sind klein, gelblich-weiß und bringen eine schwarze Beere hervor. Der Wurzelstock, der horizontal am Boden kriecht, wird bis zu 10 mm dick, verholzt im Laufe von ca. 3 Jahren und hat dann eine schwarzbraune Rinde, die ein gelbliches Holz umschließt. Diese Rinde muß nach der Ernte entfernt werden, da sie wertlos ist und keinen Farbstoff enthält. Die entrindete Wurzel wird gemahlen und kommt so in den Handel. Weder der rohen noch der gemahlenen Wurzel ist anzusehen, daß sie jenes leuchtende Rot enthält, das man aus ihr gewinnen kann. Der Farbstoff ist an Zucker gebunden und zunächst noch in seiner sogenannten Leuko-Form (farblos) vorhanden. Durch Gärung, Behandlung mit bestimmten Fermenten oder starken Säuren, wird diese Leukoform zerstört und der Farbstoff frei. Seine Beständigkeit ist so groß, daß er selbst durch relativ konzentrierte Schwefelsäure nicht zerstört wird und beim Einnehmen als Medikament Milch, Knochen und Schweiß noch rot färbt.
Der Krapp wurde früher in vielen Gegenden Deutschlands, die warme, kalkhaltige Böden hatten, im Großen angebaut. Da die Pflanze aus dem nahen Orient stammt, ist es notwendig, zu ihrer Kultur wärmere Gebiete zu bevorzugen. Seit man jedoch 1868 entdeckt hatte, daß der Alizerin-Farbstoff der Krappwurzel verwandt ist mit bestimmten Anteilen des Kohlenteers, gelang es bald, ihn synthetisch herzustellen. Damit erlosch allmählich der Anbau der Krapp-Pflanze bis auf kleine Gebiete in Südfrankreich und Kleinasien. Kleine Mengen werden auch noch in der Medizin gebraucht und zur Herstellung von Aquarellfarben, dem echten Krapplack.

x) Karl Kasper, "Bunter Traum auf gewebtem Grund", Otto Elzner Verlagsgesellschaft,

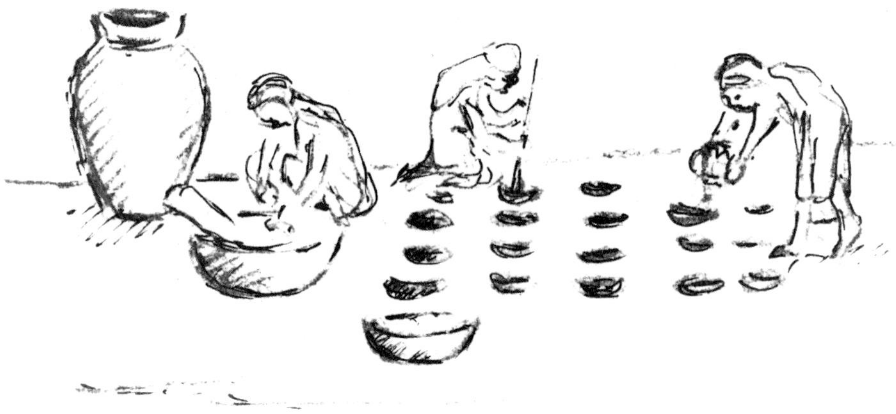

Herstellung des Indigo nach einer indischen Malerei aus dem Jahre 1829

I n d i g o

Unsere Indigo-Pflanze, die ähnlich aussieht wie eine Geisraute oder eine Süßholzpflanze, ist in Ostindien ursprünglich heimisch. Es gibt außer dieser eine amerikanische Art (Indigo Anil L.), die jedoch nie die Bedeutung der ostindischen Arten erreichte. Im Gegensatz zum Krapp kommt beim Indigo nicht ein getrockneter Pflanzenteil in den Handel, sondern die Farbsubstanz selbst in Form von tiefdunkelblauen Stücken, die beim Reiben mit dem Fingernagel eine glänzende Kupferfarbe annehmen. An diesem Kupferglanz kann man die Qualität des Indigo erkennen. Der rohe Farbkörper wird auf folgende Art gewonnen: Die frisch geschnittenen vor der Blüte stehenden Krautteile der Pflanze werden in Zisternen mit Wasser übergossen und gären gelassen, bis die Schaumbildung nachläßt und die Oberfläche der Flüssigkeit eine rote Farbe annimmt. Die gelblich-grüne Flüssigkeit wird dann klar von den Pflanzenteilen abgezogen und in einer zweiten Zisterne lange und kräftig umgerührt, so daß sie intensiv mit der Luft in Berührung kommt. Durch den Sauerstoff der Luft wird die beim Krapp schon erwähnte sog. "Leukoform" des Farbstoffes oxydiert und geht aus der löslichen Form in die unlösliche über, d. h. der Indigofarbstoff scheidet sich aus der Flüssigkeit aus und setzt sich am Boden der Zisterne ab. Gewöhnlich ist dieser Boden mit einem dichten Gewebe bedeckt, so daß man nach Abschluß des ganzen Prozesses den noch feuchten Farbkuchen herausheben und trocknen kann. Deshalb zeigen größere Stücke oft noch den Abdruck dieses Gewebes, woran man die Gewinnungsmethode erkennen kann.

Bis ins vorige Jahrhundert war der Anbau der Indigopflanze und die Gewinnung des Indigo-Farbstoffes ein blühendes Gewerbe in Indien und Ägypten. Nach der Entdeckung der Indigo-Synthese ging die Gewinnung rasch zurück und wird heute nur noch in kleinstem Maßstabe an wenigen Stellen Bengalens in Indien betrieben.

Aus 1000 kg Pflanze gewinnt man 2-5 kg Indigo

xx) W. Cloos, "Pflanzenfarbenwerkstatt", Sektion f. Bildende Künste, Goetheanum Donnach/Schweiz, Blatt 2

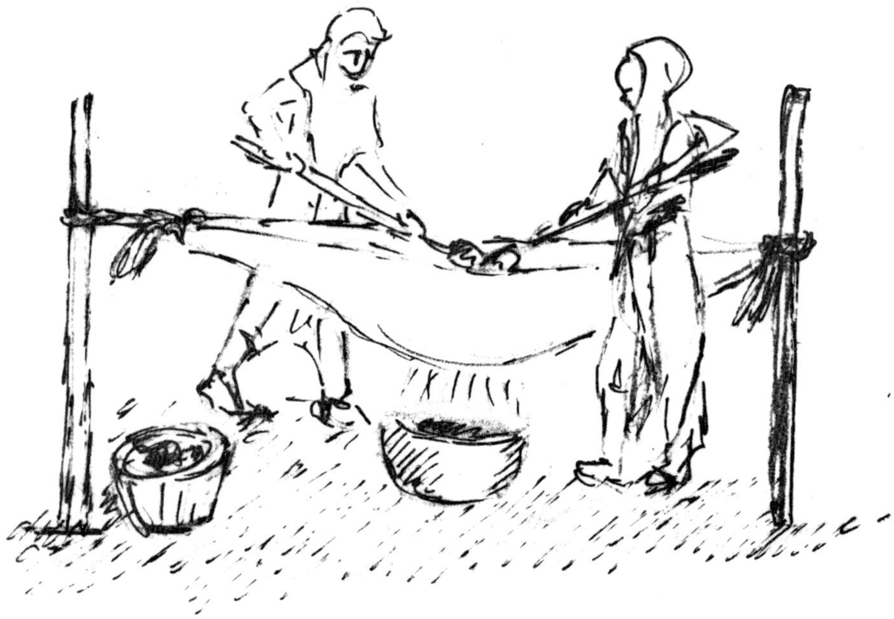

Herstellung des Indigo nach einer indischen Malerei aus dem Jahre 1829

F a r b e u n d F ä r b e n

R e s e d a

Die dritte Grundfarbe, das Gelb, lieferte der Wau, die sogenannte Färberreseda (Reseda luteola). Auf Schutthaufen und an Wegrändern kann man diese anspruchslose Pflanze bei uns häufig finden. Alle grünen Teile und die Blüten enthalten einen Farbstoff, das Luteolin; man gewinnt ihn, indem man das getrocknete Kraut wie einen Tee aufkocht. Die Färber bezogen meistens von den Herstellern statt der Pflanzen selbst die Gaude oder Welde, einen eingedickten Extrakt, den sie in beliebiger Verdünnung anwendeten.

Waren Krapp, Waid und Wau auch die gebräuchlichsten einheimischen Farbstoffe, so kamen im Laufe der Zeit doch noch verschiedene hinzu. Gelb konnte man z.B. auch aus dem Ginster und aus Kreuzbeeren erhalten. Rosa bis Kirschrot aus dem Saflor oder wilden Safran. Rotviolett aus der Orseille-Flechte. Mit der Entdeckung der fremden Erdteile fanden zahlreiche neue Farbstoffe Eingang. Am bekanntesten davon, weit über die Fachkreise hinaus, wurde der Indigo. König der Farbstoffe hat man den Indigo seinerzeit genannt. Er ist es im gewissen Sinne heute noch, nämlich wenn man die eigentliche färbende Substanz meint, die mehrfach vorkommt. Ihr verdankt auch der Waid seine färbende Wirkung. Im engeren Sinne denkt man freilich an die in Indien wachsende Indigopflanze, deren lateinischer Name Indigofera heißt.

Der Extrakt enthält ungefähr doppelt soviel Indigofarbstoff und läßt sich daher viel zweckmäßiger, besser und billiger verwenden."

Hinweis: Organische Farbstoffe tierischen und pflanzlichen Ursprunges", Hartlebens Verlag, Leipzig 1902

So willkommen dieses Indigoblau den europäischen Färbern kam, so wenig freuten sich begreiflicherweise alle, die bis dahin mit dem Waidanbau und -handel viel Geld verdient hatten. Die Waidjunker wußten die damals in Deutschland sehr zahlreichen Landesherren zu bestimmen, strenge Gesetze gegen den Indigo zu erlassen. So weit ging man, daß man in Frankfurt a. M. im Jahre 1577 sogar die Todesstrafe für den Verbrauch von Indigo verhängte. Im Jahre 1654 bezeichnete eine Verordnung den Indigo als eine "fressende Teufelsfarb" und behauptete, die damit gefärbten Stoffe seien behext und würden von der Farbe allmählich zerfressen. Aber alle weltlichen Drohungen und auch die schärfsten Kirchenstrafen konnten nicht verhindern, daß der Waid dem neuen Produkt unterlag, bis dieses seinerseits von einem in der Güte ebenbürtigen, in der Qualität stets gleichbleibenden, aber leichter zu verarbeitenden und noch preiswerteren künstlichen Indigo verdrängt wurde. Auch die übrigen exotischen Farbstoffe, auf die man nach der ersten Bekanntschaft so stolz war, das rote Pernambuk- oder Brasilienholz, die Gelbwurz und das Campeche- oder Blauholz mußten schließlich den chemischen Erzeugnissen weichen. Stets waren solche Umstellungen von wirtschaftlichen Erschütterungen begleitet, denn eine Gegend, die bisher ihren Wohlstand auf dem Anbau solcher Farbflanzen aufbaute, konnte über Nacht durch eine genialische chemische Erfindung um ihr bisheriges Monopol gebracht werden. Ein besonderes kennzeichnendes Beispiel sei hier noch angeführt, das nicht einen pflanzlichen, sondern einen tierischen Farbstoff betrifft, der ebenfalls mehrere Jahrhunderte lang große Bedeutung gehabt hat.

Als die spanischen Eroberer unter Cortez sich Mittelamerika unterwarfen, fanden sie bei den Azteken prächtige karminrote Gewebe. Es stellte sich heraus, daß letztere mit dem Auszug aus einer Beere gefärbt wurden, die auf gewissen Kakteen wuchs. Diese Beeren brachte man nach Europa und entfesselte bald eine ungeheure Nachfrage. In Wirklichkeit handelte es sich gar nicht um Früchte, sondern um winzige Insekten, die sogenannten Koschenilleläuse, die bei der "Ernte" von den Kakteen abgefegt und in der Sonne getrocknet wurden. Als auf den Kanarischen Inseln der Weinbau durch Rebkrankheiten fast ganz unmöglich geworden war, verpflanzte man 1870 das wertvolle Kerbtier zusammen mit dem nährenden Kaktus dorthin und scheffelte Unsummen am Export der getrockneten Schildlaus, von der ungefähr 150 000 Exemplare auf ein Kilogramm gehen. Auch in diesem Falle sollte es sich bewahrheiten, daß das Bessere stets der Feind des Guten ist. Als man 1894 die Formel für synthetischen Karmin fand, war das Schicksal der Koschenillekultur besiegelt.

x) Karl Kasper, " Bunter Traum auf gewebtem Grund ", Otto Elsner Verlagsgesellschaft, Berlin, 1938

Erfahrungen aus alter Zeit - zum Färben und Beizen

x)"Ich erinnere mich noch, wie die alte Großmutter unseres Nachbarn das selbstgewebte, ungebleichte Leinen in einer Lehmgrube mit dem fetten Lehm einrieb, es dann mit Wasser übergoß und in der "Färberbrühe" liegen ließ. Nach einer Woche hatte es durch aufgezogene Eisenoxyde einen angenehmen bräunlichen Naturton, der so lange erhalten blieb, bis die daraus gefertigte Leinenschürze zerrissen war. In ähnlicher Weise können wir ... die einfachsten Methoden herausarbeiten und dann die "germanische" Mittellage zu den Verfahren um 1500 abschätzen. Die Beize kann für die frühesten Verfahren nur "abgeschätzt" werden: Bei den meisten gefärbten Gewebefunden handelt es sich um Reste von wollener Kleidung. Im Mittelalter, als man auch sehr viel Leinen färbte, das zur Aufnahme des Farbstoffes auf der Faser einer Vorbeize bedarf, wurde die Beize, wenigstens in milder Form, auf alle Faserarten ausgedehnt, auch auf Wolle und Seide. Die mittelalterlichen Beizen waren Alaun, Aschenaufgüsse, Kalklaugen, Zinnsalze, bisweilen ausgefaulter Urin mit stärkerem Ammoniakgehalt ... Eine schwierige Frage stellen in unserem Zusammenhang die beiden wichtigsten Rotfärbemittel des Mittelalters, die Krappwurzel oder Färberröte (Rubea tinctoria) und die Kermesschildlaus. Schon die nordischen Schiffsgräber, so das Osebergschiff, haben krappgefärbte Textilien als Funde geliefert. Der erste literarische Beleg ist fast gleichzeitig! Die Färberröte wird nämlich als warentia erstmals im Capitulare de villis Karls des Großen erwähnt. Da sie in den Gärten der königlichen Meierhöfe angebaut werden sollte, war sie also um das Jahr 800 schon eine Kulturpflanze ... Mit der Pflanze muß doch auch das Färbeverfahren zu den Germanen der späten Völkerwanderungszeit, zu den merowingischen Franken gelangt sein? Auf diese Frage mit ja zu antworten, fällt schon etwas schwerer, denn das Alizerin (im Krapp) ist der klassische Beizenfarbstoff der mittelalterlichen Färber. Es tritt auf der Faser mit Metalloxyden (aus Alaun) zu Farblacken von ungewöhnlicher Echtheit zusammen. Besonders der Tonerdelack des Alizerins ist leuchtend rot. Die Textilfachleute der nordischen Museen haben mit glaubhaft versichert, daß das leuchtende Rot der wikingerzeitlichen Textilien laut Analyse mit Krapprot, also mit dem Alizerin der Färberröte, gleichzusetzen sei. Wurde also auch Alaun nach dem Norden exportiert oder nur krappgefärbtes Wollgarn, das dann verwebt wurde? Man kann zwischendurch einen Blick auf die roten Farbstoffe des hohen Mittelalters tun: Da war der wichtigste rote Beizenfarbstoff das Rot des Brasilholzes, das sich als Handelsartikel seit dem 9./10. Jahrhundert nachweisen läßt. Es wäre durchaus denkbar, daß in den Jahrhunderten zwischen 500 und 900 die sicherlich hochentwickelten handwerklichen Kenntnisse der Färber in den alten Römerstädten am Rhein nicht spurlos untergingen, sondern weitergegeben wurden. Die Übernahme der Beizenfarbstoffe mit der unumgänglichen Vorbeize auf Alaunbasis ist die Kardinalfrage in der Geschichte der frühmittelalterlichen Färberei. An diesem Punkte tritt auch eine andere Scheidung ein: neben die alte hauswirtschaft-

x) E. E. Ploss, "Ein Buch von alten Farben", Heinz Moos Verlag München

liche Färberei stellt sich das beginnende Handwerk. dies zeigt sich in der besonderen Ausbildung der klösterlichen Handwerkstuben und der Tuchmacherei auf den Fronhöfen ...
Wenn wir das Bild zuletzt noch einmal in kurzen Zügen wiederholen, so ergibt sich, daß in der Frühzeit (bis zur Völkerwanderung) eine Reihe von substantiven Farbstoffen und außerdem das Verküpungsverfahren für den Färberwaid bekannt waren. Dann lassen es viele Gründe vermuten,daß mit der Färberröte (Krapp, Rubia tinctorum) die Kenntnis der Alaunbeize zu den Germanen gelangte, wenn auch der Alaun selbst noch Importartikel blieb. Mit den Beizenfarbstoffen war jenes weite Feld eröffnet, das dann im hohen Mittelalter die Grundlage einer blühenden handwerklichen Färberei wurde."

B e i z e n

x)
Beizmittel wie Alaun, Eisenvitriol usw. sind saure, leicht lösliche Metallsalze. Sie spielen beim Färben mit unselbständigen Färbstoffen eine vermittelnde Rolle. Das Metall dieser Salze trennt sich in den Beizbädern von der Säure, schlägt sich an die Wolle und verbindet sich zugleich unlösbar mit den Färbstoffen. Verschiedenartige Beizmittel ergeben verschiedenfarbige Verbindungen. Alaun macht hell und lebhaft. Eisen dunkelt. Die Wirkung des Kupfers liegt in der Mitte ...
Der Alaun, der Eisen- und Kupfervitriol, der Grünspan, sowie einige alaun-, eisen- und kupferhaltige Färbpflanzen sind die ursprünglichsten Beizmittel ...
Die Färbstoffe können in zwei verschiedenartige Gruppen eingeteilt werden: In direktziehende, welche ohne Beizmittel haltbare Färbungen liefern, und in beizenziehende, welche die Vermittlung einer Beize bedürfen. Es darf jedoch keine scharfe Grenze gezogen werden, denn die beiden Gruppen greifen ineinander über. Alle direktziehenden Färbstoffe können auch wie beizenziehende behandelt werden und die letzteren besitzen zum Teil die Fähigkeit, auch ohne Beizmittel haltbare Farben zu liefern ...
Die Färbstoffe beider Gruppen lassen sich nachdem unterscheiden in freilösliche und gebundene, welche letzteren mit Hilfe von Säuren und Alkalien, oder durch Vermittlung eines Gärungsprozesses aufgeschlossen werden müssen.
Ausgesprochen direktziehende Färbstoffe sind: Der Waid, der Indigo, die verschiedenen Farbflechten, die Walnußschalen und die Walnußwurzeln. Auch die Flechtenfarbstoffe Orseille, Cudbeare, Persio, sowie die Berberitzenwurzeln und die orientalische Kurkuma können hierher gerechnet werden. Der weitaus größere Teil aller Färbstoffe gehört jedoch zu den beizenziehenden und verlangt die Anwendung von Beizmitteln."

x) Emil Spränger, "Färbbuch", Eugen Rentsch Verlag, 1969, Erlenbach-Zürich u.Stuttgart

mittelalterliches Zunftwappen
a. Seidenfärber für Nürnberg

b. Die Färber in Dresden

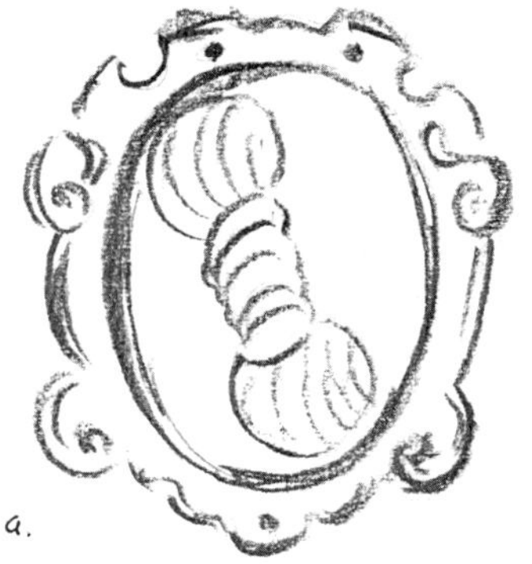

a.

b.

M i t t e l a l t e r l i c h e   R e z e p t e

x) Daneben haben die großen Schriftsteller der antiken Naturwissenschaft, Dioskurides, Theophrast, Plinius d. Ä. und auch Vitruv, mit ihren zahlreichen sachlichen Nachrichten über die antike Farbtechnologie auf die mittelalterliche Fachprosa nachhaltig eingewirkt. Die größte Autorität von diesen Schriftstellern besaß ohne Zweifel Dioskruides, dessen pharmakologisches Werk seit dem 6. Jahrhundert in einer wortgetreuen lateinischen übersetzung vorlag ... Langobardische und fränkische Mönchsärzte kannten diese Übertragung, wenn auch nicht immer vollständig, so doch in Auszügen. Sie lernten in ihr die technisch vollkommenen Methoden der Drogenherstellung und damit die des Zinnobers, der Mennige und anderer Farben kennen. Solche Farbrezepte machten sich dann in der Überlieferung selbständig, sie wurden zu Wanderrezepten, und als in den abendländischen Klöstern die ersten Sammlungen farbtechnologischer Vorschriften geschaffen wurden, gehörten sie zum Grundbestand ... Was alle diese Rezeptsammlungen gemeinsam haben, ist ihre Herkunft aus klösterlicher Kunstübung. So ist es verständlich, daß die Farbrezepte der Buchmaler den Vorrang bekamen. Textilfarben waren für die Nonnenklöster wichtiger, und von daher kommt auch der bedeutendste Vertreter dieses Zweiges der deutschen Fachprosa, das Nürnberger Kunstbuch aus dem Dominikanerinnenkloster St. Katharina. Es enthält, wie unten in der Ausgabe noch zu zeigen ist, eine ganze Gruppe antiker Rezepte, deren Weg über die klösterliche Tradition des frühen Mittelalters führte.

Arabische Einflüsse

Der zweite Weg, auf dem antike Rezepte zur Farbtechnologie in das abendländische Schrifttum gelangten, führte über die Araber. Der Weg beginnt in Alexandrien, das bis zur Eroberung durch die Araber im Jahre 641 Zentrum der griechischen Gelehrsamkeit war. Neben Alexandrien war auch Syrien eine Brücke, über die hellenistisches Wissen und Handwerk zu den kulturell aufgeschlossenen Arabern kamen. Sie haben vieles weiterentwickelt, besonders die naturwissenschaftlichen Belange. Freilich können wir es bisher nur umrisshaft aufspüren, und zwar in den großen Lehrschriften der

Emil Ernst Ploss, "Ein Buch von alten Farben", Heinz Moos Verlag, München 1967

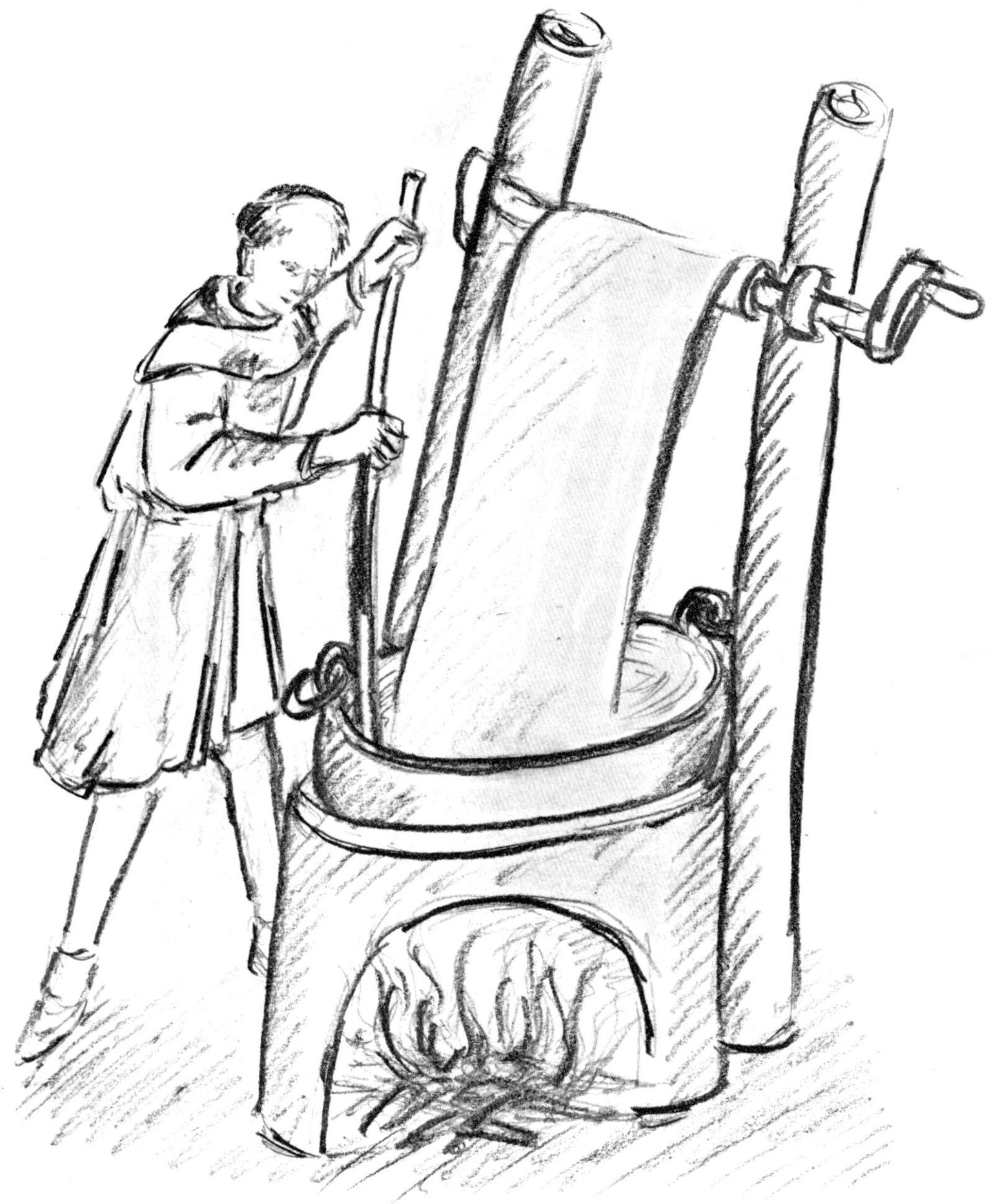

Nürnberger

Färber

um 1450

arabischen Ärzte. Diese haben auch Farbstoffe in die pharmakologischen Artikel, aus denen sich meistens ihre Werke zusammensetzen, aufgenommen. So begegnen wir dem Indigo, dem Rotholz und anderen Vertrauten, nur mit dem Unterschied, daß da ihre medizinische Verwendbarkeit geschildert wurde. Zwei Stellen in der großen arabischen Peripherie waren besonders wichtig für den Austausch: Sizilien und Spanien. Seit dem 11./12. Jahrhundert wurden dort die Schriften der Araber ins Lateinische übertragen, wobei besonders die jüdische Übersetzerschule von Toledo hervortrat. Hatten die arabischen Rezepte erst einmal lateinisches Gewand angenommen, so stand ihrer weiteren Ausbreitung innerhalb der volkssprachlichen Literatur keine Hemmnis mehr im Wege ... Mehrere wertvolle Färbemittel mit hohen Echtheitseigenschaften, wie Saflor, Brasilholz, die spanischen Safransorten u.a., erhielt der Färber in Europa vornehmlich über den arabischen Zwischenhändler, und die Produkte selbst tragen arabische oder doch wenigstens arabisierte Namen: Safran zu arab. za'faran

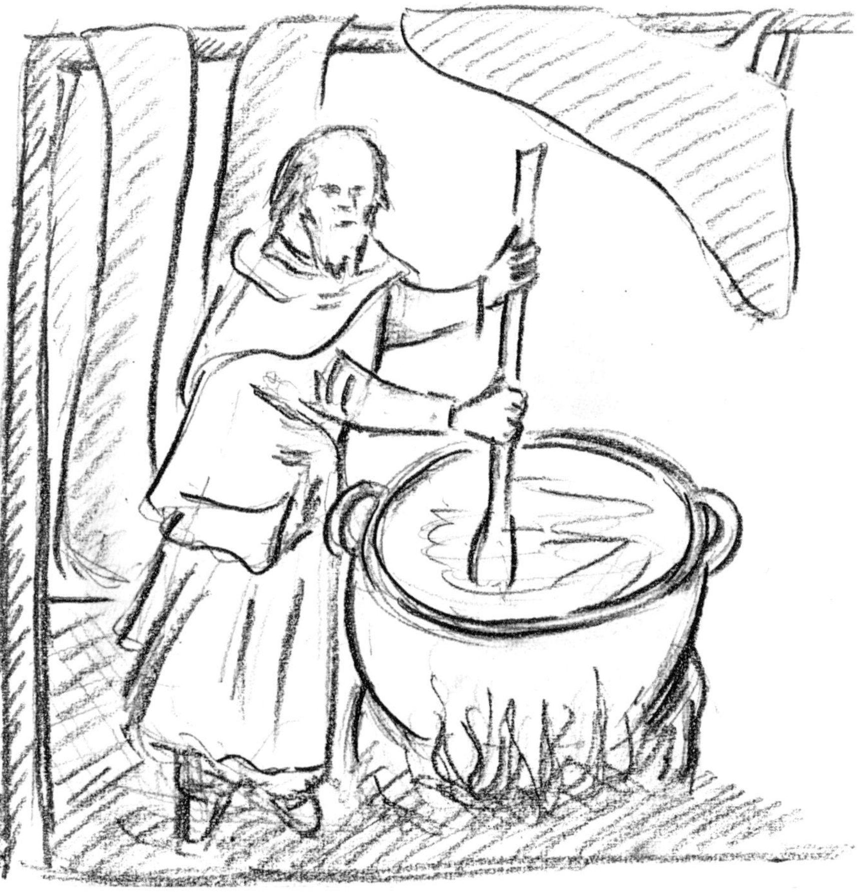

Nürnberger Färber um 1500

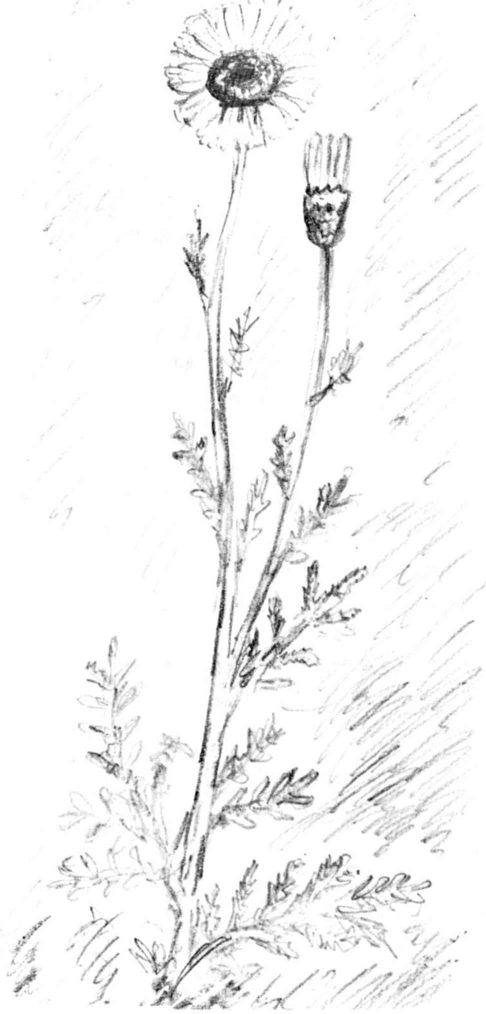

Färberkamille
Anthemis tintoria

mit derselben Bedeutung: Saflor aus altfranzösisch asfrole, frz. Saffleur, ital. asfiori, die ihrerseits auf arab. 'usfur zurückgehen; das Farbholz Sandel erhielt seinen Namen von arab. sandal, das über persisch cändäl auf altindisch candana zurückzuleiten ist. Diese Reihe könnte nun mit den Stoffbezeichnungen baldekin "Stoff aus Baldac, Bagdad", Damast "Stoff aus Damaskus" usw. fortgesetzt werden. Auch für den Bereich der festen Farben gilt ähnliches: Das bekannteste Blau war das Lasurblau aus dem Halbedelstein Lapislazuli. über spätgriechisch lazoûrion geht es auf arab. lazaward und schließlich mittelpersisch läzwärd "mineralisches Blau" zurück.

H a n d e l

Mode wird aber nicht nur vom Kunden provoziert, sie zielt auf das Neueste, und das Neueste waren die über den Levantehandel hereinkommenden Färbemittel: Indigo, die Farbhölzer, Safran, Saflor, Krapp, Galläpfel. Der Ausbau des mittelalterlichen Handwerks und die neuen Färbemittel, die man in größerer Menge seit dem 12./13. Jahrhundert bekam, haben ein ganz neues Bild geschaffen. Sie belebten auch jene Liebe zum kräftigen Farbton, der aus den meisten Miniaturen und Tafelbildern des späten Mittelalters spricht ... Wir müssen gleich einem Irrtum vorbeugen: Die neuen Farben waren gar nicht so neu, sie waren nur unerreichbar oder doch so teuer, daß sie in gewerblicher Hinsicht zunächst uninteressant waren. Der Aufschwung des Handels

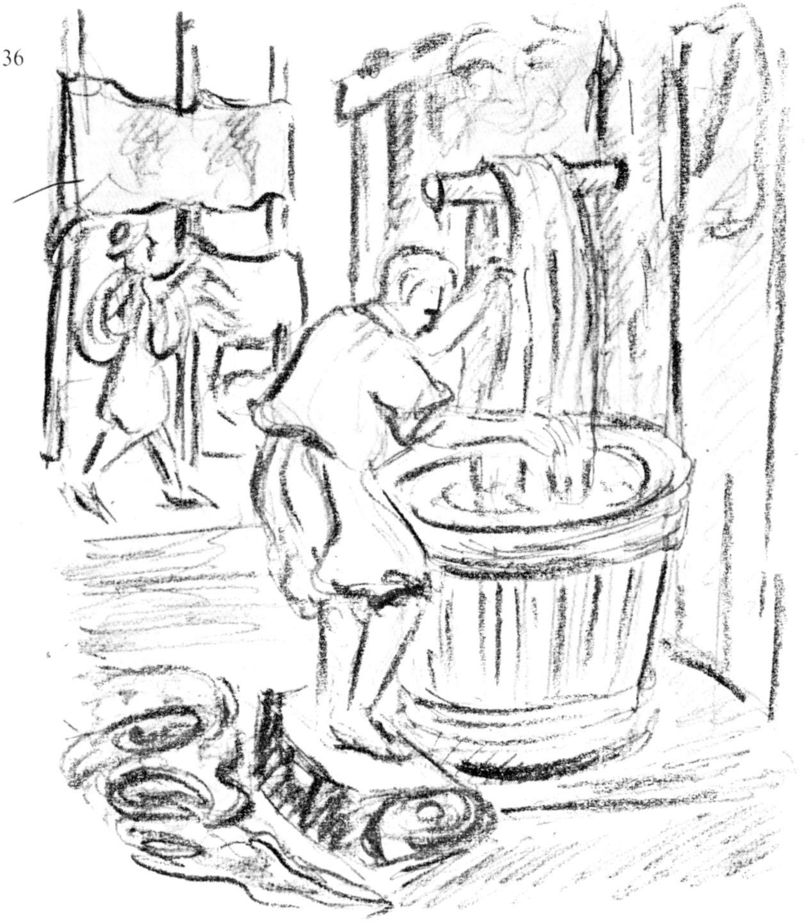

Schwarzfärber
1568
nach dem Holz-
schnitt von
Jost Amman

war notwendig. Aber erst im 16. Jahrhundert, als es gelang, den arabischen Zwischenhändler in seiner Mittlerrolle zwischen Ostasien und Mittelmeerraum zu beschneiden, begann die letzte Etappe ihres Siegeszuges. Der Färberwaid hat sich bis zu dieser Zeit gegen den Indigo durchaus behaupten können, erst dann mußte er von staatlicher Seite gestützt werden. Eines aber haben die neuen Farbstoffe von Anfang an bewirkt, nämlich eine Verbesserung der Verfahren. Das gilt nicht nur für die Küpenfärberei, mehr noch für die verbesserte Anwendung der Beizen und die richtige Behandlung der vegetabilischen Fasern. Man lernte außerdem, durch Zusatz von Essig oder von Aschenlauge, die Flotte sauer oder basisch einzustellen, man konnte sie auch andicken, um in manchen Fällen das Aufziehvermögen zu verbessern. Davon ist das meiste jung, alt könnten vielleicht manche Angaben der Rezepte, wie Zusätze von Sauerbier, Holzapfelsaft oder Pflanzensäften mit Säuregehalt, schon sein, doch bleibt der Nachweis im einzelnen immer recht schwierig."

x) Färbstoffe

Die Auswahl an natürlichen Färbstoffen hat etwas unbegrenzt Reiches und verwirrend Vielfältiges, denn alles Organische besitzt irgendwie färbende Eigenschaften; doch gibt es eine leicht übersehbare Gruppe von eigentlichen Repräsentanten. Diese rekrutieren sich mit wenigen Ausnahmen aus dem Pflanzenreiche. Sie setzen sich aus Kräutern, Wurzeln, Rinden, Auswüchsen, Flechten, Blättern, Trieben, Blüten, Samen, Früchten, Fruchtschalen und Hölzern zusammen.

Zu den besten gelbfärbenden Pflanzen gehören: Der Wau, das Scharten- und Heidekraut,

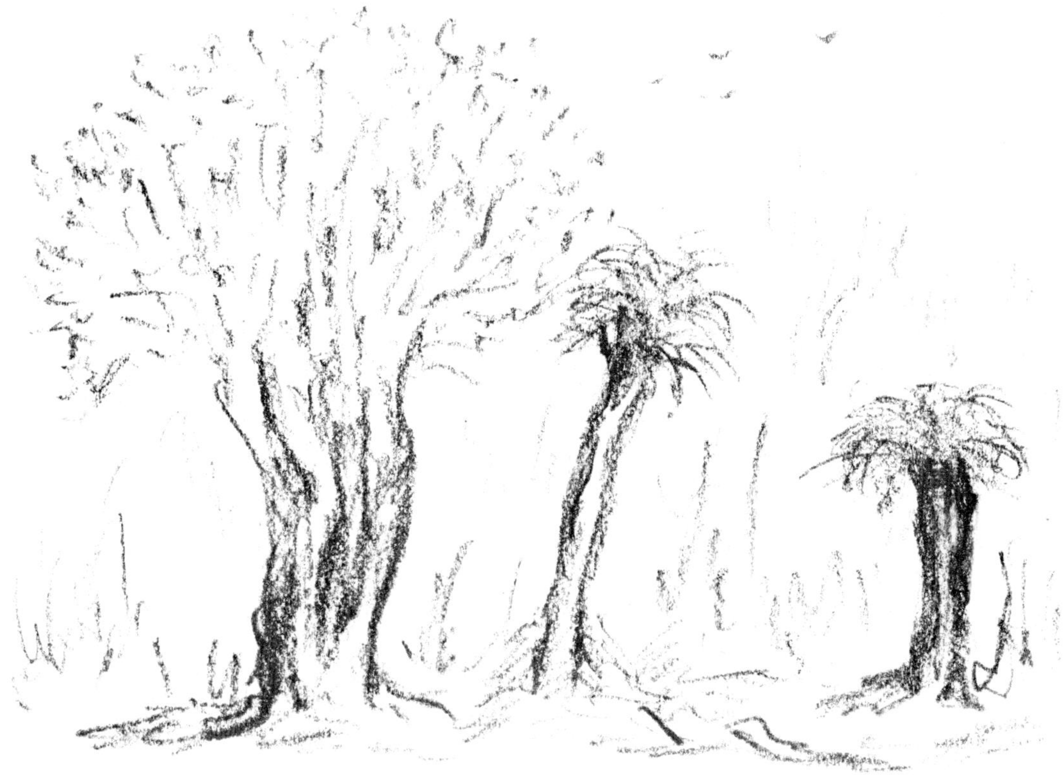

Drachenblut-Baum

Dracaena Drace

der gemeine Knöterich, der wilde Körbel und die Birkenblätter. Angenehme und sehr haltbare bräunliche Gelb liefern verschiedene Flechten.

Gute rotfärbende Pflanzen sind unter anderen: Der Krapp, das Labkraut und der Färberwaldmeister ...

Die verschiedenen Beeren, der Saflor und die Flechtenpräparate "Orseille, Cudbeare, Persio" liefern so unbeständige Farben, daß wir auf ihre Anwendung beim Rotfärben besser verzichten.

Blau in seiner vollkommensten Form kann nur mit dem einheimischen Waid und mit dem tropischen oder subtropischen Indigo gefärbt werden. Die Natur dieser beiden Färbstoffe ist im wesentlichen die gleiche. Der Waid ist jedoch bedeutend weniger ausgiebig, und aus diesem Grunde durch den Indigo verdrängt worden. Attich, Holunder, Liguster und Heidelbeeren wurden früher als Ersatz herangezogen. Die mit diesen Beeren erzeugten Farben verändern sich jedoch im Laufe der Zeit durch die Einwirkung der Luft in undefinierbare fahle Braungrau. Das amerikanische Blauholz hat später die Stelle dieser Färbstoffe eingenommen, es zeigt im allgemeinen ein ähnliches Verhalten. Auch Schlehenfrüchte sind in Verbindung mit Alkalien zum Blaufärben verwendet worden.

Zu den besten braunfärbenden Stoffen gehören einige Flechten, dann die frischen Walnußschalen und -wurzeln, sowie verschiedene Rinden. Gute, ganz besonders zum Abdunkeln von Gelb geeignete Braun liefert der Glanzruß. Nebstdem können mit Hilfe von Eisen und Kupfer fast alle gelb- und rotfärbenden Stoffe zum Braunfärben verwendet werden.

Grau resultiert aus der Verbindung stark gerbsäurehaltiger Färbstoffe, wie Galläpfel, Knoppern, Sumach, Bärentraube, Erlenrinde usw. mit Eisen.

Mattes Schwarz erhält man auf dem gleichen Wege, durch Verstärkung des Vorganges. Tiefes, volles Schwarz muß mittels Kombination gefärbt werden.

Blaufärbende Pflanzen:

Ahorn
Bibernell
Bingelkraut
Blauholz
Clitoris
Commeline
Eibisch
Eschenrinde
Flechten
Flockenblume
Gardenie
Heidelbeere
Himbeere
Hollunderbeeren
Johannisbeere
Kaffehirse
Kartoffel
Kastanie
Kohl
Lakmus, Croton
Liguster
Nachtschatten
Rittersporn
Tollkraut
Veilchen
Wachtelweizen
Wegdorn
Wolfsmilch

Indig enthaltende:

Ampfer
Cichorie
Fleckblume
Geisraute
Indigpflanze
Kichererbse
Knöterich
Leukoje
Limodorum
Mardenie
Oleander
Peltsche
Podalirie
Robinie
Salat
Scabiose
Schöllkraut
Schwalbenwurz
Waid

Rotfärbende Pflanzen:

Ahornrinde
Alkanna
Aloe
Beerblume
Berberis
Birke
Bohnenhülsen
Cäsalpinienholz
Christophskraut
Comarunwurzel
Coreopsis
Dosten
Drachenblut
Fernambukholz
Fichtenzapfen
Flachsseide
Flechte
Gerberstrauch
Harmelraute
Hartheu
Kapuzinerkresse
Kermesbeere
Kinogummi
Kirsche
Korallenholz
Krapp
Labkraut
Leukoje
Liastris
Lobelie
Lotwurz
Mangold
Maulbeere
Mohn
Mohrrübe
Morindenwurzel
Natterkopfwurzel
Nelken
Ochsenzungen
Oldenlandie
Orseille
Paeonie
Paraguatan
Pimpernuß
Plumbago
Rosenblätter
Rotholz
Saflor
Sandelholz
Schlehe
Schwarzwurz
Seidelbast
Steinsame
Tollkraut
Tormentill
Vaillantie
Veilchen
Waldmeister
Weide
Wollblume

Gelbfärbende Pflanzen:

Adonis
Ahorn
Akazie
Alpenrose
Amaranth
Ampfer
Anemone
Apfelbaum
Bärlappe
Balsamine
Beifuß
Beißbeere
Berberis
Birke
Birnenblätter
Blasenstrauch
Blutwurzel
Brünelle
Cassie
Christwurz
Curcuma
Datiska
Dill
Distel
Dürrwurz
Einbeere
Erdrauch
Erle
Esche
Feige
Filzkraut
Flechten
Frauenflachs
Gänsedistel
Gelbholz
Ginster
Goldrute
Guttabaum
Habichtkraut
Hagedorn
Hainbuche
Hartheu
Hartriegel
Haselnuß
Heidekraut
Heidelbeerblätter
Heksame
Himbeeren
Hirschwurz
Hollunder
Johannisbeere
Judasbaum
Kälberkopf
Kamille
Kartoffel
Klappertopf
Kleesamen
Knabenkraut
Kuhhornkleesamen
Lauch, Zwiebelschale
Lisimachie
Maclura
Maulbeerbaum
Mistel
Möhre
Mutterkraut
Narcisse
Orlean
Pappel
Pfriemen
Rhabarber
Röttlere
Rohr
Roßkastanie
Ruhrkraut
Safran
Safranbaum
Salat
Scharte
Schierling
Schimmel
Schlehe
Schmeezwurz
Schneckenklee
Schneeball
Schöllkraut
Schotenklee
Schusserbaum
Schwalbenwurz
Schwamm v. Apfelbäumen
Schwertel
Sennes
Sinngrün
Sonnenblume
Spinat
Spindelblume
Spitzkette
Streichkraut
Sumach
Totenblume
Trauerbaum
Unform
Wachholder
Wau
Wegdorn
Wolfsrauch

Rote Pflanzenabsude, die gelb färben:

Amaranth
Ampfer
Balsamine
Drachenbaum
Mangoldwurzel

aus
x) Johann Carl Leuchs, "Vollständige Farben- u. Färberkunde", Verlag C. Leuchs & Comp. Nürnberg, 1846 (1. Band)

G e r b e n d e und s c h w a r z f ä r b e n d e Pfl.

Adler-Saumfarren
Ahorn
Akazienschoten
Andorn
Andromede
Angelika
Bablah
Birke
Blauholz
Buche
Cascalote
Catechu
Christophskraut
Cipresse
Comarum
Dickblatt
Dividivi
Eberesche
Eberwurz
Eiche
Elsbeerbaum
Enzianwurzel
Efeu
Erdbeere
Erle
Esche
Fichte
Fingerkraut
Flechten
Gagel
Galläpfel
Gerberstrauch
Geum
Granatenschalen
Hartheu
Hartriegel
Hauhechel
Heidekraut
Heidelbeere
Helmkraut
Heuchere
Hexenkraut
Himmbeere
Hopfen
Hülsen
Kastanie
Kirsche
Knöterich
Knoppern
Krebsdistel
Lerchenfichte
Löwenfuß
Mahalebpflaume
Mehlblume
Mandel
Mimose
Mirobalanen
Mispel
Münze
Pappel
Pfriemen
Phyllanth
Platterbse
Quitte
Rose (Hainbutte)
Rosenwurz
Roßkastanie
Rüster
Ruhrkraut
Salbei
Sandbeere
Sanddorn
Schachtelhalm
Schlehe
Schwertel
Seerose
Spierstaude
Steinbrech
Storchschnabel
Sumach
Tamariske
Thymian
Tormentill
Wasserdosten
Weide
Weiderich
Weinstock
Wiesenknopf
Zigeunerkraut

G r ü n f ä r b e n d e Pflanzen:

Brunelle
Kälberkopf
Klee
Kohlblätter
Scabiose
Flechten
Fleckblume
Gamander
Ginsel
Hollunder
Kirschenblätter
Kreuzkraut
Küchenschelle
Malve
Melde
Nachtschattenbeeren
Schwertel
Spindelblume
Vogelpflaume

S a f t g r ü n geben folgende:

Bitterkleeblätter
Einbeeren, Unreife
Eisenhutblumen
Küchenschelle
Ochsenzungenblumen
Ritterspornblumen
Schwertelblumen
Wegdornbeeren

B r a u n f ä r b e n d e Pflanzen:

Ahorn
Aloe
Areca
Birnbaum
Catechu
Dosten
Eiche
Elsbeerbaum
Erdbeere
Erle
Fichte
Flechten
Ginsel
Kaffee
Kastanie
Kelchblume
Kirsche
Lisimachia
Mahagonirinde
Plantanus
Pflaumenholz
Roßkastanienschale
Schwamm von Apfelb.
Wallnußschalen
Wegdorn
Wolfsrauch (Staubschwamm)
Wurzelbaum
Zucker, gebrannter

Hellbraun färben die meisten gelbfärbenden Pflanzen; dunkelbraun mit Chrom- und Eisensalzen fast alle gerbestoffhaltigen.

S c h w a r z f ä r b e n d e Pflanzen:

Pflanzensäfte, die an der Luft schwarz werden,

Akajounuß
Balsamstrauch
Camoceladie
Katappabaum
Maclend
Mancinellbaum
Rauwolfie
Sumach, Firnis
Zigeunerkraut

x) Johann Carl Leuchs, "Farben und Färbekunde", 1.B., Verlag C. Leuchs & Comp., Nürnberg 1846

x) Alte Regel i. B. auf den Farbgehalt der Pflanze:

1. Die auf trocknem, steinigem Boden gewachsenen Pflanzen enthalten mehr färbende Teile (ihre Rinden mehr Gerbstoff) als die auf feuchtem und fettem Boden gewachsenen.
2. Die in warmen Sommern gewachsenen enthalten mehr, als die in feuchten und kühlen gewachsenen.
3. Die Farbstoffe langsam gewachsener Pflanzen und Pflanzenteile sind haltbarer als die schnell gewachsener; die des Stammes im Allgemeinen beständiger, als die der Blüten.
4. In Blättern ist die größte Menge färbender Teile zur Zeit der Blüte.
5. In Stengeln oft auch erst kurz nach der Blüte.
6. In Stämmen (im Holz) entwickelt er sich häufig erst mit dem höheren Alter. (Dies ist z.B. bei dem Holze des Blau- u. Rotholzbaumes der Fall, bei der Akazie, der Erle usw.)
7. Die Blüten enthalten am meisten Farbstoff teils unmittelbar vor dem Aufblühen, teils bald nachher. In einigen entwickelt er sich aber auch erst bei dem Verwelken.
8. Die Rinde der Bäume enthält am meisten Gerbestoffe oder färbende Teile zur Zeit, wo sie im vollsten Safte sind, das heißt, wenn die Knospen sich öffnen (also im Frühjahr); am wenigsten im Winter. Ebenfalls wenig in kalten Frühjahren, in welchen man bis zu Anfang des Sommers mit dem Abschälen warten muß.
   Die Rinde einer Eiche, die im Winter 30 % Gerbstoff enthält, hat im Frühjahr 108 %, also 2 $\frac{2}{3}$ mal mehr. (Biggin)
9. An den äußeren Teilen werden die färbenden Teile, so wie der Gerbstoff der Rinden, durch den Einfluß der Luft verändert, und zersetzt. Die äußere Rinde enthält daher weniger färbende Teile und Gerbstoff, als die mittlere, diese weniger als die innere (der Bast)
10. Die Rinde junger Bäume enthält mehr Gerbstoff und färbende Teile, als die alter; die der dünnen Zweige mehr, als die des Stammes. Glatte Rinde mehr als rauhe. (Es ist daher vorteilhaft bei Eichen die dünnen Zweige abzunehmen, da diese jährlich wieder nachwachsen u. man so einen Eichenwald länger benutzen kann. Eichenwälder die auf Lohe benutzt werden, läßt man gewöhnlich alle 40 Jahre fällen.)
11. Die Wurzeln enthalten den meisten Farbstoff, wenn sie ausgewachsen sind.
12. Die meisten Pflanzenkörper geben im trockenen Zustand mehr färbende Teile an das Wasser ab, als im frischen. Der Grund hiervon ist, daß sich teils während des Trocknens Farbstoff entwickelt, teils derselbe leichter aus den Zellen und Gefäßen, in denen er im frischen Zustande fest eingeschlossen ist, ausgezogen werden kann. Viele, insbesondere die gelben Farbstoffe enthaltenden, färben aber im trockenen Zustand nicht so lebhaft oder leicht, da ihr Farbstoff während des Trocknens durch Sauerstoffanziehung verändert wurde (der gelbe mehr und weniger in Braun)
13. In mehreren Pflanzenkörpern entwickelt oder verbessert sich der Pflanzenfarbstoff erst durch Gärung. (Waid, Fernambuk u.a.Rothölzer, Krapp, Flechten usw.)

x) Johann Carl Leuchs, "Beschreibung der färbenden und farbigen Körper", Verlag von C. Leuchs & Comp., Nürnberg, 1846

Farben aus dem Tierreich

Es folgt eine kurze Aufzählung einiger färbender Tierkörper bzw. färbender Stoffe, die Tiere erzeugen oder dgl.

Stecheichen-Schildlaus u. Kermes- " (auf strauchartigem Bau, Kermeseiche genannt, da dieser zur Kermeszeit gepflanzt wurde, die erbsengroße Laus saugt sich an den Blattstielen u. Blättern fest und sondert einen Lacksaft aus, der an Astspitzen den Jungen eine Hülle bietet, daher "Stock-Lack", Lak-Lak genannt, Lakinsekt, Schellak ist also echtes Harz, Gummilak - Stengellack an bestimmten Feigenbäumen) andere

Blattläuse - Schildläuse

chochenille oder Cochenilla (spanisch - Kellerassel) schon 1526 wurde dieses Insekt aus Mexico in den Handel gebracht. (lateinisch - Schalachschildlaus). Sie lebt auf der sogenannten Fackeldistel - Nopalpflanze, eine Kaktusart, deren Stamm fleischig ist, von deren Saft sie sich ernähren, und an der einmal festgesetzten Stelle immer bleiben. So findet man unter dem schildförmigen Körper der abgestorbenen Muttertiere die Eier, aus welcher die künftige Generation hervorgeht. Man hat große Kulturen für diese Tiere angelegt, sie in Körben gesammelt und getötet.

Krebse, die rote Farbe ergeben, haben z. T. einen roten Farbstoff, der harzig ist.

Purpurschnecke, über die noch einiges zu sagen ist.

Färbender Frosch, der einen intensiven Farbstoff gibt, der, wenn man diesen auf die federentfernte Haut eines Vogels gibt, die neukommenden Federn auch einfärbt.

Wespennester haben schwärzliche Körper, die sich in den Zellen befinden, diese geben im Wasser gelöst eine Farbe, die der Sepia gleicht und sogar noch mehr Glanz und Tonveränderung hat.

Sepia, die Absonderungen vom Tintenfisch geben eine bräunliche Farbe.

Die Purpurfarbe

"Eine der beliebtesten Textilfarben des Altertums war der Purpur. Die antiken Schriftsteller haben uns berichtet, daß an seiner Entdeckung ein Schäferhund und - die Liebe beteiligt waren: der Hund zerbiß am Meerufer liegende Schnecken, wovon sich seine Schnauze mit einem prächtigen Violettrot färbte, das lange haftete und nicht abzuwischen war. Die Geliebte des Schäfers sah dies und bat ihn, ihr ein Kleid in eben einer solchen herrlichen Farbe zu verschaffen. Um den Wunsch seiner Herzensdame zu erfüllen, sann der Schäfer der Erscheinung nach und verfiel schließlich auf den Purpur. Das ganze soll sich zu Phönizien in unvordenklichen Zeiten zugetragen haben.

So schön dieser Bericht klingt, so wenig Wahrscheinlichkeit hat er leider für sich. Denn der Purpur ist nämlich zunächst gar nicht purpurrot, sondern grüngelblich, ein winziger Tropfen, den eine Drüse im Darmkanal einer Stachelschnecke absondert. Erst unter dem Einfluß der Sonne entwickelt sich daraus der prachtvolle Purpur. Übrigens will die Altertumswissenschaft neuerdings festgestellt haben, daß der Purpur auf Kreta schon 1600 v. Chr. gewonnen wurde, und andere Forscher sind sogar der Meinung, daß die Indogermanen diesen Farbstoff bereits in vorgeschichtlicher Zeit kannten.

Goethe

x) Eigenartig war sowohl die Gewinnung der Farbe als ihre Verarbeitung. Man fing mit Netzen die Schnecken in großen Mengen, tötete sie, zerschnitt das Fleisch, salzte es ein und kochte es in großen Kesseln. Aus dieser Brühe sonderte sich schließlich das Blut ab, wurde flüssig und fing an zu schäumen. Etwaigen Unrat, der sich in diesem Sud befand, schöpfte man ab. Zehn Tage währte die Kocherei. Dann wurde die Farbe mit etwas reiner Wolle ausprobiert. Die Tönungen schwankten zwischen dunkelrot (wie geronnenes Blut) oder blaurot bis zur Farbe des Amethystes. Wollte man ganz besonders prächtig färben, so wurde die Wolle zuvor in Kalkwasser geweicht und hernach in Lauge gewaschen, oder sie erhielt einen Sud aus Meergras, Ochsenzungenkraut und anderen Pflanzen. Diese Art der Vorbehandlung zeugt bereits von sehr viel färberischem Verständnis. Es wird sich im Verlaufe der folgenden Ausführungen noch zeigen, welche wichtige Rolle diese vorbereitenden Arbeitsgänge in der ganzen Färberei und damit im Zeugdruck bis auf den heutigen Tag spielen. Der Purpur galt als die kostbarste Farbe, die den Priestern und Königen vorbehalten blieb. Zur Zeit der römischen Kaiser ging man so weit, daß man es als Vorrecht der Prinzen ansah, sofort nach ihrer Geburt in Purpurwindeln gewickelt zu werden, um dadurch gleichsam die Anwartschaft auf das Kaisertum zu erhalten. Purpurstreifen waren ehrende Auszeichnungen an den Gewändern der hohen römischen Beamten. Unter Nero wurde als Majestätsverbrecher mit dem Tode bestraft, wer sich unberechtigt die edle Farbe zu tragen anmaßte oder auf ein Stück Purpur eine andere Farbe setzte. Die Orte, an denen man die Purpurschnecken fing und verarbeitete (u.a. an der heutigen dalmatinischen Küste), wurden streng geheim gehalten. Die Färber und ihre Nachkommen durften kein anderes Handwerk ergreifen, sondern bildeten eine eigene Zunft. Ihr Zunftzeichen war ein Korb mit Purpurwolle. Seltsamerweise ging die Kunst des Purpurfärbens gegen Ende des 12. Jahrhunderts völlig verloren."

x) Karl Kasper, "Bunter Traum auf gewebten Grund"
Otto Elsner Verlagsgesellschaft Berlin, 1938

x) "Von tierischen Körpern sind im Vergleich mit Erde, Metall- und Pflanzenkörpern noch wenige zum Färben benutzt worden ... Das Tierreich bietet alle Farben und mitunter in seltener Pracht dar, aber meistens zeigen sie sich nur auf der Oberfläche der Bekleidung der Tiere und entstehen hier nicht einmal durch einen eigenen Farbstoff ... auch da, wo ein besonderer färbender Körper vorhanden ist, hat man diesen nur selten als Farbe benutzen können, weil es teils in zu geringer Menge vorkommt, teils zu sehr zur Zersetzung geneigt, teils nicht löslich oder ohne Verwandtschaft zu den Zeugen und zu den bekannten Beizen ist ... Der rote Farbstoff, der den Hauptbestandteil wichtiger innerer Säfte ausmacht, am häufigsten im Tierreich vorkommt, ist fast der einzige, den man als Farbe benutzen, auf Zeugen zu befestigen verstand."

Die Kermesfärberei

xx) Die Weibchen der Kermesschildlaus (Coccus ilicis) wurden um die Zeit der Sommersonnenwende von den Blättern der Kermeseiche (Quercus coccifera) abgesammelt. Kermes ist eine strauchige, immergrüne Eichenart des Mittelmeergebietes. Der rote Farbstoff wurde bis ins 18./19. Jahrhundert benutzt,wenngleich er schon im 16./17. Jahrhundert durch das neue aus Mittelamerika bezogene Karminrot stark an Bedeutung verloren hatte. Karminrot ist die getrocknete Körperflüssigkeit der Cochenilleläuse, die in Mexiko von den Opuntien abgesammelt wurde. Zu nennen ist schließlich der osteuropäische Vertreter der Farbschildläuse, das Johannisblut. Es handelt sich um eine Schildlausart (Maragarodes polonicus), die an den Wurzeln der im Volksmund Knauel genannten Pflanzengattung Sceleranthus lebt. R. Scholz konnte in seiner Dissertation über den Farbstoffhandel im Mittelalter nachweisen, daß sich das Sammeln der mittelmeerischen und osteuropäischen Farbschildläuse nur lohnte, wenn es im Großen betrieben wurde. Es wurde darum bald zu einem grundherrlichen Privileg, wie auch der Import des mexikanischen Cochenillerots von Anfang an Privileg der spanischen Krone war. Färbertechnisch ist Karminrot bzw. das chemisch nah verwandte Kermesrot leichter zu behandeln: Es löst sich leicht in ammoniakalischer Flotte und kann mit Alaun zu einem sehr echten, dauerhaften Lack niedergeschlagen werden."

In früheren Zeiten gab es noch manche Entdeckungen und Kenntnisse über Tier-Farben. Wir wollen nun weniger über Tierfarben forschen, da wir nicht gerne durch Töten oder dgl. Farben gewinnen wollen. Wir legen vor allem Wert auf die so wichtigen heilend wirkenden Pflanzenfarben. Sie können in der heutigen Zeit der agressiven, grellen Teerfarbenprodukte, Leuchtreklamen, Röhrenbeleuchtungen, Fernsehbildern usw. beruhigend, erholsam und strahlungsabschirmend wirken.

Alle Farben entstehen in der lebenden Pflanze durch die Einwirkung des Lichtes, der Sonne, denn Keime sind weiß oder Weiß ist die Farbe der Keime. Verwenden wir also Pflanzenfarben, so malen wir gewissermaßen mit "Lichtkräften", Farb-Licht-Kräften.

x) Johann Carl Leuchs, "Beschreibung der färbenden u. farbigen Körper" Verlag von C. Leuchs & Comp. Nürnberg, 1846

xx) Emil Ernst Ploss, "Ein Buch von alten Farben", Heinz Moos Verlag München, 1967

x) Künstliche Farbstoffe: Teerfarben

Diese werden aus Steinkohlenteer (Braunkohlenteer und Petroleumverarbeitung) hergestellt. Wenn an Stelle der Bezeichnung Teerfarbstoff sehr oft noch, und selbst von sachverständiger Seite, die Benennung Anilinfarbstoffe gebraucht wird, so ist das durchaus fehlerhaft. Anilinfarbstoffe sind zwar immer Teerfarbstoffe, aber bei weitem nicht alle Teerfarbstoffe sind Anilinfarbstoffe, diese waren nur die ersten Farbprodukte, welche aus dem Steinkohlenteer gewonnen wurden.

Die Farbstoffe des Tier- und des Pflanzenreiches sind meist fertig gebildet in den Organismen, aus denen sie gewonnen werden, enthalten, und erfordern zu ihrer Entwicklung da, wo sie nicht fertig, sondern nur vorgebildet vorkommen, nur eine einfache Behandlung, auch ihre Abscheidung aus dem Rohmaterial ist fast immer eine verhältnismäßig einfache. Die Teerfarbstoffe dagegen sind niemals fertig gebildet im Teer enthalten, dieser liefert immer nur das Rohmaterial in Form von sog. Zwischenprodukten von verschiedener chemischer Zusammensetzung, aus denen dann durch oft sehr weitläufige und komplizierte Behandlung erst die Farbstoffe gewonnen werden. Und so sind es denn auch drei verschiedene bedeutende Industrien, welche an der Herstellung der Teerfarbstoffe Anteil haben: Die Leuchtgasfabrikation, welche das Rohmaterial, den Teer liefert; sodann die hoch entwickelte Industrie der Zwischenprodukte, welche aus dem Teer die zur Farbstoffbereitung geeigneten Verbindungen abscheidet und zum Teil schon einer chemischen Vorbereitung unterwirft, um sie dann der dritten Industrie, der eigentlichen Teerfarbenfabrikation zuzuführen ... (Diese Errungenschaft der modernwissenschaftlichen Chemie usw. geschah erst gegen die Mitte des vorigen Jahrhunderts.)

Man unterscheidet bei den Malfarben Deckfarben, d. h. gut deckende Oberfläche, bei dem der Malgrund unsichtbar ist.
Lasurfarben, d. h. bei denen der Malgrund durchscheinend ist.

Handelsform der Farben:

a. in Stückchen (Säcken, Fässern, Kisten, Trommeln)
b. in Pulverform
c. in Pastenform
d. in Teigform
e. Knopfform und Täfelchen (die Tuschen usw.)
f. Tubenfarben
g. Napffarben
h. Päckchenfarben
i. in Stangen (seltener Würfel, Schreibkreiden, Chinesische F. usw.)
j. in Stiftform (Pastellstifte usw.)
k. in Büchsen (Lackfarben usw.)

x) Handbuch der Farben-Fabrikation, Steinkopf und Springer, Dresden, 1908

Die giftigen, leicht giftigen und ungiftigen Farben

x)
"In der Chemie macht man keinen Unterschied zwischen giftigen, leicht giftigen (Vergällend wirkenden) und ungiftigen Farben. Man behauptet, der Begriff "Gift" müsse sehr relativ, sehr labil aufgefaßt werden. Denn das, was für das eine Leben giftig genannt werden müsse, könne für das andere ungiftig, für das dritte nur als "Reizstoff" wirksam sein usw. ...

Befassen wir uns nun mit der Tatsache, daß es ungiftige, leicht giftige und giftige Farben gibt. Die giftigen Farben fördern das zerstörerische Krebsgeschehen. Sie sind wesentlich an der Bildung und Entstehung der Verwesungsstoffe beteiligt. Die leicht giftigen Farben hingegen erzeugen überwiegend Spannungen und Erregungen, weil sie eben vergällender Natur sind. Reizungen können auch zur Entfaltung gelangen. Alle derart chemisch und daher auch physikalisch wirksamen Farbstoffe in den Nahrungsmitteln fördern die Krebsveranlagung im menschlichen Organismus. Sie bringen die jeweilige Geschwulstkrankheit zeitlich unterschiedlich zum offenen Ausbruch. Alle schwer giftigen Farben, die ziemlich dunkel oder äußerst grell aussehen, geruchlos oder geruchstark sind, bewirken im Zellorganismus eine äußerst wirksame, intensiv kerbsfördernde Reaktion. Denken wir nur einaml an eine Farbe, die dunkelblau oder blauviolett aussieht und dazu noch giftig ist, so können wir uns schon vorstellen, was im sichtbaren Körper geschieht. Solche Farben wirken in unerkannter Weise auf die Kapillarwände der feinsten Äderchen ein. Dort, wo dieselben aufhören, befinden sich unerkannte Kleinstdrüsenzellen, die mit Nervenenden, die in sie einmünden, korrespondieren. Geistige, seelische und bestimmte körperliche Vorgänge werden dortselbst zumeist stärker registriert als in den größeren Organen. Licht, Luft, Sonne und Mond, wie überhaupt alle von außen her erfolgenden Einströmungen, strahlungs- und schwingungsmäßig gesehen, vom Kosmos, dem Universum, vom wahren Himmel, den Umweltverhältnissen . . . alles wird in diesen Nervendrüsenkleinstzellen registriert. Wenn nun eine Belastung durch einen giftigen Farbstoff eintritt, so kommt dies mitunter einer sekundären Blockierung der Kräfte gleich (da ja die Farben nicht die Hauptursachenträger der Krebskrankheiten darstellen). Die Kleinstdrüsen- und Nervenreaktionen werden regelrecht geschockt, es bilden sich Giftstoffe, die sowohl in den Nerven- als auch in den Blutstrom zurückfließen. Sie sickern durch die Nervensubstanzen hindurch, "drücken sich regelrecht an den vielen Blutplättchen bzw. Blutzellen vorbei", und zwar immer in entgegengesetzter Weise, wie diesen Kleinstnervendrüsenzellen Kraft von größeren Organen zugeführt wird. überall dort, wo sich Hauptverzweigungen von Nerven- und Aderenden befinden, wird die Krebsveranlagung und die Krebskrankheit gefördert. Also müssen in Zukunft auch diese Zonen ganz besonders beachtet werden.

x) J. C. Leuchtenberg, Das Licht besiegt den Krebs."Lichthort"-Verlag Marschalkenzimmern/Schw., 1965

Wie schädlich ist es, wenn die Frauen ständig auf die Haut Farben auftragen, die nachträglich in die Poren eindringen und zu jenen Nerven- und Aderenden hingelangen, in denen dann schädliche und störende Reaktionen stattfinden. Ich denke beispielsweise an rosafarbenes, gelbliches oder braunes Gesichtspuder, an entsprechende Cremes und vor allen Dingen an die Lippenstifte, die ja teilweise nachweisbare krebsfördernde Stoffe enthalten. Vieles ist in dieser Hinsicht in Vergessenheit geraten. Die giftigen roten Farbstoffe, auch wenn sie in Form von gefärbten Kleidern auf der Haut getragen werden oder mit der Haut in Berührung kommen, sondern immer irgendwelche Stoffe ab, und sei es auch in wissenschaftlich nicht mehr nachweisbaren Spuren. Rote Kleider fördern ohnehin die Spannungs- und Erregungsvorgänge. Die chemisch-physikalisch wirksamen Spuren erhöhen diese Geschehnisse. Es entspricht daher reaktionsmäßig den erfolgten Verkettungen und Verflechtungen, wenn nach irgendeiner Seite hin eine besondere Aggressivität wahrnehmbar ist. Diese kann sich in den verschiedensten Lebensbereichen des Menschen entfalten, Teilursache ist das Kleid, das getragen wird, der Farbstoff, der giftig oder vergällend wirkt, und selbstverständlich die entsprechende Strahlung und Schwingung, die mit der - sagen wir - Modefarbe in Zusammenhang steht . . .

Durch das giftige Zinkweiß werden zumeist erhebliche Hautschäden, mitunter auch derartige Nervenschäden ausgelöst, daß sich das Blut ändert, und die Menschen von Leber-, Galle-, Magen- und Darmleiden befallen werden können. Dies ist natürlich auch nur auf den mehr primären Einfluß des Zinkweiß zurückzuführen, der als Auslösungsfaktor in Erscheinung tritt. Direkte Farbenvergiftungen gibt es außerdem; sie machen sich aber anders bemerkbar. Unbekannt ist, daß die giftigen Chromoxydfarben in den sogenannten weißen Marksubstanzen des Gehirns Reaktionsstoffe auslösen, die unter Umständen sogar in winzigen Spuren zu Besessenheitssymptomen führen können. Es ist besonders wichtig, daß man dies endlich einmal wissenschaftlich zu erkennen beginnt, weil die Zahl der Geisteskrankheiten eher noch ansteigt als abnimmt, wie sich überall in der Welt mehr oder weniger prozentual feststellen läßt. Farbkörper werden auch durch radioaktive Stoffe in der Luft bzw. in der Atmosphäre gebildet. Eingeatmet gelangen sie in die Lunge und in die Bronchien und von dort aus in die Blutbahn. Ein Teil wird von den Drüsen abgefangen und erzeugt dort widernatürliche chemisch-physikalische Reaktionen. Die winzigen Farbkörper, die natürlich nicht alle in den Chromoxyd-Bereich einzuordnen sind, belasten die verschiedenen Rindenschichten im Gehirn. Neben Besessenheitssymptomen können auch Leukämieerkrankungen und ähnliches ausgelöst werden.

Manche Farbkörper haben die Eigenschaft, sofern sie einmal in den Organismus über die Atmung eingedrungen sind, die sowieso vorhandenen Farbsubstanzen, die zum Menschen gehören, zu schädigen und zu stören bzw. sogar zu zerstören. Dies ist besonders bei Leukämie und Anämie der Fall. Blutkrebskrankheiten werden durch die in der Luft umherfliegenden Farbstoffpartikelchen noch mehr gefährdet, die Todesfälle

treten schneller ein. Kürzlich wurde im Rundfunk bekannt gegeben, daß aus einem chemischen Werk in Ludwigshafen größere Mengen von Farbstoffteilchen in die Luft entwichen waren. Autobesitzer wurden sogar aufgefordert, eventuelle Schäden an der Karosserie anzumelden (am Lack). Welche gesundheitlichen Störungen aber unter Umständen ausgelöst wurden, daran dachte niemand ...
Mit Hilfe von völlig ungiftigen Farben kann man jene Krebsgeschwülste bekämpfen, in denen sich bereits im erhöhten Maßstabe Farbstoffe, auch rein äußerlich gesehen, nachweisen lassen. Es dürfte ja der Wissenschaft bekannt sein, daß es verschiedenartig eingefärbte Krebsgeschwülste gibt, natürlich nicht in bunt schillernder Weise, sondern nur feststellbar durch nähere Betrachtung mit dem Mikroskop oder Elektronenmikroskop, ferner durch chemisch-physikalische Reaktionen, die zum Beispiel bei Blutuntersuchungen, bei der Schweißreaktion, beim Auswurf, durch Hustenreiz hervorgerufene und beim Stuhlgang oder Urin Farbkörper "kontrollieren".
Ungiftige grüne Farben bewirken eine Abheilung der Entzündungen und ein langsames Abschwellen von krankhaft vergrößerten Zellkörpern im Organismus bzw. eine Zurückbildung ganz bestimmter charakteristischer Geschwulsterscheinungen. Es gibt heute noch einzelne Naturvölker, die sich mit derartigen Heilungsmethoden beschäftigen, aber ihr Wissen sehr streng geheimhalten. Das sind Indianerstämme in Südamerika, das sind Medizinmänner abgelegener, im Urwald wohnender Zwergvölker Afrikas und jene Neger, die noch nicht allzu stark mit der Zivilisation in Berührung gekommen sind. Auch in Asien und in der Inselwelt des Pazifischen Ozeans kennt man einzelne Methoden gegen Geschwulstkrankheiten, die durchaus erfolgreich angewandt werden. Bei diesen Anwendungen spielen ungiftige Farbsubstanzen teilweise eine außergewöhnliche Rolle.
Ich bin daher zu der Überzeugung gelangt, daß die naturreingefärbten Stoffe mittels ungiftiger Farben weitaus gesünder sind als das, was der Mensch heute im allgemeinen modemäßig trägt. Farben sind Welten, die in der Zukunft genau unterschieden werden müssen. Der Mensch muß auch hier begreifen, daß es giftige, leicht giftige und ungiftige Farben gibt."

x) Julius Hebing, "Chemische Farben", aus Welt, Farbe und Mensch, Freies Geistesleben, Stuttgart, 1954.

Überblick über Bindemittel und Firnisse:

Die Bindemittel haben die Aufgabe, die einzelnen Farbkörnchen untereinander und mit der zu färbenden Unterlage so zu verbinden, daß sie nicht abwischbar sind. Daneben sollen sie die Farben selbst schützen und in ihrer Wirkung dauerhaft erhalten. Das Bindemittel darf die Farbe (Farbstoffe) nicht lösen, und es darf auf die Farben auch nicht in anderer Weise (verfärbend, bleichend) stofflich einwirken. Da die Bindemittel sowohl den Farben wie auch den Malweisen, die sich ihrer bedienen, ihre besondere Eigenart verleihen, so gibt auch die Mannigfaltigkeit der Malweisen ein Bild dafür. Zu den Bindemitteln in weiterem Sinne kann man auch die Beizen der Textilfarben rechnen, d. s. diejenigen Stoffe (Metallsalze, Tannin usw.), die die Fähigkeit haben, den Farbstoff an die Faser zu heften. Als Stoffe, die die Färbung ermöglichen und sichern, wären hier auch noch eine ganze Reihe anorganischer Stoffe anzuschließen (Soda, Kochsalz, Schwefelnatrium, Natriumbisulfit, Natriumsulfat, Ammoniumazetat, Aluminiumsalze, Chromsalze, Kaliumbichromat u.v.a.).
"Hilfsmittel" sind Stoffe, welche zur Übertragung der Farben dienen, die Färbung vorbereiten, ihre Ausführung unterstützen u. ihre Vollendung sichern und festigen.

Mineralische Bindemittel: Kalk, gelöschter Kalk, Ätzkalk, Kalkhydrat
Wasserglas, Kaliwasserglas, kieselsaures Kalium, ist eine klebrige Flüssigkeit (daher mineralischer Leim genannt), und bildet mit Kalkhydrat, Magnesium- und Zinkoxyd Silikate, welche zu wasserunlöslichen Verbindungen erhärten. Darauf beruht die Mineralmalerei. Als Untergrund dient ein 1-2 cm dicker Zement- Kalkmörtel, hierauf wird der Malgrund aufgetragen, der aus Quarzsand, Marmorpulver, Kieselgur und Kalk besteht. Auf die oberste Schicht läßt man Flußsäure einwirken, wobei sich Fluorverbindungen bilden, die mit dem später aufzutragenden Wasserglas die Festigung des ganzen Malgrundes bedingen. Die Farben werden naß auf dem Malgrund aufgetragen; hiernach läßt man das Bild vollkommen austrocknen und fixiert mit Kaliwasserglas, das mit Ammoniak versetzt ist; diese Mischung heißt: Fixierungswasserglas. Es tritt Verkieselung und Verkittung der Farbstoffe ein. Sie halten sich noch besser als Fresko.

Pflanzliche Bindemittel und Rohstoffe für Firnisse und Lacke:

Gummi: Traganth, erhärtetes Sekret, das durch Wunden an Astragalus-Arten (Leguminosenfam.) zum Ausfließen gebracht wird.
Gummiarabikum, Sekret der Rinde u.a.A. Acaria gummifera-Leguminossae

Öle, Fette: Hanföl aus Schließfrüchten gewonnene Öle (Fam. Moraceae)
Mohnöl, aus Mohnsamen gewonnenes Öl
Leinöl, aus Samen gewonnenes Öl, durch kalte und warme Pressung usw. (Linaceae)

Wachs: Bienenwachs, Baustoff d. Honigwaben

Balsame: Kopaivabalsam, gewonnen durch Verletzung des Kernholzes (Copaiferaarten)
Perubalsam, gewonnen aus dem Holze der Tolnifera Pereira Myroxylon P. Legum

Tolubalsam, aus Einschnitten, die bis ins Stammholz reichen von Myroxylon toldiferum (Fam. d. Leguminosae)

Storax, Styrax, der durch Kochen aus dem mit Rinde bedeckten Splintholz gewonnen wird (v. Liquidambar orientalis Mill usw.)

Terpentin, Wunderbalsame der Rinde und des jungen Holzes, durch Verwundung zum Ausfließen gebracht, von der Pinus-, Larix- u.a. Koniferenarten.

Gummigutt, Gutti, ist erstarrtes Sekret der Innenrinde, welches durch künstlich erzeugte Wunden ausfließt (von der Garcinia Morella Desr. u.a. Arten (Fam. Guttiferae)

Harze: Benzoe, Gummi benzoe, ist erhärteter Balsam durch Verwundung der Mittelrinde sowie der anderen Stengelgewebe (durch Verharzung), von 7-10 jährigen Styrax Benzoin Dryand (Fam. Styraceae)

Elemi, Gummi Elemi, Balsame mehrerer Arten der Familien Burseraceae und Rutaceae. Gemeines Harz, Fichten-, Föhrenharz, Wurzelpech, durch Verdunstung u. teilweise Verharzung d. ätherischen Öle entstandene eingedickte Produkte aus Terpentinen; z.T. als feste Ausscheidung aus Stämmen oder d. künstl. Destilation von mehreren Arten der Familien der Pinaceae

Waldweihrauch (Galipot, Scharrharz d. franz. Terpentins) sind überwallungsharze u.a. der Schwarzföhre (Pinus laricio) d. Lärche (Larix decidua)

Kolophonium (Harz oder Geigenharz) aus Terpentin durch vollständ. Abdampfen der Riechstoffe gewonnen, bis die Masse völlig amorph wird (gemeines Harz)

Mastix (Gummi Mastix), tropfenweise austretendes Harz aus künstlichen Verwundungen von der Pistacia lentiscus (Fam. Anacardiaceae)

Sandarak (Resina Sandaraea) ist erhärtetes Sekret, das in der Rinde gebildet ist (Balsamtröpfchen von Callitris quadricalvis Vent. Fam. Pinaceae)

Akoroidharz (rotes Xanthorrhoeaharz Fam. Liliaceae Asphodeloideae), Harze, die durch Teilumwandlung der Stammgewebe entstanden sind.

Drachenblut, Sekret, das zwischen den Fruchtschuppen austritt, einfach abgelassen (haselnußgroße Kugeln) oder erwärmt, in Stangen gepreßt usw. vom Daemonorops Draco, Dracena Draco, Pteracarpus Draco, Croton Draco usw.

Lack, Gummilack, erzeugt durch den Stich der befruchteten Weibchen der Lackschildlaus auf ostindischen Bäumen (Feigenbaumarten, Fam. Moraciae usw.) verschiedene Sorten: Stocklack, Rubinlack, Körnerlack, Klumpenlack, Schellack u.a. (das Harz umhüllt die Zweige, daher Stock-Lack)

Kopal sind harte aus der Erde gegrabene und weicher (noch in der Jetztzeit entstehende) von den Bäumen abgelesene Harze. Die Abstammung größtenteils unbekannt (z.T. Fam. der Leguminoseae-Caesalpinioideae)

Bernstein (Succinit) Fossiles Harz von der Bernsteinfichte.

Hinweis: Prof. Dr. V. Pöschl, "Farbwarenkunde", G.A. Gloeckner, Verlagsbuchhandlung, Leipzig, 1921

A n w e n d u n g der B i n d e m i t t e l des P f l a n z e n r e i c h e s u.a. :

Fette, Öl	trockene Ölfarben	(Leinöl, Leinölfirnis)
	trockene Öle mit Wasser	
	nicht trocknende Öle	Mohnöl, Nußöl, Hanföl
	braucht man zur Pinselkonservierung	

Harze u. Lacke: Harz-Ölfarben, = Ölharzmalerei der Renaissance u.d.Neuzeit.

Gummi=Arabi	Gummi-Aquarellfarben	- lasierend
	Guaschfarben	- deckend

Kirschgummi, Traganth für Pastellfarben- Pastellkreiden

Erprobtes Bindemittel für Trockenfarben z.B. zum Anrühren für Pflanzenfarben (Aquarellfarben) ist eine sehr gute H a r z e m u l s i o n x)
Diese Emulsion ist hergestellt aus reinen pflanzlichen Substanzen. Sie ist nach Bedarf - mit Wasser verdünnt - für jede wässrige Technik verwendbar. Sie dient zum Überstreichen des Malgrundes, sowie als Zwischenfirnis oder Schlußfirnis. x)

E i n t e i l u n g der F a r b e n nach der V e r w e n d u n g :

man unterscheidet:

a. Strich- oder Anstrichfarben (auf Holz, Metall, Mauerwerk)
Anstreicher - Tüncher - Lakiererfarben, Dekorationsmalerfarben

b. Malfarben, vorwiegend auf Papier, Leinwand, Holz Porzellan,Glas u.a.
Stoff- und Künstlerfarben:
Je nach Anwendung der Künstlerfarben unterscheidet man weiter:
Fresko
Öl-
Aquarell
Gouasch (Französ. Wasser, Deckfarbenmalerei)

c. Zeichenfarben (trockene Farbanstriche, insbes. auf Papier)
Schreibkreiden, Pastellstifte und Bleistift

d. Stoff oder Zeugfarben und andere lösliche Farben zum Färben von Geweben, Stoffen, Papier usw. (von Fasergebilden, Leder usw.)

e. Tinten für flüssige, gut färbende Strichführung:
Schreibtinte (Schwarz, rot)

f. Farben für Schreibmaschinenbänder, Vervielfältigungsapparate usw.

g. Aufbürstfarben sind gelöste oder geschlämmte Farben zum Auffrischen (z.B. Gewebe)

x) aus der Werkstatt für natürliches Malmaterial, Sektion für Bildende Künste, am Goetheanum, Dornach/Schweiz

Zu a. und b. Beide Gruppen dienen auch in "Graphischen Industrien" im Buch und Plakatdruck. Hierin erfolgt die weitere Scheidung in:
Typendruck, Autotypie, Steindruckfarben,
Tonfarben (Untergrundfarben für Dokumente),
Glanzfarben für Pergament, in der Buntpapier u. Tapetenfabrikation,
Porzellan, Steingut und Glasfarben.

Einteilung der Farben nach der T e m p e r a t u r, (bei der sich feste Aufstriche bilden und die Farben erhärten - beständige Färbung)

a. Erhärten bei gewöhnlicher Temperatur (die meisten Mal-Anstrich u. Zeichenfarben)
b. Färbung in heißem Wasser oder Dampf: viele Zeugfarben
c. Emaillefarben für Lacke, die bei höherer Temperatur eingebrannt werden
d. Bildung und Erhärtung bei höherer Temperatur: Email u. Schmelzf. i. d. Keramik

Außerdem gibt es K e i m f a r b e n:
Porzellan, Steinzeug z.T. auch Glasfarben kommen als Stoffe = in Form von Oxyden und anderen chemischen Verbindungen (Auftragen der Keimfarben mit dem Pinsel - die im Verlaufe des Fabrikationsprozesses (also beim Schmelzen und Brennen) mit anderen Zusätzen oder der Hauptmasse sich bildet, werden Schmelz oder Brennfarben genannt. Bei Glasmalerei kommen sie im durchfallenden, bei den Tonwaren im auffallenden Licht zur Wirkung.

"Alles Lebendige strebt zur Farbe"
Goethe

Wahrlich, - ohne Farbe wäre die Welt eines ihrer stärksten Reize bar. Sie wäre "grau in grau" und unsere Gemütslage befände sich in einem entsprechenden Dauerzustande. Wem das Schicksal die Gabe versagte, seine Umgebung farbig zu erleben, der verdient mit Recht unser Mitleid. Zum Glück ist totale Farbenblindheit selten.
Die belebte und die unbelebte Natur schwelgen in Farben. Der Himmel über uns zeigt je nach Jahres- und Tageszeit hauchblasses Blau bis satten Azur, zartestes Rosa bis flammenden Purpur. In geheimnisvoller Buntheit steht der Regenbogen über der Landschaft. Die gesamte Pflanzenwelt ist ein vielstimmiger Hymnus in Farben, von den frühlingsfrischen Blattknospen und Grassprossen bis zur tiefdunkelgrünen Schwere hochsommerlicher Wälder, vom schüchternen Vergißmeinnicht bis zur lockenden Rotglut der Dahlien. Vogelbalg und Schneckenhaus, goldig schimmerndes Bernsteinstück und bunt gesprenkelter Gesteinsbrocken - alles ist farbiger Anruf, auf den unser Empfinden antwortet. Was das Auge erfreut, wird vom Herzen begehrt.

x) .. "Alles eben was äußerlich erlebt werden kann, kann auch innerlich erlebt werden. Weil der Sinn für das übersinnliche sich gerade am besten durch die Farbe ausdrückt. Und je mehr ein Mensch Freude an der Farbe hat, desto mehr ist er eigentlich geneigt, das übersinnliche irgendwie zu begreifen. Aber unsere Zeit liebt Grau in Grau, möglichst ungefärbte Farben. Das ist aus dem Grunde, den man andeuten kann durch das Sprichwort "In der Nacht sind alle Kühe grau", weil der moderne Mensch überhaupt nicht mehr ins Licht hinein sieht, ich meine ins geistige Licht. Es ist für ihn alles Grau geworden ... "

Die verschiedenen A u s d r u c k s m i t t e l des M a l e r s :

Die M A L T E C H N I K ist das H A N D W E R K, das der zu Malende beherrschen muß, um sich überhaupt ausdrücken zu können. Wenn man viele Maltechniken gelernt hat, wird man ein Erlebnis, ein Bildeindruck nicht nur geistig verdichten, also formal gestalten, sondern seine Idee auch in einer bestimmten Technik übersetzen können, bzw. m a t e r i a l - g e r e c h t gestalten.

Die M A L W E I S E ist die H A N D S C H R I F T des Malers!

Es folgen nun

v e r s c h i e d e n e M A L T E C H N I K E N

über T e m p e r a f a r b e n :

E i w e i ß s t o f f e als B i n d e m i t t e l :

Hierbei kommen in Betracht: Tierische Leime, Pergament, Knochen-, Kaseinleim, Hausenblase. Hierher gehört insbesondere die P e r e i r a t e m p e r a , die sich hauptsächlich der Hausenblase als Bindemittel bedient.

K a s e i n zeigt in alkalischer Lösung große Klebekraft und gelatiniert bei gewöhnlicher Temperatur nicht. Es kommt als Natronsalz in wasserlöslicher Form in den Handel. Es dient in der Kaseinmalerei, einer Abart der Freskenmalerei, auf Kalkgrundierung. Als Eiweißstoff ist das Kasein der Emulsion leicht dem Verschimmeln unterworfen.

E i d o t t e r : ist die gelbe Flüssigkeit des Eies, die aus Wasser, einem gelbgefärbtem Öl und mehreren Eiweißstoffen, insbesondere Vitellin, besteht. Es dient als x) Bindemittel in der T e m p e r a m a l e r e i . Der Name "Tempera" stammt vom spätlateinischen Worte temperare, d.h. mischen, la tempera = das Bindemittel. Insbesondere versteht man unter Temperamalerei diejenige Malerei, welche Eidotter

Hinweis:

x) Prof. Dr. V. Pöschl, "Farbwarenkunde", G.A. Gloeckner, Verlagsbuchhandlung, Leipzig, 1921

x) Rudolf Steiner, "Sprachgestaltung und dramatische Kunst", Philosophisch-Anthroposophischer Verlag, Dornach/Schweiz, 1941

als Bindemittel verwendet. (Später, z.T. auch heute, wird der Ausdruck wieder verallgemeinert). Die echte Temperamalerei verwendet Emulsionen von Wasser und Trockenöl in Eidotter oder anderen klebenden Bindemitteln. Je nach dem Bindemittel in den verteilten Stoffen unterscheidet man: E i t e m p e r a, eine Emulsion von Eigelb, Wasser und Farbstoff. Die Farben gleichen den Aquarellfarben: die Gemälde werden zur Erzielung eines Glanzes gefirnist. E i - Ö l t e m p e r a ist eine Emulsion von Eigelb, Trockenöl und Farbe (Ersatz der Ölmalerei). (Antike u. Frühmittelalter)

K a s e i n t e m p e r a ist eine Emulsion von Eigelb, Kasein und Farbe.

Ö l - G u m m i t e m p e r a ist eine Emulsion von Öl, Gummi und Farbe (ähnlich die Seifentempera).

L e i m - T e m p e r a (frühes Mittelalter)

K a s e i n m i t L e i m (im Mittelalter und in neuerer Kaseinmalerei - mit Lavendelöl)

Ö l f a r b e n :

Ölfarben werden aus Mischungen von Farbstoffen mit trocknenden Ölen, Firnissen, Wachs, Harzen, Balsamen, Lacken usw. hergestellt. Die zur Mischung dienenden Firnisse und Lacke sollen genügend abgelagert und geklärt sein. Während man früher (z.B. im Mittelalter) die Farbstoffe mit reinen Ölen (oder Öllacken) rieb und gewöhnlich nur den Tagesbedarf bereitete, verlangt man von den Ölfarben des neuzeitlichen Handels weitgehende Haltbarkeit, insbesondere auch Lagerfähigkeit. Aus diesem Grunde setzt man Wachs, Harze und andere Stoffe zu und erzielt eine so dicke Konsistenz, daß sich insbesondere das "Ölen", d. i. die Abscheidung von Öl, vermeiden läßt. Die mit den oben genannten Mischvorrichtungen fein geriebenen, von der Luft befreiten Farbstoffbreie werden in Büchsen (Anstrichfarben) oder Tuben (Künstlerfarben) gefüllt.

Moderne Künstlerfarben bereitet man auch mit entsprechenden Zusätzen von Harz (Kopal) und Bernstein) zu Firnis, da das Harz erfahrungsgemäß einen günstigen Einfluß hat und eine weitgehende Regelung des Trocknens gestattet, eine gleichmäßige Trocknung bewirkt und die Farbstoffe weitgehend schützt. Reine Harzlösungen wären jedoch ungeeignet, da sie zu rasch trocknen und infolge der Volumenverminderung reißen und springen.Reine Firnisse sind (namentlich für Künstlerfarben) nicht geeignet, da sie zu langsam trocknen, Runzeln bilden usw. Infolgedessen sucht man durch entsprechende Mischung von Harzlösungen und Firnissen und Lösungen die Gegensätze auszugleichen und je nach dem Farbstoff die geeignete Zusammensetzung zu erzielen. Man verwendet für Künstlerfarben insbesondere Bernstein und Kopale, vermeidet spritlösliche Harze sowie Petroleum und vergilbende Balsame ...

G r u n d i e r u n g : Die Selbstherstellung der "Gründe" ist für den Maler sehr vorteilhaft, weil sich auf solchem individuell zubereiteten "Grunde" reizvoller arbeiten läßt. Die meisten Maler glauben, bei Ölfarbe sei alles erlaubt, man könne es ja leicht wieder zudecken, auch hier wirkt der Grund hindurch und gibt entweder Leuchtkraft u. Klarheit wie ein weißer reiner Grund oder trübe, speckige Farbwirkung, die sich beim Trocknen noch ungünstiger verändert.

Grundierungsrezept: (Plastikbinder) 70 gr. Tafelleim 24 Stunden quellen lassen in 1 l Wasser im Wasserbad wärmen (4 % Formalin übersprühen oder 2 % zusetzen). Die Platten zuerst rückseitig streichen und Kanten der Vorderseite. x)

Die Künstlerölfarben oder Malerfarben.

Unter dieser Bezeichnung werden jene mit Mohnöl, Leinöl oder Nußöl angeriebenen Farben, welche von Künstlern bei Ausübung ihres Berufes angewendet werden, verstanden und sie sind im Prinzip ganz ebenso herzustellen wie die gewöhnlichen, zum Anstrich bestimmten Ölfarben; man verwendet nur reinere und zuverlässige Farbkörper und ist in der Auswahl des bindenden Öles sorgfältiger, so wie auch für eine viel feinere Verreibung auf der Reibeplatte (siehe Bild rechts) oder der Farbreibemaschine Sorge zu tragen ist.

Mit vier Farben allein, sagt John (die Malerei der Alten, Berlin 1846), nämlich vom Weißen mit Melischen Weiß, vom Gelben mit attischer gelber Erde, vom Roten mit Pulischem Sinopsisrot, vom Schwarzen mit Ruß-, Kien-, Elfenbeinschwarz, haben Apelles, Echion, Melanthius und Nicomachus, die berühmtesten Maler, jene unsterblichen Werke gemalt, von denen einzelne Tafeln dem Reichtum ganzer Städte entsprachen. Plinias, welchem diese Worte entstammen, führt dann weiter aus: "jetzt aber, indem Purpur an den Wänden pranget und Indien den Schlamm seiner Flüsse und den blutigen Ausfluß seiner Drachen und Elefanten sendet (Drachenbaum Dracum usw.), ist keine edle Malerei mehr vorhanden."

Bei den Ägyptern war sogar durch den kanon die Zahl der Malerfarben, welche verwendet werden durften, eine beschränkte, zuerst waren es fünf, später sieben. Die gleichzeitig als Palette und Malstock bei denselben dienenden Instrumente zeigen eine Reihe von sieben zur Aufnahme der Farben bestimmten Aushöhlungen.

xx) Verfahren zur Herstellung von Oelfarben

Nach dem gegenwärtigen Stande der Oelfarbenbereitung (1889) für Kunstzwecke wird der Farbenkörper mit dem Oel meist unter Zusatz von Bienenwachs oder Talg bei gewöhnlicher Temperatur in dem Mengenverhältnis verrieben, daß die bekannte butterartige Konsistenz und Geschmeidigkeit erzielt wird ... Man mischt zunächst den Farbstoff mit dem Oelbindemittel, jedoch, abweichend von der bisherigen Art, in dem Mengenverhältnis, daß die Konsistenz erheblich dicker ist, als sie schließlich bei der fertigen Farbe sein soll, und reibt auf dem Reibstein oder der Reibmaschine vorläufig fein. Hierauf erhitze man die Masse längere Zeit hindurch, wobei folgende Veränderungen mit derselben vorgehen: die Mischung wird bei vorschreitender Erwärmung zuerst hart, spröde und selbst brüchig, dann später bei langer Einwirkung wieder weicher, dünnflüssiger und zuletzt zähe. Nachdem der dünnflüssige Zustand ein-

Hinweis:

x) Max Doerner, "Malmaterial und seine Verwendung im Bilde", Ferdinand Enke Verlag, Stuttgart, 1949

xx) L.E. Andés, "Oel- und Buchdruckfarben", A.Hartleben's Verlag, Wien, Leipzig, 1889

Geräte zum

Farbenreiben:

Mörser

Reibplatte aus Stein,

Stößel,

Anreiber oder Läufer

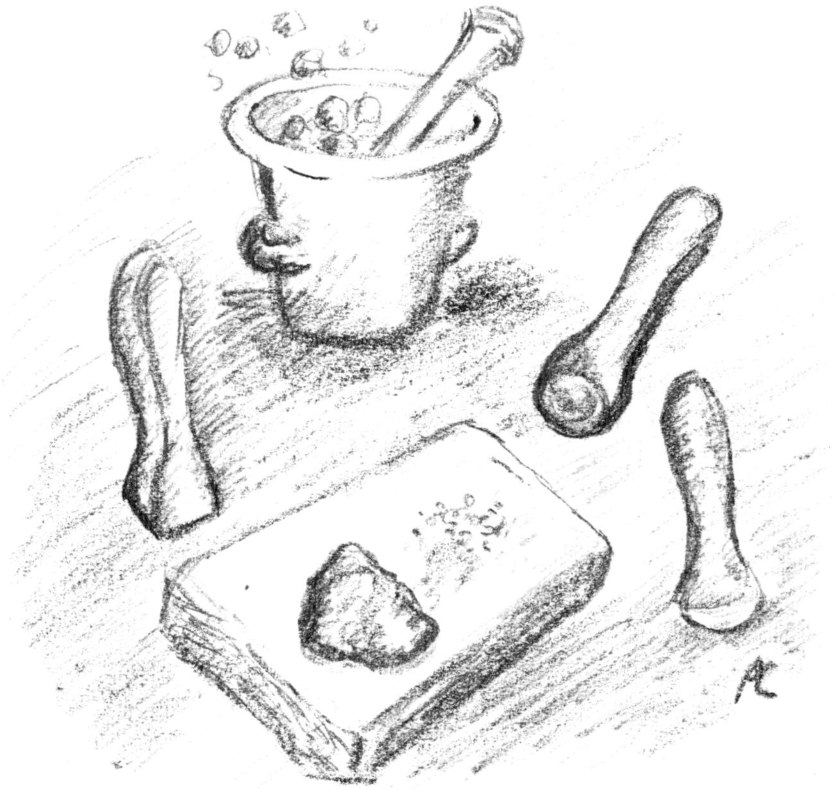

getreten ist, wird die Erwärmung sofort unterbrochen und die Farbmasse schnell abgekühlt. In diesem Zustande ist sie zum Malen noch nicht geeignet, sondern schleppend. Um diese Eigenschaft zu beseitigen und die malrechte Konsistenz zu erzielen, wird die Masse abermals auf den Reibstein oder die Reibmaschine gebracht und bei gewöhnlicher Temperatur verrieben, wodurch der schleppende Zustand nach und nach verschwindet und in die malrechte Konsistenz übergeht. Sobald diese erreicht ist, kann die Farbe in Tuben gefüllt werden ...

Was ist ein Oelbindemittel? - Wenn man irgend einen Farbekörper mit Leinoel oder einem anderen trocknenden Oele fein abreibt und diese Mischung aufträgt, so trocknet dieselbe, wenn auch langsam, zu einem festen Körper - der Farbe - ein. Hier ist also reines ungekochtes Leinoel (Oel überhaupt) das sogenannte Oelbindemittel. Andererseits weiß man, daß die Austrocknung viel rascher erfolgt, wenn das betreffende Oel vor dem Zusammenreiben erhitzt wurde (sei es mit oder ohne gewisse Zusätze):
man nennt dies Produkt bekanntlich einen Firnis.

Wenngleich alle Farbkörper in feinstem Pulver geliefert werden, so kann es doch hie und da vorkommen, daß die Farben nicht den genügenden Grad von Feinheit haben, oder von solcher Beschaffenheit - in Brocken, Hütchen, Zeltchen und dgl. - sind, daß eine Zerkleinerung, bzw. Vermahlung vor dem Anmachen mit dem Bindemittel sich als eine unumstößliche Notwendigkeit erweist. Die Erfahrung hat nämlich gelehrt, daß Farben, welche sich im feinsten pulverförmigen Zustande befinden, sich weit leichter und schneller, außerdem aber auch feiner reiben lassen, als solche, die eine brockige Beschaffenheit zeigen, also nicht im Stande sind, das Bindemittel gleichmäßig anzunehmen. Heute werden die Malfarben fertig malbar geliefert.

Bei gebrauchsfertigen Farben wird das Bindemittel stets vorangestellt:
"Ö l f a r b e n" bedeutet also mit öligem Bindemittel versetzter Farbstoff.
"Aquarell" oder"Wasserfarbe" heißt mit reichlich Wasser eingedicktes leimiges Bindemittel, das malfertig verdünnt werden muß.

In den Waldorfschulen, in denen der praktisch-künstlerische Unterricht gepflegt wird, lernen die Schüler die verschiedenen Techniken mit vielseitigen Materialien handhaben, doch pflegen wir nicht das Malen mit Ölfarben, da diese meist deckende Farbwirkung hat, und wir die "Therapie" der flüssigen Farbe (Aquarellfarbe) für das Wichtigere halten für die heutige Zeit. Die Schüler müßten jedoch wissen, wie man fachmännisch damit umgehen kann, um tieferes Verständnis und Ehrfurcht vor der Ölmalerei der großen Meister zu bekommen. Zuweilen malen Schüler zu Hause in Öl, handhaben aber das Material als Deckfarbe, so daß der Untergrund überhaupt nicht mehr zu sehen ist. Man sollte sie langsam zu einer lasierenden, lebendigen Technik führen durch Beratung.

Aquarellfarben:

Das Wesentliche der Aquarellmalerei ist die Lasurwirkung der Farben. Sie werden in dünnstem Auftrag auf einem hellen Untergrund verwendet. Der Untergrund ist durchlichtet, d.h. das Licht kommt vom Untergrund, der weiß oder zart getönt ist. In den leichten hellen Lichttönen beruht der Reiz des Aquarells.
"Älteste Form der Aquarellmalerei: Papyrus und Hiroglyphenschrift der alten Ägypter; Papier- und Tuscheerzeugung der Chinesen.
Entwicklung: Miniaturmalereien der Byzantinischen Zeit und im späten Mittelalter (Albrecht Dürer). Neue und reiche Entfaltung im 18. u. 19. Jahrhundert.
Die Bindemittel der Aquarellmalerei sind in Wasser löslich.
Man sollte zum Malen möglichst kalkfreies Wasser verwenden (vorallem beim Malen mit Pflanzenfarben), evtl. abgekochtes oder sogar destilliertes Wasser. Es kommt Gummiarabicum und Dextrin in Betracht.
Alle Farben werden hauptsächlich Lasurfarben verwendet, da der weiße Malgrund noch zu wirken hat. Zur Konservierung dienen Salizylsäure oder Alkohol. Um Aquarellfarben unabwaschbar zu machen, fügt man der Mischung noch Kopaivabalsam, Wachs und Mastix zu. Zum Zwecke gleichmäßigen Auftrags ist der Zusatz präparierter Ochsengalle notwendig. (Sie enthält Seifen und Taurocholsäure, die auf Fett emulgierend wirken und daher die gute Verteilung auf fetthaltigem Malgrund bewirken) ...
Die Herstellung der Aquarellfarben geschieht verschieden, je nach der Eigenschaft der Farben, der Mischung und der Form ... Die Tubenfarben werden aus breiartiger Mischung bereitet, die nach Bedarf auf Reibsteinen ganz besonders verfeinert werden. Diese Mischung wird in Tuben eingefüllt.

Gouache (vom italienischen Guazzo = Wassertümpel) ist eine Aquarellmalerei mit größeren Farbstoffmengen.
Guaschmalerei ist der Aquarellmalerei verwandt, die Farben sind mit flüssigem Gummi vermischt, als Deckfarben aufgetragen, wird auf Papier, Pergament, Seide, Elfenbein und dgl. aufgeführt.

Allen Farben sind heute weiße Füllstoffe, Schwerspat, Tonerden usw. zugesetzt. Die Guaschmalerei wird zuweilen gefestigt und wasserunlöslich gemacht durch Bestäubung mit (4 %) Gelatine und nachfolgendem Fixieren (mit 2 % Formalin).

P l a k a t f a r b e : eine Leimfarbe mit Füllstoffen, die deckenden Charakter hat.
Wir verwenden im Unterricht keine Farben mit deckendem Charakter.

P f l a n z e n f a r b e n als M a l e r f a r b e n

In früheren Zeiten rieb sich jeder Maler seine Farben auf einer Steinplatte usw. selbst an und verband sich innigst mit seinem Material und damit auch mit seiner Bild-Entstehung, zu der die Vorbereitung eine heilige Handlung war.
Hieran kann man ermessen, was es für einen Schüler in heutiger Zeit vielleicht wieder bedeuten könnte, wenn er selbst seine Malvorbereitungen mitmachen kann. Wenn man weiß, wie aus bestimmten Pflanzen um uns herum Farben entstehen können, wie man so ein Pflanzen-farben-pulver-Pigment selbst zu einer schönen Malfarbe anrühren kann usw.
Die Pflanzenfarben-Werkstatt am Goetheanum x) bemüht sich, die alten verlorengegangenen Rezepte wieder "aufzufinden" bzw. neu zu schaffen. So sind bereits wieder Farben zum Malen käuflich zu erwerben. Wir sind in den Schulen besonders dankbar, daß sie in diesem Jahre lieferbare "Schulfarben" fertig hat.
Auch Beratung über die Textilfärberei mit Pflanzenfarben ist möglich. xx)
Durch das "selbst anrühren müssen" dieser sehr schönen Pflanzenfarben mit der duftenden Emulsion kommen die Schüler in einen gesunden Rhythmus der Arbeit (der ganze Raum ist von Duft erfüllt, von dem Harzduft) hinein, die Farbe wirkt wohltuend, nicht aufdringlich, agressiv, und schafft ein Gefühl für ein gesundes Material, sie schafft ein Q u a l i t ä t s g e f ü h l.

xxx) "...Die Pflanzenfarben enthalten nämlich nie nur einen Farbstoff, sondern stets mehrere in einer meisterhaften Mischung, wie sie nur die Natur zuwege bringt. Diese Mischung verschiedener Farbstoffe in einer Pflanze bedingt den grundlegenden Unterschied zwischen den Farben mit synthetischen Farbstoffen, die für die heutige Industrie allein in Betracht kommen. Deshalb ist es so einfach, mit Naturfarben hermonische Farbtöne zu erzielen, die alle irgenwie miteinander verwandt sind, und so schwierig, mit synthetischen Farbstoffen annähernd gleiche Wirkungen zu erzielen."

x) Pflanzenfarben-Werkstatt am Goetheanum, Dornach/Schweiz

xx) Hinweis: Beratung über Textilfärberei HeidiMeier-Willi, Dornach/Schweiz, Unterer Zielweg 89, Buch- und Offsetdruckerei K.H.Meier oHG, D-3012 Langenhagen;
Renate Jörke, 2 Hamburg 39, Timmermannstr. 5

xxx) Kurt Hentsche, "Wir färben mit Pflanzen"

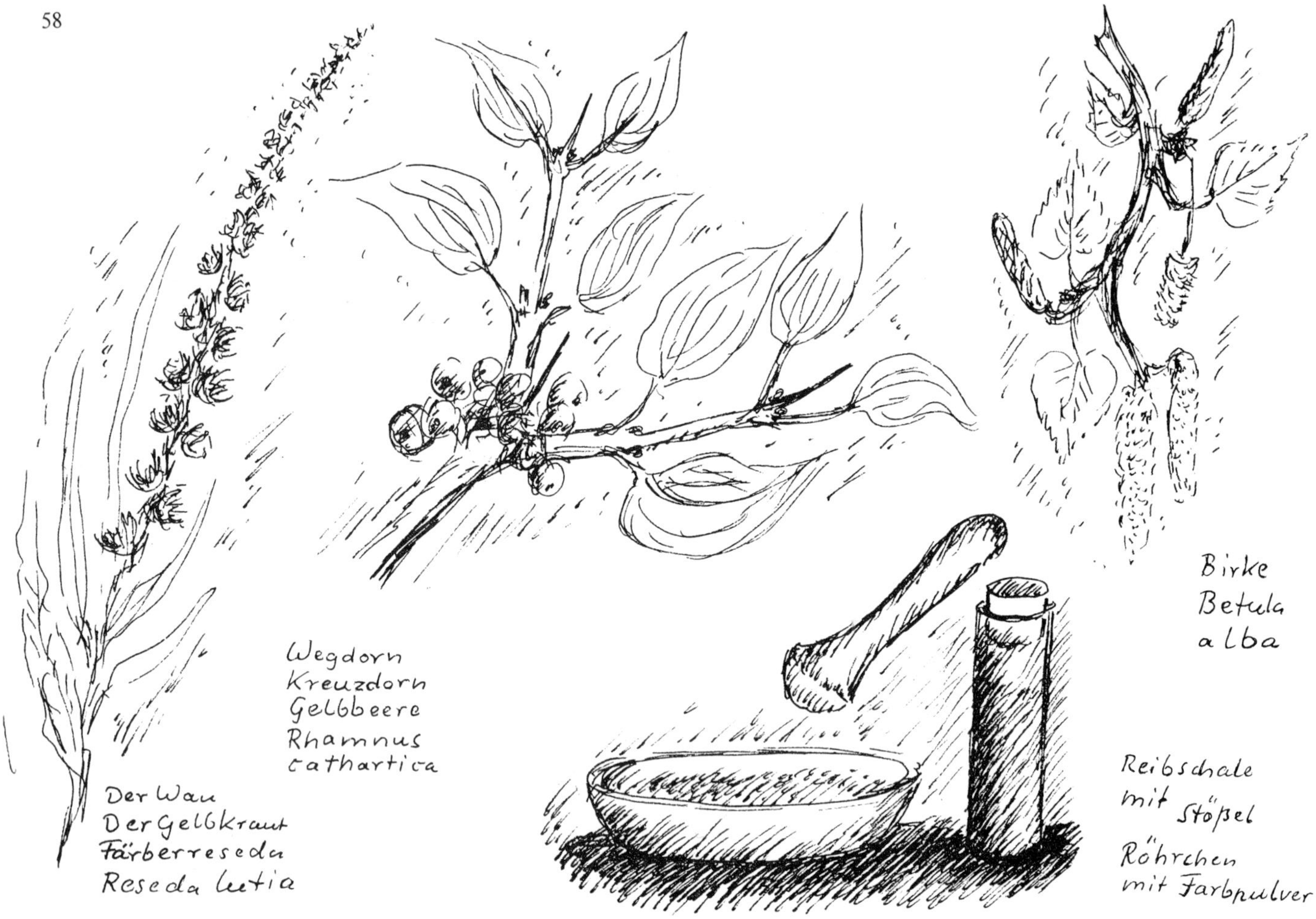

x) " Bei alledem können wir gewisse Farben, welche die Hausfrauen in Indien, China und Kurdistan mit einfachen Mitteln und ohne alle Kenntnis der Chemie hervorbringen und deren Tiefe und Pracht uns entzückt und in Verlegenheit bringt, mit aller Anstrengung unseres Wissens und Willens nicht wiedergeben. Der Grund davon ist der, daß jenes wirkliche Naturtöne sind, die in unsere abstrakten Farbskalen gar nicht hineinpassen ... Und man hüte sich, aus den natürlichen Produkten, den abstrakten Farbstoff herauszudestillieren und der Farbe so alle Individualität zu nehmen."

xx) Zubereitung der Farben

Die Harz-Emulsion ist das Bindemittel für das Farbpulver. Das Farbpulver und die Harz-Emulsion werden in der Reibschale dickflüssig angerieben, dann wird mit dem Stößel zusammengeschoben und stehengelassen (5 bis 10 Minuten).
Danach wird noch einmal ohne Wasser durchgerieben. Dann kommt langsam Wasser dazu und nun wird weiter verrieben. Es muß eine homogene Konsistenz erreicht werden, das heißt: Farbpulver, Harz-Emulsion und Wasser müssen gleichmäßig verteilt sein. Die Zeit des Verreibens ist bei jeder Farbe anders. Das Verreiben ist für die Qualität des Farbtones bestimmend, besonders bei Rot.

x) Sempre, "Textilkunst", München, 1878

xx) Prospekt, Pflanzenfarben-Werkstatt, Goetheanum Dornach/Schweiz

Bemerkungen: Wichtig ist, daß nur ganz langsam wenig Wasser zugesetzt und immer wieder verrieben wird. Am besten geht es, wenn man einen Pinsel mit Wasser füllt und ihn am Rand der Reibschale abstreift. Dem Wasser, welches zur Farbe kommt, sowie dem, was zum Malen verwendet wird, sollten einige Tropfen Harz-Emulsion beigesetzt werden. Falls die Farbe nach dem Auftrocknen nicht wischfest ist, muß Harz-Emulsion nachgegeben werden. (Vor dem Malen kleinen Probeanstrich machen.) Wenn der Pinsel verklebt, wird er naß über Seife gestrichen und ausgewaschen. Eingetrocknete Farbe in der Reibschale wird mit Wasser (dem etwas Harz-Emulsion zugegeben werden kann) wieder angerieben.
Als Zwischenfirnis kann die Harz-Emulsion stark verdünnt mit Wasser über den Malgrund (Papier oder Grundiermasse) gestrichen werden, bevor gemalt wird. Ebenso können die gemalten Farben, wenn sie trocken sind, beliebig oft überstrichen werden, am besten aber sehr verdünnt und mehrere Male nach jeweiligem Trocknen. Der Schwebezustand, den das Farbkörnchen in der Harz-Emulsion hat, wird dadurch noch verstärkt. Bei der Pulverfarbe (Pigment) hat das Farbkorn eine optische Lichtbrechung, welche durch die Harz-Emulsion besonders herauskommt, indem keine Pigmentschicht entsteht, sondern eine Verteilung von Farbteilchen.

Bestandteile der Harz-Emulsion:

Tragant (Pflanzenschleim)	Lavendelöl
Styrax (Weihrauch-Baum-Harz)	Leinöl
Fichtenharz	Terpentinöl
Bienenwachs	Wasser

über Qualitäten der Substanzen

x) " Abgesehen von jenen farbigen Erscheinungen, wo uns die Farbe als ein Bewegliches, Fluktuierendes, nicht an ein Materielles gebunden erscheint, wie im Regenbogen, den Farben des Himmels und der Wolken und Meere, nehmen wir die Farben wahr an den gefärbten Körpern der Naturreiche. Da erscheint die Farbe fixiert an eine Körperlichkeit des Mineralreiches, des Pflanzenreiches oder des Tierreiches. Dieser Körperlichkeiten müssen wir uns bedienen, wenn wir im künstlerischen Tun die Farbe auf das Papier bringen wollen ... Denn, was tun wir, wenn wir eine Körperfarbe - sagen wir - des Mineralreiches zu einer Malerfarbe präparieren? Wir zerstören den Körper so weitgehend wie möglich, indem wir ihn pulverisieren und feinstens zermahlen. Es ist bekannt, daß eine Mineralfarbe um so farbkräftiger ist, je feiner und intensiver sie verrieben wurde. Wir lassen den fein vermahlenen Farbkörper dann eine Art Potenzierungsprozeß durchmachen, indem wir ihn mit dem Bindemittel verarbeiten; und so erhalten wir die Farbe als Fluktuierendes, Bewegliches ...
Es erhebt sich nun die Frage, wie ist die Farbe des gefärbten Minerals verschieden von der Pflanzenfarbe. Wir wissen, daß die Farbe des Minerals verstanden werden

x) Dr. Margarethe Hauschka-Stavenhagen, "Zur künstlerischen Therapie", Schule für künstlerische Therapie und Massage, 7325 Boll über Göppingen, Gruibinger Str.29

kann als kosmische Erinnerung an das Weben der Planeten im Erdenleibe, als dieser noch nicht befestigt war ... Wie gerinnendes Eiweiß vollzieht sich das Dichtwerden der Urgesteine aus der feucht-wässrigen Erde und wir müssen uns vorstellen, daß das fluktuierende Farbige mit hineingezogen wird in das Koagulum der werdenden Mineralien. So sehen wir das Farbige des Mineralreiches zusammenhängen mit dem außerirdischen Kosmos, jedoch mit feinen zarten Fäden der Erinnerung an eine Urferne Vergangenheit. Anders die Pflanzenfarbe. Sie entsteht in jedem Augenblick neu; sie ist Gegenwart. Sie entsteht aus dem Lebensprozeß der Pflanze heraus. So wie in Urzeiten das gefärbte Mineral durch die Einstrahlung der Sternen-Lichtwelt in die gerinnende Erdenmaterie gebildet wurde, so entsteht zu jeder Stunde im wachsenden Organismus der Pflanze durch die Einstrahlung der obersonnigen Planeten in das Substanzweben der Pflanze die Blütenfarbe. Das farbige Sternenweben wird physisch in der sich entfaltenden Blüte. Sie entsteht und vergeht im ewigen Rhythmus der Zeitenläufe. So sehen wir die Pflanzenfarbe um eine Stufe näher gerückt dem lebendigen, fluktuierenden Farbenwesen.
Das gefärbte Mineral erinnert sich an seine kosmische Vergangenheit, die Pflanzenfarbe atmet kosmische Gegenwart. Wo nun der Blütenprozeß zurückgestaucht ist in die Form-betonte Mineral-verwandte Wurzel oder den holzigen Stamm, da tritt die Farbe in diesen Teilen der Pflanze auf, wie bei den bekannten Farbpflanzen Indigo, Krapp, Blauholz etc. Wie aber die Wurzel Mineral-verwandt ist, auch in ihrer substantiellen Zusammensetzung und nicht so stark in dem Rhythmus der Zeiten steht, sondern mehr Dauerform ist, so zeigt auch die Wurzelfarbe nicht in dem Maße die innere lebendige Leuchtkraft wie die Blütenfarbe. In der Blütenfarbe leuchtet uns der gegenwärtige Kosmos unmittelbarer entgegen; und wenn wir beim Malen die Blütenfarbe auf die Fläche des Papiers auftragen, dann bringen wir sie zur Umkehr, wie das Licht der obersonnigen Planeten umkehrt am Kieselgestein des Erdbodens und sich offenbart in der Blüte. So unterliegt dann den gemalten Gegenständen eine Art von Leuchtendem; die Malfläche wird sozusagen durchsichtig. Es kann auch erlebt werden, wie die mit Pflanzenfarbe gemalte Fläche den Tagesrhythmus der Pflanze noch in sich trägt, wie das fluktuierende Farbenwesen sich anders darbietet am Morgen wie am Abend. Ein mit Pflanzenfarben gemaltes Bild atmet - könnte man sagen - die Farbe als ein ewig Wandelbares; so kommt es auch, daß ein solches Bild mit der Zeit harmonischer wird; es ist, wie wenn die einzelnen Farben des Bildes ein Gespräch miteinander führen würden, das allmählich zu einem klingenden, singenden Chor werden kann ...
Die Anilinfarbe ... entsteht ja aus dem Steinkohlenteer; aus diesem werden durch fraktionierte Destillation die Grundstoffe für diese Farben gewonnen. Durch Einführen von Stickstoff wird hier ein Farbenwesen erzeugt, daß sich zur Pflanzenfarbe verhält, wie die Gramophonplatte zum Symphonie-Orchester. Es ist derselbe Stickstoff, der durch den elektrischen Flammenbogen geführt, seine dem Kosmos entfremdete Astralität in den Sprengstoffen (Nitroglyzerin, Schießbaumwolle etc.) zum Ausdruck bringt, den viele Menschen als Kunstseide auf dem Leib tragen und der als mineralischer Kunstdünger auf die Äcker geworfen wird. Dieses muß bei aller Anerkennung der glänzenden technischen Leistungen der Teerfarben-Industrie durchschaut werden

Naß in Naß-Malen:

heißt: flüssige Farbe auf nassen Untergrund nasser Vorfarbe bringen, so daß Farbe und Wasser im flüssigen Zustand sind: Die Farben laufen ineinander, bilden Grenzen, angetrocknete Sammelpunkte und Flächenränder, die man zur Gestaltung mit aufgreift. Zwischen "Laufen und Gestalten" der Farbe muß man mit dem Pinsel allmählich bewußt die Bewegung der Farbe und des Wassers gestalten lernen. Die flüssige Farbe sollte nicht nur allein "schaffen" und laufen, auch das richtige Ausballancieren von Farbe und Wasser muß gekonnt sein, sonst bleibt zum Schluß, wenn das Bild getrocknet ist, kaum noch leuchtende Farbe (wie sie im feuchten Zustand erscheint) mehr übrig. Alle Schönheit ist dann hin, eine graue, verwaschene, vielleicht sogar aufgeriebelte Fläche bleibt uns übrig, beim falschen "Schwimmen" in Farben.
Die Beschaffenheit der Farben bei der Vorbereitung ist sehr wichtig. Die Farben müssen kräftig und "gesättigt" angerührt sein (im Gegensatz zum Schichten). Beim Farbenauftragen darf der Pinsel nicht zu viel Wasser enthalten. Es ist nur so viel in den Pinsel zu bringen, wie für die berechnete Fläche ausreicht (nicht überfliessen lassen beim Aufsetzen).

Feucht-Schichtung

Durch vertreiben oder Laufenlassen werden verschiedene Techniken erreicht. Das Licht wird quasie ausgespart und nicht als "Deckweiß" aufgesetzt. Durch Auswaschen (aber nur auf festem Papier z.B. Leinenpapier) oder Abheben der nassen Farbschichten mit dem Pinsel oder Schwamm (Lappen) erreicht man verschiedene Wirkungen.
Man arbeitet zuweilen auch mit den getrockneten, gelaufenen Rändern der Farbe, lasiert auch darüber usw. und erreicht so die verschiedenartigsten, aus der Farbe und der Phantasie geschaffenen Gestaltungen. Man greift sozusagen die "Zufälligkeiten" auf und bildet die künstlerische Komposition.
Die Verstärkung der Farbe, die Leuchtkraft, erreicht man durch mehrmaliges Darübergehen im trocknen Zustand des Bildes bzw. der einzelnen Flächen des Malgrundes; doch muß der "Feucht-Charakter" oder "Lauf-Charakter" erhalten bleiben. Man erreicht diesen durch Darauftupfen von Wasser, um die harten Schichtränder teilweise wieder aufzulösen, so entstehen neue bewegte "Laufränder" über der gelaufenen, getrockneten Schicht.

Feucht in Feucht-Malen:

heißt flüssige Farbe auf feuchte Vorfarbe bringen.
Papier-Rückseite oder beide Seiten werden in gleichmäßigen Strichen mit fest ausgedrücktem Schwamm bestrichen; ist die Feuchtigkeit etwas eingezogen, also die Oberfläche "duff", so kann das eigentliche Malen beginnen. Es empfiehlt sich, das Malbrett mit dem Papier anfangs nach dem Befeuchten aufrecht zu stellen, um daraufstehendes Wasser ablaufen zu lassen. Klebt man das Papier nicht fest, muß man die-

ses während des Malvorganges an den Ecken nachfeuchten, damit dieses sich nicht aufrollen und ablösen kann. Denn die gleiche Spannung von Feuchtigkeit hält das Papier glatt und flach auf dem Brett.

Diese Techniken liegen dem Aquarell am nächsten, sind ihm am wesensgemäßesten.

Die Farbstärke im Tiegel muß mit dem mehr oder weniger feuchten Papier vorher abgestimmt werden. Das tut bei den unteren Klassen der Lehrer; die älteren Schüler sollten dies selbst tun. Man geht also mit der etwas "gesättigt" angerührten Farbe direkt auf das feuchte (nicht nasse) Papier und erlebt, wie die Farbe alsbald in Bewegung gerät und dadurch auch der Malende. Seine Aufgabe ist es nun, dieses "Fließen" zu flächiger Gestaltung zu führen, es dabei durch weiteres Farbauftragen zu verdichten oder mit dem leicht ausgedrückten saugenden Pinsel aufzuhellen.

Diese Art zu Malen macht mutig und beweglich, doch sollte sie in ihren eigenen Ausdrucksmöglichkeiten belassen werden und im Malenden den Wunsch veranlagen, überzugehen zum Schichten:

x) "Man muß darauf Rücksicht nehmen, daß man ja nicht die Kinder jene Farben verwenden läßt, die man als "Kinder-Malfarben" bekommt, wo sie dann die Farbe von den Farbtabletten direkt aufs Papier aufstreichen. Das ist immer, das ist sogar in der malerischen Kunst von Schaden. Gemalt soll werden aus dem Tiegel, aus der aufgelösten Farbe, aus der im Wasser oder einer sonstigen Flüssigkeit aufgelösten Farbe. Man muß ein inneres intimes Verhältnis entwickeln zur Farbe. Das muß schon das Kind. Wenn man bloß von der Palette "herunterschmiert", hat man kein intimes Verhältnis zur Farbe, sondern wenn man aus der im Tiegel <u>aufgelösten</u> Farbe heraus malt."

S c h i c h t - T e c h n i k - L a s u r - M a l e r e i

Einige Schüler in der Malgruppe haben beim Naß-in Naß-malen erlebt, daß eine trocken gewordene Malfläche eine andere Weiterbehandlung verlangt, als eine im feuchten Zustand. Die trockene Farbfläche löst sich bei öfterem sehr nassem übermalen wieder auf, dagegen gewinnt sie an Charakter und Durchlässigkeit, wenn mit dem nicht zu nassen Haarpinsel behutsam neue dünne Farbschichten, die immer wieder eine Pause zum Trocknen bekommen müssen, aufgetragen werden.

xx) "So fangen wir also an, immer bedächtiger, überlegter, disziplinierter, aber nicht in geminderter Kraft, den Pinsel zu führen, Schicht auf Schicht zu legen. Wir betrachten das früher begonnene, das aus dem Schwung der ersten Begeisterung Versprochene, das Vergangene, und versuchen nun v o r a u s zu schauen, innerlich abzutasten, was nun folgen müsse, um es dann kraftvoll auf den Unterbau zu setzen, so, daß Stufe für Stufe in kristallklarer Durchsichtigkeit auf ihm sich erheben könne."

x) Rudolf Steiner, "Die gesunde Entwicklung des Leiblich-Physischen als Grundlage der freien Entfaltung des Seelisch-Geistigen", (Weihnachtskurs), 1921/22 Rudolf Steiner-Verlag, Dornach/Schweiz 1949

xx) Julius Hebing, Studienreihe "Welt, Farbe, Mensch" Praktische Anweisungen zum Malen, Verlag Freies Geistesleben, Stuttgart, Heft 12, 1951

Diese Technik ist ein l a s i e r e n d e s Schichten (ein Farbschleier wird auf einen anderen, der völlig getrocknet sein muß, gelegt), die Farbe bleibt dadurch transparent (die übrigen Schichten scheinen zart hindurch), und die Intensität und Leuchtkraft steigert sich enorm.

Tizian legte in seinen Bildern z.T. dreißig bis vierzig Lasuren übereinander, die Bilder blieben oft monatelang in seiner Werkstatt, die einzelnen Schichten mußten immer wieder trocknen und er malte an mehreren Bildern zugleich.

x) "... Ein malender Mensch muß versuchen, nicht in erster Linie sich selbst durch das Mittel der Farbe darzustellen. Er muß es als eine Aufgabe von großer Wichtigkeit erkennen, das Objektive der Farbe zu finden ... Die Farbe in ihrer reinsten Materialität, als Wasserfarbe verwendet, sie in dünnen Schichten aufzubauen, in lichten, lockeren Tönen zu Stimmungen zu führen, sie langsam auch bis in die klingenden Tiefen ihres Daseins zu verfolgen, ohne Ungeduld, aber in aller Intensität und Entdeckerfreudigkeit, das kann schließlich hinführen zum Erahnen und Erfassen der Gesetzmäßigkeiten einer bisher verborgenen, unfaßbar reichen Welt der Farbe ... Besonders bei den reinen Farbübungen wird sich zeigen, ob wir Schöpfermut in uns haben. Denn wirklich, es wird nichts geschehen, das nicht völlig aus uns heraus geschieht. Malen in diesem Sinne veranlagt die Fähigkeit absoluten Loslassens und gleichzeitig eine unerhörte Hochspannung des Willens. Wir müssen Farbe setzen und abermals Farbe, Spannungen erzeugen und lösen, jegliche Dramatik entfesseln und zur Harmonie führen, alles aus eigenster Machtvollkommenheit, - nicht Willkür. In völliger Vorbehaltlosigkeit muß man sich den Kräften der Farbe überlassen können und dennoch aus eigenem, höchsten Verantwortungsbewußtsein handeln ... "

Die Schüler sollten alle technische Vorbereitungen allmählich selbst handhaben lernen. Es ist ein Erlebnis, eine malende Klasse von 40 Schülern zu sehen, es hat die Stimmung von einem Bienenhaus mit einer wohltuenden, brütenden, warmen Atmosphäre. Durch gute Organisation, Verteilen von Ämtern usw. die Klasse in allen Dingen zur Selbständigkeit erziehen. Die Vor- und Nachbereitungen nehmen die meiste Zeit in Anspruch, das Malen selbst geht verhältnismäßig schnell vorüber.

<u>Hinweis:</u> Aquarell- und Wachsfarben bei Firma Stockmar, Kaltenkirchen/Holstein
Pflanzenfarben-Werkstatt am Goetheanum, Dornach/Schweiz, Pflanzenf. (Schulfarben);
Marabuwerke 7146 Tamm/Württ.; Farben, Pinsel, Paletten usw.;
Winsor & Newton's, Scholastic Water Colours (englische Farben) Basel Hutgasse 19 Fachgeschäft Courvisier Sohn;
Bürsten und Pinselfabrik Knappworst und Sohn Hannover, Hildesheimer Str. 307
Feldmühle Papierfabrik
Pelikanwerke Hannover, Podbielskistr., Farben, Pinsel, Tinten, Tuschen, Paletten
Firma Staedtler, Nürnberg Pinsel, Stifte, Tusche usw.
Graupner-Modellpinsel für Flugzeugbau sind sehr billige Biberhaarpinsel bei Fachgeschäft Brinkmann, Hannover, Georgstr.

x) Julius Hebing, Studienreihe "Welt, Farbe u. Mensch", Praktische Anweisungen zum Malen, Stuttgart, Verlag Freies Geistesleben, Stuttgart

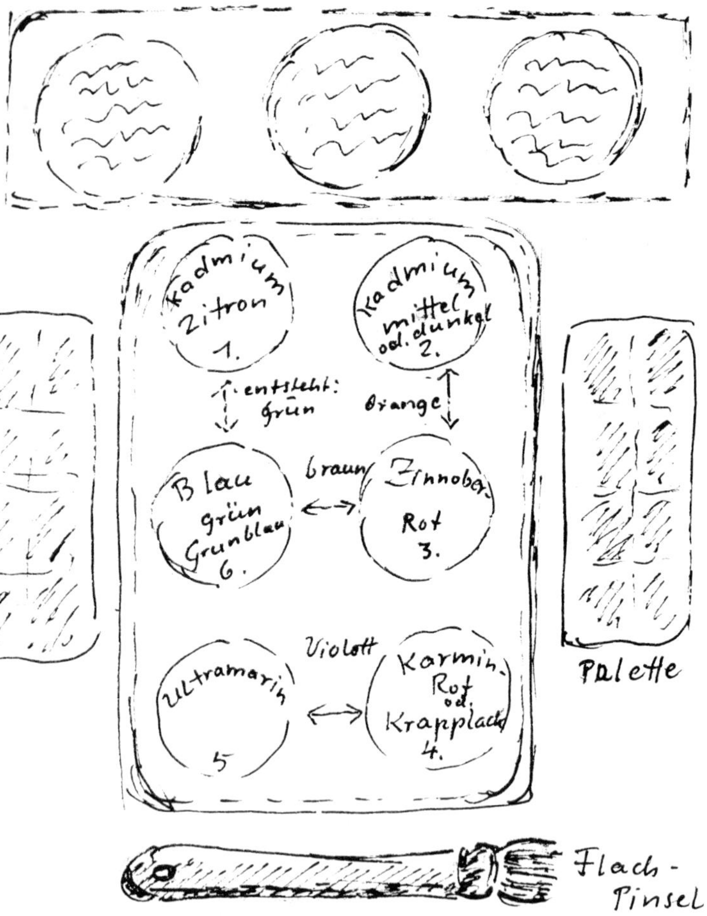

MALORDNUNG:

Arbeitsgeräte:

Je zwei Schüler haben zusammen auf dem Arbeitsplatz: 3 Wassertöpfe auf einem Untersatz zum Auswaschen des Pinsels der gelben, roten, blauen Farben, Lappen, Schwamm, ein Tablettchen mit Tiegeln der aufgelösten Aquarellfarben: Die Palette dient nicht zum primären Auftragen der Farben, sondern lediglich als "Abstufungsnäpfe" und zum Aufbewahren und Mischen der ausgedrückten flüssigen Farbe aus dem Pinsel. Man erzieht dabei zum sparsamen Ausnutzen der Farbe, außerdem vermeidet man durch ein Prüfen (Abdrücken) der übrigen Flüssigkeit im Pinsel das "Soßen" beim Malen.

Wir lösen die Farben in größeren Gläsern auf (für eine Klasse), verdünnen diese gebrauchsfertig und gießen diese in kleine Gefäße. Die saubere, nicht benutzte Farbe wird am Schluß der Malstunde wieder zurückgeschüttet. Mit den Tablettchen (billige Plastikschälchen aus dem Kaufhaus) lassen sich die Farben gut transportieren und die Tische werden geschont. Zum Malen verwenden wir fast nur die 6 Grundfarben; hiermit lernen die Schüler von klein auf, die verschiedenen Farbnuancen herzustellen. Es ist immer wieder ein Erlebnis, zu entdecken und allmählich bewußt zu führen, wie die verschiedenen Mischfarben entstehen. Zum Anrühren der Farben wäre nötig, Regenwasser, abgekochtes o. demineralisiertes x) Wasser zu nehmen, jedenfalls müßte es "kalkfrei" sein, da die Farben sonst leicht ausflocken könnten. Als Rührhölzer lassen sich kleine schmale Kuchenschaber (Teigrührer), die aus Gummi und an einem langen Holzgriff sind, benutzen (ca. 3 cm breit).

Zum Malen benutzen wir Flachpinsel: Borstenpinsel oder Haarpinsel

zum Zeichnen spitze Pinsel,

für Tuschmalerei - dicke spitze Pinsel und Flachpinsel.

Die chinesischen Pinsel sind meist aus Bambus mit Wiesel- oder Hirschhaaren. Es gibt auch echte "Urpinsel" nur aus Bambus. Der junge Bambus wird am Ende so lange geklopft, bis nur noch die Bambusfasern übrig bleiben. Solche Pinsel kann man mit Kindern gut selbst machen und damit in das Pinselzeichnen und Malen einführen. Können sie dann mehr, so wird man zusätzlich den feinen, spitzen Haarpinsel verwenden.

x) in Drogerien erhältlich

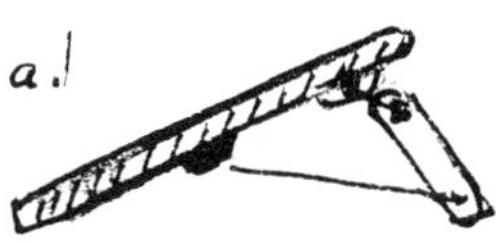

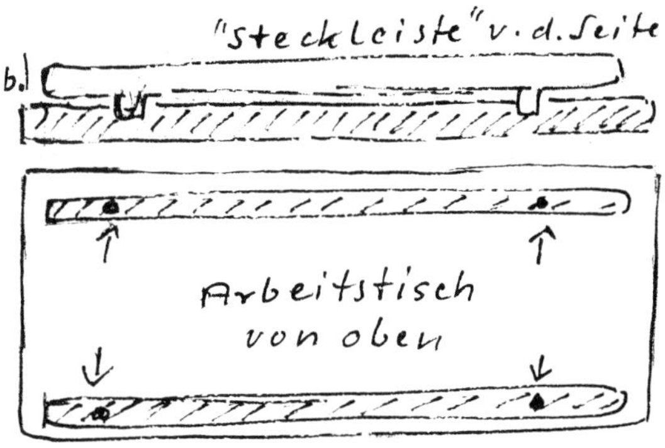

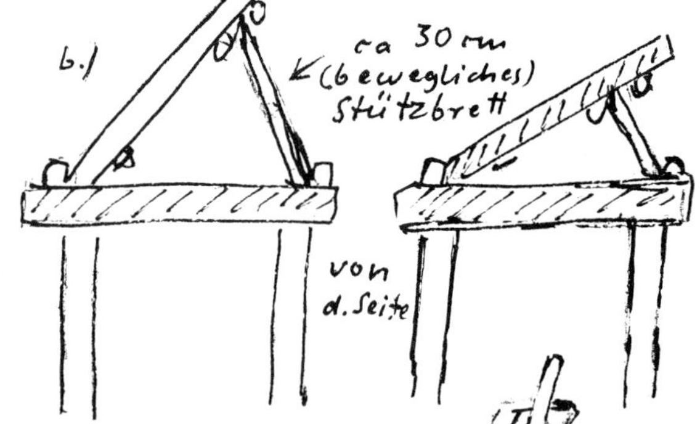

a. Malbrett mit einfachem Stützbrett, das angebunden ist. Unterseite Holzstücke, an dem der Faden fest ist, Stützbrett hat Löcher.
b. Arbeitstisch mit 2 Leisten und Stützbrett.
c. Hocker Staffelei: Besenstiel durch Hockerloch zum Anlehnen des Malbrettes, vorn Leiste zum Abstützen. Leiste mit Zapfen wie bei a.) Leiste auch mit Schraubzwinge od. Stiften festzuhalten
Als Stehstaffelei zu benutzen (Notenständer verwendbar

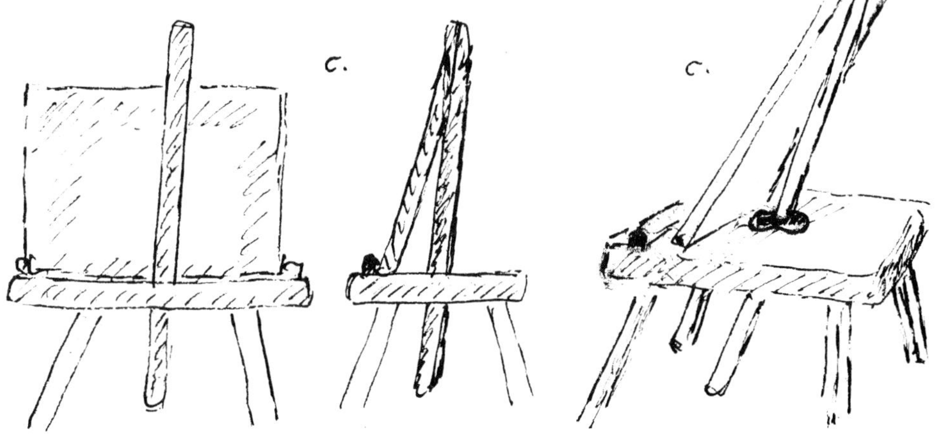

Die Pinselhaare (Marder, Fehhaar = russischer Eichhörnchenschweif), Rindshaar oder dgl. sollten voll "gebunden" sein, keine abstehenden Haare haben und sich beim Nässen kegelförmig (spitze Pinsel - nadelspitz) zusammenschließen. Sie müssen sich elastisch biegen, strecken , wenn sie sich voll Wasser saugen. Durch mehrmaliges Auftupfen eines in Wasser getauchten Pinsels auf dem Handrücken überzeuge man sich, daß die Pinselspitze nicht spaltet. Bei flach gebundenen Pinseln muß die Schneidefläche glatt sein und kein Haar abstehen. Die Sauberhaltung des P., ihr sofortiges Ausspülen in klarem Wasser nach dem jeweiligen Gebrauch, ist ein Gebot, das notwendig ist, mit sauberem Leintuch auszutrocknen und evtl. darin einzuschlagen oder aufzuhängen mit den Haaren, Borsten nach unten, ist die einzige Möglichkeit, die Pinsel vorm Rosten usw. zu schützen. Langes Stehenlassen in Gläsern ist schädlich, auch das beliebte Befeuchten mit Speichel. Die Speichelsäure wirkt zerstörend auf die Pinselhaare und macht sie außerdem spröde. Die Spitzen und Schneiden d. P. müssen Staub und Stoß geschützt sein, daher wäre es gut, ein Brett mit Nägeln anzufertigen, an dem die P. aufgehängt werden, das man an die Klassenschranktür usw. innen oder außen anbringen kann, so sind die Pinsel immer zu transportieren. Aus Ästen läßt sich auch leicht ein Pinselhalter machen.

Als Mallappen ist möglichst nur Leinen - keine Wolle oder Baumwolle zu benutzen.

Spitze P. zu transportieren in Bambus oder Holzstäbchenmatte o. Papiermanschette einwickeln.

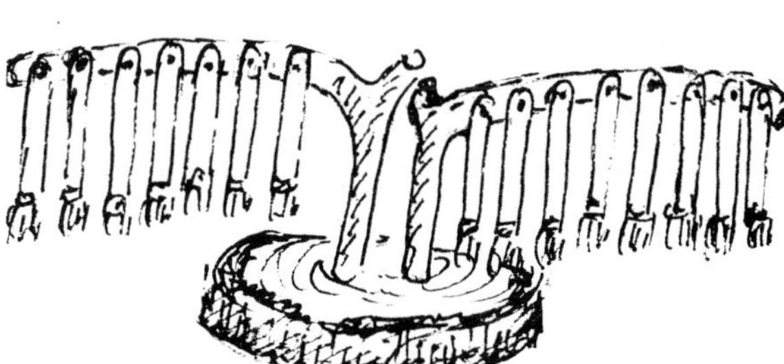

Pinselständer aus Ästen

Ölfarbenpinsel reinigt man mit Terpentinersatz oder Waschbenzin. In der Klasse kann man die Arbeitsplätze (Tische) mit je 2 Löchern vorn und hinten versehen, in die man je nach Bedarf je eine Leiste mit Zapfen einsteckt. Stellt man die Malbretter hoch bei der Feuchttechnik u.b. Schichten, erzielt man die zum "trockneren" Malen bewußtere Pinselführung.

x) "Nun hat man ja nicht immer auf Papier gemalt. Es ist ein sehr interessantes und für die Entwicklung der Menschheit aufschlußreiches Thema, zu verfolgen, wie die malende Menschheit sich im Laufe der Jahrtausende der verschiedensten Untergründe und Maltechniken bedient, ausgehend von der Höhlenwand der Eiszeit bis herauf zur Tempelwandfläche, zum Mosaik, dem Fresko, dem Tafelbild (auf Holz und auf Leinwand) u. dgl. - ... Welcher heutige Maler aber träumt nicht wenigstens auch von den großen Wandflächen, Kuppeln und dgl., die er einstens bemalen wird? Wie aber wird er das dann machen? Auch in Fresko? Wird es möglich sein, Techniken alter Zeiten als Ausdrucksmittel für neue Inhalte zu benutzen? Rudolf Steiner hat in den Kuppeln des ersten Goetheanum, - die kleine Kuppel hat er selbst ausgemalt -, eine Unmenge von Anregungen gegeben, die wir in unserer Schriftenreihe mehr und mehr aufgreifen wollen. Er hat als Malmaterial die durchsichtige Aquarellfarbe benutzt, ja sogar in eigenen Laboratorien Pflanzenfarben entwickeln lassen zum Ausmalen dieser Kuppeln und auch den dazu gehörigen Maluntergrund.
Alle Malflächen, ob wir nun Holz, Pappen aller Art, Pressplatten, Leinwand oder Mauerflächen vor uns haben, müssen auf alle Fälle, will man sie mit Aquarell- oder Pflanzenfarbe bemalen, eine ganz vollkommene weiße Grundierung erhalten. Das Weiß dieses Grundes, als Träger dieser durchsichtigen Farbmaterie, ist wichtiger als jemals. Es ist das ruhende, tragende Licht, das von unten her die Farben durchleuchten soll."

D e r   M a l g r u n d :

M a l - V o r b e r e i t u n g e n :

Aufspannen des Malbogens:
Die Rückseite des Papieres muß man tüchtig einnässen (bei dickerem Papier), bei dünnerem P. wird dieses nur leicht befeuchtet. Zum Befeuchten nimmt man einen weichen Schwamm oder Schleppinsel (breiter Pinsel), denn das Papier muß schmiegsam sein, um es auf dem Brett (Malbrett: Lindenholz oder Preßpappe usw.) faltenlos aufzuspannen. Die feuchte Seite wird auf das Brett gelegt, die Luftblasen, die dabei entstehen, kann man durch Hochheben und erneutes Befeuchten des Blattes wegbekommen. Ehe man die Klebstreifen aufklebt, müssen diese durch das Wasser gezogen werden, da sie sich dann aufrollen, wartet man einen Augenblick. Sie dehnen sich wieder aus und so macht es auch das Papier. Klebt man zu schnell, ohne diese Zusammenziehung und Ausdehnung abzuwarten, springt der Malbogen leichter ab. Dieser muß leicht gespannt sein. Papier besonderer Stärke weicht man ganz in Wasser ein oder taucht es eine Weile unter, so daß es ziemlich viel Feuchtigkeit in sich einsaugen und lange festhalten kann, wodurch das weiche Schattieren der einzelnen Aquarellfarben ineinander erst möglich wird. Starkes Papier wirft sich auch nicht beim häufigen und erheblichen Benässen und wird nicht blasig, wie dünnes. Die Flächenbeschaffenheit spielt eine große Rolle, da sie die Farbwirkungen wesentlich zu beeinflussen vermag.

x) Julius Hebing, "Welt, Farbe und Mensch", Verlag Freies Geisteleben, Stuttgart, 1951

Es folgt noch ein ausführliches Kapitel über "Papier".

Die Aquarellbilder sind ohne Rahmen nicht genug geschützt, man kann sie durch mehrmaliges Übersprühen von Z a p o n f i x a t i v behandeln und evtl. mit einer Wachspaste dünn überziehen (3 bis 4 Teile der dazugehörigen Verdünnungsmittel).

Hinweis: Julius Hebing. "Welt, Farbe, und Mensch"

P a p i e r s o r t e n

Man arbeitet hauptsächlich mit drei verschiedenen Papiersorten beim Aquarellieren: glatte, d.h. feinkörnige, halbrauhe und rauhkörnige. Außerdem gibt es noch solche mit fein schräg geripptem Flächengrund. Für zartfarbige Bilder, bei denen viele kleine Einzelheiten eine charakteristische Bedeutung haben, wählt man am besten ganz glattes Papier. Je großzügiger die Darstellung wird, desto mehr nehme man dann in entsprechendem Maße mittel oder ganz rauhe Papiere ... Bei Bildern, bei denen etwa lufterfüllter Raüm (z.B.) erwünscht ist, gibt es bei Raupapieren bessere Nuancen, mehr Schattentiefen usw. Rauhkörnige brauchen eine stärkere Nässe als die feingekörnten. Es müßte darauf geachtet werden, daß auf Rauhpapier keine ungelösten Farbkörnchen gebracht werden, da diese sich in den "Poren" der Körnung festsetzen und nach dem Trocknen deutlich sichtbar werden (zu materiell wirken).

M a l e n a u f P e r g a m e n t

Je nachdem man das Pergament für Laternen, Transparente, Wandbilder o.dgl. benutzen will, sind die Malpergamente geschmeidig zu machen. Bei Beginn der Arbeit muß dieses so stark angefeuchtet werden, daß es seine natürliche Sprödigkeit verliert und sich auf dem Malbrett oder einer Glasplatte (bei durchsichtiger Malerei) ganz glatt spannen läßt. Ist das geschehen und die Feuchtigkeit aufgetrocknet, so muß die Malfläche mit einer dünnen Gelatinelösung (früher nahm man Wasser mit ein wenig Ochsengalle) bestrichen werden, die das Haften und gleichmäßige Verteilen der Wasserfarben auf der glatten Pergamentfläche bewirken. Da das Pergament selbst schwer oder wenig Feuchtigkeit aufnimmt, so muß der Pinsel beim Malen verhältnismäßig trocken sein. Die Malschichten bleiben beim Malen mit Aquarellfarben durchscheinend und zeigen die Pergamentstruktur.

Pastell-Grundierung: "Kreidegrund", Grund mit Stärkekleister, auf den man evtl. feines Bimsteinpulver in den nassen Anstrich streut.

Das Fixieren: Man muß sich über die Vorgänge beim Fixieren eines Pastelles ein Bild machen. Im Pastell liegen die Farbteilchen regellos durcheinander und locker aufeinander. Sie reflektieren von allen Seiten her. Die dazwischenliegende Luft gibt den angenehmen lichten grauen Ton, das Oberflächenlicht. Fixiert man ein Pastell, so ordnen sich die Farbkörperchen anders zueinander ein. Sie saugen sich voll, sinken zusammen und bilden bei längerer Einwirkung eine mehr glatte, einem Aufstrich ähnliche Schicht. Sie verändern dabei ihre optische Wirkung, die Farbschicht wird dunkler und verliert zum großen Teil den duftigen Charakter. Statt des Oberflächenlichtes tritt Tiefenlicht ein. Wässrige Fixiermittel sind verdünnte Kaseinlösungen (1:5 Wasser) und

Einfache Vorbereitung der Malfläche durch: gelöste Gelatine. Auch hat die Firma Stockmar ein Grundierungsmittel für Aquarellschichtung. (Auftragen mit Schwamm der Weblage entlang streichen!)

Seifenlaugen. Rasch verdunstende Fixative sind: 2 % Mastix in Äther, evtl. mit Spiritus verdünnt, Venezianisches Terpentin, 2 % in Alkohol gelöst. Echtes Venezianer Terpentin bleibt klar in Alkohol. 2 % weißes Kolophonium in Benzin, Äther oder Alkohol gelöst, Zaponlack, mit Äther stark verdünnt. Gewöhnliches Schellackfixativ, verdünnt mit 2-3 Teilen Brennspiritus oder eine 2 %ige Schellacklösung. Diese Mittel trocknen rasch durch Verdunstung und haben dementsprechend geringe Einwirkung. Dammar-Benzin soll das beste sein, 2 % in Benzin gelöst (möglichst farblose Stücke).

Beim Malen auf H o l z sind am besten helle Hölzer, wie Linde, Ahorn, Erle usw. zu verwenden. Jedes Holz hat in seinen Harzsäften einen gewissen Fettgehalt, der ohne Präparieren an vielen Stellen das Wasser abstoßen würde. So kann man den Malgrund durch einen Überzug von dünnflüssig aufgelöster Gelatine, oder aus in Alkohol schwach aufgelöster Schellacke, oder mit Wasser aufgelöster Ochsengalle vorbereiten. Ist dieser trocken, kann man ihn durch leichtes Schmirgeln feiner machen. Vor dem Malen wird diese grundierte Holzplatte feucht gemacht, wenn man nicht in einer geschichteten Lasurtechnik malen will. Es gibt auch fertige Grundierungsmittel, "Grundierfarbe", mit dem man den Malgrund vorbereiten kann, z.B. wenn man nur auf einfachen Preßpappen oder Sperrholz malen kann.

Auch beim Aquarellieren auf S e i d e n und anderem S t o f f g r u n d muß wegen der Haftbarkeit der Farben und um das Ausfließen in der Webfaser zu verhindern, die Malfläche vorbereitet werden durch ein einfaches Mittel: durch gelöste Gelatine, die mit Schwämmchen oder breitgebundenem Borstenpinsel der Weblage entlang aufgetragen wird.

Malen auf S e i d e :

Die chinesische Seide ist ein gazeartiges, sehr feines Gewebe, das, nachdem es gespannt wurde, mit einer Alaun-Leimwasserlösung bestrichen wird. Vor dem Malen reibt man die Seide ab, um die letzten Fettspuren zu entfernen. Die durchsichtige Seide wird nach dem Malen mit einem dünnen Papier unterlegt, mitunter wird auch auf schon derartig vorbereiteter Seide gemalt.

Die vielen verschiedenen, chinesischen Malpapiere sind meist handgeschöpft, wenig geleimt und daher stark aufsaugend wie Löschpapier, dadurch ist die unsichere Pinselführung leicht erkennbar. Man muß den Pinsel bewußt aufsetzen und lösen vom Malgrund und darf ihn nicht sehr voll mit Wasser tränken.

Weicht man die Tusche in Ingversaft mit Wasser auf, so läßt sie sich gut auf Seide malen.

M a l g r u n d für W a n d f l ä c h e n usw.

x) "Das im Folgenden mitzuteilende Rezept meines Malgrundes ist aufgebaut aus zumeist bekannten Daten und hinorientiert auf die besonderen Bedürfnisse des Malens mit Aquarellfarben. Das vollkommene Rezept des im ersten Goetheanum gebrauchten Malgrundes habe ich bis heute noch nicht ermitteln können -. Wohl aber waren noch einige Probeplatten durch den Brand hindurch gerettet worden, die ich studieren konnte. Auf Grund

x) Julius Hebing, "Welt, Farbe und Mensch", (Im Selbstverlag, Stuttgart o, Straße z. Uhlandshöhe 12) Verlag Freies Geistesleben, Stuttgart, 1951

dieser Anhaltspunkte und Jahrzehnte langen Bekanntseins mit den Problemen ist dieser Untergrund entstanden, der den zu stellenden Forderungen weitgehendst entspricht. Probeflächen, die auf Sperrholz und auf einigen Quadratmetern Wandfläche im neuen Bau des Goetheanum 1939 hergestellt wurden, haben sich bis heute in völlig einwandfreier Weise verhalten. Weshalb ich nicht anstehe, dieses Rezept zur beliebigen allgemeinen Verwendung und Vervollkommnung mitzuteilen.

Rezept für einen Malgrund

auf Papier, Holz, Leinwand, Pappe, Mauer und dergleichen. Benötigte Rohmaterialien:

1. Kasein in Pulverform, sog. technisch reines Kasein, salmiaklöslich. Andere Sorten, z.B. Kasinat sind weniger zu empfehlen, weil man hier immer einen Überschuß an Alkali befürchten muß, welcher auf die Aquarellfarben zerstörend wirken kann.
2. Gereinigtes und gebleichtes Bienenwachs.
3. Reinstes Terpentinöl, (amerikanisches oder französisches).
4. Venetianischer Terpentinbalsam, so hell als möglich.
5. Titanweiß (superoxyd) oder bestes Zinkweiß.
6. Benzin oder Belogneserkreide
7. Kohlensaures Amoniak (Pottasche) oder Salmiak 30 %.
8. Destilliertes Wasser.
9. Formaldehyd 38 %.
10. Papierzellulose.

Zubereitung:

a) Kaseinlösung: 60 gr Kasein in 200 ccm destill. Wasser knollenfrei angerührt und im Wasserbad gelinde angewärmt. Dann löst man 15 gr kohlensaures Amoniak in 50 - 100 ccm Wasser. Bei Verwendung von Salmiakgeist nimmt man 30 ccm Salmiak auf dieselbe Menge Wasser. Letzteres ist zu empfehlen, weil Salmiak später völlig aus dem Grunde verdunstet, also keine alkalischen Nachwirkungen zu befürchten sind. Diese Lösung setzt man dem Kasein zu, wobei unter Umständen starkes Aufbrausen eintritt. Man muß deshalb einen genügend großen Topf nehmen, daß nichts über den Rand geht, und man muß dabei ständig gut umrühren, bis die Kaseinlösung kalt wird. Sie wird dann zunehmend dicker. Die fertige Lösung soll eine Konsistenz wie Honig haben. Je nach dem Fabrikat muß die Wassermenge verschieden groß gehalten werden, was sich beim ersten Versuch genau feststellen läßt. Die fertige Kaseinlösung hat eine ungeheure Bindekraft.

b) Wachspaste: 2 Teile Wachs werden fein geschnitzelt und in 3 Teilen reinem Terpentinöl gelöst. Die Lösung vollzieht sich über Nacht, oder man macht sie im Wasserbad bei gelinder Wärme sofort.

c) 3 Teile venetianischer Terpentinbalsam werden mit 1 Teil reinem Termpentin zusammengegossen und geschüttelt bis zur Lösung.

d) Wachs-Balsam-Paste: Diese entsteht durch Verschmelzung (im Wasserbad) von 2 Teilen Wachspaste (b) mit 1 Teil venet. Terp.Bals. (c).

Aus den so vorbereiteten Materialien entsteht die"Kasein-Wachs-Balsam-Emulsion."
Weitere Anweisungen in"Welt, Farbe und Mensch" vorhanden.

Les Combarelles
Frankreich
Höhlenzeichnung
9. Schuljahr
Wachsfarbstift

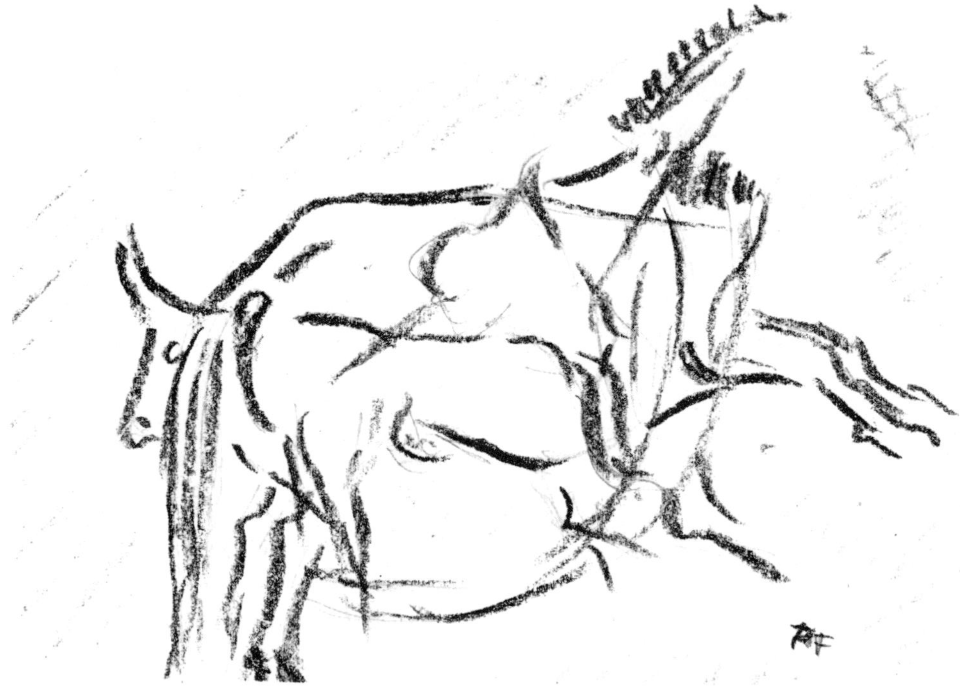

F r e s c o -
M a l e r e i

W a n d - M a l t e c h n i k ("fresco buono" = gute = echte Fresco-Technik)
Sie wird auf f r i s c h e m Mörtel gemalt.
"fresco-secco" wird auf neuem, aber g e t r o c k n e t e m Putz gemalt. Es ist das älteste Verfahren, schon von Ägyptern, Griechen usw. erprobt. Als Bindemittel - Leim und die byzantinischen und spätromanischen Frescen verwendeten dazu Eigelb. Z.B. erhielten die Bilder (beim Fresco-succo) Wachsfirnis als Schutz.
Schon um 1300 hat man auf frischem Mörtel (Kalk ist ja als dünnflüssiges Bindemittel bekannt) Versuche gemacht mit ungebundener Wasserfarbe. Giotto hat diese Technik genial ausgewertet.
Technische Vorbereitung: Herstellung von geeignetem Putz, der die Farben von unten her abbindet. Die Farben werden mit Wasser (oder Kalkwasser) angeteigt. Reiner Kalkmörtel, Zementmörtel oder verlängerter Zementmörtel sind vollkommen ungeeignet. Fresco-Mörtel wird mit Grubenkalk bereitet, der in der Grube aus gebrannten Kalksteinen gelöscht wird, zwei Monate mindestens muß dieser in einer Grube lagern, von einer über 10 cm hohen Schicht Wasser bedeckt. Der Mörtel wird mit Sand und Wasser in diesem Gruben- oder Sumpfkalk (Flußkies und Sand) bereitet. Marmorkies und Marmorsand sind der wertvollste Fresco-Mörtel und geben den weißesten und härtesten Wandputz. Diese "Grundierung" (Kalkputz auf Ziegelmauer) bindet die Farbpigmente in feuchtem, weichem Zustand. Die Ziegelmauer muß einige Tage vorher durchfeuchtet werden.
1. Schicht: (5 Teile Kies und grober Sand, 1 Teil Kalk) 25 mm Stärke
2. Schicht: 3 Teile feiner Sand und 1 Teil Kalk
3. Schicht: Feinputz - 2 Teile feinster Sand u. 1 Teil Kalk. In 3 Tagen ist alles abgebunden. über den mit Wasser aufgetragenen Farbpigmenten bildet sich eine dünne durchsichtige Oberschicht aus kristallklarem Kalk. Die Farbpigmente versteinern mit Mörtel zu einem Ganzen. Dem Fresco-Maler bleibt nur eine geringe Zeitspanne zwischen Beginn und Abschluß seiner Arbeit zur Verfügung. Die Fresco-Malerei wird nach dem Prinzip der Aquarellmalerei ausgeführt.
Hinweis: Max Doerner, "Malmaterial und seine Verwendung im Bilde", Ferdinand Enke Verlag, Stuttgart, 1949

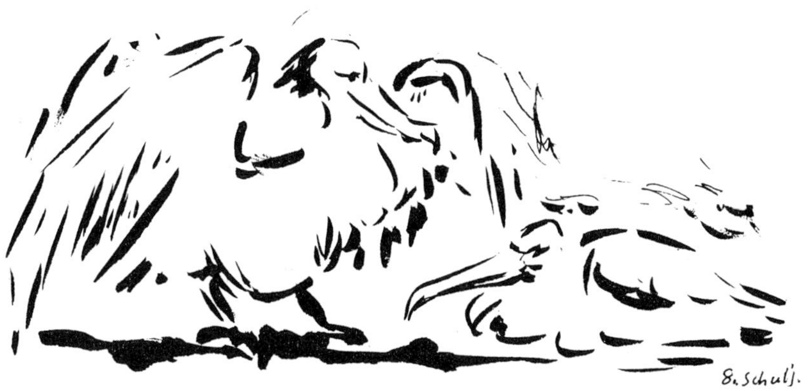

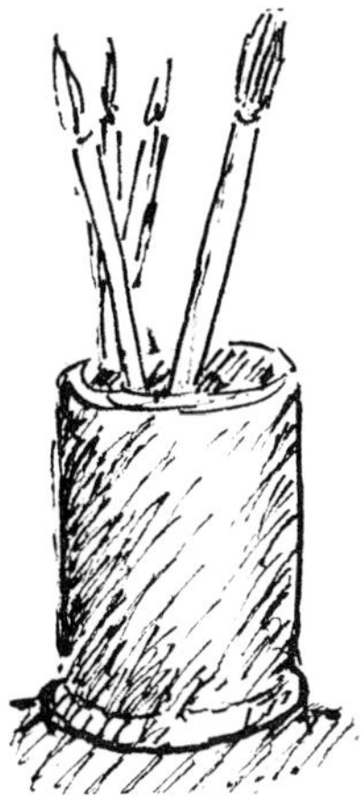

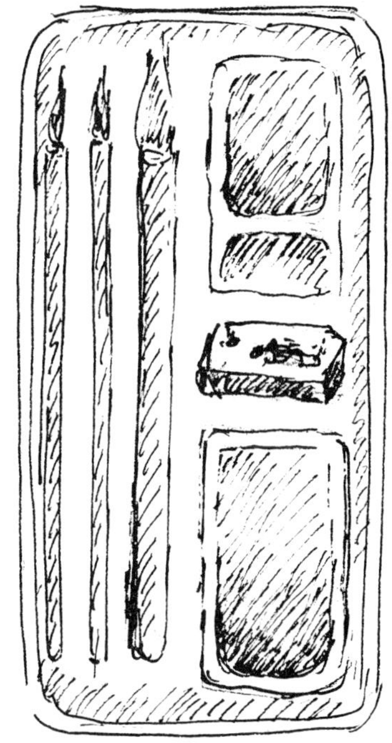

Arbeitsgerät
Chinesische
Reibschale
und Pinsel
Stangentusche

T U S C H - M A L E R E I

über v e r s c h i e d e n e T u s c h e n :

F e s t e Tusche in S t ü c k f o r m

(in Deutschland hergestellt)

Die "Chinesische Tusche" genannt, zum Selbstanrühren ist aus Ruß und tierischem Leim als Bindemittel und kann durch kreisendes Reiben in einem Porzellanschälchen oder auf einer Schieferplatte in Wasser angerieben werden. Je länger das Reiben, desto tiefer das Schwarz. Die nicht verbrauchte angeriebene Tusche aufzubewahren, lohnt sich nicht, beim Eintrocknen bildet sie Schollen, die eine weitere Verwendung ausschließen. Der Unterschied dieser Tusche und der P e r l t u s c h e ist, daß Stückentusche frei von Schellack ist. Sie ist deshalb im Strichverlauf wesentlich präziser, sie ist darum Spezialtusche für Kartographen usw. Auch lassen sich feinst differenzierte Graustufen in vollkommener Gleichmäßigkeit mit dem Pinsel anlegen.

P e r l t u s c h e hat eine tiefe Schwärze (deckend) und ist wasserfest.

S k r i p t o l ist dünner, fließender, hat geringe Krustenbildung an Feder und Pinsel und geringeren Oberflächenglanz. Sie hat maltechnische Eigenschaften und ist auch für Schriftschreiber geeignet.

G r a p h i k e r s c h w a r z : "Tusche" in Tuben (oder im Glas) ist pastose Farbe, die nach dem Auftrocknen wasserfest wird, sie besitzt ein Schellackbindemittel (wie Perltusche), aber ist nur gering abgebunden, um den samtig-matten, tiefen Schwarzton zu erhalten. Bei zu starker Verdünnung ist sie daher nicht mehr wischfest- und wasserfest.

A u s z i e h t u s c h e n (farbig), enthalten Schellackseife und sind mit löslichen Farbstoffen gefärbt, daher wasserfestes Auftrocknen und völlige Transparenz und ihre nur beschränkte Lichtechtheit.

P i g m e n t t u s c h e n (farbig) sind mit Schellackseife, mit Wasser verdünnt und mit lichtechten farbigen Pigmenten versetzt, daher wasserlösliches Auftrocknen, sehr gute Lichtbeständigkeit, leicht deckender matter Farbton. Sie eignet sich für Pläne und Studien, die über lange Zeit dem Licht ausgesetzt sind, sofortige Wasserfestigkeit ist vorhanden, Pelikan-Pigmenttuschen werden in 13 Farbtönen hergestellt.

F o u n t I n d i a (Füllhaltertusche) ist eine gering alkalische Pigmenttusche ohne Schellack, so eingestellt, daß sie noch einige Zeit nach dem Auftrag und Eintrocknen mit Wasser l a v i e r b a r bleibt. Sie wird erst nach Wochen etwas wasserfest und ist sehr geeignet für Füllhalter. Sie hat einen matten warmen Schwarzton.

x) Hinweis: Fabrik Pelikan-Werke, Günther Wagner, Hannover

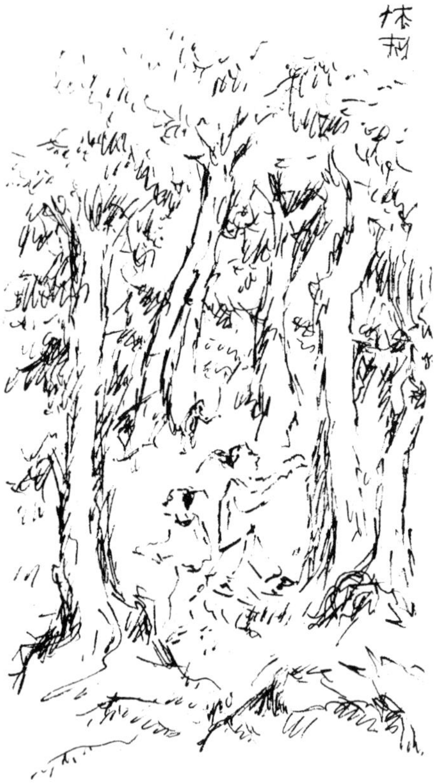

Suchen nach Bäumen, die den besten Ruß geben.

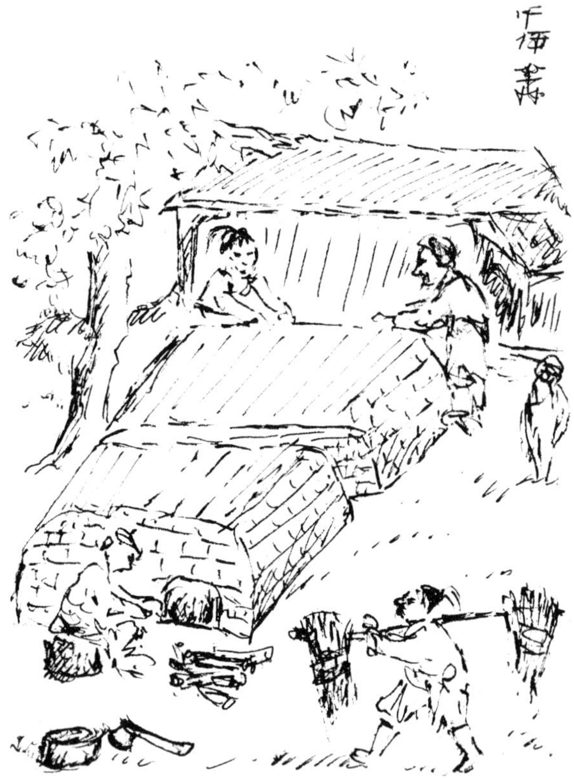

Verbrennung der Äste zur Rußgewinnung. (Studien nach Tao aus Wujin)

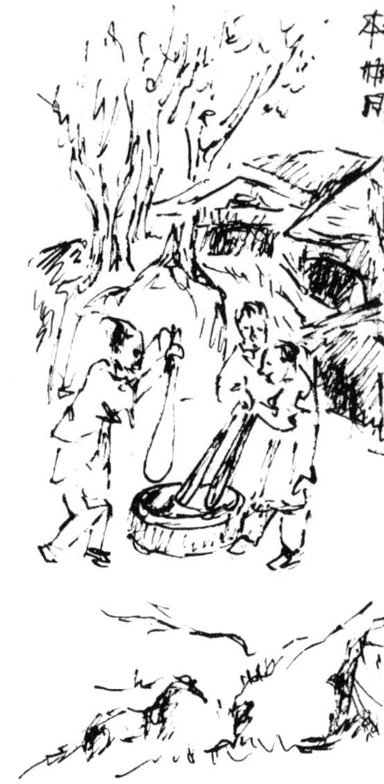

Anteigen des Rußes mit Leim

Die Pinsel müssen nach Gebrauch von Tusche noch naß ausgewaschen werden. Ein einmal voller Tusche eingetrockneter Haarpinsel ist unbrauchbar.
Keine Vermischung mit Tinten! Tinten sind normalerweise sauer, Tuschen sind alkalisch, d.h. die beiden Flüssigkeiten vertragen sich nicht, ein sofortiges Gerinnen wäre die Folge! Zum Verdünnen der Tuschen verwendet man abgekochtes, Regen- oder destilliertes oder demineralisiertes Wasser.

Zur Herstellung der Tusche:

x) "Die Tusche könnte man seit alters als einen Eckstein der chinesischen Kultur bezeichnen; hat doch kein anderes Land so sehr und so ausdauernd alle seine Gesittung auf das geschriebene Wort und die dadurch vermittelte literarisch-humanistische Bildung gestellt. Der Anteil derjenigen, die das Lesen und Schreiben - mit Tusche und Pinsel - lernten, war stets gering, aber das Schreiben der chinesischen Zeichen, die in der Mehrzahl aus einfachen oder zusammengesetzten Bildern bestehen, bedeutete mehr als wir es uns vorzustellen vermögen, nicht allein ein technisches, sondern moralisches und künstlerisches Anliegen ... So hatte jeder chinesische Abc-Schütze, der schreiben konnte, zugleich das Handwerk des Malens erlernt und eine sichere Hand erworben. Und da jeder, der das erste erlernt hatte, auch das zweite konnte, gab es in China viele Kaiser, Minister, Dichter und Frauen, die sehr gebildet und zugleich als Maler berühmt geworden waren. Man kann sich leicht vorstellen, was dieser Gesellschaft, der wie jedem Künstler das Handwerkszeug heilig war, allein die Tusche bedeutete. Bei ihr kam es nicht allein auf die Güte an - man unterscheidet mindestens

x) Prof. Dr. W. Speiser, "Tusche in China" aus Zeitschrift "Der Pelikan", Günther Wagner, Hannover, Heft 56, 1955

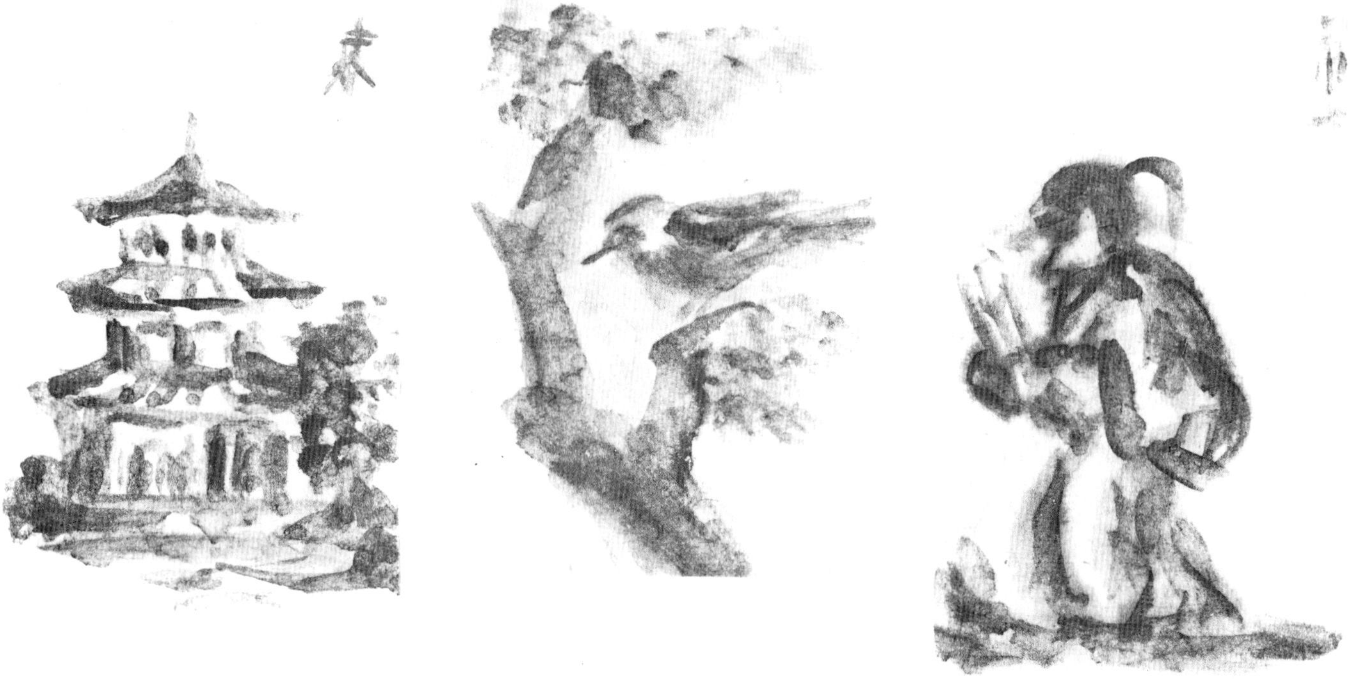

Studien mit echter chinesischer Stangentusche auf handgeschöpftem Papier.

8./9. Schuljahr

neun Güteklassen -, sondern man trieb einen Kult mit den Tuschesteinen, sammelte sie und gestaltete sie mit großer Sorgfalt aus ... Es gibt eine ganze Fülle ausgegrabener Schriftstücke auf Holz, Papier und Ton aus vorchristlichen Jahrhunderten, die zweifellos mit der gewöhnlichen Tinte geschrieben sind ... Die Güte der Tusche richtet sich in erster Linie nach der Art der verfügbaren Kiefern und des Leimes, sowie nach der Sorgfalt der Herstellung zur rechten Jahreszeit, bei der richtigen Temperatur, ausdauernder Aufwand an Arbeitszeit und genügender Lagerung. Die seit dem 10. Jahrhundert erhaltenen Rezeptbücher zur Tuscheherstellung empfehlen darum zunächst die Vorzüge der einzelnen Kiefernarten und der besten Bestände. Galten z.B. in der T'ang-Zeit die Kiefern von Anhui und vom Lu-shan (=Berge) als die besten, so bevorzugte man in der Sung-Zeit die von Shantung, in jedem Falle aber solche, die in Felsen gewachsen und nicht zu jung waren. Weiter werden die verschiedenen Öfen beschrieben, in denen man nicht zu viel und auch nicht zu wenig Äste in einem siebentägigen Arbeitsgang zu Ruß verbrannte. Nahm man früher hochstehende Öfen, so wurden in der Sung-Zeit die liegenden modern. Erst wenn die Öfen gut ausgekühlt sind, sammelt man den Ruß. Als bester erweist sich gewöhnlich der am Kaminende, der am Kaminhals schon weniger gut, d.h. weniger leicht und gleichmäßig, während der im Ofen selbst, "dem Feuer am nächsten", als unbrauchbar gilt. Der in Krügen gesammelte Ruß wird sorgsam geprüft. Gibt er beim Anfassen der Hand leicht nach, dann ist er gut, und wenn er, mit einem Messer geschnitten, einen natürlichen Glanz zeigt. Bevor er mit Leim versetzt wird, siebt man ihn sorgfältig in unbewegter Luft. Nicht geringere Sorgfalt widmen die Rezepte dem Leim, zumal es heißt, daß selbst zweitklassiger Ruß, mit vorzüglichem Leim gebunden, immer noch bessere Tusche ergibt als guter Ruß mit schlechtem Leim, der nicht genügend gekocht oder noch zu frisch ist.

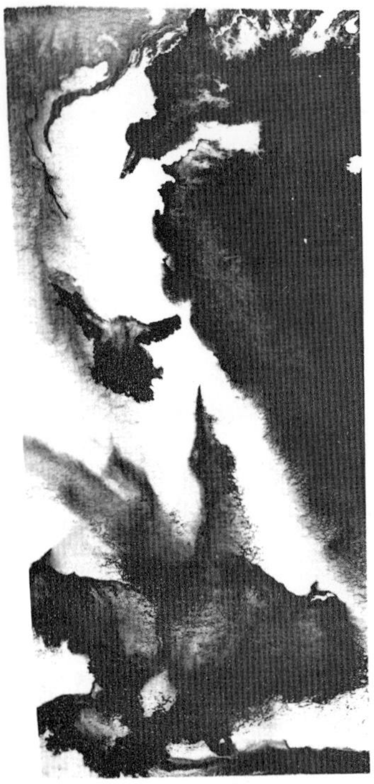

Wildgänse S.W.
9. Schuljahr

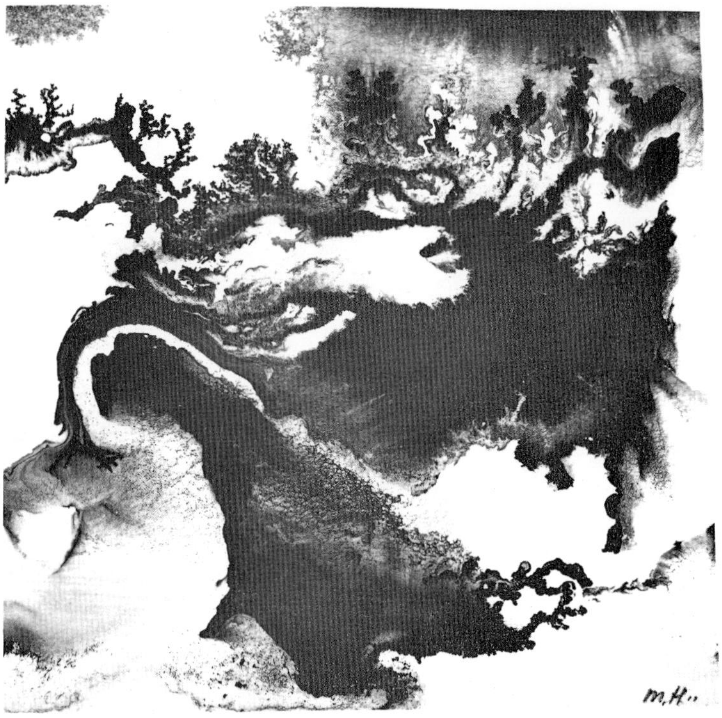

Als bester Leim gilt der aus Hirschhörnern ... Naturgemäß wird auch die Herstellung des Leimes sorgfältig überwacht. Zunächst weicht man die Hirschhörner sieben Tage lang in einer Reisbrühe ein, zerkleinert sie dann und kocht sie bei mäßigem Feuer, meist zweimal, am günstigsten im November. Tusche ohne Rücksicht auf die Jahreszeit und nur im Hinblick auf die Nachfrage zu produzieren, gilt ebenso wie die Verwendung eines zu frischen Leimes als grober Kunstfehler. Als Regel für das Mischungsverhältnis von Ruß und Leim gilt die gleiche Gewichtsmenge, doch gibt es da für besondere Zwecke zahlreiche Ausnahmen. Nachdem der Leim vorsichtig in den Ruß hineingetan ist, wartet man, bis er zu erstarren beginnt und verrührt ihn dann erst, und vor allem stampft man dann das Gemisch mit eisernen Stößeln in eisernen Mörsern, 30 000 Stößelschläge gelten als das gewöhnliche Maß. Damit ist die Tusche im wesentlichen fertig und muß schnell und bei warmer Temperatur zu transportfähigen Kugeln oder den beliebten Formen in handlichen Rundstäben oder meist zu flachen Steinen geformt werden, langsam und unter Beobachtung großer Vorsicht trocknen, vor allem, damit sie nicht reißt. In China kannte man die Tusche ausschließlich in festen Formen, eben den "Steinen", die man zum Gebrauch stets von neuem auf einem besonderen Reibstein, meist aus hartem Schiefer, anrieb. Hier boten sich nun zahllose Möglichkeiten, die Tuschesteine gefällig, künstlerisch oder auffallend zu formen. Man preßte sie in Holzformen, in die man Schriften, Gedichte, Bilder, ja ganze Landschaften eingeschnitten hatte. Man nahm nicht allein berühmte Gemälde zum Vorbild, sondern bat bekannte Maler um Vorlagen. Es gibt noch viele Bücher, die in Holzschnittwiedergaben sowohl vorbildliche Sammlungen von Tuschsteinen abbilden, als auch Vorlagen für weitere Formen boten. Eines darunter gehört sogar zu unseren wichtigsten Quellen der chinesischen Ikonographie, da es eine ganze Sammlung der beliebtesten Bildthemen mit einer kurzen Erklärung enthält.

Auch preßte man diesen Darstellungen gleich ein paar Farben oder Goldfolien auf, so daß die Steine wirklich zu kleinen Kunstwerken wurden, und man es nur zu gut versteht, daß es Sammler dieser kleinen Reliefs gibt, die sich scheuen würden, die Steine zu benutzen. Wie mit den Tuschsteinen wird auch mit den Reibsteinen ein richtiger Kult getrieben. Auch diese schmückte man mit feinen und oft künstlerischen Reliefs, und ein richtiger chinesischer Gelehrter oder ein Mann der Feder bzw. des Pinsels, wie man hier sagen muß, wird ebensowohl mehrere Reibsteine wie Tuschestücke haben, nicht selten neben einer kostbaren Sammlung auch verschiedene, d. h. verschieden gute und alte, für seine besonderen Zwecke. Den größten Luxus entfalteten in dieser Hinsicht die Japaner. Sie gestalteten den Schreibkasten - Suzuribako -, der den Reibstein, einen Wassertropfer und Platz für mehrere Pinsel und Tuschesteine in einen meist rund 25 cm langen, quadratischen flachen Kasten enthielt, zu einem modischen Gerät aus, das jeder, der etwas auf sich hielt, in feiner Ausführung zu besitzen trachtete ... Hunderte von Lackkünstlern sind berühmt für diese Arbeiten geworden, bei denen sie die Kästen lackierten und in den noch feuchten Lack herrliche Dekorationen oder ganze Darstellungen und Bilder mit pulverisiertem Gold oder Silber einstäubten ... Dagegen gab es einige andere Wünsche, denen man durch Beimengungen anderer Stoffe nachzukommen suchte. Vor allem legten die Maler Wert auf einen natürlichen Glanz der Tusche; da half man gelegentlich durch Beigabe pulverisierter Perlen nach. Jeder aber, der mit diesen Dingen umgeht, weiß, daß die beste Tusche wie die beste Farbe nicht wirken kann, wenn sie nicht auf den geeigneten Grund kommt, daß beispielsweise auf glattem Papier die Tusche glänzender wirkt als auf mattem, daß sie aber wieder auf allzu glattem Grunde blaß wirkt. Hier nun den ostasiatischen Malern auf die Finger zu sehen, eröffnet ein unermeßliches Feld. Meist malen sie auf der ohnehin schon glänzenden Seide, und das Papier hat Ostasien nicht allein erfunden, sondern in aller Vielfalt variiert, daß auch heute noch der Name "Japanpapier" jedem Kenner als unerreichbar erscheint. Um ein Ausfliessen der je nach Wunsch dicker oder dünner angeriebenen Tusche zu verhindern, grundieren die ostasiatischen Maler ihrer Seiden und Papiere mit Alaun, und schon dabei kann man die verschiedenen Temperamente erkennen, den Maler, der bereits grundierte Seide kauft, den, der sie selbst stark oder schwach, unregelmäßig oder gar nicht grundiert. Auch das kommt vor, wenn geniale Eigenbrötler mit dem Verfließen der Tusche von vornherein rechnen ... Wie vertraut die Maler mit ihren Mitteln waren, mag ein Satz aus dem am meisten verbreiteten Mallehrbuch, bekannt unter dem Namen des "Senfkorngarten"(-Verlages), deutlich machen. Da heißt es, daß man es vermeiden soll, mit alter Tusche auf neue Seide zu malen, während die Wirkung frischer Tusche auf alter Seide besonders gelobt wird. Wir wollen daraus nur lernen, daß Tusche und Tusche noch längst nicht dasselbe ist, sondern daß es auch bei ihr wie überall in der Welt heißt: Je größer die Liebe, die man einem Ding zuwendet, um so mannigfaltiger und tiefer das Echo, mit dem es antwortet."

x) Schwarze Tusche -Atramentum chinese

"Zum Historischen: Die Griechen und Römer scheinen sich bereits der Tusche zum Schreiben bedient zu haben ... In Europa wurde sie aber erst durch die Handelsverbindungen mit China bekannt, und die Chinesen erhielten sie aus Korea. Nach Grossiers Bericht erzählt die chinesische Geschichte, daß im Jahr 620 n.Chr. unter den Geschenken, die der König von Korea jährlich dem chinesischen Kaiser als Tribut überreichen ließ, auch mehrere Stücke aus Ruß von Fichtenbäumen und Hirschhorngallerte verfertigte Tusche waren, und daß es den Chinesen im Jahre 900 gelungen sei, dieselbe ebenso schön nachzuahmen ... Unter Tusche versteht man eine schwarze in festen Täfelchen oder länglich viereckigen Stücken vorkommende in Wasser leicht zerteilbare, wenn gleich nicht vollkommen lösliche und daher zur Wassermalerei geeignete Farbe. Man erhält sie, indem man einem fein zerteilten leichten, schwarzen Farbkörper durch ein bindendes Mittel Zusammenhalt und Festigkeit gibt, so daß er sich beliebig formen läßt, im trocknen Zustande unverändert aufbewahrt und mit etwas Wasser abgerieben gleich als Malerfarbe benutzt werden kann ... Die beste chinesische Tusche ist sehr schwarz, leicht zerbrechlich, auf dem Bruche fast glasartig, läßt sich im Wasser fein zerreiben, sinkt nicht zu Boden, färbt rein schwarz, springt, auf die Haut gestrichen und trocken geworden, nicht leicht ab, wenn man diese runzelt und hat keinen leimartigen Geruch. Da die Chinesen ihr Verfahren sehr geheim halten, so hat man in Europa eine Menge Mutmaßungen über die Bereitung der Tusche aufgestellt. Indessen sagten schon die ersten europäischen Berichterstatter, daß sie aus Fichtenholzruß oder aus Ölruß mit Hirschhorngallerte, etwas Moschus und Kampher zur Teigform angeknetet werde, und dies bestätigt auch die chemische Untersuchung. Das Verhalten im Feuer zeigt, daß die Farbe von kohligen Teilen herrührt..

Wenn die Tusche zu alt ist, verschwindet der tierische Leim gänzlich und die Züge haben dann keinen Glanz; ist sie zu neu, so waltet der Leim vor und verunreinigt den Pinsel. Wenn man sie mit Erfolg verwenden will, muß die Farbe wenigstens 3 und höchstens 10 Jahre alt sein ... Ehemals bewahrten die Tuschfabrikanten die Tusche in Säckchen aus Leopardhäuten auf, um sie gegen Feuchtigkeit zu verwahren; auch in gefirnisten und luftdichten Kästchen, um ihren Glanz zu erhöhen.

Unter den verschiedenen Arten Tuschen, die aus China kommen, ist die mit dem Ruße des Öles Hou-ma (Sesanuum orientale) die beste. Man setzt ihm Kampfer und Moschus zu, ferner Saft von Carthamus tintorius, um Glanz zu erteilen. Man erhält den Ruß dieses Öles mittels mehrerer 100 Lampen, über welchen ein metallener Deckel angebracht ist, um ihn zu sammeln. Von dem Deckel nimmt man den Ruß mittels einer Feder ab ... Die Tusche in Kugelform benutzt man zum Letterndruck oder zum Zeichnen der Ballen oder Kisten von Handelswaren ... Vorschriften: 1. Um auf einen seidenen Stoff zu schreiben, vermischt man ein wenig Ingwersaft mit dem Wasser, worin man die Tusche aufweicht.

2. Bei sehr kalter Witterung weicht man die Tusche in Wasser auf, dem man etwas Saft von schwarzem Pfeffer zugesetzt hat; man kann dann schreiben, ohne daß sie gefriert.

3. Wenn man sehr altes Papier hat, worauf schwer zu schreiben ist, vermischt man die

x) Johann Carl Leuchs, "Anleitung zur Bereitung aller Farben", Verlag v.C. Leuchs&Co, Nürnb. 1846

墨 = schwarze / = Erde } Tusche

水顔料 = Tusch-Farbe

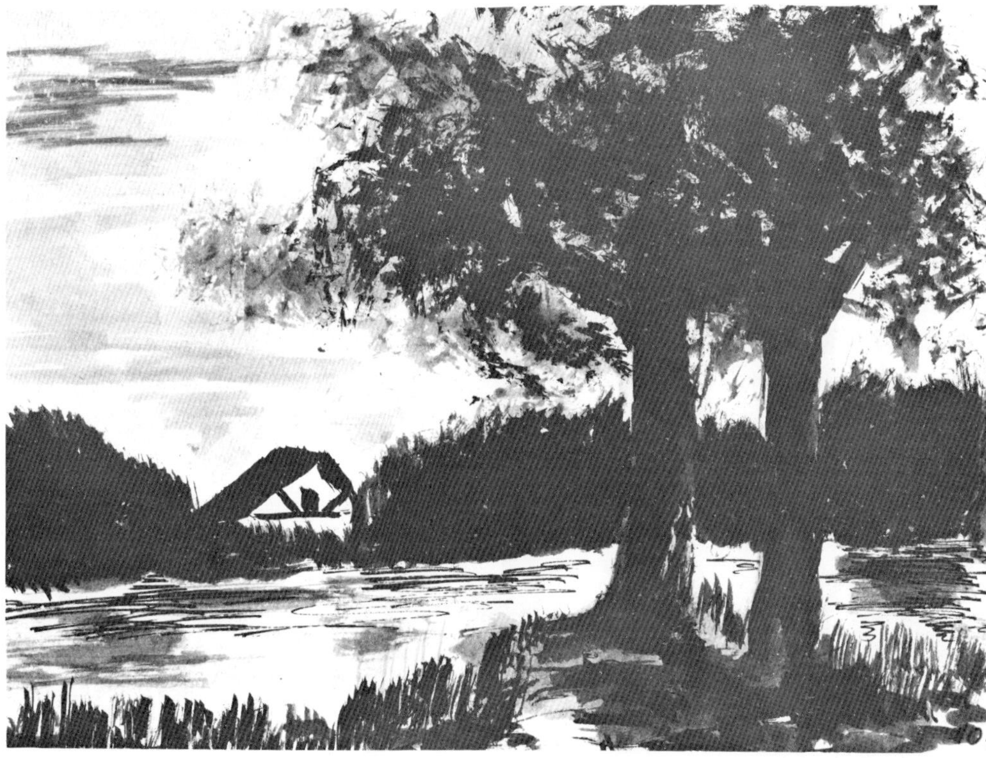

10. Schuljahr

Tusche mit dem Saft einer Fichtenart; das Wasser saugt dann nicht ein, daher die Schriftzüge reiner werden ...

Die gewöhnliche aus Ruß bestehende Tusche bereitet man folgendermaßen:

Zuerst reinigt man die Fichte von ihrem Harze und fällt dann den Baum. Wenn die geringste Menge Harz zurückbliebe, könnte die mit dem Ruße dieses Holzes bereitete Tusche sich in Wasser nicht vollkommen auflösen und würde den Pinsel schmierig machen. Will man eine Fichte von ihrem Harz befreien, so macht man an dem Fuße des Baumes ein konkaves Loch, und stellt eine Lampe hinein. Das Holz erhitzt sich allmählich und bald läuft alles Harz des Baumes durch einen Einschnitt, den man machte, ab. Die Fichtenstücke, welche man um den Ruß zu erhalten, verbrennt, müssen dünn und ungefähr fußlang sein. Die zum Aufsammeln des Rußes bestimmte Stelle ist ein langer Käfig von geflochtenem Bambusrohr, ähnlich der Koje, worin sich die Seeleute in ihren Fahrzeugen gegen Regen schützen... Man überzieht ihn innen und außen mit Blättern von geleimtem Papier. Wenn diese Arbeit beendigt ist, bringt man mehrere mit kleinen Löchern versehene Scheidewände an, damit der Rauch austreten kann ... Der Ruß, welcher sich an die Seiten der ersten und zweiten Scheidewand anlegt, ist der leichteste und zarteste, man verfertigt daraus die beste Fichtenruß-Tusche ... Um die Güte der mit Fichtenruß zubereiteten Tusche zu ermitteln, macht man die "Schwimmprobe", d.h. man legt diese ins Wasser, sie ist mittelmäßig, wenn sie auf diesem schwimmt und ist um so besser, wenn sie darin untersinkt ...

Ehemals bereitete man die Tusche mit schwarzer Erde, daher das Zeichen, dessen man sich noch heutzutage für dieselbe bedient, aus zwei übereinander stehenden Buchstaben besteht, wovon der eine S c h w a r z und der andere E r d e bedeutet"...

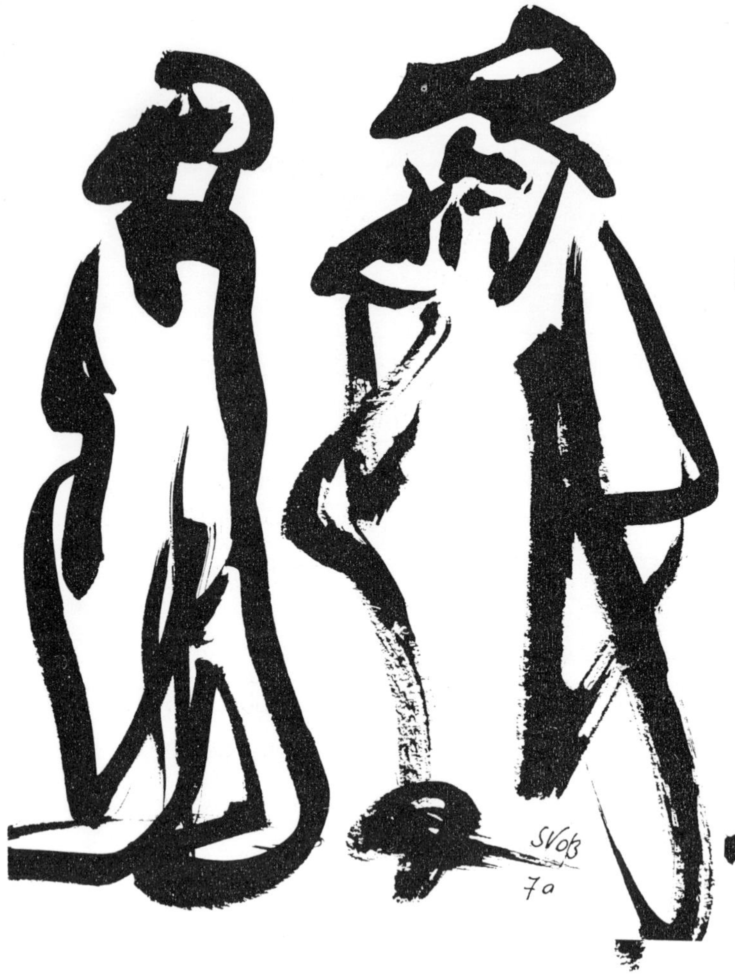

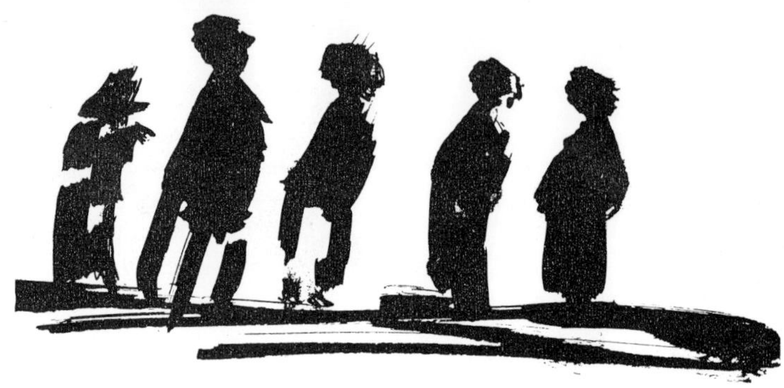

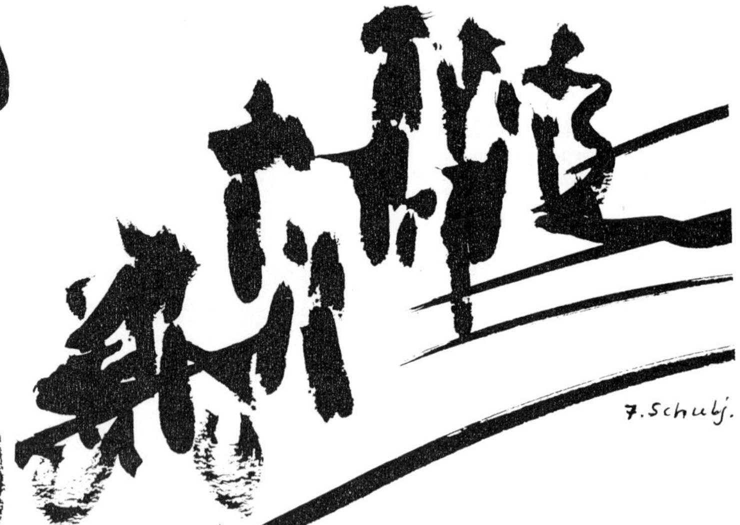

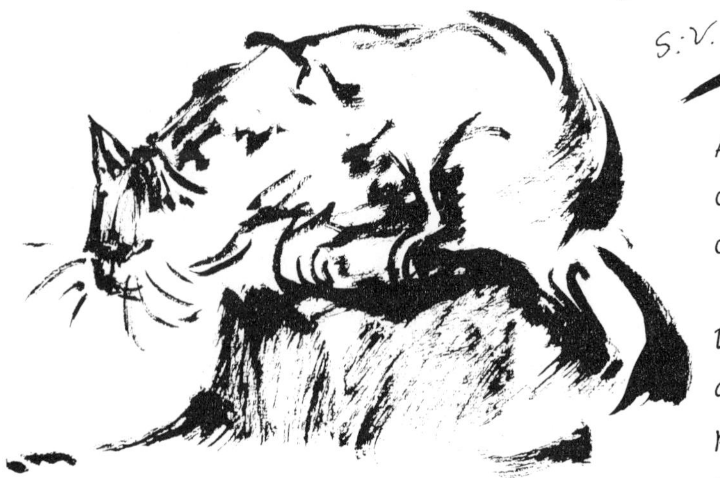

Pinseldruck-Übungen.

Auf diese Weise wurde uns Kindern durch die sorgfältige Führung der Hand gelehrt, die Gedanken im Zaum zu halten.

Etsu Inagaki Sugimoto

Der Umgang mit Pinsel u. Tusche ist pädagogisch außerordentlich anregend und wirksam für eine phantasievolle Gestaltung, außerdem übt es das Sehen und Einleben in den Hell-Dunkelraum beim Zeichnen und Malen. Ausführliche Hinweise für das Methodische siehe x)

Z u m   P i n s e l z e i c h n e n :

xx) In dieser Kunst sind die Ostasiaten Meister. In ihren Holzschnitten und Pinselzeichnungen schwellen die Linien an und ab wie Geigenstriche. Eine einzige Linie drückt ... Licht und Schatten und dazu noch den Reiz des Stoffes, den Glanz des Wassers, die durchsichtige Seide eines Libellenflügels oder den weichen Flaum eine Vogelgefieders aus. Solch eine Linie ist keine tote, steife, übergleichstarke Kontur, die eine Form gleichmäßig umrändert, sondern das unmittelbarste und beseelteste aller Ausdrucksmittel einer kühnen und feinen Künstlerhand.

x) Clausen Riedel, "Zeichnen-Sehen lernen", J.Ch.Mellinger Verlag GmbH, Stuttgart, 1968
xx) Erich Rhein, "Die Kunst des manuellen Bilddrucks", Otto Maier Verlag, Ravensburg, 1958

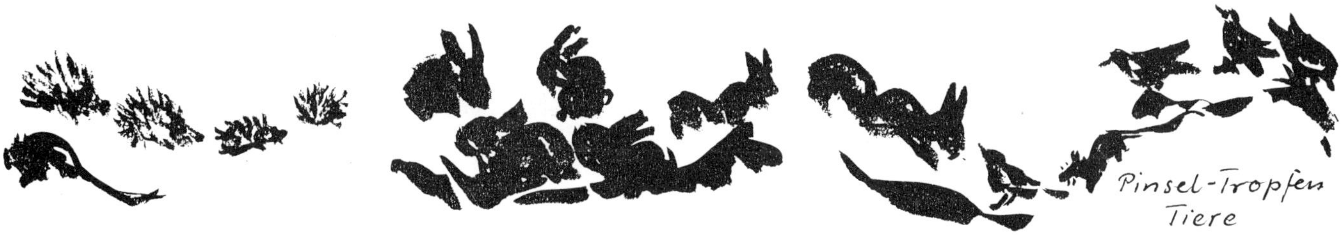

Künstlerische Zerfallszeiten mißachten die eigengesetzliche Sprache des Materials und der Werkzeuge. Der empfängliche Mensch sucht sie neu zu entdecken. Das gelingt ihm am besten im zweckfreien Spiel mit den technischen Mitteln ... Aus der Vertrautheit mit den technischen Mitteln erwächst leicht ein Gefühl für die bildnerischen Mittel. So gesehen sind "technische Übungen" nicht nur eine Angelegenheit manueller Geschicklichkeit. ... Sie gehören, stets variabel gehalten, zur Vorschulung und Erprobung für bildnerisches Gestalten ... Offensichtlich wirkt bei graphischen Etüden der Tuschestrich und -fleck ungleich konstrastreicher und lebendiger als der vom Bleistift erzeugte Strich und Fleck. Man kann ihn gewiß weniger korrigieren, aber eben deshalb zwingt er zu eindeutiger Aussage und größerer Konzentration. Tusche ist ein herrliches Material, uralt ihre künstlerische Anwendung, dennoch immer neu zu entdecken ihr vielgestaltiger Reiz.
Li Tai Pe schreibt: "Ich lasse Schriftzeichen auf das Papier herniedertropfen, von weitem könnte man glauben, es wären Pflaumenblüten, die auf eine Schneedecke gefallen sind."
Die alten ostasiatischen Meister der Tuschetechniken, bei denen Schreiben, Zeichnen (lies: Zeichen setzen) und Malen noch eine Einheit bildeten, verstanden die Sprache des Werkstoffes in hervorragender Weise. Wie die Barockmaler, wie die Impressionisten und viele moderne Künstler können wir immer wieder von ihnen lernen, wollen dabei aber auch auf eigene Entdeckerfahrten ausgehen ... "
Alles künstlerisches Tun, auch in den Anfängen, ist ein Erfinden, ist ein unentwegtes Erschaffen und wieder Ausgleichen von Gegensätzen und Spannungen ...

Zur Herstellung von Tuschen:

x) "Seit alter Zeit gebärden sich Hersteller von Tinten und Tuschen wie die Alchimisten, die in dunkler Küche geheimnisvoll ihre Rezepte mischten. Auch die großen Fabriken, die in Millionen von Litern jährlich ihre Produkte ausstoßen, haben sich von Geheimnistuerei noch nicht befreit. Selbst der junge Chemiker, der als Neuling an die Kochkessel und Walzmaschinen herangeführt wird, erfährt erst nach Jahren - wenn er sich das unbedingte Vertrauen erworben hat - um die letzten Feinheiten und die letzten Probleme. Und so ist es erklärlich, daß der Oberschüler, der mit Tusche Schönschrift und Zeichenkunst übt, daß auch der angehende Ingenieur, zu dessen täglichem Handwerkszeug Tusche gehört, sehr wenig oder nichts über deren Zusammensetzung und Herstellung wissen ... Unsere maschinell eingerichteten Fabrikbetriebe nehmen zur Erzeugung von Stangentusche - also Tusche in fester Form zum Selbstanreiben wie chinesische Tusche - Lederleim bester Qualität als Bindemittel für Gasruß. Als Schutzmittel gegen Schimmelbefall der in Wasser angeriebenen Tusche werden Karbolsäure und Kampfer zugefügt. Der Leim wird wie üblich in Wasser gelöst und dann die erkaltete, gelierte Leimlösung zwischen den Stahlarmen schwerer Knetmaschinen mit den übrigen Bestandtei-

len der Tusche so lange verknetet, bis der Leim durch Zerstörung seiner Struktur die Kraft zum Gelieren verloren hat. Das Korn des sehr lockeren Gasrußes (1 Kilo nimmt einen Raum von 6-7 Litern ein) wird dabei bis zur kolloidamen Verteilung weiter zerrieben. Nach tagelanger Knetarbeit formt man aus der dicken, zähen Masse dünne Platten und zerschneidet diese in kleine Stücke. Die Formlinge müssen nun trocknen; nur sehr langsam und vorsichtig dürfen sie zusammenschrumpfen. 6 - 9 Monate lang dauert der Trockenprozeß, der gleichzeitig ein Reifeprozeß ist. Die vollständig rissefrei getrockneten Stücke werden nun heiß gepreßt ... 6 -7 Monate verstreichen auch bei der Erzeugung der viel bekannteren flüssigen Tusche, "Pelikan-Perltusche", die ebenfalls "chinesische Tusche", in englisch sprechenden Ländern "Indian Ink", genannt wird. Ihre Grundstoffe sind anderer Natur, wie auch die Eigenschaften, die der Zeichner in ihr sucht, andere sind. Nur der Kartograph, der allerfeinste Tuschelinien ziehen muß und dafür eine sehr leichtflüssige Tusche braucht, macht sich die Mühe des zeitraubenden Anreibens fester Stücke. Die schon gebrauchsfertige Perltusche ist heut die Tusche schlechthin. über die Herstellung von flüssigen Tuschen gibt die einschlägige Fachliteratur nur dürftige Auskunft: "man löst Schellack in wässriger Boraxlösung auf, fügt Ruß zu, gegebenenfalls noch Leim, konserviert und reibt die Tusche auf einem Walzenstuhl oder einer Kugelmühle an." An sich genügt dieses Rezept. Die Firma Günther Wagner benutzt diese von ihr ursprünglich angegebene Formel heute noch. Wichtigst aber ist die Auswahl der richtigen Rohstoffe, und es hängt ab von den Einzelheiten der Verfahrensvorschrift und deren strikter Einhaltung bei der Produktion, ob die gute, fast unbeschränkt lagerfähige schwarze Perltusche oder nur eine schwarze rußhaltige Schreib- und Zeichenflüssigkeit entsteht, die nach kurzer Zeit Bodensätze bildet und die Zeichenfeder verstopft. Lange Erfahrung, vererbt von Meister zu Meister und von Betriebsleiter zu Betriebsleiter, gibt auch einer Zeichentusche erst die Würze. - Im Gegensatz zum Bindemittel der Stangentusche, bei dem Harze peinlichst vermieden werden, besteht der Binder flüssiger Tusche aus wässriger Schellack-Lösung. Das Schellack-Harz, dessen Qualität ausschlaggebend für die Güte der Tusche ist, wird mittels Borax in Lösung gebracht. Aus der blanken Schellacklösung, aus Leimlösung, die zuvor einem besonderen chemischen Reinigungsverfahren unterzogen wurde und aus Gasruß mischt man nun einen dicken Brei, der Walzenstühlen - Maschinen, in denen mehrere zylinderförmige Steinwalzen sich reibend aneinander drehen - aufgegeben wird. Die Walzen zerkleinern den an sich schon feinen Ruß weiter zu Teilchen kolloidaler Kleinheit, die vermöge ihrer gleichpoligen elektrischen Aufladung daran gehindert sind, sich wieder zusammenzulagern und zu Boden zu sinken. Gute Schwarze Tusche ist gleichsam eine Ruß"Lösung", die etwa wie eine Zuckerlösung nicht absetzen kann.
Nachdem das Reibegut hunderte Male über die Walzen der Maschinen gelaufen ist, fließt es nach Verdünnung mit Wasser in große, mehrere Tonnen fassende Behälter zum Ausreifen. Wiederum, wie bei Stangentusche, muß die Zeit das Grobe und Feine trennen; die guten und edlen Eigenschaften der besten Tusche müssen - um einen Vergleich zu gebrauchen - ausgären wie bei edlem Wein. Einfach erscheint der Verfahrensfluß. Doch ungezählte chemische und physikalische Teste der Rohstoffe, der Lagerproben und der Fertigware schieben sich zwischen Anfang und Ende der Fabrikation. Nach fast unverändert gebliebener Methode und mit gleichartigen Rohstoffen wie vor 40 oder 50 Jahren stellt die Firma Günther Wagner so ihre berühmte Pelikan-Perltusche her ...
Die von China überkommene schwarze Tusche wurde bei uns durch farbige Tuschen ergänzt. Es sind klare Lösungen von Farbstoffen in alkalischer Schellacklösung. Die Herstellung erfolgt im wesentlichen durch einen Kochprozeß. Doch verlangen auch bunte Tuschen präzise Arbeitsvorschriften und deren peinlichst genaue Befolgung. Nur wenige Farbstoffe sind für bunte Tuschen brauchbar, denn sie müssen mit alkalischer Schellacklösung verträglich sein und mit ihr zu einem wasserwiderstandsfähigen Film auftrocknen, d.h. in gewissem Maße eine chemische oder physikalische Bindung mit ihr eingehen. Neben den lasierenden bunten Ausziehtuschen gibt es auch noch die deckenden sogenannten Pigment-Ausziehtuschen. Ihre Bindemittelsubstanz ist ebenfalls Schellack. Es gelingt leider nicht, die Pigmentfarben ebenso fein kolloidal zu vermahlen wie Ruß in schwarzer Tusche. Die physikalischen Voraussetzungen dafür fehlen. Die Pigmente setzen in den Tuschen bei ruhigem Stehen ab und müssen daher vor Gebrauch aufgeschüttelt werden."

x) Dr. Max Neidhart, "Über die Zusammensetzung und Herstellung von Ausziehtuschen", aus "Der Pelikan", Mitteilungen der Pelikan-Werke Günther Wagner, Hannover, Heft 56, August 1955

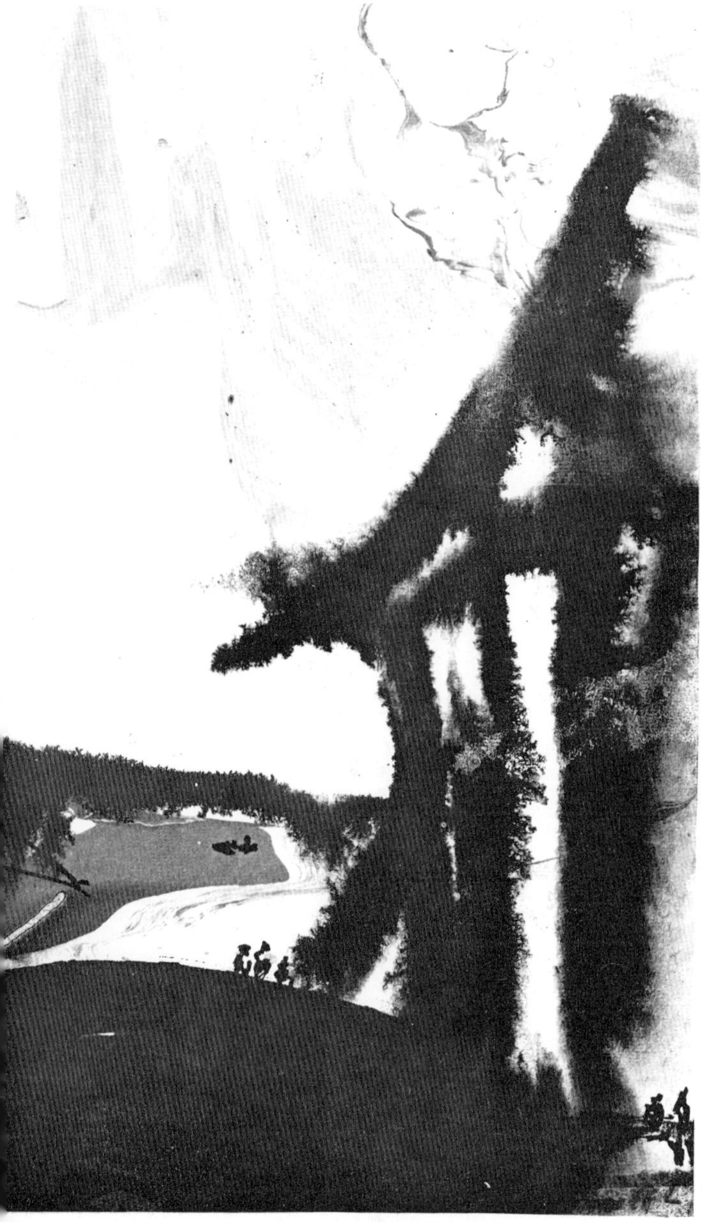

9. Schuljahr

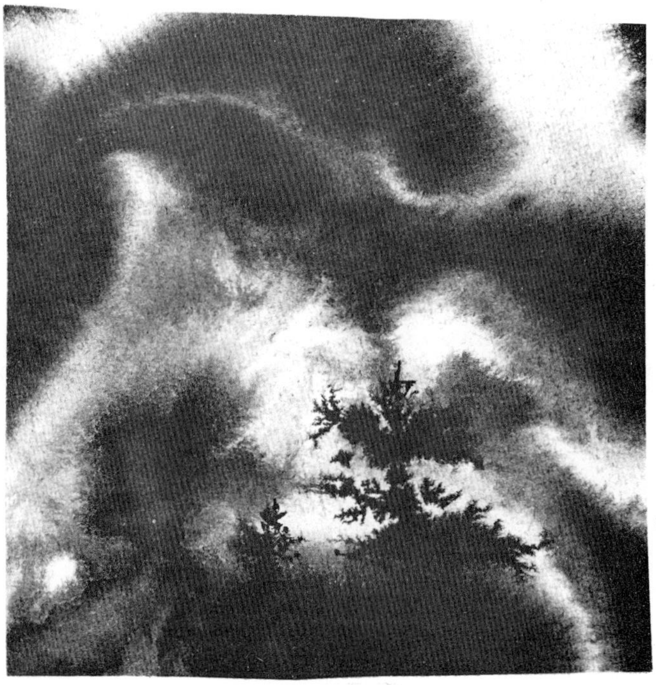

9. Schuljahr HGA.

Mit Tusche und Tinte sollte man viele phantasieanregende Übungen machen, durch welche die heute oft zu nüchternen, intellektuell einseitig geformten Kinder zu einer inneren Beweglichkeit gelangen. Die "laufende" Bewegung von Wasser u. Farbe auf feuchtem Grund lösen, lockern, entkrampfen und bringen eine Flächenbewegung in Fluß. Das "Formschaffen" kann "zufällig", aber bewußt erreicht werden durch einen unendlichen Wandlungsreichtum. Friedliche, Licht-Dunkel-Stimmungen können wechseln mit stark dramatischem Hell-Dunkel. Aus Seen werden Berge, Berge lassen sich versetzen, Bäume wachsen, Tiere entstehen aus Flecken usw. Das Skriptol enthält einen Stoff, der die Tusche etwas kristallin gerinnen läßt, so daß man die "Zufälligkeiten" allmählich führen lernt zu einer "bestimmten" Gestaltung.

K l e c k s o g r a p h i e

Justinus Kerner, Dichter, Geisterseher, Arzt und Menschenhelfer, dessen musische Natur die Zeitgenossen rühmten, fertigte neben seinen wissenschaftlichen und künstlerischen Arbeiten, im Alter, als er fast blind war, die "Klecksographien" der "Hadesbilder". Tinte, Kaffeesatz, Beerenfrüchte usw. kleckste er kräftig aufs Papier, faltete und preßte es und freute sich hernach über die entstandenen Tintenschmetterlinge und Nachtfalter, Spuk-, Tier- und Teufelsfratzen, denen er manchmal mit phantasievoller Feder nachhalf und die er bereimte. Vielfältig sind die Mittel und Wege, die die "Macht- und Heilkraft des geringen Tuns" (Kükelhaus) offenbaren.

S p r e n g t e c h n i k e n

sind z.B. übertuschte Wachsstiftzeichnung (bzw. Wachsblockmalweise)
Papierbatik, Stoffbatik, Wachssgraffito usw. Sie machen erfinderisch, und wirken phantasieanregend.

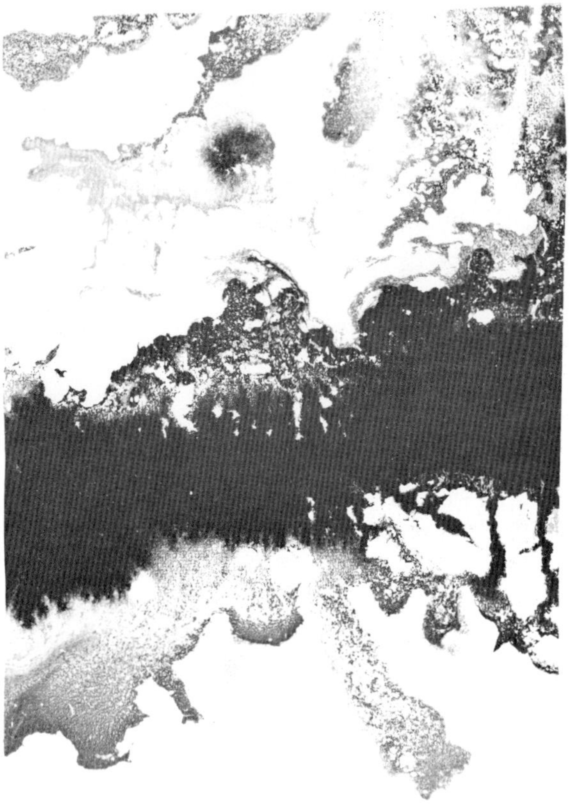

7a U.P.

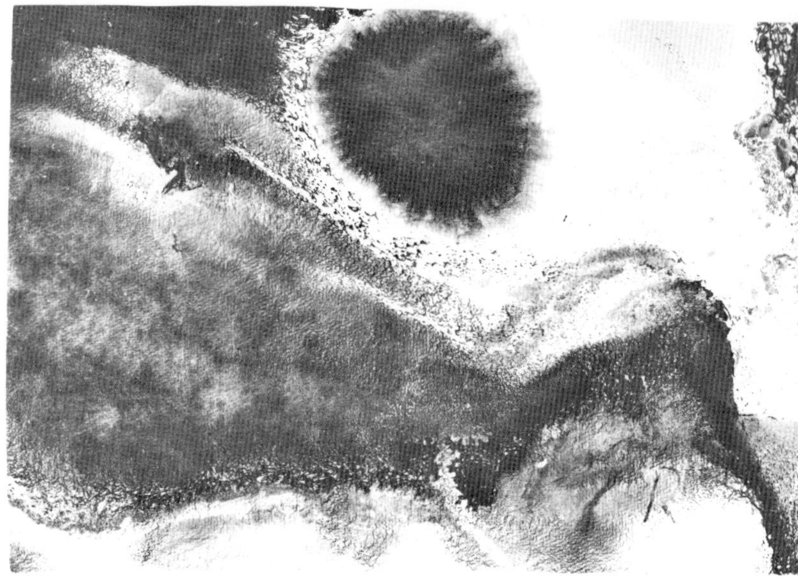

R H 8. Schul

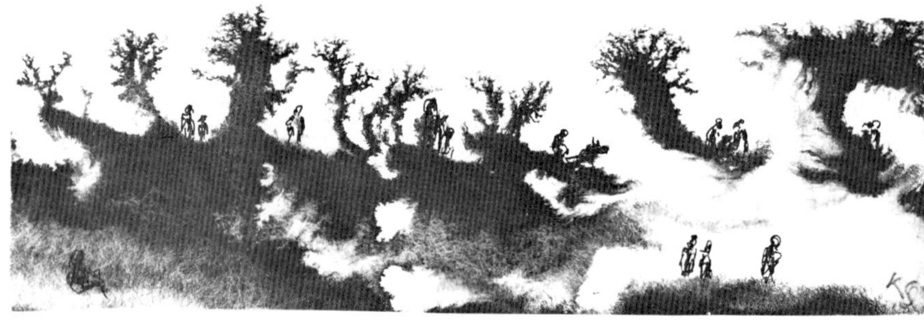

7a. K.S.

x) über Tinten

Von den ersten flüssigen Farben, die aus Ruß, Rötel und Zinnober mit Wasser und Gummi angerieben wurden und dem Zwecke dienten, Schriftzeichen auf Pergament, Leder oder Papyros aufzutragen, bis zu den Hunderten verschiedener Tinten, die die moderne Technik in großen Fabrikbetrieben zentnerweise herzustellen weiß, läuft ein vielfarbiges Band, in das die verschiedenartigsten Zeichen und Bilder hineingewebt sind und das diese ersten flüssigen Farben mit den modernen Kopier- und Alizarin - tinten verbindet ... Viele Tinten, zumal die im Altertum gebräuchlichsten, wurden aus Bestandteilen des Mineralreiches zusammengestellt. Aus Gummi und Kienruß wurde eine Tinte zusammengerieben, wie uns Demostenes verrät, der dem Aeschines vorwarf, daß er, der jetzt so stolz sei, wohl schon vergessen habe, wie er einst, durch seine Armut dazu gezwungen, in der Jugend die Bänke der Schule mit dem Schwamm abgewischt und den Mitschülern die Tinte gerieben habe ... Auch die vielen Anilintinten, die heute gebraucht werden, sind chemischer Natur. Jedoch die wichtigste aller Tinten, die Eisen-Gallustinte, die alte schwarze Galläpfeltinte, die schon der im 5. Jahrhundert n. Chr. lebende römische Schriftsteller Martianus Capella erwähnt, die nämliche Tinte, die verbessert als Kanzleitinte jetzt in den Handel kommt, sowie die, als Schultinte zumal, viel benutzte Blauholztinte, sie beide stammen aus dem Pflanzenreich ...

Ein im Jahre 1696 in Nürnberg erschienenes Buch "Kunst- und Werkschule" gibt nicht weniger als 48 Anleitungen zur Herstellung von "Dinten" behend und künstlich auf mancherlei Art und Weise, als Dinten zu Pergament, Dinte in der Not mit geringen Kosten, Niederländische Schreibdinte, Nürnberger Dintenzeug, Dinte auf der Reise mit über Land zu nehmen, Dinte, die in 9 Jahren nicht schimmelt ...

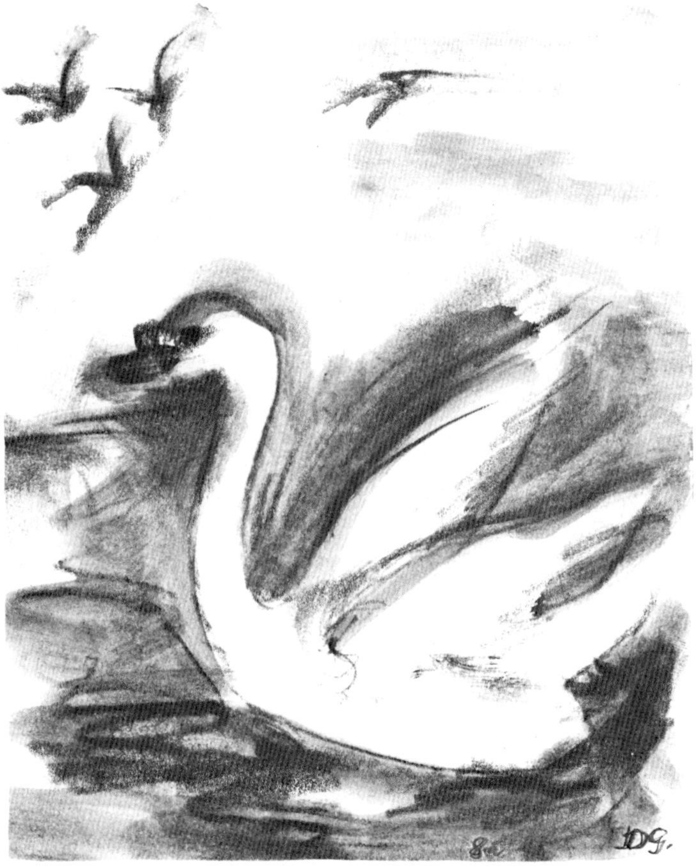

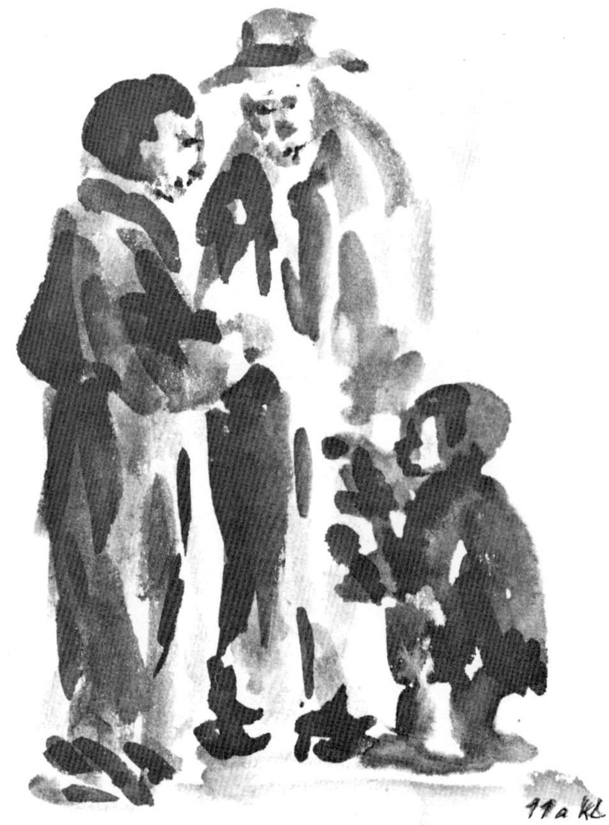

über die G a l l u s t i n t e : Galläpfel oder Galle, das wichtigste Rohprodukt dieser Tinte, sind bekanntlich krankhafte Bildungen an jungen Blüten, Knospen, Blättern oder Früchten verschiedener Pflanzen. Die krankhaften Mißbildungen werden durch bestimmte Insekten hervorgerufen, die mit Hilfe ihres an beiden Seiten gezähnten Legestachels ein Loch in die Pflanzenteile sägen, so zwar, daß sie in einem Blatte nicht das ganze Blatt durchbohren, sondern nur die oberen Schichten, so daß gleichsam eine Höhlung entsteht. In diese lassen sie ihre Eier hineingleiten. Das Zellgewebe des Blattes vergrößert sich an der infizierten Stelle um den Fremdkörper herum in krankhafter Wucherung; in dieser Höhle, die immer größer wird, entwickeln sich aus den Eiern die Larven und später, innerhalb zweier Monate, aus diesen die jungen Insekten, die die Wand der Galle durchbrechen und ausschlüpfen. Die eingesammelten Gallen enthalten daher, entsprechend der Zeit, da sie gesammelt werden, entweder das - natürlich tote - Insekt, oder sie weisen ein Loch auf, durch das der Insasse sich ins Freie gebahnt hat. Diese leeren Galläpfel, die sogenannten "reifen" Gallen, sind braun, gelb oder weißgelb; sie sind kugelförmig, höckerig und von verschiedenem Durchmesser. Manche von ihnen sind nicht größer als eine Erbse, andere erreichen die Größe einer Wallnuß. Doch die grünen "unreifen" Gallen, die das Insekt noch bergen, werden nicht selten auf den Markt gebracht. Von den verschiedenen Sorten von Galläpfeln, durchbohrten und geschlossenen, die in den Handel kommen, gelten die chinesischen und japanischen für die besten, da sie die meiste Gerbsäure (bis zu 70 %) enthalten. Sie werden von Schlupfwespen an den Blättern und Blüten verschiedener Sumacharten (Rhus smiolata und Rhus japonica) hervorgerufen und bilden, zumal in China einen bedeutenden Handelsartikel.

x) Prof. H. Brüggemann, S.Ferenczi, Prof.Dr.S.Fränkel, Dr.V.Grafe,"Die Pflanzen u.d. Mensch, Band 2,Kosmos,Gesellschaft d.Naturfreunde, Franckhsche Verlagshdl.,Stuttg.1913

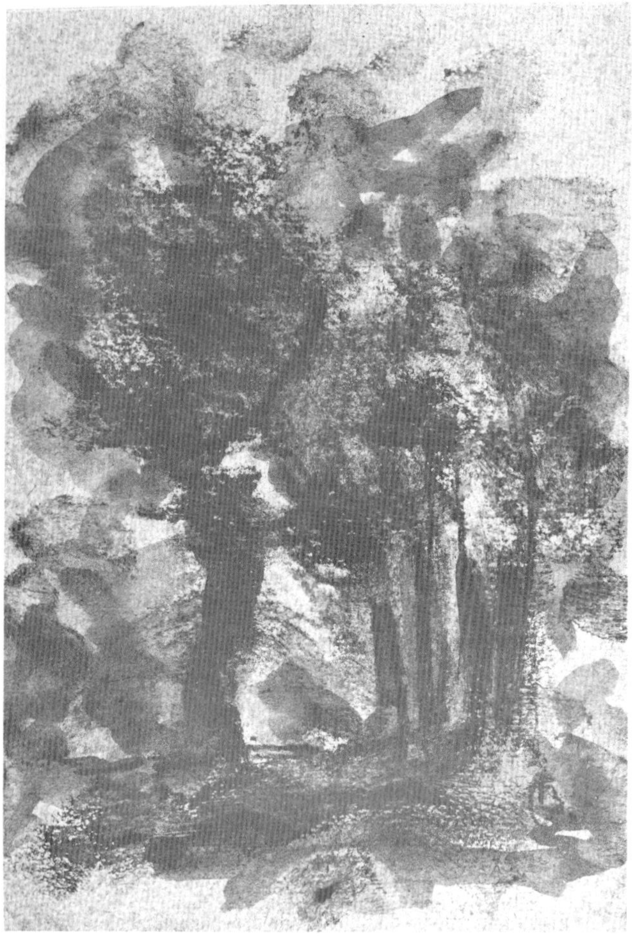

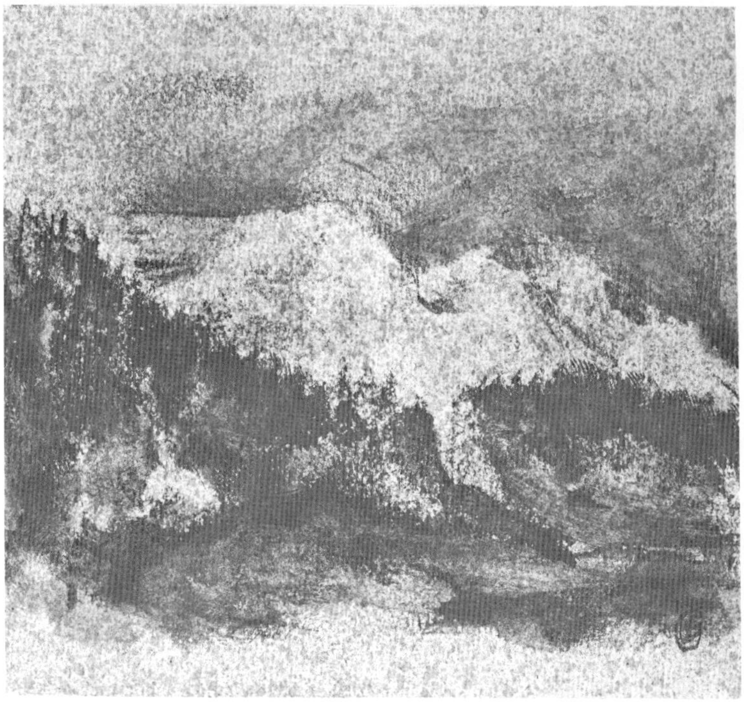

Aus der Skizzenbuch-Arbeit :Pastellstudien, a.mit Spucke "vermentiert" -von Schülern genannt =Spuckarell -Aqua-Pastell, der"Pastell-Charakter" ändert sich.

12. Schuljahr (Farbstudien) a.

Über Pastell-Farben:

Dieses sind in Stifte geformte oder in Holz gefaßte Farben, mit denen man durch trocknes Aufreiben malt. Sie unterscheiden sich von den Zeichenstiften nur durch größere Weiche. Die Bereitung der Pastellfarben ist einfach. Man vermischt die feingeriebenen Farbkörper in dem gehörigen Verhältnis, gibt der Mischung durch ein Bindemittel den nötigen Zusammenhalt, formt sie in Stängelchen und läßt sie im Schatten, oder bei größerer und geringerer Wärme trocknen. Alles kommt dabei auf die gehörige Feinheit der Farbkörper an, und daß man durch zu viel bindende Körper oder durch zu starkes Trocknen, die Stifte nicht zu hart, oder zu wenig abfärbend macht. Weiße Farben dienen als Grundlage (Malgrund usw.) bei den meisten Pastellstiften, teils um ihnen mehr Körper und erdige Beschaffenheit zu geben,teils um ihre Farbe mehr und mehr aufzuhellen, z.B. Kreide, reine weiße, fein gerieben und durch Schlämmen von allen sandigen Teilen befreit. Weiße Tonerde (Pfeifererde), geschlämmt und fein gemahlen. Auch kann man manchmal durch gelindes Erhitzen der noch etwas Wasser zurückhaltenden Stifte, diese ohne Gummi oder Leim, die nötige Haltbarkeit geben.

Mit Gips (Pariser Gips aus Alabaster gebrannt und gelöscht) kannman Stifte härter machen, setzt etwas Öl hinzu oder taucht diese in Öl ein, so bekommt man Stifte ähnlich den Ölstiften. Als Bindemittel kann man Milch, Haferschleim (Absud von Hafergrütze), die mehr bindet, Bierhefe (von ungehopftem Bier), frisch oder gekocht. Sie eignet sich z.B. für Pastellstifte aus Kreide, auch Gummi (Tragantgummi) mit etwas

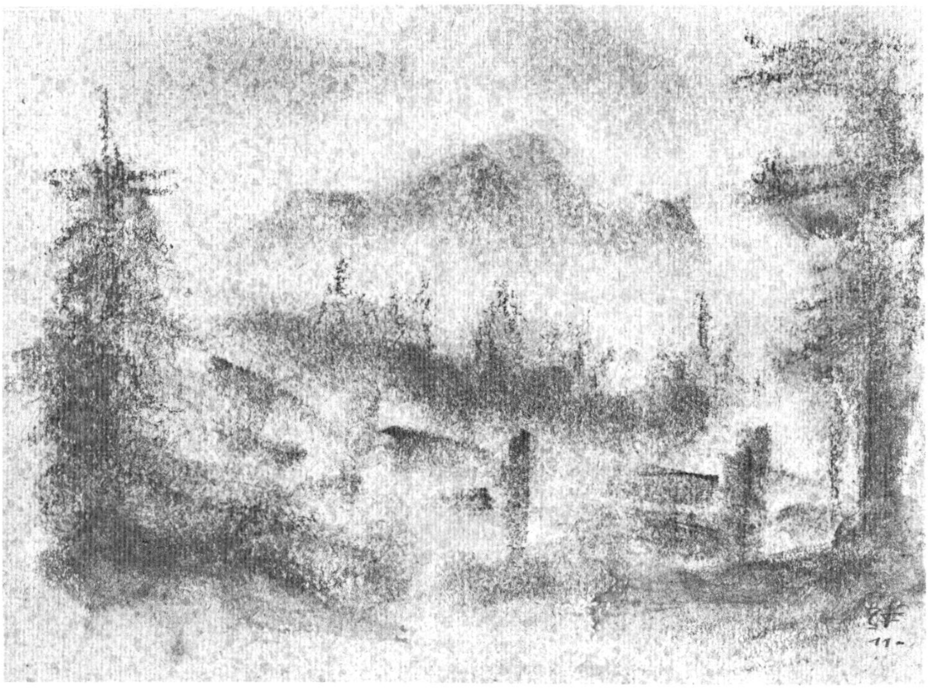

11. u. 9. Schuljahr (Farbstudien)
Pastell

Zucker, dieser mindert die Sprödigkeit. Seifenwasser kann man bei einigen Farben ebenfalls brauchen, ebenso Wachsseife bei Farbstiften, die wie die mit Fetten gemachten zum Malen auf Leinewand dienen können.

Oele (Wachs, Fett) dienen bei einigen Pastellstiften, besonders bei den blos mit Gips oder Tonerde gemachten zum zusammenhalten. Man taucht sie, sobald sie fertig sind, in Öl, wodurch sie weicher werden und besser abfärben. Man hat auch bloß mit einer öligen Mischung Pastellstifte bereitet, die dann aber nicht zum Malen auf Papier und Pergament gebraucht werden konnten, sondern auf Leinwand oder Pappe, die mit Bimstein glatt gerieben, mit Ölfirnis überstrichen und der Anstrich dann mit feingestoßenem Glas oder Bimstein übersiebt wurde. Die fette Mischung bestand aus 16 Talg, 4 Wachs, 1 Wallrat, wovon ein Teil mit 2-4 Teilen der vorher erwärmten Farbkörper zu Stiften geformt wurde, die man in kaltes Wasser warf, damit sie schnell erhärteten. Das Malen mit diesen Stiften ist schwieriger, dagegen ist das Gemälde haltbarer und leidet nicht durch Wasser.

Das F o r m e n der Pastelle: Man reibt die Farben auf einem Reibstein mit etwas Wasser aufs allerfeinste, und teilt das Geriebene in drei Teile. Der erste Teil gibt einfache Farbenstifte; der andere wird durch Zusätze erhöht, und der dritte mit anderen Farben versetzt. Um aus dem ersten Teile die einfachsten Farbstifte zu bereiten, muß man verschiedene kleine Brettchen zur Hand haben. Diese belegt man mit vier bis sechsfachem Makulatur; zu oberst aber mit weißem ungeleimten Druckpapier, streicht die Farben mit einem hölzernen Spachtel darauf, damit sich die überflüssige Feuchtigkeit in das Papier hineinzieht und sie etwas trockner wird. Ist die Farbe soweit trocken, daß man sie in der Hand, ohne anzukleben, behandeln kann, so bildet man ein Stückchen Teig, eine Haselnuß groß nach dem andern, in der Hand zu einer Kugel, rollt es zwischen beiden Händen länglich aus, damit ein an beiden Händen fein zugespitzter Zylinder daraus wird und behandelt diesen ebenso zwischen zwei glatten Brettchen, um ihn gleich und glatt zu machen. Man gibt ihnen die Länge von zwei Zollen und die Dicke einer starken Federspule, legt sie auf ein anderes Brett, bedeckt sie mit Papier vor Staub, und läßt sie im Schatten trocknen. Ist das erste Drittel Farbe verarbeitet, so wird das andere Drittel wieder auf den Reibstein gebracht, und mit der Hälfte Weiß zur halben Farbe zerrieben. Von dieser wird dann die Hälfte auf die vorgeschriebene Art zu Stiften gebildet. Die andere Hälfte kann darauf weiter mit mehr zugesetztem Weiß nach verschiedenen Portionen durch alle Schattierungen bis zum höchsten Licht in der selben Farbe versetzt werden. Das letzte Drittel der Farbe wird zur Vermischung mit anderen Farben gebraucht." x)

Wichtig ist beim Malen mit Pastell, daß man durchsichtig, lasierend malt, und nicht nur auf Oberflächenwirkung achtet. Man braucht also nicht nur auf rauhem Untergrund zu malen, sondern, man kann gut auf glattem weißem Papier die Farbe "antupfen" mit dünnem Farbauftrag. Bei rauher, dunklerer Oberfläche könnte man mit Talkum grundieren. Wir verdanken Rudolf Steiner eine ganze Reihe von Pastellskizzen xx), die er zum Teil als Anregungen für den Malunterricht gegeben hat. Das Pastell läßt sich sehr lebendig in malerischen Flächen gestalten und gibt eine Hilfe zum schnelleren Skizzieren. Es ist unvermeidlich, daß diese Farben stäuben, Asthmagefahr, deshalb lassen wir nicht in den untersten Klassen damit malen. Es bietet sonst keine besonderen Schwierigkeiten. Verhältnismäßig leicht lassen sich große Flächen in reicher Differenziertheit anlegen. Die Farbe verreiben wir mit dem Finger direkt auf dem gleitfähigen Malgrund. Am Anfang vermeiden wir die Hinzunahme von anderem Wischmaterial, wie Zunder oder Lederläppchen usw. Das Einreiben der Farbe in dünnen Schichten gibt ihr schon an sich einen größeren Halt, auch ohne Fixieren.xxx) "Als einwandfreies Mittel zum Fixieren hat sich wasserheller Zaponlack erwiesen, verdünnt mit 3 Teilen des dazugehörigen Verdünnungsmittels." Dieses Fixativ wird mit einem feinen Zerstäuber in mehreren Schichten, die zwischendurch gut trocknen müssen, aufgetragen und erzeugt dann eine gut haltbare Oberfläche ohne Veränderung der Struktur.

G e d a n k e zu P o r t r a i t k u n s t :

Mancher wird nicht die Wahrheit meines Spiegels erkennen. Er sollte erkennen, daß ich nicht dazu da bin, die Oberfläche zu spiegeln (das kann jede Fotographische Platte), sondern ins I n n e r e dringen muß. Ich spiegele bis ins Herz hinein. Ich schreibe Worte auf die Stirn und um die Mundwinkel. Meine Menschengesichter sind wahrer als die wirklichen.

Aus "Tagebüchern"
von Paul Klee

x) Johann Carl Leuchs, "Anleitung zur Bereitung aller Farben", Verlag von C. Leuchs & Comp., Nürnberg, 1846

Hinweis: Julius Hebing, "Welt, Farbe und Mensch", Verlag Freies Geistesleben, Stuttgart

xx) Rudolf Steiner Verlag Dornach/Schweiz

xxx) Julius Hebing "Welt, Farbe und Mensch", Verlag Freies Geistesleben, Stuttgart (im Selbstverlag 1951)

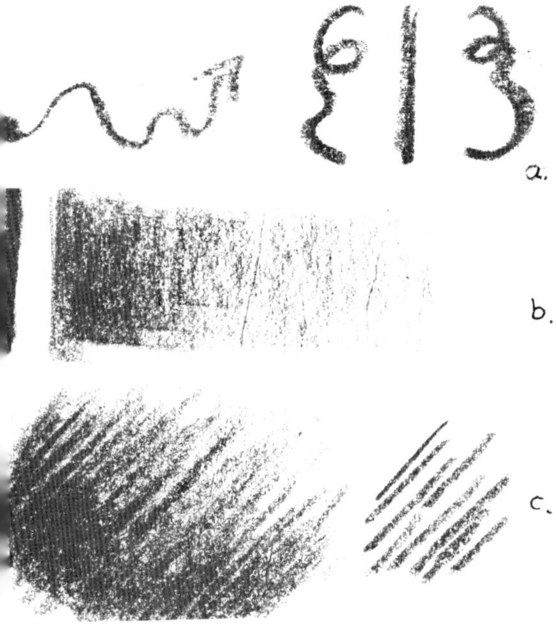

a. Punkt wird Linie (1 Dimension)
b. Linie wird Fläche (2. Dim.) = malerische Hell-Dunkel-Fläche
c. Rhythmisierte Linie wird Fläche (2. Di.) schwarz - Weiß wird zum Hell-Dunkel.

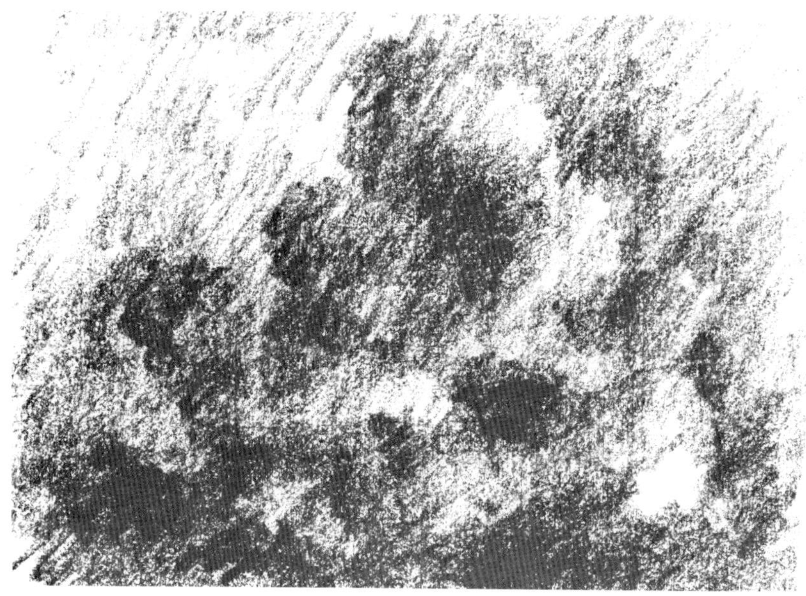

Wachsstift 8. Schuljahr

W a c h s m a l - T e c h n i k

Z u d e n B i e n e n w a c h s f a r b e n :

Aus eigener und Unterrichtsarbeit heraus versuchten wir seit Jahren für die "Linie" einen Stift zu bekommen, der in gut abgewogener Stärke in der Hand liegt und für die "Farbe" eine Form, die flächigen Auftrag ermöglicht, ohne daß "Stifte" zerstückt zu werden brauchen. Auch befriedigte das Material nicht. Anfragen nach verschiedenen Seiten hin führten zu keinem Erfolg, bis wir, zu unserer Freude, bei Herrn Stockmar x) anläßlich einer Lehrertagung für unsere Anregungen tätiges, liebevolles Interesse fanden. Dies erlahmte auch nicht in der nun folgenden mühevollen Entwicklungsarbeit, die sich über ein halbes Jahr erstreckte (etwa 1950) bis wir nach gemeinsamem Ausprobieren endlich durch unsere Initiative diese schönen Wachsfarben ins Leben rufen konnten. Wir haben sie in unseren Unterrichtsstunden und vielen Kursen mit gutem Erfolg eingeführt und wir sind dieser Firma H.Stockmar, Kaltenkirchen (Holstein) sehr dankbar, daß sie sich damals auf dieses Risiko einließ. Nun haben die Wachsfarben-Blöcke und -Stifte schon einen längeren Erfahrungsweg hinter sich, der sich gelohnt hat.

Es ist wirklich gutes Material, mit dem man "malerisch" arbeiten kann. Sie behüten (die Blockform) vor dem am falschen Platz angewandten Zeichnerischen und helfen, gut durchlichtete, lasierte Farbwirkungen zu erzeugen. Die Qualität, auf echtem Bienenwachs aufgebaut, ist wohltuend und wirkt therapeutisch. Die Kinder werden sehr glücklich, schon in der 1. Klasse, durch das Material und dessen richtige Form belehrt: die Blöcke malen, die Stifte zeichnen "von selbst". Die Farben sind ausgezeichnet abgestimmt und kommen auf leicht gekörntem Papier, was gar nicht einmal eine teure Qualität zu sein braucht, in zartesten, zarten und kräftigen, charaktervollen Nuancierungen zu einer echt malerischen Wirkung. Dazu sind die Farben außergewöhnlich

x) Hinweis: Firma H. Stockmar KG, Wachsschmelze, 2358 Kaltenkirchen/Holstein, Postf.146

stabil. Die Schüler können sie daheim und auf Wanderungen als sehr notwendige, getreue Helfer bei sich tragen. Der Rotbraun-Stift ist uns unentbehrlich bei den wichtigen freien Formübungen der unteren Klassen. Der Schwarz-Stift ermöglicht durch seine reine (nicht fette) Schwärze ausgezeichnete Hell-Dunkel-Arbeiten, wie überhaupt diese Stifte auch allen hochgestellten zeichnerisch-grpahischen Forderungen der Oberklassen gerecht werden.

Bei den unteren Klassenstufen legen wir die Wachsblöcke für die Arbeit griffbereit in Farbenkreis-Anordnung auf jeden Arbeitsplatz auf einen Bogen Papier; die Schüler malen so den "Platz" dieser Farben sichtbar zu einem Farbkreis, auf den die Blöcke immer wieder zurückgelegt werden. So prägen sich die einzelnen Farben im Zusammenhang miteinander (Mischfarben-Entstehung) und im Kontrast zueinander (Komplementär) usw. "begreiflich" im Bilde ein. Die Anordnung dieses Kreises ist die Gleiche wie bei den Farbtöpfchen im Aquarellmalen.

Wir üben V e r s c h i e d e n e T e c h n i k e n :

1. Nuanciertes, "vokalisches Malen": in der Technik des Farbineinanderspiels der Feucht in Feucht-Technik (beim Wasserfarbenmalen)
2. Lasierendes Schichten: "konsonantisches" Malen: d.h. Schicht-Flächengrenzen bleiben sichtbar,
3. "Pastelliges" Malen: erreicht man durch Einreiben-Einmassieren der Farbe (mit Lappen, Leder oder Radiergummi evtl. aus Plastik)
4. Enkaustisches Malen: d.h. Schmelzverfahren (Einschmelzen, einbrennen) durch eine Lichtquelle (60 Watt-Birne). Bei dieser Technik malt man wirklich "mit dem Licht", die Farben "verdichten sich" vor (über) dem Licht. Die einfachste Art: Eine Glasplatte auf einem Karton, in dem eine Lampe (Birne) heraufleuchtet und die Glasplatte erhitzt und durchlichtet. (Man kann diese auch auf einer Wärmeplatte, am Ofen oder an der Heizung machen, doch fehlt die Durchlichtung beim Malen, die das Wichtigste Erlebnis dabei ist ...) Anbei ist ein Beleuchtungskasten (Entwurf eines Schülers) abgebildet, auf dem man gut malen kann. Auch die Hitze schmilzt das Wachs und damit die Farbe in das Papier ein und durchlichtet es. Diese Technik eignet sich sehr für Lampenschirme, Laternen und Transparente.

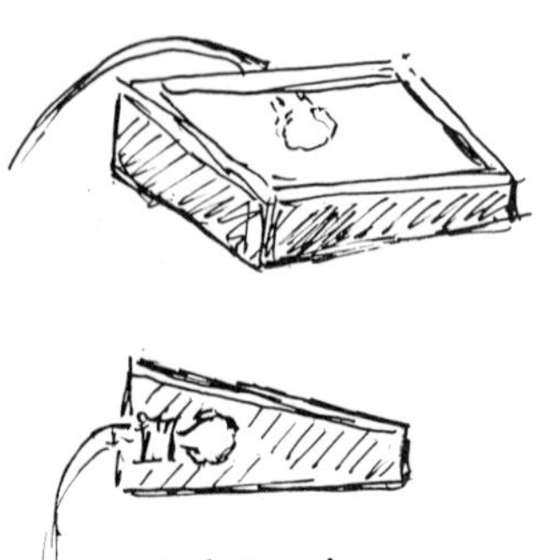

Licht-oder Transparent-Farbkasten

5. Wachs-Sgraffito: Man malt verschiedene Farbschichten übereinander und kann bei kräftiger Farbwirkung die obersten Schichten abschaben, auch danach wieder eine Schicht herüberlegen. Auf diese Weise leuchten die unteren Farben hindurch. Wir geben bei dieser Technik die Farbe nicht so dick wie üblich, da wir keinen Deckfarben-Charakter haben wollen.
6. Wachs-Aquarell: ist eine Kombination von Wachs- und Wasserfarbe,
7. Wachs-Lauf-Technik: Das mit Wachsfarbe gemalte Bild wird mit Terpentin vermalbar, verlaufbar gemacht (das Wachs wird durch das Terpentin aufgelöst). Diese letzten Techniken werden nicht in der Unterstufe angewandt.

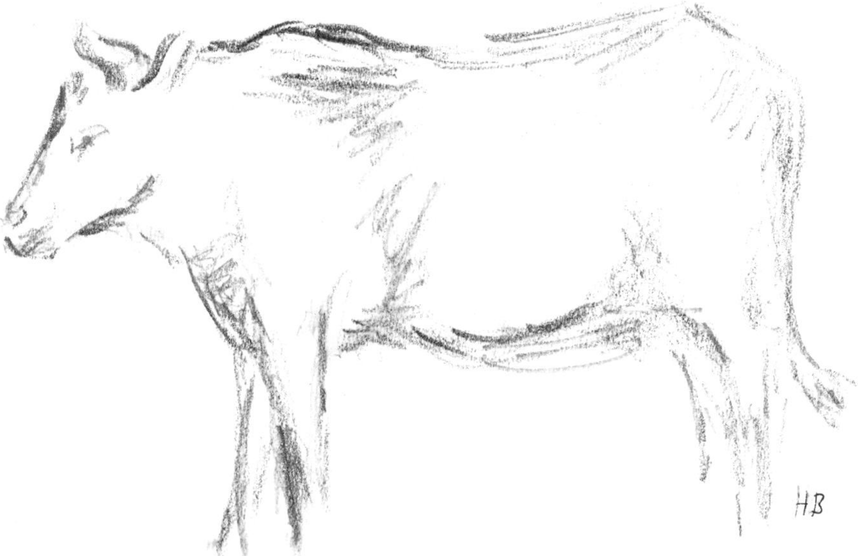

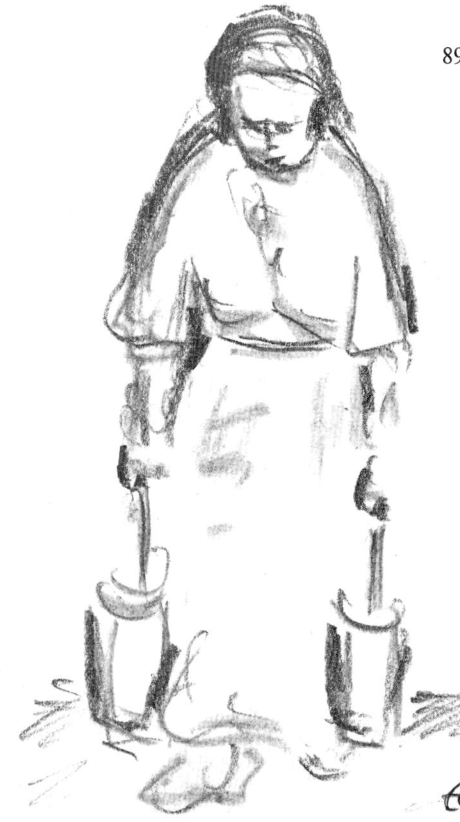

Im Zoo

Aus der Skizzenbucharbeit: 10. Schuljahr

x) W a c h s - K r e i d e n :

Die neuen "Kurdi"-Wachskreiden sind kurz, dick und griffig und brechen nicht ab, wenn man mit dem unteren Ende malt (mit dem oberen zeichnet); wenn man das Papierröhrchen entfernt und mit der Querfläche arbeitet, kann man eine breite Malfläche erzeugen. Sie sind mit Wasser vermalbar.

Xx) Etwas über B l e i s t i f t e :

Im alten Rom diente der Griffel, stilus, zum Schreiben auf Wachstafeln. Im Mittelalter wurde Kohle zum Schreiben und zeichnen verwendet, später Blei (oder eine Mischung von 2 Teilen Blei und 1 Teil Zinn), welches man lapis piombino, bei uns Schreibblei, Reißblei, Wasserblei nannte. (Reißen bedeutet soviel wie Zeichnen, vgl. Reißzeug, Grundriß). Der Holländer Jan van Dyck (14. Jahrh.) soll sich eines Metallstäbchens zum Zeichnen bedient haben. Auch das Mineral Graphit hielt man längere Zeit (bis zum 17. Jahrh.) für bleihaltig und da es sich zum Schreiben als geeignet erwies, übertrug man auf es auch die Bezeichnung "Reißblei". Die erste zuverlässige Angabe über Graphit stammt aus dem Jahre 1564, als man die berühmte Graphitgrube von Borrowdale in Cumberland (Engl.) aufgefunden und das Mineral zur Bereitung von Schreibstiften verwendet hat. In Deutschland hießen diese Stifte stets "Wasserblei und Reißblei", in Italien graphio piombino...Die ersten Schreibstifte waren Stäbchen aus Graphit, aus dem Mineral herausgeschnitten und mit Holz überzogen. Man nannte sie eben B l e i s t i f t e .
Zu Ende des 16. Jahrh. wurden sie zuerst in Nürnberg angefertigt, wo sich eine mächtige Bleistiftfirma entwickelt hatte (Johann Faber). Die Fabrikation blieb solange auf primitiver Stufe, als man den englischen Graphit zur Verfügung hatte. Mit der Zeit wurde aber jene Grube erschöpft und man mußte sich nach neuen Funden des Minerals umsehen...Für moderne Bleistifte wird der feingemahlene Farbstoff Graphit mit ebenso fein gemahlenem Ton zu einem gleichartigen Teig angerührt. Aus diesem werden Stäbchen geformt, die schließlich durch Glühen (Brennen) solche Festigkeit erlangen, daß sie beim Schreiben eine kleine Menge feinen Pulvers in Form eines Striches auf der Unterlage zurücklassen. Ton ist nur das Bindemittel in der Mine, wo in gleichartiger Mischung mit Graphit ein neuer einheitlich zusammengesetzter Farbstoff gebildet wird, dessen Teilchen durch Adhäsion an der rauhen Unterlage haften bleiben. Die Möglichkeit der Abfärbung hängt nur von dem Tonzusatz ab; hoher Tonzusatz steigert die Härte des Bleistiftes, während bei geringem Tonzusatz die Masse leichter abfärbt und bei demselben Druck größere Striche zurückläßt (weicher Bleistift). Für die gewöhnliche Verwendung werden die geglühten Stäbchen (Bleiminen), kurz "Minen" genannt, in Holz gefaßt.

x) Hinweis: Sie sind von J. S. Staedtler entwickelt (Mars Bleistift-, Schreib- und Zeichengeräte-Fabrik, 85 Nürnberg 2, Postfach 2460, Kirchweg 10

xx) Hinweis: Prof. Dr. V. Pöschl,"Farbwarenkunde", G. A. Gloeckner, Verlagsbuchh. Leipzig, 1921

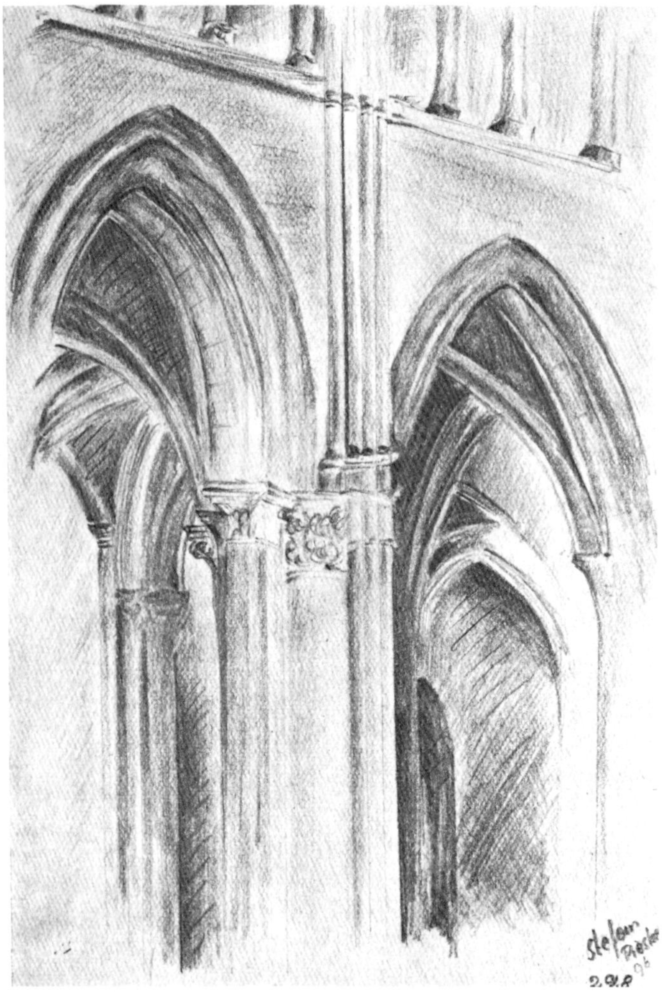

Reiseskizze von einer Klassenfahrt

GRAPHIT
Rußblei, Pottholz, Ofenschwärze

x) Vor nicht langer Zeit hat man den Graphit für eine Verbindung des Eisens mit dem Kohlenstoff gehalten; er ist jedoch nichts anderes als eine Kohlenstoffmodifikation, gemischt mit eisenhaltigem Sand. Er findet sich im Mineralreich ziemlich verbreitet, allerdings in sehr verschiedener Feinheit und kommt hauptsächlich auf Gängen des Ur- und Übergangsgebirges in abgerundeten Massen in Granit, Gneis, Glimmerschiefer, Urkalk vor.

Die wichtigsten Fundorte des Graphites sind Borrowdale in Schottland, Keswick in England (Cumberland), das südliche Sibirien, Insel Ceylon, Passau, Marbach, Montabaur im Westerwald, Böhmen, Mähren, Schweden etc. Den reinsten Graphit liefert Ceylon, dieser hat 1,2 - 6 % Aschengehalt, andere 40 - 60 %.
Der Graphit oder das sogenannte Reißblei ist, wie der Diamant, reiner, kristallisierter Kohlenstoff; seine Kristallform und seine physikalischen Eigenschaften sind jedoch von denen des Diamantes wesentlich verschieden. Er kristallisiert nämlich in Tafeln und Blättchen, welche nach Einigen dem hexagonalen, nach Anderen dem Monoklinen System angehören, oder er bildet derbe blättrige, schuppige oder erdige Massen, bisweilen zeigt er auch eine faserige Textur. Die Farbe des Graphites ist grauschwarz und metallisch glänzend. Er ist vollkommen undurchsichtig, fühlt sich fettig an und färbt grau ab. Hat der Diamant die oberste Stufe (die zehnte) der Härteskala, so hat der Graphit beinahe die unterste Stufe.
Nach mechanischer Zerkleinerung wird der Graphit geschlämmt und dann chemisch behandelt. Im allgemeinen benutzt man möglichst reinen Graphit, der nur einer mechanischen Reinigung bedarf. Im gemahlenen Zustand ist das Pulver von geringer Feinheit und von mehr schwärzlicher Farbe, der geschlämmte dagegen ist bei weitem feiner und zeigt beim Anstrich mit dem Spatel auf der Strichseite bedeutenden, silberähnlichen Metallglanz und wird deshalb wohl auch mit dem Namen Silbergraphit bezeichnet. Der zu Farbenzwecken geeignete Graphit ist der böhmische, der auch fast ausschließlich auf dem Kontinent im Handel zu finden ist.
Bedeutend ist der Konsum für die Bleistiftfabrikation. Zu diesem Zweck wird der Graphit in Mischung mit Ton geschlämmt, das auf Walzenmaschinen vollkommen homogen vermahlene Gemenge zu Stäbchen geformt und in dieser Gestalt geglüht. Die mehr oder minder große Härte und Schwärze der Bleistifte richtet sich nach dem quantitativen Zusammensetzungsverhältnis von Ton und Graphit und der Temperatur beim Glühprozeß. Für diesen Zweck ist natürlich nur der allerfeinste und reinste, eventuell sorgfältig gereinigte Graphit zu verwenden - der sogenannte "amorphe" Graphit.

x) Handbuch der Farbenfabrikation, Georg Zerr und Dr. R. Rübenkamp, Dresden A. Steinkopff und Springer, 1906

Was man über Papier wissen muß:

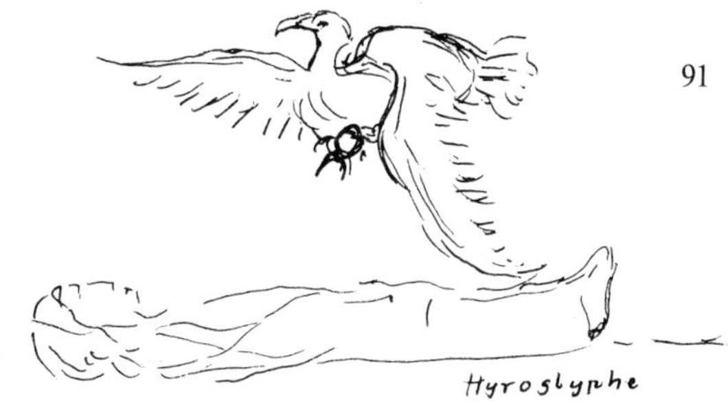

Hyroglyphe

Papier - Papyrus
Blatt - Blatt

Was ist Papier?

Der Papyrus, ein Werkstoff höchster Dauerhaftigkeit, bestand aus mit scharfen Messern aus dem Mark der Papyrus-Schilfpflanze geschnittenen schmalen und langen Streifen, die, kreuzweise übereinandergelegt, eine blattförmige Fläche ergaben. Durch Hämmern wurden die Streifen infolge der klebenden Wirkung des dabei austretenden Saftes miteinander zu einem Blatt vereinigt ... die Abmessungen des Schreibblattes waren durch die Länge der Streifen gegeben. Man klebte später Blatt an Blatt und schuf auf diese Weise jene Papyrusrollen, die "Papyri", aus denen die Bücherei des Altertums bestanden.

Die Pergamente, die aus den Häuten junger, am besten ungeborener Ziegen und Lämmer gewonnen wurden, hatten zum Beschreiben mit dem Pinsel oder Feder eine günstigere, glattere Oberfläche, und das Papyrus, aus pflanzlichen Fasern (Hanfabfällen, aufgelösten Seidenabfällen, Bastfasern des Maulbeerbaumes und des Bambus) waren nicht ausreichend, doch beruht der Grundsatz auf noch genau dem gleichen Prinzip, das vor nunmehr fast 2000 Jahren die Erfindung des chinesischen Ministers ausmachte.

Auch heute noch werden pflanzliche Fasern, es sind in der Hauptsache die Fasern der Nadelhölzer - zu einem Brei aufgelöst, der dann zur "Fibrillierung" der Fasern einer "Mahlung" unterzogen wird. Diesen Brei läßt man auf ein Sieb auflaufen, das nun allerdings bei den Papiermaschinen gleichsam als endloses Band umläuft. Der auf dem wandernden Sieb so transportierte Papierbrei gibt dabei - (an saugende Walzen usw.) Schritt für Schritt seine Feuchtigkeit ab. Die Fasern, die an sich das Bestreben haben, sich in der Laufrichtung des Siebes zu lagern, werden durch ein seitliches Schütteln des Siebes mehr oder weniger miteinander verfilzt. Am Ende der Siebpartie, nach Passieren der Gautschpresse, hat sich der Papierbrei schon zu einer Bahn verfestigt, daß er frei abgenommen und mit Unterstützung eines endlos umlaufenden Filzes um eine Reihe dampfbeheizter Trockenzylinder herumgeführt werden kann, um dann die Maschine als fertige Papierbahn zu verlassen.

Das Holz enthält außer den Fasern noch einen Stoff, der nach dem lateinischen Namen für Holz (= lignum) "Lignum" genannt wird, der als "Kittstoff" einerseits zur Festigkeit des Papierblattes beiträgt, andererseits aber unter der Wirkung von Luft und Sonnenstrahlen das Papier vergilben läßt und das Blatt spröde macht. So hat man, um aus dem Holz einen vollwertigen Ersatz zu schaffen, mit Hilfe der modernen Chemie im vorigen Jahrhundert, die Ligninbestandteile herausgelöst. Es ist daher auch durchaus richtig, wenn man, wie dies geschieht, Papiere, die ausschließlich aus Holzzellulose hergestellt sind, als "holzfreie" Papiere bezeichnet, obwohl man besser von holzschliffreien Papieren sprechen würde. Es sind Papiere, die keinerlei "verholzte Bestandteile" mehr aufweisen. Heute ist noch sehr wichtig die Verwendung

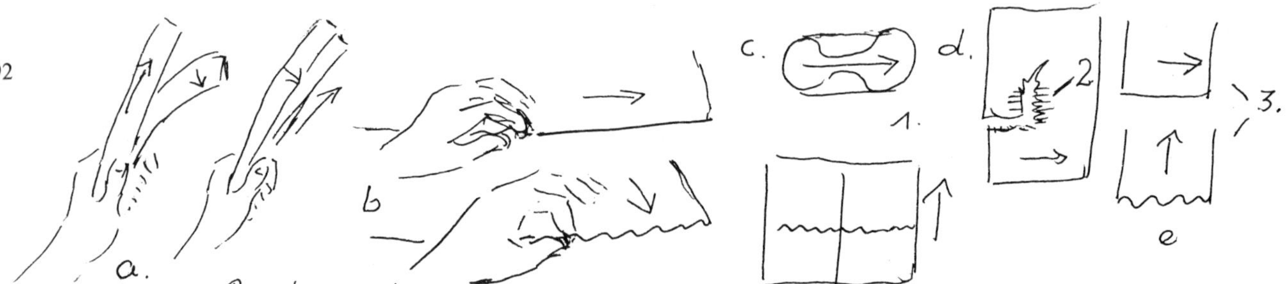

Bestimmte Laufrichtung:
a.-Streifenprobe, b.-Fingernagelprobe, c. Probe durch einseitiges Anfeuchten, d. Einreißprobe, e. Probe durch Feuchten zweier Kanten. 1. gefeuchtete Seite, 2. Schälzone, 3. gefeuchtete Kante.

von Altpapier, doch versucht man seltenere Holzarten zu verwenden, z.B. vom Eukalyptusbaum oder andere Kolonialhölzer, auch die Fasern von Ginster, Schilf, sowie grasartige Einjahrespflanzen auszunutzen.

Drei Gruppen der stofflichen B e s c h a f f e n h e i t :

a Haderpapiere = aus 100 % Hadern, d.h. aus Leinen- oder Baumwollumpen (auch Ramiefaser, es sind teuerste Feinpapiere

b Holzfreie Papiere = oder "holzschliffreie Papiere, oder Papiere "ohne verholzte Fasern" aus ungebleichten oder gebleichten Zellstoffen oder aus Mischung von Holzzellstoffen, oder mit Hadern.

c Holzhaltige Papiere = "holzschliffhaltige" "Papiere mit verholzten Fasern" (die Aufnahme der Druckfarben wird erleichtert, die Undurchsichtigkeit wird erhöht).

Da die Papiere, durch die bevorzugte Längsorientierung der Fasern bedingt, auch unterschiedlich quellen, ist die Ermittlung der Faserrichtung bei Formatpapieren für deren Verarbeitung von grundlegender Bedeutung.

E r m i t t l u n g d e r F a s e r r i c h t u n g :

durch Streifenprobe, a) überwiegende Lagerung der Fasern in Laufrichtung)
Fingernagelprobe b)
Probe durch einseitiges Anfeuchten c) (Fasern quellen stärker in Längsrichtung)
Einreißprobe d)
Probe durch Feuchten zweier Kanten (der Pfeil kennzeichnet die Laufrichtung)

1. gefeuchtete Seite,
2. Schälzone,
3. gefeuchtete Kante.

e. durch Falzen (Falz glatt und ohne Wellung)
f. Rillen (lange Seite zur Längsrichtung)
g. Ritzen (Längsseite quer zur Laufrichtung der Fasern)

Wer verlachte Dich, Papier?
Paart sich kluge Hand mit Dir,
Wird der Marmor nicht bestehen,
Werden Zedern eh' vergehen,
Hält das Eisen nicht Bestand,
Dauert nicht der Diamant.
Eher wirst Du nicht gefällt
Bis mit Dir verbrennt die Welt.

Friedrich von Logau,
um 1600

Zweiseitigkeit der Papiere:

a) Ober- und b) Siebseite - bei maschinenglattem Papier sind Siebmarkierungen auf der Unterseite meist ohne Schwierigkeiten erkennbar. Die Oberseite ist glatt aber uneben (Schondruckseite) , die Siebseite (Widerdruckseite) ist eben aber rauh.

x) ...'Die Menschen hatten von jeher das Bedürfnis, das von ihnen Gesehene bildlich wiederzugeben. Die Tierbilder in den vorgeschichtlichen Höhlen-Ansiedelungen der Dordogne beweisen dies ebenso wie die Malereien der Eskimos ... In Babylonien und Ägypten entwickelte sich aus Bildern eine Schrift, aber während die Babylonier ihre keilförmigen Schriftzüge in Tonscherben brannten, erfanden die Ägypter um etwa 1800 vor Chr. die Kunst, aus breitgeschlagenen Halmen der Papyrus-Staude (Cyperus papyrus) eine Schreibfläche zu bilden. Sie verfuhren dabei wie folgt: Die von der Haut befreiten Halme wurden gewässert, flach geklopft und dicht nebeneinander gelegt, hierauf mit klebrigem Wasser befeuchtet. Dann legte man eine ähnliche Lage sich berührender Halme quer darauf und preßte beide Lagen fest zusammen. Mehrere solcher Bogen wurden zu Rollen zusammengeleimt. Papyrusrollen übermitteln uns die Werke griechischer Dichter und Denker, sowie Urkunden der ägyptischen Geschichte. Die Papyrusfabriken in Alexandrien versorgten Rom und Hellas mit diesem kostspieligen Schreibstoff. Die Papyrusstaude wächst auch heute noch in unerschöpflichen Mengen im oberen Nil nördlich von Chartum ... Während der Islam mit allen Äußerungen der Ägyptisch-Griechischen Kultur auch die Schreibstoff-Herstellung aus Papyrus in Nordafrika wegfegte, brachte er dorthin die inzwischen in China üblich gewordene Herstellungsweise des Papiers. Dort war etwa zur Zeit der Geburt Christi die Kunst erfunden worden, aus dem Bast verschiedener Bäume oder aus Reisstroh einen mit viel Wasser aufgeschlämmten Faserbrei zu gewinnen und daraus durch Eintauchen engmaschiger Bambussiebe Papier zu "schöpfen". Der größte Teil des Verdünnungswassers tropfte durch die Maschen des kräftig geschüttelten Siebes ab, und der darauf verbliebene gleichmäßig dicke Faserfilz vertrug es, nach Wegnahme des Siebrahmens auf eine Unterlage aus porösem Stein übertragen (abgegautscht) zu werden. Hier trocknete das Blatt so lange, bis es fest genug war, um auf Stricke gehängt und an Luft und Sonne fertig getrocknet zu werden. Das Tränken mit klebrigen Pflanzensäften gab dem Papier dichtere Fläche und machte es so weit wasserdicht, daß Pinselschrift darauf nicht auslief ... Nun fehlte es in Arabien an den Pflanzen, die in China zur Papierbereitung dienten. Da griffen die chinesischen Papiermacher auf einen Rohstoff zurück, der in China nach neuesten Forschungen Aurel Steins und Julius Wiesners gleich zu Beginn der dortigen Papiermacherei benutzt worden und wahrscheinlich nie ganz außer Gebrauch gekommen war: nämlich auf leinene und baumwollene Lumpen, d.h. abgenutzte Kleidungsstücke. Die wurden in kleine Stücke geschnitten, die man feucht an warmen Orten lagerte, wobei die Fasern durch eine Art Gährung geschmeidiger wurden. Dann stampfte man die so "gefaulten" Lumpen mit Wasser zu Faserbrei, aus dem man nach entsprechender Verdünnung Papierblätter schöpfte ...

... Das Lockern der Gewebe mittels Faulens wurde durch das raschere Kochen mit Al-

Hinweis: x) Walter Feldmann, "Zur Entwicklungsgeschichte des Papiers",
Feldmühle Bilder Atlas

x) Dr.V.Grafe, "Die Pflanzen und der Mensch", Band 2,
Franckhsche Verlagshandlung, Stuttgart, 1913

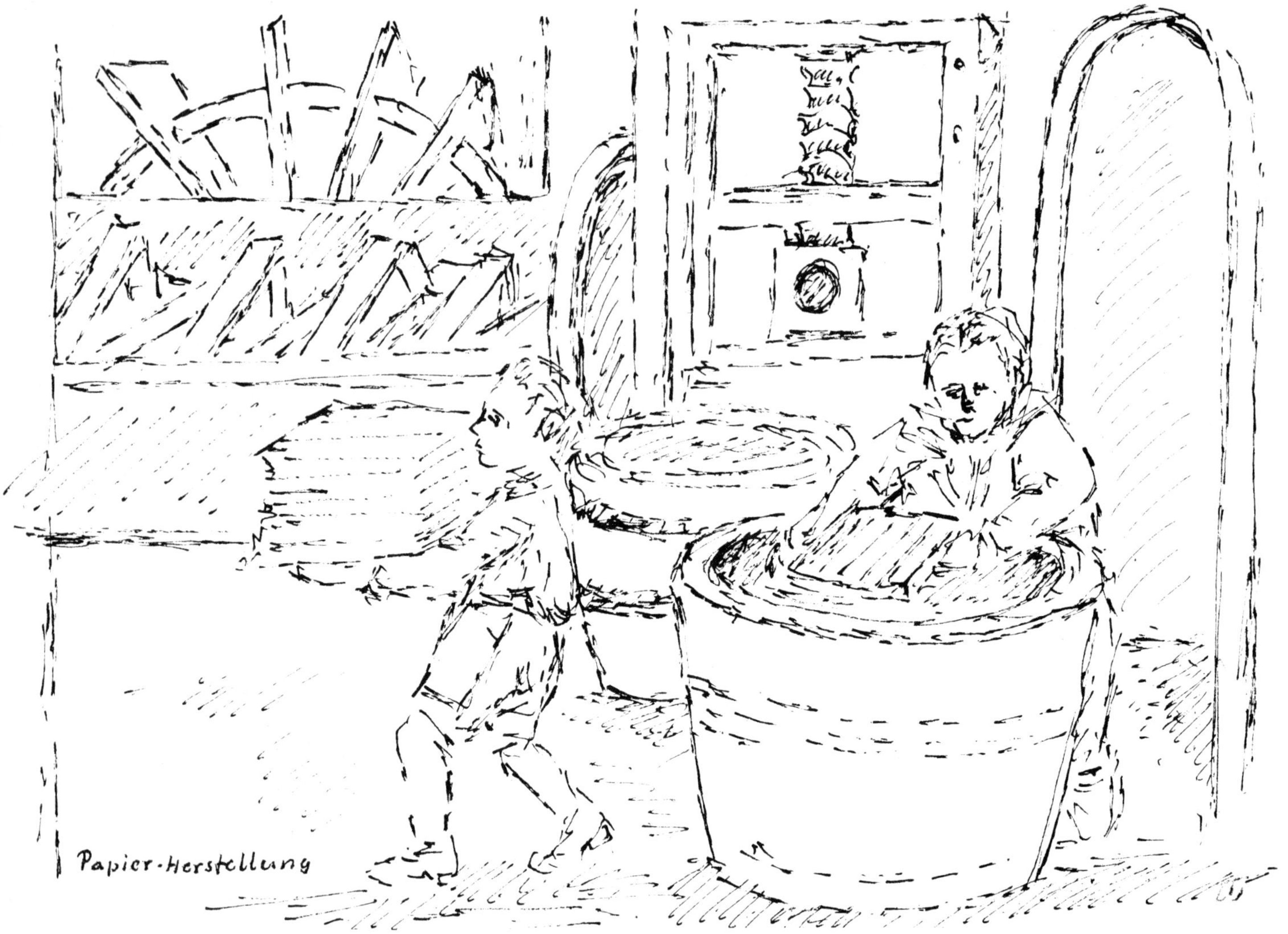

kalien ersetzt. An Stelle des S c h ö p f e n s der Papierbogen von Hand trat die vom Franzosen Louis Robert gegen Ende des 18. Jahrhunderts erfundene, vom Engländer Donkin vervollkommnete Papiermaschine. Schon viel früher hatte man gelernt, das zum Beschreiben benutzte Papier durch Tauchen in tierische Leimlösung tintenfest zu machen..."

... Der Papierbedarf wuchs nämlich viel schneller als die Bevölkerungszahl, und die leinene Unterkleidung wurde mehr und mehr durch baumwollene verdrängt ... Infolgedessen entstand Mangel an Leinlumpen, die zu den besseren Papieren unentbehrlich waren ... Dieser Rohstoffmangel war von einzelnen vorgesehen worden ... Dr. Jakob Christian Schäffer berichtete über diese Versuche ... wie man aus Rinde, Blättern und Nadeln verschiedener Holzarten, aus dem Stroh der Getreidearten, aus Gras, Moos, Torf, Sägespänen usw. Papier herstellen kann ... Ohne Schäffers Arbeiten zu kennen, der unter anderem auch aus Wespenneistern Papier hergestellt hatte, fand der Weber und Mechaniker I.G. Keller zu Krippen in Sachsen, angeregt durch die Art, wie die Wespen ihr Nest herstellen, die Holzschleiferei, d.h. die Kunst, aus dem Stamm weicher Hölzer durch nasses Schleifen an einem Schleifstein Papierstoff zu gewinnen ..."

"P a p i e r f a b r i k" in C h i n a

x) "Man sieht chinesische Mädchen barfuß und mit hochgeschürzten Röcken in munteren Bächen stehen. Sie waschen gelblichen Holzbrei, den sie in Baumwolltüchern durchs Wasser schwenken. Die Papierfabrik ist zumeist nicht mehr als eine baufällige Hütte mit Holzbottichen ohne irgendwelche Maschinen. Trotzdem entsteht da ein handgemachtes Papier, dessen Güte es mit den besten Sorten Europas aufnimmt ... "

x) R. Barbe-Baker, "Grüne Herrlichkeit", F.A. Brockhaus, Wiesbaden 1948

Zur Arbeit : Schöpferisches Gestalten

Die vier Ausdrucksmittel im Malerischen:

Für das Bildnerisch-Künstlerische ist ein tiefer Zusammenhang zwischen:
Farbe, Linie, Form und Hell-Dunkel, d.h. jede Abtönung vom Hellen ins Dunkel.

x) ... "Diese vier Elemente bilden die einzige Sprache des Malers und Zeichners. Nur mit ihnen sind alle Kunstwerke geschaffen, nur aus ihnen kann sich alle Darstellung entwickeln, alles Geistige werden, und nur aus ihnen heraus kann Kunst erfühlt und begriffen werden. Die Erscheinungen der Natur, die uns ewig wechselnd umgeben, gleichen einem brausenden, niemals verstummenden Riesenorchester. Zudem ist, wie Albrecht Dürer sagt, der Künstler auch "innerlich voller Figur". Aber er steht arm vor der Fülle der Erscheinungen. Er besitzt zu ihrer Wiedergabe nichts anderes als ein einziges dürftiges Instrument, den Stift oder Pinsel. Wie mußten die großen Meister ihre Ausdrucksmittel kennen und beherrschen, wenn es ihnen trotzdem gelang, mit wenigen Bleistiftstrichen oder Pinselflecken sowohl die sichtbare äußere als ihre eigene unsichtbare innere Welt in vollster Lebendigkeit darzustellen, sei es die geheimnisvolle Einsamkeit einer chinesischen Hochgebirgslandschaft, sei es ein durchgeistigtes und beseeltes Menschenbildnis, das so erfüllt von unvergänglichem Leben ist, daß es sein sterbliches Urbild um Jahrtausende überdauert.

Um solche Zauberei zu vollbringen gab es, gibt es und wird es für den Maler nie etwas anderes geben als jene vier Ausdrucksmittel: Linie, Form, Hell-Dunkel und Farbe. Welches von ihnen er in der Natur erblickt und welches er wählt, ist Sache der persönlichen Veranlagung und oftmals auch des Zeitstils.

Es ist nicht leicht sich von der üblichen phantastischen und dunklen Vorstellung freizumachen, Kunst sei ausschließlich Sache des Gefühls, und stattdessen zu der bescheidenen Überzeugung zu kommen, daß nur aus diesen scheinbar so einfachen Mitteln das Kunstwerk entstehen kann.

Deshalb gilt es, diese vier Elemente der Malerei zu studieren, ihre Zusammenhänge und Möglichkeiten zu begreifen. Der Meister führt sie ins Treffen wie der Feldherr seine Truppen. Jedes einzelne hat seine ausgesprochenen Eigenschaften und Wirkungsgesetze. Der echte Künstler sieht die Natur im Sinne seiner Ausdrucksmittel. Ihre Verbindung, Anwendung, Verschränkung und Wirkung ist unendlich. Ihre Verarbeitung geht vom Allereinfachsten aus, kann sich bis zum größten Reichtum steigern. Aber je einfacher die Mittel sind, um so gesteigerter spricht der Geist aus ihnen. Erst allmählich und nur durch ständige Arbeit kann der Künstler die Eigenschaften der Mittel erkennen, erfühlen und verstehen lernen. Während der Arbeit wird er immer neue Kräfte in ihnen entdecken, immer tiefer in ihre Geheimnisse eindringen. Es muß ihm zur Natur werden, aus seinen Mitteln heraus zu fühlen und zu denken. Durch sie steigert sich seine Empfingung, aus ihnen wächst die Phantasie, aus ihnen ergeben sich bis in die Einzelheiten immer neue Einfälle. Aus den Mitteln heraus zu sehen und zu fühlen, ist künstlerisches Gefühl in höchster Potenz."

x) Carry van Biema, "Farben und Formen als lebendige Kräfte", Eugen Diederichs Verlag in Jena 1930

über Ikonenmalerei:

x) "Die orthodoxe Ikonenmalerei ist eine kirchliche Kunst und von ihrer kirchlichen und liturgischen Funktion nicht zu trennen. Viele Orthodoxe halten eine Ikonenausstellung in einem Museum für eine Blasphemie und sehen in jeder außerkirchlichen Verwendung der Ikonen eine Entweihung derselben. Die Ikone ist ein heiliges Bild, das primär eine kirchliche Funktion hat. Diese kommt bereits in der Herstellung der Ikonen zum Ausdruck. Für jede Ikone ist wesentlich, daß sie geweiht ist, und man wird einen Blick in die Liturgie der Ikonenweihe selbst tun müssen, um das Wesen der Ikone zu verstehen. Aber nicht erst das fertige Bild wird geweiht, sondern auch das Malen des Bildes ist ein liturgischer Akt. Die Ikonenmalerei erfordert von dem Maler eine bestimmte Form der Heiligkeit und Heiligung. Durch Fasten und Buße bereiten sich die Malermönche auf das Werk der Malerei vor. Pinsel, Holz, Farben und alle übrigen für die Malerei benötigten Materialien werden ihrerseits vor der Benutzung geweiht. Aus dem bisher Gesagten ergibt sich als vorläufiger Eindruck, daß offenbar das heilige Bild innerhalb der östlich-orthodoxen Kirche eine ganz bestimmte geistliche Funktion hat und daß auch die Traditionsgebundenheit des heiligen Bildes nicht einem künstlerischen Unvermögen entspringt, sondern daß ganz bestimmte theologische und religiöse Vorstellungen die Veränderung des Bildes verhindern."

xx) "Der Ikonenmaler fing an, indem er den Malgrund in der gewünschten Farbe auftrug. Das Rot des Unterkleides, das Grün des Mantels und die dunkle Farbe des Antlitzes. Vor allem letztere Farbe war charakteristisch für russische Ikonenkunst. Diese Farbe war eine Mischung von Schwarz und Ocker. Dann folgt das Auftragen des Ockers. Mittels mehrerer dünner Ockerschichten wurden die Gesichtszüge gestaltet. Die entgültige Gesichtsfarbe erhielt man, indem man zum Ocker Zinnober und für die hellsten Partien Weiß zufügte. Die hellen Lichtakzentuierungen bestanden oft aus einem verfeinerten Spiel kleiner graphischer Linien, die der Ikone seine große Anmut verliehen.
Genau so wie das Antlitz malt man, jedoch mit verschiedenen Farben, die Gewänder und Entourage, wie Landschaft und Gebäude. Man arbeitete nämlich aus einem dunklen Hintergrund heraus zu den hellen Partien hin. Nach Beenden der Malerei konnte eine Firnisschicht aufgetragen werden. Die Handbücher geben verschiedene Bereitungsrezepte für den Firnis. Hierfür kamen gemahlener Bernstein, der in Öl gekocht worden war, oder verschiedene in Terpentin aufgelösten Harze in Betracht ..."

xxx).. Die Malerin Frau Margarita Woloschin berichtet in ihrem Buch von ihrer Schülerschaft bei einem Ikonenmaler in Rußland:

"... Als ich mir unter seinen Ikonen ein Vorbild zum Kopieren aussuchen durfte, wählte ich in meiner Ahnungslosigkeit gleich drei. Er lächelte und ließ mich drei Bretter entsprechender Größe bei einem ihm bekannten Schreinermeister bestellen. Sie mußten aus uraltem Erlenholz gemacht werden, mit erhöhtem Rand und mit einer Einlage auf der Rückseite, damit das Holz sich nicht werfe. Die Materialien mußte ich mir bei verschiedenen von Tjulin angegebenen Händlern zusammenkaufen. Acht lackierte Löffel aus Lindenholz, von denen der Stiel abgeschnitten wurde, dienten als Näpfchen. Man

x) Ernst Benz, "Geist und Leben der Ostkirche", Rowohlt Hamburg, 1951 (ro ro ro 40)
xx) Ikonen General-Katalog, Münster, Frankfurt, Berlin, Gesellschaft Kunst und Creation / Institut Pk 1972, Niederlande

hielt ein solches Näpfchen in der linken Hand und verrieb mit dem Daumen der rechten Hand die Farbe mit Eigelb. Als Bindemittel gebrauchte man Eigelb, zu gleichen Teilen mit Kwast, einem russischen Getränk aus gegorenem Zwieback, vermischt. In der Werkstatt roch es immer nach faulen Eiern. Jede Phase der Arbeit wurde mit dem Zeichen des Kreuzes feierlich angefangen. Ob man den Kreidegrund bereitete- der viermal auf das mit Gaze beklebte Holzbrett aufgetragen und mit einem Messer immer wieder abgeschabt werden mußte, so daß er schließlich einem Spiegel gleich - ob man Gold mit Gummi arabicum anrieb oder feine Blätter echten Goldes mit einer Pfauenfeder auf den Grund auftrug: vor jeder dieser Handlungen verkündete der Meister feierlich: "und jetzt werden wir dies beginnen" und dabei bekreuzigten sich Meister und Schüler. Es war ein heiliges Handwerk, und der Meister in seiner Gediegenheit und Sicherheit war wirklich ein Meister. Wenn er mir zeigte, wie man die rosaroten Flügel des Engels mit einem feinen Pinsel - diese feinen Pinsel konnte man nur bei ihm selbst kaufen - schraffierte, was eine sehr schwere Kunst war, führte er es mit absoluter Vollkommenheit aus. Man sah die einzelnen feinen Striche nicht, aber die Flügelfederchen schimmerten in einem unirdischen Gold-Rosa. Die Strichelchen wurden nachher mit einem Kuhzahn poliert ... Die Ikone, die ich malte, hieß: "Der Heiland vom gnadenvollen Schweigen", zu der auch ein Gegenstück vorhanden war: "Der Heiland vom guten Rate". Auf beiden Bildern war Christus als geflügelter Engel dargestellt; der des Schweigens in einem rötlichen Gewande mit rosaroten Flügeln und auf der Brust gekreuzten Händen; der des guten Rates hingegen im blauen Gewande mit weißen Flügeln und der Verkündigungsgebärde. Der Schweigende behält im Rot die Aktivität, das Leben, die Wärme innen; der Sprechende strahlt es nach außen, gibt die Wärme von sich weg, entäußert sich im selbstlosen Blau. Später, als ich die"sinnlich sittliche Wirkung der Farben" nach Goethes Angaben beobachtete - und das wurde mein Weg in die Malerei - mußte ich immer an diese Urbilder denken, an die alten Imaginatoren, wie sie sich in den Ikonen zeigen."

Über das Geistige in der Kunst

xx.xx)..."Ich sehe das Reich des Geistes im Lichte heraufziehen und will es, soweit ich es mit meiner Kunst vermag, verkünden. Darum male ich keine Christusbilder, male nicht den Menschensohn, der menschlich darstellbar ist. Der heilige Geist ist nicht gegenständlich zu erfassen, sondern nur ungegenständlich. Das ist mein Ziel: Licht vom Lichte, das fließende Licht der Gottheit, den Heiligen Geist zu verkünden!"
x) "... Die Farbe, die selbst ein Material zu einem Kontrapunkt bietet, die selbst unendliche Möglichkeiten in sich birgt, wird in Vereinigung mit der Zeichnung zum großen malerischen Kontrapunkt führen, auf welchem auch die Malerei zur Komposition gelangen wird und sich als wirklich reine Kunst in den Dienst des Göttlichen stellt. Und immer der selbe unfehlbare Führer bringt sie auf diese schwindelnde Höhe: das Prinzip der inneren Notwendigkeit! ... Gerade diese scheinbar willkürliche, aber in Wirklichkeit streng bestimmbare Möglichkeit, die Formen zu verschieben, ist eine der

xxx) Margarita Woloschin, "Die grüne Schlange", Deutsche Verlagsanstalt Stuttgart,1954
xxxx) Wassily Kandinsky, aus Zeitschrift "Christengemeinschaft 5/J.35/1963, Verlag Urachhaus, Stuttgart

Quellen einer unendlichen Reihe rein künstlerischer Schöpfungen. Also die Biegsamkeit der einzelnen Form, ihre sozusagen innerlich organische Veränderung, ihre Richtung im Bilde (Bewegung) das überwiegen des Körperlichen oder Abstrakten in dieser einzelnen Form einerseits und andererseits die Zusammenstellung der Formen, die die großen Formen der Formengruppen bilden ... dies alles sind die Elemente, die die Möglichkeit eines rein Zeichnerischen "Kontrapunktes" bilden und die zu diesem Kontrapunkt führen werden. Und dies wird der Kontrapunkt der Kunst des Schwarz-Weißen, solange die Farbe ausgeschaltet ist ...

... Und so werden einerseits die Schwierigkeiten der Kunst wachsen, aber gleichzeitig wird auch der Reichtum der Formen in den Ausdrucksmitteln quantitativ und qualitativ mitwachsen. Damit wird auch die Frage des "Verzeichnens" von selbst fallen und wird durch eine andere viel künstlerischere ersetzt: wie weit ist der innere Klang der gegebenen Form verschleiert und entblöst? ...

... Jeder Ton kann sehr wahrscheinlich mit der Zeit einen Ausdruck auch in materieller Form finden, es wird aber immer noch ein übriges bleiben, was vom Worte nicht vollständig ausgeschöpft werden kann, was aber nicht eine luxuriöse Beigabe des Tones ist, sondern gerade das Wesentliche in demselben. Deswegen sind und bleiben Worte nur Winke, ziemlich äußerliche Kennzeichen der Farben. Nötig ist es, daß der Maler außer seinen Augen auch seine Seele kultiviert, damit sie auch fähig wird, die Farbe auf ihrer Waage zu wiegen und nicht nur beim Empfangen der äußeren Eindrücke (auch freilich hie und da der inneren), sondern als bestimmende Kraft beim Entstehen ihrer Werke tätig ist ...

Da die Seele im allgemeinen fest mit dem Körper verbunden ist, so ist es möglich, daß eine psychische Erschütterung eine andere, ihr entsprechende Assoziation hervorruft; z.B. die rote Farbe kann eine der Flamme ähnliche seelische Vibration verursachen, da das Rot die Farbe der Flamme ist. Das warme Rot wirkt aufregend, dieses Rot kann bis zu einer schmerzlichen Peinlichkeit steigen, vielleicht auch durch Ähnlichkeit mit fließendem Blut. Hier erweckt also diese Farbe eine Erinnerung an ein anderes physisches Agens, welches unbedingt eine peinliche Wirkung auf die Seele ausübt..."

xx) "Die abstrakte Malerei verläßt die Haut der Natur, aber nicht ihre Gesetze. Erlauben sie mir das große Wort, die Kosmischen Gesetze. - Der abstrakte Maler bekommt seine"Anregungen" nicht von einem x-beliebigen Stück Natur, sondern von der Natur im Ganzen, von ihren mannigfachsten Manifestationen, die sich in ihm summieren, und zum Werk führen. Diese synthetische Basis sucht sich eine für sie am besten geeignete Ausdrucksform, d.h. die "Gegenstandslose". Die Seele kommt zu einer gegenstandlosen Vibration, die komplizierter, "übersinnlicher" ist. Das Erleben der "geheimen Seele", der sämtliche Dinge, die wir mit unbewaffnetem Auge im Mikroskop oder durch das Fernrohr sehen, nenne ich den"Inneren Blick". Dieser Blick geht durch die harte Hülle, durch die äußere "Form" zum Inneren der Dinge hindurch und läßt uns das innere "Pulsieren" der Dinge mit unseren sämtlichen Sinnen aufnehmen. Und diese Aufnahme wird beim Künstler zum Keim seiner Werke. Unbewußt. So erzittert die "tote" Materie. Und noch mehr: die inneren "Stimmen" der einzelnen Dinge klingen nicht isoliert, sondern alle zusammen - Die Sphärenmusik."

x) W. Kandinsky, "Über das Geistige in der Kunst",Benteli-Verl., Bern-Bümpliz,1959

xx) Kandinsky "Über Kunst und Künstler"

D e r   F a r b w e g   v a n   G o g h s

x) Uns heutigen Menschen ist der Impressionismus mit seiner Farbigkeit, Luft, Licht ein Selbstverständliches, man stelle sich aber van Gogh vor, kommend von Norden, wohl reich an Farberleben, jedoch in dunklen Tönen malend, gedeckt, streng, was er bisher kannte waren Gemälde solcher Art, deren Werkspur nicht mehr zu erkennen waren, alle Einzelheiten korrekt durchgearbeitet, die Farben übergeführt. Hier bei den Impressionisten war die umgebende Luft, das Licht etwas Reales, Faßliches geworden, leuchtende, oft grelle Töne standen nebeneinander - der Eindruck muß erschütternd gewesen sein. DieReaktion seinerseits ist anfänglich eine vollkommene Mutlosigkeit - er macht Studien im Atelier, - lernt viele Menschen kennen, vor allem verbindet ihn bald die Freundschaft mit Goguin und Emil Bernard, so dann Serrat, Pissarro. Man würde aber in Irrtum verfallen mit der Meinung, van Gogh habe nur durch den Einfluß der Impressionisten eine derart starke Aufhellung seiner Pallette erfahren - vielmehr ist es nach seinen eigenen Worten die Befruchtung Delacroixs Ideen und das Ergebnis einer selbständigen inneren Reifung. In Wirklichkeit hatte sich der übergang schon lange vorbereitet, so daß es nur noch des Anstoßes bedurfte; zwar zeigen einige Bilder deutlich den impressionistischen Einschlag, doch empfindet er dieses nicht als sein Eigenes. Er experimentiert mit den neuen Erfahrungen, oft wiederkehrende Motive sind Brücken an der Seine, Blumen, Stilleben. Diesem freudigen Erleben der Farbigkeit der Umwelt steht gegenüber ein innerstes Ringen - etwa 20 Selbstbildnisse legen Zeugnis dafür ab ... Theo (sein Bruder) gegenüber nennt er diesen Schaffensdrang, vom Tode getroffen und von der Unsterblichkeit und äußert selbst: "je mehr ich kranker, brüchiger werde, um so mehr werde ich Künstler ..." Mehr und mehr vermag er die Erkenntnisse in Bezug auf Komplementäre, aus der holländischen Zeit, zu handhaben; tiefblau und orange steigern sich gegenseitig, rot und grün kontrastieren ...

Schaut man das Lebenswerk van Goghs an, so möchte man sagen, hier versuchte ein Mensch in farbigen Bildern das Wesen der Sonne auszudrücken, so wie wir verherrlicht finden in Worten, in Tönen dieses Gestirn. Es kann aber auch erlebt werden diese Einsamkeit, Finsternis und Schwere, an der das Licht erst voll wirksam werden konnte.

Er entdeckt die komplementäre Farbgesetzmäßigkeit und in einem Brief an Theo setzt er diese in Beziehung zu den Jahreszeiten, d.h., er spricht vom Ausdruck des Frühlingshaften im Rot/Grün, weiter

Sommer	Blau/Orange
Herbst	Gelb/Violett
Winter	Schwarz/Weiß."

Von den Farben des Prismas sind drei unzerlegbar: gelb, rot, blau; sie sind die Primärfarben. Gelb und rot gibt orange, gelb und blau gibt grün, rot und blau gibt violett. Will man Farbzusammenstellungen von hoher Leuchtkraft erzielen, dann muß man eine Sekundärfarbe neben eine nicht in ihr enthaltene Primärfarbe setzen. Diese Paare orange und blau, grün und rot, violett und gelb werden Komplementärfarben genannt. Vinzent schreibt an Theo ..."Eine merkwürdige Erscheinung: diesel-

x)Henri Peruchot,"Van Gogh",Beeltle Verlag

ben Farben, die nebeneinandergesetzt sich gegenseitig steigern, vernichten sich in ihrer Mischung. Wenn man also blau und orange, in gleichen Mengen mischt, bleibt das Orange ebensowenig orange als das blau blau bleibt, die Mischung zerstört beide Farbtöne und es entsteht ein vollkommen farbloses grau. Wenn man jedoch zwei Komplementärfarben in ungleichem Verhältnis mischt, zerstören sie sich nur teilweise, und man erhält einen gebrochenen Ton, ein farbiges Grau. Setzt man ferner zwei Komplementärfarben nebeneinander, von denen die eine rein, die andere gebrochen ist, können neue Kontraste entstehen. Bei dem ungleichen Kampf siegt eine der beiden Farben und die Intensität der vorherrschenden stört den Zusammenklang der beiden nicht. Wenn man nun ähnliche Farben in reinem Zustand, aber verschieden gradig lebhaft, beispielsweise Dunkelblau und Hellblau, nebeneinander setzt, erhält man einen weiteren Effekt, bei dem der Kontrast auf dem Intensitätsunterschied und der Zusammenklang auf der Farbähnlichkeit beruht. Setzt man nun zwei ähnliche Farben, eine rein, die andere gebrochen nebeneinander, so z.B. reines blau und graublau, dann erhält man eine andere Art von Kontrast, der durch Analogie gemildert wird. Es gibt also mehrere verschiedene, aber gleich unfehlbare Mittel, die Wirkung einer Farbe zu verstärken, sie zu betonen, abzuschwächen oder aufzuheben, und zwar, indem man nicht sie selbst, sondern die benachbarte verändert." Vinzenz sieht den Frühling grünrot, den Sommer blau-orange mit den blauen Kitteln der Bauern, die sich von der goldenen Broncefarbe des Kornfeldes abheben, den Herbst gelb-violett mit dem vergilbenden Laub und seinen vergilbenden Schatten, den Winter Schwarz-weiß mit dem Schnee, auf dem sich kleine schwarze Gestalten bewegen.

Wege zur Farbe

x) Die Menschheit ist lange, lebendige Wege zur Farbe gegangen, ehe sie angefangen hat, über sie nachzudenken, zu versuchen, sie in Denkfesseln zu legen.

Goethes Umgang mit den Malern - vor allem während seiner Italienreisen - brachte ihm die Erkenntnis, daß für das Malerische ein objektives Fundament noch nicht vorhanden war. Sein Verzicht auf eigenes Malen bewirkte, daß er um so mehr den Gesetzmäßigkeiten des Farbigen nachspürte. Dem Geiste der Zeit gemäß suchte er dieses Gesetzmäßige vor allem in der damaligen Wissenschaft, der Farbenlehre. Jedoch: bei näherem Eingehen auf diese stellte er fest - wie er sich ausdrückt -, "das diese falsch sei". So entstand *seine* Farbenlehre, zunächst seine "Beiträge zur Optik" ...

Aus der Forschungsarbeit verschiedener Künstler und Wissenschaftler:

xx) ... "Goethes bahnbrechende Tat auf dem Gebiet der Farbenlehre, daß er, auf Platon fußend, viele Farberscheinungen als subjektiv, als dem Menschen angehörend und im menschlichen Auge selbst wohnend, erkannt hat. Nachdem er in Italien mit seinem eigenen "sonnenhaften" Auge die Herrlichkeiten der Farberscheinungen erlebt und genossen hat, stellt er sich nun mit seiner Farbenanschauung mitten ins Ganze, "in die lebendige Natur, da Gott den Menschen schuf", hinein.

x) Julius Hebing, Worte aus der "Erziehungskunst", Jahrgang XXX Heft 5/6, 1966 Verlag Freies Geistesleben, Stuttgart

xx) Dr. Hermann Poppelbau, Vortrag über "Goethes Farbenlehre", Mai 1932

Newton dagegen mißt die Farbe in der Dunkelkammer an einem einzelnen Sonnenstrahl, er legt sie zahlenmäßig fest und berechnet sie nach Wellenlängen. Die Farbe ist für ihn und seine Nachfolger etwas Objektives, das mit dem Menschen selbst gar nichts zu tun hat. Dieses "Gespenst in der Dunkelkammer" ist Goethe in tiefster Seele verhaßt. Er erlebt die Farben als lebendige Kräfte, er sieht in ihnen die zartesten, flüchtigsten, vergänglichsten aller Erscheinungen, die sich bei jedem fremden Anhauch sofort verwandeln. Deshalb war es von Anfang an ganz unmöglich, und es wird in Zukunft immer unmöglich bleiben, daß die Newtonsche und die Goethesche Farbenanschauung sich jemals vereinigen und versöhnen können ...

Was Goethe vor allem in Zorn versetzt, war die Tatsache, daß Newton "das einzige grundklare Licht" für eine Zusammensetzung aus farbigen Lichtern hielt, während für ihn selbst "Licht und Geist ... die beiden höchsten denkbaren unteilbaren Energien" sind. Newton zerlegt das Licht in Farben, Goethe dagegen sieht in jeder Farbenentstehung immer wieder einen schöpferischen Akt des Lichts, das in und an der Materie, die sich ihm in den Weg stellt, Farben erzeugt. So werden ihm die Farben zu "T a t e n und L e i d e n", zu Erlebnissen und Verwandlungen des Lichts..."

Schon vor vielen Jahrzehnten, an Goethes hundertstem Geburtstag schrieb Schopenhauer in das goldene Buch der Stadt Frankfurt: "Nicht bekränzte Monumente, noch Kanonensalven, noch Glockengeläute, geschweige Festmahle mit Reden reichen hin, das schwere und empörende Unrecht zu sühnen, welches Goethe erleidet betreff seiner Farbenlehre." Eine Anzahl Goethescher Sprüche sei hier aneinandergereiht.

"Das Auge als ein Geschöpf des Lichts leistet alles, was das Licht selbst leisten kann. Das Licht überliefert das Sichtbare dem Auge, das Auge überliefert's dem ganzen Menschen. Das Ohr ist stumm, der Mund ist taub. Aber das Auge vernimmt und spricht. In ihm spiegelt sich von außen die Welt, von innen der Mensch. Die Totalität des Inneren und Äußeren wird durch das Auge vollendet ... Und so bildet sich das Auge am Licht fürs Licht, damit das innere Licht dem äußeren entgegentrete."

"... Hieran finden wir aber ein herrliches Beispiel, daß alles im Universum zusammenhängt, sich aufeinander bezieht, einander antwortet. Was in der Atmospäre vorgeht, begibt sich gleichfalls im Auge des Menschen ..."

"So ist uns nun aus Gegensatz und Verwandlung vom menschlichen Auge zur Harmonie zusammengeschlossen, eine Ahnung des Naturganzen erstanden. Eine Ahnung nur! Denn wer kann sich anmaßen, ihre Schöpferkräfte zu erfassen und zu begreifen?! Und dennoch ist für den Künstler eine einzige große zusammenfassende Ahnung von der geheimnisvollen Lebendigkeit des Ganzen fruchtbarer als zerpflückende Analyse."

"... So ist auch die erste Tat des Künstlers bewußt oder gefühlsmäßig immer die Erschaffung von Gegensätzen. Er muß Licht gegen Dunkelheit stellen, Linie zur Gegenlinie, Form zur Gegenform und Farbe zur Gegenfarbe, damit Polarität und durch sie Leben im Bilde entstehen."

Goethe zu Eckermann: "Auf alles, was ich als Poet geleistet habe, bilde ich mir gar nichts ein. Es haben treffliche Dichter mit mir gelebt, es lebten noch trefflichere vor mir und es werden ihrer immer nach mir sein. Daß ich aber in meinem Jahrhundert in der schwierigen Wissenschaft der Farbenlehre der einzige bin, der das Rechte weiß, darauf tue ich mir etwas zu gute, und ich habe daher ein Bewußtsein der Superiorität über Viele."

x) Um dieser Schwierigkeit abzuhelfen, bemühte sich Goethe um die Einrichtung einer Stätte,- zunächst an der Universität in Jena - wo er "einen ganzen chromatischen Apparat aufstellen" wollte,"an den noch keine Akademie der Wissenschaften gedacht hat." - Als es dort nicht gelang, nahm er regen Anteil an der Wiederaufnahme dieser Versuche durch Freunde der Farbenlehre, einige Jahre später, in Berlin.

Und nun findet der alte Plan im schönen Raum des "Goethe-Farbenstudio" in Dornach seine Verwirklichung, begünstigt durch die Hilfen, die Rudolf Steiner in vielen hundert Kommentaren zu Goethes Schriften zur Farbenlehre und durch seine Vorträge über Licht und Farben gegeben hat. Denn heute hat sich auf diesem Gebiet vieles geändert. Das Dogma von der Subjektivität der Farbempfindung ist erschüttert. Die objektive Qualität Farbe wird immer mehr anerkannt. Sie hat in Goethes naturwissenschaftlichem Hauptwerk eine für jede wirklichkeitsgemäße Naturwissenschaft der Zukunft vorbildliche Behandlung erfahren. Dieses Werk ins Bewußtsein unserer Zeit zu heben, es in seinen Phänomenen und in seiner fundierten Methodik aufzuzeigen,ist eines der Hauptanliegen unseres Studios.xx) Und die seit Goethe auf dem Gebiete von Licht und Farbe neu entdeckten Phänomene in seinem Sinne abzuleiten, soll die weitere Aufgabe sein. Beides wird ermöglicht durch: Ausstellungen von Phänomenen zur Farbenlehre, Experimentalvorträge, Einführungskurse mit Experimenten, Durchführung spezieller Untersuchungen, Publikationen, Materialien zur Farbenlehre."

Hinweis: Gerhard Ott, "Zur Entstehung der prismatischen Farben", unter Einbezug der Grundexperimente Rudolf Steiners in seinem ersten naturwissenschaftlichen Kurs.
Gerhard Ott, "Zum Verständnis der Farbmischung im Sinne Goethes". Richtigstellung der Begriffe über die sogenannte "additive" und "subtraktive" Farbmischung.
Zbinden Druck und Verlag AG, CH 4000 Basel 6, Auslieferung für Deutschland: F.A.Brockhaus GmbH, D 7 Stuttgart N
Rudolf Steiner, "Über das Wesen der Farben", Verlag Freies Geistesleben, Stuttgart
Carry van Biema, "Farben und Formen als Lebendige Kräfte", Eugen Diederichs in Jena 1930
zum Thema: Uralte Grundlagen der Malerei, zu Goethes Farbenlehre, über Hölzelchen Lehre usw.
Julius Hebing hat sich jahrzentelang als Maler in Goethes Farbenlehre und die Ausführungen Rudolf Steiners über das Wesen der Farbe bemüht und eine Reihe von Studienheften darüber im Selbstverlag herausgegeben, z.B.

"Die Elemente der Farbenlehre", 1950 } In "Welt, Farbe und Mensch", Stuttgart
"Verwandlung des Farbenkreises" 1951 }
"Physiologische Farben" 1952 } Verlag Freies Geistesleben, Stuttgart

x) H.O. Proskauer "Zum Studium von Goethes Farbenlehre", Zbinden Verlag, Basel 1968

xx) Anmeldung für Besichtigungen, Orientierungs- und Einführungskurse, Literaturangaben usw. an: Heinrich O. Proskauer, Amselweg 9, CH 4143 Dornach, Telefon 061/722431 und C. Kamermans, Herzentalstraße 43, CH 4143 Dornach, Telefon 061/725000
Im Rahmen des "Forschungskreises für eine goetheanischtische Farbenlehre und verwandte Gebiete", Dornach, Herzentalstraße 43

Farben offenbaren sich in Tönen:

x) Der Musikpädagoge Paul Dörken, seit dem 14. Lebensjahr blind, hat die wunderbare Gabe des "Farbenhörens" so entwickelt, daß die Umwelt für ihn lebendig und in gewissem Sinn "sichtbar" geblieben ist. Er war Oberlehrer an der Hamburger Blindenanstalt. Der Mensch, mit dem er spricht, der Gegenstand, den er in die Hand nimmt, die Speise, die er ißt, die Töne, die er hört - alles setzt sich für ihn in Farben um. Sein ganzes Vorstellungswesen ist begleitet von optischen Erscheinungen. Auf einer Art Hintergrundfarbe mittlerer Helligkeit zeichnet sich der hörbare, der akustische Eindruck, den Dörken von seiner Umwelt gewinnt in Farben und oft dramatischer Bewegung ab. Er komponiert Chöre und Lieder. Die Tonleiter wird zum "Spektrum", zu einer Art tönendem Regenbogen. Auch die Orchesterinstrumente in ihrer vielfältigen Klangwirkung bekommen Farbwerte. Ganz ungewöhnlich von einem Hamburger Arzt in ihrer Echtheit belegt, sind Dörkens "synoptische Persönlichkeitsbilder". In farbigem Wachs gibt dieser ungewöhnliche und hoch intelligente Pädagoge eine Darstellung seines Eindrucks von einer ihm gegenübersitzenden Persönlichkeit, "Portraits", die auf den ersten Blick an abstrakte Kunst erinnern. Während Dörken diese Bildnisse formt, bestimmt er die Mischung der Farben, läßt sich die verschiedenen Wachse für die oft bizarren und phantastischen Gebilde seiner Vorstellungswelt geben.

Die innere Welt dieses erstaunlichen Menschen ist unermeßlich reich "Man muß sich das Leben schön machen und ein Steckenpferd entwickelt Kräfte für die Berufsarbeit".

über die Sinne

xx) Der Maler oder die Malerei Genießende sieht nicht bloß die Farben an, das Rot, das Blau oder das Violett, sondern er schmeckt die Farbe in Wirklichkeit, nur nicht mit der Zunge daran lecken, das tut er nicht. Aber mit allem, was zusammenhängt mit der Sphäre der Zunge, geht etwas vor, was in feiner Weise ähnlich ist dem Geschmacksprozeß. So sehen Sie mit ihren Augen die Grünheit der Farbe. Wenn Sie aber eine Malerei genießen, so geht ein feiner imaginärer Vorgang vor in dem, was hinter der Zunge liegt und noch zum Geschmackssinn der Zunge gehört und nimmt teil an dem Sehprozeß. Es sind ähnlich feine Vorgänge wie sonst, wenn sie schmecken und die Nahrungsmittel verspeisen. Nicht das, was auf der Zunge vorgeht, sondern was sich erst an der Zunge anschließt, feinere physiologische Prozesse, die gehen zugleich mit dem Sehprozeß vor sich, so daß der Maler die Farbe in tieferem seelischen Sinne wirklich schmeckt. Und die Nuance der Farbe, die riecht er, aber nicht mit der Nase, sondern mit dem, was bei jedem Riechen seelischer, tiefer in dem Organismus vorgeht. So finden wir solche Zusammenlagerungen der Sinnesbezirke mehr in die Lebensvorgänge, in Bezirke für Lebensvorgänge übergehen. ... Die Farben sind immer, wo sie erscheinen, physische Projektionen, Abschattierungen aus der geistigen, aus der astralischen Welt heraus ..."

Hinweis: Willi Aeppli, "Sinnesorganismus, Sinnesverlust, Sinnespflege"
Verlag Freies Geistesleben, Stuttgart

x) Eberhard von Wiese, Notiz aus einer Hamburger Zeitung.

xx) nach Rudolf Steiner, "Sprachgestaltung und dramatische Kunst", Philosophisch-Anthroposophischer Verlag, Dornach/Schweiz, 1941

x)"Auf Goethes Beobachtungen fußend sind auch Hölzels Harmoniegesetze der Malerei nichts anderes als eine Lehre von den wunderbaren Eigenschaften des Auges. Das Auge ist Mitschöpfer am Kunstwerk. Es lernt nichts vom Verstande, sondern dieser muß von ihm lernen. Der äußerliche Eindruck, den es uns vermittelt, geht in eine seelische Empfindung über und kann sich bis ins übersinnlich steigern.

In ihm (dem Auge) spiegelt sich von außen die Welt, von innen der Mensch, die Totalität des Innern und Äußern wird durchs Auge vollendet, daß die Geistesaugen mit den Augen des Leibes in stetem Bunde zu wirken haben, weil man sonst in Gefahr gerät, zu sehen u. doch vorbei zu sehen. xx) Goethe empfand die tiefe Mission des Auges für den Menschen noch deutlich. Er sagte, das Auge sei am Licht für das Licht geschaffen; es leiste für den Organismus alles das, was das Licht auch leiste. die Sonne gibt das Licht dem Auge, das Auge vermittelt es dem ganzen Menschen. Man kann es erfahren, daß das Sonnenlicht uns den Raum zum Erlebnis bringt, in dem wir als ichbewußte Menschen leben. Der Seelenraum jedoch der einem Menschen zur Verfügung steht, sich kräftig zu erleben, hängt viel von der inneren Kraft seines Auges ab. Hat er in seinem Auge ein lebendiges Instrument, aktiv hinaus zu dringen, so wird er kräftig die Wahrnehmungen ordnen, und die Sympathien oder Antipathien der Welt werden nicht ungeprüft in seinen Seelenbereich dringen.- Aber beobachtet man auf der anderen Seite den Augen- und Farbenschwächling, so ist ihm alles gleich zu nah, er kann sich der Welt nicht erwehren, muß sich zurückziehen, schaut alle Dinge halb und flüchtig, ängstlich an und verliert die Kraft des Auges, sich Raum zu schaffen für seine Seele. Die Erziehung zur Farbe nun ruft das durchseelte Interesse an der Umwelt wach, ermöglicht ein bewegtes Miterleben aller Erscheinungen der großen und kleinen Welt."..

Die Gefährdung des Auges und der Seele

xxx) "Das Fernsehen vermittelt dem menschlichen Auge, das daran vor allem beteiligt ist, eine der wahren Natur dieses Organs in mehrfacher Beziehung nicht gemäße Wahrnehmung. Die Tatsache, daß bei älteren Menschen vor dem Schirm durch Drucksteigerung im Augeninnern öfter Anfälle von Grünem Star (Glaucom) ausgelöst werden, weist auf die schädlichen Wirkungen des Fernsehens auf das Auge hin, die immer vorhanden sind, wenn sie auch nicht sofort zutage treten. Jeder kann sich durch eigenen Versuch davon überzeugen, wie stark die Augen ermüdet und überanstrengt werden, wenn sie Abend für Abend längere Zeit hindurch auf den Fernsehschirm mit seinem unruhigen und oft flackernden Licht starren. Das rührt unter anderem von der unnatürlichen Einengung des Gesichtsfeldes auf dem Bildschirm her, der noch viel kleiner ist als die Kinoleinwand. Dadurch wird die Zone des schärfsten Sehens überanstrengt, während die übrigen Partien der Netzhaut brachliegen. Am Wesen des Auges läßt sich bis in alle Einzelheiten zeigen, wie dieses Organ ständig bestrebt ist, einen harmonischen Ausgleich zu schaffen zwischen dem, was von außen hereinströmt und dem, was darauf von innen antwortet. Auf ein Rot der äußeren Welt erzeugt das Auge die Gegenfarbe Grün von innen her. Jeder aufmerksame Beobachter kann sich an starken Farbeindrücken diesen lebensvollen Prozeß zum Bewußtsein bringen. Das Auge möchte auch immer ein klares und scharfes Bild empfangen und um dies zu erreichen, flacht sich z.B. die Linse beim Blick in die Ferne ab, rundet sich aber für die Nähe. Strömt zuviel Licht ein, wird die Pupille eng, bei zuwenig Licht jedoch wieder weit. So betätigt sich das Auge in einem ständigen rhythmischen und aktiven Ausgleich. Beim rich-

Hinweis: Dr.med.W.zu Linden, "Geburt u.Kindheit", Vittorio Klostermann Verlag, Frankfurt
Rudolf Steiner, "Die 12 Sinne des Menschen in ihrer Beziehung zu Imagination, Inspiration, Intuition", Rudolf Steiner Verlag, Dornach/Schweiz 1967

x) Carry van Biema, "Farbeu. Formen als lebendige Kräfte", Eugen Diederichs Verlag in Jena

xx) Dr.med.M. Hauschka

xxx) Dr.med.N.Glas, aus "Gefährdung und Heilung der Sinne" aus: Merkblätter zur Gesundpflege. "Soziale Hygiene", N.4, Verein z.Förderung eines erweiterten Heilwesens, Unterlengenhardt, Arbeitsgemeinsch. Anthroposophischer Ärzte, Stuttgart 0, Adelheidweg 4

tigen Arbeiten des Sehorgans überträgt sich auf die Seele etwas von der Suche nach befriedigender Harmonie. Dies kann allerdings für das Auge nur erreicht werden, wenn es genügend Zeit findet, auf den äußeren Eindruck innerlich entsprechend zu reagieren. Draußen in der Natur ist das leicht möglich, wenn die vielfältigen Farben der Landschaft wie in langsamem Zuge an uns herankommen und wir uns mit Sinn und Seele damit verbinden können. Da verschmilzt der Betrachter und das Angeschaute zu einer wohltuenden, gesunden Einheit. In ähnlicher Weise sucht der Künstler, z.B. in einem Gemälde, eine Einheit zu schaffen, die sich in der Harmonie der Farben und Formen ausdrückt. Gerade aber das Umgekehrte bewirkt das Fernsehen: das Wesen seines Prinzips, das zersplitternd wirkt, macht dem Auge und der Seele die geschilderte Tätigkeit des harmonischen Ausgleichs unmöglich. Der Wechsel der räumlichen Entfernung wird durch den feststehenden Bildschirm nur vorgetäuscht, wodurch die aktive Bewegung beim natürlichen Sehen zu einem bewegungslosen Starren abgelähmt wird ...

Die Leuchtschicht des Bildschirms ergibt kein kontinuierliches Spektrum wie das Tages- oder Glühlampenlicht, sondern eine künstliche Mischung von vorwiegend gelblichem und bläulichem Licht. Dadurch kann sich das Auge nicht auf einen Mittelwert einstellen und "das Sehen wird in die Richtung eines Wahrnehmens bei künstlicher Rot-Grün-Blindheit abgebogen. Die Sehschärfe wird dabei dauernd beeinträchtigt und man muß sie korrigieren." (K. Heymann)

"Wenn die Television zum Alltag unserer Familien gehört, wächst die Zerstreutheit, Nervosität und Oberflächlichkeit, während die Beobachtungsgabe, die Erlebnisfähigkeit und die schöpferischen Kräfte geschädigt werden." Es ist daher keine Übertreibung, wenn wir sagen: Es geht um den Menschen! Um die Rettung seiner seelischen Qualitäten, die weitgehend von der naturgemäßen Anwendung seiner Sinnesorgane abhängig sind; denn in diesen verwurzelt sich jeden Morgen die im Leibe erwachende Seele.

Der moderne abendländische Mensch ist ohnehin in Gefahr, im Getriebe des Alltags die innere Ruhe und Besinnlichkeit zu verlieren. Religiös vielfach entwurzelt, sucht er die um sich greifende Seelenöde durch Sensationen aller Art zu betäuben. So läuft er nicht nur Gefahr, den Zugang zu den schöpferischen Quellen seines Selbstes zu verlieren, sondern darüber hinaus - in seinem Ich geschwächt - in der Masse unterzugehen."

"Die Entbilderung der menschlichen Seele ... durch diesen Strom von raffiniert gesteuerten Blickfängen hat reißende Fortschritte gemacht, ohne daß wir eigentlich merkten, was und wie das geschah ... Dieser Vorgang der Entbildlichung des menschlichen Innern und die Verlagerung unseres seelischen Bilderlebnisses ins Außen, was uns von jeder Anstrengung, jeder Versenkung, jeder Innenschau entlastet hat, ist von entscheidender, ungeheurer Bedeutung im Hinblick auf eine Umänderung des menschlichen Wesens."

Wie einschneidend, ja wie magisch verwandelnd der Einfluß dessen ist, was durch das Auge in die menschliche Seele einströmt, daß wußte schon Goethe und hat es in den "Xenien" mit humorvollen, aber sehr ernst gemeinten Worten prophetisch ausgesprochen:

Hinweis: Ausbildungsstätte:	Dr.med.M.Hauschka,"Schule für Künstlerische Therapie und Massage",7323 Boll über Göppingen,Gruibingerstr.29 Malschule: Wagner / Koch,Dornach/Sweiz (beiBasel) Malschule: am Goetheanum, Dornach/Schweiz " Kunststudienstätte Ottersberg,Rose Pütz

"Dummes Zeug kann man viel reden,
kann es auch schreiben
wird weder Leib noch Seele töten
es wird alles beim alten bleiben.

Dummes aber vors Auge gestellt
hat ein magisches Recht,
weil es die Sinne gefesselt hält,
bleibt der Geist ein Knecht."

x) "Interessant ist es z.B. zu beobachten, welche Wandlungen die Menschheit macht in Bezug auf das Tragen der Brille. Wie bekannt, kam ja die Brille erst Ende des 13. Jahrhunderts auf und bürgerte sich langsam ein ... Erst im 19. Jahrhundert nahm die Brillenfabrikation durch die Entwicklung der heutigen Optik einen gewaltigen Aufschwung, und das Brillentragen wurde streng jedem Patienten vorgeschrieben, der mit einem Refraktionsfehler zum Arzt kam. Heute ist das Bild wieder ein anderes. Verschiedenste Strömungen versuchen, durchzudringen, die die Brille abschaffen wollen, und immer mehr gewinnen sie an Boden, während die Ärzte der konservativen Medizin einen verzweifelten Kampf gegen sie führen ...
Vielleicht wird es von Interesse sein, zu erfahren, wie Anthroposophie aus einer erweiterten Medizin heraus sich zu diesen Erscheinungen stellt. Da wird es nötig sein, etwas weiter auszuholen. Wir werden versuchen müssen, zu einem Verständnis zu kommen dessen, was Tätigkeit des Auges im Menschen ist.
Dazu muß vielleicht noch einiges über das menschliche Sehen gesagt werden, wie es aus anthroposophischen Erkenntnissen heraus aufgefaßt werden muß ... Dr. Steiner spricht davon, wie das Auge ebenso wie alle anderen Organe des Menschen nicht nur aus einem physisch-sichtbaren Teil besteht, sondern daß einen wesentlichen Bestandteil unsichtbarer Wesensglieder ausmachen, die man in der Anthroposophie als xx) Aetherleib, Astralleib und Ichorganisation bezeichnet. Nun sind diese höheren Wesensglieder im Auge ganz besonders locker mit seinem physischen Teil verbunden, und von der Beweglichkeit dieser Wesensglieder hängt das bessere oder schlechtere Sehen ab. Diese Wesensglieder sind nicht passiv, sondern in sehr aktiver Weise greifen sie hinaus in die Außenwelt ... wenn ich z.B. einen Turm auf einem weit entfernten Berg sehe, so sind zwar in meinem Stoffwechsel Astralleib und Ich fest in meinen Organen verankert, aber durch meine Augen greifen sie gleichzeitig so stark hinaus, daß sie in der Tat dort sind, wo der Turm ist und ihn greifen, ihn abtasten, ihn abfühlen. "Sehfühlfäden" nannte Dr. Steiner diese unsichtbaren Sehstrahlen.
... Heileurythmie xxx) wirkt heilend dadurch, daß wir Vokale und Konsonanten durch bestimmte Bewegungen der Arme und Finger ausdrücken und durch häufige Wiederholung unter Zuhilfenahme der Beine ihnen die Möglichkeit geben, auf den Organismus zurückzuwirken ... Die richtige Wahl der Laute hängt von dem Wissen über das Zusammenwirken der Wesensglieder in einem kranken Organ ab.

x) Dr. Ilse Knauer, "Einiges über das menschliche Auge", "Natura, Eine Zeitschrift Erweiterung der Heilkunst nach geisteswissenschaftlicher Menschenkunde", 5.Jg., Heft 2/3, Februar/März 1931

Hinweis:

xx) Rudolf Steiner, "Theosophie", Einführung in übersinnliche Welterkenntnis und Menschenbestimmung. Rudolf Steiner Verlag, Dornach/Schweiz 1961

xxx) Rudolf Steiner, "Heileurythmie", Rudolf Steiner Verlag, Dornach/Schweiz

... Wir gehen übrigens in Bezug auf das Brillentragen nicht ganz so rigoros vor wie die Bates-Schule und ihre Abzweigungen, die sofort jedes Brillentragen abschaffen; im Gegenteil, wir verordnen gerade für die Näharbeit sowohl beim Kurzsichtigen als auch beim Weitsichtigen die Brille noch möglichst lange Zeit. Bei der Näharbeit muß sich ja der Kurzsichtige mit einer Brille mehr anstrengen, als ohne, - und der Weitsichtige kommt mit seinen Augen mehr zu der Ruhe, die er so braucht.
Allerdings soll dabei nicht verkannt werden, daß das dauernde Tragen von Brillen den Nachteil hat, daß es den Menschen von den aetherischen Kräften der Umwelt abtrennt. Unsere Augen sind ja nicht nur Sehorgane, sondern auch Aufnahmeorgane für Kräfte, die aus der Umwelt wirken und unserem menschlichen Organismus zufließen. Und diese Aufnahme von kosmischen Kräften, die man auch als eine Art Ernährung betrachten kann, ist eine wesentliche Ergänzung unserer Ernährung durch die physischen Nahrungsmittel. Diese wird heute leider gar nicht mehr berücksichtigt.
Ein Zeitsymptom ist in dieser Beziehung das Aufkommen der sogenannten "Kontaktgläser". Sie sollen einen Ersatz bilden für die Brillen. Es sind sehr feine und dünne Gläser, die dem Auge dicht aufgesetzt werden so, daß sie der Bindehaut der Sclera (Lederhaut) fest anliegen, aber zwischen Hornhaut und Glas etwas Flüssigkeit ist. Durch diese Kontaktgläser wird der Mensch mit seinen Augen noch viel mehr von dem Aetherischen der Umwelt abgeschlossen, als es bei der Brille der Fall ist, die doch wenigstens seitlich einen Raum freiläßt.
Eine andere Möglichkeit, den Kurz- und Weitsichtigen zu helfen, sind <u>Farbübungen.</u> In wechselndem Anschauen von Rot und Blau hilft man dem Kurzsichtigen, in wechselndem Anschauen von Blau und Rot hilft man dem Weitsichtigen. Der Übergang von Rot zu Blau bringt Willenskraft in den Kopf; denn das Anschauen von Rot macht den Menschen aktiv, das Blau bringt ihm zum Nachsinnen. Der Übergang von Blau zu Rot führt die überschüssigen Kopfkräfte wieder zurück nach dem Stoffwechsel und läßt den Menschen sich besser dort verankern. Wichtig ist nur, daß man den Patienten anweist, die Farben nicht anzuglotzen, sondern zu versuchen, sie mit Interesse anzuschauen. Versucht der Patient gleichzeitig, durch das, was Anthroposophie einem in die Hand gibt, die Außenwelt so anzuschauen, daß er auch fragt, was hinter dem Sinnlich-Sichtbaren als Moralisches steht, so wird er auch für seine Augen einen großen Nutzen haben, und es wird die anderen Übungen unterstützen."
Wir haben gute Erfahrungen gemacht, daß die Brillen während der Mal- und Plasizierstunde abgelegt werden."

H e i l k r ä f t e d e r F a r b e n

x)"Soviel steht fest, daß wir in den Farben Naturkräfte besitzen, die richtig angewandt, uns von den verschiedensten Leiden befreien können. Ganz hervorragende Resultate haben auch die Ärzte der Irrenanstalten und psychiatrischen Kliniken zu verzeichnen in Fällen, da man mit reiner Medizin nichts mehr ausrichten kann. Geisteskranke, die als unheilbar galten, konnten bereits nur durch Farben geheilt werden. In grossen Anstalten gibt es jetzt sogenannte Blauzimmer für Tobsüchtige, Gelb- und Orangezimmer für Melancholiker und Tiefsinnige.

"Die Farben wirken nicht nur äußerlich, ebenso auch in dem Gemüt. Die Erfahrung lehrt uns, daß die einzelnen Farben besondere Gemütsstimmungen geben ... Diese einzelnen bedeutenden Wirkungen vollkommen zu empfinden, muß man das Auge ganz mit einer Farbe umgeben, z.B. in einem einfarbigen Zimmer sich befinden, durch ein farbiges Glas sehen. Man identifiziert sich alsdann mit der Farbe; sie stimmt Auge und Geist mit sich unisono ..." sagt Goethe

Farben sind lebendige Kräfte, können Quellen der Gesundung und der Stärkung sein, wenn wir sie uns richtig dienstbar machen. Vermittels der Farben können wir aus der umgebenden Natur lebengebende, harmonisierende Energien herausholen. Die Heilkraft des Lichtes ist auch in Deutschland allgemein bekannt, weniger aber die der Farben, obwohl die Farben doch einzelne Aspekte des Lichtes sind. Um so beachtlicher sind die Ergebnisse wissenschaftlicher Untersuchungen der heilenden Kräfte, über die manche neue interessante Berichte vorliegen. Einer der verdienstvollsten Vorkämpfer für Farbenheilung war Dr. med. Georg von Langsdorff. Seine Erfolge mit Farbenbehandlung grenzten ans Wunderbare. Ihm haben wir die Entdeckung zu verdanken, daß Rotlicht die Ausdehnung der Gefäße bewirkt und dadurch kräftige Durchblutung ergibt. Blaulicht führt dagegen Verengung der Gefäße herbei und verursacht Blutleere, wodurch die Haut unempfindlich gemacht werden kann.

durch Sonnenstrahlen kann man täglich beobachten. Aber die *physiologischen* Wunder von Licht und Farben reichen tiefer ...

Krankheitszeichen wie Fieber, Entzündungen, Schwellungen usw. zeigen durch rote Farbe an, daß zu viel Hitze vorhanden ist. Zur Herstellung des Gleichgewichts wird die kälteste Farbe, blau, benötigt. Dr. Ghadiali schildert im einzelnen, wie wunderbar die Anwendung der gegenpoligen Farbenkräfte wirkt. Ein besonderer Fall, den er angibt, sei hier als Beispiel erwähnt: Ein neunjähriges Mädchen, G.Sh. hatte sich schwer verbrannt. Ihre Kleider fingen Feuer, sie lief brennend durch das Haus. Zu zweidrittel bis dreiviertel war die Haut verbrannt und zerstört. Es war ein Fall schwerster Verbrennung dritten Grades. Das Mädchen kam in das Frauenhospital in Philadelphia, wo die Ärztin Käthe Balduin eine eigene Farbenheilabteilung leitete. Sie sah sofort, daß diesem Kinde mit den üblichen Mitteln nicht mehr zu helfen war. Frau Dr. Balduin begann daher gleich mit Farbenbestrahlung. Schon am ersten Tage, gleich nach der Bestrahlung, hatte die Kleine keine Schmerzen mehr. Die Brandwunden heilten, ohne irgendeine Brandnarbe zu hinterlassen. In acht photographischen Aufnahmen zeigte sie die Heilprozesse. Nach eineinhalb Jahren wurde das Kind zu einem Wundarzt gebracht, der ein solches Wunder nicht glauben wollte.

Er geht von der Tatsache aus, daß der Mensch nicht eine Ansammlung einzelner Organe ist, die ohne Zusammenhang sind, sondern eine "untrennbare Leib-seelisch-geistige Einheit". Man kann nicht Einzelnes herausgreifen, ohne auf das Ganze zu wirken. Wenn eine Unordnung in den körperlichen Funktionen eingetreten ist, dann bekundet dies die Natur an irgendeinem Körperteil. Wird nun aber dieser allein behandelt, so ist die Krankheitsursache damit nicht aus dem Wege geräumt. Es dauert oft nicht lange,

x) Prof. L. Eberhard, "Farbenkräfte im Dienste des Lebens", Drei Eichen Verlag, Hermann Kissener, München-Pasing, 1954 (Folge 4, Heilwissen für Jedermann)

dann zeigt sich das Übel an einem anderen Organ. Die "Unordnungs-Ursache" muß behandelt werden, dann wird das Organ, an dem die Auswirkung ersichtlich wurde, von selbst wieder zu normalen Funktionen geführt. Die Beseitigung der "Unordnungs-Ursache" erfolgt nach Dr.med.Ghadiali durch Anregung der natürlichen Heilkraft des Organismus mittels verschiedener, den einzelnen Fällen angepaßten und abgestimmter Farblichtströme .. Ein kranker Mensch ist nicht nur körperlich, sondern auch seelisch und geistig zu behandeln. Nun läßt sich die Farbe tatsächlich nicht nur physikalisch, chemisch und medizinisch, sondern auch auf seelisch-geistigem Gebiet als Heilanreger verwerten ...

Die Psychiatrie hat sich die unterschiedliche Wirkung der einzelnen Farben auf den Gemütszustand des Menschen bereits mit gutem Erfolg zunutze gemacht. Frauen mit schweren melancholischen Störungen und Selbstmordgedanken konnten zum Beispiel in verhältnismäßig kurzer Zeit dadurch Linderung erfahren, daß man sie in Räume brachte, die mit roten Wänden und roten Teppichen ausgestattet waren und deren Lampen überdies rotes Licht verbreiteten. Auch ein Kranker mit einer schweren Psychose, der durch die hartnäckige Verweigerung jeglicher Nahrungsaufnahme bereits in den ersten Zustand allgemeiner Körperschwäche geraten war, konnte durch eintägigen Aufenthalt im "Rotzimmer" so umgestimmt werden, daß er aus sich heraus um Nahrung bat. Umgekehrt gelang es, einen Tobsüchtigen mit schweren Erregungszuständen durch das Verbringen in einem blauen Raum zu beruhigen. Auch hier war die Wirkung so prompt, daß sich die Wendung im Benehmen des Kranken bereits nach einer Stunde bemerkbar zu machen begann ...

Man geht in neuerer Zeit dazu über, die gar zu eintönig ausgestatteten Zimmer, Säle und Korridore der Krankenhäuser durch freundliche, dem Auge wohltuende Farben zu beleben. Indessen sollte man diese Erfahrungen nicht auf die Krankenbehandlung und das Krankenhaus beschränken. Wenn es feststeht, daß Farben in geeigneter Auswahl auf unser Nervensystem einen günstigen Einfluß, ja geradezu eine Heilwirkung ausüben,so sollte man auch für das alltägliche Leben eine Lehre daraus ziehen ...

Jede Farb-Licht-Behandlung wird durch eine Farb-Sehkur tatkräftig unterstützt. Das Farbsehen leitet die Farbenschwingung durch alle Teile des Körpers. Es wird damit ein wichtiger seelischer Einfluß geschaffen, der aufbauend wirkt ...

Sehr aufschlußreich und zugleich von praktischer Bedeutung sind die Angaben des Chromotherapeuten Hans Wolfle: Die Dauer der Farblichtbestrahlung soll anfänglich nicht mehr als ca. 15 Minuten betragen. Nach einigen Bestrahlungen kann sie auf 30 bis 60 Minuten ausgedehnt werden. Wiederholungen an einem Tage beliebig, wenn zwischen zwei Bestrahlungen eine Pause von etwa einer Stunde eingeschaltet wird ...

Die Zahl der Farbenblinden ist in den einzelnen Ländern ganz verschieden. Einen bes. hohen Prozentsatz weist England auf, wo auf 18 Personen mit normalem Farbensinn eine Person fällt, die mit mangelhaftem Farbensinn zu bezeichnen ist ... Beim weiblichen Geschlecht, das einen weit ausgeprägteren Farbensinn hat, ist die Farbenblindheit seltener. (Das gilt auch für alle übrigen Länder) Es wird damit zusammenhängen, daß der Farbensinn der Frauen durch ihre farbige Kleidung und durch ihre Beschäftigungen, mit Stickereien usw. mehr gepflegt wird ... An phlegmatischen, gedankenlosen Kindern konnte ich feststellen, daß sie allmählich an den Farbübungen großes Interesse zeigten. Sie wurden dadurch nicht nur aufgeweckter, sondern konzentrierter, aufmerksamer und ihr Gedächtnis stärkte sich zusehends, was sich auf die anderen Lehrfächer ebenso günstig ausgewirkt hat. Es war so, als ob in ihren Köpfchen sich etwas löste, das vorher brach lag und sich verkrampfte ..."

Farbwirkungen im Gefängnis:

x) " Die Münchener Gesellschaft für Licht- und Farbenforschung unter ihrem Leiter, Prof. Ewald Paul, hatte sich seit dem ersten Weltkrieg bemüht, auch Gefängnisinsassen die günstigen Farbwirkungen zukommen zu lassen. Sie ging von der Überlegung aus, daß gerade diese es nötig hätten, durch Farbenkräfte aufgerichtet zu werden. Durch zahlreiche Versuche an vielerlei Kranken, namentlich auch Gemütskranken, war Ewald Paul zu der Erkenntnis gelangt, daß durch das große Heil- und Stärkungsvermögen der Farben auch die mehr oder minder gemütskranken Gefangenen ermutigt, neu belebt, ja sogar veredelt werden können, denn edle Farben wirken veredelnd auf das Gemüt. Ein auf längere Zeit Verurteilter berichtet aus der Strafanstalt interessante Erlebnisse über Farbwirkungen auf seinen seelischen Zustand: "Wenn man die Arbeit des Tütenklebens verrichtet, so ist dies eine rein mechanische Tätigkeit, welche, von den Händen getan, den Geist nicht beschäftigt, auch körperlich keine Anstrengung verlangt. Ein Mensch, dem es ein Bedürfnis ist, zu denken, nachzudenken über Vergangenheit und Zukunft, wird finden, daß so manche Erinnerungen und Gedankenbilder sich bei denselben Farben des öfteren wiederholen. Diese Beobachtung habe ich schon seit längerer Zeit gemacht. Bei mir machte sich dies am deutlichsten bei grellen Farben bemerkbar, zum B. bei starkem Blau, Rot, Grün. Ich bekam eine Arbeit in schönem Blau. Mein erster schneller Gedanke war: oh, diese herrliche Farbe, ein blauer Himmel an einem strahlenden Lenztage, wie Maienzeit, - Singen und Lachen, - wie Jubel zweier Herzen, die sich lieben, wie junge, glückstrahlende Liebe! Dunkelblaue Augen tauchen vor mir auf, die ich verlor, verscherzte. Meine blauen Papiertüten sind fertig. Ich sitze im Nachdenken verloren. Eine Wolke schiebt sich vor mein Empfinden. Was ist alles geschehen in der Zwischenzeit? In meinem Lebensschicksal trat ein Wechsel ein. Mein Schifflein scheiterte im Strome der Zeit und mahnend ragt das Wrack zur Warnung empor. Reue überkam mich, Reue über alles, was ich mir verscherzte, den blauen Himmel, die blauen Augen!

Ich erhielt neue Arbeit. Grün war die Farbe, dunkles Grün, Laubgrün. Meine Gedanken waren aber nicht, wie zu erwarten gewesen wäre, bei unserem deutschen Eichenwalde, wenn er seinen Blätterschmuck zeigt. Die Gemütserregung, die dieses Grün in mir hervorrief, hatte andere Hintergründe. Ich verspürte einen jähen Ruck, nur einen Augenblick dauerte er. Ich sah längliche, mit grünem Billardtuch überzogene Spieltische, wie man sie in den eigens dafür eingerichteten Spielklubs hatte. Aus der Tiefe meiner Seele tauchte ein leidenschaftliches Bild aus verflossenen Tagen auf. Beim Erblicken dieser Farbe kehrten die Nächte in meine Erinnerung zurück, die mich

x) Prof. L. Eberhard, "Heilkräfte der Farbe", Drei Eichen Verlag, Hermann Kissener, München-Pasing, 1954

zum leidenschaftlichen Spieler machten. Damals war das Spiel für mich ein Nervenkitzel, den ich immer höher und höher schraubte. Eine Weile zwang ich mich, gedankenlos auf das Grün zu starren. Ich versuchte, den Gedanken eine andere Richtung zu geben. Umsonst! Die Farbe Grün ist zu deutlich mit der Spielleidenschaft verknüpft, meine Augen haben sie in vielen Nächten geschaut. Und plötzlich entrollt sich mir noch ein anderes Bild. Ich erinnerte mich an eine andere Lasterhöhle mit schweren grünseidenen Behängen, grün durchwirkten Teppichen, an eine blühende, rothaarige Halbweltdame in grünseidener Halbtoilette, grüne Sektflaschen vervollständigen das Bild. - Das dunkle Grün wirkt schwül, erregend auf mich. Ich kann nicht loskommen von diesen Bildern und zwinge mich, an grüne Rasenflächen, an gelbliches Frühlingsgrün, zu denken. Ich ziehe Vergleiche zwischen dem unendlichen Zauber der herrlichen Blumenfarben und dem Grün; das erweckt angenehme Erinnerungen. Bei Arbeiten mit roter Farbe drangen wild aufflammende, leidenschaftliche Regungen mit Ungestüm auf mich ein. Lieber war mir orangefarbiges Papier, das auch häufig verabreicht wurde. Bei dieser Farbe dachte ich viel an geschäftliche Dinge der Vergangenheit und ich machte Zunkunftspläne. Die orange Farbe stärkte mich bei dieser Sehnsucht nach Freiheit, zuweilen machte sie mich ungeduldig, was aber in stille Ergebenheit ausklang, wenn ich wieder Arbeit in Blau hatte.
Diese Berichte aus einer deutschen Gefangenenanstalt zeigen, wie die Farbenkräfte auf das Seelenleben der Sträflinge einwirken können ... Schöne, reine Farben sprechen zu ihnen, trösten sie, rütteln sie auf, geben ihnen neuen Mut, neue Hoffnung, lassen sie getane Fehler bereuen und gute Vorsätze fassen. Häßliche, düstere und graue Farben dagegen wirken deprimierend auf sie, ihre Lage erscheint ihnen trostlos und erdrückend, ihre Einsamkeit unerträglich. Dies bestätigte auch Prof. Kemp in Amerika. Er wies ebenfalls auf die Notwendigkeit der Farbentherapie und Farbenhygiene und Farbenpflege in Gefängnissen hin ... Aus der sächsischen Landesstrafanstalt Hoheneck wurde gleichfalls über Ergebnisse berichtet, die durch Farbenwirkung erzielt wurden. Mit feinem Verständnis und gutem Willen hatte sich der Leiter der Anstalt für Versuche auf diesem Gebiet eingesetzt.

Aus unserer Praxis

Eine besondere Therapie bedeutet das Malen für diese Menschen. Wir haben es in unserer Praxis oft genug erlebt - wie durch den Umgang mit Farben eine Ordnung des Seelenlebens - eine Seelenruhe eingetreten ist, wie nach einer gewissen Übungszeit sogar auch die letzten schwierigen "Schüler" mit Freude und Liebe zur Farbe kamen und sich unmittelbar in ein Farberleben "hineinfühlen" konnten. Dieses "mit sich selbst und der Welt nicht zurechtkommen", rührt oft her von schwieriger Kindheit, schlechter Umgebung, die diese Menschen disharmonisch und unbefriedigt machte, so daß sie keine Kraft hatten, sich gegen die negativen Einflüsse zu schützen und auf Abwege kamen. Ohne Wärme, ohne Farbigkeit, ohne Liebe aufgewachsen, konnte sich kein Organ dafür entwickeln, mit Liebe und Wärme anderen Menschen zu begegnen. Ganz erfreulich war zu sehen, wie diese Menschen durch den "Umgang mit Farben" <u>Gestaltungskräfte</u> gewonnen haben. Wir wechselten zwischen Malerischem und Zeichnerischem ab,

um einerseits beweglich zu machen im Beobachten, sie herauszuholen aus der "Glieder-schwere" und Trägheit (siehe Band 1 über Gefängnisarbeit) und andererseits durch das Farberleben den kalten, nüchternen Intellekt in die Herzenssphäre zu heben.
Rudolf Steiner äußerte sich über die Therapie bei der Kleptomanie: ... man kann und sollte die Phantasie des Kleptomanen, die auf ein falsches Feld geraten war (das Stibitzen), auf die Malerei hinführen, wo diese sich ausleben könnte.
x) ... "Dieser Junge, der gerne Fahrräder stahl, hatte in der Tat, als Gegen-Eigenschaft ein großes malerisches Talent. Was im Geistigen erlaubt ist, alles in sich aufzusaugen (gerade bei den Farben tut man dies), das hatte bei ihm auf das Physische übergegriffen. Die Hände konnten durch die Malerei von ihrer Gier geheilt werden."
Die Gefangenen werden in verschiedener Weise "beschäftigt". Einige Gefängnisse haben eine ausgebaute Gefangenenbetreuung (auch in der "Freizeit") mit z.T. handwerklicher Betätigung eingerichtet, welche sich heilsam auswirkt. Doch noch wesentlich tiefer und heilender greift das künstlerische Tun in das Seelenleben ein.

xx) "Aus den Erkenntnissen über das Menschenwesen, wie Anthroposophie sie bietet, geht hervor, daß doch ein wesentlicher Unterschied besteht, ob man einen Patienten handwerklich arbeiten läßt (Gartenbau, Werkstätten aller Art, Handarbeiten), oder ob man seine eigenen künstlerischen Kräfte intensiver aufruft. Ersteres bleibt im Rahmen einer allerdings außerordentlich wirksamen und begrüßenswerten Beschäftigungstherapie; letzteres hat aber über diese hinaus noch <u>Wirkungen,</u> die die <u>Grundstruktur der Seele</u> und ihren Zusammenhang <u>mit dem Leibe</u> beeinflussen können."

xxx) "Der Farbentherapeut muß sich mit den lebenskundlichen Gesetzen befassen, muß die Temperamente des Menschen und der Farben ergründet haben, muß Erscheinungen des Lebens in ihrer leiblich-seelischen Ganzheit erfassen und in seiner Farbkomposition wichtige Aufschlüsse über die innere Situation des Kranken geben, die mit Hilfe des Wortes häufig nicht zu erreichen sind. Hier erweist sich die Tiefe des Ausspruches von Theodor Haecker: "Die Bilder haben ein freies Verhältnis zur Wahrheit der Begriffe." Das Bild, das der Kranke malt oder zeichnet, hat aber nicht nur einen diagnostischen Wert. Es bringt sehr häufig schon ohne jede Aussprache eine Erleichterung mit sich oder sogar eine Befreiung von belastenden Erlebnissen. Nun gibt es auf der Welt nichts, was uns glücklicher macht, als Vergeistigung und Phantasie. Das vergißt man heute gar zu sehr." Von diesem Sinn der "Vergeistigung und Phantasie" muß etwas - und sei es auch nur angedeutet - in der Beschäftigungstherapie wirksam und spürbar werden, wenn sie ihre Aufgabe in rechter Weise dienen soll."
Vor allem muß er ein tiefes Wissen von der Natur des zu behandelnden Menschen und der Farben besitzen. Mit all diesen Studien befaßte sich Dr.med.Ghadiali, der auch Doktor der Chemie und der Physik ist, in sechzigjährigem Forschereifer. Daß Licht und Farben tiefgehende chemische Einflüsse ausüben, ist bekannt."

x) nach Rudolf Steiner, "Führung durch das Goetheanum", 28.8.21 (Die Hyroglyphe des Dornacher Baues), Rudolf Steiner Verlag, Dornach/Schweiz, (in Vorbereitung)

xx) Dr. Margarete Hauschka-Stavenhagen

xxx) Dr. med. Fritz Hillers, "Beschäftigungstherapie und Rehabilitation" (Fachzeitschrift), Nr. 1, Dez. 1961, 1. Jahrg., herausgegeben v. Verband staatl. anerkannter Beschäftigungstherapeuten, Hannover-Kleefeld

Die Bedeutung der Erziehung zur Farbe
Wirkung der Farbe und des Malens

Die physiologische (vom Auge selbst hervorgebrachte) Hilfe der Farbe:

x) "Wenn man malt, so läßt man die Farben selbst handeln, läßt das Schauspiel ihrer "Taten und Leiden" vor seinen Augen entstehen, und man selbst tut nichts anderes, als was die ständige Wechselwirkung von Farbe und Auge fordert, sobald man eine neue Farbe ins Bild setzt. Das Auge antwortet auf unsere Tätigkeit nicht nur mit der Gegenfarbe, sondern auch mit einer bestimmten Verbindung zu einer anderen Farbe, die sich aus beiden mischt.

Die Tätigkeit des Malens ruft also eine Wirkung hervor, es schafft in uns, es zaubert in uns etwas Neues hervor. Natürlich wird es die leuchtendste Farbe sein, die sofort "zur Tat schreitet".

Wird man zu dieser inneren "Aktivität", zu diesem inneren Prozeß angeregt? Wenn man in "farbenarmer" Umgebung aufwächst, die das Kind nicht zum Farberleben, zum Malen gebracht hat, so fehlt diese innere Aktivität. Das Auge wird also nicht genügend angeregt, es verfällt einer Trägheit -Willensschwäche-, es verliert durch dieses die Fähigkeit, farbig gesund zu reagieren.

Das Farbenerlebnis ist nicht wie das Tonerlebnis eines, das auf und ab wogt, das Farbenerleben führt die Seele hinaus, einmal weit weg mit der Hingabe an das Blau; es kommt auf der anderen Seite das Rot, die rote Fläche, auf uns zu und drängt uns zurück in uns selbst. Mit anderen Worten mehr physiologisch gesprochen: blau hebt die Seele etwas heraus, befreit die Ausatmung. Rot kräftigt über die Einatmung die Zirkulation. Doch ist in der Therapie nicht Einseitigkeit anzuwenden, sondern ein bestimmter Wechsel ist dasjenige, was heilend wirken kann. Das Farbenerleben ist ein Lebendigwerden im Vor- und Zurück. Es ist ein Kriterium für unser gesundes Zusammenleben mit der Umwelt, es ist der Schmelztiegel für unser überwiegendes Vorstellungsleben, für alle allzu haftenden Erinnerungen, es führt uns immer wieder durch die Sympathie und Phantasie aus dem Vorstellen in den Willen, aus der Vergangenheit in die Zukunft ...

Nun gibt es Tätigkeiten, die viel mehr enthalten, als was Menschen sich ausdenken können, als was die Erdenberufe verlangen, Tätigkeiten, die mit Weltenqualitäten zusammenhängen, das sind eben die künstlerischen Betätigungen."

Die Farben als Helfer und Heiler in der Pädagogik

xx) "Die Zeit mit ihren schweren Ereignissen hat viel Leid auch über die Kinder gebracht und bringt es immer noch. Fortdauernd hört man von Kindern, die ruhelos sind, nicht schlafen können, in der Nacht aufschrecken, gequält sind usw. Oder auch von unregsamen Kindern wird erzählt, die teilnamslos dahinvegetieren; nichts interessiert sie wirklich. Abgestumpft scheint ihr Wesen. Zwischen diesen zwei Extremen liegen viele schwere oder leichtere Störungen des Kindeslebens. Wie begegnet man ihnen? Es gibt eine wesentliche Hilfe, welche geboten wird durch eine heilende Anwendung der Farben.

x) Nora von Baditz, "Was braucht das Kleinkind", J.Ch.Mellinger GmbH Stuttgart, 1951

xx) Dr. Margarethe Hauschka-Stavenhagen, "Zur künstlerischen Therapie, Schule für künstlerische Therapie und Massage, 7325 Boll über Göppingen, Gruibinger Str. 29

Wenn ein Kind unruhig ist, sind seine Organe aufgerüttelt; die brauchen eine Beruhigung, eine harmonisierende Verlangsamung sanfter Art. Wodurch bietet man diese? Indem man vor das Auge der Kinder führt rote und rotgelbe Farben. Am besten näht man ihre Kleider aus diesen Farben, oder man umhüllt ihr Bett damit. Kurz: man gibt das zappelig - nervöse Kind mit diesen lebhaften Farben. Warum? Weil z.B. die gesehene rote Farbe in den Organen ihre Gegenfarbe erzeugt: grün entsteht als ihre komplementäre Farbe und durchdringt und umhüllt die Organe mit der wohltuenden Beruhigung, die von dem Erzeugen der Grünen Farbe ausgeht. Ausgleichend, stiller-machend breitet sich die Wirkung des Grün aus in den Organen des Kindes. Die Ermahnung: sei ruhig, schrei nicht so usw. sind nur quälend für den Erwachsenen und das Kind. Ihr Erfolg ist zweifelhaft. Die warmen Farben des Rotgelben, des leuchtend Roten und Rosenroten verbreiten eine erlösendeund beruhigende Wirkung auf Leib, Seele und Geist des Kindes, welche unter dem siebenten Jahre noch intensivst miteinander verbunden sind.

Wenn die Unruhe zu stark ist, kann man auch die Wände des Zimmers rötlich färben, um eine einheitlich starke Beruhigung hervorzurufen für das Kind. Die Farben mildern die Unruhe, sie verwandeln sie in der Länge der Zeit in eine gesunde, heitere Ruhe.

Bei dem Kinde, das unregsam ist in seinen Funktionen, wird man die blauen und blaugrünen Farben anwenden, da sie im Innern die anregende, erfrischende Gegenfarbe erzeugen, z.B. das Blau, die orangegelbe Farbe. Durch die Wirkung des Blau erzeugen die Organe des Kindes die orangegelbe Farbe; diese Tätigkeit wirkt anregend, belebend auf die Organstrukturen. Das Kind wird von innen her belebt, angeregt, angefeuert. Seine Interessen erwachen allmählich. Es wird in jeder Richtung wacher und gesunder. Seine Kleider, sein Bettbehang, seine Zimmerwände in dieser bläulichen Farbe bringen ihm die Anregung und mit der Zeit die Heilung.

Diese heilsame Anwendung der Farben wurde zur praktischen Erfahrung. Die Farben können zu Helfern, Tröstern werden für die Kleinen, die soviel zu erdulden haben in einem Weltgeschehen, das so manche Kinder zu Martyrien zwang. So vieles führt zur Verkümmerung seelischer und körperlicher Art, wenn die Erwachsenen nicht rechtzeitig, wohlüberlegt die nötigen Hilfen einleiten.Darum führe man auch die heilende Kraft der Farben den Kindern zu. Wie viel Ausgleich und Förderung wird z.B. die Kindergärtnerin bewirken unter ihrer Kinderschar, wenn sie zwei Spielecken einrichtet - man kann es einfach machen, evtl.mit selbstgenähten Nesseltüchern - die eine Ecke ist in rötlicher Farbe gehalten, dort sammelt man immer von neuem die aufgeregten Kinder. Drüben spielen in der bläulichen Ecke die "unregsamen" Kinder. Dann nimmt man sie wieder alle zusammen, und die heilsame Wirkung der Farben wird ausgleichend walten, auch in dem Zusammenleben der Kinder. So werden die Farben helfen im Leben der Familie und in dem Gefüge des Kindergartens, wenn man sie verständnisvoll anwendet. Die geschilderten Wirkungen sind vorwiegend im Kindesalter zu beobachten ..."

Hinweis: Freya Jaffke, "Wie wirken Sinneseindrücke auf das Kind", aus Zeitschrift "Erziehungskunst", 7/8 1971, Herausgeber Bund der Freien Waldorfschulen, Verlag Freies Geistesleben, Stuttgart

Caroline von Heydebrand, "Vom Spielen des Kindes", "Vom Seelenleben d.Kindes". Verlag Freies Geistesleben Stuttgart

Heidi Britz, "Kinderspiele-lebensentscheidend". Verlag Urachhaus, Stuttgart

Physiologie und Psychologie haben sich heute in weitem Maße der experimentellen Erforschung der Wirkungen der Farben auf den Menschen - namentlich in Amerika - angenommen. Der "Farbeningenieur" stellt dort fest, wie bestimmte Farben schonend auf die Augen, andere anfeuernd auf die Arbeitsfreude wirken, wie bestimmte Farben vorzeitiger Ermüdung vorbeugen usw. In unseren Waldorfschulen und den ihnen nahestehenden heilpädagogischen Instituten werden schon seit Jahrzehnten die psychologischen und physiologischen Wirkungen der Farbengebung in den einzelnen Klassen je nach dem Alter der Kinder nach den Angaben Rudolf Steiners in den Dienst der Pädagogik gestellt und einsichtige Ärzte versuchen die therapeutische Wirkung der Farben auf die verschiedenen Krankheiten zu ergründen ..."

Beleuchtung - Farbe und Raum

x)..Unbestritten ist heute, daß fehlender Lichteinfall wie künstliche Beleuchtung zu vegetativen Störungen und psychischen Beschwerden führt. Licht wirkt unmittelbar in die Lebensprozesse des Organismus, zahlreiche Organfunktionen sind vom täglichen Hell-Dunkel-Wechsel abhängig. Schon geringe Lichtmengen führen zu einer Änderung der Stoffwechselrhythmik. Zu intensives Licht führt wie Dauerbelichtung zu irreversiblen Degenerationen der Sehzellen ... Zahlreiche psychische und physische Störungen von Personen, die ständig bei künstlichem Licht arbeiten, weisen daraufhin, daß Kunstlicht keinesfalls indifferent ist. In diesem Zusammenhang sollte vor allem eine Schädigung des kindlichen Organismus bei zu intensiver künstlicher Beleuchtung im Entwicklungsalter - z.B. in fensterlosen Schulen - in Betracht gezogen werden. ... Während künstliche Dauerbelichtung erhebliche Schäden zur Folge hat, ist dies auch bei Dauerdunkel, wie dem Polarwinter, der Fall: Leistungsschwäche, Haltungsverfall, Reizbarkeit, Labilität. Zeitlich schnell wechselnde Hell-Dunkel-Intervalle des Flackerlichtes wirken als zusätzlicher Reiz auf das Zwischenhirn, "eine Erkenntnis, die auch Bedeutung für die Anwendung von Leuchtstoffröhren haben dürfte"..

Das natürliche Tageslicht gewinnt so seine Bedeutung zurück, der Bau fensterloser Schulen sollte zunächst einmal gestoppt werden...

Künstliches Licht und Licht, das durch farbige Gläser fällt, birgt weitere künstlerische Möglichkeiten. Im Holzbau des durch Brand vernichteten ersten Goetheanums in Dornach waren die Fenster im Umgang zwischen den Säulen mit starken Glasplatten jeweils e i n e r Farbe verglast, in die bildliche Darstellungen vertieft eingeschliffen waren, so daß sie im durchfallenden Licht der Sonne in abgestuften hellen Tönen aus dem farbigen Grunde aufleuchteten. Das farbige Licht der verschiedenen Fenster umspielte in reichen Abstufungen die plastischen Formen des Raumes"...

Hinweis:

über die Schädlichkeit der Röhren-Beleuchtung, Dipl.Ing.Hans Reipert, Aufsatz aus "Mensch u.Baukunst", 12.Jahrg.N. 1, S.21, aus Mitteilungen an d.Anthrop.Arbeit i. Dtsch. Weihn. 1962 und aus "Elternbrief"der Kommenden, Freiburg i.Br. 5. Jahrg. 9.Sept.1962, (der Autor ist bereit, jeweiliges weiteres Material zur Verfügung zu stellen)

St.L. "Zeichen der Zeit". Wie hälst du's mit der Beleuchtung", aus"Erziehungskunst"- 2.Febr.1972, Verlag Freies Geistesleben, Stuttgart

(Hinweis:Forschungsbericht von F.Hollwich und B.Dieckhues: Die Wirkung von Tages- und Kunstlicht auf den tierischen und menschlichen Organismus; in: Fortschritte der Medizin, 1972, Nr. 1

x) Wolfgang Gessner, "Farbe und Raum" in "Mensch und Baukunst" - eine Korrespondenz, Stuttgart, 1. Jan. 1953

In dieser neuen Technik der "Glas-Radierung", die Rudolf Steiner[x)] entwickelte, werden mit einem Diamant-Rädchen unter Wasser die Tiefen einradiert und somit eine Hell-Dunkel-Gestaltung geschaffen, die durch das einfallende Licht eine ungeheure Farb-Tiefenwirkung hat.

xx) Assia Turgenieff-Bugajeff hat die Fenster des ersten Baues durchgeführt.

xxx) "Sie sind ja erst Kunstwerke, wenn das Sonnenlicht durchscheint, sonst sind sie eine Art Partitur".

... "Doch auch durch Lasurfarben auf weißem Malgrund läßt sich der Anstrich auflokkern, indem der weiße Grund den einzelnen Farben besondere Gemütsstimmungen geben." Auf dieses weite Gebiet, das Goethes Farbenlehre in dem Abschnitt "Sinnlich - sittliche Wirkung der Farbe" behandelt, sowohl für die einzelnen Farben als für ihre charakteristischen Zusammenstellungen, soll hier nicht näher eingegangen werden. Die Stimmungswerte der Farben sind uns ja im allgemeinen geläufiger als ihre raum- und formbildenden Wirkungen, um die es in der Architektur in erster Linie geht. Die Möglichkeiten, die die Farbe dem Architekten an die Hand gibt, sind schier unbegrenzt. Sie kann den ganzen Raum durchseelen ... " W. Gessner

Transparentfenster und Farbkulisse

Für unsere Handfiguren (siehe Band 2) haben wir über Beleuchtung und Inszenierung von Spielbühnen berichtet. Wir verwenden u.a. belichtete und durchlichtete Kulissen, die aus Seidenschleierwänden bestehen. Man kann auch Seidenpapier oder zart gezupfte, einfarbig gefärbte Schafwolle[xxxx)] nehmen. Die Kulissen bzw. Schleierwände sind durch die entsprechende Beleuchtung (farbige Birnen oder Folien vor, oben und hinten, mit "Lichtorgel" bedient) in den verschiedensten Stimmungen zu verändern. Eben ist es ein Schloß im Walde, dann ist es vielleicht ein Zauberberg oder eine Märchenlandschaft usw. Die Farbschleier werden auf eine Tüllgaze aufgesteckt, gerafft, geschichtet, ein davor hängender Tüllschleier zieht die Farbflächen zu einem Ganzen zusammen, er "entmaterialisiert" die gesteckten einzelnen Stoffe und bringt sie in ein zartes oder kräftiges Lichtfluten, in eine malerische Farbbewegung.

Auf diese Weise lassen sich auch herrliche Transparente gestalten, die man am Fenster oder vor einer Lichtquelle aufhängt. Sie geben für Klassenraum, Kindergarten oder Kinderzimmer ein angenehmes Farblicht, eine friedliche Farbstimmung, je nach Jahreszeit läßt sich da viel Schönes gestalten. Die Kinder können als Gemeinschaftsarbeit direkt am Tageslicht selbst solche Stimmungen und Gestaltungen "stecken" also damit malerische Verwandlungen durchführen. Auch wäre zu empfehlen, ein oder mehrere Fenster durch verschiedene einfarbige Vorhänge, die hintereinanderhängen als "Gardinen", rollbar sind, und entsprechend der Stimmung, die man erzeugen will, hervorzuziehen.

x) Rudolf Steiner, "Baugedanke des Goetheanum", Rudolf Steiner Verl., Dornach/Schweiz

xx) Assia Turgenieff, "Entwürfe für die einfarbigen glasgravierten Fenster", Rudolf Steiner Verlag, Dornach/Schweiz

xxx) Rudolf Steiner zu den Glasfenstern , "Hieroglyphe des Dornacher Baues", Rudolf Steiner Verlag, Dornach/Schweiz (in Vorbereitung)

xxxx) Anni Jahn, Webmeisterin, Dornach/Schweiz, Herzenstalstr- (Pflanzengefärbte Schafwolle)

August Macke äußert sich über Kulissen der großen und kleinen Bühnen:

F a r b k u l i s s e n : x) Das ganze Theater ist heute stillos wie es nie war. Die Pappdeckeldekorationen und die gemalten Kulissen, alles, alles müßte verschwinden. Ich würde Stimmungen durch Vorhänge und Farben allein machen, ohne Nachahmung der Natur ... Meine ganze Seeligkeit suche ich jetzt fast nur in reinen Farben, vorige Woche habe ich auf einem Bett versucht, Farben zusammenzusetzen, ohne an irgendwelche Gegenstände wie Menschen oder Bäume zu denken, ähnlich wie bei der Stikkerei ...

über W a n d s c h m u c k und R a u m - F a r b e n in der Schule

xx) "Es lagen bezüglich dieser Raum-Farbgestaltungen bestimmte Angaben Rudolf Steiners vor. Es war mir seit Jahren schon klar geworden, wie diese Angaben ihrem tiefsten Wesen nach durchschaubar werden können durch das, was sich unserem Auge offenbart als Werdeprozesse in den Prismatischen Farben. Dazu kam, daß Rudolf Steiner in Bezug auf die spezielle Gestaltung des Farbigen auf den Wandflächen Wünsche ausgesprochen hat, welche bis jetzt noch nicht realisiert worden sind, deren Erfüllung aber erst so richtig das Wesen der Farbangaben für die einzelnen Klassen fruchtbar machen könnte. (Es handelt sich darum, statt der bisher üblichen deckenden Farbanstriche nun solche lasierender Art möglich zu machen.)" ...

xxx) "Die Frage, in welcher Umgebung das Kind aufwächst, wie die Räume gestaltet sind, in denen es seine Schulzeit verbringt, ist heute noch wichtiger geworden als früher. Es dringen heute von der frühesten Kindheit an eine Unzahl von visuellen Eindrücken auf das Kind ein. Erfahrungsgemäß wird dadurch ein schnelles Wahrnehmen geschult, die Tiefe des Schauens aber geht allzuleicht verloren. Fragen, die Rudolf Steiner in medizinischer und pädagogischer Hinsicht bewegt haben, werden dadurch immer stärker Gegenwartsaufgaben: durch entsprechende Formung des Raumes etwas in den Bildekräften des Kindes anzuregen, durch eine durchlässige Farbgebung in den Räumen beruhigend oder ermunternd auf das Kind zu wirken. Das Bild in der Schule gewinnt so eine außerordentliche Bedeutung. Es kann, wenn es in richtiger Weise durch die Klassen hin die Entwicklung des Kindes begleitet, therapeutisch wirken gegenüber der Unzahl von Bildeindrücken, gegenüber der magischen Faszination moderner Reklame und gegenüber dem künstlerisch Wertlosen so unendlich vieler Illustrationen oder Journalinhalte. Dabei ist es wichtig, auf die sinnlich-sittliche Wirkung hinzuschauen, in das ein Kind ein Jahr lang in der betreffenden Klassenstufe hineinträumen kann. Es wird nicht richtig sein, Bildinhalte nur gleichsam als Illustration für den Unterrichtsstoff zu bringen - in der Geschichte beispielsweise - und erst dann, wenn der betreffende Stoff im Unterricht drankommt. . . .

x) August Macke, Katalog einer Ausstellung in Bonn

xx) Julius Hebing, "Welt, Farbe u. Mensch", Verlag Freies Geistesleben, Stuttgart (über Wandfarben)

xxx) Ernst Weißert, "über den Wandschmuck in der Schule", Erziehungskunst Juni 1952, Heft 5/6

Das führt zu einer Intellektualisierung des Bildgehaltes. Man kann beobachten, wie die Kinder mit einem gewissen Stolz in einer neuen Klasse die Bilder als zu ihnen gehörig aufnehmen. Es handelt sich also um ein viel tiefer liegendes Element, wenn es gelingt, die dem Alter entsprechende Auswahl an Bildern zu treffen. Dabei wird man behutsam vorgehen müssen und nicht aus einem Erwachsenen-Intellektualismus, einer einseitigen Liebhaberei heraus handeln dürfen. Man kann nicht, weil man selbst dafür begeistert ist,einen modernen Stil bis in die unteren Klassen hineinbringen, umgekehrt aber ist es durchaus möglich, wenn Gestalt und Gehalt des Bildes allgemeinmenschlich ist, auch in den unteren Klassen mit der größten Unbefangenheit van Gogh oder Franz Marc zu bringen ... Rudolf Steiner hat im Jahre 1923 einmal in der Konferenz der Freien Waldorfschule über den Bildschmuck Vorschläge gemacht, die aus der Menschenkunde, aus der Beobachtung der im Kinde jeweils reif gewordenen Bildbedürfnisse gegeben sind. Durch diesen Bezug auf die Nuancen in der Seelenlage des Kindes in den einzelnen Klassen unterscheiden sich Rudolf Steiners Angaben von den Bemühungen um den Bildschmuck in den Schulen, wie wir sie seit dem Beginn unseres Jahrhunderts in einer sehr anerkennenswerten Weise gesehen haben ...
Welches sind die durch Rudolf Steiner geschilderten Bildstufen? Zunächst wird einmal deutlich getrennt die Zeit vom 6. bis 12. Lebensjahr (Klassen 1-6) von den Erfordernissen der 13 bis 18 jährigen Schüler. In den unteren Klassen darf und soll in der Darstellung das Stoffliche,das Illustrative, das Poetische überwiegen. Von der Seite des Inhaltes aus nimmt das Kind das Bild noch auf. Aber gerade deshalb muß hier die künstlerische Gestaltung die allerbeste sein. Man darf sich nicht darauf einlassen, wegen eines inhaltlich Ansprechenden, wegen des sogenannten "Kindgemäßen" künstlerisch magere Bilder aufzuhängen. - In den oberen Klassen tritt dann immer stärker eine berechtigte Trennung ein nach dem eigentlich Künstlerischen, nach dem ästhetischen Wert des Bildes und nach den praktischen Angelegenheiten des Lebens, die sich in Karten, Übersichtsplänen, technischen Zeichnungen und dgl. in berechtigter Weise auch zur Anschauung im Klassenraum bringen müssen ..."

x)"Wir haben die unteren Klassen (1.-6.Klasse), bei denen würde es sich tatsächlich mehr handeln müssen um das Stoffliche desjenigen, was bildhaft den Kindern geboten wird, während man dann allmählich zum Künstlerischen auf der einen Seite, wie zu den mehr praktischen Angelegenheiten des Lebens auf der anderen Seite übergehen kann. Ich werde nur die Hauptsachen heute nennen, und es kann sich im Laufe der Zeit die Sache wesentlich vertiefen. Es wird sich darum handeln, daß auch da, wo das Stoffliche die Hauptrolle zu spielen hat, daß auch da selbstverständlich nicht irgendeine philiströse Illustration da sein darf, sondern daß die Dinge k ü n s t l e r i s c h gestaltet sein müssen, und zwar nicht einseitig künstlerisch, sondern schon so, daß man nicht irgendwelche künstlerische Spezialmeinungen und Spezialstile zur Durchführung bringt, sondern dasjenige, was mehr allgemein menschlich erscheint...

xx) Im ganzen sollen sich die Augen des Kindes mit dem Künstlerischen beschäftigen, das Kind soll nur zunächst einen rein sensuellen Eindruck empfangen und wissen, daß man diese Bilder für etwas Schönes hält...Bei den nächstfolgenden Klassen kommt es darauf an, daß man das Künstlerische zusammenbringt in einer taktvollen Weise mit dem Praktischen des Lebens, so daß das Kind die beiden Seiten fortwährend vor sich hat...Das sind die Dinge, die ich Ihnen als ein Kapitel der Pädagogik vorlegen möchte. Es ist schon durchaus notwendig, daß wir unser Augenmerk darauf richten, daß das Künstlerische besonders gut behandelt wird in unserer Pädagogik, denn es gehört das eigentlich ins Gesamtbild des anthroposophischen Behandelns des Menschheitsfortschrittes hinein.

Handfertigkeits-Saal: (auch für das Spinnen) Wandfarbe: orange

Er müßte mit künstlerisch aufgefaßten Motiven des praktischen Lebens und des Kunstgewerbes ausgeschmückt werden, so daß man an den Wänden etwas hat, was wohlgefällig aufnimmt, was in diesen Räumen getrieben wird.

Handarbeitsräume: Wandfarbe: helles violett, in dem das Rot überwiegt

Hier würde man Interieur brauchen, wo das Gemütselement berücksichtigt wird.

Musik-Raum: Wandfarbe: Indigo-Blau (Lila)

in keiner Weise ausschmücken mit irgendwelchen malerisch-figuralen Motiven... höchstens plastisch ausschmücken durch die Aufstellung von Plastiken, oder aber, wenn man Malerisches anwenden will, so müßte man Farbenharmonien, reine Farbenwirkungen nehmen... Beim Musikalischen ist es besser, wenn man den Saal ganz einförmig ohne Bild läßt, statt daß man irgenwelche Bilder anbringt, die psychologisch nicht vereinbar sind mit dem, was musikalisch herrschen soll.

Eurythmie-Saal: Wandfarbe: malvenfarbig

...müßte ausgeschmückt sein mit Motiven, die aus der Dynamik des Menschen entnommen sind, aber aus der seelischen Dynamik, der ausdrucksvolle Mensch, künstlerisch erfaßt.. Die Eurythmiefiguren müßten in einer Vitrine im Eurythmiesaal aufgestellt werden.

Turnsaal: Wandfarbe: rötlich-lila

Hierbei würde es sich darum handeln, daß man den Menschen mit entsprechender übertragung auf das mehr Sich-in-die-Welt-Hineinstellen darstellt, z. B.sich wacker haltend über einem Abgrund und dergl. Das Verhältnis zur Welt, das würde der Bildschmuck sein für das Turnen.

Die Farbangaben sind für England und Stuttgart anders angegeben wie für Hamburg. (vR.St) Wir haben uns nach den Anregungen für Hamburg gerichtet. Nachfolgend ist ein allgemeiner, aphoristischer überblick über Klassenschmuck (Wandfarben, Wandschmuck von R.Steiner usw.) gegeben, den man in verschiedener Richtung ergänzen kann."

xxx)"Für Schönheit einen Sinn haben, beim Menschen
nicht verleugnen in der physischen Welt
den Zusammenhang mit der Geistigkeit."..

x) Hedwig Hauck, "Handarbeit und Kunstgewerbe, Angaben von Rudolf Steiner", Verlag Freies Geistesleben Stuttgart

xx) Aus den Konferenzen Rudolf Steiners mit dem Lehrerkollegium der Freien Waldorfschule Stuttgart, Januar/Februar 1923 in "Die Menschenschule", Verlag Zbinden & Co., Basel, Heft Juli/August 1953

xxx) nach Rudolf Steiner "Wahrheit, Schönheit, Güte" Rudolf Steiner Verlag, Dornach/Schweiz, 1957

ÜBERSICHTSPLAN: RAUMGESTALTUNG, KLASSENSCHMUCK

Klasse	Wandfarbe a. Hamburg b. Stuttgart c. London	Vorhang	Plastiken aus Ton, Holz, Stein	Zur Sachkunde Technologie u. a.	Blumen, Gefäße, Mineralien, Jahreszeitenerlebn.	Rahmen	Größe	Kunstdrucke Bildschmuck	Künstler
1.	a. rot c. 5-6jährig rot orange gelb	heller als Wandfarbe	Holz-Spielzeug Naturmaterial Sandkasten-gestaltung		Muscheln Federn, Rinden	Wechselrahmen oder geschnitzte Holzrahmen — Bilder auf-		künstlerische Märchenbilder	
2.	etwas heller rot c. grün		Holzplastik Tiergruppe, selbstgearbeitete Ton-Urtiere Ast Tiere			gezogen oder auf Holzplatte Pappe oder		Franz von Assisi predigt den Vögeln — Franz von Assisi und der Wolf	Giotto
3.	stufenweise aufgehelltes rot c. dunkelgrün		Aus Ästen gearbeitete Hause versch. Art (siehe 3. Bnd.) — Hausmetamorphosen aus Ton	Dachstuhl Modell Ziegel, alte Handwerkszeuge	verschied. Gestein	im Passpartous, Bilderleiste zum Aufhängen mit Reißnageln u.s.w.		Sähmann, Kornfelder u.s.w. Gottvater erschafft die Erde u.a. „Erschaffung der Bäume"	v. Gogh Meister Bertram
4.	siehe Kl. 4,5,6 orange stufenweise heller b. hellgrün c. 10-11j. blau		Mensch und Tier (z.B. Schäfer und Schafe) Schäferkarren	Metamorphose des Frosches Aquarium (Terrarium) Entwicklg. eines Schmetterlings usw.	Samen Früchte usw. verschiedener Bäume			Tiergestaltungen	Franz Marc
5.	orange stufenweise heller b. grün mit blauem Stich		Menschengruppe Tiergruppe	z.B. Seidenraupenzucht anlegen	Keimungen Knospen-Studien, Blätter.			Menschengruppen	Nolde
6.	orange stufenweise heller		grössere Tiergruppe Schiffe	zur Optik und Akustik, Schattenlehre	Farbkreis, schöne Steine und deren Abbildungen Bambusgefäße und Schalen mit Blumen gesteckt			Schäferin Boot mit Schafen — „Der Bauer"	Segantini v. Gogh
7.	gelb		aus verschiedenen Hölzern geschnitzte Plastiken oder Gegenstände	Perspektive und geometrische Körper	Rinden, Hölzer verschiedener Bäume —			Madonnenbilder — Rötelstudien u.s.w.	Raphael Leonardo
8.	grün		Knochen, Becken, Wirbel u.a. (evtl. aus Ton plastiziert)	Zeichnungen von Knochen	Schöne Gefäße aus Glas Ton Holz Kupfer u.a.			Köpfe, Pferde, Kinderstudien u.a.	

(aphoristische Notizen) Bitte ergänzen!

Nr. der Post-Karten	Zur Postkartensammlung – als Beispiel zur Anschaffung größerer Bilder und Drucke	Friese und Bilder zum Jahresthema oder „Übersetzungen" von Meisterwerken (a. d. Unterrichtsstoff)	Bildschmuck aus dem laufenden Unterrichtsstoff, Geburtstagskalender, Stundenplan, Skizzen	Bemerkungen von Rudolf Steiner
		Märchen (Friese)	Transparente nach Jahreszeiten Formenzeichnen Schrift Farbstimmungen	Gestaltung muß künstlerisch sein. Wenn keine farbigen Bilder zu haben sind lieber farblose (Schwarz-Weiß-Darstellung) die gut sind, als irgend eine schlechte farbige Darstellung
3715 3543	Meister Bertram „Erschaffung der Tiere" Giotto „Franziskus predigt d. Vögeln" F.A. Ackermanns Kunstverlag München Engel mit Vögeln (Miniatur zur Apokalypse	Tierfabeln Tiergeschichten Legenden	Formübungen Farbstimmungen	Gestaltungen farbig locker, nicht modellhaft strengeinhalten der Aufgaben
187 376 60 114 3403	Cézanne „Steinbruch von Bibémus" Pieperdruck Verlag München C.D. Friedrich „Der einsame Baum" Hanfstaengl München „Riesengebirgslandschaft" v. Gogh „Cornfields in provence" Soho Gallery Ltd. 18 Soho Square London Altdorfer „Landschaft mit Kirche" F.A. Ackermann München	Erzählstoff, Geschichten des Alten Testamentes Beginn der Welt- und Kulturgeschichte Fries zur Sachkunde: Hausbau, Feldbestellung Pflanzen, Tiere	Steinverbände zeichnen Podeste mauern für Plastiken auf dem Schulgelände	Stilleben, Pflanzen, Blumen, Darstellung des Lebendigen, aber noch nicht des Empfindenden.
189 92 71 283 306	Mu-Chi „Sitzende Wildgans" Pieperdruck Franz Marc „Drei Rehe" „Hirsche im Walde" „Der blaue Fuchs" Hanfstaengl München A. Macke „Eselreiter" F. Bruckmann München	Germanische Sagen und Mythologie — Die Tierwelt in Beziehung zum Menschen	Formerfassung an Gegenständen studieren	Darstellungen des Empfindenden, des Tierischen
56 99 3307 3	Cézanne „Die Schnitter" Piperdruck München C.D. Friedrich „Hafen v. Greifswald" F. Bruckmann Segantini „Am Pflug" Walter Classen Zürich O. Kokoschka „London Towerbridge" Hanfstaengldruck	Sagen des klassischen Altertums (Brüderliche Verbundenheit mit allen Erdgebieten wecken)	Mensch- Tier- und Pflanzenkunde	Darstellung von Menschengruppen z.B. Reigentänze oder eine Straße, wo sich Menschen begegnen u.s.w.
3530 3519 65 94 43 431 59	P. Bruegel d. Ältere „Der Winter" „Der Herbst" Ackermann München „Der Sommer" „Die Heuernte" Piperdruck München v. Gogh „Die Ernte" Piperdruck München O. Kokoschka „Venedig, Boote a.d.D." Hanfstaengl München C. Monet „Fischer an der Seine"	Erzählstoff aus dem Gebiet der Völkerkunde — Geschichte der Römer bis Beginn des 15. Jahrh.	Geographie: Landkarten zeichnen, malen, plastisch gestalten — Pflanzen und Mineralien in malerischen Stimmungen gestalten	Darstellung des einzelnen Menschen, z.B. Köpfe, auch Darstellungen des Menschen in der Natur, z.B. in sonnenbeschienener Landschaft oder in Regenlandschaft oder etwa ein kleiner See, wo einer rudert u.s.w. Überführung vom Stofflichen ins Künstlerische – Allerkünstlerischste.
34 144	Raphael „Madonna und Kind" A.V. Fry + Co Ltd. London Rembrandt „Landschaft mit drei Bäumen" Ackermann Mü.	Erzählstoff aus Völker- und Rassenkunde Geschichte der Entdecker und Erfinder Ernährung – Gesundheit Die Zeit Goethes, Herders und Schillers Geschichte bis zur Gegenwart Chemische u. Industrie Prozesse	Akustik, Optik Magnetismus, Wärmelehre, Chemie, Elektrizität Zur Menschenkunde: Hebelgesetze, Knochen und Mechanik, Muskelbau	Raffael und Leonardo da Vinci was auch bleiben kann für die 8. Klasse 8. Klasse: Da soll mann beginnen mit dem Allerkünstlerischsten

ÜBERSICHTSPLAN : RAUMGESTALTUNG KLASSENSCHMUCK

Klasse	Wandfarbe	Vorhang	Plastiken aus Ton, Holz, Stein	zur Sachkunde, Technologie u.a.	Blumen, Gefäße, Mineralien Gestein	Rahmen	Größe	Kunstdrucke Bildschmuck	Künstler
9.	8/9. grün, jetzt heller als 8. Kl. b. violett		Reliefgestaltungen größerer Art, Maskengestaltungen, Menschengestalt als Holzplastik selbstgearbeitet oder nachgestaltet	geometrische Körper, Architekturformen verschied. Tempel in einfacher plastischer Darstellung	verschiedene Gesteine als Sammlung anlegen			Fotos verschiedener Bauten aus Indien, Persien, Ägypten, Griechenland u.s.w. (Foto der Laokoongruppe im Religionsunterricht)	Giotto v. Gogh Segantini Rembrandt
10.	blau b. lila		Freie Formen, Metamorphosen, „Gestaltetes" aus dem Unterricht	Verschiedenes aus dem Meere, Muscheln, Korallen, u.s.w. Feldmeßergebnisse oder Geräte, Landschaftsmodelle	Durch alle Klassen hindurch jeweils jede Woche (etwa) einige einzelne Pflanzen je nach Jahreszeit (mit Beschriftung) Aufgabe für Schüler			Holzschnitte, verschiedene Schriften und Initiale selbstgeschrieben	Holbein Dürer Nolde
11.	blau, ins violett gehend b. lila, heller als im Turnsaal		größere Plastik aus dem Unterricht, Holzplastik, kleine Steinarbeit	Buchbinderisches	Verschiedene geometrische Körper aus Ton od. Papier usw.			Zeichnungen Radierungen von Meistern, usw. Studien an Meistern von Schülern	Dürer Holbein Rembrandt
12.	violett		Steinplastik, Holz, Ton	am „Schwarzen Brett" Fotos. zur Optik - Farbtafeln	Einfache kleine Architekturmodelle durch die "Menschheitsepochen" hindurch.			Aquarelle, Hell-Dunkel-Bilder. Studienblätter verschieder Bauwerke	Dürer Holbein Rembrandt
auf den Gängen	gelb		größere Plastiken der verschiedenen Altersstufen	evtl. Schaukästen	Transparentfenster n. Jahreszeit			je nach Jahreszeiten wechselnd (auch Transparente)	
Physik-Saal, Arzt-zimmer	Blau rötlich		Apparate aufstellen, Schaukästen mit Mineralien Holzplastik: Menschengestalt						

aphoristische Notizen)

Nr. der Postkarten	Zur Postkartensammlung – als Beispiel zur Anschaffung größerer Bilder und Drucke	Friese und Bilder zum Jahresthema oder „Übersetzungen" von Meisterwerken (a.d. Unterrichtsstoff)	Bildschmuck aus dem laufenden Unterrichtsstoff, Geburtstagskalender, Stundenplan, Skizzen.	Bemerkungen von Rudolf Steiner
191 24 1038 107 542	Cézanne „Kastanienallee" Pieperdruck München Giotto „Die Flucht nach Ägypten" Ricardi Mailand Giott. „Der heilige Franziskus" Verl. A. Egger Köln v. Gogh „Baumgarten in Arles" Rascher u. Co. Zürich Pechstein „Aufgehende Sonne" Hanfstaengl München	Deutsch: Goethe u.s. Zeit, Hermann Grimm, Jean Paul Entwicklung der Künste vom Altertum bis Rembrandt, vom 30jährigen Krieg bis Neuzeit Geschichte: Struktur der Gebietsverteilung	Physik: Wärmelehre, Mechanik, Lokomotive, Elektrizität, Akustik, bis Telefon Geometrie zweiten und höheren Grades u.a. Darstellende Geometrie und geometrisches Zeichnen	Einerseits Giotto oder ähnliches, andererseits Situationsbilder, ganz technisch, ein Wiese, ein Laubwald ... Musterbeispiele, wie man Situationspläne macht, oder Himmelskarten, wo man die einzelnen Sternbilder zusammenfaßt mit den Figuren (stilisierten Himmelsfiguren)
406 93 92 5942 5473	Dürer „Selbstbildnis" K. Korderbank Frankfurt Dürer „Die Apostel Paulus u. Markus" Alte Pinakotek München Dürer „Die Apostel Petrus u. Johannes" Dürer „Weiherhäuschen" Kunstverlag Nürnbeg Dürer „Burg am Wasser"	Deutsch: Niebelungen, Gudrundichtung, Edda – Das Wort als Kunstelement in Lyrik, Epik, Dramatik Rezitation Die älteste morgenländische und griechische Geschichte	Die Erde als morphologisches und physikalisches Ganzes beschrieben Mineralogie Kristallographie Chemie: Säuren, Basen, Salze Antropologie	Holbein und Dürer nach der künstlerischen Seite. Nach der technisch-wissenschaftlichen Seite z.B. das Innere des Moores, die darin lebenden Tiere, Bilder, die instruktiv und zugleich künstlerisch wirken.
3128 360 377 3236 128 84 88	Dürer „Selbstbildnis" Kunstverlag Zürich Holbein „Erasmus v. Rotterdam" Wichmann Verlag Stamberg Rembrandt „Der Mann m.d. Goldh." Hanfstaengl München Rembrandt „Bildnis e. lachenden M." F. A. Ackermann München Rembrandt „Selbstbildnis" Pieperdruck München Michelangelo „Kopf d. Gottvater" „Kopf d. Propheten Elias" Woldemar Klein Berlin	Deutsch: Parzival, Der arme Heinrich, Hartmann von der Aue Gegensatz apollinischer und dionysischer Lebenshaltung Goethe, Wagner Darstellende Geometrie Durchdringungen Schattenkonstruktionen	Zusammenhang von Feldmessen und Geographie Merkatorprojektion Zellenlehre Pflanzen im Zusammenhang mit Erde und kosmischen Wirkungen Überblick über gesamte Chemie, Elektrizitätslehre, Telegraphie, Röntgenstrahlen, Radio u.s.w.	Holbein, Dürer, auch Rembrandt, evtl. ältere Meister. Das würde für die folgenden Klassen immer so sein. Das ist das Alter, wo das dem Unterricht paralell gehen kann. Daneben: Erddurchschnitte, geologische Durchschnitte und entsprechend künstlerisch ausgeführte Karten u. ähnliches
419 160 484 42 462	Rembrandt „An old man" The Melivi Society Ltd. London Rembrandt „Hendrikje Stoffels" Pieperdruck München Dürer „Knabenkopf" Kunst Verlag Michel Nürnberg Dürer „Gebirgslandschaft" Woldemar Klein BadenBaden Lucas Cranach d. Ältere „Bildnis eines sächsischen Prinzen" E.A. Seemann Leipzig	Deutsch: Sprachdenkmäler von althochdeutscher Zeit bis zur Gegenwart Elemente der Baukunst und Formen verfolgt durch die Kultur- und Stilgeschichte	Alle Gebiete der Naturkunde im grossen Zusammenhang mit der Menschenkunde Physik: Optik, Foto, Spiegel, Entstehung der Farben, Polarisation, Doppelbrechung Darstellende Geometrie hinführen zur praktischen Anwendung in der Architekt.	Erst in dieser Klasse würden an der Wand zu hängen haben Physiologisches, Anatomisches, neben Holbein, Dürer, Rembrandt.
				Auf den Gängen müßte man sehen, daß man rechts und links v.d. Tür etwas Ähnliches hat wie das, was man in der Klasse findet.

Die verschiedenen künstlerischen T ä t i g k e i t e n und deren W i r k u n g e n a u f d e n M e n s c h e n :

Die Linie "als Spur einer Bewegung" x) wirkt anregend und formend besonders auf den K o p f b e r e i c h . Die Augentätigkeit kann und sollte eine Schulung des wachen Beobachtens und Sehens sein; sie bewirkt u.a. auch eine Lebendigmachung des D e n - k e n s. Behafte ich die Linie mit der Farbe, ziehe ich diese mehr in den Gefühlsbereich, ich belaste sie dadurch mit Gefühlselementen die in das Zweidimensionale gehören. Die therapeutische Wirkung ist damit (auf den Kopfbezirk zu wirken) aufgehoben. Denn die Linie ist eindimensional (man sagt "man darf den Faden nicht verlieren", in unserer Bildsprache kommen diese Dinge noch deutlich zum Ausdruck).

Die F a r b e hat andere Aufgaben. Die Gestaltungen beim Malen sollten "aus der Farbe heraus", aus der Stimmung entstehen, "die Form ist der Farbe Werk" (Goethe).

Die Farbe wirkt auf den innersten S e e l e n b e z i r k (Sinnlich-sittliche Wirkung). Sie spricht und regt die H e r z e n s k r ä f t e - G e f ü h l s k r ä f t e an und schafft Stimmungen, erlebt warm, kalt, fröhlich, traurig usw.

Belastet man die Farbe mit der Linie bzw. zieht man die Fläche so stark zusammen, daß sie zur Linie zusammenschrumpft, bekommt man eine andere Wirkung, man holt das Kind aus den Empfindungen heraus in die Denksphäre, man bleibt nicht im Flächenbereich, man abstrahiert die Farbe, man verdrängt sie aus dem Seelenbereich.

Die Linie hat ihre Bewegungsgeste, die Farbe die ihr jeweilige, eigene Charaktergeste. Zeichne ich z.B. eine Wellenbewegung, könnte diese evtl. blau CHARAKTERISIERT werden. Zeichne ich eine aktive, spitzige Form - wäre diese mehr in gelb-rot auszudrücken - wechselte ich aber z.B. beim Formzeichnen ab mit einer welligen und spitzen Bewegung, so müßte ich "dem Material entsprechend" dann auch wechseln zwischen blau und gelb-rot - also praktisch gäbe es schon in dieser Hinsicht eine "M a t e r i a l t ä u - s c h u n g", wenn man konsequent sein will in der Anwendung der künstlerischen Bereiche und deren Therapie, sollte man sich genau überlegen, was man erreichen will bei einem Kinde bzw. in einer Klasse. Rudolf Steiner weist immer wieder und wieder darauf hin "M a t e r i a l g e f ü h l" zu erziehen und zu entwickeln, und spricht von der Bedeutung der Tätigkeiten in den verschiedenen künstlerischen Bereichen.

xx) "Der Ausgangspunkt für das Malen ist die Fläche. Was ist nun die Fläche? In der Fläche kann der Wille nicht zum Ausdruck kommen, denn der Wille ist dreidimensional. Der Wille wirkt im Dreidimensionalen, das Gefühl lebt sich aus im Zweidimensionalen. Die Fläche ist zweidimensional: nur so viel kann ich aus der Fläche erleben, als in mir Gefühlswelt ist. Gedanken kann ich überhaupt nicht malen, denn Gedanken haben nur eine Dimension."

Eine wichtige Grundlage u.a. sieht Rudolf Steiner im üben des Bildnerisch-Künstlerischen. Er gibt für den Lehrplan in der Waldorfschule als Schulung die Linie, Farbe, Plastik an, die in den unteren Klassen schon als reine Grundübungen im Zeichnen, Malen usw. durchgeführt werden. Wenn man wirklich Gegenstandslos arbeitet in den ersten Schuljahren, schafft man, und veranlagt man für die späteren Jahre nach der Pupertät auch künstlerische Fähigkeiten und ein gutes, echtes Form-, und Materialgefühl.

x) Clausen/Riedel, "Zeichnen - Sehen lernen"

xx) M.Strakosch-Gieseler, "Mensch u. Farbe", Anregungen von Rudolf Steiner

x) "Bei jüngeren Kindern ist das Schöpfen aus der Seele heraus beim Malen schon das richtige ... Vor dem 10. Jahre sollte man gar nicht - denn man verdirbt dadurch viel - Gegenstände malen lassen."
Habe ich z.B. eine Klasse vor mir, die "seelich dahinbrütet", träumt und ich möchte diese wach machen, sie zur aktiven Denktätigkeit anregen, brauche ich nur einige zeichnerische Übungen zu machen und die ganze Klasse wird sich verwandeln, sie wird ansprechbarer, lebendiger und aktiver im Aufnehmen und Mitdenken sein. Bis in die Schriftgestaltung kann und soll die Wirkung hineingehen, forme ich an der Schrift, forme ich auch am Charakter ... Genauso kann ich eine Klasse aus dem überwachen und Zappeligen, sprunghaften durch malerische Tätigkeit in eine mehr gemüthafte, seelisch aufnahmebereite, beruhigende Stimmung bringen.
Die p l a s t i s c h e Tätigkeit läßt den Menschen u.a. sich gesund und lebendig in seiner "Haut fühlen". Plastische Flächen fühlen - begreifen - ist eine W i l l e n s t ä t i g k e i t, in der man sich selbst im Raum (im Dreidimensionalen) erfaßt, man formt und ertastet real durch das Material, durch den Gliedmaßenbezirk seinen ganzen Menschen und steht wacher und bewußter auf der Erde.
xx) "Der Plastiker gestaltet eigentlich Formen, die das Auge schon sieht, aber die es so schwach sieht, daß dieses schwache Sehen ganz im Unterbewußtsein bleibt. Es ist ein unmittelbares Überführen des Tastsinns in Gesichtssinn, dem der Plastiker dient, daher muß der Plastiker oder er wird es versuchen, die ruhige Form, die sonst allein Gegenstand des einseitigen Auges ist, in Gebärde aufzulösen, die immer dazu anregen, wiederum in einer Gebärde, die man nun entzaubert hat, zur Ruhe zu bringen."
P l a s t i z i e r e n heißt F o r m v e r w a n d l u n g s v e r m ö g e n.
Ist eine Klasse mehr aus dem "Häuschen", waren die Kopfkräfte vielleicht zu stark angagiert oder dgl. so tut das Plastizieren im richtigen Augenblick sein Wunder. Es bringt die Kinder zur Ruhe, ordnet die Willenskräfte, schickt Aktivität in die Gliedmaßen, schafft eine Hülle um sie, d.h.bringt sie gesund in sich hinein. (Anregungen siehe Band 1 und 2.)
Die Grundkünste m e n s c h e n k u n d l i c h angewandt, üben auf die verschiedenen Bereiche (im Denken, Fühlen,Wollen) eine heilende Wirkung aus. Wenn man sich klar wird, was man "ansprechen" und erreichen will, wird man bei einiger Erfahrung durch eigenes Tun auch entsprechend wie aus einer "Künstlerischen Apotheke" die richtige Tätigkeit herausgreifen und anwenden können. Dazu soll der folgende, aphoristische Lehrplan als eine Anregung dienen. Er ist aufgebaut aus den Anregungen von Rudolf Steiner und unseren Erfahrungen aus einer langjährigen, pädagogisch-künstlerischen Praxis.

"Von einem durchaus verrückten und fehlerhaften Künstler ließe sich allenfalls sagen, er habe alles aus sich selbst, allein von einem trefflichen nicht," sagte Goethe zu Eckermann. Die Kenntnis und Beherrschung der Mittel ist niemals Selbstzweck. Sie soll nur den Geist frei und bereit machen für die Augenblicke der Eingebung. Es vereinigen und durchdringen sich in den höchsten Kunstwerken Gefühl u.Gesetz.

x) Carry van Biema, "Farben und Formen als lebendige Kräfte", Eugen Diederichs Verlag,
Xx) Rudolf Steiner,"?Sprachgestaltung und dramatische Kunst",Rudolf Steiner Verlag Dornach /Schweiz

Vom Wesen der Malerei:

x) "Das Malerische, ja die Welt der Bilder überhaupt, hat eine besondere Beziehung zu den Herzkräften. Die Farbe ist unmittelbares Abbild unserer Gefühlswelt. Wie zwischen Licht und Finsternis die Farben entstehen, so lebt die Seele zwischen höchster Freude und tiefstem Leid, zwischen innerem Licht und innerer Finsternis im farbigen Wogen der wechselnden Empfindungen. Die Seele ist nur gesund, wenn sie atmend in Wechselzuständen lebt. Wie in Einatmung und Ausatmung gibt sie sich der Welt hin und zieht sich wieder in sich selbst zurück. Wenn die Seele das nicht mehr kann, geht entweder der Mensch für die Welt verloren oder er verliert die Welt. Das aber ist immer begleitet von vielfach abgestuften körperlichen Störungen im Atmungs- und Kreislaufgeschehen, und in deren Fortsetzung in die Nervenprozesse einerseits und das Stoffwechselgebiet andererseits. Im Malen bringen wir ein inneres Bild in die äußere Erscheinung und die Anregung dazu nehmen wir aus den Eindrücken der Außenwelt oder aus innerlich aufsteigenden Bildern. Auch das ist wie ein Ausatmen eines Eingeatmeten.."

xx) "Wer malt, wer in der Farbe lebt, der prägt die zwischen Licht und Finsternis, zwischen Freude und Schmerz, zwischen Höhen und Tiefen waltenden seelischen Gesetze, die ganz auf Polarität gebaut sind, wiederum eine Stufe tiefer in sein Wesen. Nicht so tief, daß sie unmittelbar den Willen impulsieren, aber doch so tief, daß der Atem und seine belebende Kraft reagiert. Der Atem in seiner Doppelnatur des Bindens und Lösens, der Atem mit seinen "zweierlei Gnaden" (Goethe) wird vom Bildwesen unmittelbar beeinflußt.

... Die Farben spiegeln also die Seelengesetze wieder .. Im Rot stößt sie (die Seele) tiefer in den Leib hinunter, erregt das Blut, die Willenssphäre, wie jeder weiß. Im Blau wendet sie sich nach der anderen Seite, da hebt sie sich heraus, hauptwärts, wo wir im ruhigen Vorstellungsbilden den Gegenpol zur Willenssphäre schaffen. Atmend, das heißt sich leise lösend und wieder bindend ist die gesunde Seele mit dem Leib verbunden, soweit sie fühlt. Im eigentlichen Denken wachsen wir in das Licht hinauf, wir färben es nur durch unsere Gefühle; ebenso entschwindet uns der eigentliche Willensvorgang in der Finsternis, und wir begleiten ihn wieder mit unseren farbigen Gefühlen.

Die Farben sind somit der Atem der lebendigen Seele; indem sie zwischen den Polaritäten schwingt, atmet sie im "Röten" und "Bläuen" gleichsam ein und aus. Die Farben muß man aus den statischen Begriffen erlösen und als Wegespuren von Seelenbewegungen erfassen....

Es ist die Malerei schon etwas wie ein Grenzgebiet, wo ablenkende Einflüsse von beiden Seiten das Aufrechterhalten des malerischen Bewußtseins erschweren. Einerseits droht die Farbe in die Form zu verschwinden, in die Zeichnung, andererseits im Fluß eines überschwunges alles aufzulösen, und der Malende wird in eine Welt entrückt, die der Erde vergißt, und er lebt sich selber aus, es trägt ihn fort."

x) Dr. Margarethe Hauschka-Stavenhagen, "Zur künstlerischen Therapie", Schule für künstlerische Therapie und Massage, 7325 Boll über Göppingen, Gruibinger Str. 29

xx) Margarethe Hauschka, "Eine malerische Atemübung", Der Staedtler-Brief, Heft 16, 1968

Die Wirkung des Malens, der Umgang mit Farben im allgemeinen ist so, daß man sagen muß, sie leitet hin zu Menschenliebe und Menschenverständnis. Farblose Welten sind seelenlos und liebeleer. Bei der Vorstellung des Heraustötens der Farbe aus der Welt wird einem die Zunge trocken. Farbe ist dem Wasser so innig verwandt wie der Seele. Sie ist so recht geeignet, trockene Menschen lebendig zu durchfeuchten. Ja, es ist das Malen auch da wohltuend, wo der Wasserorganismus nicht durchorganisiert ist, wo er den Menschen zu überfluten droht. "-

Farben und Temperamente

x)"..Die Lehre der Temperamente reicht bis ins Altertum zurück. Empedokles von Agrigent 530-490 v.Ch.) erklärte, daß Wasser, Feuer, Luft und Erde die vier unveränderlichen Wurzeln aller Dinge sind. Diese, verglichen mit ihren vier Temperamenten, sind die treibenden Kräfte der Welt und dahin aufzufassen, daß damit die letzten Qualitätsprinzipien alles Seienden symbolisiert sind. Zu dieser Lehre bekannte sich der berühmte Arzt des Altertums und sein Zeitgenosse Hipokrates, ebenso Aristoteles, der damit die Lehre von den vier Hauptqualitäten kalt, warm, trocken und feucht aufstellte mit den Eigenschaften flüssig, permanent, elastisch, gasförmig und fest. Aristoteles nahm eine typische Mischung für jede Individualität dieser im Menschen zusammentretenden Elemente an. Der griechisch-römische Arzt Claudius Galenus (geb.131 n.Ch.) erhob die Lehre von den vier Temperamenten zur eigentlichen medizinischen Theorie. Er brachte die mehr oder weniger ausgesprochene Individualität des menschlichn Gemüts und der Gefühle mit einem entsprechenden Mischungsverhältnis der vier "Kardinalsäfte" in Zusammenhang: Melacholie (schwarze Galle), Cholee (gelbe Galle), Sanguis (Blut), Phlegma (Schleim). Jedes der vier Temperamente wurde nach dem in ihm als vorherrschend angenommmenen Saft benannt und charakterisiert. So entstand die Benennung Melancholiker (schwerblütig), Choleriker (heißblütig), Sanguiniker (leichtblütig) und Phlegmatiker (kaltblütig). Als typische Temperamente gelten auch heute noch diese vier grundverschiedenen Temperamente, die auch den vier Grundfarben blau, rot, gelb und grün eigen sind. Das melacholische Temperament hat große Neigung in düstere Stimmung überzugehen, die lange und intensiv nachklingt. Die dunkelste Farbe im Prisma (also auch im Regenbogen) ist das Blau. Der Melancholiker ist ernster Natur, zurückhaltend, gefühlsbetont, energielos, nicht selten lebensüberdrüssig und gemütskrank, ist empfindlich, im guten Sinne treu, hilfsbereit, sanftmütig, gottergeben, tröstend, beruhigend. Die selben Wirkungen übt auch die Farbe Blau auf den Menschen aus. Ganz anders ist das cholerische Temperament, das schnell in Schwingung und Begeisterung, aber auch in Kampfesmut und Kampfeswut gerät. Die rote Farbe besitzt diese Eigenschaft, wird zum Reizen desTieres im Stierkampf benützt. Auch der Choleriker gerät schnell in Streitsucht, ist leicht erregt, aufwallend, aufpeitschend, mitreißend, selbstbewußt, sich vordrängelnd (wie die Farbe rot), und immer beweglich,

Hinweis: Rudolf Steiner, "Erziehungskunst", Rudolf Steiner Verlag, Dornach/Schweiz
x) Prof. L. Eberhard, "Heilkräfte der Farben" Drei Eichen Verlag, Hermann Kissener, München-Pasing, 1954

ohne Ruh und Rast. .Das sanguinische Temperament ist positiv, energisch, licht, heiter, lustbetont, optimistisch; derGegensatz zum melancholischen und somit die Ergänzung. Blau und gelb ist ein harmonisches Farbenpaar. Gelb wirkt auf den Geist, blau auf das Gemüt und rot auf das Blut.
Der Phlegmatiker ist träge und bequem, wenig erregbar, gleichgültig, materialistisch veranlagt, und als solcher kaltblütiger Verstandesmensch, der seinen Gewinn zu wahren weiß, nicht selten verdrießlich. Er kann sich zu nichts Höherem aufschwingen, ist erdgebunden und grobstofflich. Seine Farbe charakterisiert die erdgebundene Farbe dunkelgrün, die ja auch die Massenfarbe in der Natur ist. Grün ist gesundheitsfördernd als Pflanzenfarbstoff, als Nahrung...

... Gelb bringt den Geist in Schwung, wirkt gegen Ermüdung und Arbeitsunlust, spendet Energiezufuhr, ist aufheiternd für düstere Gemüter, und ein wahrer Segen für Gemütsleidende. Grün ist das Beruhigungsmittel für Choleriker, besänftigt und bewirkt Entspannung und Erholung ... Die Aufnahmefähigkeit der verschiedenen Farbenheilkräfte ist von den individuellen Temperamenten abhängig. Der Melancholiker mit seinem stark andauernden, zur Unlustbetonung neigenden Gefühl, ... wird länger zur Aufnahme brauchen, als der leichtbeschwingte, rasch wechselnde Sanguiniker oder der schnellrhythmische Choleriker ... Die vier verschiedenen Temperamente können wir in der Physik und im ganzen Kosmos nachweisen. Sie sind die vier unveränderlichen Wurzeln aller Dinge und bestimmen alle Wechselwirkungen ..."

Das G e h e i m n i s der m e n s c h l i c h e n T e m p e r a m e n t e

"Wo es sich darum handelt, mit dem Leben fertig zu werden, da müssen wir dem Leben seine Geheimnisse erlauschen, und diese liegen hinter dem Sinnlichen."

x)"Zwischen diesen beiden, zwischen dem, was wir uns mitbringen aus unserem früheren Leben und dem, was uns Familie, Vorfahrenschaft und Rasse aufprägen, gibt es eine Vermittlung, etwas, was zu gleicher Zeit mehr allgemeine Eigenschaften trägt, aber doch fähig ist, individualisiert zu werden. Dasjenige, was sich mitten hineinstellt zwischen die Vererbungslinie und die Linie, die unsere Individualität darstellt, das drückt sich aus in dem Worte Temperament. In dem, was uns im Temperament des Menschen entgegentritt, haben wir etwas, in gewisser Beziehung, wie eine Physiognomie seiner innersten Individualität. Wir verstehen so, wie die Individualität färbt durch die Temperamenteigenschaften, die in der Reihe der Generationen sich vererbenden Merkmale. Temperament steht mitten drinnen zwischen dem, was wir uns individuell mitbringen und dem, was aus derVererbungslinie stammt, indem die beiden Strömungen sich vereinigen, färbt die eine Strömung die andere. Sie färben sich gegenseitig. So wie sich die blaue und die gelbe Farbe etwa vereinigen in dem Grün, so vereinigen sich die beiden Strömungen im Menschen zu dem, was man Temperament nennt. Dasjenige, was vermittelt auf der einen Seite zwischen allen inneren Eigenschaften, die er aus seiner früheren Verkörperung mitbringt und dem, was ihm die Vererbungslinie bringt, fällt unter den Begriff des Temperamentes. Es stellt sich nun zwischen die vererbten Eigenschaften und das, was er in seinen inneren Wesenskern aufgenommen hat. Es ist, wie wenn beim

x) nach Rudolf Steiner, "Das Geheimnis der menschlichen Temperamente", Zbinden Verlag Basel 1967

Niedersteigen dieser Wesenskern sich umgeben würde wie mit einer geistigen Nuance von dem, was ihn da unten erwartet, so daß sich in dem Maße, als der Wesenskern sich am besten als Hülle für den Menschen anpassen mag, der Wesenskern des Menschen sich nach dem färbt, zu dem er hineingeboren wird und zu einer Eigenschaft, die er mitbringt. Hier strahlen aus das Seelische des Menschen und die natürlichen, vererbten Merkmale. In der Mitte drinnen steht, was das Temperament ist, mitten zwischen dem, wodurch der Mensch sich anschließt an seine Ahnenreihe und dem, was er mitbringt aus seinen früheren Verkörperungen.Das Temperament gleicht das Ewige mit dem Vergänglichen aus."

Malübung für Melancholiker: x)...." Indem ich beim Malen vom sinnlichen zum sittlichen Eindruck schreite, man könnte sagen, führe ich die Farbe von der Kritik des Herzens. So durchlebt, bewegt sie Herz und Atmung. Merkur ergreift sie und leitet Sinneswahrnehmungen durch den rhythmischen Menschen in das Willensgebiet. Nehmen wir nun einen Melancholiker .. Einseitig ausgebildet, tendieren sie zu ganz bestimmten Krankheiten und gehören deshalb eigentlich schon ins Gebiet der Prophylaxe. Der Melancholiker erlebt die leisen Todesprozesse seines Hauptes, das schmerzhafte Kristallwerden, die Sehnsucht nach Befreiung aus der Erdenschwere. Lange wirkt alles nach. Die Zeit dehnt sich. Das Licht ist milde in ihm, beleuchtet aber vielmehr die Vergangenheit als die Zukunft. Was könnte er malen? Die Seele, und ganz besonders die künstlerisch ungeschulte, bildet sich gerne selber ab. "Es ist ein verräterischer Fehler", um wiederum Leonardo da Vinci zu zitieren, "ich glaube, es kommt daher, daß die Seele die Bildnerin ihres Körpers ist. Sie hat ihn nach ihrem Ebenbilde geschaffen. Wenn sie nun gezwungen wird, mit Hilfe von Farben und Pinsel einen neuen Körper zu schaffen, so reproduziert sie am liebsten das Bild, in das sie sich eingelebt hat." Für Künstler also ist es ein Fehler, für den Therapeuten wird es zum Ausgangspunkt einer Verwandlungsübung. Ein mildes Licht, von Blau umhüllt, das ist die Grundstimmung seiner Seele, das wird in unendlichen Variationen, ob ich es wolkig, wässrig oder kristallisiert male, immer die Gebärde des Haupteserlebens sein. Das ist somit die erste Aufgabe. So wird zur Aufgabe, was man individuell ablesen kann. Dann beginnt die Verwandlung, welche in einer Umstülpung und Steigerung besteht. Das Gelb verstärkt sich, es beginnt zu strahlen, das Blau zieht sich herein, beide durchdringen sich in grün, das Gelb stößt durch, das Blau bildet mit Resten des Gelb einen blaugrünen Kern. Zuletzt lasse ich das Gelb sich steigern, sich erhöhen zu Rot."

Beziehung des Farberlebens zur Krebspsyche:
"... wie es Krankheitsbilder gibt, die sich verdichten aus einer zu starken seelischen Einatmung, so gibt es solche, wo man den Eindruck einer Dyspnoe im Seelenleben unmittelbar haben kann. Und dieser Zustand ist es, der als Krebsvorstadium, als Bedrückungs- oder Krebspsyche beschrieben worden ist. Studiert man das Wesen dieses Seelenzustandes, so läßt sich verfolgen eine langsame retrograde Verwandlung von schöpferischen Fähigkeiten. Es war möglich, einen Fall durch Jahre zu beobachten, wo in charakteristischer Weise nacheinander verloren ging der Sinn für Plastik, der Sinn für Farbengestaltung, dann überhaupt das lebendige Erfassen von Sinneseindrücken...

x)Dr.med.M.Hauschka-Stavenhagen,"Zur künstlerischen Therapie",Schule für künstlerische Therapie und Massage,7325 Boll über Göppingen,Gruibinger Str. 29

"Ich fühle mich abseits von Leben, ausgeschlossen." Zuletzt stellten sich in diesem Falle noch Finsternis-Erlebnisse ein, also auch das innere Erfühlen des Lichtelementes war auf dem Wege, im leiblich-pathologischen Geschehen zu versinken. In kürzester Zeit bildete sich dann ein Tumor. Dieses seelische Geschehen, was ja individuell, sei es von außen oder innen bedingt, in ungeheuer verschiedener Form verlaufen kann und sich die verschiedensten Qualitäten involvieren können, ist begleitet von physiologischen Prozessen. Im Blut, jenem Organ, das schon normalerweise am leichtesten den seelischen Regungen folgt, findet die erste krankhafte Verschiebung statt. Im gesunden Blute leben zum Phosphorigen, zum Obersonnigen hindrängende Prozesse. Wenn nun die Nervenvorgänge, welche zum Salzprozeß, zur Formwerdung, zum Untersonnigen hintendieren, in das Blut wandern, so entsteht der Impuls für Geschwulstbildungen. Und wenn das so veränderte Blut ungesund die Organe versorgt, entstehen eben dort Geschwülste. Jede Geschwulst ist ein metamorphosierter Nervenprozeß an unrechter Stelle. Zwischen Blut und Nerv muß ein Rhythmus im Prozessualen bestehen, dessen Störung zur Krankheit führt.
Wenn man daneben sich vor Augen stellt, was Rudolf Steiner gelegentlich über die physiologische Grundlage künstlerischen Schaffens gesagt hat, so wird die Beziehung des Farbenerlebens zur Krebspsyche, die in der Praxis zutage tritt, plötzlich durchschaubar. Es gibt in den Tiefen der Seele ein Gebiet, von dem wir wenig Bewußtsein haben; es ist jenes, wo die durch die Atmung in Fortsetzung über das Gehirnwasser erzeugte Nervenwelle in Berührung kommt mit dem Blut. Diese Nervenwelle vibriert, die Atmung begleitend, auf und ab zwischen dem, was aus dem Leibe kommt über die Blutbahn (Ausatmung) und dem, was auf Sinnesnervenwegen in das Gehirn gelangt (Einatmung) und sie stellt im Gegensatz zum warmen Blut, das Kalte, das Intellektuelle im Menschen dar. In dieser Berührung nun, in der Wärme und Durchgeistigung dieser Begegnung, liegen unbewußt die Quellen des malerischen Schaffens. Es wird also die Malerei innerlich dort unbewußt erlebt, wo der noch kalte Nerv eintaucht in das warme Blut; es lebt das Malerische in diesen rhythmischen Wegen von Kalt zu Warm, Nerv zu Blut und umgekehrt; und es entsteht so das Malerische in Fortsetzung des Atmungsrhythmus. Die Farbe appeliert ausschließlich an den oberen Menschen, dort wo er sich auf verschiedenen Stufen metamorphosierten Atmens aufschließt, wo es das Ich mit der Welt verbindet. Und diese Farbe wirft ihren Schatten in den unteren Menschen, sie erzeugt lebendiges Wasser, lösende Durchfeuchtung des Leibes.
In dem erwähnten Fall löste sich der Tumor im Verlauf eines Vierteljahres langsam wieder auf. Und es handelte sich durch fortgesetzten künstlerischen Unterricht darum, das neue Verhältnis zur Welt so zu pflegen, daß die schöpferischen Kräfte sich ausleben in einer der Erkrankung entgegegengesetzten Richtung. Die Patientin, welche zu uns kam "ganz ohne Farbe", wie sie selber sagte, findet in der Vertiefung in die Pflanzenfarben nun einen Weg, die verlorene Beziehung zur Umwelt auf neue Weise zu erwerben. In der künstlerisch-pädagogischen Behandlung mit der Pflanzenfarbe hat man also ein Mittel in der Hand, die Farbe selber auf diesem Wege zum Führer werden zu lassen. Die Pflanzenfarbe in ihrer lichtvollen Lebendigkeit ergreift den lebendigen

Teil des Auges, intensiviert den Sinnesprozeß, der im Element des Wärmeätherischen vor sich geht, dort wo er normalerweise sich abspielen soll; und im Erwecken der inneren Antwort der Seele auf das neu belebte Sehen wird jene Durchwärmung, Ordnung und rhythmische Harmonisierung der gestörten Prozesse im oberen Menschen angeregt. Die Auflösung des Tumors ist selbstverständlich auf die gleichzeitige energische Viscumbehandlung zurückzuführen, welche einen Prozeß darstellt, der das gleiche Prinzip durch die Kräfte der Mistel in das Stoffwechselgebiet hinunterzutragen vermag.

Die Mistel als Heilmittel äußert ihre Beziehung zum Wasserstoffprozeß schon in einer sich der äußeren Anschauung aufdrängenden Weise. Sie wächst auf Bäumen, vermeidet die Erde. So wie der Wasserstoff von der Erde nach oben in die höchsten Schichten der Atmosphäre strebt, so liebt die Mistel die höchsten Gipfel der Bäume und zwar solcher, die gerade den obersonnigen Planeten zugeordnet sind. (Viscum quercus, pini, abietis mali) So ergeben sich vielfache Beziehungen derjenigen Prozesse, die in der medikamentösen Therapie dem Organismus einverleibt werden, mit denjenigen Vorgängen, die durch die Farbentherapie ausgelöst, den ersteren entgegenkommen."

x) ..." Die Fähigkeit des wirklichen vertieften Wahrnehmens, welches letzten Endes wieder zu schöpferischen Seelenfähigkeit führt, liegt im Bereich des Geistig-Seelischen. Und ziehen wir dieses durch anhaltende Gleichgültigkeit aus dem Sinnesorgan zurück, so wird allmählich die Sehfähigkeit, d.h. die Fähigkeit, Farben zu sehen, aufhören."

Neue Impulse

Rudolf Steiner hat uns auch für das Malerische neue Impulse gegeben, aufgebaut auf der Goetheschen Farbenlehre. Auf dieser Grundlage hat er methodische Hinweise und Übungaen vielfältiger Art für die Pädagogik entwickelt und dadurch eine wichtige Therapie veranlagt, um die schon im Kindesalter durch die materialistischen und technischen Einflüsse und zu frühe "Verhärtung" entgegenzuarbeiten bzw. vorzubeugen, damit die Kleinen den großen Anforderungen und Überforderungen des Intellekts gewachsen sind.

xx)"Man kann am Verhalten des Menschen zur Farbe kulturhistorisch betrachten, ja ablesen, in wie weit nun heute noch das Ich die Möglichkeit und die Neigung hat, auf den Wegen des Farbigen sich mit der Welt harmonisch, seelisch atmend sozusagen, zu verbinden. Diese zurückhaltende Zwiesprache, diese erstarrten Kräfte werden langsam hinuntergedrängt in den Leib. Für den Leib aber ist die Seele die Zerstörerin. Sie ist die letzte Ursache aller Krankheit und es erscheint auch alle Krankheit zuerst im veränderten Seelenbild, und hat man die Betrachtung des Farbigen bis zu diesem Punkte geführt, so kann man auch als Arzt ein Schüler der Farbe werden. Denn sie offenbart, wenn sie dann der Mensch handhabt, Seelenwege, sie begleitet nicht nur den Weg der Seele in den Leib hinein, sondern sie zeigt auch, wie der Mensch eine neue Regenbogenbrücke bauen kann, um die Seele neu und heile mit der Welt zu verbinden...Gesund ist nur ein solches Seelenleben, welches die Impulse des Geistes so in die Welt trägt, daß bei diesem Tun das Herz, das Gemüt lebendig beteiligt ist, so im künstlerischen Schaffen, wenn man den Begriff "künstlerisch" erfaßt als identisch mit "aus der Fülle", so aber auch in der Entwicklung höherer Seelenfähigkeiten. Diese lebendige Seelenfarbigkeit ist ja veranlagt für die geistige Welt und sucht nach ihr, sucht durch die Auseinandersetzung mit der Welt dem Geiste neue Fähigkeiten zuzutragen. Dieses Streben nun findet im Durchbruch durch den Sinnenschein sein in ihm liegendes Ziel. So zeigte Rudolf Steiner an Goethe wie das Geistig-Seelische so stark sich in ihm offenbart, daß es durchgreift durch die Sinne und die Phänomene so anschaut, daß das Geistige in ihnen wieder aufleuchtet, diejenige Geistwelt hereinscheint, die wir heute als die ätherische bezeichnen müssen. Und seine Farbenlehre in Sonderheit kann erscheinen als eine höchste Blüte dieses Strebens, wo schon der Übergang vom rein Sinnlichen in das Sinnlich-Übersinnliche gegeben ist durch das Herantragen der

x) Rudolf Steiner, "Sprachgestaltung und dramatische Kunst", Rudolf Steiner Verlag Dornach/Schw.

xx) Dr. Grethe Stavenhagen und Dr. Rudolf Hauschka, "Die Pflanzenfarbe und ihre Verwendung im künstlerisch-therapeutischen Unterricht", Beiblatt der Zeitschrift "Natura", Jan.-Febr. 1930, 4. Jahrgang, No. 1-2

Farbe an das Moralische, an das Wesenhafte der Welt. Denn in der sittlichen Durchdringung eines Farbeneindrucks wendet sich schon der Weg um, auf welchem die Farbe in das Menschenbewußtsein eindringt und durch den Sinn passiv zunächst aufgenommen wurde. Da antwortet schon die Seele und dringt in das Innere der Farbe, der Bildcharakter ist ja nur ihre Außenseite sozusagen, und wie die Buchstaben eine Form, eine Außenseite haben, darüber hinaus aber einen inneren Sinn, der zu Erkenntnissen führt, wenn man zu lesen anfängt, so beginnt das Lesen der Farbe, wenn man sich erhebt in Aktivität vom rein Eindrucksmäßigen in jene Welt, aus der heraus sie sich offenbart, aus der heraus auch unbewußt der Künstler seine Impulse schöpft.

...Tiefer dringt man .. ein in alles, was Farbenlehre ist, wenn man nun den Übergang macht von Goethes Farbenlehre zu all dem, was Rudolf Steiner über das Wesen der Farbe aussprach. Dieser große Schritt läßt sich vielleicht so charakterisieren, daß man aus dem Erleben des lebendigen Farbenströmens als Abglanz ätherischer Kräfte ganz eintaucht in das rein seelische Gebiet, wo nur noch die Qualität als Audruck des Wesens lebt. Goethes Farbenkreis kann vor einem liegen wie eine Welt, die man anschaut, zwar mit beseeltem Auge, doch bleibt sie eine Welt außer dem Menschen. Den Eindruck dieser Welt auf die Seele beschreibt Goethe im letzten Kapitel seiner Farbenlehre: Die sinnlich-sittliche Wirkung der Farbe. Ihm schien dies ein Grenzgebiet, über das hinaus er sich nicht wagte. Zwar reißt ihn der lebendige Anblick seiner Farbenaufstellung zu den grandiosen Worten hi
""Wenn man erst das Auseinandergehen des Gelben und Blauen recht gefaßt, besonders aber die Steigerung ins Rote genügsam betrachtet hat, wodurch das Entgegengesetzte sich gegeneinander neigt und sich in einem Dritten vereinigt, dann wird gewiß eine besondere geheimnisvolle Anschauung eintreten, daß man diesen beiden getrennten einander entgegengesetzten Wesen eine geistige Bedeutung unterlegen könne, und man wird sich kaum enthalten, wenn man sie unterwärts das Grün und oberwärts das Rot hervorbringen sieht, dort an die irdischen, hier an die himmlischen Ausgeburten der Elohim zu denken.'"'.
Was für Goethe nur Deutung sein konnte, obwohl er Wesenhaftes durch die Farbe in seiner Seele erlebte, das wird durch Rudolf Steiner für die kommende Menschheit erforschbare Tatsache.- Rudolf Steiners Farbenlehre beginnt da, wo Goethe aufhörte. Die ganze Betrachtung des Farbigen wird von vornherein in das Seelische hinaufgehoben. Und es erscheinen die Farben mit ihren wesentlichen Charakteren so umfassend, das ihr Zusammenklang den ganzen Kosmos abbildet...Rudolf Steiner geht einen großen Schritt weiter, indem er den Charakter einer jeden Farbe schildert. Was man den subjektiven Eindruck nannte, das wird hier zum Wesentlichsten. Solange man nämlich der Farbe gegenüber steht als Subjekt und sie betrachtet, solange erkennt man nicht, daß sie das Element ist, in dem auch die eigene Seele objektiv lebt. Gerade über die Farbenbrücke nimmt man seelischen Anteil an der Welt. Eine Welt in Grau würde uns furchtbar auf uns selbst zurückwerfen, austrocknen und vereinsamen. Die Farbigkeit der Welt bringt erlösende Bewegung in unsere Seele, die ohne diese tägliche Befruchtung nur schwer zum vollen Bewußtsein ihres Daseins käme. Denn die Farbe ist ihr Element. Wir wachen auf zur Farbe, wir schlafen ein in das Dunkel, und das Bewußtsein erlischt.- Und diese Farbigkeit bewegt sich nicht an uns vorüber, so wie etwa Bilder von der Seite vorüberziehen. Wir leben in einem Farbenraum. Was im physichen Raum die dritte Dimension ist, was vor und zurück, fern und nah bestimmt, das ist hier nicht etwa die Perspektive, sondern die Qualität der Farbe..."

Z u k u n f t s a u f g a b e n   d e r   K u n s t

x)"Die große Aufgabe ist es nun, das oft so oberflächliche Verhältnis des Menschen zur Schönheit zu vertiefen, damit die Seele selbst schaffend wird. Nur dann kommt sie zu einem der natürlichen Menschenwürde entsprechenden Selbstbewußtsein, das sich in der Mitte hält zwischen der Überheblichkeit und den heute so verbreiteten Minderwertigkeitsgefühlen. Ein solcher Mensch erlebt seine tägliche Arbeit anders, sein Verhältnis zur Welt und zu seinen Mitmenschen wird ein freieres. Bestimmte und unbesimmte Angstgefühle verschwinden, er fühlt neue Fähigkeiten in sich wachsen und erlebt dadurch eine ungekannte Freude. Denn die Schönheit ist eine Lebensspenderin wie der Atem. Sie weitet die Seele, erwärmt das Herz und erfrischt die Lebensprozesse. In der Schönheit können wir den die Materie durchstrahlenden Geist erleben und wir sind sehr im Irrtum, wenn wir glauben, der Mensch, der für den Geist veranlagt ist, könne ohne ihn gedeihen. Wie eine Pflanze ohne Licht,verkümmert der Mensch seelisch und leiblich ohne die Schönheit im weitesten Sinne. Seine Organe verhärten frühzeitig und seine ganze Natur vertrocknet. Die Sprache der Schönheit ist die Sprache der Lichtwelt, der wir in unserem tiefsten Wesen verwandt sind. .

Es ist heute notwendig, auf der Grundlage einer geistgemäßen Menschenkunde, wie sie im Lebenswerk Rudolf Steiners vorliegt, eine speziell therapeutische (heilende) Handhabung der Künste zu entwickeln und die Möglichkeiten dazu sind bereits gegeben. Es muß doch aufhorchen lassen, daß auf einem Kongreß französiche Herzspezialisten von einem ihrer bedeutensten Vertreter mitgeteilt wurde, daß durch eine gewisse abstraktintelektualistische Malweise Herzstörungen hervorgerufen werden, die erst gebessert werden konnten, als der Künstler diese krankmachende Art des Malens aufgab. Aber ganz abgesehen von der Tatsache, daß die neurotischen Züge unserer Zeit schon tief in das moderne Kunstleben eingedrungen sind, ist der Standpunkt eines Therapeuten auf dem künstlerischen Gebiet ein grundsätzlich anderer als der eines Künstlers. Hier geht es nicht um das Schaffen von Kunstwerken, es handelt sich nicht um d.Resultate, sondern um den Menschen, der seine schöpferischen Kräfte wachrufen soll. Die Künste werden zu H e i l k ü n s t e n , wenn man sie so ausübt, daß die Art der Technik, die Aufgabenstellung und noch manche andere Elemente des Unterrichts auf bestimmte krankheitstendenzen zurückwirken. Es gibt da alle Übergänge von einer hygienisch - pädagogischen bis zu spezifisch therapeutischer Handhabung. Wer sich diesem Gebiete widmen will, muß lernen, die einzelnen künstlerischen Betätigungen auf den Menschen beziehen zu können. ...

Die hier gemeinte Therapie unterscheidet sich grundlegend von der Benutzung künstlerischer Arbeiten zur D i a g n o s e . Es wird mit den Patienten so gearbeitet, daß er in seiner Persönlichkeit unangetastet bleibt. Die therapeutische Führung spielt sich rein im Künstlerischen ab, so daß die innere Freiheit und Unbefangenheit der Seele bewahrt bleibt.   Das künstlerische Element, das die menschliche Seele zu

x)Dr.med.Margarete Hauschka,Schule für künstlerische Therapie und Massage, 7323 Boll über Göppingen, Gruibingerstr. 29 aus"Soziale Hygiene",N.3.herausgegeb vom Verein z.Förderung eines erweiterten Heilwesens,7261 Unterlengenhardt,ü.Calw(Württ.)

schöpferischer Tätigkeit aufruft, sollte eigentlich schon die ganze Erziehung des Kindes durchdringen, wie es z.B.in der Waldorfschulpädagogik angestrebt wird. Zur künstlerischen Therapie fortgebildet und ausgearbeitet, sollte es den gefährdeten Menschen unsere Zeit begleiten. Die Zukunft wird viele Therapeuten in diesem Sinne brauchen,denn die menschliche Mitte, in der die Herzkräfte verankert sind, steht auf dem Spiel."

x)"Ehrfurcht vor dem, was dem Dasein des Kindes vorangeht;
Enthusiastischer Hinweis auf das, was dem Kinde nachfolgt;
Schützende Bewegung für das, was das Kind erlebt.

In dieser Formung würde sich auch die äußere Offenbarung der Lehrer-Natur am besten darstellen lassen...Wir müssen eben lernen, schon etwas von der Zukunftsstimmung der Menschheit in uns zu tragen, die darin bestehen wird, daß der Besitz der bloßen Wissenschaft den Menschen zu etwas macht, wodurch er sich wie eine seelisch-geistige Mißgeburt ansehhen wird. Wer bloß Wissenschaftler ist, wird nicht den Trieb haben - sei es auch nur durch Formung der Gedanken - das Wissenschaftliche umzugestalten ins Künstlerische. Aber erst im Künstlerischen begreift man die Welt. Denn immer gilt Goethes Wort:

"Wem die Natur ihr offenbares Geheimnis zu enthüllen anfängt, der empfindet eine unwiderstehliche Sehnsucht nach ihrer würdigsten Auslegerin, der Kunst."

Wir sollten als Erzieher das Gefühl haben: Insofern du bloß Wissenschaftler bist,bist du seelisch-geistig eine Mißgeburt! Erst wenn du deinen seelisch -geistig-körperlichen Organismus umgestaltest, wenn dein Wissen künstlerische Form annimmt, wirst du zum Menschen. Die zukünftige Entwicklung wird im wesentlichen von der Wissenschaft zum künstlerischen Erfassen, von der "Mißgeburt" zum Vollmenschen führen! Und daran hat der Pädagoge mitzuwirken!"..

xx)"Es wurde gezeigt, wie die Naturwissenschaft als solche niemals zur Erkenntnis des wahren Menschenwesens vorzudringen vermag, ohne die eine wahre Pädagogik nicht möglich ist. Ohne diese Erkenntnis mußte man darauf verfallen, die pädagogischen Ideale aus dem Instinkthaften und Triebhaften aufzustellen. Durch Entwicklung in uns schlummernder Kräfte müssen wir uns wahre Selbst-und Menscherkenntnis erarbeiten. Wir müssen uns als ganze Menschen zu Erkenntnisorganen machen. Wie durch das Auge und Ohr in die Außenwelt, so muß der Mensch hinaufgeführt werden in solche Gebiete, wo er sich erfühlt, erfaßt als Angehöriger der die Welt durchwaltenden Geistigkeit. Das vermögen wir durch keinen anderen als den künstlerischen Sinn. Durch ihn erkennt man den inneren Zusammenhang des Geistig-Seelischen mit dem Physisch-Leiblichen. Eine solche Erkenntnis kann nie eine theoretische werden. . . . Eine tätige Erkenntnis also ist sie, durchströmt von der Kraft der Liebe."

xxx) "...Der Grundzug der Revolution in der Kunst, die wir im 20. Jahrhundert erleben, liegt aber darin, daß wir die anthropozentrische Weltsicht allmählich verlieren. Viele Faktoren haben hierzu beigetragen: das Autonomwerden der Form, die Befreiung der Farbe, das Erlebnis der Geschwindigkeit, das neue Raumgefühl. Daß die Naturwissenschaft alles Stoffliche auf Elementarteilchen zurückführen kann und diese wiederum nichts anderes sind als ein spannungsgeladenes Feld von Energieträgern, - derartige

nach x) Rudolf Steiner, "Pädagogik und Kunst, Pädagogik und Moral" Verlag Freies Geistesleben, Stuttgart

nach xx)Rudolf Steiner, Künstlerisch-pädagogische Tagung, 25. - 29.3.1923, Referat

Vorstellungen mußten, wenn auch auf Umwegen, auf die Kunst einwirken. Die Erscheinungswelt konnte nun als Sinnestäuschung, als bloße Fassade aufgefaßt werden, nur noch auf ironische oder surrealistische Weise greifbar, während die "Wahrheit" im Innern, hinter den Dingen zu suchen sei, im Innern auch des Menschen, der eine autonome Welt aus Formen und Farben aufbauen kann, welche dann ebenso das Wesen des Künstlers wiedergibt wie die atomare Struktur das Wesen der Dingwelt."

Neue Inhalte als Befruchtung für die Kunst

xxxx) "... die Künste hören auf, nur Spezialdomänen einzelner Begnadeter zu sein. Sie werden wieder ein Gut der Menschheit, jedes Einzelnen, wenn man sie im Zusammenhang mit der menschlichen Wesenheit versteht. Um sie therapeutisch anzuwenden, bedarf es gewiß vieler Einzelkenntnisse, aber ein allgemeines Verständnis muß erst wieder die Grundlage verschaffen im Arbeiten im Speziellen. Die Abwandlung des Künstlerischen ins Therapeutische ist nicht zu erlernen, sondern kann nur fließen aus einer gründlichen Kenntnis gesunder und kranker Prozesse und ihrer künstlerischen Gegenbilder. ... Wenn man in Anerkennung der geisteswissenschaftlichen Forschung weiß, daß der Mensch dem universellen Gesetz von Karma und Reinkarnation xxxxx) unterliegt und jeweils zur Inkarnation schreitet, indem er sich nach Maßgabe seiner früheren Erdenleben einen Leib für das jetzige Leben baut, und wenn man weiß, wie die Künste die gleichen Gesetzmäßigkeiten in sich bergen, die da einmal leibschaffend an uns tätig waren, so kann man heute therapeutisch künstlerisch mit kranken (und gesunden) Menschen arbeiten in der Gewißheit, daß dieses Tun auch Früchte tragen wird in der Zukunft. Man hat eine Möglichkeit, ohne Lehrhaftigkeit oder Psychoanalyse durch die künstlerische Therapie so in das Zusammenwirken der Wesensglieder hineinzuarbeiten, daß auch eine gesündere Konstitution für die Zukunft die Folge ist ... Dadurch tritt der rein therapeutischen Anwendung der Kunst die prophylaktische Anwendung als ebenso bedeutungsvoll an die Seite. Zu den spezialistischen Kenntnissen der heutigen Medizin muß wieder hinzukommen ein umfassendes Verständnis des Zusammenwirkens der Kräfte im ganzen Menschen. Der Mensch ist ein Mikrokosmos, wo alles ineinander webt ...
... Aber die Befruchtung des Künstlerischen wird kommen von neuen spirituellen Erkenntnissen. Wenn sich in die Seelen der Menschen gemeinsame Wahrheiten als neue Bildinhalte eingelebt haben werden, werden die Künstler kommen, die wieder aus der neuen Welten-Seelenstimmung des anbrechenden lichten Zeitalters schaffen werden. Über uns leuchtet noch immer das Blau, die große Mahnung, den Weg zu den spirituellen Welten neu zu finden, die Sinneseindrücke wach und subtil aufzunehmen, sie dann aber zu vertiefen, daß wir hindurchdringen hinter dieses Blau. Ein Schritt auf diesem Wege ist die Wiederbelebung und Durchseelung eines so wichtigen Sinnesorganes durch eine Erziehung zur Farbe im Sinne der vorangegangenen Ausführungen. Von einem solchen Schritt wird auch die Gesundheit oder Krankheit in Zukunft wesentlich abhängen."

xxx) Juliane Roh, "Deutsche Bildhauer der Gegenwart", Verlag Knorr u. Hirth, Münschen/Ahrbeck

xxxx) Dr. Margarethe Hauschka, Stavenhagen, "Zur Künstlerischen Therapie", Schule für Künstlerische Therapie und Massage, 7325 Boll über Göppingen, 1971

xxxxx) Hinweis: Rudolf Steiner, "Wiederverkörperung u. Karma", Rudolf Steiner Verlag, Dornach/Schweiz

1.

Zeichnen/Malen im Vorschul-Alter

... Ich muß sagen, sehe ich mir jetzt noch so primitive und schematische Zeichnungen eines Kindes an, so finde ich in jeder einen Zusammenfluß der kindlichen Anschauung und des kindlich primitiven sich Erfühlens in den Organen. Man kann ... in jeder einzelnen Linie dieser kindlichen Zeichnungen auseinanderhalten: da versucht das Kind etwas aufzusetzen, was aus dem Auge stammt; da versucht es etwas hineinzusetzen, was aber bloß aus dem innerlichen Erfühlen stammt. Nehmen Sie sich eine ganze Anzahl von kindlichen Zeichnungen, versuchen Sie zu sehen, wie das Kind Arme und Beine zeichnet, dann werden Sie sehen, das stammt aus dem innerlichen Erfühlen, nehmen Sie an, wenn das Kind Profil zeichnet, das stammt aus dem Anschauen. Aus zwei Quellen des seelischen Lebens fließt das zusammen. Und die Sache wird interessant, wenn man dann Zeichnungen von Kindern nimmt, die bis zu einem gewissen Lebensalter nicht gezeichnet haben, die zeichnen mehr oder weniger Intellekt. Die kleinen Kinder zeichnen nicht Intellekt, die zeichnen Erleben, primitive Anschauungen verquickt mit dem primitiven Organ - Erfühlen. Ich glaube, man kann immer unterscheiden, wenn das Kind den Mund hinzeichnet, so ist der Umriß des Mundes angeschaut, wenn es die Zähne macht, da ist das aus dem innerlichen Organ-Erfühlen in irgendeiner Weise genommen.

Aus diesen Ausführungen Rudolf Steiners erlebt man deutlich, daß das kleine Kind beim Zeichnen "Körperprozesse" heraussetzt, daß man aus diesem Grunde z.B. auch Kinderzeichnungen nicht vor anderen Kindern im Kindergarten aufhängen sollte, da das Kind in der Nachahmung lebt in dem Alter von 1 - 7 Jahren, und es würde diese "Körperprozesse" der kleinen oder größeren Kinder nachmachen beim Zeichnen, denn die Umgebung wirkt in vollem Umfange, beeindruckt und formt. Die Wirkungen von Farbe, Form und Architektur usw. bauen mit am Seelisch-Geistigen des kleinen Kindes. "Objektive Farbklekse - Farbübungen", die harmonisch gelungen sind, kann man als "Endprodukt" des Malens für eine Weile an die Wand hängen, sich daran erfreuen, sie schulen den Blick und das Farbempfinden.

Das Kind beim Malen

x) "Jedes gesunde Kind hat große Freude an den Farben. Es freut sich an den roten, gelben und blauen Blumen, an der grünen Wiese, an seinen farbigen Kleidchen. Es hat seine Lieblingsfarben, mit denen es gern leben möchte, die es in seiner Stube, an seinem Gewand gern um sich haben möchte. Es greift nach jedem bunten Stifte, um in seinem schöpferischen Drange die Farbe nun auch selbst auf einem Stück Papier, auf den Boden, dem Tisch, der Wand naczuschaffen. Noch viel glücklicher ist es aber, wenn es ein Töpfchen mit flüssiger Farbe findet, einen Pinsel so recht tief hineintauchen und eine große Fläche mit der Farbe bedecken kann. Das Kind hat da ein recht gutes, gesundes Gefühl, denn die Farbe ist jetzt im Wässrigen ganz in ihrem Element, ihr Wogen, Schimmern, Glänzen, Strahlen offenbart sich am schönsten im Wässrigen. Im Wasser verliert die Farbe ihre Schwere, ihr Erdenhaftes, Hartes. Darum ist es gut und heilsam für das Kind, wenn man ihm die Farben auflöst, die aufgelösten Farben etwa in Fläschchen aufhebt und sie ihm zum Gebrauch in reinliche Töpfchen gießt, aus denen es schöpfen kann. Man kann die Farben auch gleich in Näpfchen auflösen, wenn das Kind malen will ... Nun hat das Kind einen Pinsel in der Hand, es begreift gleich, daß der Pinsel kein Bleistift ist ... Der Pinsel hat ja auch eine ganz andere Aufgabe als der Bleistift. Er soll malen, nicht zeichnen. Er wird in die Farbe getaucht und nun sorgfältig - liebevoll eine breite Pinselfläche neben die andere gelegt. Drei Farbentöpfchen stehen vor dem Kinde neben dem Wassertopf, in dem es immer wieder sorgsam den Pinsel auswäscht, besonders, wenn er in eine neue Farbe getaucht werden soll: rot, blau, gelb. Aber das Kind möchte gern grün haben, es will eine grüne Wiese malen, einen grünen Baum. Da lassen wir es in ein reines Töpfchen erst blau gießen, dann gelb dazu, das Kind erstaunt, ist überrascht, es erlebt, wie grün wird, wenn das dunkle Erdenblau und das lichte Sonnengelb sich mischen ... Es ahmt dabei nicht nur äußerlich nach, es lebt noch mit dem Wesen der Dinge zusammen, erfaßt ihr Charakteristisch-Bewegliches ... Ist aber das Kind intellektuell weit entwickelt, zu wach, zu geweckt für sein Alter, dann tut es ihm gut, wenn man es sich an den Farben als solchen erfreuen läßt. Da malen wir ein stilles, in sich zurückgezogenes Blau, da kommt ein lustiges, strahlendes Gelb aus der Ecke, strahlt auf das Blau zu, will es necken, aber wir legen ein gutes warmes Rot dazwischen, das regt das trübe Blau auch schon ein wenig an, aber es besänftigt auch das allzu kecke gelb. Farbenflächen, Farbenwogen, ineinanderfließend, nicht zu stark in starren Formen sich gestaltend, die bringen das überreife allzu altkluge Kind in die richtige, etwas träumerische Kinderstimmung zurück. So können wir dem kleinen Kinde helfen, wenn wir mit ihm malen, es zuschauen und nachahmen lassen oder auch es sich selbst und der eigenen Phantasie überlassen. Dabei sollten wir uns vor einem nicht fürchten, davor, daß das Kind schmiert. Das Kind will ausprobieren ... es will auch mit der Farbe springen und jauchzen. Darum braucht es ein schlechtes Malkittelchen, und einen Platz, dem die Spuren seiner Tätigkeit nicht schaden ...

Und wir sollten selbst mit möglichst wenig gutgemeinten Erziehungs-Prinzipien an das malende Kinde herantreten, abwarten, hinschauen auf das, was es selber leistet, auf seine Absichten eingehen, verständnisvoll ihm helfen, leise es verbessern, mit ihm zusammen schließlich das zustande bringen, was uns alle beide befriedigt. Denn das Kind will zwar häufig allein gelassen werden, aus sich selber schaffen, seine Pläne verwirklichen, aber es lebt auch andererseits wieder so eng mit den geliebten Menschen seiner Umgebung zusammen, daß es doch nur ganz befriedigt ist, wenn diese an seiner Schöpfertätigkeit taktvoll mit teilnehmen, es nicht ganz allein lassen, an seiner Arbeit auch tätig mit beteiligt sind. Ein Kind freut sich, wenn es etwas ganz allein, selbständig geschaffen hat, aber seine Freude ist doch noch innerlicher, wenn es sagen kann "das Bild haben der Vater und ich zusammen gemalt".

Schul-Aufgabe:

In der Schule klingt obiges kindliches, elementare Gestalterische ab und es müssen vom ersten Tage an Keime gelegt werden, die neue Gestaltungs-Formkräfte veranlagen - frei von allem Modellhaften. Denn das Kind wird natürlich von sich aus den Drang haben zum schöpferischen Tun im Zeichnen, Malen und Plastizieren; man verbietet es nicht, doch läßt man diesem Drange nur freien Lauf, oder fördert man dieses "Herauslassen der Eigenproduktionen" noch bewußt, so bekommt man, wie man aus den vielen Erfahrungen weiß, viele interessante Kinderbilder - Illustrationen, aber nur bis zu einem gewissen Alter. Mit 12 Jahren etwa klingt dieses "Bildern-Können" ab und dann setzt bei den meisten Kindern eine langsame "Verarmung" an Gestaltungsfähigkeit und Lust und Fähigkeit an diesem Tun ein. Um über diese Schwelle der Entwicklungskrise das Schöpferische hinwegzuretten und neu zu beleben, neu zum Erwachen zu bringen, muß man schon früh neue Kräfte veranlagen.
So hat uns Rudolf Steiner neue Impulse gegeben für das Zeichnen und Malen. In den Waldorfschulen wird von der 1. Klasse ab das Künstlerische gepflegt, werden Form- und Farbübungen u.a. gemacht, die frei von Illustrativem sind, um einen gesunden Formen- und Farbensinn zu entwickeln, der die Möglichkeit gibt, neue Bildinhalte für später zu schaffen (Hinweis 1. Band - "Zeichnen - Sehen lernen").

Von allen Altersstufen ist das erste Jahrsiebent das allerwichtigste, denn in dieser frühen Zeit wirkt das farbe Element noch besonders stark auf den Wachstums- und Lebensprozeß des Kindes. Die Folgen einer Unterlassung der Farben-Pflege zeigen sich schon früh bei jungen Menschen in einer erschreckenden Gefühlsgrauheit. Dieser Mangel kann bis in das Organische hineingehen, wie die Zunahme der Farbenblindheit zeigt. Da das Kind durch den Erzieher im Märchenerzählen eine farbige Schilderung bekommen sollte, der Erzieher wiederum selbst ein geschultes Farbempfinden braucht, um das Kind auch äußerlich in Farbigkeit durch eine schöne Umgebung einzuhüllen. Diese aber hängt wesentlich von dem Tätigsein des Erziehers selbst ab, ob er sich malerisch betätigt. Denn hierzu kommt noch außer vielen anderen wichtigen Wirkungen, daß ein malend übender eine erfrischende, heilende Wirkung auf die Wachstumskräfte des Kindes ausüben kann. Das gilt auch für den Lehrer, der eine Klasse führt.

G e s t a l t u n g e n   m i t   F a r b e n :

Quellenangaben	Name der übungen	Bemerkungen	Tafel Bild Seite
	1. Farben-Harmonik / Farben-Aufbau übungsgruppe 1:		Zum selbst ergänzen
Caroline von Heydebrand, "Vom Spiel des Kindes, das Kind beim Malen." Mellinger Verlag	Einzelfarbe-Solostimmung	1. Solo-Stimmung = eine Farbe allein vorherrschend. Die einzelne Farbe in verschiedenen Graden der Leuchtkraft mehrmals im Bilde aussprechen lassen, ausspielen, ein Blau, einmal als leuchtendes Azur, ein anderes Mal als schwaches Taubenblau und schließlich als gebrochenes Blaugrau oder Ultramarin usw.	
	2. Gegenüberstellung - Kontraststimmung a. Monoton-Charakterlos = unbetont b. Charaktervoll-Charakterbetont	2a. grün-blau, Orange-rot usw. b. Blau-rot, gelb-blau usw.	
	3. Urteilsübungen	3. Beispiel von Rudolf Steiner: "Blau-Gelb ist schöner als Grün-Gelb".	
nach Rudolf Steiner, "Die Erneuerung der pädagogisch-didaktischen Kunst durch Geisteswissenschaft" Rudolf Steiner Verlag,	4. a) Farbgespräche mit 2 Farben, die Farbe trägt schöpferische Kraft in sich b) Farbgespräche mit mehreren Farben	4. Die Farben berühren sich noch kaum, sie stehen nebeneinander, oder sich gegenüber, sie gehen noch nicht einander über wie bei der Begegnung.	
	5. Harmonisierungsübung-Gleichklang	5. Alle Farben sind im Bilde harmonisch ausgewogen, keine überwiegt, keine ist bestimmend im Farbklang.	
	6. Höflichkeitsübung	6. Eine Farbe nimmt den größten Raum ein, die anderen fügen sich dem Ganzen in zurückhaltender Weise ein. Eine Farbe tritt hervor im Klang, sie wird als führende von den anderen Farben anerkannt, die anderen halten sich in ihrer Farbkraft zurück (eine soziale übung) Die Farbe wird bildhaft, flächig erlebt, durch viele übungen kommt das Kind allmählich zur Eigengeste, z.B. daß das Gelb ausstrahlend erscheint, blau zusammenziehend wirkt und nach außen sich verdichtet usw. Erst später erleben sie in der Gestaltung auch die Komposition - Oben unten, Schwere, Leichtigkeit.	
	7. Farbhüpfübung überspringen von einer oder mehreren Farben	7. Verteilen der Farbflecken im Bildraum - eine wichtige Vorübung für das Farbkompositionsempfinden.	
	8. Farbbegegnung - Farbveränderung	8. Farbbeziehungen - Suchen und Finden entsprechender Farbnuancen. Eine Farbe greift über in die andere, eine neue Nuance - eine Mischfarbe entsteht, denn anfangs stehen die Farben mehr nebeneinander, wir verwandeln also das "Nebeneinander" in ein "Miteinander", es wird eine Begegnung daraus.	
	9. Farbverzauberung	Von zwei oder mehreren Fargen wird ein Teil oder eine ganze Farbe verzaubert, so daß der ursprüngliche Farbklang teilweise oder vollkommen verändert wird, eine Farbe wird in eine andere verwandelt. Bei einer vollkommenen Verwandlung haben sich also die Ausgangsfarben völlig verändert.	
	10. Farbverwandlung mit 2 oder mehreren Farben	Hier sind alle Ausgangsfarben ganz verändert.	
	11. Farbverwandlung -		
	12. Befreiung	An einigen Stellen kommen eine oder mehrere Farben, die am Anfang da waren wieder zum Vorschein, auf irgendeiner anderen Stelle haben sie sich hindurchgerungen durch die Verzauberung, sie sind wieder befreit, entzaubert. Man kann diese übungen auf mehreren Blättern malen als Arbeitsprozeß	

Farbiger Gang (- nicht illustrativ -) durch die Märchenwelt. Das Thema ist Farbe im Gespräch = Gestalt eines Gegenstandes oder einer Person. Die Sprache muß eine "Farbsprache" sein, bis in den Tonfall des Sprechens des Erziehers: blau oder rot.

2.

"Dem Schulkinde, das zu Hause malt, wollen wir ohne pedantisch zu sein, doch die Achtung und die Liebe zu seinem Material nahbringen. Ein guter Bogen schönes weißes Malpapier ist etwas Wertvolles, Erfreuliches, Lichtes, man darf es nicht ohne weiteres willkürlich zerstören. Am besten ist es, wenn man ihn auf beiden Seiten anfeuchtet und mit einem Klebstreifen auf ein Holzbrettchen aus Pappelholz befestigt. Wenn er trocken ist, liegt er dann so schön gespannt da, wie bei einem richtigen Maler. Da lernt das Kind Geschicklichkeit, Sauberkeit, und das gut gespannte Blatt belohnt reichlich seine Mühe. Der schöne breite Pinsel will immer sauber gewaschen sein, die Farben wollen jede reinlich für sich bleiben. Machen die Vorbereitungen etwas Mühe, so will man dann auch nicht mutwillig die mühevolle Arbeit überflüssig machen. Es soll nun auch etwas Schönes entstehen, was der Mühe wert ist. Das Kind soll ja durch das Malen in ein inneres Verhältnis zu den Farben kommen, wie Freunde sollen sie ihm werden, die es alle liebt, die ihm aber alle etwas ganz verschiedenes zu sagen haben. Blau wird seine Seele ganz anders stimmen wir rot, gelb ganz anders wie grün. Blau spricht selbst anders zu gelb, als es zu rot spricht. Wir nennen Blau eine kalte Farbe, aber es ist nicht nur kalt, es ist auch demütig, ja weinerlich, traurig; wenn es heiter ist, so ist seine Heiterkeit still und ganz anders wie die laute, strahlende Heiterkeit des Gelb. Grün kann uns einen eigentümlichen Frieden geben, es kann auch langweilig und filiströs sein. Rot kann feierlich, prächtig sein, aber auch zornig und aggressiv; violett ist fromm, aber auch frömmelnd, ja sogar kokett. Wieviel erzählen sich die Farben, was tun sie alles miteinander, welche unendlichen Möglichkeiten zu malerischen Aufgaben liegen in ihnen! Da ist z.B. ein Gelb, es will lustig strahlen, ein kaltes Blau schließt es ein, es hält seine Strahlenkraft unbarmherzig gefangen, da strengt es sich an, wird feurig rot, durchbricht an einer Stelle das Blau und ergießt seine orangeroten Wogen hinaus ins Lichte.
Hat das Kind die Farben in ihrem Eigenwesen so lieben gelernt, dann findet es sie in der Natur wieder und schaut sie dort mit Augen an, aus denen Künstlersinn leuchtet. Es zeichnet nicht in harten Linien Bergumrisse hin, es malt das kunklere Blau der Berge, darüber etwa das zarte helle grünlichblau des Himmels; wo die Farben sich begrenzen, entstehen von selbst die Umrisse der Berge. Es schaut den Baum an, wie an seiner Sonnenseite die Blätter gelblich-grün erscheinen, an der Schattenseite im bläulichen Dämmern sich dämpfen. Das Spiel des Lichtes in der Farbe lebt in seiner Seele auf, weil es vertraut ist mit ihm von klein an. Unendliche Farbenwunder gehen dann der Seele an der Natur auf. Der heranwachsende Mensch wird dann nie sklavischer Nachahmer der Natur, sondern entwickelt sich zum schaffenden Künstler, wenn es so sein Schicksal will, sonst zum innig verständnisvollen Genießenden. Er ist wach, nicht dumpf, ehrfürchtig, nicht blasiert gegenüber der Welt.
So ist die Farbenwelt eines der Tore, durch welche wir das Kind zum Verständnis und zum tätigen Drinnenstehen in der Welt führen können. Nicht nur Geschmack und künstlerischer Sinn wird gepflegt, sondern auch wache Anschauung und religiöse Hingabe moralisch schöpferische Tatkraft. Denn was uns geschenkt wird von wahrer Kunst, auch wenn wir sie nicht als Künstler ausüben, das ist niemals Luxus, sondern Kraft und Förderung unseres tiefsten Menschenwesens in seinen Beziehungen zur geistigen Umwelt."

Wenn man dem Kinde sagt: Sieh einmal, das ist sehr schön, was du da gemacht hast; da hast du in der Mitte eine rote Fläche angestrichen, und danach hast du dich dann gerichtet. Alles, was du da drauf hast, das stimmt zu der roten Fläche. Nun mache es einmal gerade umgekehrt; auf dem Platz, auf dem du jetzt eine rote Fläche hast, mache eine blaue, und mach das andere alles entsprechend, wie du es dann machen müßtest, wenn in der Mitte nicht Rot, sondern Blau ist.
Erstens ist das Kind fruchtbar angeregt von einer solchen Übung, zweitens wird vielleicht mit einiger Anleitung von Seiten des Lehrers und Erziehers das Kind ganz gewiß diese Umsetzung in eine andere farbige Grundtönung so herausarbeiten, daß es in dem inneren Verhältnis zur Welt ungeheuer viel gewinnt, wenn man es eben so etwas machen läßt."

"In dieser Weise lassen wir alle Farben des Farbkreises untersuchen und umsetzen: Gelb/Violett, Orange/Blau, Rot/Grün und die anderen Farben darauf abstimmen.
Diese Übungen, die wir sehr ausbauen, wirken fördernd in alles kommende Malen hinein; besonders bereiten sie das spätere Malen von "seelischen Stimmungen" vor.
Danach bringen wir dem Kinde zum Erleben (etwa 3.,4.Schuljahr) daß Gelb und Blau flächig, gleichmäßig aufgestrichen, begrenzt und gefesselt erscheinen. Wir befreien, erlösen diese beiden Farben, indem Gelb - ausstrahlend, Blau - einstrahlend malen. Sie erglänzen dann in der ihnen eigentümlichen Bewegung. Rot dagegen, das sich kräftig behauptet, malen wir als ruhige Fläche. Spricht sich das Rot leise und zart aus, verwandelt es sich vielleicht bis zur Pfirsichblüte hin, möchte sich das Rot mehr und mehr verflüchtigen, müssen wir es sehr bitten, bei uns zu bleiben, d.h. wir müssen ihm immerfort neue Gestaltung schenken."

Die Art und Weise, wie das Kind ehrfurchtsvolle Beziehung zu dem verschiedenen Material bekommt, wäre eine wichtige Grundlage. Es handelt sich immer wieder um ein lebendiges Anknüpfen an den Prozeß der Materialentstehung. Z.B. erzählt man in kindgemäßer Weise, wie ein Pinsel entsteht; beginnend vom Wald, Förster, Holzfäller, Sägewerk; wie Wind, Wetter und Sonne tätig sind und wieviel Menschen es braucht, um das Papier herzustellen; oder der Pinsel als Geschenk von Wald (Holz), vom Tier (Borsten, Haare), von der Erde (Metall) usw. Der Drechsler, Verkäufer usw. alle helfen mit an diesem Werkzeug.
Man erzählt von den Farben - je nach Altersstufe entsprechend bildhaft oder ausführlich usw.
Auch sollte das Kind lernen vom ersten Tag an, die maltechnischen Vorbereitungen recht gründlich zu üben, Farben anzurühren, Papier aufzuspannen, Pinselhaltung, Verteilung der Materialien usw. Die meiste Zeit des Unterrichts geht hin mit Vorbereitungen.
"Ebenso wie das Plastizieren und Zeichnen geht das Beschäftigen mit den Farben, das "Malen", durch alle Altersstufen hindurch.
Am Anfang steht folgende elementare Übung von Rudolf Steiner: "Nachdem Sie vorher eine weiße Fläche auf der Tafel (an einem daranhängenden Brett) angemacht haben, tragen Sie eine kleine gelbe Fläche darauf auf. Nachdem Sie diese kleine gelbe Fläche gemacht haben, lassen Sie wieder jedes Kind eine solche gelbe Fläche machen". Wenn alle Kinder diese getan haben, setzen wir auf ein neues Blatt in gleicher Weise eine kräftige blaue Fläche und dann auf ein drittes Blatt, die Kinder haben inzwischen die ersten handwerklichen Anweisungen (Farbe, Papier, Pinsel) aufgenommen und geübt, gelbe und blaue Flächen mit genügend Zwischenraum, der einige Grünflächen aufnimmt. Daran wird den Kindern lebendig gezeigt, wie schön "Gelb und Blau" zusammenklingen, dagegen nicht so Gelb und Grün und Blau und Grün. Die weiteren Übungen führen behutsam Rot heran und bemühen sich, langsam entwickelnd, bei den Kindern das Gefühl zu bilden für Farbenharmonie.

"Es gelingt, wenn das Kind zum Darinnenleben in der Farbe gebracht wird, indem man z.B. sagt: x) "Wenn das Rot durch das Blau hindurchguckt ..." und das Kind dies schaffen läßt. "Ich würde versuchen, viel Leben gerade in das hineinzubringen. Sie müssen sie etwas aus dem Klotzigen, aus dem Lässigen herausbringen. Es muß Feuer hinein! Es ist im allgemeinen notwendig, daß in der jetzigen Zeit dieses Farbgefühl entwickelt wird."

"Sie kriegen schon Formen, wenn Sie die Phantasie wirken lassen. Sie können in der Farbenwelt mit den Kindern reden. Denken Sie nur, wie anregend es ist, wenn Sie mit den Kindern bis zum Verständnis dessen es brächten: Da ist dieses kokette Lila, und im Nacken sitzt ihm ein freches Rötchen. Das Ganze steht auf einem demütigen Blau. - Sie müssen es gegenständlich kriegen, das wirkt seelenbildend, so daß die Farben auch etwas tun. Das was aus der Farbe heraus gedacht ist, das kann man auf fünfzigerlei Weise machen.

Heute ist wichtig, das notwendige Farbgefühl zu entwickeln.

Gestaltungen mit Farben:

Quellenangaben	Name der übungen	Bemerkungen	Tafel Bild Seite
Caroline v. Heydebrand, "Vom Spiel des Kindes, das Kind beim Malen" Siehe S. 1	13. Wunschübung Einzelfarbe, zwei Farben, alle Farben usw.	Hieran sind die Temperamente evtl. abzutasten. Temperaments-übungen	
	14. Vokalstimmungen - zur Schrifteinführung usw.	14. Vokalstimmungen werden gemalt, wenn die Vokale beim Schreibenlernen eingeführt werden, jeder Vokal hat seine Farbstimmung entsprechende, z.B. i - gelblich, o - rötlich, u - bläulich usw.	
	15. Abtönungsübung	Differenzierung von links nach rechts von oben nach unten usw.	
	16. Farbbeziehungen zum Unterrichtsstoff Sagen-Stimmung, Fabel usw.		
	Urteilsübungen: Eigenschaften der Farben	Das Beurteilen im Erleben von harmonischen Farbklängen. Eigenschaften der Farben in Tätigkeiten zeigen, z.B. (Bewußtmachen) das fröhliche, leuchtende oder milde Gelb, das traurige einsame Blau, das kämpfende Rot oder das liebevolle, friedliche Rot, das springende Rot usw.	
	Malgrund-Vorbereitung	Das Aufziehen des Papierbogens sollten die Schüler selbst machen - falls auf dem Klebstreifen der Leim nicht gleich aufweicht, kann man einen Schuß Essig ins Wasser tun oder heißes Wasser benutzen - dann quillt der Leim und die Klebstreifen platzen beim Trocknen nicht gleich wieder ab.	
Siehe Materialkunde	II. übungsgruppe Farbbewegung:		
	1. Austauschübung (Platzwechsel von zwei und mehr)	1. Die Farben werden einfach ausgetauscht (beim 2. Blatt) und müssen sich an dem Platz entsprechend einfügen.	
Hedwig Hauck, "Handarbeit und Kunstgewerbe, Angaben v. R. Steiner.	2. Austauschübung-Umkehrübung (komplementär)	Es wird nicht der Platz gewechselt, sondern die Farbe komplementär ausgetauscht.	
	3. Austauschübung - Umsetzung von Grundtönung (Gesamtstimmung)	3. Alle übrigen Farben müssen sich einer Gesamtstimmung einordnen, die einzelne Farbe tritt zurück, erscheint verhalten als kleines Fleckchen vielleicht. Diese Stimmung wird dann komplementär noch einmal gemalt.	
	4. Austauschübung-Harmonisierungsübung (Gleichklang)	4. Alle Farben sind harmonisch miteinander ausgeglichen und werden als ganzer Klang dann noch einmal komplementär gemalt.	
	5. Austauschübung-Höflichkeitsübung	5. Alle vorangegangenen übungen (d. 1. Kl.) werden als 2. übung komplementär gemalt.	
	6. Austauschübung-Farbhüpfübung	6. als a und b gemalt (a wie übung d. 1. Kl.)	
Rudolf Steiner, "Meditativ erarbeitete Menschenkunde" Stuttgart 1920	7. Dynamische übungen =	7. blau auf grün, rot auf grün, gelb auf grün Die gleiche Farbe auf verschiedenen Farbgrund bzw. in verschiedener Umgebung - oder die Umgebung bleibt, die Mitte wechselt durch verschiedene Stimmungen hindurch.	
Rudolf Steiner, "Die Schulskizzen Dr. Steiners" Grodeck/Rudolf Steiner Verlag. Dornach	8. Farb-Perspektivische übungen	im pädagog. menschenkundl. Sinn: Beweglichmachen der Vorstellungen, reicheres Empfindungsleben, Aktivierung des Wollens.	

"Das Malen aus der Form heraus"
(Dr. Steiner stellt eine Aufgabe)
Beim Kunstunterricht ist es so, daß man die verschiedensten Dinge auf die verschiedenste Weise machen kann. Es ist nicht möglich zu sagen, das ist ausschließlich gut, das ist ausschließlich schlecht ... Wir lassen die Kinder Farben auftragen, so daß das Kind nur in der elementaren Farbenphantasie aufträgt. Man sagt z.B. dem Kinde: 'Du hast hier in der Mitte des Blattes einen gelben Fleck. Mach ihn jetzt blau (auf einem anderen Blatt). Mach das ganze Bild so, daß alle anderen Farben auch danach geändert sind!' Ein gründliches Farbenvertiefen kommt dann heraus, wenn das Kind eine Farbe verändern und alles danach richten muß.

Rudolf Steiner,
"Dornacher Kurs",
1921/22

3\. "... wir lassen das Kind aus seinen eigenen Bildekräften heraus irgendwie malen ... dann merke ich: Das Kind lebt mit den Farben. Nach und nach wird das Kind (man muß nur selber eine Empfindung dafür haben, das es so ist) das Blau ist etwas, was weggeht, nach der Ferne geht, das Gelb und Rot etwas, was herankommt. Das ist etwas, was bei dem Kinde auch schon im 7., 8. Jahr stark hervortritt, wenn man es nur nicht in diesem Alter quält mit irgendwie dressiertem Zeichnerischen und Malerischen. Wenn man das Kind freilich Häuser und Bäume malen läßt, wie sie in Wirklichkeit sind, so geht das nicht. - Aber wenn man das Kind so führt, - daß es das Gefühl hat: Wohin ich die Hand bewege, da geht die Farbe (der Stoff der Farbe ist nur Nebensache), da lebt die Farbe auf in den Fingern, da will sie sich fortsetzen irgendwo ...
Wenn man das erreicht, so bekommt man etwas sehr Sinnvolles in der Seele des Kindes: Farbenperspektive. Das Kind bekommt das Gefühl, daß das rötende Gelb näher kommt, daß das Blau-Violett fern und ferner geht."

Es ist von großer Wichtigkeit, daß zuerst intensiv die qualitative Perspektive (Farben) erarbeitet wird und danach erst die quantitative Perspektive (Linien).
Von Anfang an versuchen wir beim Malen die Schüler so zu führen, daß in ihnen ein Gefühl für den Farbraum geweckt wird. Jedes Malblatt ist damit gleichzeitig eine "Farbraum-übung".

"In der therapeutischen Malübung wendet man sich an die Heilkräfte, die im Heranführen der Seele an die Bildekräfte der Welt zu erreichen sind. Voraus geht eine Einführung in die wahre Natur des Regenbogens, aus dessen Farbenharmonie man mit innerer Notwendigkeit zur Jahreszeitenstimmungen kommen kann, wenn man ihn langsam kreisen läßt."

"Und Gott sprach ... "Ich habe den Farbenbogen gesetzt in die Wolken ... solange die Erde steht ..."

"Da kommt der liebe Gott gezogen auf einem schönen Regenbogen ...
ihr Toten, ihr sollt auferstehn und zu Gottes Gerichte gehn ...

Beispiele für Stimmungen:
Erschaffung der Welt:
1. Himmel und Erde. Erde wüst und leer. Gott sprach: "Es werde Licht."
2. "Es werde das Firmament". Es entstand das schöne blaue Gewölbe des Himmels.
3. Erde - Wasser. Gras, Kräuter, fruchtbare Bäume, blühende Bäume.
4. Es sollen Lichter werden. Sonne, Mond, Sterne.
5. Fische -- Vögel
6. Tiere aller Art
7. Gott schuf den Menschen

Das Auge ist schöpferisch. Es wird aus einer Dissonanz das, was es braucht, selbst erschaffen, zu einem restlos gelösten Komplementär-Akkord. Das komplementäre Paar kann im Bilde als harmonische Einheit beruhigt nebeneinanderstehen.

Komplementär-übung
Der komplementäre Urdreiklang kann als reines, gesättigtes Rot-Gold-Blau stark und heilig zusammenklingen, wie auf den Madonnenbildern der altitalienischen Meister. Es kann auch sehr anregend sein, wenn die drei Urfarben sich suchen und finden müssen und hier und dort halb verborgen hervorkommen.
Es können auch mehrere komplementäre Paare oder Dreiklänge wie zu einem Reigen durcheinander geführt werden = es entsteht ein lebhaftes Wechselspiel.

Komplementär-übung: z.B. Grün verschieden, je nachdem wie es umgeben ist - z.B. dunkelolivgrün und blaugrün, oder lindenblütenfarben und Türkis usw. Einen Teil des Bildes alle warmen Farben, in einem anderen alle kalten Farben, nur als Verbindung einen kleinen Fleck nach rechts und links lassen.

Komplementärkontrast
"Seiner eigenen Lichtnatur entsprechend fordert es von jeder Farbenzusammenstellung, daß sie sich ebenfalls zum Licht ergänze, d.h. daß sie die drei Urfarben enthalte. Es fordert dies so energisch und unbedingt, daß es schon in demselben Augenblick, in dem Sie irgendeine Farbe auf einen beliebigen Grund streichen, diesen mit dem Komplement jener Ergänzungsfarbe selbsttätig überfluten."

Zum Maltechnischen und zum Thema des Malens:

x) "... Es ist natürlich ungeheuerlich wichtig, daß man zunächst das richtige Erleben des Farbigen im Kinde erzeugt. Wenn Sie die kleinen Farben nehmen, die man gewöhnlich bekommt in den Handlungen, und die Kinder mit dem Pinsel von den kleinen Farben von der Palette herab malen lassen, lernen sie gar nichts. Das ist notwendig, daß man mit der Farbe leben lernt, nicht von der Palette herab malen läßt, sondern aus dem Tiegel im Wasser aufgelöste Farben nimmt. Da bekommt das Kind das Gefühl, wie Farbe neben Farbe leben kann, das Gefühl für inneres Farbenerleben. Und wenn auch das manchmal Schwierigkeiten bietet - die Klasse sieht manchmal nicht gut aus, nach dem Malunterricht erteilt worden ist, weil nicht alle sehr geschickt sind, manchmal nicht sehr gelehrig sind in dieser Beziehung -, wenn das auch Schwierigkeiten macht, es gibt doch ungeheure Fortschritte, wenn man so die Kinder zunächst ins Farbenelement einführt, so daß sie aus dem Farbenerleben heraus, ohne daß sie naturalistisch etwas nachahmen wollen, zunächst malen lernen. Dann gibt sich schon selbst - ich möchte sagen die Farbenfläche und Farbenform über die Papierfläche drüber. Und es wird so gemalt in der Waldorfschule und auch in Dornach wird so gemalt, daß die Kinder zunächst das Farbenerleben malen. Es kommt überall auf die Nebeneinanderstellung, übereinanderstellung der Farben an. So lebt sich das Kind in die Farbe ein, und dann kommt es schon nach und nach von selbst dazu, aus der Farbe die Form zu holen. Sie sehen, wie hier (bei allerdings vorgeschritteneren Kindern) schon ohne daß man auf das Zeichnen ausgeht, hervorgeholt ist aus der Farbe ein Geformtes, ein Gestaltetes. Aber nach demselben Prinzip wird auch bei den kleinen Kindern unterrichtet. Wir haben hier zum Beispiel solche Blätter, welche das Farbenerleben anstreben. Da wird nicht etwas gemalt, sondern da wird aus der Farbe heraus gelebt. Das Etwas-Malen kann erst viel später kommen. Wenn man zu früh anfängt, etwas zu malen, dann verliert sich der Sinn für das Lebendige, dann kommt der Sinn für das Tote herauf ..."

"... Es ist schwer, mit Worten einen Begriff von jenem Gefühl zu geben, das nur körperlich empfunden werden kann: von dem befreienden Kraftgefühl bei der Handhabung von Stift und Pinsel. Um Kraft entfalten zu können, heißt es allerdings zuerst, Kraft entwickeln lernen. Hierzu dienen die täglichen handlichen übungen... Es ist aber nicht etwa nur die Kraft der Hand allein gemeint. Die Virtuosität, das sogenannte "aus dem Handgelenk malen" oder "der elegante Strich" sind im Gegenteil eher verabscheuungswürdig.- Wer vor und nach einer Grundübung (Formübung) seinen Namen hinschreibt, wird über den Unterschied der Freiheit in den Schriftzügen erstaunen. Denn durch dieses üben gerät die Hand in einen Rausch von Kraft und Kühnheit. Man wird sogleich danach verlangen, einen ganzen Bogen mit solchen heftigen und großartigen Schriftzügen zu füllen. Dann erst beginnt die Hand in freiem und gelösten Zustand rhythmisch zu zeichnen; aber nur solche Formen, die ihr natürlich entfließen, wie etwa die Spirale oder die Acht usw. Dabei wird sich die Kraft allmählich bis zum Äußersten steigern. Man wird den Atem einziehen und anhalten, um dann gewissermaßen mit dem Zeichenstift die angesammelte Kraft wieder auszuatmen, im Strich die Spannung freizugeben und zu lösen.

Quellenangaben	Name der übungen	Bemerkungen	Tafel Bild Seite
Rudolf Steiner, "Dornacher Lehrerkurs" 1920/21	III. übungsgruppe Farbenraum - übung	Bei jüngeren Kindern ist das Schöpfen aus der Seele heraus schon das Richtige.	
	1. Raumorientierung	vor - zurück, links - rechts a. nah - fern b. oben - unten	
	2. Komplementär-Klänge	blau-orange-gelb-violett-rot-grün usw. a. mit Farbe b. mit zwei und mehreren Farben	
	3. Charakterbetonte Komplementärklänge mit Verzauberung	3. Mit zwei und mehreren Farben Begegnung Verzauberung Verwandlung	
Dr. M. Hauschka, "Zur künstlerischen Therapie"Boll 1971	4. Charakterunbetonte Komplementärklänge	Begegnung Verzauberung Verwandlung	
Genesis Aus dem Mittelalter	5. Komplementäre Farbhüpfübungen	5. Farbverteilung im Raum auf einem Blatt, das andere wird komplementär dazu gemalt.	
	6. Tonerlebnis - Klangstimmung	a. helle Töne dunkle Töne Zweiklang, Dreiklang usw. Dur-Moll (Komplementär gemalt) Begegnung Verzauberung Verwandlung	
	7. Farben-Dramatik	Kampf-Kontrast-übungen (Komplementär gemalt)	
	8. Komplementär-Begegnung	8. Durch Begegnung (Schichtung) entstehen eine neue Farbe, die Ausgangsfarben sind noch sichtbar.	
Hölzel	9. Komplementär-Verzauberung	9. Bei "Verzauberung" ist mindestens eine Ausgangsfarbe ganz verändert.	
	10. Farbstimmung in Beziehung z. Unterrichtsstoff: Zur bibl.Geschichte.	siehe Bildtafeln	
x)nach Rudolf Steiner, "Die geistig-seelischen Grundkräfte der Erziehungskunst".	11. Farbstimmungen in Beziehung zum Unterrichtsstoff zur Heimatkunde Geschichte und Geographie d. Heimat d. Kinder		
	12. Melancholiker-übung	Verwandlung, Umstülpung, Steigerung. Grundstimmung: Ein lichtes Gelb, von Blau umhüllt. (1. übung) Gelb verstärkt sich, es beginnt zu strahlen, das Blau zieht sich hinein, beide durchdringen sich in Grün (2. übung), das Gelb stößt durch, das Blau bildet mit Resten des Gelbs einen blaugrünen Kern. (3. übung). Zuletzt lasse sich das Gelb steigern, sich erhöhen durch Rot. (4. übung) Diese Stufen kann man in 2 oder mehreren Blättern (Stadien) üben. (nach Dr. Hauschka)	

über die reine Farbe:
Reine Farbe heißt, Farbe als Motiv ganz für sich allein genommen - ohne Vorstellung. Abwarten, was die Farbe "selbst will", Verzicht auf Form. Die ersten Farbanlagen, das Abwägen der reinen Farben untereinander und das Abstimmen der freieren Nuancierungen entspricht dem Duktus des Malens in den ersten 3 Schuljahren. Allmählicher übergang vom langsam Sich-Formen der Farben bis zu einem Bildhaften hin wäre die Aufgabe der Mittelstufe, weiter ausgebaut und zur malerischen Reife gebracht, wäre Aufgabe der Oberstufe.

"Wenn man richtig empfinden kann die Welt des Farbigen, so findet man in dem Farbigen etwas durchaus Weltschöpferisches. Derjenige, der sich versenken kann in die Welt des Farbigen, der wird zu dem Gefühl sich aufschwingen können, daß aus dieser geheimnisvollen Welt des Farbigen aufsproßt eine Wesenswelt..."

Rudolf Steiner

4.

x) "Künstlerische Erziehung ist Bildungsfaktor - Malbücher wirken verderblich!

Alle Menschen sind als Kinder künstlerisch begabt und sie würden es zeitlebens bleiben, wenn man ihnen nicht in der Jugend die Maßstäbe der Erwachsenen aufnötigte. Diese Meinung ist seit Jahrzehnten bei den Kunstpädagogen namentlich Amerikas vorherrschend. Im einzelnen war man der Meinung, daß es zunächst, das heißt bis zum 3. Lebensjahre, durchaus richtig sei, sich zurückzuhalten. Das Kind solle erst einmal die in ihm und in dem Material liegenden Möglichkeiten spielerisch erproben, indem es vielliecht nichts anderes tut, als große Bogen Papiers mit Farbe zu beschmieren oder mit Kreide zu bekritzeln. Es ist Unfug, wenn sparsame Eltern hierin eine "Materialvergeudung" sehen. In dem ersten Stadium der künstlerischen Entwicklung besteht die Rolle der Eltern in der Tat nur darin, dem Kinde Farbe, Papier, Stift, Kreide oder auch Ton zum Kneten zu besorgen, so daß es aus dem Vollen schöpfen kann. Es ist zweckmäßiger, lieber gar nichts als etwas Falsches zu tun. Falsch ist es z.B., die so oft gehörte Frage zu stellen: "Was soll denn das vorstellen?" Wenn einem das Kind sein Kunstwerk zeigt. Durch diese Frage nämlich wird das Kind veranlaßt, sich irgendeine Erklärung auszudenken. Es hatte vielleicht im Sinn, was man nicht so ohne weiteres definieren kann, vielleicht etwas durchaus Abstraktes, eine Materialwirkung, ein Farberlebnis oder irgend etwas "Gemeintes", aus dem sich erst nach und nach gegenständliche Objektivationen ergeben hätten. Durch diese ungeschickte Frage bekommt das Kind den Eindruck, daß eine Gestaltung unbedingt etwas "bedeuten" müsse, was der freien Entwicklung der schöpferischen Kräfte sehr abträglich sein kann. Eine andere Sünde, die von vielen Eltern begangen wird, besteht darin, daß man den Kindern Vorlagen zum Abmalen oder jene sogenannten Malbücher zum Kolorieren gibt. Die vernichtende Wirkung dieser Methode steht außer Zweifel, selbst wenn es den Kindern Spaß machen sollte. In der ferneren Entwicklung aber kommt ein Zeitpunkt, da das Kind eine Unzufriedenheit an seinen eigenen Leistungen äußert. Jetzt müssen die Eltern von der bisherigen Politik des laissez-faire abgehen, um vorsichtig zu helfen. Wenn das Kind z.B. versucht, einen Baum zu zeichnen, und es kommt damit nicht zurecht, so wird man ihm nach Möglichkeit zeigen, wie ein Baum wächst und wie also aus dem Wachstum die Form des Baumes sich bildet. Die Eltern sollten bemüht sein, etwa durch Ausflüge, Zoobesuche oder selbst im häuslichen Leben die visuelle Aufmerksamkeit des Kindes zu wecken, indem sie es auf bestimmte Farben, Texturen und Lichtwirkungen hinweisen. Die künstlerische Erziehung des Kindes ist ein wesentlicher Bildungsfaktor, auch wenn sie später nicht beruflich ausgewertet wird."
Von Zeit zu Zeit rühren sich die Stimmen aus dem Publikum, und man erkennt mehr und mehr, wie wichtig oder wie schädigend die Bildwirkungen auf das kleine Kind und den Jugendlichen sind.

"Bei jüngeren Kindern ist das Schöpfen aus der Seele heraus schon das Richtige ..." Wir versuchen, aus der seelischen Grundstimmung innerhalb der Farbenwelt Aufgaben zu entwickeln.

Anregung für einen Klassen-Geburtstagskalender, der die Schüler durch das Jahr begleitet: Ein Spruch mit einer Farbstimmung des betreffenden Monats

Die zwölf Monatstugenden
Dezember - Nöte überflügelt / wer die Zunge zügelt.
Im Jänner Mut / tut allen gut.
Verschwiegenheit im Februar / ist leider rar.
Großmut im März / führt himmelwärts.
April stürzt dich in Wankelmut / hast du nicht den rechten Demuts-Mut.
Daß dir im Mai auch inn'res Licht / erblühe über Gleichgewicht.
Zu Wendezeiten durchzuhalten / das gibt ein frohes Juni-Walten.
Selbstlosigkeit verleiht der Seele Jugend / im Juli übt man sie als Welten-Tugend.
So warm und tief wie im August durch Mitleid wird die Welt bewußt.
Herzenshöflichkeit / schützt vor Semptemberleid.
Zufriedenheit / aufwiegt viel Oktober - Streit.
Geduld / Bringt November-Huld.

Wir versuchen den Tageslauf nachzuspüren, durch Aufhellung - Verdunklung - Verdichtung der Farbe von den hellen Farben zu der dunkleren Seite des Farbenbogens.

Temperamentsübungen werden in jedem Schuljahr als "freie übung", Wunschübung gemalt, die sich je nach Alter mehr differenzieren. Man kann auch sagen: Jetzt malt die Stimmung melancholisch usw.!

Freie Farbübungen gehen durch alle Altersstufen hindurch. Das Malen aus der Farbe heraus. Dadurch entstehen Farbgestaltungen in Pflanze, Tier, Mensch, Landschaft, nachdem durch methodische übungen das Farbempfinden geweckt und geschult worden ist. Gestalterisches bildet sich nach und nach immer mehr heraus (nach dem 9. Jahr).

... daß wir ihnen in gewissem Sinne den Glanzcharakter nehmen, wenn wir an den Menschen herankommen; wir behandeln sie als Bilder, d. h. wir streichen die Fläche gelb an und versuchen das in irgendeiner Weise zu motivieren. Die gelbe Fläche will eigentlich am Rande gewissermaßen ausgefranst sein, verwischt sein. Bei nichts ist es gestattet, das Gelb anders zu haben, als daß man es am Rande verwischt. Wenn man den Menschen malt, kann man es seines eigentlichen Farbenwesens entkleiden und zum Bilde machen. Und auf diese Weise verwandelt man dann die Glanzfarbe in die Bildfarbe, kommt dadurch ins Menschliche herauf und braucht sich um nichts zu kümmern, wenn man den Menschen malt, als um die bloße Durchsichtigkeit des Mediums. - ... das Bildhafte nähert sich eigentlich mehr dem Gedanklichen. Wenn wir einen Menschen malen, können wir eigentlich nur unsere Gedanken von ihm malen ... anschaulicher Gedanke sein.

"... Bei den älteren Kindern muß man schon von malerischen Gesichtspunkten ausgehen, muß zeigen, wie ein Licht, das auffällt, wirkt malerisch usw. Alles praktisch malerisch."

Im Jahre 1921 wurde in der Stuttgarter Schule eine neue Kl. 5b eröffnet und Pastor Ruthenberg übernahm sie als Klassenlehrer. Rudolf Steiner besuchte uns in den verschiedenen Unterrichtsstunden, auch beim Malen mit Wasserfarben, beim Zeichnen, Singen und in der Eurythmie. In einer Malstunde der 8. Klasse nahm Rudolf Steiner das Blatt eines Schülers, setzte sich in eine Dreierbank der Fensterreihe und begann auf einem neuen Blatt zu malen, wobei er das, was der Schüler wollte, zum Ausgangspunkt seiner Darstellung nahm. Auch in der 5. Kl. hat er in gleicher Weise einmal die Arbeit eines Schülers weitergeführt. - Gewiß wollte R. Steiner nicht durch lange Erklärungen, sondern durch sein Mitmalen uns unmittelbar und anschaulich zeigen, wie behutsam wir Pinselstrich neben Pinselstrich setzen sollten und wie zart die erste Anlage gemacht werden müsse. - Daß ihm die richtige Technik des Malens sehr am Herzen lag, ergab sich uns auch beim Abschied in der 8. Kl. R. Steiner ging an die Wandtafel und zeichnete, die ganze Längsseite der Kreide aufsetzend, große flache Bögen dicht nebeneinander, die sich nicht berührten. So sollten wir die Farben mit dem Pinsel auftragen, langsam die Blattfläche bemalen und nicht viel ribbeln, daß Papierwürstchen entstehen!

G e s t a l t u n g e n   m i t   F a r b e n :

Quellenangaben	Name der übungen	Bemerkungen	Tafel Bild Seite
	IV. übungsgruppe		
x) aus "Norddeutsche Zeitung", Hannover, 6./7.10.51	Seelische Stimmungen: Das Gestalten im Seelenraum:	Nach dem 9. Jahr Inneres Erleben zur Umwelt-Farbigkeit. Intimes Verhältnis zur Farbe = aufgelöste Farbe - auf feuchtem Papier - zur flächigen Gestaltung - Feucht auf farbigem Untergrund, später Schichten	
	1. Temperaments-Stimmung	Temperamentsübungen werden in jedem Schuljahr als freie "übung", Wunschübung, gemalt, die sich je nach Alter mehr differenzieren. Man kann auch sagen = jetzt malt die Stimmung melancholisch.	
	2. Kontraststimmung	2. a. heiß, warm — helle lichte Farben b. kühl c. kalt — dunkle schwere Farben	
	3. Lichtnahe Farben	3. gelblich, rötlich usw. gelblich-weißlich (weiß aussparen)	
	4. Lichtferne Farben	4. bläulich, grünlich usw., violett	
	5. Gemütsstimmung	5. a. Fröhlichkeit b. Begeisterung c. Ernst d. Trauer e. Zorn usw.	
Rudolf Steiner Stockmeyer "Zum Lehrplan"	6. Jahreszeiten-Stimmungen	6. a. Sommer b. Winter c. Frühling d. Herbst	
	7. Festes-Stimmungen	7. a. Weihnachten b. Ostern c. Pfingsten d. Johanni e. Michaeli malerisch mit Wachs- oder Aquarellfarben oder als Transparente = Farbstimmungen und Gestaltungen (am Fenster o. vor Lampe) begleiten die Schüler durch das Jahr hindurch. (Transp. aus Schleiern, Seidenpapier, enkaustisch gemalt usw.)	
	8. Tageszeiten-Stimmungen	8. a. Morgen b. Mittag c. Abend d. Nacht	
	9. Dramatische Stimmungen	9. Kampf zwischen lichten und dunklen Farben oder das Licht schafft sich Raum durch die Dunkelheit hindurch, oder die kämpfende zinnoberrote Farbe verdrängt die anderen. Erde, Wasser, Luft. - Licht im Kampf (Wasser überströmt die Erde - die Erde verdrängt das Wasser usw.)	
Rudolf Steiner "über das Wesen der Farbe"	10. Farbstimmungen u. Gestaltung in Beziehung zum Unterrichtsstoff: Urgewebe - Hausbau= Architektur-Farbbewegung Feldbau Brotbereitung.	Höhle, Zelt, Hütte Landbebauung - Eggen, Pflügen, Säen usw. Vom Korn zum Brot - (durch Jahreszeit hindurch) Beim Bäcker usw.	
Rudolf Steiner Stockmeyer, Lehrplanarbeit Berthold Faig Aus"Erziehungskunst" H. 7/J. Nr 11	11. Stimmungen und Gestaltungen der zur Heimatkunde	Stimmung eines Stadtbildes (als Farbraumübung)	
	12. Stimmungen und Gestaltungen aus dem Erzählstoff	11. der germanischen Götter- u. Heldensagen	

5. "Umsomehr von solchen malerischen Gesichtspunkten ausgehen, je älter die Kinder werden. Man sollte klar machen: Dort ist die Sonne. Das Sonnenlicht fällt auf den Baum. Nun sollte man nicht vom Baum ausgehen und zeichnen, sondern man muß ausgehen von der Lichtfläche und der Dunkelfläche, so daß der Baum herausentsteht aus dem Lichtdunkel der Farbe, aber der Farbe, die vom Licht kommt. Nicht, daß man von der Abstraktion ausgeht: der Baum ist grün. Nicht die Blätter grün malen lassen; die Blätter soll man überhaupt nicht malen. Lichtflächen soll man malen."

"... wollen Sie eine Pflanzenlandschaft malen, und sie soll wirklich den Eindruck des Lebendigen machen, dann müssen Sie die Pflanzen selber sowohl in ihrem Grün wie in ihren einzelnen Farben etwas dunkler machen, als sie wirklich sind. Sie müssen also das Grün der Pflanze etwas dunkler machen als die Pflanze selber ist. Sie müssen überhaupt eine grüne Fläche dunkler machen, als sie ist ... Dann aber müssen Sie sie, nachdem Sie in dieser Weise die Farbe im Bildcharakter festgehalten haben und etwas dunkler, als sie wirklich ist, dann müssen Sie das Ganze mit einer Stimmung überziehen und diese Stimmung, die muß in einer gewissen Weise eine gelblich-weißliche Stimmung sein. - Sie müssen den Glanzcharakter der Farbe haben."

Ein großer Blumenmaler ist gar nicht mehr denkbar; es wird jetzt zu große wissenschaftliche Wahrheit verlangt, und der Botaniker zählt dem Künstler die Staubfäden nach, während er für malerische Gruppierung und Beleuchtung kein Auge hat.

"... die Farbe, die die Tiere sonst haben, etwas heller malen, als sie wirklich ist, und Sie müssen darüber ein leises bläuliches Licht verbreiten. - Wo Sie an das Tier herankommen aus der Vegetation heraus, den gelblichen Schimmer in den bläulichen herüberführen. ... in gewissem Sinne die reine Durchsichtigkeit trübt."

"... Sehen Sie, Kinder, die erst aus der Farbe heraus haben leben lernen, die malen dann die Insel Sizilien im Zusammenhang mit dem Geographieunterricht zum Beispiel, und es kommt dann eine Landkarte zustande. Und so gliedert sich zusammen künstlerisches Arbeiten und sogar geographischer Unterricht. - Wenn man auf diese Weise ein Gefühl für Farbenharmonik hervorruft, dann bringt man es zustande, daß die Kinder Gegenstände, die irgendwie dem Leben dienen, dann machen. Dieser Einband ist nicht zuerst aufgezeichnet, sonderndas Kind lernt in Farbe zu erleben, und nachher so etwas, was etwa ein Bucheinband ist, zu gestalten. Dabei handelte es sich darum, das wirkliche Lebensgefühl bei dem Kinde zu erwecken. Es gibt die Möglichkeit, gerade durch Form und Farbe stark hineinzuführen in das Leben."

"... Sie können hieran (Landkarte) noch sehen, wie in das volle Leben dann hineingeführt werden kann, wenn man gerade schon lebensvoll von dem ersten Prinzip ausgeht. Das können Sie hier an dieser Landkarte sehen: Man hat zuerst das Farbenerleben, und dann erlebt man ganz seelisch, indem man zuerst das Farbenerleben hat, erlebt man seelisch. Sie sehen hier Griechenland, seelisch erlebt. Es wächst das Kind, indem es zuerst in die Farbenerlebnisse hinein sich findet für dasjenige, was es auch in dem Geographieunterricht bekommt, wächst es hinein, sich zu sagen: die Insel Kreta, die muß ich in einer bestimmten Farbe malen, und die kleinasiatische Küste so, den Pelopones so. Das Kind lernt durch die Farbe künstlerisch sprechen, und es wird eine Landkarte tatsächlich dadurch ein innerliches seelisches Produkt. Denken Sie nur, wie die Kinder nacherleben die Erde, wenn sie so aus dem Innern heraus, nachdem sie zunächst so, wie der hier Kreta angestrichen hat oder den Pelopones oder das nördliche Griechenland, wenn sie bei jeder solchen Farbe die entsprechende Empfindung haben, dann wird ja in ihrer Seele auch lebendig dasjenige, was Griechenland ist, und es schafft das Kind gewissermaßen Griechenland aufs Neue gewissermaßen aus sich selbst heraus. Der Mensch nimmt auf diese Weise die Welt wirklich lebendig in sich auf. Und ganz anders leben die Dinge in den Kindern, wenn man sie auf diese Weise die Realität, die ganz gewöhnliche trockene Realität des Tages nacherleben läßt, nachdem sie zuerst die Elemente, durch die sie sich aussprechen, ich möchte sagen, die Farbensilben und Worte, künstlerisch erleben lernen an den einfachen Malereien."

Zur Baumkunde

"Ich möchte einmal folgendes sagen: Da sitzt irgendeine Kinderschar. Da scheint von dieser Seite - das sage ich zu dieser Kinderschar - die Sonne scheint herein. Diese Sonne, die fällt da auf etwas auf, macht allerlei Lichter, überall Lichter. Ich sehe lichte Flecken, das Sonnenlicht fällt da überall auf, überall. Weil die Sonne da hereinscheint, sehe ich da auf etwas, überall lichte Flecken. Da drüben da sehe ich keine lichten Flecken, da sehe ich Dunkles (blau). Das Dunkle, das sehe ich aber auch da unter den lichten Flecken; nur so, ganz wenig, ist da manchmal Licht, fällt manchmal ganz wenig drauf. Dann sehe ich auf etwas, was, wenn das Licht darauf fällt, sich darstellt ein Grünliches. Grünlich stellt es sich dar. Da fällt das Licht darauf, das wird weißlich. Aber dann, bevor der richtige schwarze Schatten kommt, da sehe ich es grünlich, und hier unter dem schwarzen Schatten ist auch Grünliches und dann sind solche merkwürdigen Dinge dazwischen. Da will das Licht nicht recht hinein. Da erscheint es ein bißchen auf dieser Seite, aber dort will es nicht recht hinein und da sehe ich, wie sich das überall fortsetzt und da hingeht und da ist auch überall Licht darauf. - Sehen Sie, jetzt habe ich von Licht und Schatten gesprochen, und daß da etwas ist, wo das Licht nicht angreift, und ich habe einen Baum gemacht. Ich habe nur von Licht gesprochen, von Farben gesprochen und ich habe einen Baum gemacht. Man kann doch den Baum nicht malen, man kann nur Licht und Schatten und grün und höchstens noch, wenn die Früchte schöne Äpfelchen sind, gelbes da hineinsetzen, meinetwillen. Aber man soll von Farben und Licht und Schatten sprechen und so soll man tatsächlich von dem sprechen, was wirklich da ist, nur von Farben und Licht und Schatten sprechen und zeichnen nur in der Geometrie und in dem, was mit der Geometrie zusammenhängt. Da hat man es mit Linien zu tun. Das ist aber auch Gedachtes. Während man Realitäten, konkrete Realitäten, nicht mit der Feder zeichnen soll, sondern so einen Baum z.B. entstehen lassen soll aus hell und dunkel und aus den Farben. Das ist dasjenige, was wirklich im Leben drinnen steht. Es wäre eine Barbarei, wenn nun ein richtiger Zeichenlehrer käme und das hier mit Linien nachmachen ließe (den gemalten Baum) da sind helle Flecken und dunkle Flecken. Sie haben gar keine Veranlassung, etwas Helles dazuzugeben, auf dieser Seite und da hier ist auch ein heller Fleck und da ein dunkler. Das macht die Natur. Würde einer Linien zeichnen, so wäre das eine Verlogenheit ..."

Die singende Tanne

Allemal, wenn die Glocken des Kirchleins von Ricklingen im Wallis des Tages das Ave durchs Tal hinaus läuteten, ließen die Leute im Dorf ihre Hände von der Arbeit ruhen und lauschten stille einer wundersamen Weise, die leise wie ein fernes Singen hoch oben vom Hochwald herabtönte. Und wenn die letzten Klänge des Geläutes verstummt waren, dann verstummte auch der seltsame Gesang; niemand, weder alte, noch junge Leute wußten zu sagen, woher die geheimnisvollen Töne kämen; denn lange Jahre schon vernahm man die lieblichen Laute, als wäre es so seit ewiger Zeit. Und niemand dachte je daran, danach zu fragen. Nun aber lebte im Dorfe ein kunstreicher Schnitzer. Der legte bei jedem Ave Messer und Meißel auf die Werkbank und lauschte fromm wie die anderen alle der Wunderweise vom Berge. Aber der süße Klang bewegte sein Gemüt tief innen so mächtig, daß ihm die Töne in der Seele lange fortklangen und sangen. Und er sann und sann, wie er das Wunder erforschen möchte, und seinem Herzen ward keine Ruhe mehr vor diesem Drang, nicht beim Gebet und nicht im Schlaf. Also geschah es, daß er eines Tages haldan stieg in den Bergwald hinauf und dort anhub zu lauschen; er lauschte dem Wasser, er lauschte den Winden, den Steinen lauschte er, und den Bäumen, und endlich hörte er die Laute einer gewaltigen Tanne erklingen. Aber seine Sehnsucht ward um dessentwillen nicht mehr stille, und eher nicht fand er den Frieden. Mit starkem Arm und scharfer Axt hat er den Wunderbaum gefällt und seinen Riesenstamm ins Tal geschleift. Nun hieb der Meister daraus einen mächtigen Block vom schönsten KERNHOLZ zu, glatt gefasert, ohne Axt und hub in heiligem Ernst und Eifer ein neues Bildwerk an zu schnitzen, Tag und Nacht. Und anderem Werke diente seine Kunst fortan nicht mehr. Nach Jahr und Tag erst war das Werk vollendet. Ein Bildnis war's der allseligen Jungfrau Mutter. Kein ander Bildwerk weit und breit im Lande kam diesem Bildnis gleich an Himmelsanmut und Gottesschöne. Aber der Meister gab das heilige Bild der Kirche seines Heimatortes als Weihegabe. Doch als die hehre Abgestalt der Himmelskönigin festlich am feierlichen Hochaltare ragte, da hub das schöne Bild auf einmal an, die Lippen zu bewegen und einmal noch ertönten, allen vernehmbar, die altvertrauten Wunderweisen aus der Höhe. Und alles Volk fiel auf die Knie und weinte.

G e s t a l t u n g e n   m i t   F a r b e n :

Quellenangaben	Name der übungen	Bemerkungen	Tafel Bild Seite
	IV. Seelenerlebnisse an Umwelt-Erscheinungen		
Rudolf Steiner, "über das Wesen der Farben"	9. Elementenstimmung: a. Feuer-Salamander b. Wasser-Undinen c. Luft-Sylphen d. Erde-Gnomen	9. Wärme o. feurige Stimmung (Schmetterlingsentstehung) Kühle, Feuchte; Fischstimmung	
Goethe	10. Naturstimmung a. sonnig b. bewölkt c. regnerisch d. Kälte, Frost e. Gewitterst.	10. a. Wärme o. feurige Stimmung (Schmetterlingsentstehung) b. Kühle, Feuchte; Fischstimmung c. Kühle, bläuliche, duftige Stimmung (Vogelflugentstehung) d. Wurzlige braun-schwärzliche Stimmung, bläulich kristallin zum Krötenhaften o. Kristallbildung.	
Rudolf Steiner "über das Wesen d. Farben" Rudolf Steiner "Die geistig-seelischen Grundkräfte d. Erziehungskunst."	11. Pflanzenstimmung Pflanzenentstehung Grün-Prozeß a. Urpflanze b. Urbaum	11. Man kann reine Stimmungen malen; aber auch z.B. Baum in den verschiedenen Naturstimmungen, Landschaft usw. 11c. Farbe und Blütenentstehung: z.B. blau - zu Enzian, Glockenblume, gelb - Sonnenblume, Löwenzahn rot - Rose, Mohn usw. Blüte - Schmetterling. Blattartiges - Raupe Wurzelbezirk - Puppe	
Rudolf Steiner, "Die geistig-seelischen Grundkräfte d. Erziehungskunst"	12. Tierstimmung Erzählungen Tiergespräch	Blau setzt sich, hockt sich, rundet, verdichtet sich, wird zu hasenähnlichen Gebilden, z.B. Blau in Blau o. Blau in Grün. Rot auf Grün - springen - des Rot wird zur Eichhörnchen-Stimmung. Gelb/Orange auf Blau - Entenstimmung, Gelb auf Grün - Kükenstimmung usw.	
Rudolf Steiner, "Torquay-Kurs"	V. übungsgruppe übungen nach malerischen Gesichtspunkten: Mensch Tiergestaltung 11c. Pflanze: Urform Stimmung übungen zum Erzählstoff: Griechische Stimmungen	Aus der Stimmung verdichtet sich langsam die Farbe zur Gestalt von Mensch und Tier, Pflanze usw. Die Formen sind zurückhaltend, sie sind aufgenommen von der Umgebungsfarbe. (Keine Linien hineinbringen, keine Anatomie "Die gegenstandslose Malerei ist ein Protest gegen den Naturalismus, aber an sich ist sie absurd. Wenn man wahrhaft in die Welt der Farben eindringt, kommt man zu den Wesen. Wir brauchen nicht den Löwen erst in der physischen Welt zu suchen, in der Welt der waltenden Farben finden wir sein Urbild."	
	13. Griechische Götter- u. Heldensagen 14. Mythologie Götter-Heldensagen	Blau-Weiß-übung, Entstehung des griechischen Tempels Marmortempel. Blau-Gelb-übung, Griechische Tempel aus dem Gelb heraus - Lichte Stimmung - dann nuancierte Bilder mit Tempel und Felsen, Hügel, Meer usw. Farbige Felen-Phaidriaden-Glanzfelsen.	
	15. Vorchristliche Kulturepochen	15. Urindisch, Urpersisch, Ägyptisch-Caldäisch, Griechisch usw.	
Aus "Alpensagen" Englert-Faye	16. Erlebnisstoffe der Erzählstoffe i. d. Geographie	Landkartenentstehung, Meer - Landbildung, Fußmündung, Deltabildung, Seenbildung, Krater, Hügel, Mittelgebirge-Hochgebirge usw. Landschaft und Mensch, Landschaft und Tier (nördlich - südlich) Trachten - bzw. die Gewandung verschiedener Völker, Handwerke verschiedener Völker, Bauten verschiedener Völker usw.	
	a. Skizzenbuch als Bild-Tagebuch in einfacher Form,	Erstes Skizzieren einfachster Dinge, Pflanze, Tier, Mensch, Architektur, Landschaft usw.	
	b. Bilderbucharbeit Zur Schattenlehre:	Vorstudien mit blauem Wachsblock und dann mit Rötelstift; langsames übergehen vom Farben in Helldunkelwerte = räumliches Erleben, z.B. bei Kugel (parallel zum Kreis in der Geometrie). Gegenstand entsteht - Licht steht dagegen - Licht- und Schattenseite einer Kugel, eines Gefäßes, eines Turmes, eines Baumes - und die Schattenwirkung - Schattenbildung.	

M a l e n l e b l o s e n G e g e n s t ä n d e n :

6. "Bei den leblosen Gegenständen tritt uns insbesondere auch die Notwendigkeit entgegen, die Sache mit der Empfindung zu erfassen. Die Farbenwelt läßt sich nicht mit dem Verstande bewältigen ... Wenn er (der Maler) Unorganisches, Lebloses malt, muß er im Sinne haben, in seiner Seelenverfassung haben, daß eine Art von Leuchtendem den Unorganischen Gegenständen unterliegt, daß also seine Fläche in einem gewissen Sinne durchsichtig ist und von innen heraus leuchtet. Man muß versuchen, dem Bilde, wenn man Lebloses malt, den Charakter des Glanzes zu geben ... so wird es, um das Unlebendige zu malen, darauf ankommen, die Farben zu vergeistigen.

W e g z u r F a r b e

x) "Welche unendliche Bedeutung gewinnt alles dasjenige, was die Maler der neueren Zeit versucht haben, um die verschiedenen Farben, um das Licht in seinen verschiedenen Tönungen zu studieren, um darauf zu kommen, daß im Grunde jeder Lichteffekt, jeder Farbenton mehr sein will, als er sein kann, wenn er hineingezwungen ist in ein Ganzes, wo er ertötet wird durch ein höheres Leben! Was ist nicht alles versucht worden, um von dieser Empfindung ausgehend das Licht in seinem Leben zu erwecken, das Licht so zu behandeln, daß in ihm verzaubert wird das, was sonst verzaubert bleibt, wenn das Licht der Entstehung der gewöhnlichen Naturvorgänge und Naturereignisse dienen muß! Man ist mit diesen Dingen vielfach im Anfang. Man wird aber von den Anfängen - die, einer berechtigten Sehnsucht entsprechend heute davon ausgehen - wahrscheinlich erleben können, daß rein künstlerisch etwas zum Geheimnis wird, und zum gelösten Geheimnis. Das klingt, wenn man es ausspricht, etwas banal -, aber viele Dinge bergen Geheimnisse, die banal klingen: man muß nur an das Geheimnis namentlich an die Empfindung des Geheimnisses so recht herankommen. Das, was ich meine, ist die Beantwortung der Frage: Warum eigentlich kann man das Feuer nicht malen und die Luft nicht zeichnen? Es ist ganz klar, daß man in Wirklichkeit nicht malen kann; man müßte einen unmalerischen Sinn haben, wenn man das glitzernde glimmende Leben, das man nur durch das Licht feststellen kann, malen wollte. Niemandem sollte einfallen, den Blitz malen zu wollen, - und noch weniger kann jemandem einfallen, die Luft zeichnen zu wollen! Aber auf der anderen Seite muß man sich gestehen, daß alles das, was im Licht enthalten ist, etwas in sich birgt, was danach strebt, so zu werden, wie das Feuer, unmittelbar so zu werden, daß es etwas sagt, daß es einen Eindruck macht, der hervorquillt aus dem Licht, aus jeder einzelnen Farbennuance, so wie die menschliche Sprache aus dem menschlichen Organismus hervorquillt. Jeder Lichteffekt will dem anderen Lichteffekt etwas sagen, der neben ihm ist. Es ruht in jedem Lichteffekt ein Leben, das durch größere Zusammenhänge ertötet wird. Lenkt man dann einmal die Empfindung in diese Richtung, so entdeckt man auf diese Weise das Empfinden der Farbe, das was die Farbe spricht, wonach angefangen worden ist, zu suchen in der Zeit der neuen Freilichtmalerei. Entdeckt man dieses Geheimnis der Farbe, dann erweitert sich dieses Empfinden und man findet, daß im Grunde genommen das so recht gilt, was ich eben jetzt gesagt habe. Nicht für alle Farben - die Farben sprechen in der verschiedensten Weise. Während die hellen Farben, die roten, die gelben tatsächlich einen attackieren, einem viel sagen sind die blauen Farben etwas, was dem Bilde den Übergang zur Form gibt. Durch das Blau kommt man schon in d.Form hinein, und zwar hauptsächlich die formenschaffende Seele hinein. Man war auf dem Wege, solche Entdeckungen zu machen, man ist oftmals auf halbem Wege stehengeblieben. Manches Bild von Signac erscheint uns deshalb so wenig befriedigend, obwohl es in anderer Beziehung recht befriedigend sein kann, weil da immer das Blau in ganz derselben Weise behandelt ist, wie ... das Gelb oder Rot, ohne daß ein Bewußtsein vorhanden ist, daß der blaue Farbfleck, neben den gelben gesetzt, eine ganz andere Wertigkeit darstellt, als der rote neben dem gelben. Das scheint etwas Triviales zu sein für jeden, der Farben empfinden kann; aber im tieferen Sinne ist man doch erst auf dem Wege zur Entdeckung solcher Geheimnisse. Das Blau, das Violett sind Farben, welche durchaus das Bild von dem ausdruckvollen in das innerlich Perspektivische überführen. Und es ist durchaus denkbar, daß man bloß den Gebrauch des Blau in einem Bilde neben den anderen Farben eine wunderbar intensive Perspektive herausbringt, ohne irgendwie zu zeichnen. Auf diese Weise kommt man dann weiter. Man kommt dazu, zu erkennen, daß die Zeichnung wirklich das sein kann, was man nennen möchte: Das Werk der Farbe. Wenn es einem gelingt, die Farbengebung in Bewegung umzuführen, so daß man zunächst die Zeichnung ganz geheimnisvoll in der Führung der Farbe drinnen hat, wird man bemerken, daß man dies insbesondere bei dem Blau kann; daß man dies weniger kann bei gelb oder rot, weil es diesem nicht angemessen ist, so geführt zu werden, daß es innerlich Bewegung enthält, daß es von einem Punkte zum anderen sich hinbewegt. Will man eine Gestalt haben, die innerlich sich bewegt, z.B. fliegt, und die wegen der innerlichen Beweglichkeit innerlich bald klein, bald groß wird,- also in sich bewegt ist - dann wird man ohne daß man irgendwie von Vernunftsprinzipien oder von irgendeiner gelehrten Ästhetik ausgeht, die niemals berechtigt ist, sondern gerade dann, wenn man vom elementarsten Empfinden ausgeht, sich unbedingt genötigt finden, blaue Nuancierungen zu benutzen und diese in Bewegung überzuführen. Man wird bemerken, daß erst dann die Zeichnung auftreten, Figurales entstehen kann, wenn man das fortsetzt, was man damit begonnen hat, daß man das Blau tingierte in Bewegung hat übergehen lassen. Denn jedesmal, wenn man übergeht von dem Malerischen, von dem Koloristischen in das Figurale, in die Form, wird man das, was sinnlicht ist, in den Grundton des übersinnlichen überführen. Man wird beim Übergang von hellen Farben durch das Blau und von da irgendwie innerlich zur Zeichnung in den hellen Farben den Übergang zu einem Sinnlich-übersinnlichen haben, das möchte ich sagen, in einem geringen Ton des übersinnliche enthält ... weil die Farbe immer etwas sagen will, weil die Farbe immer eine Seele hat, die übersinnlich ist. Und man wird finden, daß, jemehr man in die Zeichnung hineinkommt, man destomehr in das Abstrakt-übersinnliche hineinkommt, das aber, weil es im Sinnlichen auftritt, sich selbst sinnlich gestalten muß.
Ich kann aber diese Dinge heute nur andeuten. Es ist aber klar, daß auf diese Weise einzusehen ist, wie auf einem einzelnen Gebiet die Farbe, die Zeichnung so verwendet werden kann von dem künstlerischen Schaffen, daß in der Verwendung dasjenige schon drinnen ist, wovon ich mir zu sagen erlaubte: die Natur hält es verzaubert, und wir entzaubern das in dem Sinnlichen verborgene, durch ein höheres Leben ertötete übersinnliche."

E i n i g e s z u r B i l d e r b u c h g e s t a l t u n g

Das Bilderbuch ist ein wichtiger Erziehungsfaktor. Wir bemühen uns in der Schule innerhalb des bildnerisch-künstlerischen Unterrichtes mit den Schülern verschiedene Bilderbücher zu arbeiten, z.T. aus den Studienblättern, die innerhalb der Malaufgaben, der Skizzenbucharbeit, oder auch gezielt als Aufgabenstellung, Bildmaterial für verschiedene Altersstufen zu schaffen. Wir führen diese Arbeit bis zum Selbstaufziehen der Bilder auf Karton oder Pappe durch. So entstehen Klappbilderbücher, Geburtstagskalender, Le porello (d.h. in Buchform harmonikaartig zusammenfaltbare Reihe von Bildern) mit Einzelbildern oder zusammenhängenden Kompositionen und Bildfolgen. Die Gestaltung sollte ganz aus der Farbe heraus kommen, und je nach Altersstufe entsprechend mehr oder weniger "verdichtet" werden. Das kleine Kind brauchte ganz zurückhaltende Formen, vielleicht sogar nur charakterisierte Farbstimmungen. Je mehr das Kind aus der Phantasie heraus etwas dazu tun kann, um so erfolgreicher wäre die Bildwirkung. Es ist wie mit der sog. "schönen Puppe": Je zurückhaltender - je "urförmiger" dieses ist, um so mehr regt sie die Schaffensfreude im Kinde an (s.Bd.2 u.3)
Ein "Knoten" erzeugt ganz erstaunliche immaginäre Vorstellungen, so daß das Kind schöpferisch wird im Umgang mit diesem, der kann alles sein, Hase, Mensch, Riese usw. Eine "fertige" moderne Puppe läßt keinen Platz mehr für die Phantasie im Anschauen und im Spiel.
Die Bilderbücher heute sind of zu naturalistisch oder sogar auch mit verzerrten und grotesken Abbildungen versehen: Die größeren Kinder und Jugendlichen brauchen auch künstlerische, originelle Illustrationen. Schlechten farbigen Drucken sind gut Hell-Dunkel Bilder vorzuziehen.

Hinweis: Hell-Dunkel Illustrationen zu Wallenstein von Valow von May (Rudolf Steiner als gutes Bild-Beispiel hingewiesen) Philosophisch Anthroposophischer Verlag am Goetheanum, Dornach/Schweiz

Quellenangaben	Name der übungen	Bemerkungen	Tafel Bild Seite
Rudolf Steiner, "über das Wesen der Farben".	V. übungsgruppe Das Gestalten nach malerischen Gesichtspunkten:		
	Stimmungen und Gestaltungen in Beziehung zum Unterrichtsstoff: Zur Römischen Geschichte:	Bauten-Landschaft - Gwandung-Helme-Farb-Stimmungen aus dem Erzählstoff-charakteristische Heldengestaltung aus der Farbe heraus.	
nach Rudolf Steiner, "Das Sinnlich-übersinnliche in seiner Verwirklichung durch die Kunst" Rudolf Steiner Verlag,	Zur Baumkunde Stimmungen und Beobachtungen	Knospenstudium im Frühling und Winter (in einer Vase). Die Schüler erleben den Prozeß des öffnens einer Knospe wacher durch das "Festhalten" mit Stift und Farbe. Die Formabwandlung von einer Knospe zur anderen ist anders erlebbar, wenn sie durch "Auge und Hand" gegangen ist.	
	Skizzenbucharbeit:	Das Skizzieren mit verschiedenem Material geht parallel zum Malen. Es lehrt das Eigentümliche der Umwelt erkennen und auch darstellen und schult die Beobachtungsgabe.	
	Zur Gesteinskunde:	Verschiedene charakteristische Gesteine werden aus entsprechenden Stimmungen entwickelt. Urgestein-Granit-Landschaftsgestaltung-einzelne Gesteine-Kristalle usw.	
	Zur Optik:	Regenbogenstimmungen-Farbkreis in vielfältiger Art - warme Farben - kalte Farben -	
	Farbnuancierungen:	Farbübergänge - Abstufungen durch alle Farben hindurch - alle Mischfarben - Abtönungen von unten nach oben, von links nach rechts, von einem Dreiklang - Vierklang usw.	
	"Hell-Dunkel"-Farbigkeit:	übung mit Schwarz-Aufhellung oder Verdichtung-übertragung in die Farbwerte	
	Licht-Schatten der Farbe	übersetzen vom Farbigen in Hell-Dunkel-Werte und umgekehrt	
	Farbschatten-Studien:	Ein farbiger Baum - welchen Farbschatten-Bezirk bekommt er - : z.B. bei dunkelgrünen, blaugrünen Tannen oder bei lichten lindgrünen Birken- wie gestaltet man die Umgebung - wie den Schattenraum des betreffenden Baumes.	
	Farbgestaltungen mit farbigem Untergrund	Das Antönen einer Grundstimmung eines Teiles o. des ganzen Blattes, auf dem ein Farbklang oder eine Bildgestaltung angelegt wird (Untergrund muß stark sein), gibt phantasieanregende Hilfe, aber auch ein bewußteres Malen, da die daraufgebrachten Farben zusammen harmonisieren müssen - sich steigern können o. ein Vertiefen der Grundtönung bewirken. Komplementäre Farben daraufgemalt, ergeben eine Grautönung-Komplementärfarben übereinander lösen sich gegenseitig auf (von Gogh).	
	Zur Völkerkunde:	Stimmungen und Gestaltungen aus dem nördlichen kühlen Erdraum Nordpol-Eskimo-Lappland usw. oder aus dem südlichen Raum-Wüstenbewohner-spanische oder afrikanische Studien-Landschaft-Behausung-Pflanzenreich-Gewandung usw.	
	Landkartengestaltung:	Umgebung - Berglandschaft - Flachland - Hügellandschaft - Mittelgebirge - Hochgebirge - Fjorde - Felsen - Seengebiete - Heidelandschaft - Wüstengebiete usw.	
Beispiel für gutes Bilderbuch: Krista Bendowa, "Fiedel Diedel Geigenliedel", Illustration von Mirko Hnak, Verlag Werner Dansien, Hanau/M., 1968	übungen zum Thema des Epochenunterrichts:		
	Entdecker und Erfinder:	Alchemisten-Stimmung; vom einfachen Wagen zum Auto; vom Ballon zum Zeppelin, zum Flugzeug usw.	
	Zur Pflanzenkunde:	vier Jahreszeiten; Rose, Herbstzeitlose, Christrose, Pflanze mit mehr Blütenbezirk, Pflanze mit mehr Blattbezirk, Pflanze mit mehr Wurzelbezirk; verschiedene Baumstimmungen, Baum - Hain - Wald.	
	Zur Tierkunde:	Wasserelement - Fische, Luftelement - fliegende Vögel, Wüste - Löwe, Dschungel - Tiger, Höhlung - Bär, Felsen - Adler usw.	

Anregungen zu Bewegungen für ein Schiebe- oder Zieh-Bilderbuch

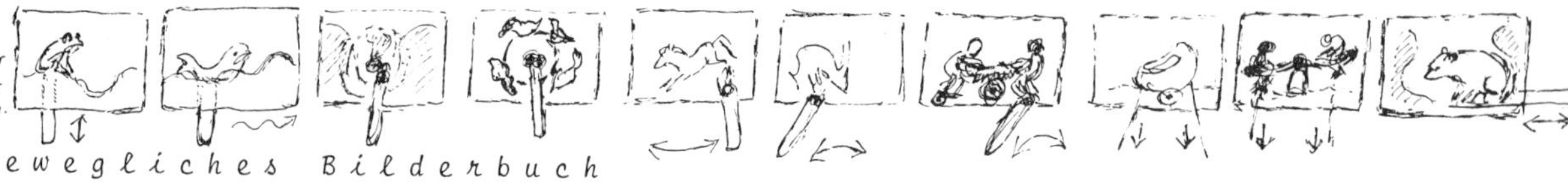

Ein bewegliches Bilderbuch

7. Dreh-Bilderbuch, Zieh-Bilderbuch oder dgl. sind eine sehr anregende Aufgabe für die Oberstufe. Hier können die Schüler Künstlerisches und Technisches lebendig vereinen. Wie aktivierend ist es für das kleine Kind, wenn die rote Farbe oder die rote Gestalt plötzlich forthüpft oder in eine Blaue verzaubert wird, oder aus einem Bären ein Prinz entzaubert, ein Tor sich öffnet, eine Ente im Wasser verschwindet. Nur muß man bedenken, daß sie der Farbe und der charakteristischen Bewegung entsprechen. Einige Beispiele sind als Skizze angegeben ...
Ideal wäre, wenn der Erzieher Puppen und Bilderbücher selbst anfertigen könnte, Anleitung gäbe es u.a. in den verschiedenen Waldorfschulen sicher ... Wir regen in den Abendkursen und Seminarausbildungen wieder und wieder zum Selbstgestalten an und es sind auf diesem Wege schon viele Bilderbücher in die Elternhäuse und Kindergärten gewandert.

x) "Gehen lernen, heißt hier: "Sehen" lernen. Von einem ruhigen Standpunkt die Bildfläche beherrschen, Abstand nehmen, die Fläche durchwandern mit den Augen, geordnet alle Teile abtasten, nicht stolpern, rennen, davonschwimmen. Es heißt Gegensätze und Übergänge sehen, es heiß Kontinuität haben in der Farbenfolge. Es ist überaus reizvoll und interessant, die unendlichen Möglichkeiten anfänglicher Bemühungen zu vergleichen wirklich mit dem Gehenlernen. Einige setzen wohl die Farben die Ränder des Bildes entlang; sie brauchen den Halt. Andere sehen nur den Mittelpunkt, fallen sozusagen in das Bild hinein und winden sich dann spiralig nach außen; andere wieder hasten in der Farbführung, als müßten sie sich von Eisscholle zu Eisscholle springend über einen Fluß retten. Es gibt da unzählige Möglichkeiten und Übungen, bis Hand und Auge in ruhiger Zusammenarbeit von Fläche zu Fläche wandern können. - In dieses erste Kapitel gehört auch der Umgang mit dem Material, der grundlegend ist für alles weitere Arbeiten. Wenn dann das Sprechenlernen dazu kommt, dann füllen sich die Bilder mit lauten und leisen Tönen. Sprechen ist ja eine Geste, die von innen nach außen führt; setzt sich dieser Impuls in Farbe um, so wächst der Mut, überhaupt Farbigkeit sehen zu lassen, nach einem Ausdruck zu suchen, der dem angemessen ist, was man malen möchte; zugleich wird eine Art musikalisches Zusammenklingen oder Dissonieren der Farbtöne erlebt. Dieses Sprechen ändert sich. Im Märchen lernt man anders sprechen, als in der dramatischen Szene; ja, jedes Element Feuer, Wasser, Luft und Erde hat seine eigene Sprache. Freude und Schmerz, Dur- und Mollerlebnisse, rhythmisches Ordnen zu gesteigertem Ausdruck, alles dieses lernt man werten, um Erlebnisse auszusprechen in Farben. Das Dritte, das man nennen könnte "in Farben denken", führt schon einen Schritt weiter. So wie wir im Denken die Eindrücke der Außenwelt verarbeiten und im Bilden der Vorstellung immer wieder heraufholen, so bedeutet ein Denken im Farbigen, daß man in sinnvollen, geordneten Empfindungen lebt. Wie man beim Denken ein Thema festhält, wenn das Ganze etwas Zusammenhängendes werden soll, so muß man beim Malen eine Stimmung immer wieder festhalten, man muß allen Vorstellungsinhalt umsetzen in Empfindung, und dann darin leben können. Daraus erst fließt die richtige Farbbehandlung, das wirklich malerische Bild,welches seinen Inhalt für das Auge ausspricht in Farben, ohne daß für den Intellekt eine Erklärung dazu gegeben werden müßte. Dazu bedarf es innerer Aktivität, innerer Erkraftung der Gefühle, so daß aus dem subjektiven Gewoge eine klare Sprache sich emporringt. - Gewiß, als Kind lernt man gehen, sprechen und denken; doch bildet man diese Fähigkeiten durch das ganze Leben weiter. So ist es auch hier. Im Tun wachsen die Dinge miteinander, da es eine organische Entwicklung ist.

Farbe und Form:

Die Abgrenzung eines Dinges von einem anderen ist von der Natur einer mathematischen nicht gezeichneten Linie, es ist nämlich der Abschluß einer Farbe, der Anfang einer anderen, aber deshalb hat er noch keine Linie zu heißen; denn nichts schiebt sich zwischen die Grenze der einen Farbe mit der anderen, gegen die sie steht, nur die Grenze selbst steht zwischen beiden, und diese ist auch von nahem eine (an sich) unmerkliche Sache."
x) "... sagt Leonardo da Vinci ... wenn man das mit malerischem Empfinden fühlt, dann fühlt man das Zeichnerische, das in Malerisches hineingetragen ist, wie eine Lüge. Wenn ich den Himmel als blaue Fläche auftrage und unten das Grüne, dann ergibt sich die Form aus dem Erleben des Farbigen selber. So kann gestaltet werden jedes Malerische. Innerhalb der Farbenwelt selber liegt eine schöpferische Welt; und derjenige, der die Farben empfindet, malt, was sie sich gegenseitig sagen im Schaffen ..." Wir üben intensiv das Malen und das Zeichnen schon vom 1. Schuljahr an. Die Farbe wird möglichst nicht vermischt mit der Linie und nicht die Linie mit der Farbe, um das Gefühl für die Verschiedenartigkeit des Materials zu entwickeln und zu erhalten.

"... Der Lehrer empfindet, wie er ein Seelisches im Kinde entwickelt, wenn er das Kind malen läßt; versucht er aber beim Zeichnen ein inneres Formgefühl im Kind zu erregen, so fühlt er, daß er nun ein Helfer dazu ist, den Geist im Kind zu erwecken. Er kann nicht anders, als Ehrfurcht empfinden, wenn er der kleinen Hand dazu verhilft. Linien, Formen zu gestalten, gerade Linien, krumme Linien, runde, eckige, tropenartige, wellenartige Formen. Er darf sich ja dazu der im Organismus des Kindes schaffenden, plastisch formenden Kräfte bedienen, die bis zum Herausgestalten der zweiten Zähne am Leibe des Kindes bildend gewirkt haben. Nun geht nach dem Zahnwechsel, was im Organismus wirksam war, in die Hände über, sie werden schaffend, formgestaltend. Nun darf der Erzieher dem Kinde die Form ins Bewußtsein heben.
... Das Eigenleben der Linie kommt dem Kinde zum Bewußtsein, von den Ausdrucksmöglichkeiten der Form wird es überrascht, wie die Farbe, so redet auch die Form ihre eigene Sprache zu ihm. Dann wird die Linie vom Kind nicht nur als Kontur eines Gegenständlichen aufgefaßt, aber es kommt im Laufe seines Schullebens dazu, an dem Gegenstande die Zusammenfassung vieler Formen in einer Einheit zu erfassen. Dann wird es nicht philiströs-nachahmend werden und nur in Anlehnung an ein Gegenständliches sich zeichnerisch betätigen können, sondern es wird schöpferisch aus seinen Phantasiekräften heraus gestalten und umgestalten und den Gegenstand der Außenwelt von seinem geweckten inneren Formgefühl aus auffassen und charakteristisch darstellen. Bloßes Nachahmen kann nicht weckend auf das Kind wirken, aufwachen aber wird es, und seine zunächst verschwommenen Vorstellungen werden sich klären, wenn man es zum Beispiel einfachere Linien in kompliziertere umgestalten, es Motive metamorphosieren, es eine unvollendete Form selbständig zur Symmetrie ergänzen läßt.
... Welch eingreifendes Erlebnis, wenn das Kind den Kreis, den es in der Eurythmiestunde mit seinen Beinen gelaufen, im Schwingen seines ganzen Körpers gespürt hat, den es mit der Hand so oft gezeichnet hat, nun in seiner mathematischen Gesetzmäßigkeit kennen und begreifen lernt!"

Wenn man wirklich vom Phänomen ausgeht im Musikalischen, Malerischen und Plastischen zeigt sich, was man hinter "dem Tone, hinter der Farbe, hinter den Formen erleben kann, was sich o f f e n b a r t in Farbe, Ton und Form. In dieser Beziehung werden die Menschenseelen bedeutungsvolle Entdeckungen machen. Sie werden wirklich ihr moralisch-spirituelles Wesen verbinden mit demjenigen, was der Sinnesschein uns bringt. Eine unendliche Vertiefung der Menschenseele kann auf diesem Gebiete vorausgesehen werden. Nehmen wir einmal zunächst als Grundlage eine Einzelheit. Wir nehmen einfach den Fall, daß wir unseren Blick auf eine gleichmäßig in stark zinnobrigem R o t leuchtende Farbenfläche richten, und wir nehmen ferner an, da wir dazu gelangen alles übrige, das um uns herum ist, zu vergessen, uns zu konzentrieren, uns ganz auf das Erleben dieser Farbe, so daß wir diese Farbe nicht bloß, als etwas vor uns haben, das auf uns wirkt, sondern so, daß wir diese Farbe als etwas haben, worin wir selber sind, daß wir eins werden mit dieser Farbe. Wir werden da gleichsam die Empfindung haben können: du bist jetzt in der Welt; du bist selbst in dieser Welt ganz Farbe geworden, das Innerste deines Seelenlebens ist ganz Farbe geworden; wo du auch hinkommen magst in der Welt mit deiner Seele, wirst du als rot erfüllte Seele hinkommen, du wirst überall mit Rot durch Rot und aus Rot. Dies aber, meine lieben Freunde wird man bei intensivem Seelenleben nicht erleben können, ohne daß die entsprechende Empfindung übergeht in ein m o r a l i s c h e s E r l e b e n, in wirkliches moralisches Erleben ..."

Gestaltungen mit Farben:

Quellenangaben	Name der übungen	Bemerkungen	Tafel Bild Seite
	Freie Gestaltung Steigerungsübung:	vom Gelb zum Rot, vom Blau zum Violett, vom Grün zum Blau, vom Gelb zum Grün usw.	
	Einfache Farbspiegelungsübungen:	Rot-Blau z.B. das Rot erscheint auch unten wieder. Reine Stimmungen, die dann auch in die Landschaftsstimmung langsam hineinführen. Meeresspiegelungen.	
	Komplementäre Farbspiegelungsübungen:	Oben Rot-Blau, nach unten Grün-Orange usw. Lebendige Farbübersetzung der Spiegelungen.	
	Symmetrie-Stimmungen:	Die Farbe, die links erscheint, erscheint auch nach rechts wieder ohne steife "Symmetrie" - rechte Seite kann wie ein Echo sein und umgekehrt ...	
	Farbperspektive:	Perspektivische übungen mit Farben-Zeichnen: Die konstruktive Perspektive wird eingeführt, als Gegensatz: Farbperspektive- und das Zurückführen der Konstruktionen in eine künstlerische Gestaltung.	
Dr. M. Hauschka "Zur künstlerischen Therapie"	Farbharmonie: Disharmonie:	Klangstimmungen - Zweiklänge, Dreiklänge usw. als Farbstimmungen auch angewandt in der Landschaftsgestaltung-Pflanzengestaltung.	
	Farb-Tierstimmungen:	Wassertiere, Felsen-Höhlentiere; Luftfliegende Tiere; Lauftiere usw. Tier aus seinem Umgebungsbezirk	
	V. übungen nach malerischen Gesichtspunkten:		
	Stimmungen und Gestaltungen aus dem Unterrichts-Erzählstoff		
nach Rudolf Steiner "Kunst und Kunsterkenntnis, Das Sinnlich-übersinnliche in seiner Verwirklichung durch die Kunst", Rudolf Steiner Verlag	Stimmungen - Chemische Prozesse:	Kalte Stimmung, warme Stimmung, Verbrennungsprozeß, Kristallisieren; Gefäße mit verschiedenen farbigen Inhalten-Glasgefäße-Metallgefäße-Holzgefäße also Materialunterschiede charakterisieren.	
	Zur Geographie:	Weitere übungen wie im 6. Schuljahr, Vulkanberge, heiße Quellen, Meeresbuchtung, Eisberge, Inselbildung, Landentstehung, Flußlauf usw.	
	Gesteinskunde:	Drusenbildung, verschiedene Gesteine, "edle Steine", Landschaftseindruck der verschiedenen Gesteinsuntergründe - Formationen- usw. Gebirgszüge: Kalkgebirge, Marmorbrüche usw. (s. Band 2) Eisblumen: Tuschlaufübungen (Naß in Naß).	
	Architekturstudien:	Einfachste Ur-Behausung, (rundlich) Iglo, (dreieckig) Zelt, einfache Waldhütte - dagegen: moderne Behausung, Wohnbezirk, Kaufhaus, Festhalle, Fabrik.	
	übungen zur Heftgestaltung:	Raum-Kompositions-übungen, überschriften-Gestaltung, Vignette-kleine Streubilder, Initialen-Schrift mit und ohne Bildgestaltung, Illustration-übungen für verschiedene Gebiete, Umschlagsgestaltung usw.	
Caroline von Heydebrand; "Malen und Zeichnen" in der Waldorfschule	Theater und Kulissengestaltung:	Farbgebung mit: Seidenschleiern (durchlichtet, belichtet), Farbtüchern für Kulissen. Requisiten. Tiere usw., Seidenpapier als Transparente usw. Kulissenarbeit usw. Farbspiele-Schattenspiele, Lampenschirmherstellung, farbige gezupfte pflanzengefärbte Schafwolle; enkaustische Kulissen.	
Rudolf Steiner, "Sprachgestaltungs-Kurs"	Verwandlungsübung:	vom Blau zum Gelb, gelb wird kräftiger, blau geht hinein, wird grün, gelb stößt hindurch, befreit sich wieder, wird kräftiger und steigert sich zum Rot - Rot verwandelt das Gelb zum Orange - es entsteht ein Blau - Grün - Orange - Klang.	

8.

... In der Malerei sollte man die Naturstimmungen malen lassen ... Sonnenaufgang und Sonnenuntergang habe ich voneinander unterscheiden lassen, das haben einzelne glänzend getroffen. Diese Sachen könnte man schon pflegen. Regenstimmung im Walde, als Aufgabe für 14-15jährige.

Freie Farbübungen zur Entwicklung des Farbsinnes: Malerische übungen werden in allen Altersstufen fortgesetzt und sind Bestand der verschiedenen Unterrichtsgebiete. Das Gestalten von Gegenständlichem geschieht nach malerischen Gesichtspunkten.

... Wollen Sie eine Pflanzenlandschaft malen, und sie solle wirklich den Eindruck des Lebendigen machen, dann müssen Sie die Pflanzen selber sowohl in ihrem Grün wie in ihren einzelnen Farben etwas dunkler malen als sie wirklich sind. Dann müssen Sie das Ganze mit einer Stimmung überziehen, und diese Stimmung, die muß in einer gewissen Weise eine gelblich-weißliche Stimmung sein. Sie müssen als das Ganze in einem gelblich-weißlichen Licht halten, dann bekommen Sie eigentlich erst in der richtigen Weise das heraus, was die Pflanze ist...

"Die Winternacht am Nordpol" (Beispiel einer malerischen Stimmung)

Nach der Geschlechtsreife wächst der junge Mensch im eigentlichen Sinne in die Erde hinein, er verläßt das "farbige Paradies". Er muß Gut und Böse erkennen lernen. Nun ist die Zeit gekommen, wo er Weiß und Schwarz in ihrer ungeheuren Dramatik erleben kann, das Schwarz-Weiß, Hell-Dunkel-Zeichnen beginnt.

Schönes Wetter, die Sonne steht jetzt viel tiefer; sie befand sich um Mittag 9° über dem Horizont. Der Winter kommt rasch heran. Heute Abend haben wir -26° C, doch finden wir es nicht kalt. Leider zeigen die heutigen Beobachtungen keine besonders große Drift nach Norden, wir sind ihnen zufolge noch auf 38° 50' nordl.Breite. Gegen Abend wandelte ich auf der Eisscholle umher. Es gibt nichts so wunderbar Schönes wie die arktische Nacht. Es ist ein Traumland, in den zartesten Tönen gemalt, die man sich denken kann; es ist in Äther verwandelte Farbe. Ein Schatten verschmilzt in den anderen so, daß man nicht weiß, wo der eine endigt und der andere beginnt, und doch sind sie alle vorhanden. Keine Formen, alles ist vorhanden. Keine Formen, alles ist schwache, träumerisch gefärbte Musik, eine weit entfernt, langgezogene Melodie auf gedämpften Seiten. Ist nicht alle Schönheit des Lebens erhaben und zart und rein, wie diese Nacht? Gebt ihr glänzendere Farben, und sie ist nicht mehr so schön. Der Himmel gleicht einer großen Kuppel, die im Scheitelpunkt blau ist und sich abwärts in Grün, dann in Lila und Violett an den Rändern abschattiert. über den Eisfeldern lagen kalte, violettblaue Schatten mit helleren blau roten Tinten, wo hier und dort ein Grat den letzten Widerschein des entschwindenden Tages auffängt. Oben im Blau der Kuppel scheinen die Sterne, die den Frieden verkündigen, wie es diese unverständlichen Freunde stets tun. Im Süden steht ein großer rotgelber Mond, umgeben von einem gelben Ring und leichten, goldenen Wolken, die vor dem blauen Hintergrunde schweben. - Im Südwesten liegt tief am Horizont der Abglanz der Sonne, ein dunkles, grelles Rot, wie Blut, von allen schlummernden Wünschen des Lebens durchglüht, tief unten und weit entfernt wie das Traumland der Jugend. Höher am Himmel geht die Färbung über, und dann kommt der tiefblaue sternen-besäte, endlose Raum, in den nie die Dämmerung anbrechen wird ...

x) Dann wies Dr. Steiner darauf hin, daß hier die Fläche weiß sei. Im Weiß ersterben die Farben. Damit war das Weiß gemeint, wenn n e b e n ihm auf der Fläche eine Farbe aufgemalt wird. Denn später sagte er: wir dringen durch das Weiß wie durch ein Tor in alle Farben ein. Im übenden Eindringen in dieses Wort erfährt man, daß das reine Weiß eben beim Malen überwunden werden muß. Es muß zum Licht werden. Da legt sich dann ein, wenn auch noch so zartes Gelb über das reine Weiß, welches dadurch eine Durchseeltheit bekommt. Und durch die Farbe sollte alles durchseelt werden, wenn sie richtig erlebt wird ... Er sagte dazu: Ich will etwas gedämpftes Blau malen. Ich muß eine matte blaue Farbe erleben können, die Farbe muß ganz in mir sein. Ich kann vielleicht aus dem matten Blau etwas herausholen. Wenn aber etwas herauskommen soll, muß das blaue Erlebnis in irgend etwas übergehen.

Während dieser Worte hat er mit den Pflanzenfarben auf der rechten und auf der linken Seite des Malgrundes ein gedämpftes Blau gemalt in reichen, dem Blau entsprechenden Tönen. Diese wurden wie zu einer großen, die Mitte des Blattes umschließenden Gebärde. Das Blau des Nachthimmels ruhte noch darin, doch war es schon leise erhellt von einer anderen Farbe. Das Blauerlebnis ging schon lose in etwas anderes über. Ich will etwas malen, was an mich herankommt, sagte er. Ich habe etwas auf der Fläche, was aus der Fläche heraus wirken will. Und so begann er die ausgesparte Mitte des Blattes mit den strahlenden Formen eines leuchtenden Gelb zu bemalen. Diese wurden wie zu einer Fortsetzung. Vom eigenen Farberleben geht einem das Herz auf für die Naturfarben. Der Physiker betrachtet nur den Leichnam der Welt. Was schimmernd, schillernd, über den Dingen schwebt, darüber spielt, das hat Zukunft. Es ist die Farbe das Kind des Kosmos ... Jedes Malen nach M o d e l l ist bei der künstlerischen Ausgestaltung schon ganz unmöglich, aber L e r n e n müssen künstlerisch Empfindende von der großen Künstlerin, der N a t u r ! Unsere Seele kann heute nur schwer hineinwachsen in das freie Gestalten, aber die Welt des Farbigen ist in sich ein Schaffendes, und wir müssen uns in sie ganz hineinleben ... Den Köpfen geht es nicht ein, aber den Fingern, und man kann doch nur aus den Händen malen und nicht aus dem Kopfe ... Aus den Händen heraus muß gemalt werden. Man muß im Strich die Persönlichkeit erkennen. Im amorphesten Farbfleck muß man die Hand sehen und muß wissen, ob der Maler den roten Fleck von links nach rechts gemalt hat ... Blau ist das formgebende Element, mit Rot kann man keine Form geben ... Allerdings muß dann dieses anthroposophische Erfassen der Welt auf etwas anderes gehen, als auf ein bloßes abstraktes begriffsmäßig Ideelles. Es muß auf Anschauung gehen. Man muß ebenso denken können in Farben, in Formen, wie man denken kann in Begriffen, in Gedanken, man muß l e b e n können in Farben, in Formen.

G r o ß e S c h ü l e r m a l e n f ü r d i e K l e i n e n :

Wichtig: Gute, farbige, an Gestaltung zurückhaltende Märchenbilder als Bildschmuck.
Geburtstagskalender - evtl. mit Märchen durch das Jahr hindurch:

Beispiel:
- Jan.: 3 Männlein im Walde (Die Haulemänner)
- Febr.: Die 7 Raben (o. als Fasching z.Lachen Die goldene Gans)
- März: Marienkind
- April: Aschenputtel
- Mai: Brüderchen und Schwesterchen
- Juni: Schneeweißchen und Rosenrot, Der getreue Johannes
- Juli: Dornröschen, Jorinde und Joringel
- Aug.: Frau Holle (Backofen mit Apfelbaum, Märchen-Haus Fr. Holle im Hintergrund)
- Sept.: Die zwei Brüder (Kampf m.d.Drachen), auf d.Berg die 5 Tiere, betende Königstochter in der Kapelle
- Okt.: Eisenhans (Der Junge m.d.goldenen Haaren in die Schlacht reitend auf weißem Pferd mit goldenem Apfel, Junge den goldbraunen Eisenhans hütend)
- Nov.: Sterntaleer, Frau Holle (bettenschüttelnde Goldmarie, goldenes Tor im Hintergrund z.Erde führend)
- Dez.: Sneewittchen
  Oletschka = russisches Snewittchen (Weihnachtsstimmung)

Z u r S k i z z e n b u c h a r b e i t

x) "Zwei Männer blieben stehen, um zu plaudern. Ich wollte beginnen, sie Stückchen für Stückchen zu skizzieren, ich fing an mit dem Kopf - da gingen sie weiter, und alles, was ich auf dem Papier hatte, waren einige Stücke ihrer Köpfe. Oder Kinder saßen auf den Stufen einer Kirche, wieder sollte ich anfangen, da rief ihre Mutter sie weg. So füllte ich mein Skizzenbuch mit Nasenspitzen, Stirnen und Haarspangen. Ich wollte künftig nicht heimgehen ohne eine vollständige Arbeit und versuchte nun schnell zu zeichnen. Das ist hierbei das einzig mögliche Zeichnen! Ich setzte mich, ich erfaßte eine Gruppe mit schnellem Blick. Wenn sie wenigstens kurze Zeit stillstand, hatte ich ihren Charakter, ihre Haltung im allgemeinen begriffen. Blieben sie länger, so konnte ich die Einzelheiten einfügen."

Corot

Quellenangaben	Name der Übungen	Bemerkungen	Tafel Bild Seite
	V. Übungsgruppe Übungen nach malerischen Gesichtspunkten:		
nach Rudolf Steiner, "Über das Wesen der Farben"	Dissonanzen. Auflösung in Harmonie:	Suchen und Finden entsprechender Farbnuance. Entstehung von Misch-Tönen. Die Übungen bestehen je aus zwei Blättern um einmal den bewußten Klang zu erzielen, aber auch den Prozeß des Sichausgleichens in harmonische Stimmung zu zeigen. Man muß den ersten Klang also zweimal malen, um den zweiten weiterzuführen in die Harmonie.	
Fritdjof Nansen "Im Nordeis" Bd. 1 Leipzig 1867	Steigerungs-Übung:	Freie Gestaltung vom Gelb zum Rot, vom Blau zum Violett usw., vom Grün zum Blau usw., Grundübungen der unteren Klassen als Schichtübungen, Spiegelungsübungen als Komposition Wasser - Luft, Erde - Himmel usw. Spiegelungsübung = Komplementär	
	8. Naturstimmungen:	Vor der konstruktiven Perspektive muß die Farbperspektive geübt sein. Die konstruktive Perspektive wird dann wieder ins künstlerische Gestalten gebracht. Freies Gestalten mit Farben aus malerischen Gesichtspunkten heraus, die zur Gestaltung von Bäumen, Geographie, usw. führen. Baumstudien aller Art - siehe Baumkunde Band III.	
	Übersetzen von Meisterbildern	Dürer, Rembrandt usw. Einzelne Hell-Dunkel-Szenen und Stimmungen werden in vielfältiger Weise studiert mit Linie, Hell-Dunkel und Farbe. Die Hell-Dunkel-Werte übersetzt man in Farbwerte und umgekehrt. "In der Malerei sollte man die Naturstimmungen malen lassen ... Sonnenaufgang und Sonnenuntergang habe ich voneinander unterscheiden lassen, das haben einzelne glänzend getroffen. Diese Sachen könnte man schon pflegen. Regenstimmung im Walde, als Aufgabe für 14-15jährige. Die Kinder sollen auch den Unterschied zwischen Malerischem und Plastischem kennen ..." "... Bei jüngeren Kindern ist das Schöpfen aus der Seele heraus beim Malen schon das Richtige. Vor dem 10. Jahre sollte man gar nicht Gegenstände malen lassen, denn man verdirbt dadurch viel.	
	Völkerkunde:	Asiatisches = Fudschijama, chinesische und japanische Tempelbauten, Tibet: Felsentempel, chinesische Schriftzeichen (Pinseltuschübungen zur Tuschmalerei); russische Zwiebelkirchen, indische Tempel-Stimmungen usw. Menschengestalten, Gewandung; Chinesen, Japaner, Russen, Inder usw.	
Brüder Grimm, "Hausmärchen", herausgegeb. v. Fr. Panzer, Emil Vollmer-Verlag, Wiesb.	Chemie:	Blütenbereich Blatt Wurzelbereich in Beziehung zum Menschen Wässriges, Luftiges, Verdampfung; Wolkenstudien: Cirruswolken, Stratos, Kumulus, Nimbus (Goethegedicht)	
	Dur- und Moll-Farbklänge:	Übungen von Grundstimmungen durch den Farbkreis hindurch.	
	Aus der Skizzenbuch-Arbeit:	Die Schüler lernen, auf der Grundlage des Formzeichnens freies Skizzieren mit verschiedenem Material und schulen sich durch Beobachtung an der Natur (siehe Band 1 x).	

...Mit solchen leicht aus dem natürlichen Körperrhythmus fließenden Spiralen füllt sich allmählich ein großes Übungsblatt. Es ist erstaunlich, wie durch solche regelmäßigen Übungen die Kraft entwickelt und gesteigert werden kann. Manches, was an Phantasie, Energie und Temperament im Menschen verborgen lag, kann sich dadurch lösen und mehr noch; ein gutes Stück Talent läßt sich auf diese Weise entwickeln und herausholen. "Das bin ich" sagt ein mit so mächtigen, starken und ursprünglichen Strichen bedecktes Blatt. Ein Gefühl von Freude, Frische, Kraft und Sicherheit kommt über den Zeichnenden, denn bei solcher Kraftausgabe ist es, als ob das Innere sich nach außen kehre. Der Geist wird frei und fließt im Strich mit, das Ursprüngliche kommt zum Vorschein, die Persönlichkeit wird gesteigert - ja, die Kraftausgabe kann ins Schöpferische hinübergleiten. Zwar sollte ein kraftvoller Strich dem Menschen natürlich sein, denn ein tüchtiges Kind zeichnet kräftig und unbekümmert mit starken Strichen, ehe es mit "Richtigzeichnen" gequält wird und seine Frische und Ursprünglichkeit verliert.- Was man mit Temperament gezeichnet hat, soll man nie widerrufen und rückgängig machen, Jeder Strich, der frei und stark hingesetzt wurde, soll vor allem nicht ausradiert werden. Kraft ist jedoch nicht mit Roheit zu verwechseln. Eine Hand, die Kraft verausgaben kann, kann ihre Kraft auch zurückhalten und leicht und zart sein.....
Viele echten Talente und Kräfte im Menschen kommen nie zur Entfaltung, weil ihnen die richtige Schulung fehlt. Und wie schade ist es doch um jedes Samenkorn, das nicht aufgehen kann, weil es nicht gepflegt - "begossen" ist. Jedes selbstgemalte Bild wird zum wirklichen Erlebnis. Malen und Zeichnen erhält jung. Das hohe Alter bedeutender Künstler beweist es - ideale Entspannung beim Zeichnen und Malen sind zu erleben, wie geben Kraft zu neuer Tätigkeit!" heißt es als Aufruf in einer Zeitschrift.

9 "Das Thema des therapeutischen Malunterrichtes ist immer gewesen das Nachschaffen der Naturstimmungen, die durch die Tages- und Jahres-Rhythmen zustande kommen. Die Bilder der Jahreszeiten sind Spiegelungen unseres eigenen Leib-Seelegeschehens. Wir schauen uns selber an, wir gewinnen tiefe Blicke in eine Selbsterkenntnis durch Welterkenntnis. Nicht nur in der Natur reichen sich die Wesen die goldenen Eimer, reicht der Frühling seine Kräfte dem Sommer, der Sommer dem Herbst usw., sondern dasselbe geschieht in uns. Wenn die Ernährung verarbeitet wird und eingegliedert dem Atmungsgeschehen steigen wir aus den Sommer-Sulphurkräften hinauf in die Herbstes-Eisenkräfte, oder wenn aus der Atmung die Kräfte hinaufstrahlen und Grundlage unseres Denkens werden, wandeln Herbsteskräfte sich in Winterkräfte in Salzbildungsprozesse. Wenn zuletzt aus Gedankenkräften äußere Bewegung impulsiert wird, ist das eine Metamorphose von Unsichtbarem in das Sichtbare, ein Frühlingsgeschehen. Wer sich in einen Jahreszeitenzyklus vertieft, bringt seine Gesamt-Wesenheit zum Atmen. Hier kommt es eben darauf an, daß nicht willkürlich gespielt wird, sondern eine kontinuierliche Verwandlung durchgeführt wird. Und während man ja sonst dem Naturgeschehen eine Empfindung entgegenbrachte, die zunächst keinen äußeren Ausdruck fand, ist das aktive künstlerische Darstellen eine Betätigung, die an sich schon dazu zwingt, Vorstellungsgemäßes durch Willensentscheidungen in der Außenwelt zu realisieren. - Solche Übungen haben sich außerordentlich bewährt bei allen Menschen, deren Ätherisches durch ein nach innen sich wendendes Seelisch-Geistiges erstickt, oder auch aufgezehrt wird. Da findet man ein abgelähmtes Sinnesleben, die Seele kann durch die Sinne hindurch keinen rechten Zusammenhang mit den Weltenkräften erhalten. Solche Menschen sehen die Welt mit leeren Augen an, als ob das Organ sprechen könnte: "Die Botschaft hör ich wohl, allein mir fehlt der Glaube." Die Welt sagt ihnen nichts mehr. Dann aber sind die Tore offen für fremdeUmweltkräfte, die einströmen und zu Krankheitsprozessen Veranlassung geben. Wenn wir mit unserem Ich wach in unseren Sinnen leben, weisen wir die Außenkräfte zurück, ja im Zurückweisen schaffen wir unseren eigenen Lebensraum. Der Involutionsprozeß des Sinnesvorganges führt neben allen Erscheinungen der Verhärtung, der Ablagerung, der inneren Stauungen letztlich auch zum Carcinom. In den therapeutischen Malübungen wendet man sich an die Heilkräfte, die im Heranführen der Seele an die Bildekräfte der Welt zu erreichen sind. Voraus geht eine Einführung in die wahre Natur des Regenbogens, aus dessen Farbenharmonie man mit innerer Notwendigkeit zu Jahreszeitenstimmungen kommen kann, wenn man ihn langsam kreisen läßt. Der Farbenkreis Goethes eignet sich am besten für diese Darstellung. - Aus dem sommerlichen Blau-grün-gelb steigert sich der Herbst über gelbrot bis zum Purpur, verinnerlicht sich der Winter über violett ins kühle blau, wobei auch eine Umkehr in der Behandlung der Farbe eintritt. Denn während die Details der Herbstlandschaft in den warmen Farben erstrahlen, muß man bei Winterlandschaften das Gegenständliche aussparen, die Schneelandschaft ist auch farbig eine Umkehr bis in die Technik der Darstellung. - Der Frühling stellt sich in diesem Zusammenhang dar als der den Jahreskreis neu befruchtende Tropfen Pfirsichblüt, einer Farbe, die einem ganz aufgelösten Purpur ähnlich ist, der Geistseite des Regenbogens sozusagen entspricht. Leuchtet Pfirsichblüt aus den zu Erdtönen verschichteten übrigen Regenbogenfarben, so ist immer eine Frühlingsstimmung eindeutig gegeben. - Zwischen Licht und Finsternis entstand die Farbe. Goethes gesamte Naturwissenschaft ist von Begriffen durchzogen (Metamorphose, Polarität, Steigerung) die viel mehr geeignet sind, auf die Kräfte und Prozesse hinzudeuten, die hinter den Erscheinungsformen diese erst bedingen. Was Rudolf Steiner aus seiner umfassenden Erkenntnis als erforschbare Welt der Bildekräfte beschrieb, das dämmerte schon herauf in Goethes Naturwissenschaft gerade in diesen lebendigen Begriffen. So kann man aus Goethes Farbenlehre unendliche Anregungen schöpfen. Z.B. gerade das Reich der Elemente, worinnen die Bildekräfte wirken, zu malen. - Goethe unterscheidet nur zwei reine Farben. Blau und gelb, die in einer Polarität sich gegenüberstehen, d.h. reines Blau schließt jede Anwesenheit von Gelb aus und umgekehrt. - Durch Steigerung beider Pole erhält man gelbrot und blaurot. Unterwärts vereinigen sich blau und gelb zu grün, was eine Mischung ist. Oberwärts liegt, wenn gelbrot und blaurot ineinanderstrahlen, der Purpur. (Keine einfache Mischung.) Dieser Farbenkreis enthält Prozesse, ist keine gleichgültige Nebeneinanderreihung von Wellenlängen. Man kann durchaus diesen Kreis betrachten als Ausdruck lebendiger Kräfte. Man versuche nur einmal, sich selber hineinzustellen in diese Farben. - Ich stehe auf Grün; Grün trägt, ist fest und dicht; Grün hat Grenzen in jedem Blatt der Pflanzendecke, es gibt irdische Sicherheit.Wer möchte auf blauen Wiesen gehen, in denen man versinkt, oder auf roten, die einen beunruhigen! Ich fühle rechts und links polarische Kräfte sich regen; auf der einen Seite gelb, gelbrot, das ist Tageshelle, Blühen und frohes Tätigsein, diesseitige Heiterkeit, oder wie immer man es nennen will. Auf der anderen Seite in blau und blaurot nächtliches Träumen, Verblühen und Sehnen, hingebende Empfindungen. Aus diesem lebendigen Wechsel schaue ich hinauf zum Purpur. Ich fühle sie über mir, jene unbeschreibliche Farbe, der an Würde keine nahe kommt, von der ich empfinden kann, daß sie nur dem Menschen gebührt. So wie ich auf dem Grün sicher schreite, und es gleichsam die Tiefe vor mir verschließt, so öffnet der Purpur der Seele ein Tor, und es leuchtet herein eine höhere Welt. Mit dem Purpur bezeichnet man immer die höchste Würde. Mit dem Purpur bekleidete man denjenigen, durch welchen die Götter das Menschengeschlecht führen sollten. Der Purpur geriet in die Dekadenz. Sucht man die Farbe, die der höchsten Steigerung irdischer Farben, dem Purpur, verwandt ist, aber seine geistige Seite darstellt, so ist es wohl das Pfirsichblüt, von dem wir im Irdischen ja nur Annäherungen malen können. Der Mensch allein trägt es an sich als Inkarnat. - In diesem Farbenkreis leben die Bilder von Weltenkräften, die im Menschen wirken, die auch in der Natur weben; und so kann gemalt werden, indem das Durchwandern des Kreises sich zu Bildern verdichtet: Licht und Luft, Wasser und Erde, die Elemente im Auf- und Niedersteigen. Aus dem Gelb entwickelt sich nach oben orange, rot, lichte Luft mit rötlich warmem Gewölk; aus dem Gelb steigt man hinunter durch grün und blau zu Wasser und Steinen. Und wenn die Phantasie diesen Accord aufgreift und die Elemente verwebt, entstehen wahre Naturstimmungen, lockt das Licht aus der blauen Erde grüne Pflanzen und steigert das Licht zu roten Blüten. - So entrollt sich der Tag in der einen Hälfte des Farbenkreises, die Nacht in der anderen. Da lernt man anders sehen als unsere ernüchterten Augen gewohnt sind. Die Natur belebt sich von innen. Rote Blüten sprechen von anderen Kräften als blaue. Fallendes Wasser versetzt in eine andere Stimmung als der Accord des (ruhenden) Meeres. Und an allem hat man Anteil, weil dieselben Kräfte auch im Menschen (dieselben Stimmungen) wirken. Man kehrt beim Arbeiten während dieser Zeit immer wieder zurück zum Farbenkreis, wie Goethe ihn anordnete. Er ist als Ganzes fast unerschöpflich. Das Auge wandert im Kreise der Kräfte, und es formen sich zu Bildern z.B. Tageszeiten, Jahreszeiten, so daß alles Willkürliche sich klärt zum reinen Ausdruck des Wesentlichen. - Wer behaupten wollte, daß die Phantasie und individuelle Auffassung dabei zu kurz kommen, der hat keine Ahnung, wie vielgestaltig, sagen wir ein Frühlingsaccord, das Hereinschneien des Pfirsichblüt auf die Winterwelt oder Nachtwelt gemalt werden kann. Auch sind ja dies alles Übungen, um gerade von der Willkür zum Verstehen der Farbensprache zu kommen. - Diese Naturstimmungen füllen einen großen Teil der Übungen aus. Hier wirkt man im besonderen, physiologisch gesprochen, auf den Atem, auf alles Rhythmische. Bis in die Technik der Flächenbehandlung muß alles atmen, die Luft anders als das Wasser, das Wasser anders als die Felsen. Die Hand, die solche Bilder malt, lebt in den Elementen, sie wird sensibel und beseelt und sicherlich geeignet, später in der ärztlichen oder caritativen Praxis wohltuend zu wirken. - Konnte man die ersten Übungen vergleichen mit dem Gehen-, Sprechen- und Denkenlernen, so kann man diesen Teil im Zusammenhang sehen mit allem, was zwischen dem 7. und 14. Jahr geschieht. Jetzt schult man die innere Beweglichkeit des Bildekräfteleibes und gleichzeitig appelliert man schon an das Verständnis. Hier ist Goethe der große Lehrer der lebendigen Verwandlungen im Naturgeschehen. Wichtig ist gerade hier, daß Bild aus Bild entwickelt wird in solchen Farbmetamorphosen, wie sie Goethe gerade in Bezug auf die Form an der Pflanze aufgegangen waren.

Gestaltungen mit Farben:

Quelllnenangaben	Name der übungen	Bemerkungen	Tafel Bild Seite
Dr. Margarethe Hauschka Stavenhagen, "Zur künstlerischen Therapie", Boll über Göppingen	Intensitätsübung:	Bei einer Harmonie des Klanges werden die leuchtenden Farben nur in kleinen Flecken erscheinen dürfen, damit sie die anderen (schwächeren) nicht überwältigen, daß diejenige Farbe, die die größte Kraft besitzt, nicht auch den größten Flecken einnehmen darf. Jede Farbe hat ihre Eigenwirkung, wenn sie in großen oder in kleinen Flächen erscheint.	
	Hell-Dunkel-Kontrast in der Farbe:	Elementare Verteilung von Hell-Dunkel und Abstufungsübung. Der Ausgangsakkord Rot / Gelb / Blau wird in den verschiedenen Helligkeits- und Dunkelheitsgraden der einzelnen Farben erübt. Nicht nur eine Farbe im Bilde kann warm oder kalt sein, sondern auch der ganze Akkord. (Wie der gleiche Ton verschiedener Instrumente.)	
	Schwarz-Weiß und Hell-Dunkel im Farbigen Taten und Eigenschaften von Licht und Dunkelheit:	Licht strahlt aus, Dunkelheit saugt das Licht auf. Deshalb tritt im Bilde die Helligkeit hervor und die Dunkelheit weicht zurück. Gegenüber dem lebendigen Licht bedeutet die Dunkelheit Ruhe. Sie hat Schwere und Gewicht. Licht gibt lebendige und bewegte Formen. Reines Schwarz und reines Weiß wirken hart und plakatartig, sind weit entfernt vom malerischen Hell-Dunkel. Den Ausgleich kann schon ein einziger Mittelton bilden, durch den eine dreidimensionale Wirkung entsteht. Zwei Mitteltöne - ein heller und ein dunkler - genügen jedoch zur Gestaltung des reichsten Bildes. Die höchste Helligkeit und tiefste Dunkelheit bleiben rein und unangetastet. Die Einzelheiten gehören in die Mitteltöne.	
	Hell-Dunkel-Zeichnen	baut sich auf die Schattenlehre (4. Klasse) auf. Reine Hell-Dunkel-übungen aller Art mit verschiedenem Material bilden die Grundlage für das künstlerische Darstellen in der Oberstufe. In der Zeit der Erdenreife wird die Hell-Dunkel-Arbeit eingeführt (7./8. Klasse). Das Kind erfährt dann die Realität großer kosmischer Realitäten (Dualität: Licht-Finsternis). So lernt es die menschlichen Polaritäten im Männlich-Weiblichen richtig einzuordnen und nicht zu überschätzen.	
Rudolf Steiner, Erziehungskunst, Methodisch-Didaktisches.		"Hell und Dunkel und die zwischen beiden entspringenden Farben sind die Elemente, aus denen das Auge seine Welt schöpft und schafft. Aus diesem Grundsatz fließt alles übrige." Goethe "Bei jeder eindrucksvollen Wirkung im Bilde erkennt man eine klare und deutliche Aufteilung in Helligkeit und Dunkelheit. Diese gilt nicht nur für jedes Schwarz-Weiß-Blatt, sondern auch für jede farbige Arbeit, denn das Hell-Dunkel ist auch die Grundlage der Farbenharmonie. Die Farbe selbst ist nur die Verklärung und Bekrönung des Hell-Dunkels. Vieles was wir im Bilde als "Poesie", als "Stimmung" empfinden, liegt ausschließlich in seiner Hell-Dunkel-Wirkung. Wenn die Macht des Hell-Dunkels nicht so groß wäre, könnten kleine Schwarz-Weiß-Abbildungen von Meistergemälden nicht schon so große Wirkungen ausüben ..."	
	Temperamenten-Stimmung:	Melancholiker - bläuliche Stimmung, Choleriker - feurig-rot, Phlegmatiker - bräunlich-grünlich, Sanguiniker - gelblich-bunt.	
	Wolkenstimmungen:	Stratus-Streifenwolken, Nimbus-Wetterwand, Regenwolken, Cumulus-Haufenwolken, Cirrus-Schäfchenwolken.	
	Zur Völkerkunde:	Gegensätze: Neger - Indianer, braun-schwarz-rote; Physiognomie-Stimmung und Gestaltung: Chinese - Europäer, gelb-weiß Stimmung; Eskimo - Südländer, Eislandschaft-tropische Wärme usw. Nomadenzelt - Steinhaus.	
	Praktische Anwendung des Malens:	für Quartette-Stundenplanbebilderung-Geburtstagskalender-Klassenfriese-Transparente-Bilderbücher und Ziehbilderbücher-Plakate-Programme-Kulissenarbeit usw.	
	übungen der verschiededenen Elemente:	Feuer-Stimmungen, Wasserstimmungen, Nebel usw. Baum mit Elementarbereichen und Elementarwesen (Skizzen nach Rudolf Steiner). Lustiges: Sylven-Vögel; Feuriges: Salamander-Schmetterlinge; Wässriges: Undinen-Fische, Erdiges: Gnome-Kröten-Kristalle.	

10. Darauf kommt es an, daß man mit den Farben Zwiegespräch führen kann, daß sie einem selber sagen, wie sie auf der Fläche sein wollen. Das ist es, was eine Betrachtungsweise, die überhaupt in die Wirklichkeit hineindringen will, durchaus ins Künstlerische herüberhebt. Unsere Physik hat uns diese Betrachtungsweise ruiniert ... Deshalb muß heute mit aller Entschiedenheit betont werden: solche Dinge, die vor allem in die Psychologie und in die Ästhetik hineinführen, dürfen nicht weiter von der physikalischen Betrachtung korrumpiert werden, sondern es muß verstanden werden, daß hier eine ganz andere Art und Weise der Anschauung eingreifen muß. Im Goetheanismus sehen wir die geistigen Elemente, die seelischen Elemente. Dieser Goetheanismus muß weiter ausgebildet werden ... Wir müssen den Goetheanismus lebendig denken, um immer weiter und weiter zu kommen. Das können wir nur durch Geisteswissenschaft.

Das bildhafte Darstellen, freies Schaffen aus der Farbe heraus, muß in der Oberstufe zu einer malerischen Reife gebracht werden. Die vielen Übungen der Unter- und Mittelstufe haben eine Grundlage geschaffen für ein sicheres Farbqualitätsgefühl und Empfinden für Stimmungen und für eine Charakteristik der Farbe als solcher (reine Farbstimmungen oder gegenstandslose Farbgestaltung). Die Gesetzmäßigkeit von Licht und Schatten wirkt ordnend und wohltuend auf den jungen Menschen. Die Dualität, die in ihm im Kampfe ist, in einer Weltendualität zu sehen verobjektiviert und schafft damit eine Überwindung der Schwierigkeiten, in der die 14 - 15jährigen sich befinden. Aus diesem Grunde lassen wir das Malen in dieser Altersstufe weitergehen, weil das Seelenleben durch den Umgang mit der Farbe geordnet und bereichert und harmonisiert wird.

Ich habe also hier eine Grünheit, hier die zweite Grünheit, hier die dritte Grünheit. Ich male hier ins Erste irgendwie hinein in die Grünheit ein Rotes. Ich male im zweiten Fall in die zweite Grünheit hinein eine Art Pfirsichblütfarbe und ich male zum dritten hinein ein Blaues ... Empfindungsgehalt: Die roten Menschen auf der grünen Wiese, die beleben mir die ganze grüne Wiese - grüner, gesättigter - lebendiger - rote Menschen wie Blitze machen. - Diese pfirsichblütigen Menschen, die haben eigentlich kein besonders Verhältnis zur Wiese, sie regen die Wiese nicht auf, machen sie nicht noch grüner. - Dieses Blau, das dämpft mir diese ganze grüne Wiese ab -- wird abgelähmt - sie nimmt selber etwas Bläulichkeit an. - Da muß irgendwo ein Abgrund sein --
Die grüne Farbe ist der Pflanze eigentümlich - Ich habe in der Grünheit das Bild der Pflanze. - Bei der Pflanze ist das Wesen <u>das Leben</u>; die grüne Farbe ist <u>das Bild.</u> So daß ich ganz im Objektiven bin, wenn ich sage: <u>Grün</u> stellt dar das tote <u>Bild</u> des Lebens.
Das Pfirsichblüt
Farbe des menschlichen Inkarnats. Was nach außen strahlt in dem Inkarnat, das ist nichts anderes als der sich in sich erlebende Mensch. Was wir da im Inkarnat als Farbe vor uns haben, es ist das Bild der Seele, richtig das Bild der Seele. Die Seele, die sich erlebt, offenbart sich im Inkarnat. Dieses ist nicht tot, wie das Grün der Pflanze, erst wenn der Mensch die Seele zurückzieht, wird er grün: dann kommt er bis zum Toten; aber in dem Inkarnat habe ich das Lebendige.
Also: <u>Pfirsichblüt</u> stellt dar das lebendige Bild der Seele.

... wir werden durch das Weiß zum Lichte als solchem geführt. Wir brauchen ja, um diese Empfindung ganz auszubilden, nichts anderes zu tun als uns etwa zu sagen: Das polarische Gegenbild des Weißen ist das Schwarze.
<u>Weiß</u> oder Licht stellt dar das seelische Bild des Geistes.
<u>Jetzt</u> gehen wir zum Schwarz oder der Finsternis. Bedeutsam für das Schwarz ist die Kohle. Wie die Pflanze ihr Bild irgendwie im Grünen hat, so hat die Kohle ihr Bild im Schwarzen. Alles ist absolut schwarze Finsternis.
<u>Schwarz</u> stellt dar das geistige Bild des Toten.
<u>Wollen</u> wir das Pfirsichblüt suchen, könnten wir das etwa auf folgende Weise tun: Jetzt nehme ich Schwarz und Weiß - denken Sie sich diese ineinanderwellend - durchglänzt, durchstrahlt von Rot, dann würde ich Pfirsichblüt bekommen.

Nehmen wir die ganze innere Wesenheit des <u>Gelb</u>. - Man muß das Gelb da, wo Grenzen sind, schwächer Gelb machen - man muß ein sattes Gelb in der Mitte haben und <u>das</u> muß gegen schwaches Gelb ausstrahlen.
Das Gelb will ausstrahlen

Nehmen wir dagegen das <u>Blau</u> - das Blau fordert durch seine innere Wesenheit das genaue Gegenteil von Gelb - nämlich, daß es vom Rande nach <u>innen</u> strahlt.
Das Blau strahlt nach innen.

Das Rot ist der Ausgleich zwischen beiden. Es will gleichmäßig sein, keine Grenzen haben -- die Mitte halten zwischen Strahlen und Staunen -

Zum Physiognomischen:

Jawlewsky machte die Entdeckung, die er freilich nicht gedanklich, sondern nur malerisch, im Bilde vermitteln konnte (weshalb er auch lange nicht verstanden wurde), daß der Mensch nicht nur ein äußeres, sondern auch ein inneres Gesicht besitzt, ein Untergrundgesicht, das aus der Leibesorganisation emportaucht, ein Triebgesicht, das dynamisch wirkt und nicht mehr die statischen Linien zeigt, wie das physisch sichtbare. Es wird von diesem verdeckt. Man muß es entdecken. Dann aber offenbart es ganz andere Gesetze als die der klassischen Vorbilder, wo an den Verhältnissen von Stirn, Nase und Mund noch der goldene Schnitt abgelesen werden konnte. Dieses innere Gesicht erweist sich als unregelmäßig. Die Symetrie entpuppt sich als Schein, der die Seele leer läßt und von ihrer Sicht aus überhaupt nicht mehr wahrgenommen wird. Je getreuer die äußere Welt abgebildet wird, umso flüchtiger ist der Eindruck auf die innere. Das gilt für das Wahrnehmungsorgan als solches, das Auge, an und für sich. Vom rechten Auge geht ein ganz anderes Sehen aus als vom linken, so verschieden wie das Sonnenlicht von dem Mondenschein. Wie darf man da noch die Augen gleichförmig und -farbig nebeneinandersetzen? "Ich verstand, daß ich nicht das malen mußte, was ich sah, sogar nicht das, was ich fühlte, sondern nur das, was in mir, in meiner Seele lebte. Bildlich gesagt, es ist so: Ich fühlte in mir, in meiner Brust eine Orgel und die mußte ich zum Tönen bringen. Und die Natur, die vor mir war, soufflierte mir nur. Und das war der Schlüssel, der diese Orgel aufschloß und zum Tönen brachte. Anfangs war es sehr schwer. Aber nach und nach konnte ich leicht mit Farben und Formen das finden, was in meiner Seele war."
-- Diese Gesichter werden aber immer abstrakter, geistiger, heiliger und endlich zu "Heilandsgesichtern", wie er sie selber nannte, wobei er vielleicht fühlte, daß in jedem Menschen ein solches Antlitz auf die Verwirklichung wartet, weil CHRISTUS für alle Menschen gestorben und in jedem auferstanden ist. Wobei sich die Frage meldet: Auch in jenem, der in sich das Bild des Gottes, nach welchem er geschaffen worden ist, selber vernichtet. Auch ein solches Gesicht malte er. Und er nannte es "Weltherrschaft". Das war im Jahre 1933, als die Wirksamkeit des Antichrist sichtbar wurde.
... Jawlewsky, der seine letzten Gesichter Meditationen nannte, hoffte, daß sich der Betrachter in sie hineinversenke und dadurch seine Seelenkräfte sammle, verinnerliche und läutere. Es sind vom Willen ausgehende Anschauungsübungen, vergleichbar Sprüchen, die durch ihre Rhythmen und Laute das geistige Leben wachrufen, so daß es zu einem inneren Schauen und Lauschen gelangt. Es kommt nicht darauf an, ob sie etwas Äußeres abbilden, sondern ob sie etwas Inneres erwecken.
... Es wäre ihm notwendig geworden, schreibt er einmal, "eine Form für das Gesicht zu finden, da ich verstanden hatte, daß die große Kunst nur mit religiösem Gefühl gemalt werden soll. Und das konnte ich nur in das menschliche Gesicht bringen. Ich verstand, daß der Künstler mit seiner Kunst durch Formen und Farben sagen muß, was in ihm Göttliches ist, darum ist das Kunstwerk ein sichtbarer Gott und die Kunst ist Sehnsucht zu Gott."

Quellenangaben	Name der Übungen	Bemerkungen	Tafel Bild Seite
Nach Rudolf Steiner, "Über das Wesen der Farben",	Verwandlungsübung:	Ein einzelner Farbenklang wird bereichert und klingt auf in vielen Variationen, wenn man ihn mit einem einheitlichen Farbschein übermalt, "überflutet" (teilweise eine andere Farbe darüberlegt) - z.B. ihn leuchtender zu stimmen, indem er mit gelben Schleiern überzogen wird, ein anderer mit blauen ihn etwas zurückhaltender, verhaltener zu stimmen, einen anderen "erwärmt" man durch einen roten Schimmer oder stimmt ihn feierlich mit einem violetten Schein usw. (Durch Seidenpapierbögen darüberlegen - wie bei der Transparenttechnik kann man die Stimmung ausprobieren (denn ein schöner Farbklang behält auch in solcher Verwandlung seine Harmonie.) Die farbigen Gegenstände um das Bild herum verändern auch bereits das Bild selbst (Reflexe der Umgebung beachten).	
Rudolf Steiner,	Enkaustisches Malen:	Hier bilden die Lasuren das Ausschlaggebende der Stimmung beim Malen, wodurch eine viel geistigere Mischung entsteht, sagt Goethe. Man kann jede Farbe und jede Mischfarbe mit jeder Mischfarbe überfluten, ohne die zuerst angeschlagene Harmonie zu verlieren. "Ein leuchtendes Gelb im Bilde überflutet die anderen Farben nicht etwa mit sich selbst, nicht mit Gelb, sondern zaubert ein ebenso leuchtendes imaginäres Violett hervor. Wenn nun keine ungefärbte und neutrale Stelle mehr im Bilde frei ist, wo es sich rein und ganz ausleben könnte, so erscheint dieses Violett immateriell über allen anderen Farben schwebend." (Hölzel)	
	Zur Schulung des Zeichnens	Übungen mit der Linie und der Farbe geben die Möglichkeit zur künstlerischen Ausdrucks- und Gestaltungskraft. Das Formzeichnen bildet die Grundlage. "Sehen ist in sich selbst eine schöpferische Tat, die eine Anstrengung verlangt." Henri Matisse "... Wenn jemand die Kunst des Sehens nicht durch Vorurteile verfälschen kann von einem Tag zum anderen nichts gleich scheinen." Picasso "Man sieht oft etwas hundert Mal, tausend Mal, ehe man es zum allersten Mal wirklich sieht." Morgenstern "... Bei Beobachtungen sind selbst die Irrtümer nützlich, indem sie aufmerksam machen und dem Scharfsichtigen Gelegenheit geben, sich zu üben." Goethe	
	Graphische Grundtechniken:	Hochdruck - Tiefdruck - Flachdruck.	
	Was ist Graphik?	verschiedene Bildvervielfältigungsverfahren, Merkmal Wiederholbarkeit.	
A. Steffen "Gesichter Jawlewskys"		x) "Wenn das Wort "Graphik" (Grafik) heute oft allgemein für alle Arten der Zeichenkunst gebraucht wird, so gebührt dieser Name doch nur den verschiedenartigen Bildvervielfältigungsverfahren, die sich von der Handzeichnung durch das Merkmal der Wiederholbarkeit unterscheiden. Hier ist auch die mechanische Reproduktionsgraphik ausgeschlossen und nur die Originale manuelle Bildgraphik gemeint, wie sie der Künstler handhabt, wie sie im Kunstunterricht aller Schulen mehr und mehr Eingang findet und wie sie - meist in den einfacheren Verfahren - auch der kunstliebende Laie gern ausübt." Zwischen Handzeichnungen und eigentlicher Technik liegende Übungen sollten doch in der Oberstufe geübt werden, diese graphischen Zwischenstufen oder graphischen "Zwischenverfahren" haben für die künstlerisch-pädagogische Erziehung eine Bedeutung. Der junge Mensch lernt phantasievoll, vielseitig frei gestalten und bekommt ein anderes Sehen und Verständnis für die graphischen Grundtechniken und damit auch Liebe und Zugang zu Meisterwerken alter und neuerer Zeit. (Der chinesische und japanische Holzschnittdrucker bringt mit Pinseln die Farbe auf den Druckstock, abwechselnd dick- und dünnflüssig. Feinste Tonwerte durch Befeuchten des Papieres, Verwischen und Verwässern der wasserlöslichen Druckfarbe, durch Pressung ohne Druckfarbe "blind" gedruckt, daher der Name=Japanaqua.	

Auch in der 11. und 12. Klasse wird das Malerische und Zeichnerische sehr gepflegt. Die Formensprache der Hände, des Antlitzes und der ganzen Gestalt wird in verschiedenem Material erübt. Pflanze, Tier, Architektur, Landschaft entstehen aus der Farbe heraus, doch sollte man am stärksten das freie Gestalten mit Farben pflegen, wie die einzelnen Farbklänge zu einem charakteristischen Ausdruck kommen.

Zum Physiognomischen:

11./12. ..."Diese Schwarzen in Afrika haben die Eigentümlichkeit, daß sie alles Licht und alle Wärme vom Weltenraum aufsaugen ... Und dieses Licht und diese Wärme im Weltenraum, die kann nicht durch den ganzen Körper durchgehen, weil ja der Mensch immer ein Mensch ist, selbst wenn er ein Schwarzer ist. Es geht nicht durch den ganzen Körper durch, sondern hält sich an der Oberfläche der Haut, und da wird die Haut dann selber schwarz ... Das was ihm da hilft beim Verarbeiten (von Licht und Wärme) das ist namentlich sein Hinterhirn ... Daher ist beim Neger namentlich alles das, was mit dem Körper und mit dem Stoffwechsel zusammenhängt, lebhaft ausgebildet. Er hat ... ein starkes Triebleben, Instinktleben ... wie wenn in seinem Innern von der Sonne selber gekocht würde ... und dasjenige, was dieses Feuer schürt, das ist das Hinterhirn ... er hat auch noch ein furchtbar schlaues und aufmerksames Auge. - Beim Gelben, beim Japaner, beim Chinesen, da arbeitet das Licht und die Wärme hauptsächlich in der Atmung und in der Blutzirkulation. Wenn Sie je einem Japaner begegnet sind, so werden Sie bemerkt haben, wie der auf seine Atmung achtet. Wenn er mit Ihnen redet, hält er sich immer zurück, daß die Atmung recht in Ordnung ist ... Da wird hauptsächlich in der Brust alles verarbeitet. Und das bewirkt, daß der gelbe Mensch nicht sein Hinterhirn so stark ausbildet, sondern das Mittelhirn. Da hat er das, was seine Atmung und seine Blutzirkulation versorgt. Er lebt also doch ziemlich im Innern, der gelbe Asiate. Sie können das auch seinem Gang anmerken; er hat einen mehr lässigen Gang. Er arbeitet nicht so stark mit den Gliedmaßen und dem Stoffwechsel. Der Neger ist viel mehr auf Rennen und auf die äußere Bewegung aus, die von den Trieben beherrscht ist. Der Asiate, der Gelbe, der entwickelt mehr ein innerliches Traumleben, daher die ganze asiatische Zivilisation dieses Träumerische hat. Also er ist nicht mehr so in sich nur lebend, sondern er nimmt schon vom Weltenall etwas auf. Und daher kommt es, daß die Asiaten so wunderschöne Dichtungen über das ganze Weltenall haben. Der Neger hat das nicht, der nimmt alles in seinen Stoffwechsel herein und eigentlich verdaut er nur das Weltenall. Der Asiat eratmet es sich, hat es in seiner Blutzirkulation. Daher kann er es auch im Wachen von sich geben. Denn die Sprache ist ja auch nur eine umgestaltete Atmung. Ja, es sind schöne, wunderschöne Gedichte. Es sind überhaupt innerliche Menschen. Der Asiate verachtet den Europäer heute, weil er sagt: Das sind äußerliche Menschen ... - Europa. Wir sind in der Tat dem Weltenall gegenüber eine weiße Rasse, denn wir müssen alles äußere Licht zurückgeben ... und im Grunde genommen alle Wärme ... Die Wärme muß schon ganz mächtig werden, wenn wir sie in uns aufnehmen wollen. Und wenn sie nicht da ist, so verkümmern wir, wie es sich bei den Eskimos zeigt ... Da ist der Mensch so, daß er im Grunde genommen alles Licht und alle Wärme zurückwirft. Nur wenn sie mächtig wird, nimmt er sie auf. Er wirft sie zurück und entwickelt nur dasjenige an Licht und Wärme, was in seinem Innern durch seine eigene innere Arbeit entsteht. Ja, da kommt ihm nicht das Atmen und die Blutzirkulation zu Hilfe und nicht die Wärmeerzeugung, sondern da muß er durch sein Gehirn, durch seinen Kopf meine ich, selber dasjenige erarbeiten, was Licht und Wärme ist ... Wir müssen unserem Blut selber die Farbe geben .. Das dringt dann durch das Weiße durch und dadurch bekommen wir diese europäische Menschenfarbe ... Daher sind wir schon so wie ein weißer Körper, der alles im Innern verarbeitet und alles Licht und alle Wärme zurückwirft ... Und während der Mongole das Mittelhirn hauptsächlich braucht, müssen wir Europäer das Vorderhirn anwenden ... Der mit dem Hinterhirn, der hat vorzugsweise das Triebleben, das Instinktleben. Der dahier mit dem Mittelhirn, hat das Gefühlsleben, das in der Brust sitzt. Und wir ... armen Europäer haben das Denkleben, das im Kopf sitzt. Dadurch fühlen wir gewissermaßen unseren inneren Menschen gar nicht. Denn den Kopf, den fühlen wir nur, wenn er uns weh tut ... Sonst fühlen wir ihn nicht. Dadurch aber nehmen wir die ganze Außenwelt auf, werden dadurch leicht Materialisten. Der Neger wird schon kein Materialist. Der bleibt innerlich Mensch. Nur entwickelt er innerlich das Triebleben. Der Asiate wird auch nicht Materialist. Der bleibt beim Gefühlsleben. Der kümmert sich nicht so um das äußere Leben wie der Europäer ... Die Neger leben auf einem Erdstück, wo die Sonne sie sehr, sehr belästigt, eindringt in sie. Also geben sie sich ihr hin, nehmen sie ganz in ihren Körper auf, werden freundschaftlich mit ihr, werfen nichts zurück. Bei den Asiaten, da geht es schon mehr aus dem Heißen der Erde heraus. Die geben nicht mehr soviel zurück. Und bei den Europäern, da ist es so, daß sie eigentlich überhaupt nichts von der Sonne bekommen würden, wenn sie nicht ihr eigenes Menschliche entwickeln.

"Die Farben sprechen in der verschiedensten Weise. Während die hellen Farben, die roten, die gelben tatsächlich einen attackieren, einem viel sagen sind die blauen Farben etwas, was dem Bilde den Übergang zur Form gibt. Durch das Blau kommt man schon in d. Form hinein, und zwar hauptsächlich in die formenschaffende Seele hinein. Man war auf dem Wege, solche Entdeckungen zu machen, man ist oftmals auf halbem Wege stehen geblieben. Manches Bild von Signac erscheint uns deshalb so wenig befriedigend, obwohl es in anderer Beziehung recht befriedigend sein kann, weil da immer das Blau in ganz derselben Weise behandelt ist, wie ... das Gelb oder Rot, ohne daß ein Bewußtsein vorhanden ist, daß der blaue Farbfleck, neben den gelben gesetzt, eine ganz andere Wertigkeit darstellt, als der rote neben dem gelben. Das scheint etwas Triviales zu sein für jeden, der Farben empfinden kann; aber im tieferen Sinne ist man doch erst auf dem Wege zur Entdeckung solcher Geheimnisse. Das Blau, das Violett sind Farben, welche durchaus das Bild von dem ausdruckvollen in das innerlich Perspektivische überführen. Und es ist durchaus denkbar, daß man bloß den Gebrauch des Blau in einem Bilde neben den anderen Farben eine wunderbar intensive Perspektive herausbringt, ohne irgendwie zu zeichnen. Auf diese Weise kommt man dann weiter. Man kommt dazu, zu erkennen, daß die Zeichnung wirklich das sein kann, was man nennen möchte: Das Werk der Farbe. Wenn es einem gelingt, die Farbengebung in Bewegung umzuführen, so daß man zunächst die Zeichnung ganz geheimnisvoll in der Führung der Farbe drinnen hat, wird man bemerken, daß man dies insbesondere bei dem Blau kann; daß man dies weniger kann bei gelb oder rot, weil es diesem nicht angemessen ist, so geführt zu werden, daß es innerlich Bewegung enthält, daß es von einem Punkte zum anderen sich hinbewegt. Will man eine Gestalt haben, die innerlich sich bewegt, z.B. fliegt, und die wegen der innerlichen Beweglichkeit innerlich bald klein, bald groß wird - also in sich bewegt ist - dann wird man ohne daß man irgendwie von Vernunftprinzipien oder von irgend einer gelehrten Ästhetik ausgeht, die niemals berechtigt ist, sonder gerade dann, wenn man vom elementarsten Empfinden ausgeht, sich unbedingt genötigt finden, blaue Nuancierungen zu benutzen und diese in Bewegung überzuführen. Man wird bemerken, daß erst dann die Zeichnung auftreten, Figurales entstehen kann, wenn man das fortsetzt, was man damit begonnen hat, daß man das Blau tingierte in Bewegung übergehen lassen. Denn jedesmal, wenn man übergeht von dem Malerischen, von dem Koloristischen in das Figurale, in die Form, wird man das was sinnlich ist, in den Grundton des übersinnlichen überführen. Man wird beim Übergang von hellen Farben durch das Blau und von da irgendwie innerlich zur Zeichnung in den hellen Farben den Übergang zu einem Sinnlich-übersinnlichen haben, das möchte ich sagen, in einem geringen Ton das übersinnlich enthält ... weil die Farbe immer etwas sagen will, weil die Farbe immer eine Seele hat, die übersinnlich ist. Und man wird finden, daß, jemehr man in die Zeichnung hineinkommt, man destomehr in das Abstrakt-übersinnliche hineinkommt, das aber, weil es im Sinnlichen auftritt, sich selbst sinnlich gestalten muß, wovon ich mir zu sagen erlaubte: die Natur hält es verzaubert, und wir entzaubern das in dem Sinnlichen verborgene, durch ein höheres Leben ertötete übersinnliche."

Vom Schönheitsempfinden:

Die zweite lebendige Quelle aber ist der Mensch selbst, die Proportionen seines Körperbaues, die wunderbaren Eigenschaften seines Auges und die natürliche gesunde Art seiner Empfindung. Weil dies beiden Quellen weder alt noch neu sind, sondern ewig, so sind auch die Harmoniegesetze der Kunst ewig ..." Weil nun der Mensch sich als "das Maß aller Dinge" empfindet, so befriedigt es ihn, seine eigenen Maße in der Umwelt wiederzufinden, und er nennt sie "schön". Ebenso wie die Werke der Natur werden die höchsten Schöpfungen der Kunst niemals ihre Wirkung auf das Auge des Menschen verfehlen. Warum aber Natur und Kunst zu allen Zeiten wieder die selbe Mischung von Entzücken und tiefster Beruhigung in uns auflöst, die uns so auslöst, die uns so ergreift, daß wir empfinden und sagen müssen "dies ist schön", darüber sind sich nur wenige Menschen klar, Denn sie wissen nicht, daß in dieser"Schönheit" dasselbe große kosmische Gesetz wirksam ist.

Quellenangaben	Name der übungen	Bemerkungen	Tafel Bild Seite
Rudolf Steiner "Arbeitervorträge"	Modulieren der Farben: Modulationsübung	bedeutet das übergehen von einem Farbenakkord in den anderen mit gleichzeitiger Verwertung einer Farbe in beiden Akkorden. Man kann nach mehreren Akkorden zu einem Anfangsakkord zurückkehren, oder verschiedene vorhandene Akkorde miteinander verbinden, indem man sie von einem zum anderen hinüberleitet.	
	Farbhüpfübung:	Man kann durch leuchtende zusammenhängende Farbmassen oder durch einzelne leuchtende Flecken das Auge verlocken oder beleben. Oder es kann ein ganzerTeil des Bildes intensiv, ein anderer matt gestimmt sein.	
	Abstimmungsübung:	Ein einziger Akkord mehrmals in einem anderen. Intensives Verhältnis zueinander ausspielen, z.B. Dreiklang Orange, Grün, Violett, einmal als leuchtendes Orange, matteres Grün und blasseres Lila, dann umgekehrt als leuchtendes Smaragdgrün, mittleres Violett und matteres Goldbraun; oder leuchtendes feierliches Violett, mittleres Orange und mattes Dunkelgrün - so ergibt sich aus Wenigem ein Reichtum von Variationen.	
	Harmonische Farbakkorde:	Urdreiklang Mischdreiklang Drei komplementäre Paare - Farbenkontraste: leuchtend-matt, kalt-warm. Die Erscheinung (Grundtönung) des Fleckes wird rot, obgleich er auch andere Farben wie Violett, Schwarz, Weiß, Gold in kleinen Mengen trägt.	
	Kompositionsübungen:	In der Vereinigung dieser drei ersten Sehbewegungen auf der Bildfläche: senkrecht, waagerecht und schräg, ist schon ein großer Reichtum an Kompositionsmöglichkeiten verborgen, und es gibt wohl kaum ein bedeutendes Werk, in dem sie nicht als Grundlage spürbar wären. Die Schüler müssen lernen, Farben-Kompositionen - Farben-Akzente zu sehen, Farbräume zu komponieren. Das Auge empfindet Befriedigung, wenn die "Hauptfigur" oder die Hauptfarbe (Hauptwirkung) des Bildes auf jenen Stellen stehen, die es sich selbst als Ruhefläche gewählt hat. Setzt man z.B. wichtige Akzente nahe an den Bildrand, so scheinen diese darüber hinaus zu wollen. Der Blick wird über die Begrenzung hinaus geleitet und kann sich nicht aufs Bildinnere konzentrieren.	
Rudolf Steiner "über das Wesen der Farbe"	übungen für Ausdruck von Farbe und Form: z.B. Farbstudien - Kopfstudien:	Aus Violett-Rot, aus Violett-Gelb, aus Violett-Grün usw. gewordene Antlitze, wie verändert sich ein Kopf beim Hinzukommen einer anderen Farbe. Gedanke zur Portraitkunst: Mancher wird nicht die Wahrheit meines Spiegels erkennen. Er sollte erkennen, daß ich nicht dazu da bin, die Oberfläche zu spiegeln (das kann jede Fotographische Platte), sondern ins I n n e r e dringen muß. Ich spiegele bis ins Herz hinein. Ich schreibe Worte auf die Stirn und um die Mundwinkel. Meine Menschengesichter sind wahrer als die wirklichen. Aus "Tagebücher" von Paul Klee	
Hinweis Otto Hagemaier, "Der goldene Schnitt", Heinz Moos Verlag, Heidelberg, 1963	Das Einbeziehen von Schwarz und Weiß:	Nicht-Farben (Goethe sagt: Nichtfarben-Charakter ist das Schwarz und Weiß) Im Vergleich zu den reinen Farben könnte man die farblosen Töne nennen: Schwarz, weiß, grau. Das Einbeziehen dieser "Töne" in ein Bild lassen die leuchtenden Farben noch leuchtender erscheinen. Schwarz u. Weiß muß man "malen", d.h. die Umgebung in diese, oder diese in die Umgebung einbeziehen - sonst wirken sie wie Löcher o.tote Flekken. Durch die Komplementärwirkung der leuchtenden Farben wird das Schwarz u. Weiß im Bilde von einem farbigen Schein überflutet u. dadurch von den übrigen Farben aufgenommen - so sind sie nicht mehr "Fremdkörper" im Bilde.	

das, meistens unbewußt, in jedem Menschen lebt, sein Schönheitsempfinden leitet und bis ins Alltagsleben hinüberspielt: Es ist das heilige Größenmaß vom G o l d e n e n S c h n i t t. Die Formel des Goldenen Schnittes heißt: Der kleinere Teil (minor) verhält sich zum größeren Teil (major) wie der größere Teil zum Ganzen. Dies aber ist das unergründliche Geheimnis des Goldenen Schnittes, daß es mit Zahlen nicht auszudrücken ist... Weil dieses Maß sich menschlicher Berechnung entzieht, und mit dem Menschenverstande niemals zu ergründen ist, gab der Italiener Lucas di Burgo ihm den Namen "divena proportione" (das göttliche Größenverhältnis). Denn eben weil es unlösbar ist, ist es ein Gleichnis der allzeit geahnten überall gegenwärtigen aber niemals begriffenen Gottheit und hat den nie endenden Reiz des Geheimnisvollen..."

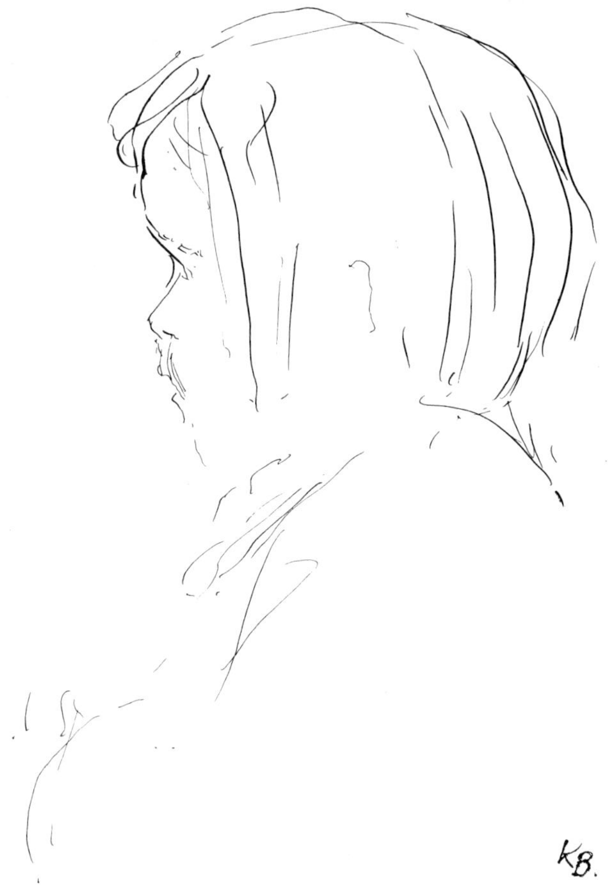

"....seht ihr das Leuchten des heiligen Regenbogens? Sein Licht wird meine Wanderung erhellen. Wo der Regenbogen fällt, ist auch mein Bardo zu Ende. Leuchtend wie die heiligen Farben der Himmelsbrücke ist das reine Gefäss, das dort meiner Seele wartet."

Tod des greisen Buddha der roten Sekte

"Das Farbenprisma ist unsere erste Annäherung an Gott, unsere sieben Glückseligkeiten."

Paul Cêsanne

Der lebendige Schaffensprozeß des Malerischen durchwallt den Menschen mit seiner vielfältigen Organisation und gibt ihm neue Lebenskräfte. Er lernt diese zu erfühlen und diese allmählich zu handhaben und so kommt er auch zum Schaffen lebensvoller Gestalten, die Seelisch-Geistiges auszusprechen vermögen.

"Die hohen Kunstwerke sind zugleich alldie höchsten Naturwerke von Menschen nach wahren und natürlichen Gesetzen hervorgebracht. Alles willkürlich Eingebildete fällt zusammen. Da ist Notwendigkeit, da ist Gott."

Goethe

".. Die Durchdringung der Wirklichkeit, die ich ja für die große und einzige Aufgabe aller Kunst halte, das Hindurchblicken bis auf den letzten und mystischen Grund."

Kubin

VERZEICHNIS DER BÜCHER ZUM STUDIUM

Verfasser	Titel	Verlag
Barcsay, Jenö	Anatomie für Künstler	Corvina, Budapest 1958
Berghof, Albert	Organische Farbstoffe	A. Hartlebens Verlag, Wien Pest Leipzig 1902
Boos-Hamburger, H.	Aus Gesprächen mit Rudolf Steiner ü.Malerei	Zbinden Verlag, Basel 1952
Boos-Hamburger, H.	Die schöpferische Kraft der Farbe	Zbinden Verlag, Basel 1959
Börner, Rudolf	Welcher Stein ist das?	Franck'sche Verlagshandlung Stuttgart 1956
Cézanne, Paul	Über die Kunst	Rowohlt Hamburg 1957
Cohn, William	Chinesische Malerei	Phaidon, London 1948
Corinth-Berend, Ch.	Mein Leben mit Lovis Corinth	List Bücher 1958
Damase, Jaque	Marc Chagall	Verlag Lebendiges Wissen, Berlin 1963
Zeitschrift "Erziehungskunst"	Das Kind in den ersten sieben Jahren	Verlag Freies Geistesleben Stuttgart
Doerner, Max	Malmaterial	F. Enke-Verlag, Stuttgart, 1949
Dumont, Henri	Monet	Südwest Verlag, München
Eckstein, Hans	Künstler über Kunst	Langewiesche-Brandt 1941
Everand, Barbara	Wildpflanzen der Welt	Herbich Verlag, München 1971
Gauguin, Paul	Mein Vater Paul Gauguin	List Bücher 1960
Gauguin, Paul	Briefe	Rembrandt Verlag, Berlin
Glas, Norbert	Die Temperamente	Arbeitsgemeinschaft anthropos.Ärzte, Stuttgart
Glas, Norbert	Gefährdung und Heilung der Sinne	Arbeitsgemeinschaft anthropos.Ärzte, Stuttgart
Grohmann, Gerbert	Lesebuch der Tierkunde	Verlag Freies Geistesleben, Stuttgart
Grohmann, Gerbert	Die Pflanzen	Verlag Freies Geistesleben, Stuttgart
Grohmann, Gerbert	Das Lesebuch der Pflanzenkunde	Verlag Freies Geistesleben, Stuttgart
Grohmann, Gerbert	Kleine Pflanzenkunde für Kinder	Verlag Emil Weises Buchhandl., Dresden 1940
Gutman, Wolfgang F.	Meerestiere am Strand in Farben	O. Maier Verlag Ravensburg
Haftmann, Werner	Emil Nolde, ungemalte Bilder	Dumont 1963
Hajek-Hoffmeister	Chinesische Malerei	Artia Prague 1959
Hauck, Hedwig	Handarbeit und Kunstgewerbe	Verlag Freies Geistesleben, Stuttgart
Hauschka-Stavenhagen	Zur künstlerischen Therapie	7325 Boll, Gruibinger Str. 29
Zeitschrift	Heilende Erziehung	Freies Geistesleben, Stuttgart
Hentschel	Pflanzenfarben auf Wolle	Metzner Verlag, Berlin 1936
Hollenberg, F.	Radierung	Otto Maier Verlag, Ravensburg 1962
Hess, Walter	Dokumente zum verständnis d.modernen Malerei	Ro-ro-ro Verlag 1956
Kandinsky, Wassily	Die Klänge	Ro-ro-ro Verlag Nr. 19
Klapp, Erhard	Das Büchlein der 1000 Kostüme	Herbig Verlag, Berlin
Knaur's Tierbuch	Insekten	Droemersche Verlagsanstalt, München
Knaur's Tierbuch	Säugetiere	Droemersche Verlagsanstalt, München
Knaur's Tierreich in Farben	Vögel	Knaur Nachfolger, München
Knaur's Mal- und Zeichenbuch		Knaur Nachfolger, München
Kolte, Hans	Papier im Druck	C. Carte Verlag, Einbeck 1948
Kokoschka, Oskar	Schriften	Fischer Bücherei 616
Kunstreihe i.Farben	Frühe deutsche Miniaturen	Deutsche Buchgemeinschaft, Berlin 1958
Sammlung	Die schönsten Kunstgeschichten	Mosaik Verlag, Hamburg 1963
Leonardo da Vinci	Handzeichnungen	Arche Verlag 1949
Vom Lehrplan der Freien Waldorfschule		Verlag Freies Geistesleben Stuttgart 1958
Leonardo da Vinci	Das Malerbuch	Voigtländer Verlag, Leipzig
Lützeler, Heinrich	Abstrakte Malerei	Signum Taschenbücher 1958
Macke, August	Reise nach Kairoan	W. Klein, Baden-Baden 1954
Maler der Brücke		Insel Verlag 1958
Marc, Franz	Der Turm der blauen Pferde	Reclam 1961
Marc, Franz	Sechs Aquarelle	Bruckmann Verlag, München
Marc, Franz	Tierstudien	Inselbücherei Nr. 537
Matisse, Henri	Farbe und Gleichnis	Fischer Bücherei 1960
Meisterwerke des deutschen Expresionismus		Cauth'sche Druckerei, Stuttgart
	Muscheln	Südwest Verlag, München, 1970
Nizon, Paul	Vincent van Gogh im Wort	A. Scherz Verlag, Wien 1959
Nolde, Emil	Das eigene Leben, Jahre der Kämpfe	Chr. Wolff Verlag, Flensburg 1949
Nolde, Emil	Aquarelle und Zeichnungen	Bruckmann, München 1957
Perfahl, Jost	Tiere und Tiergeschichten	Das Bergland-Buch, Salzburg
Ploss, Emil Ernst	Ein Buch von alten Farben	H. Moos Verlag, München 1967
Rhein, Erich	Die Kunst des manuellen Bilddrucks	Otto Maier Verlag, Ravensburg 1958
Richter, Gottfried	Ideen zur Kunstgeschichte	Verlag Urachhaus, Stuttgart
Soziale Hygiene,	Merkblätter zur Gesundheitspflege	7261 Unterlengenhardt, Nr. 1, 2, 6, 13
Seldmayer, Hans	Die Revolution d.modernen Kunst	Rowohlt's deutsche Enzyklopäd.
Spränger, Erich	Färbbuch	E. Rentsch Verlag, Erlenbach
Steiner, Rudolf	Allgemeine Menschenkunde	Rudolf Steiner Verlag, Dornach 1968
"	Anregungen zur innerlichen Durchdringung des Lehr- und Erziehungsberufes	Verlag Zbinden, Basel
"	Der Baugedanke d. Goetheanums	Verlag Freies Geistesleben, Stuttgart 1958
"	Entwürfe f.d.Glasfenster d.Goetheanums	Rudolf Steiner Verlag Dornach/Schweiz
"	Erziehung des kleinen Kindes	Verlag Freies Geistesleben, Stuttgart
"	Erziehungsfragen	" " "
"	Erziehungskunst, Method.-Didaktisches	Rudolf Steiner Verlag Dornach 1966
"	Geisteswissenschaftl.Behandlung soz.u.päd.Fragen	Rudolf Steiner Verlag"
"	Die kosmische Sendung der Künste	Philos.-Anthropos. Verlag, Dornach
"	Kunstgeschichte als Abbild	" "
"	Schulskizzen	Rudolf Steiner Verlag
"	Die Metamorphose der Pflanzen	Verlag Freies Geistesleben, Stuttgart 1960
"	Pädagogik u.Kunst, Pädagogik u. Moral	" "
"	Stilformen des Organisch-Lebendigen	vergriffen
"	Über das Wesen der Farbe	Verlag freies Geistesleben, Stuttgart 1959
"	Wesen u.Bedeutung d.illustr. Kunst	Rudolf Steiner Verlag, Dornach 1940
	Wege der geistigen Erkenntnis	Vortrags-Nachschrift
Steiner, Marie	Rudolf Steiner und die Künste	Rudolf Steiner Verlag, Dornach 1961
Tilke, Max	Kostümschnitte und Gewandformen	Verlag E. Wasmuth, Tübingen
Uhde-Bernays, H.	Künstlerbriefe über Kunst	Fischer Bücherei 1963
Utrillo	Montmartre	Siebert Mohn Verlag 1956
Wingler, H. M.	Wie sie einander sahen	H. Langen Verlag, München 1957/61
Zahn, Leopold	Kleine Geschichte der modernen Kunst	Ullstein Buch Nr. 92

TAFEL.	ABB.	TECHNIK	INHALT	SCHULJ.
1	1	Aquarell	Stimmung und Gestaltung	9/10.
	2	"		
	3	"	Eule	
	4	"	Stier	
2	1	Aquarell	Farbklang	10.
	2	"	Vogelgruppe	10.
	3	"	Tiere	9.
	4	"	Eule	10.
3	1 - 4	Aquarell	verschiedene Menschenstudien	10.
4	1 - 4	Aquarell	Farbklang m. verschied.Menschenst	11/12.
5		Pflanzen. Aquarell	Übungsgruppe: Farbenharmonik/ Farbaufbau	ab 1.
	1 - 7		Grundübungen einzelner Farben	
	8 - 12		Gegenüberstellung	
	12a-13b		Urteilsübungen	
	14 -17		Farbgespräche	
6			1. Übungsgruppe: Farbharmonik/ Farbaufbau	ab 2.
	1 - 8		Harmonisierungs-Übungen	
	9 - 12		Höflichkeitsübungen	
	13 -16		Farbhüpfübungen	
	17 -20		Farbbegegnungen	
7			1. Übungsgruppe: Farbharmonik/ Farbaufbau	
	1a - 2		Verwandlung	
	3a - 3d		Verzauberung	
	4a - 4d		Verzauberung	
	5a - 5d		Verzauberung	
	6a - 6d		Verzauberung	
8			II. Übungsgruppe: Farbbewegung	2./3.
	1 - 2b		Austauschübung - Platzwechsel	
	3a - 4b		Austauschübung komplementär	
	5a - 6b		" kompl.(teilweise)	
	7a - 8b		" " Umstülpung	
	9 - 12		Farbraum-Übung (vorn-hinten)	
9	1 - 4	Aquarell	Temperamentsübungen	1./2.
	5 a u. b		Farbbewegung	
	6 a u. b		Märchenstimmung	
10	1 - 4	Aquarell	Farbbewegung	2.
11	1 - 2		Farbgespräche	3.
	3 - 5		"	1.- 2.
12	1 u. 4	Aquarell	Farbgespräche	2./3.
	2 u. 3		Farbbegegnung	
	5 - 6		Austauschübung	
13			III. Übungsgruppe: Farbraumübungen	
	1	Pastell	Farbkreisstimmung	5.
	2	Aquarell	Charakter unbetont (charakterlos	3.
	4		Charakter betont (charaktervoll)	3.
	3		Farbhüpfübung	3.
14	1 - 4	Aquarell	IV. Das Gestalten im Seelenraum: Seelische Stimmungen	4.
	5		Märchenstimmung	
	6		Herbststimmung	
15	1 - 6	Aquarell	Märchenstimmung u. Gestaltung	1.
	5	Pflanzenf	"	
16	1 - 5	Aquarell	Märchenstimmung u. Gestaltung	1.
	2,3,6	Pflanzenf	"	
17	1 - 5	Aquarell	Legendenstimmung u. Gestaltung	2.
18	1 - 5		Fabelstimmung u. Gestaltung	ab 2.
19	1 - 4		Stimmungen u.Gestaltungen a.d.alt Testament (Entstehung d.Welt)	ab 3.

TAF.	ABBILD.	TECHNIK	INHALT	SCHULJ.
20	1 - 7	Aquarell	Entstehung d.Erde,Stimmung Luft, Wasser, Wolken, Nebel	3.
21	1 - 5		Stimmungen u.Gestaltungen aus dem alten Testament	ab 3.
22	1 - 4	Aquarell	Biblische Gestalten	Oberkl
23	1 - 3		Farbgestaltung in Beziehung zum Unterrichtsstoff:verschied. Berufe	f. 3. Kl. 3.
24	4 - 6		Verschiedene Berufe	3.
25	1 - 3		"	ab 3.
	4 - 5		Heimatkunde	ab 3.
26	1 - 6	Aquarell u. Wachsfarben	Zur Heimatkunde	ab 3.
27	1 - 4	" "	Zur Geographie	4.
28.	1 - 5	Aquarell u. Pastell	Zur Geographie	4./5.
29	1 - 6	Aquarell	Gestaltungen u.Stimmungen, germanische Mythologie u. Heldensagen	4.
30	1 - 5	Aquarell	Mythologische Stimmungen	4.
31	1 u. 6		Atmosphärische Stimmungen	4.
	2 - 5		Nordische Mythologie	4.
32	1,3,4,5	Aquarell	Nord. Landschaftsstimmungen	4./6.
	2 u. 6	Sgraffito		
33	1 - 6	Aquarell u. Wachsfarben	Verschiedene Kulturepochen:Indisch, Persisch, Ägyptisch,Griech.,Mittelalter	5./6.
34	1 - 6	Aquarell	Kulturen:Römisch, chinesisch, russisch, neuere Zeit	
35	1 - 8	Aquarell	Zur Menschen-u.Tierkunde	4./8.
		"	Adler, Löwe, Stier, Kuh	
		Pflanzenf. Wachsfarben	Mäuse, Insekten	
36	1 - 5	Aquarell Wachsfarben Pflanzenfarben	Zur Menschen-u.Tierkunde Ziegen, Kuh usw.	4./8.
37	1 - 5	Aquarell	Zur Tierkunde: Fische	5./7.
38	1 - 5	Aquarell u.Wachs	Mäuse, Reh, Eichhorn, Schaf, Spitz, Rehgruppe	5./7.
39	1 - 6	Aquarell	Ente, Vogel, Eisvogel, Vögel, Papagei, Möven usw.	5./6.
40	1 - 5	Aquarell, Wachsf.	Verschiedene Vögel	5./6.
41	1 - 6	Aquarell	Vögel, Pferd, Seehund, Tintenfisch, Ziege usw.	4./7.
42	1 - 5	Aquarell	Tierkunde: Rind, Vögel, Esel Katzen, Wildkatzen	4./7.
43	1 - 4	Wachsfarben	Tierkunde: Hühner, Küken, Hahn, Eichhörnchen, Vögel	6./7.
44	1 - 6	Wachsfarben	Störche, Frosch, Pfau, Gänse, Flamingo, Enten	6./7.
45	1 - 3		Gazellen, Schildkröte, Igel	5./7.
46	1 - 3		Eichhörnchen, Hasen, Schnecke	5./7.
47	1 - 4	Aquarell	Tierkunde: Braun-Klang, Schwarz entsteht, Eule, Leopard, Heidschnucken	9.
48	1 - 4	Aquarell	Giraffen, Pferde, Eisbären, Reh	8./9.
49	1 - 6	Aquarell,z. T.Pflanzenf.	Füchse, Tiger, Rinder, Leopard, Bären, Füchse	8./12.
50	1 - 5	Aquarell,z. T.Pflanzenf.	Stier, Pferde, Polarhunde, Pferde	8./12.
51	1 - 6	" "	Esel, Elefant, Kamel, Nilpferd, Elefant, Vögel	5./8.

TAF	ABBILD	TECHNIK	INHALT	SCHULJ
52		Wachsf.	Baum mit Elementarwesen	
53	1 - 6	Aquarell u.Wachsf.	Blüte, rote Blume (Stimmung), Raupe u. Blatt, Schmetterling, gelbe Blumen, Bienenkorb u.Bienenschwarm	5./7.
54	1 - 5	Wachsf.	Zur Pflanzenkunde:Blütenzweig,Blüte u.Biene,Blüte u.Hummel, Tulpe, Enzian	4./6.
55	1 - 4	Aquarell, Pflanzenf. Wachsf.	Löwenzahn, Rose, Rittersporn, Sonnenblume	6./9.
56	1 - 5	Wachsf.u. Aquarell	Bäume in verschied.Jahreszeiten: Laubb.i.Herbst,Tanneni.Frühling u. Winter u.Sommer,Bäume i.d.Nacht	8./9.
57	1 - 4	Pflanzenf.	Zur Baumkunde: Tannen i.Gebirge, Laubbäume usw.	7./8.
58	1 - 4	"	Baumstudien	5./8.
59	1 - 5	Wachsf.	Festeszeiten: Stimmungen u. Gestaltungen-Weihnachten,Pfingsten usw.	1./7.
60	1 - 4	Wachsf.	Festeszeiten: österlich, Weihnacht Dreikönig, Weihnacht	
61	1 - 6	Wachsf.	Dreikönig, Michael, Dreikönig, Flucht, Michael, Pfingsten	6./8.
62	1 - 7	Aquarell	Zur Geschichte: Römer, Griechen, Ritter.	6./8.
63	1 - 6	Aquarell	Zur Völkerkunde: Indianer, Eskimo Lappländer, Neger usw.	6./8.
64	1 - 4		Russischer Mensch, Chinese, indische Stimmung, japanische St.	Oberst
65	1 - 6		Zur Gesteinskunde: Kristalle	7./8.
66	1 - 4	Pflanzenf.	Schichtübungen: Segelschiff,Landschaften, Kristalle	9./10.
67	1 - 4	Wachsf.	Schichten m. Wachsfarben	5./8.
68	1 - 5	Wachsf.	Schichten m. Wachsfarben	5./10.
69		Tinten	Skizzenbl.m.verschied.Tinten:	5./10.
	1 - 5		Gallustinte	
	6		Federhaltertinte	
	7		Tintenpatrone	
70	1 - 4	Tinten	Verschiedene Tinten	7./8.
71	1 - 5	Experimente	m.verschied.Material(Kerze,Kaffeesatz, Tusche, Pastell)	10./11
72	1 - 6	Rötel	Vorübungen z. Hell-Dunkel	ab 5.
73	1 - 6	verschied.	Studien z.Landschaftsgestaltung	7./8.
74	1 - 5	Aquarell	Aquarell-Schichtung	8.
75	1 - 5	Pflanzenf.	Studien m.verschied.Pflanzensäften: Heidelbeeren, Rote Beete u.a.	
76	1 - 5	Schichtt.	Schichtübungen	5./6.
77	1 - 4	" Aquarell	"	8./9.
78	1 - 4	"	"	9.
79	1 - 5	Aquarell	Seelische Stimmungen	10.
80	1 - 4	Feucht-Schichtung	Phantasie-Übungen	10./12.
81	1 - 4	Wachsf.	Kristall, Gestalt, Sgraffito	11./12.
83	1 - 4	Schichtt.	Farbe lasierend	11.
84	1 - 6	" Aquarell	"	10./11.
85	1 - 4	"	"	10./11.
86	1 - 5	"	"	11./12.
87	1 - 4	"	"	10.
88	1 - 5	"	"	12.
89	1 - 5	Pflanzenf.	"	12.
90	1 - 4	"	"	12.
91	1 - 6	Schichtt.	"	10./12.
92	1 - 4	" Aquarell	Gestalten und Landschaft	11./12.

7. Schuljahr

Zur Arbeits-Vorbereitung

x) Werkstatt-Ordnung!

"An Tagen, da sich mein Vater zum Malen anschickte, setzte er sich an ein helles Fenster, brachte seinen Arbeitstisch in Ordnung und verbrannte links und rechts Weihrauch. Er nahm einen Pinsel und die beste Tusche, wusch seine Hände und reinigte den Tuschestein, als wolle er einen hohen Gast empfangen. Er ließ die Gedanken sich in seiner Seele sammeln und dann arbeitete er ..."

x) Sohn des chinesischen Malers Kuo Hsi

Die Farbe ist die Sprache des Universums.

Rudolf Steiner

7. Schuljahr

Malen heißt nicht Formen färben, sondern Farben formen.

Es folgen nun die farbigen Bild-Tafeln:

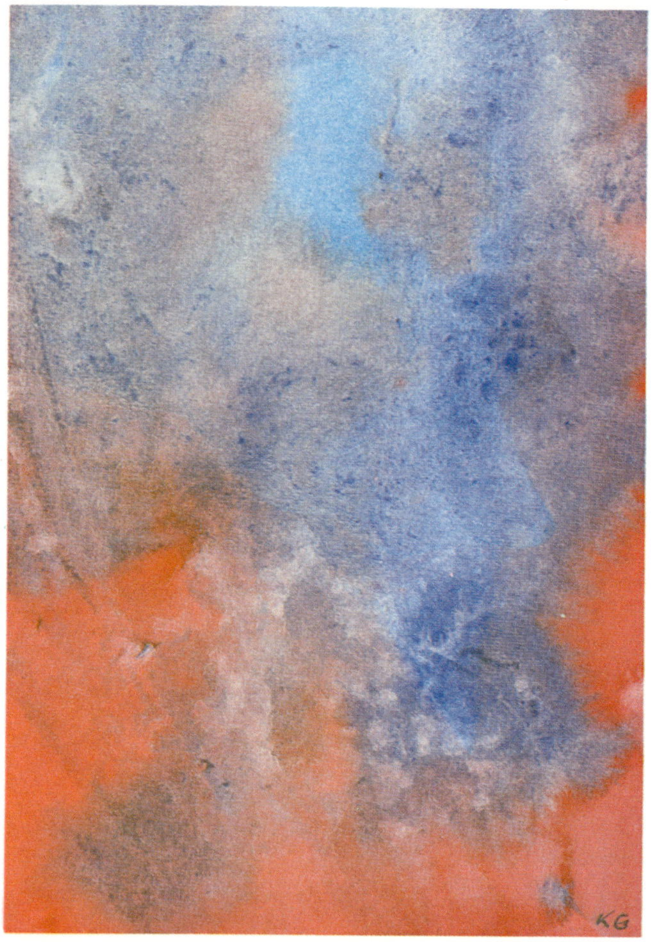

1.

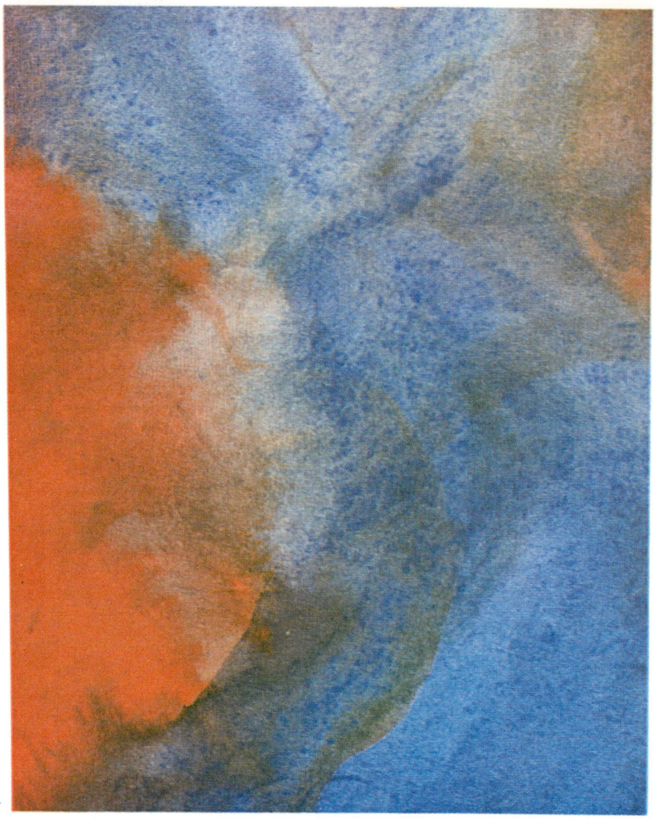

2.

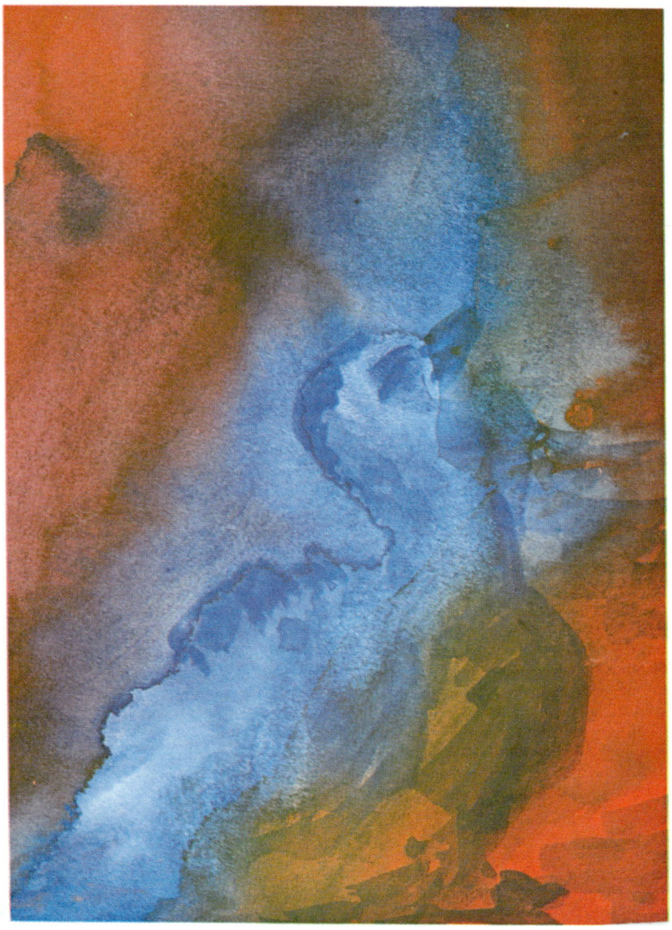

3.

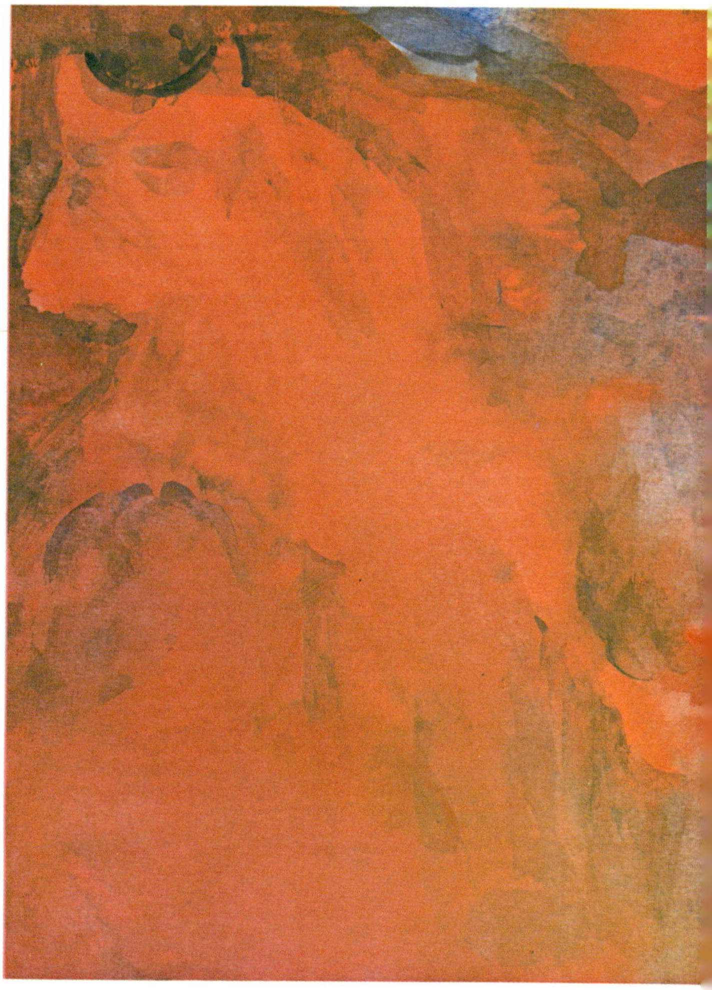

4.

Bevor man mit dem Malen beginnt,
muß man Herz, Hand und Gedanken
in der Pinselspitze haben.
Chi Po Shi

Die Liebe ist alles in der Kunst,
ohne Liebe kann man nichts malen,
kann keinen Grashalm malen.,
wenn man ihn nicht liebt.
Liebermann

Tafel 1

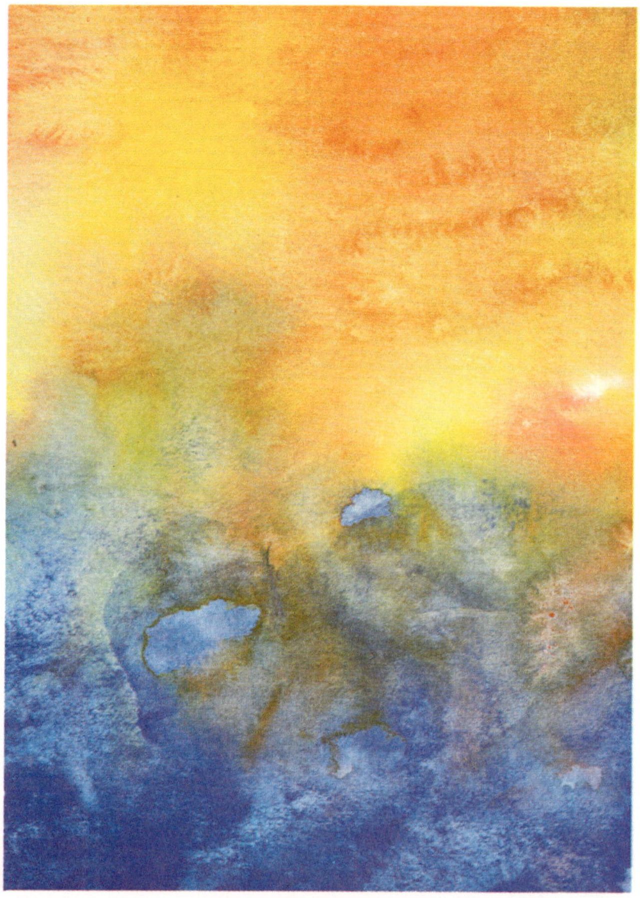

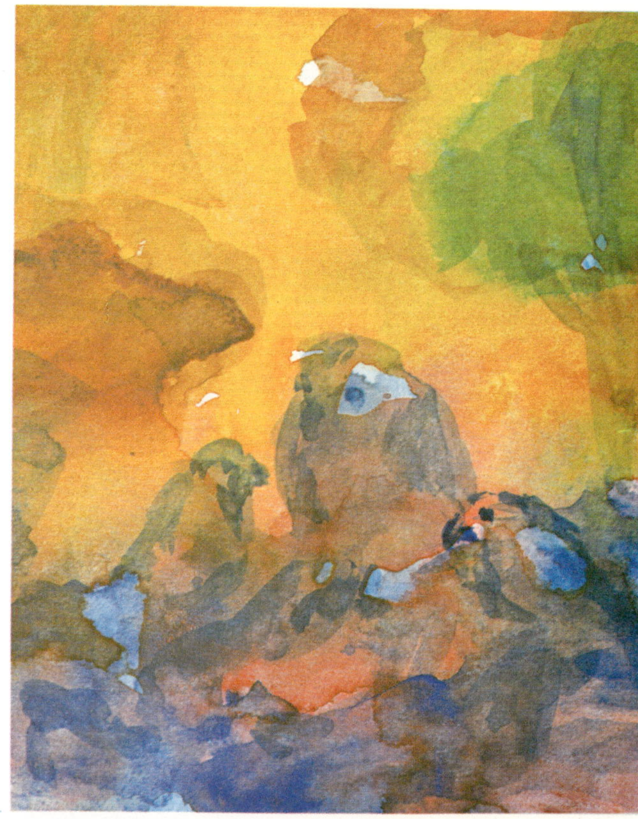

2.

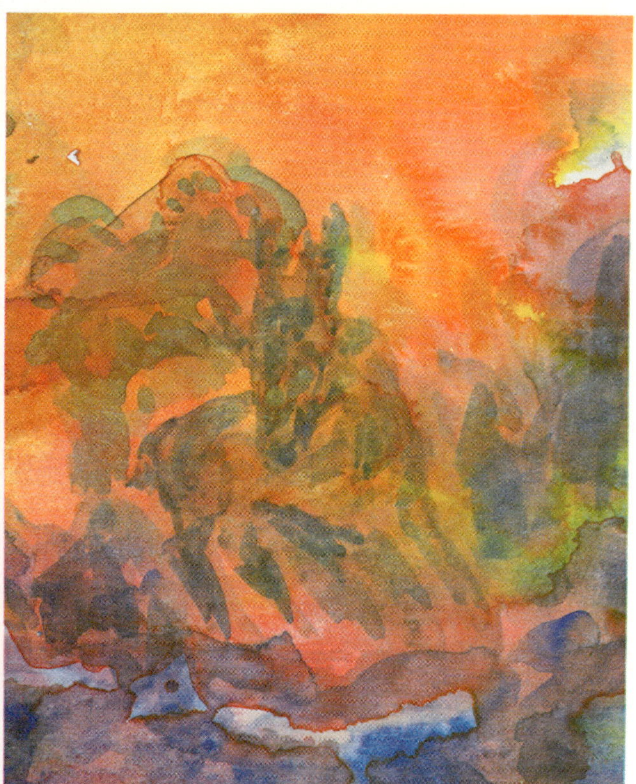

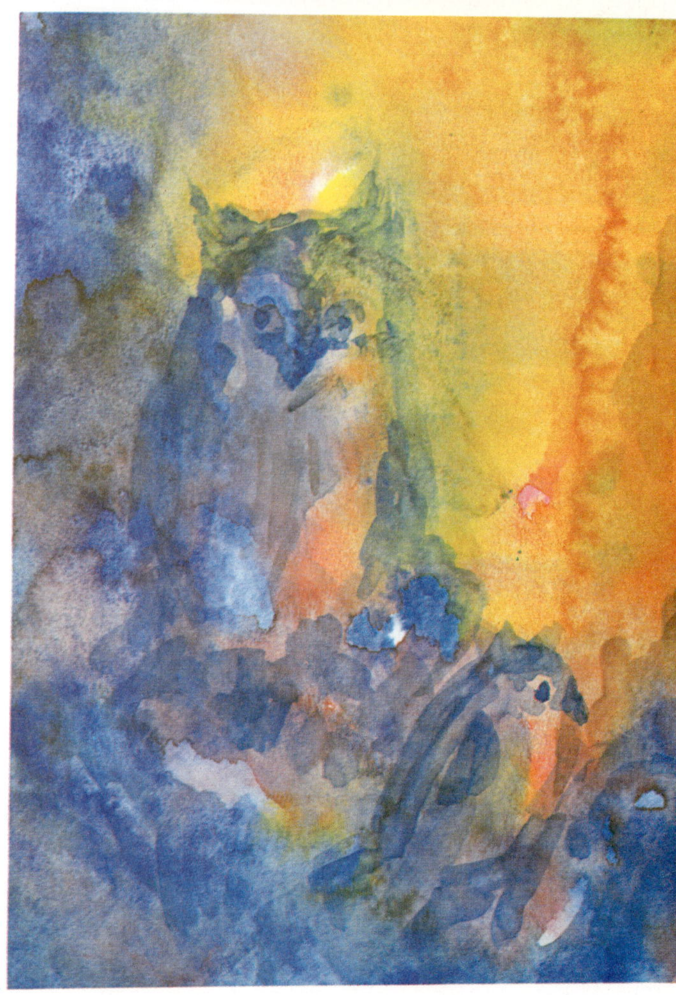

9./10. Schulj.

4.

Malerei fördert die Kultur
und festigt die Grundlage
der rechten Lebensführung.
Sie durchdringt und umfaßt
alle Erscheinungen des Lebens.

Chang Yen-Yuan

Es ist mir zur Unwidersprechlichkeit klar geworden,
um wieviel wahrhafter der Mensch durch das, was er tut,
als durch das, was er hört, gebildet wird.

Pestalozzi

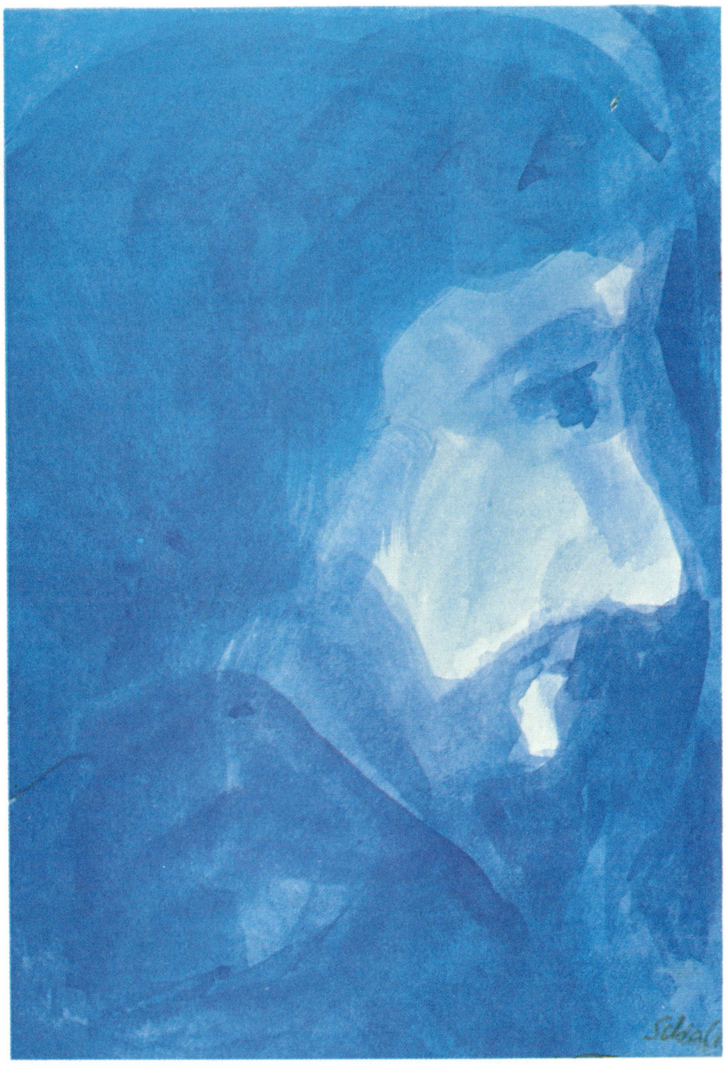

1.

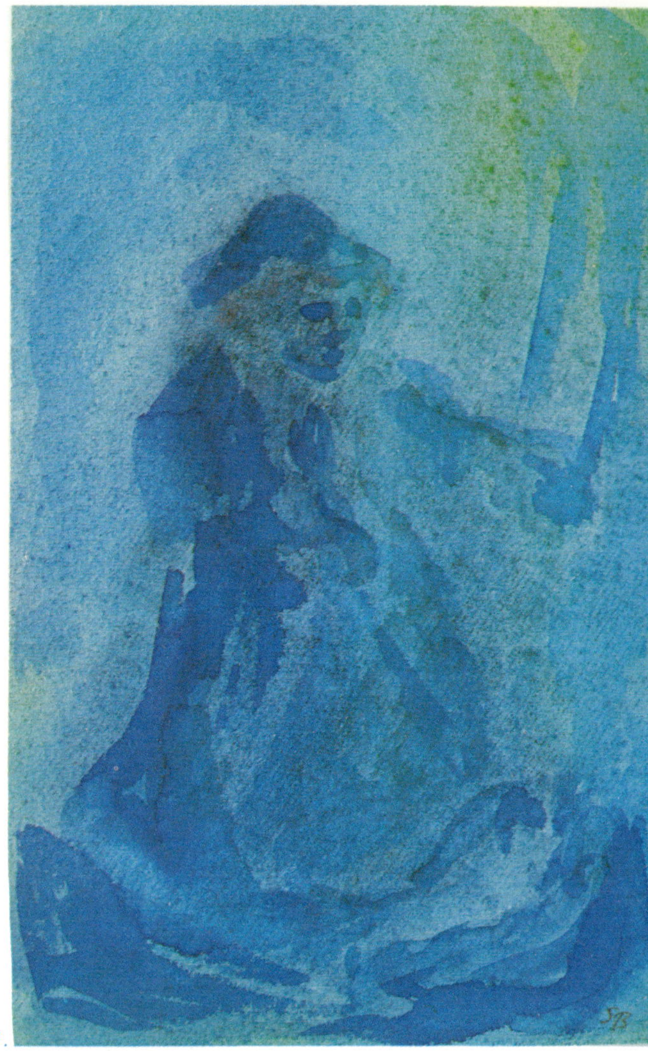

2.

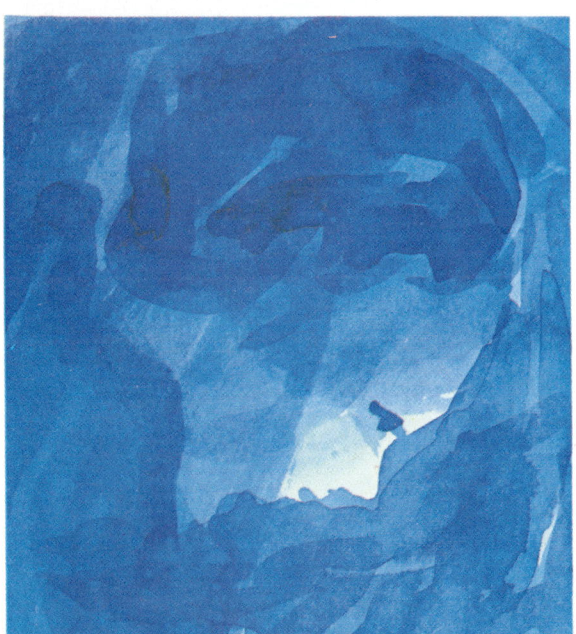

3.

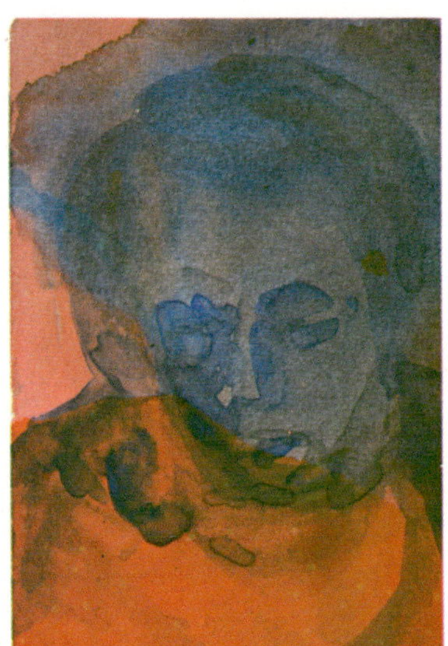

4.

Kunst und Können:
Künste sind der Baum,
der Früchte trägt.

Jap.Sprichtwort

Kunst kommt von:
K ö n n e n .
Die wenigsten
Menschen verstehen
die Kunst
aller Künste:
W o l l e n
zu können.

Lavater

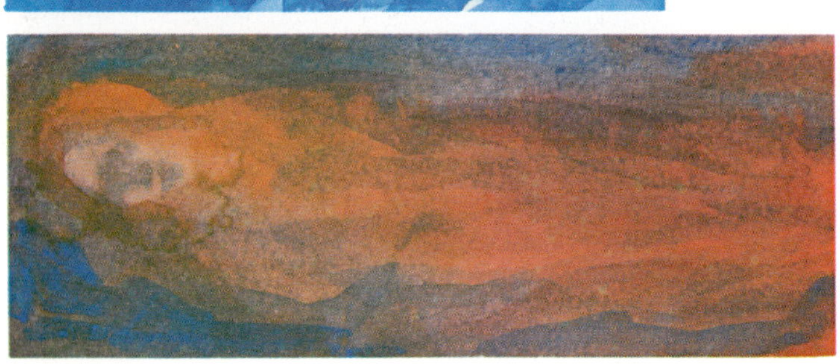

5.

Die Welt des Farbigen ist in sich ein
Schöpferisch - Schaffendes.

Rudolf Steiner

Tafel 3

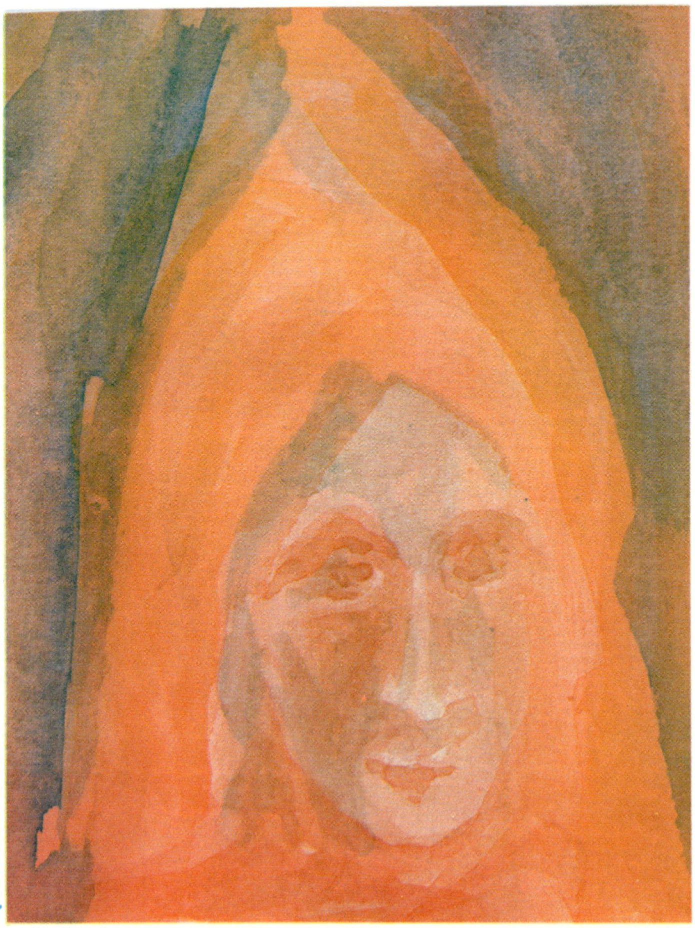

1.

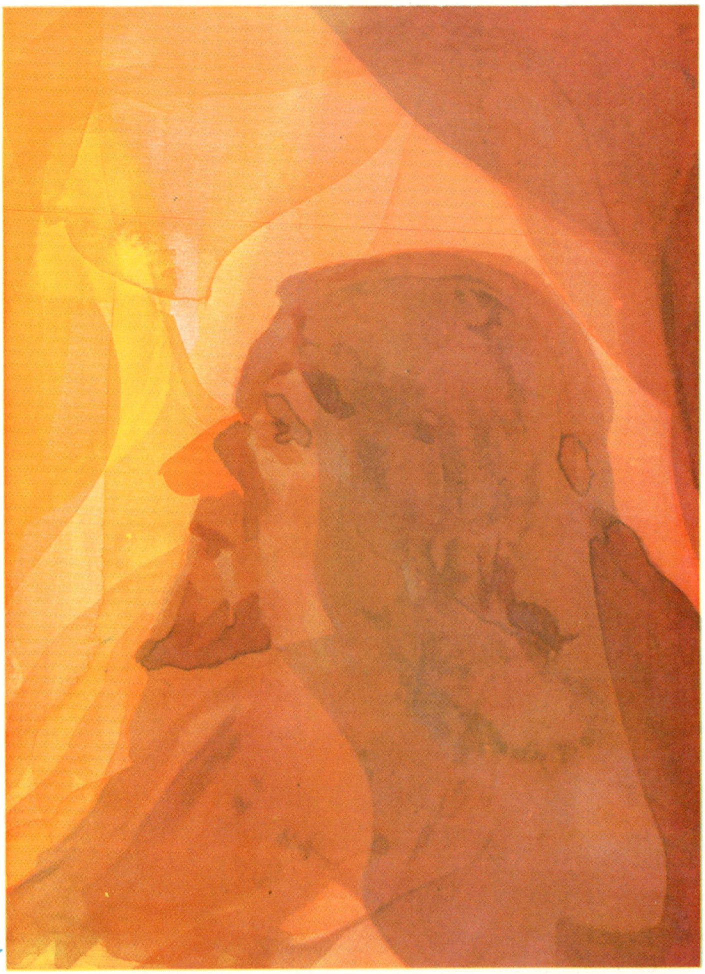

2.

Zu einem Kunstwerk gehört
"die Frische und
Natürlichkeit
eines Kindes:
wie ein Kind soll er
voller Liebe sein.
(der Kunsttätige)
Wärme und Liebe sind die
wichtigsten Dinge in der
Kunst."

Chagall

Lernen, mit der Farbe
zu spielen.
Im Spielsinn ist der Mensch
am meisten Mensch.

Schiller

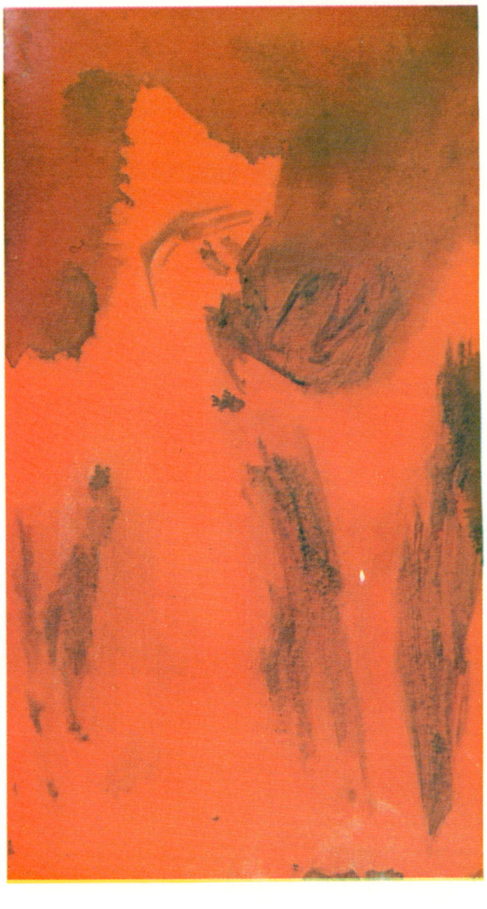

3.

4.

10.-12. Schuljahr

Die Kunst und der Mensch sind untrennbar - keine Kunst ohne Mensch,
aber in gleicher Weise kein Mensch ohne K u n s t .

René Huyghe

I. Übungsgruppe: Farbharmonik – Farbaufbau:

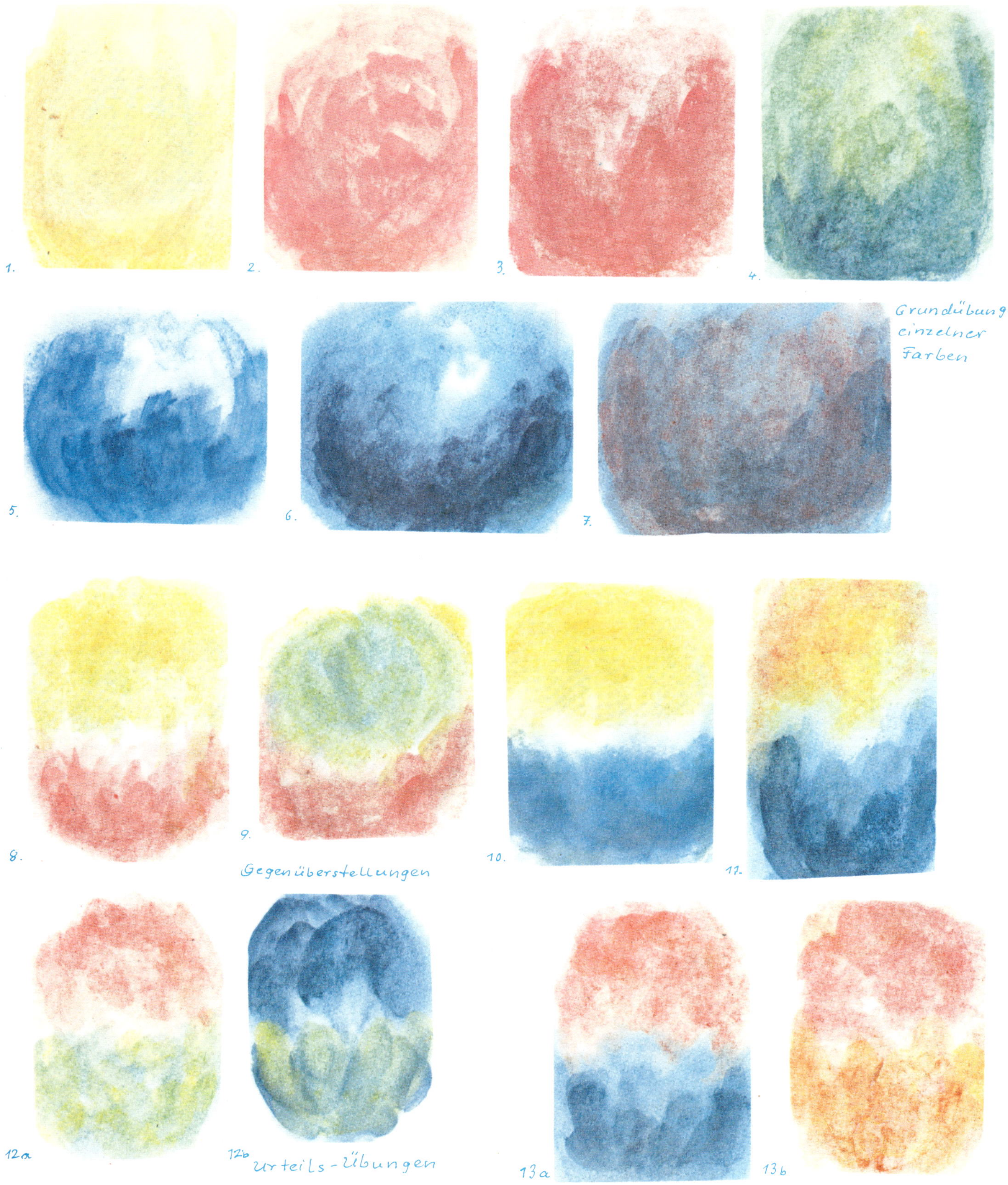

Tafel 5

Farbgespräche

ab 1. Schuljahr

I. Übungsgruppe: Farbharmonik – Farbaufbau:

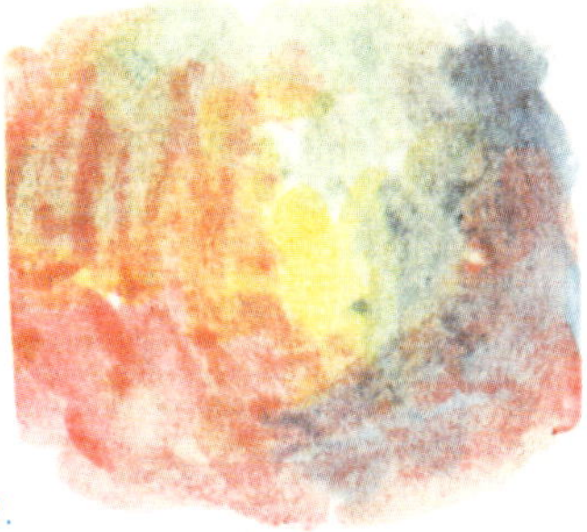
1.

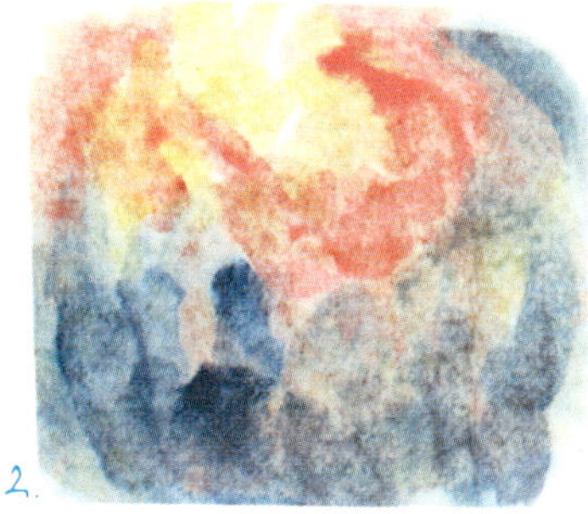
2.

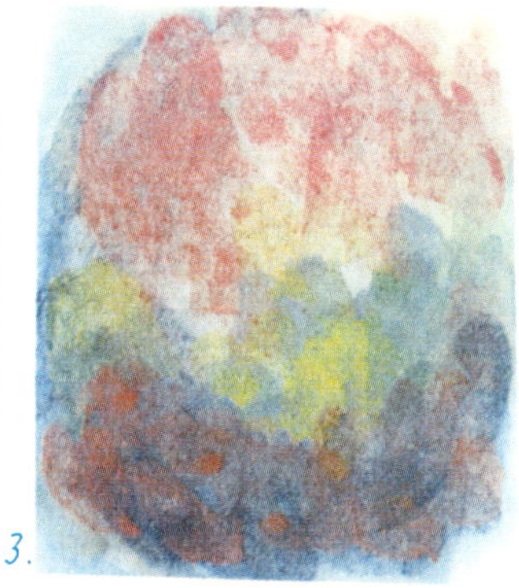
3.

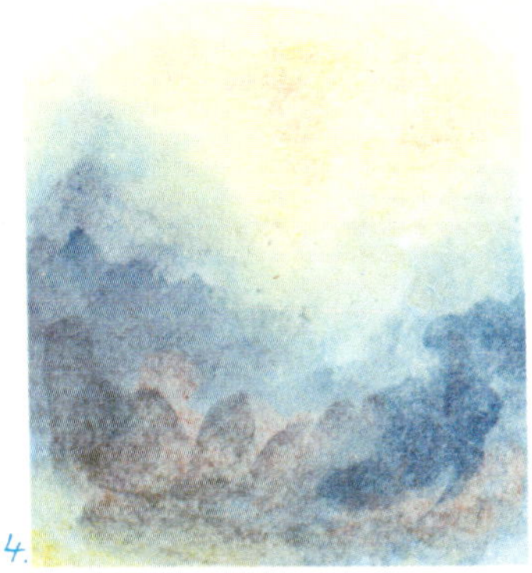
4.

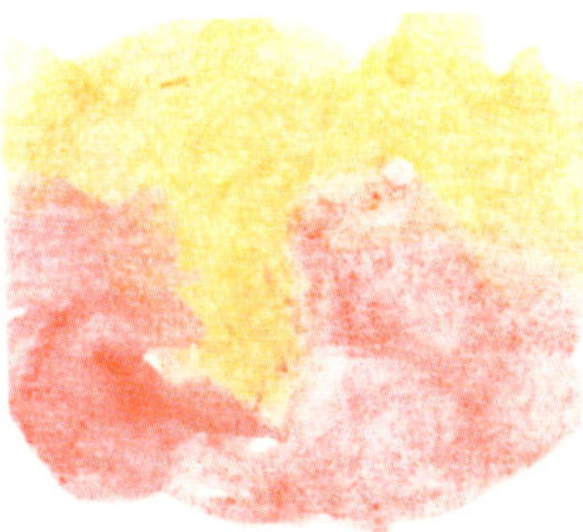
5

Harmonisierungs-Übungen

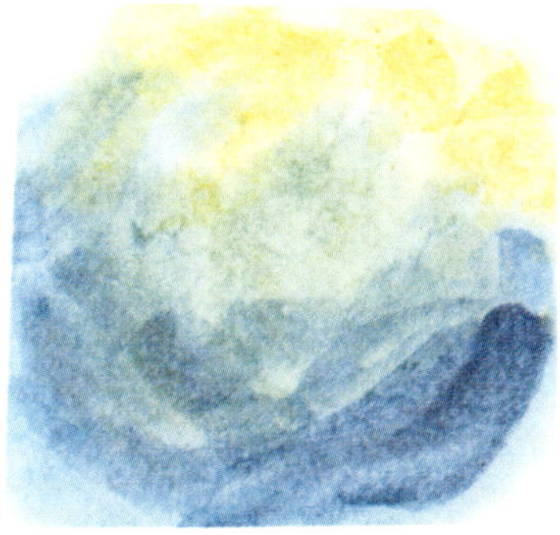
6.

7.

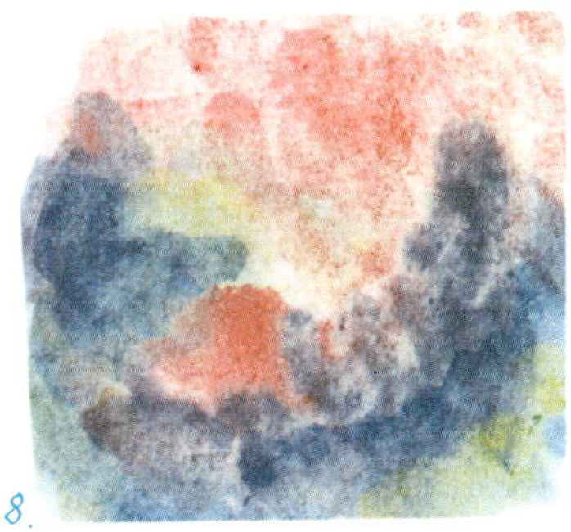
8.

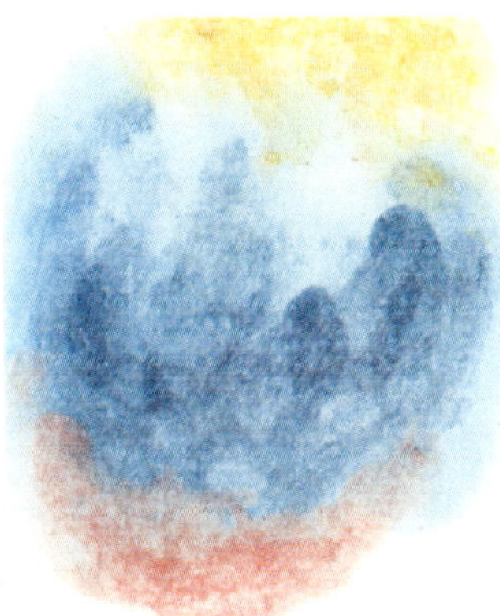
9

Höflichkeits-Übungen

10.

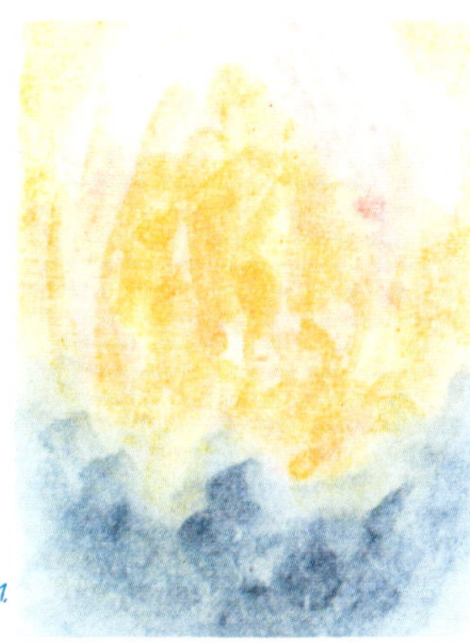
11

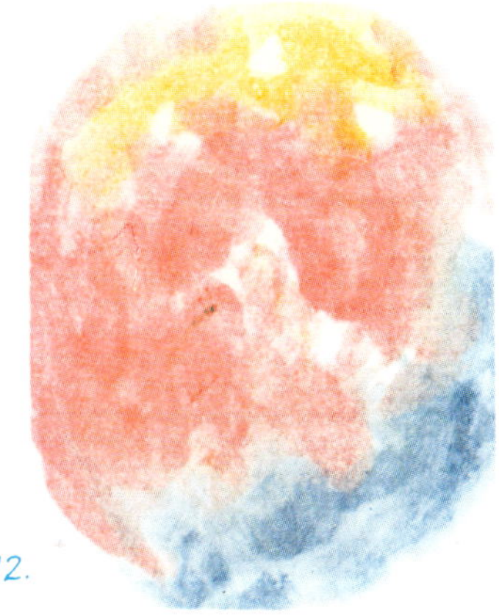
12.

13

Farbhüpf Übungen

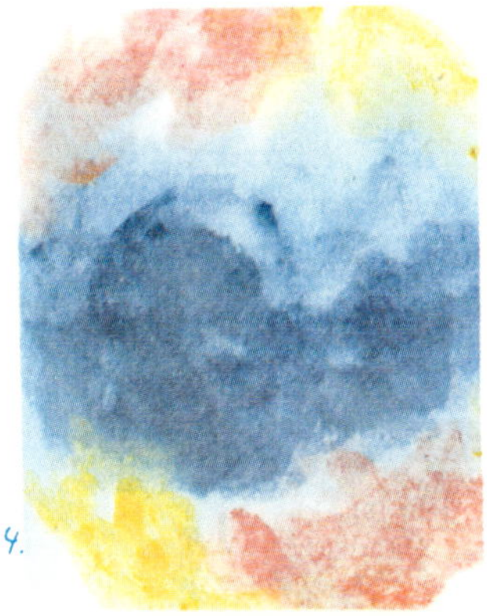
14.

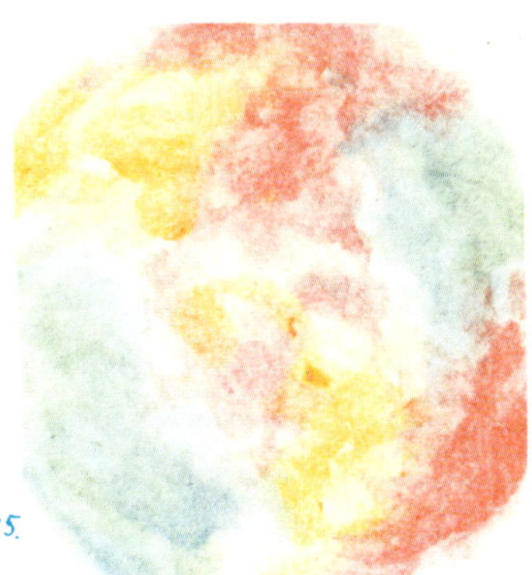
15.

16.

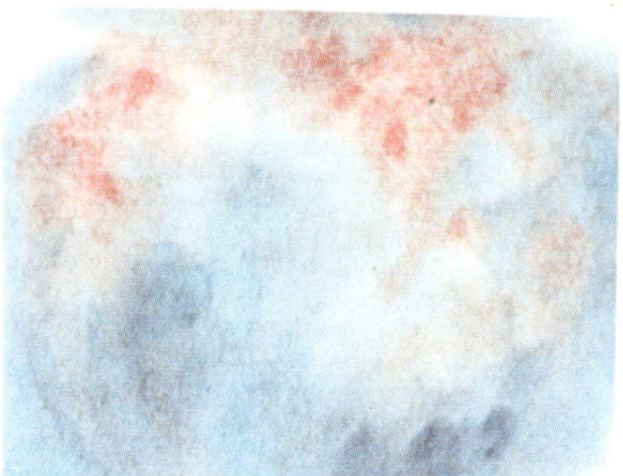

Farbbegegnungen

2. Schuljahr

Tafel 6

I. Übungsgruppe: Farbharmonik-Farbaufbau:

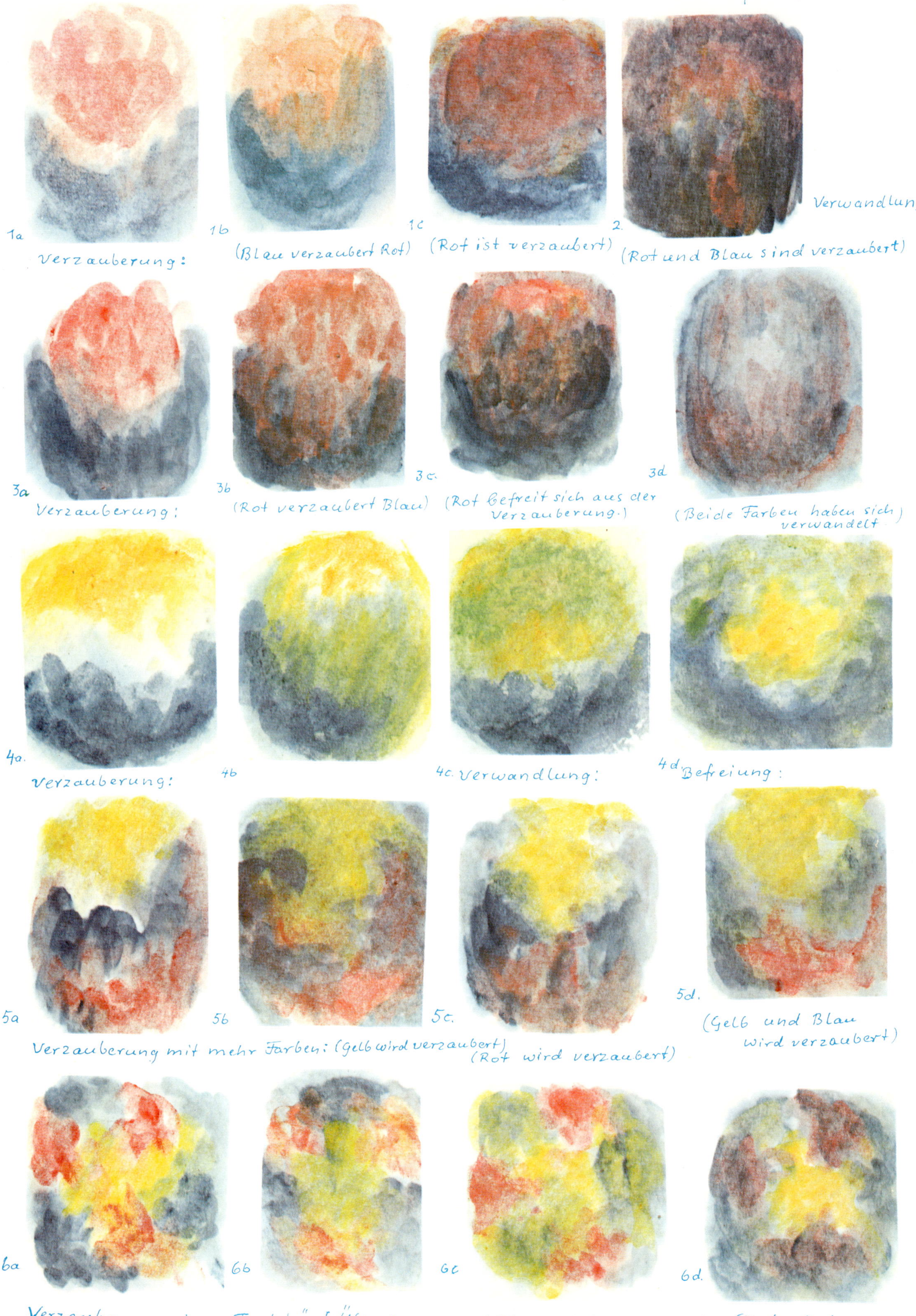

Tafel 7

II. Übungsgruppe: Farbbewegung

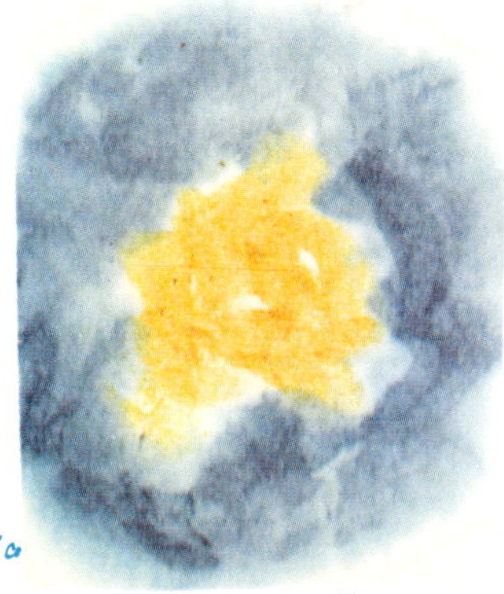
1a

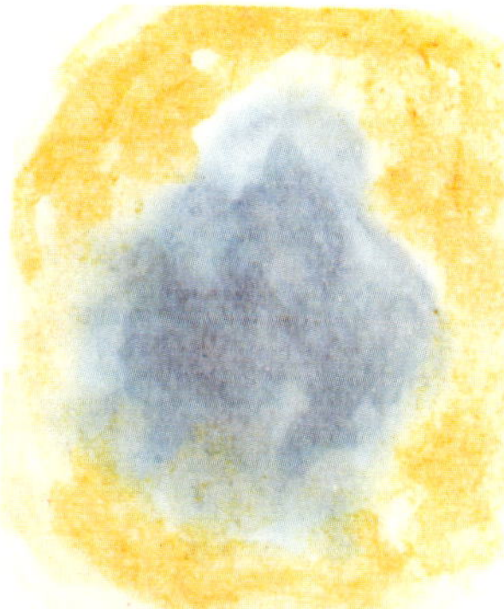
1b

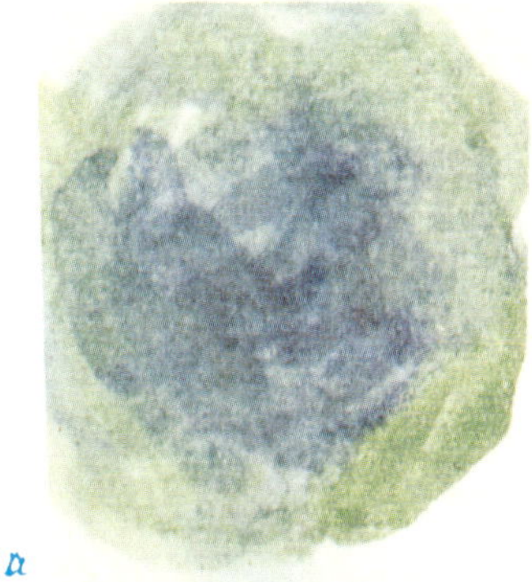
2a

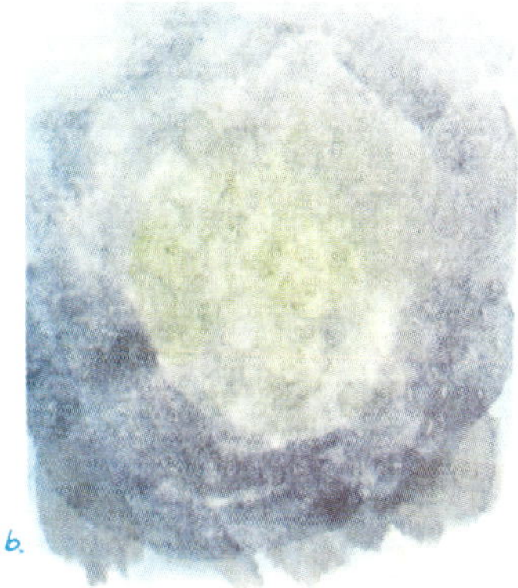
2b.

Austausch-Übung – Platzwechsel

3a.

3b

4a

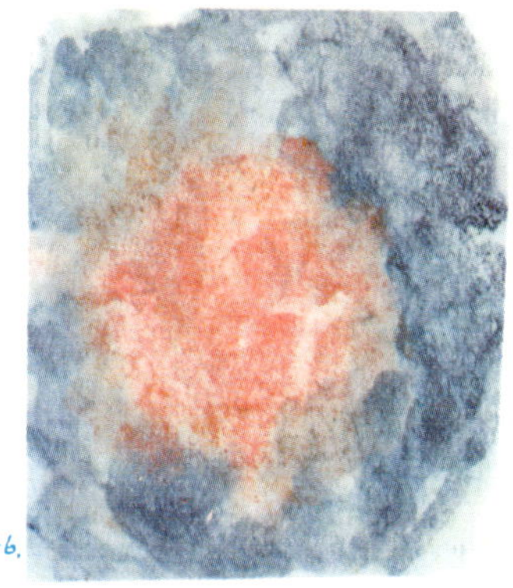
4b.

Austausch-Übung – Komplementär

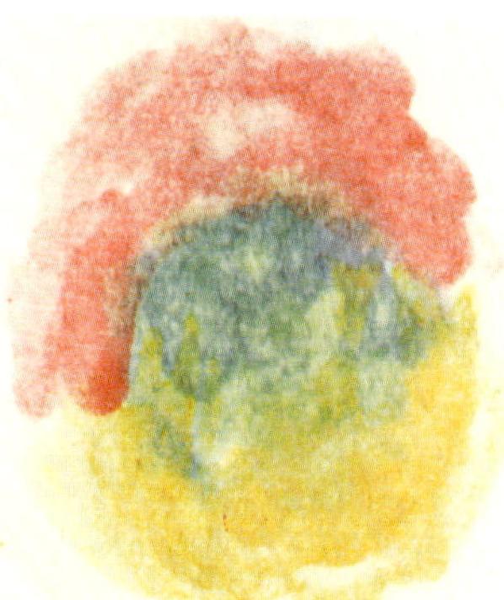
5a

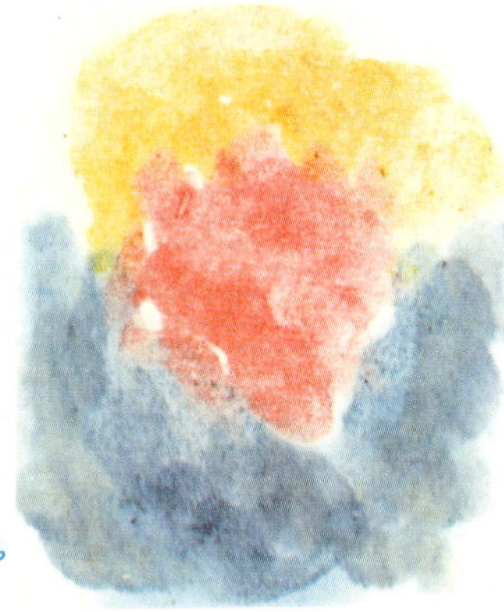
5b

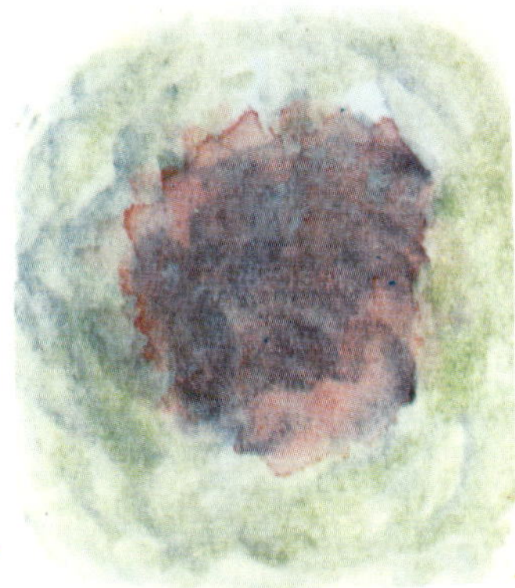
6a

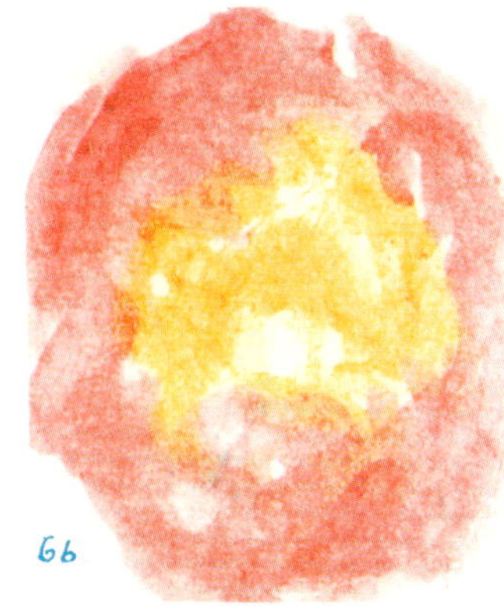
6b

Austausch – Komplementär (teilweise)

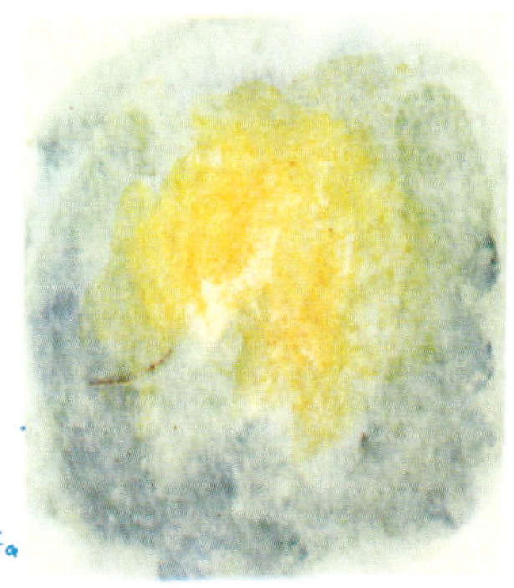
7a

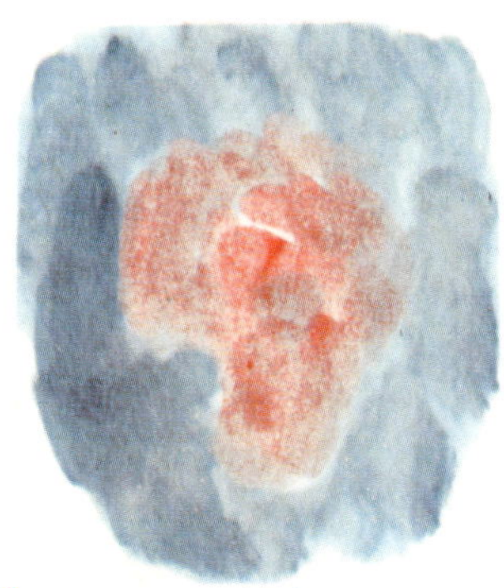
7b

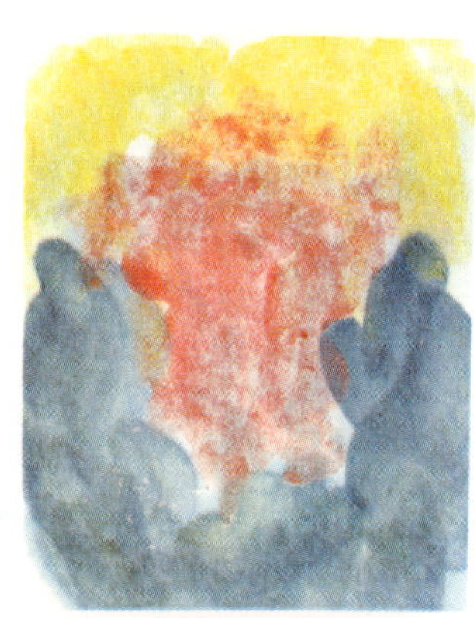
8a

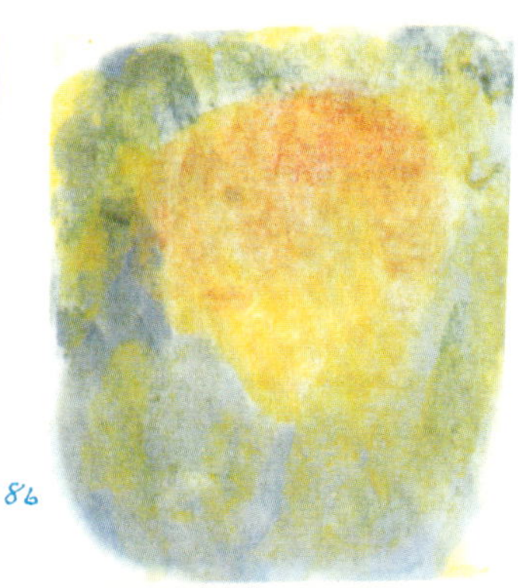
8b

Austausch-Komplementär – Umstülpung

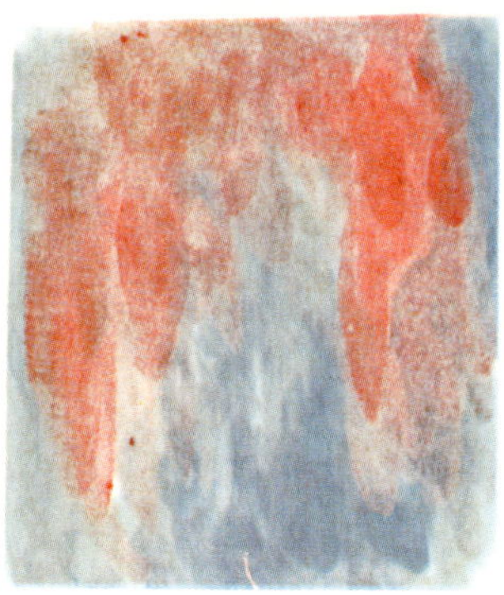
9.

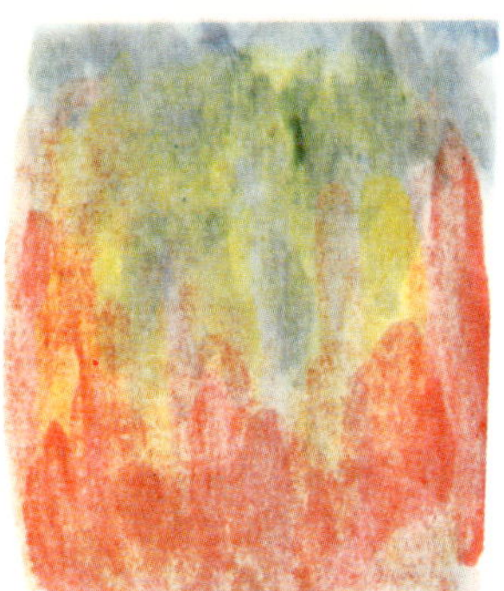
10

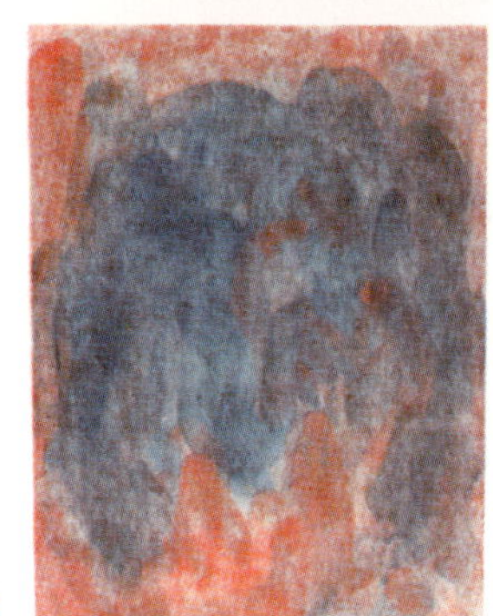
11

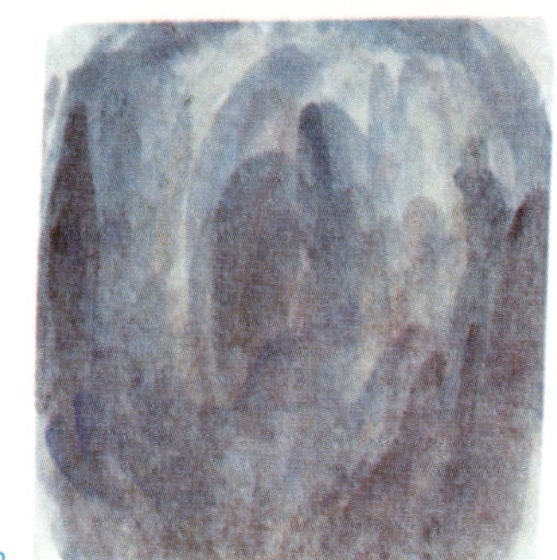
12.

Farbraum-Übung – (vorn-hinten)

2./3. Schuljahr.

Tafel 8

1.

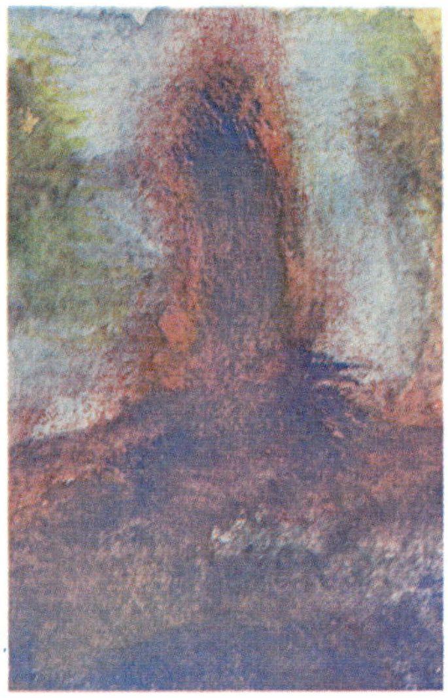

2.

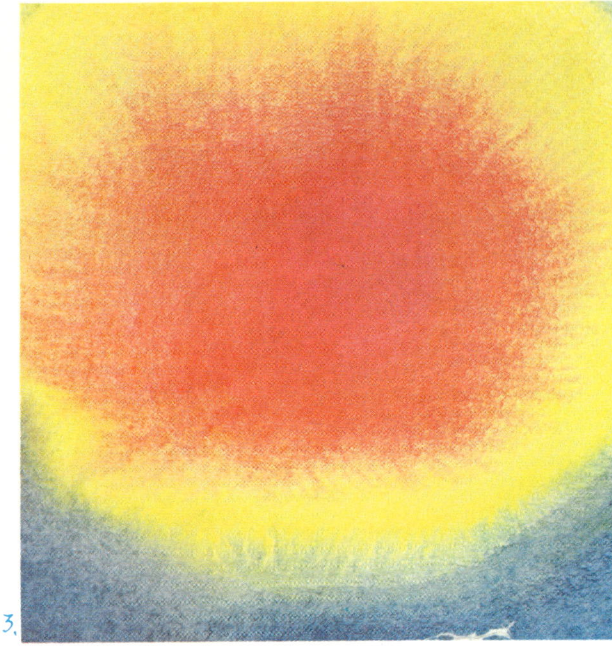

3.

1.- 4. Temperaments-stimmungen.

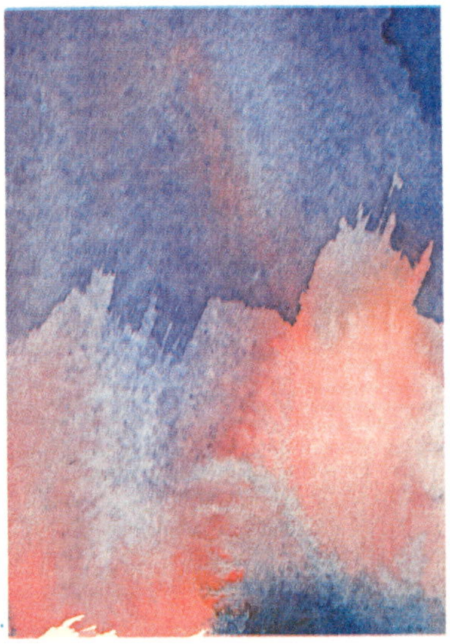

4.

5a

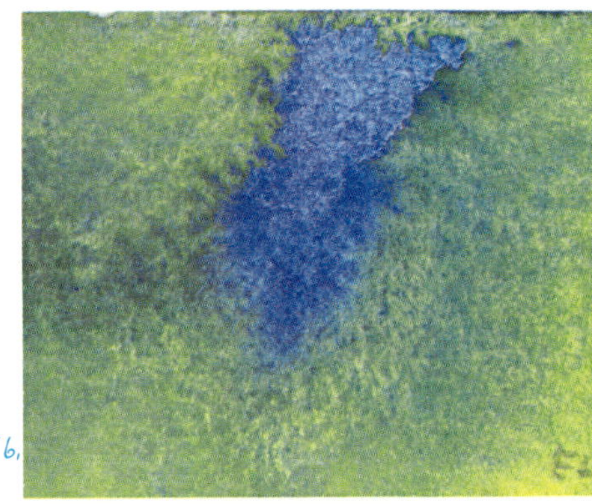

5b.

Farbewegung

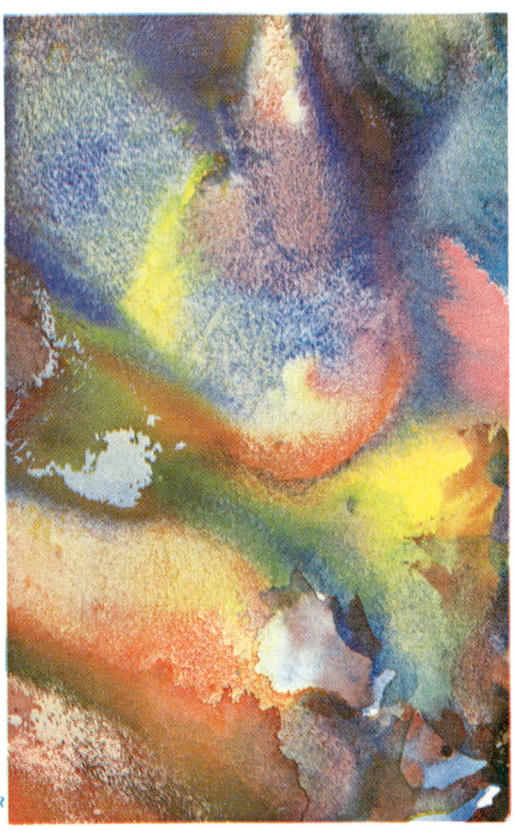

6a

Märchenstimmung - (eines Sanguinikers)

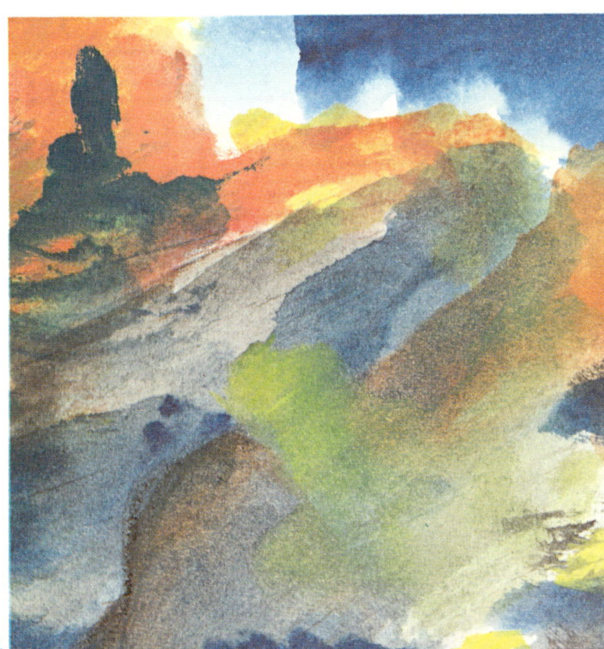

6b

Märchenstimmung (Phlegmatisch-Cholerisch)

1./2. Schulja

Tafel 9

1.

2.

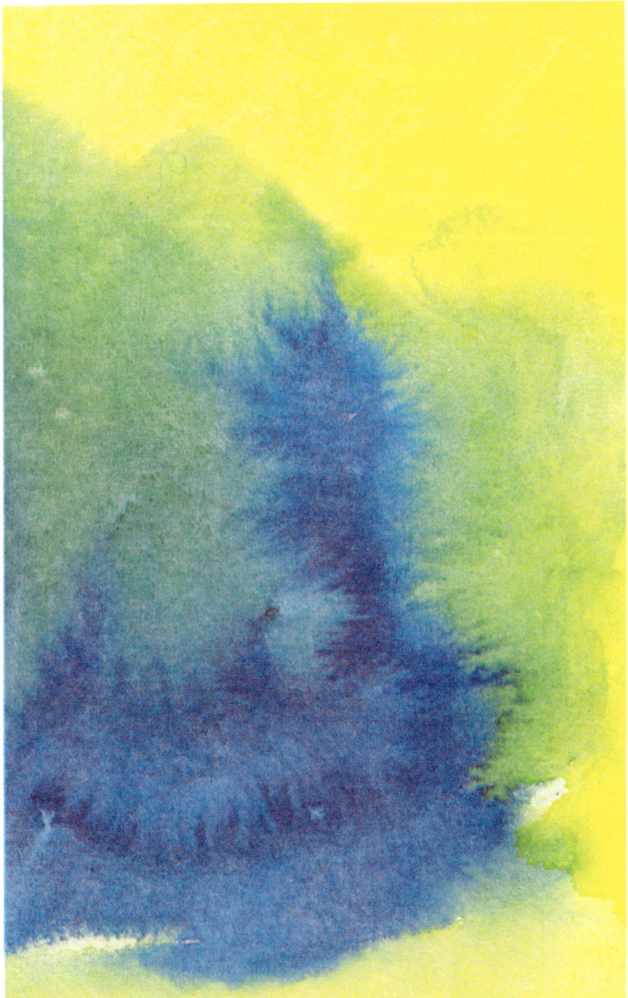

3.

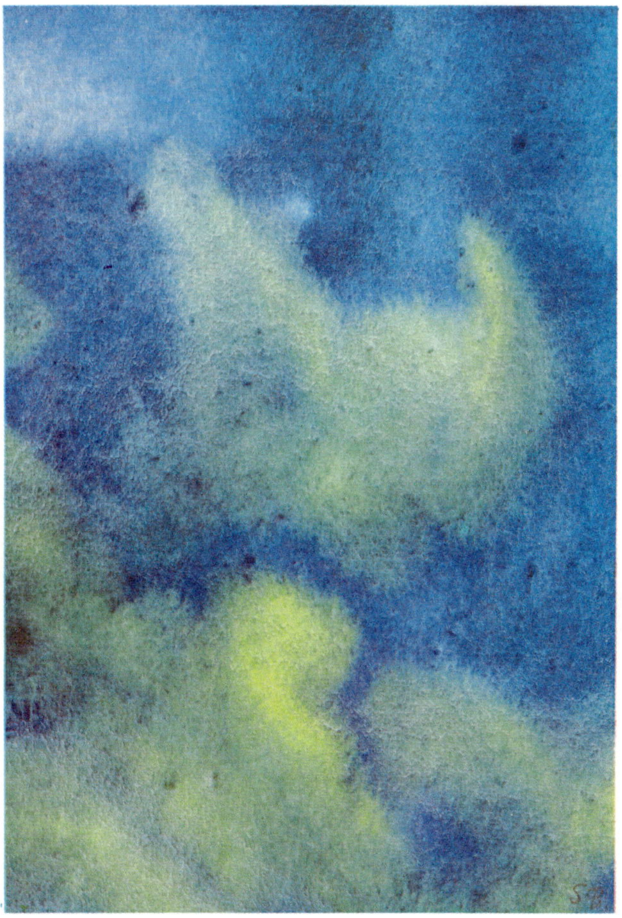

4.

Farbbewegung: Tätigkeit zwischen Gelb und Blau 2. Schuljahr

Tafel 10

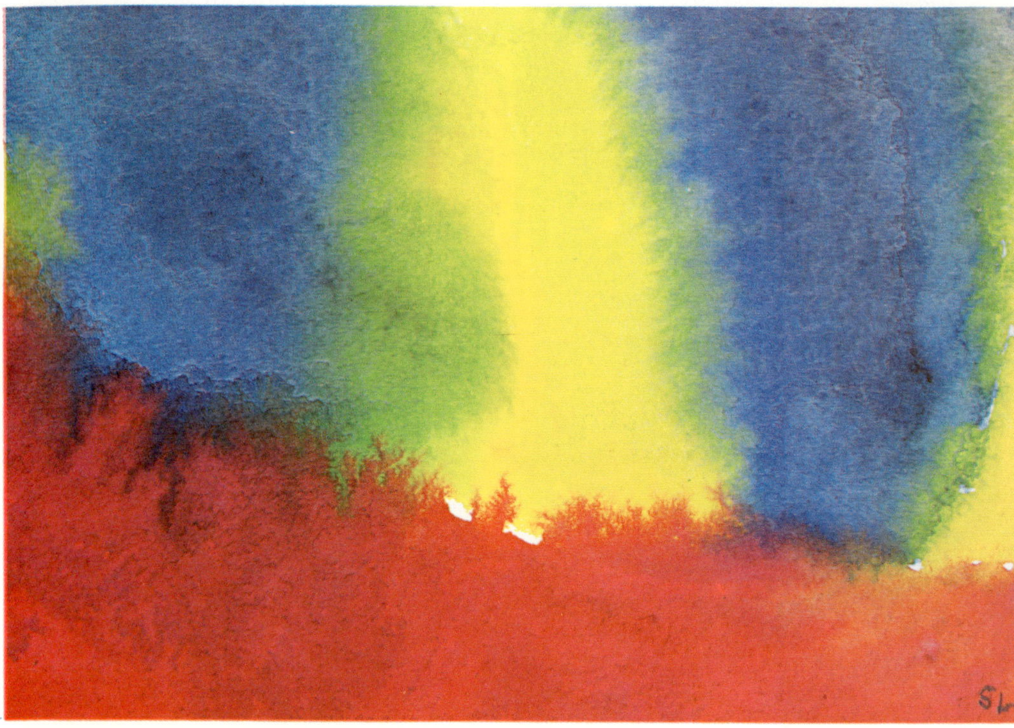
1.

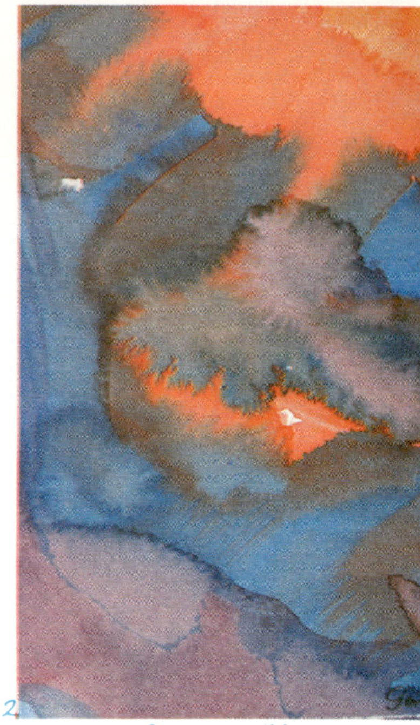
2.

Farben-Dramatik
(Kontrast-Übung.
3. Schuljahr

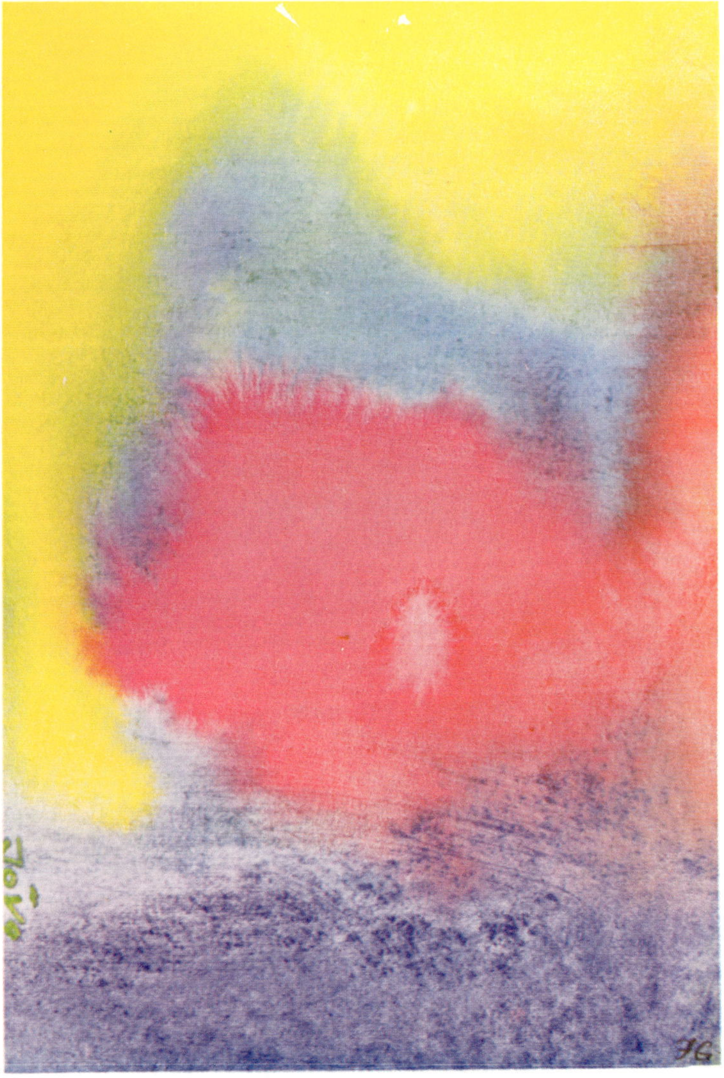
3.

4.

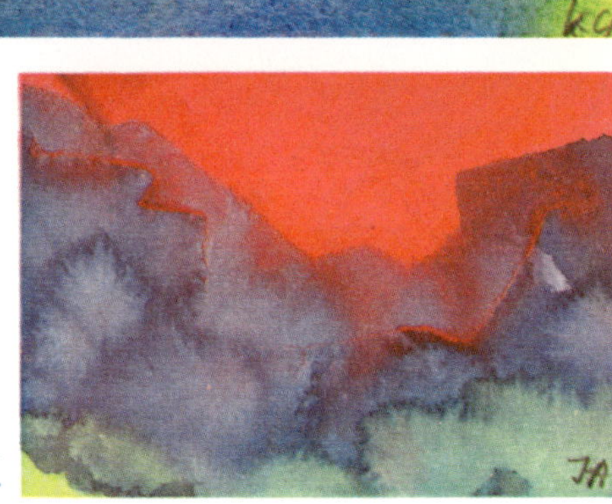
5.

Farbgespräche:

1./2. Schuljahr.

1. Das Gelb behauptet sich zwischen Rot und Blau. oder Blau und Rot bedrängen das Gelb.
2. Rot zersprengt das Blau. Dramatischer Klang.
3. Rot zwischen Blau u. Gelb, das Blau setzt sich auf das Rot – behütet es. (Grün entsteht)
4. Das muntere Rot sitzt auf d. Blau, zwischen d. Gelb.
5. Rot bedrängt das Blau.

Tafel 11

1.

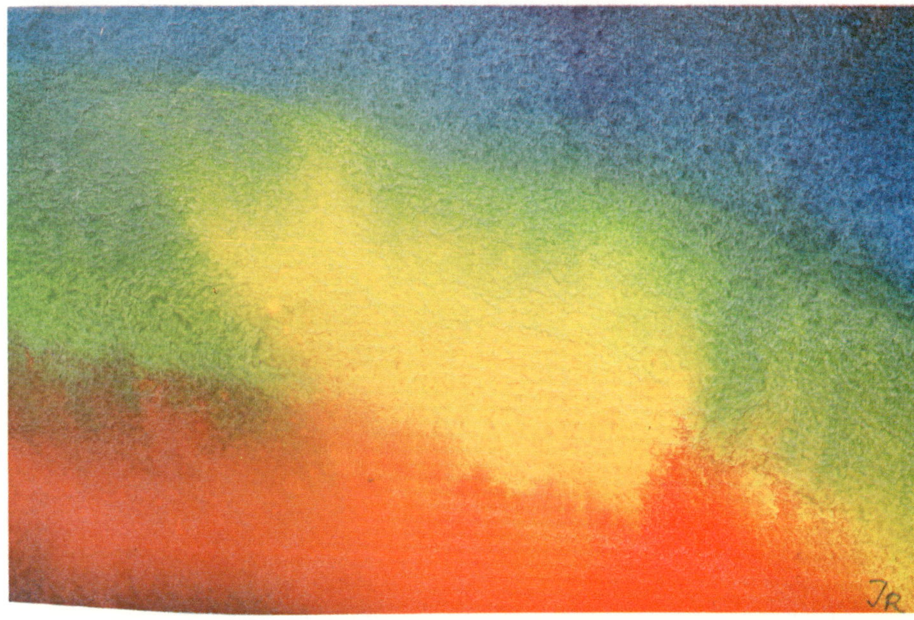

2.

3.

4.

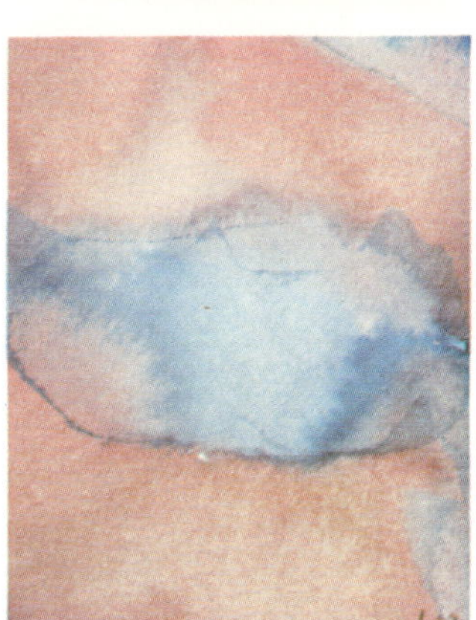

5.

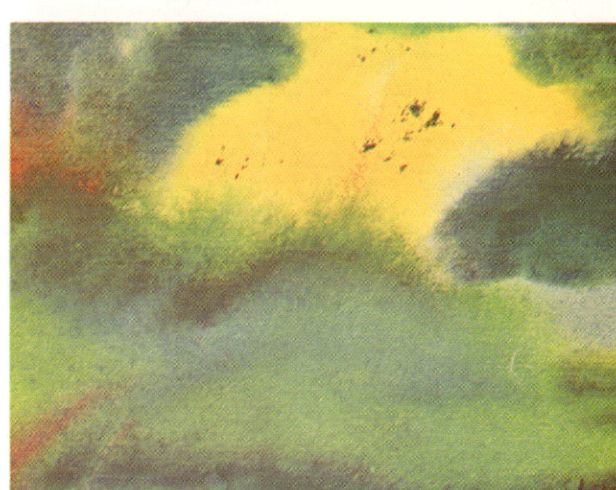

6.

Farbgespräche 1.u.4.
Farbbegegnung 2.u.3.
Austausch-Übungen
(Farbraum-Übg. 5.u.6.
2./3. Schuljahr

III. Übungsgruppe: Farbraum-Übungen.

1.

2

3.

4.

1. Farbkreis (Pastell) 5. Schuljahr
(Begegnung der 3 Farben)
2. Farbraum-Übung:
Charakter – unbetont (Charakterlos)
" 4. Charakter – betont (Charaktervoll)
3. Farbraum-Übung – Farbhüpf-Übung
3. Schuljahr

Tafel 13

Stimmungen

1.

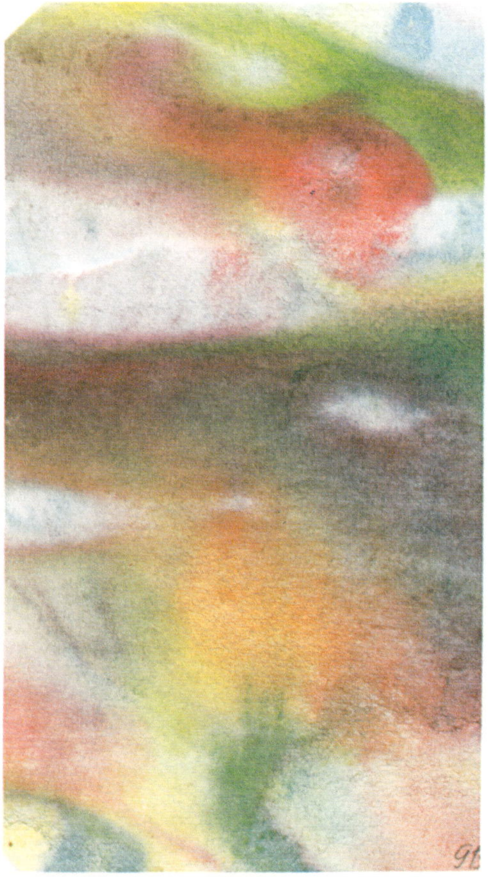

2.

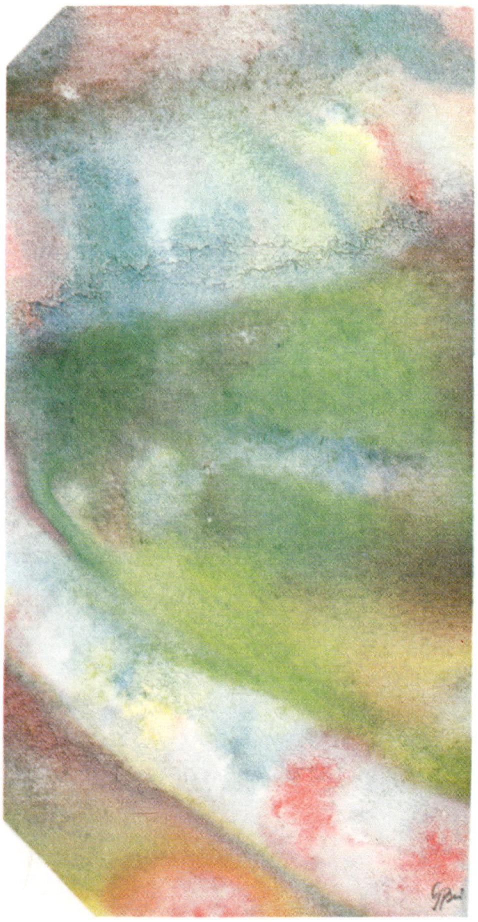

3.

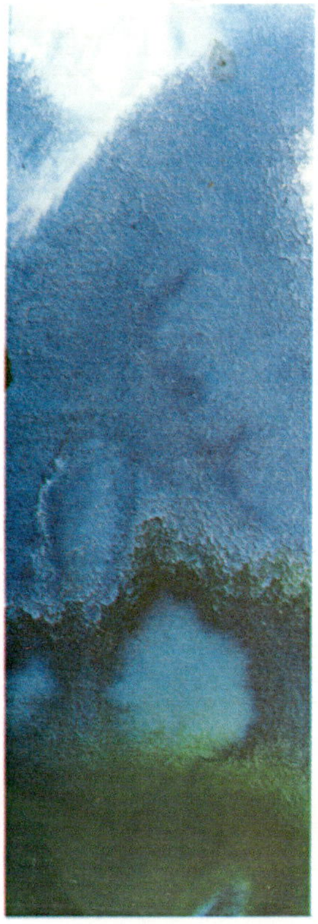

4.

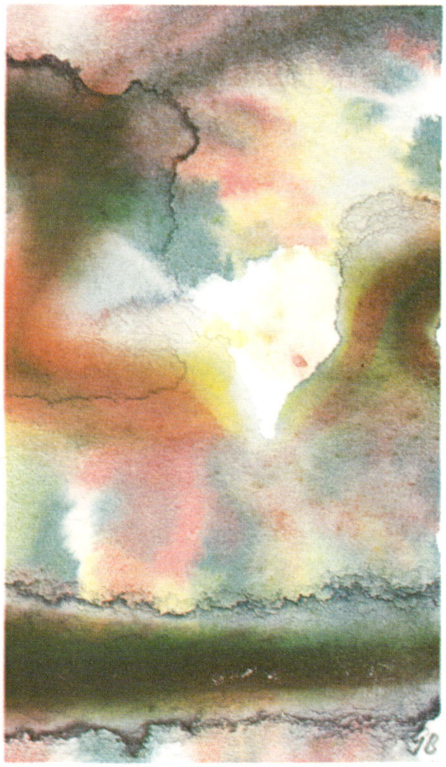

5.

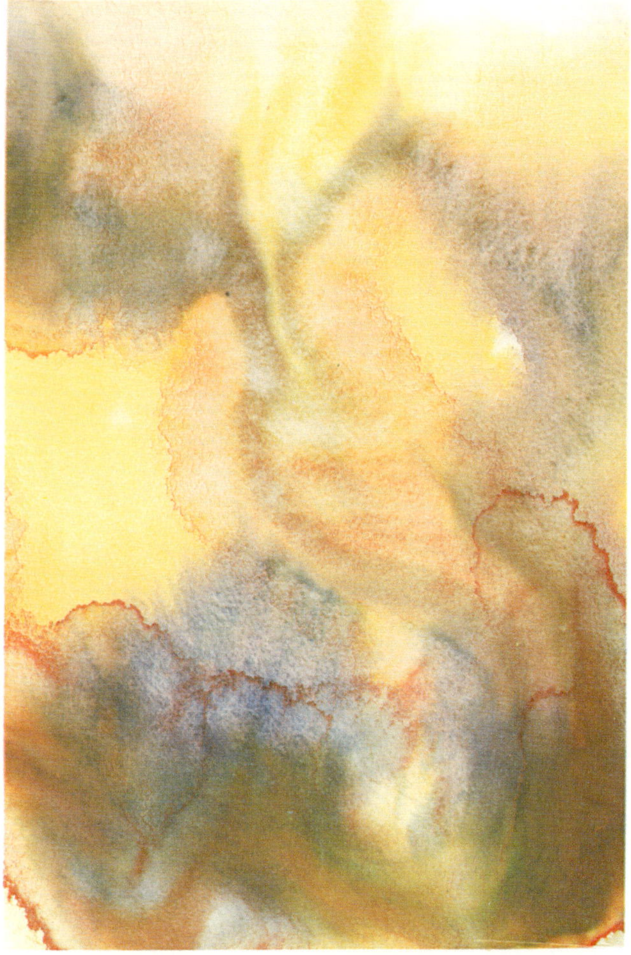

6.

1. – 4. Seelenstimmungen

5. Märchenstimmung

6. Herbststimmung

4. Schuljahr

Märchen-Stimmungen und Gestaltungen

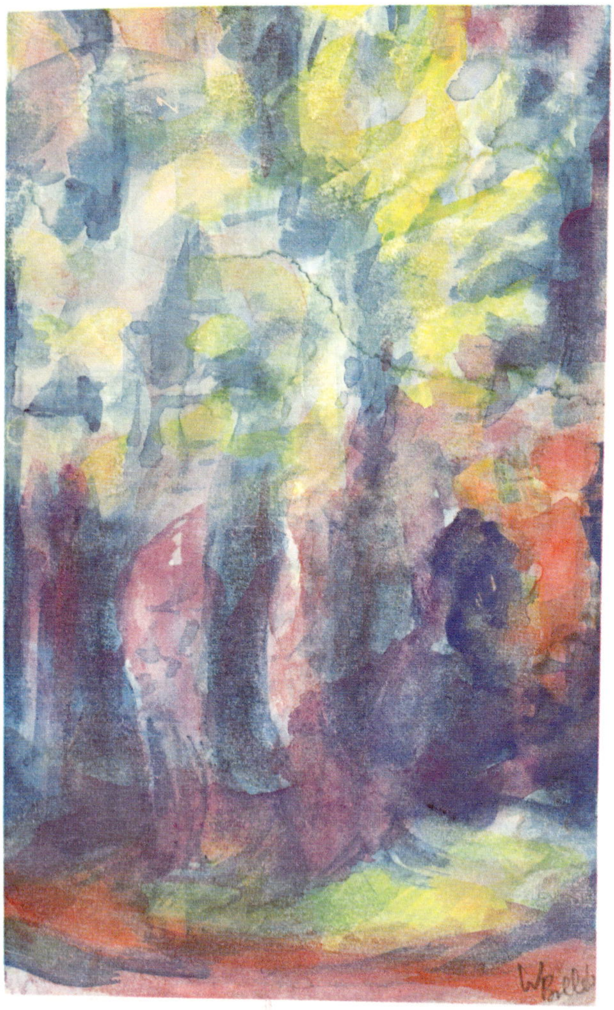

1.

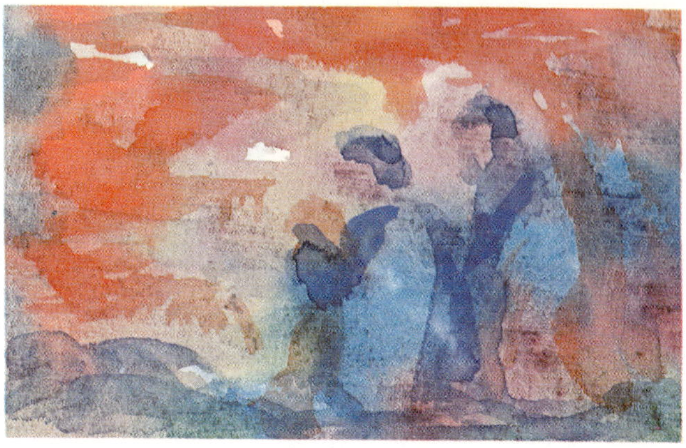

2.

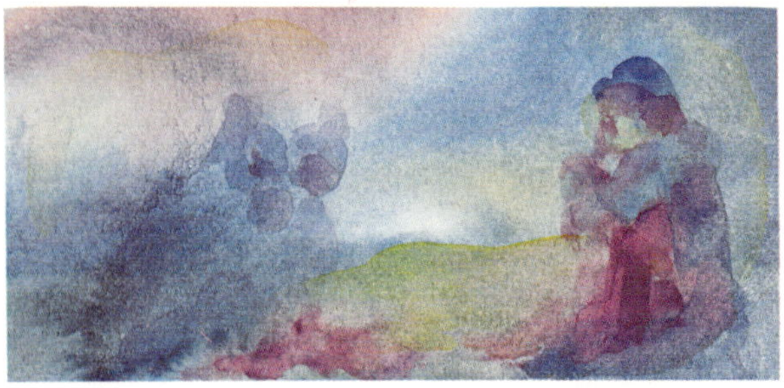

3.

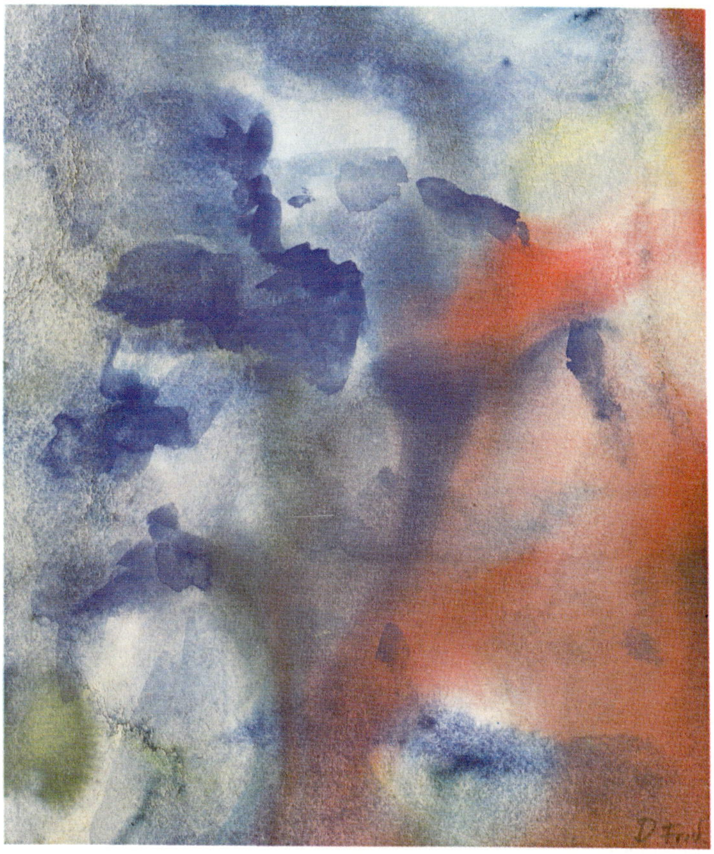

4.

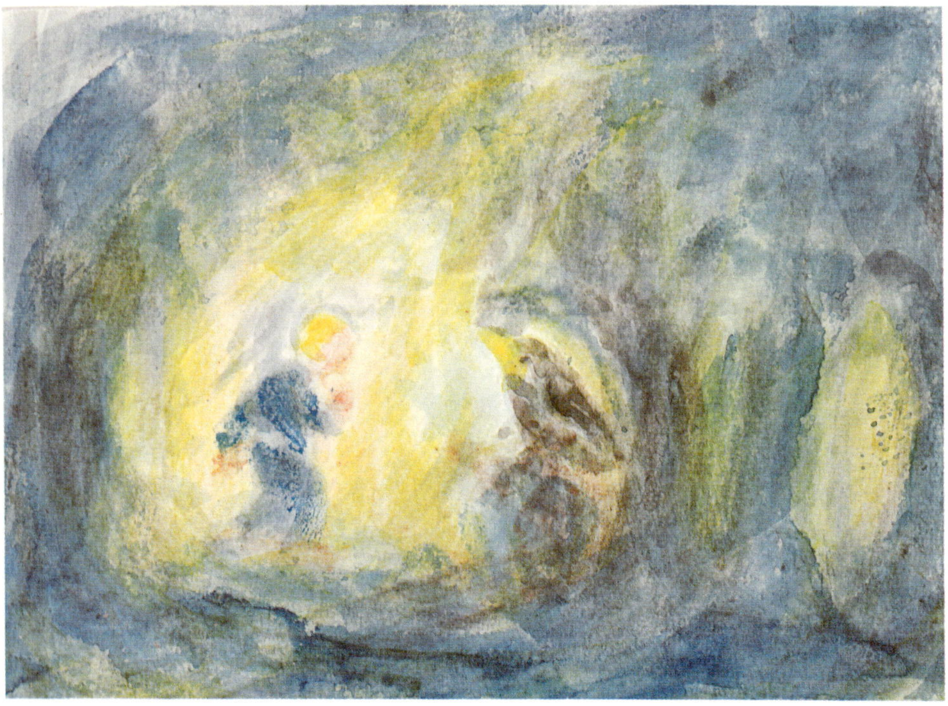

5.

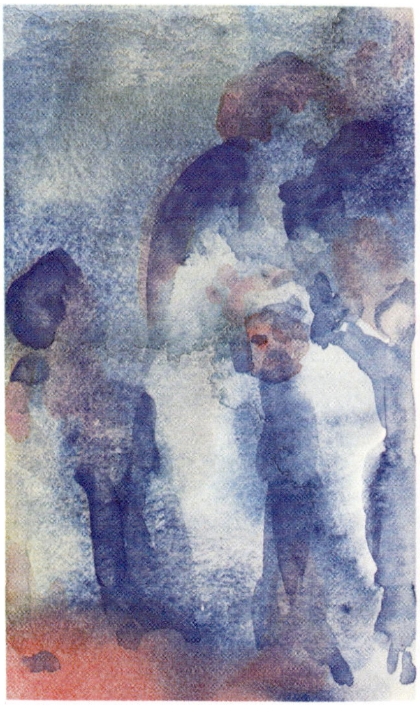

6.

(5. Pflanzenfarbe)

Tafel 15

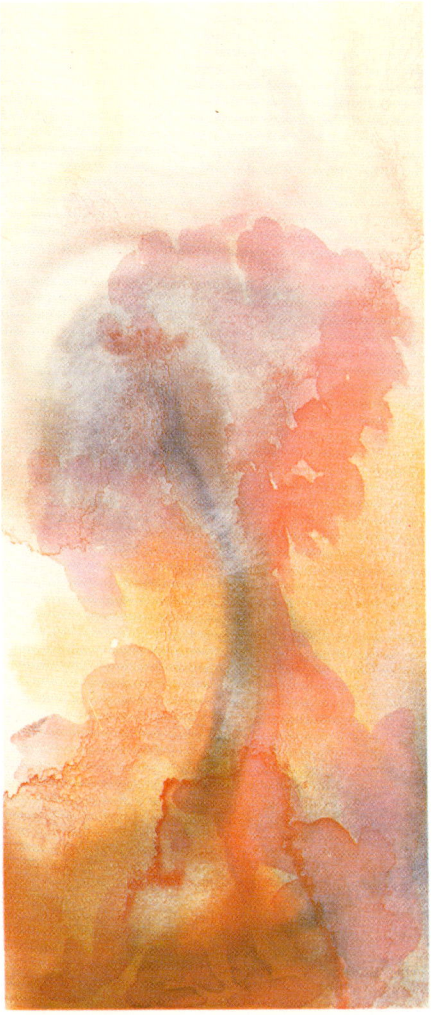

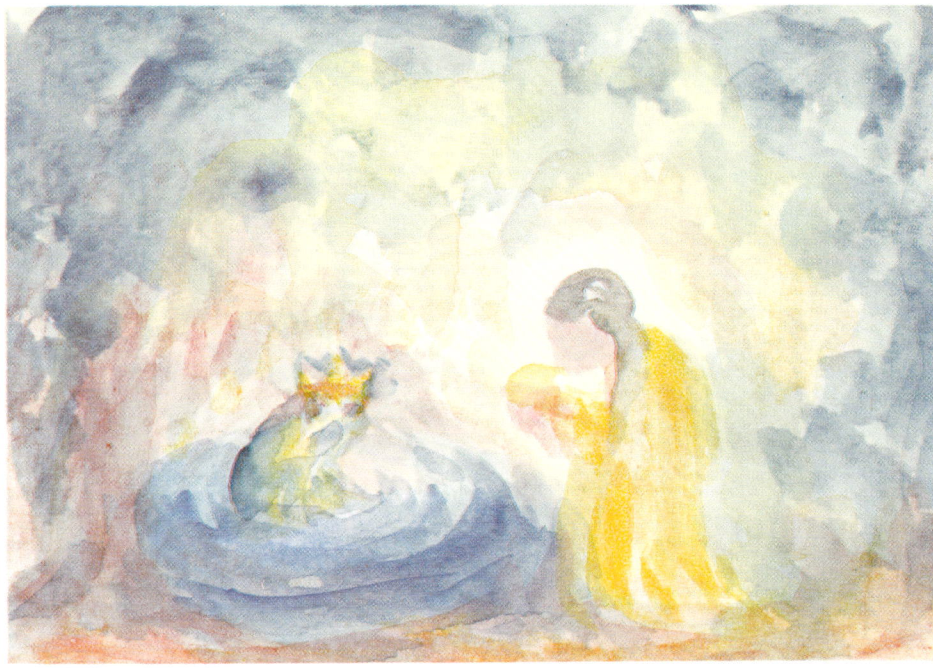

2.

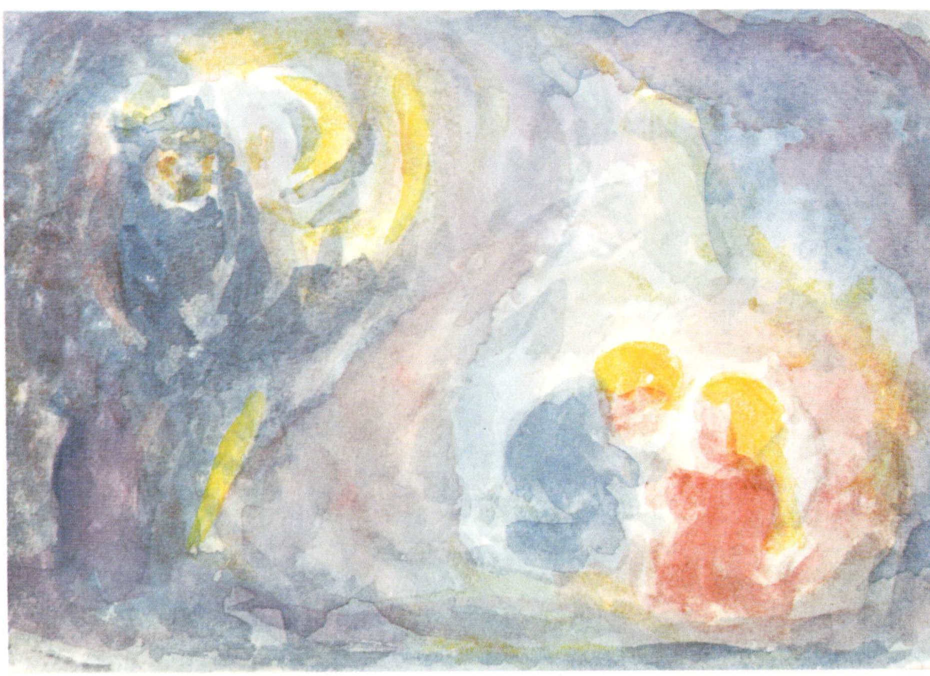

3.

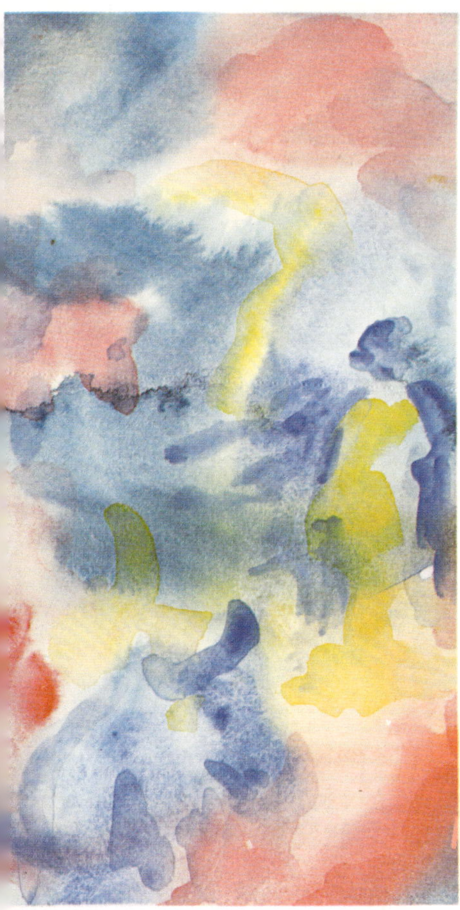

Märchenstimmung

2, 3, 5. Pflanzenfarbe

5.

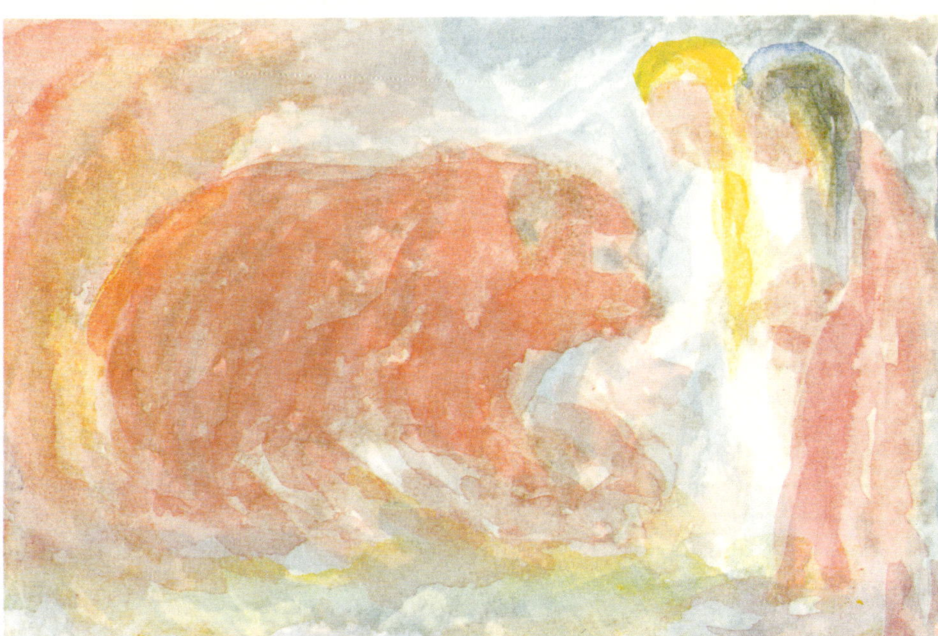

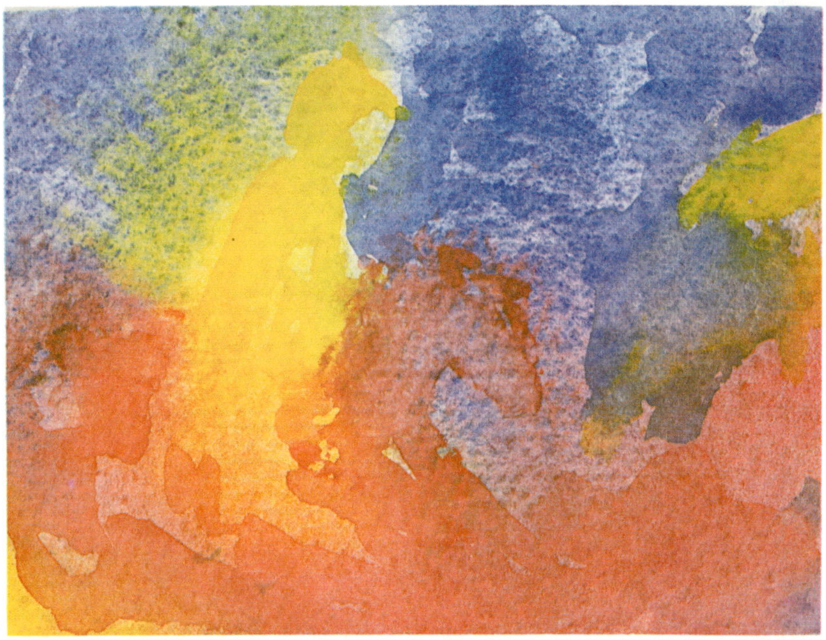

1.

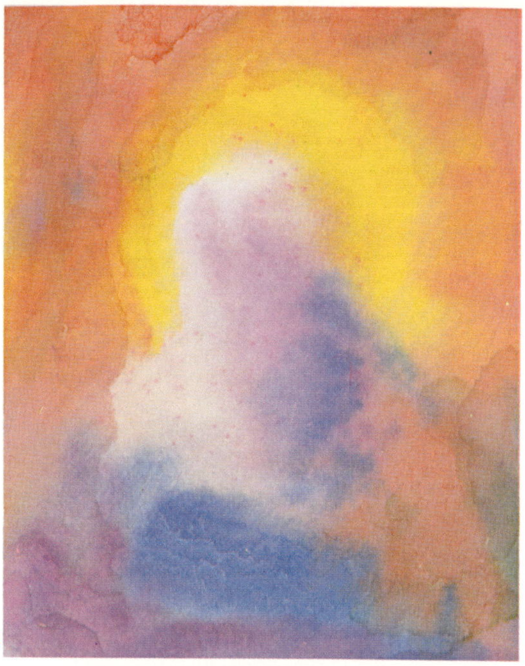

2.

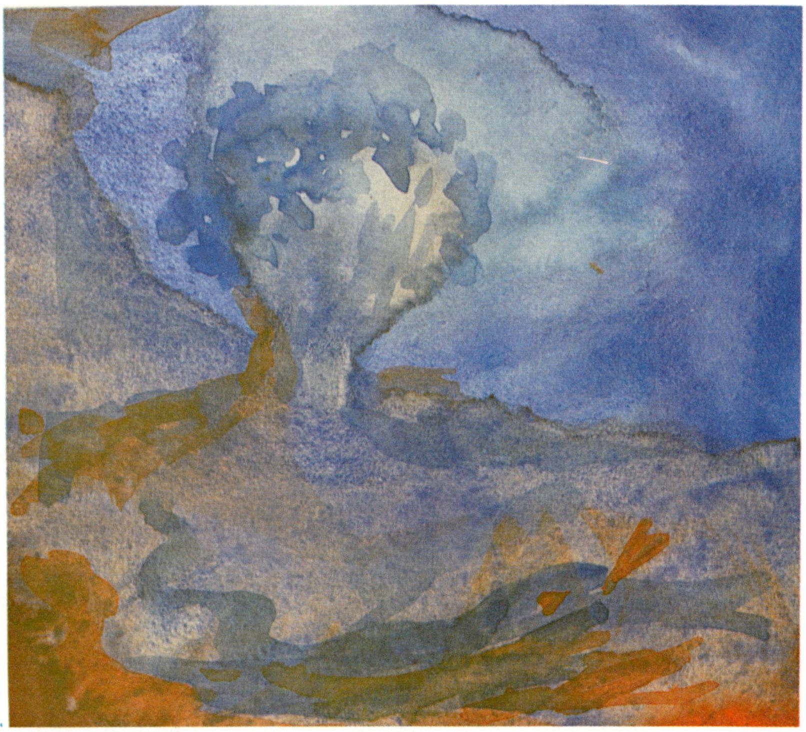

3.

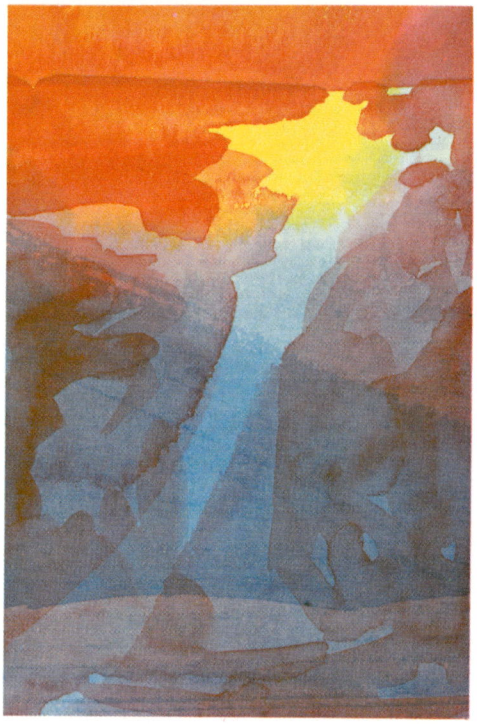

4.

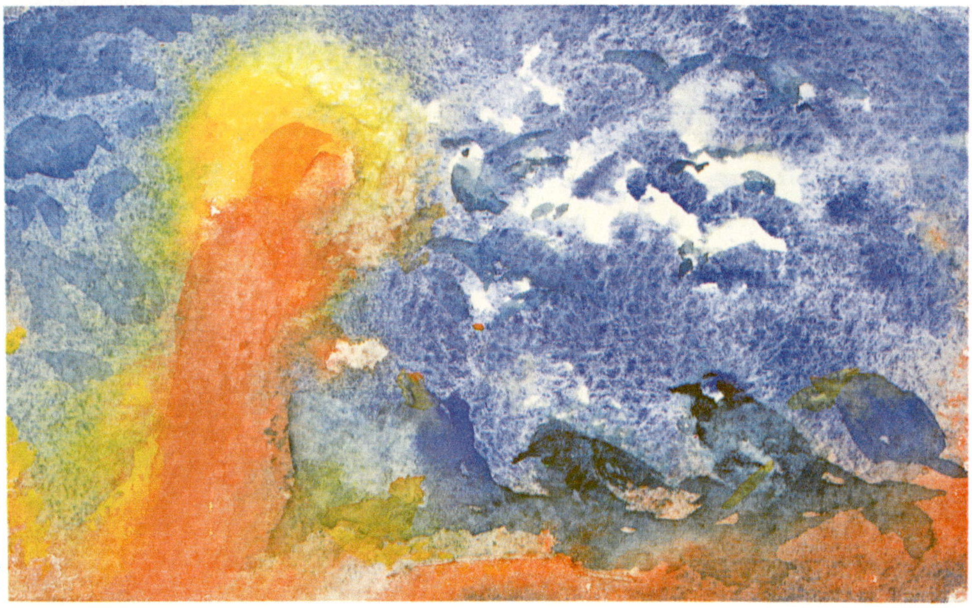

5.

Legenden-Stimmung und Gestaltung. ab 2. Schuljahr

Tafel 17

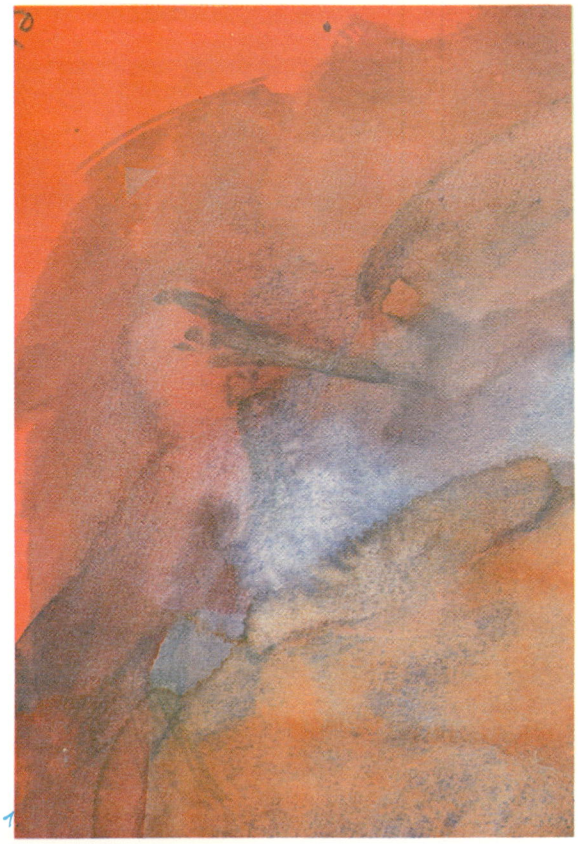
1.

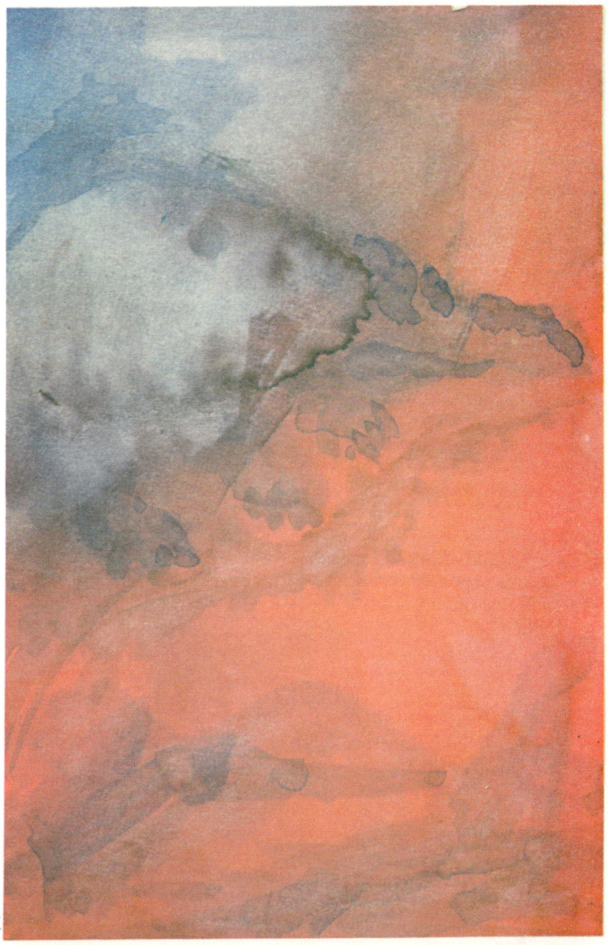
2.

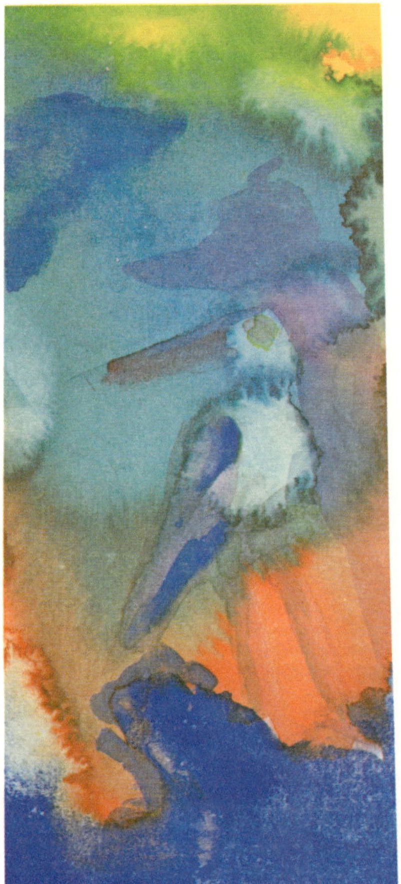
3.

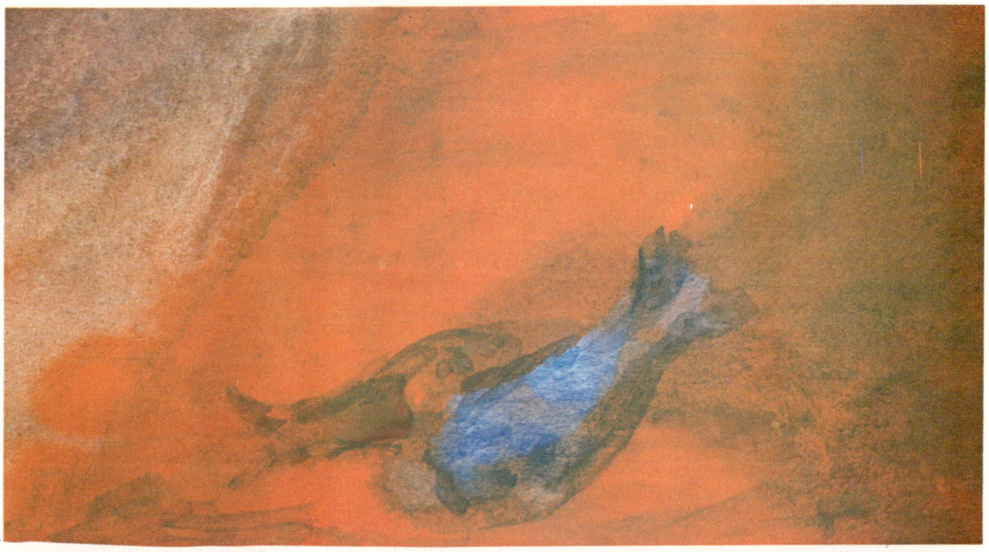
4.

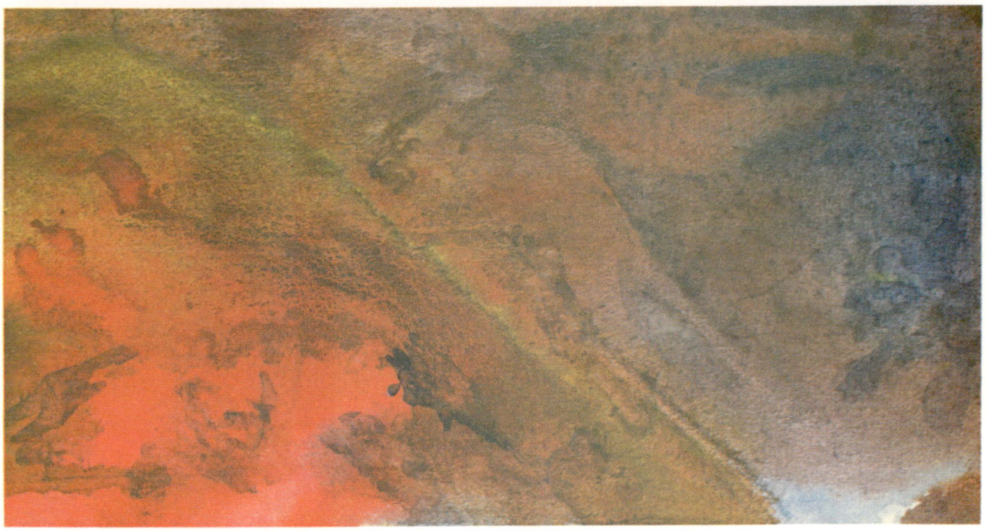
5.

Fabel-Stimmungen
Tiergeschichten

ab 2. Schuljahr

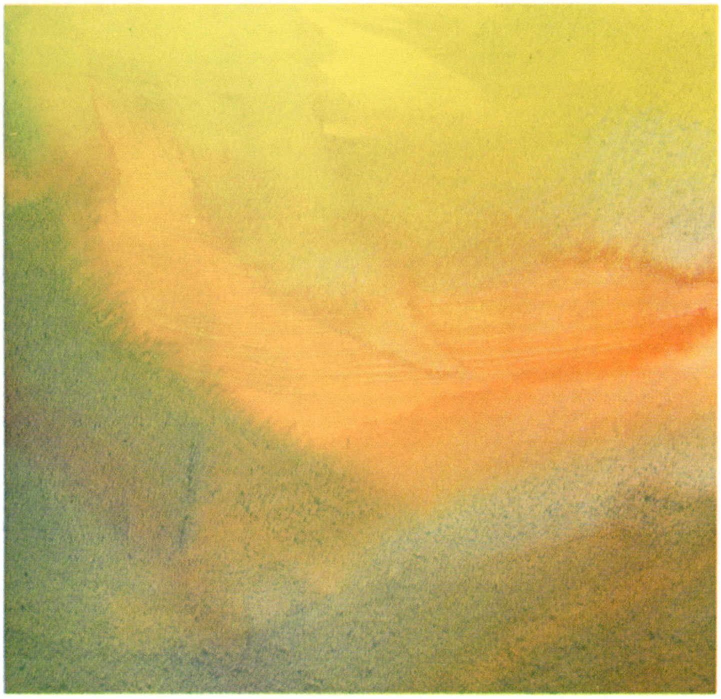
1.

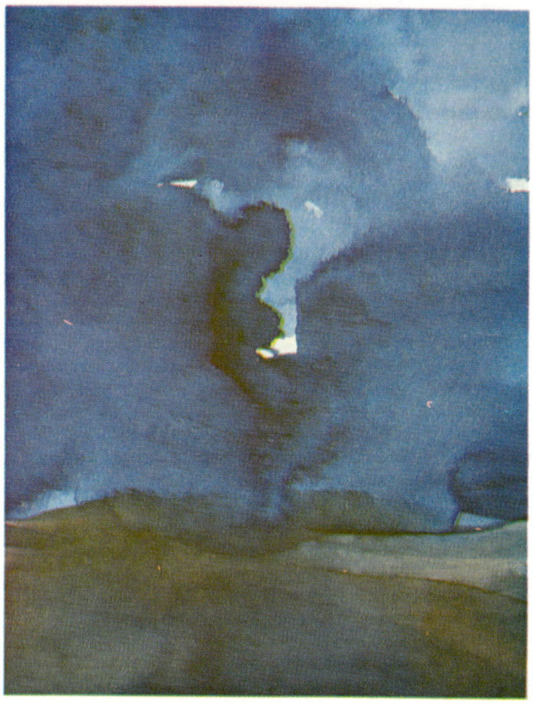
2.

3.

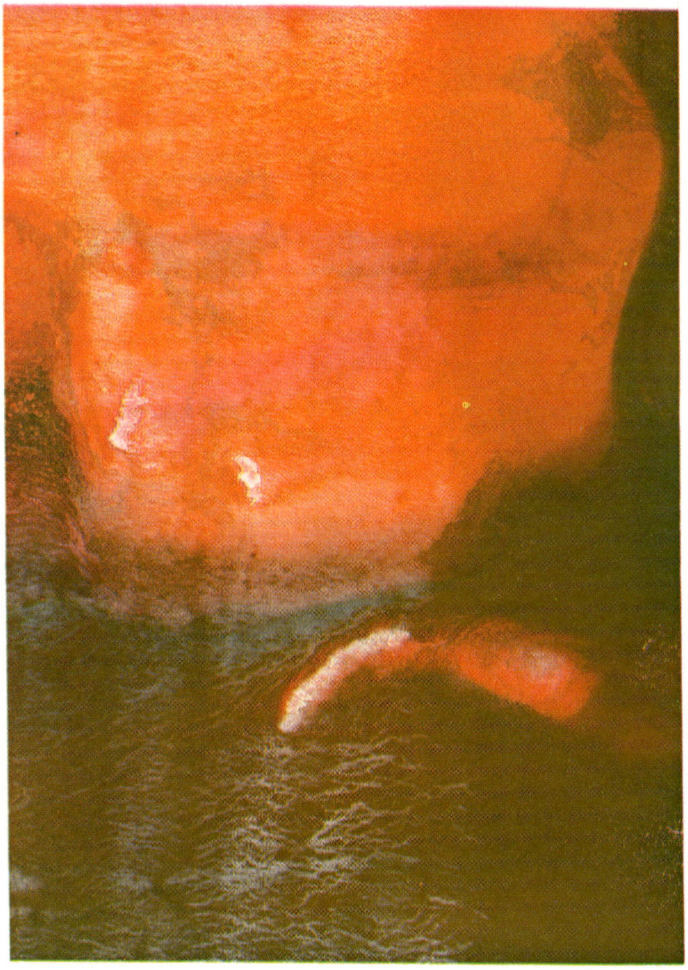
4.

Stimmungen aus dem Alten Testament:
Entstehung der Welt:
3. Schuljahr

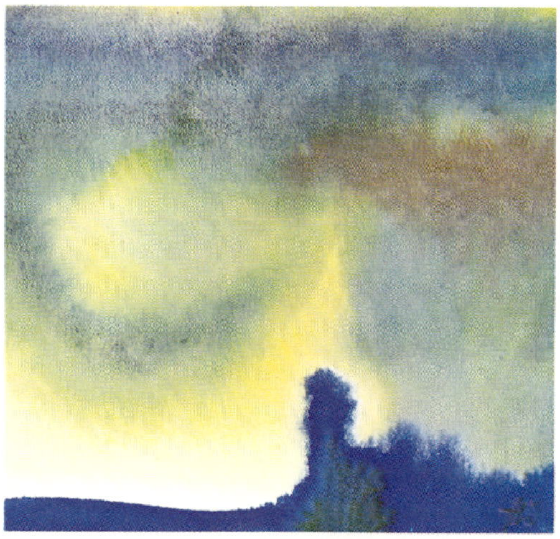

1.

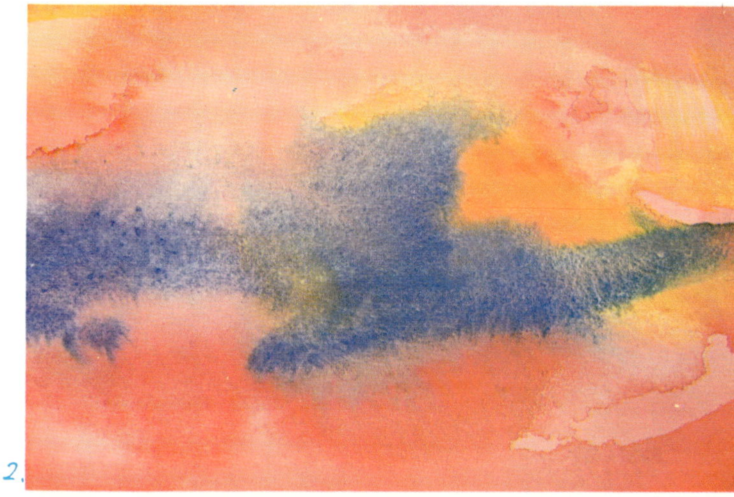

2.

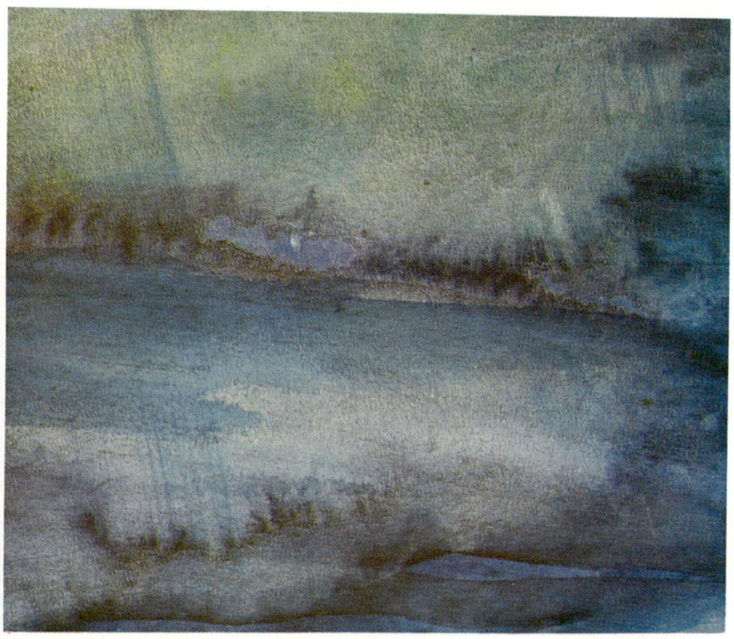

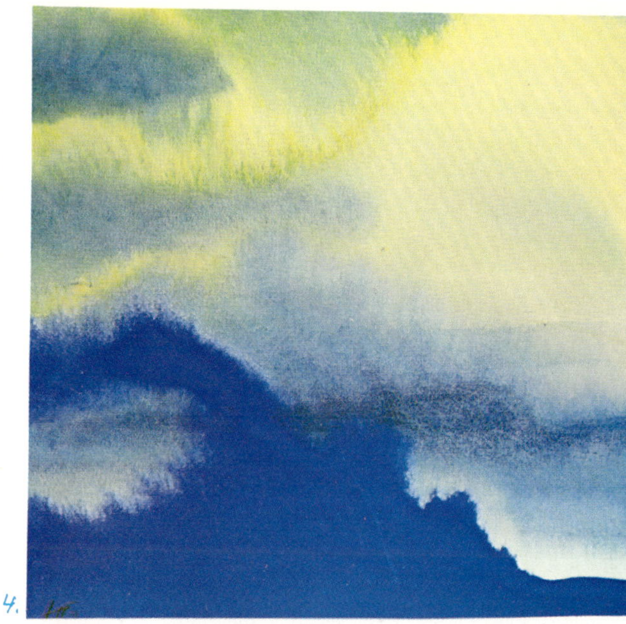

4.

6.

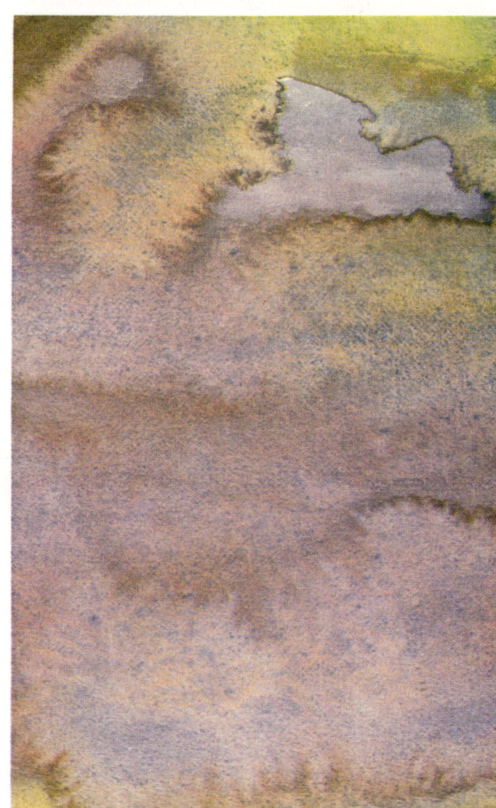

7.

Entstehung der Erde!

Luft,
Wasser,
Wolken,
Nebel usw.

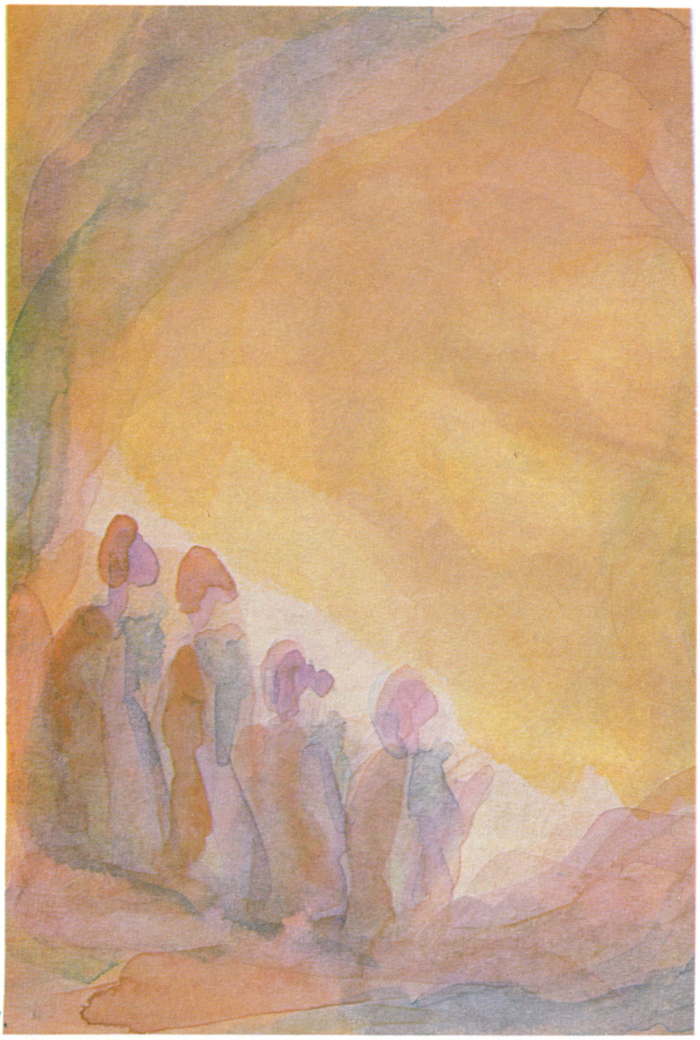

1.

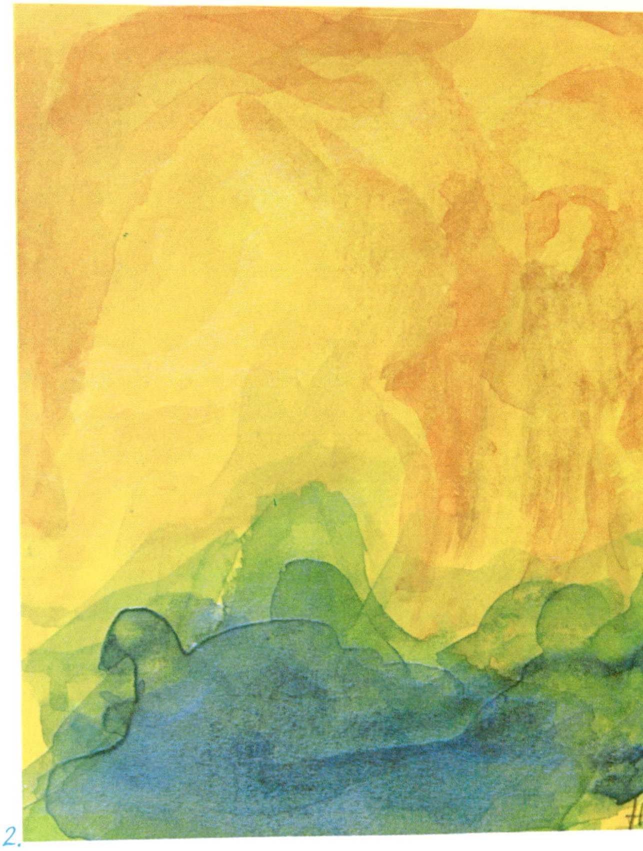

2.

Stimmungen und Gestaltungen aus dem Alten Testament ab 3. Schuljahr

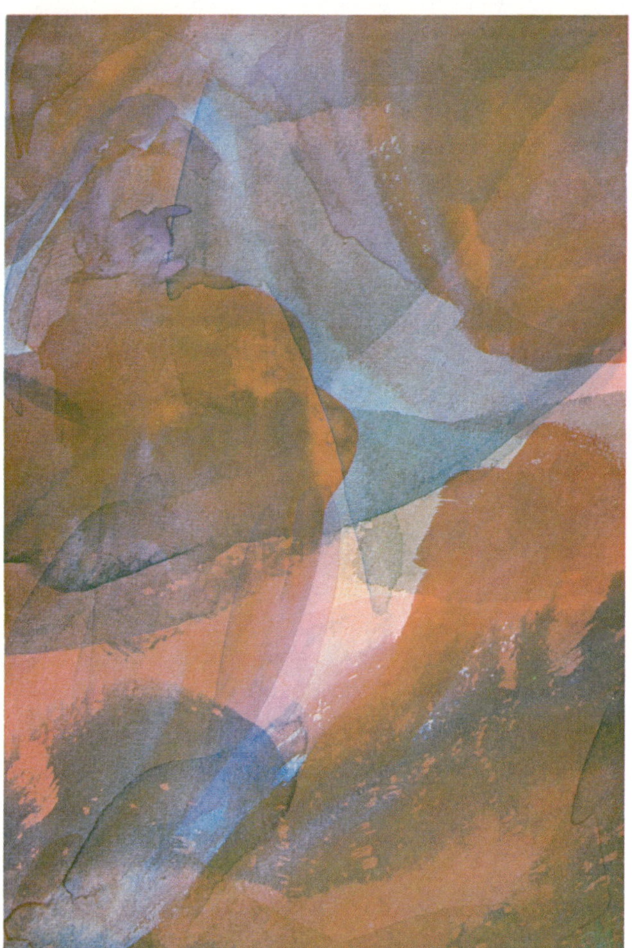

3.

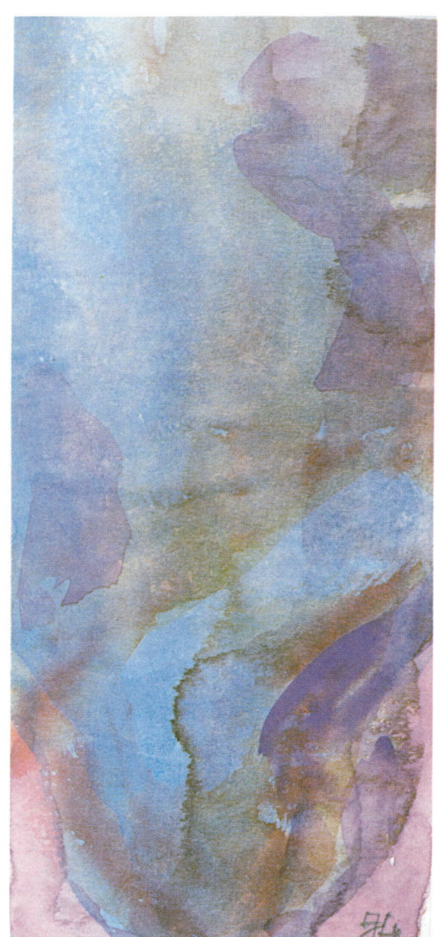

4.

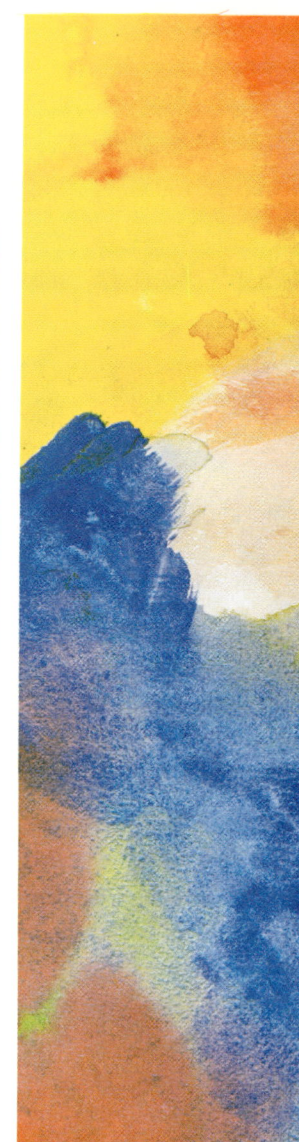

5.

Tafel 21

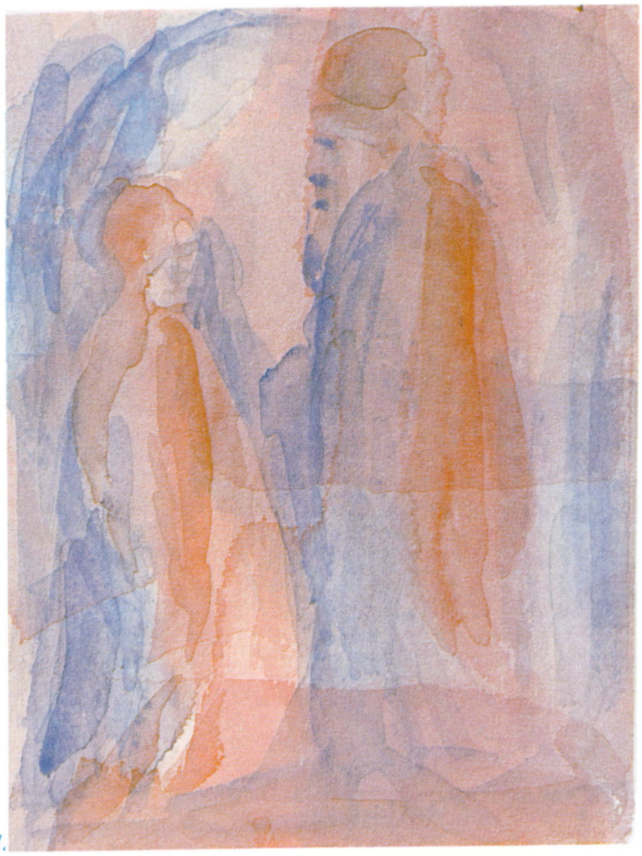

1.

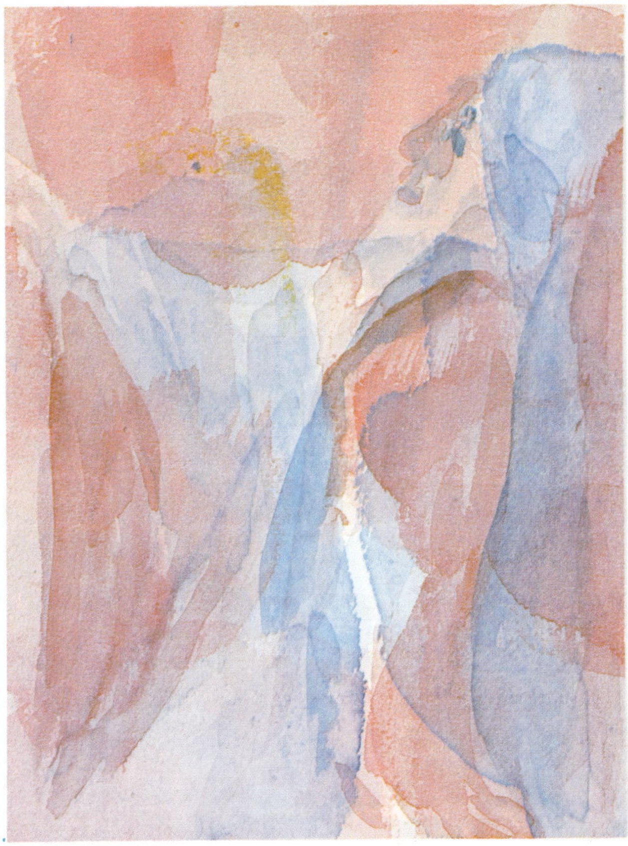

2.

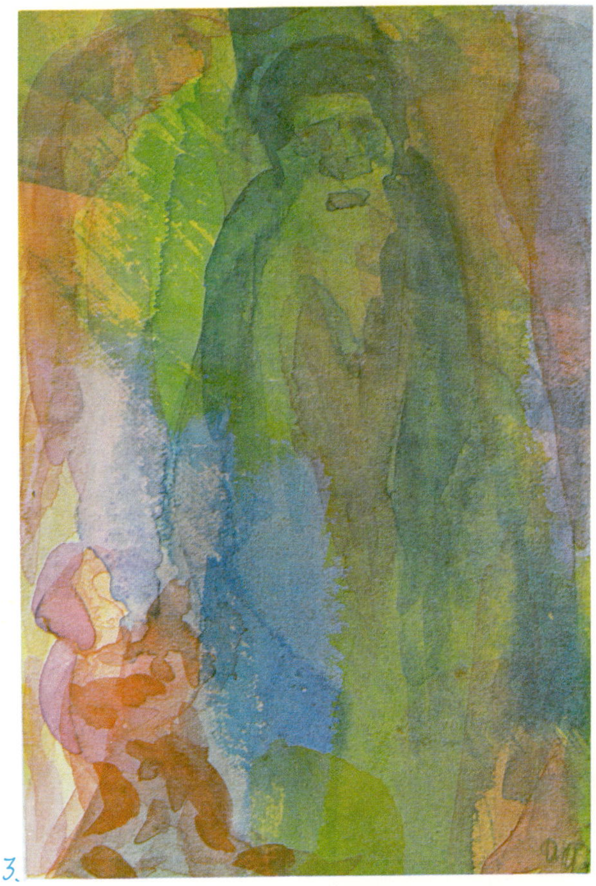

3.

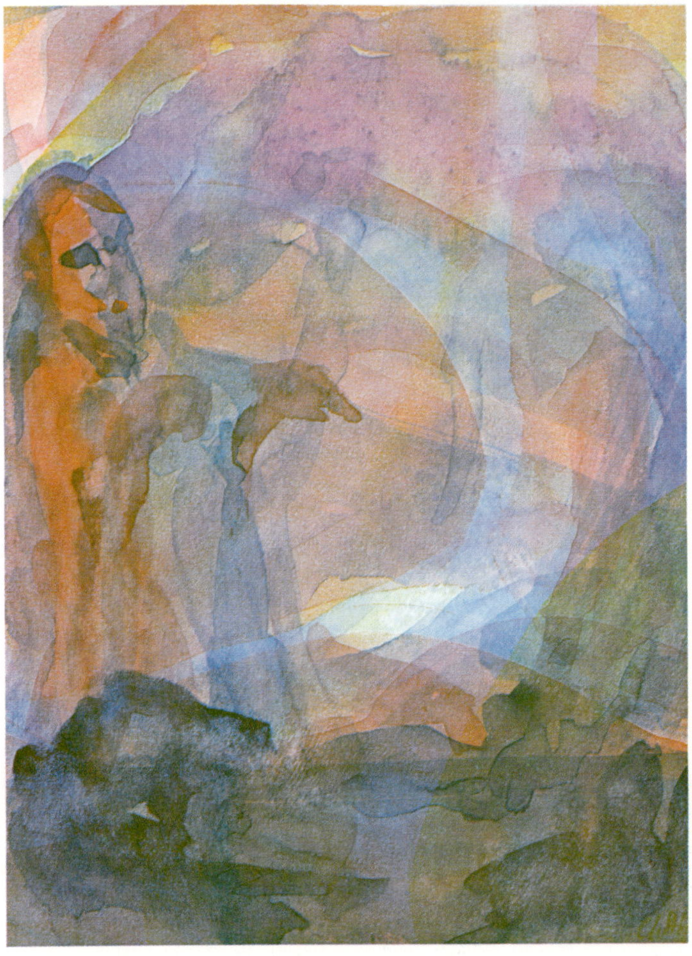

4.

Biblische Gestaltungen:
(Oberstufe malt, für die Unterstufe)

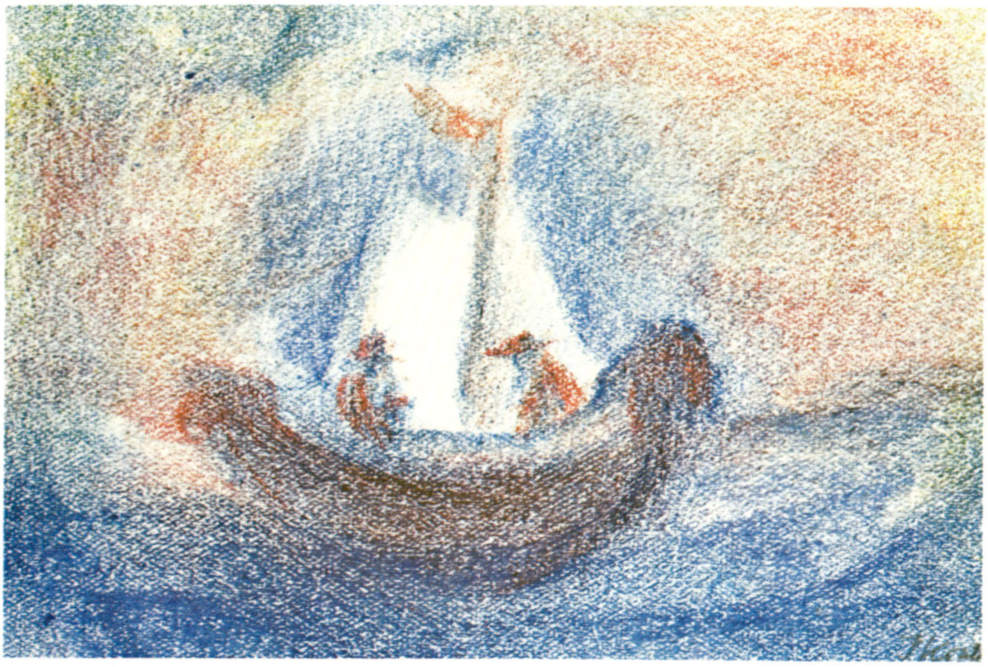

1.

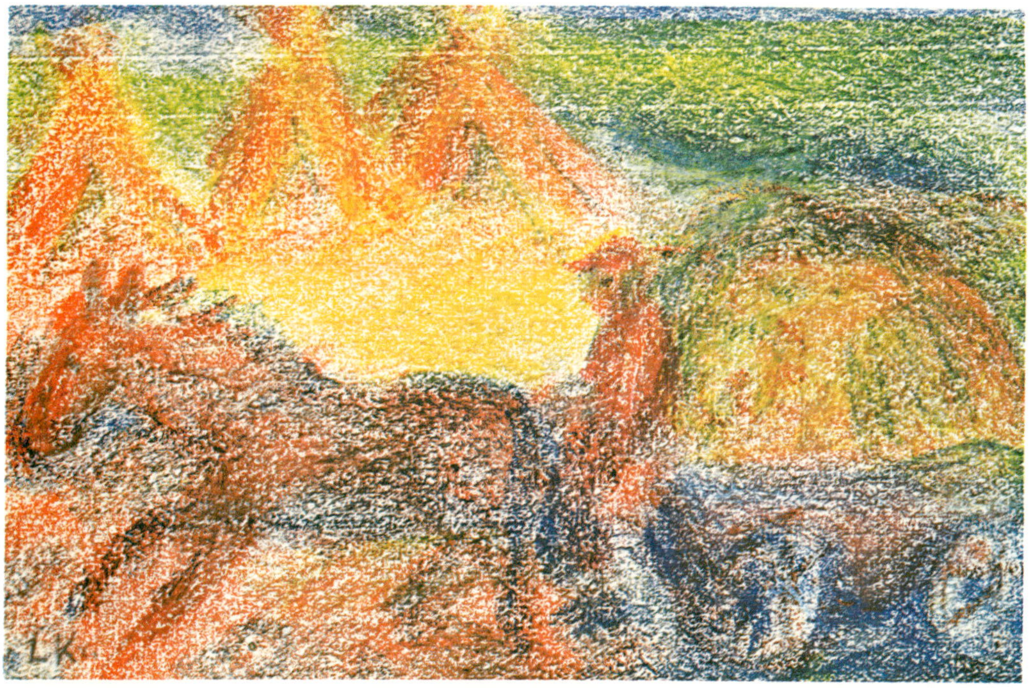

2.

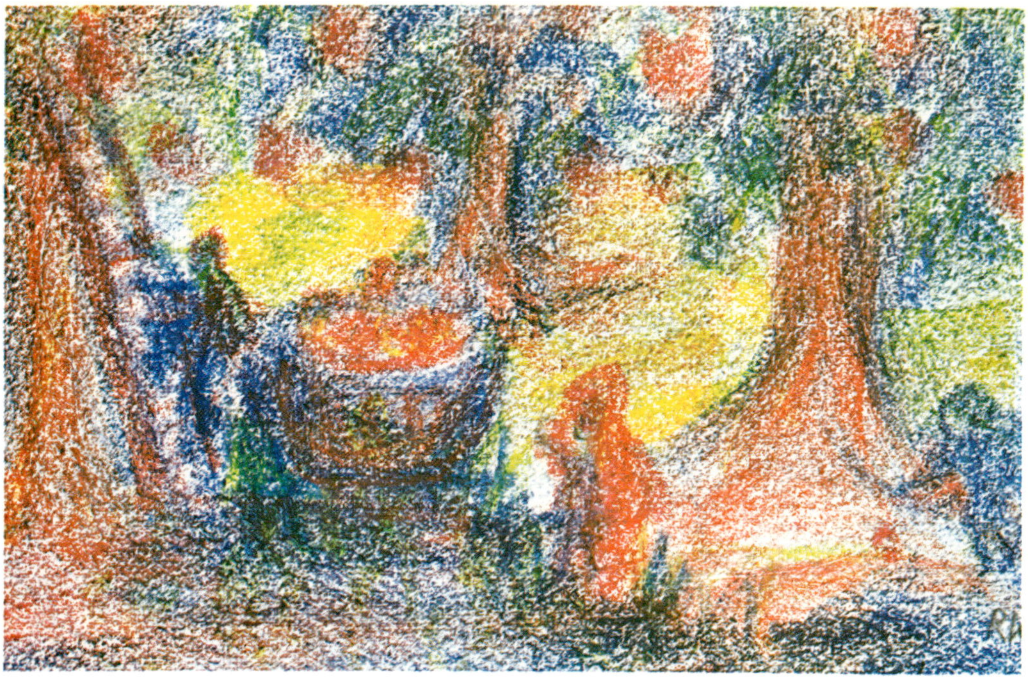

3.

Verschiedene Berufe:
ab 3. Schuljahr
Bienenwachsfarbe

Tafel 23

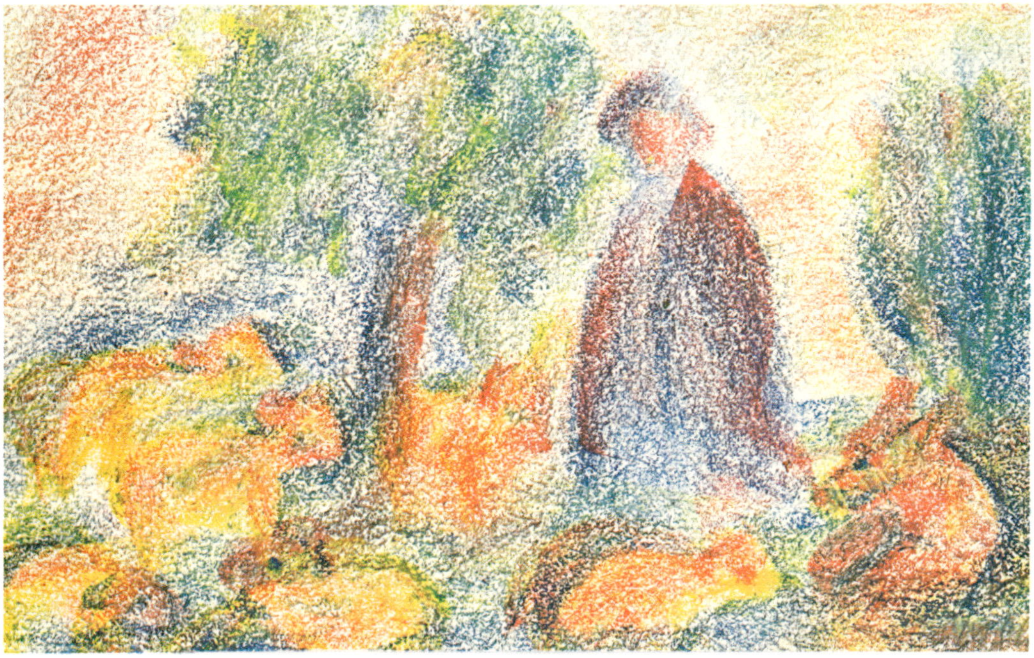

4.

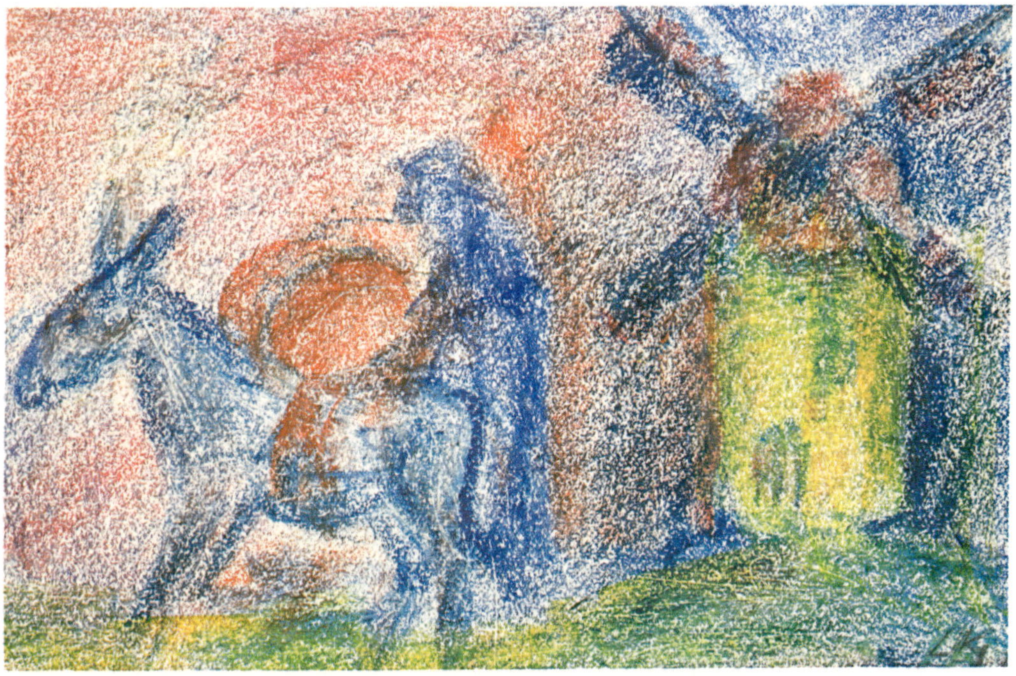

5.

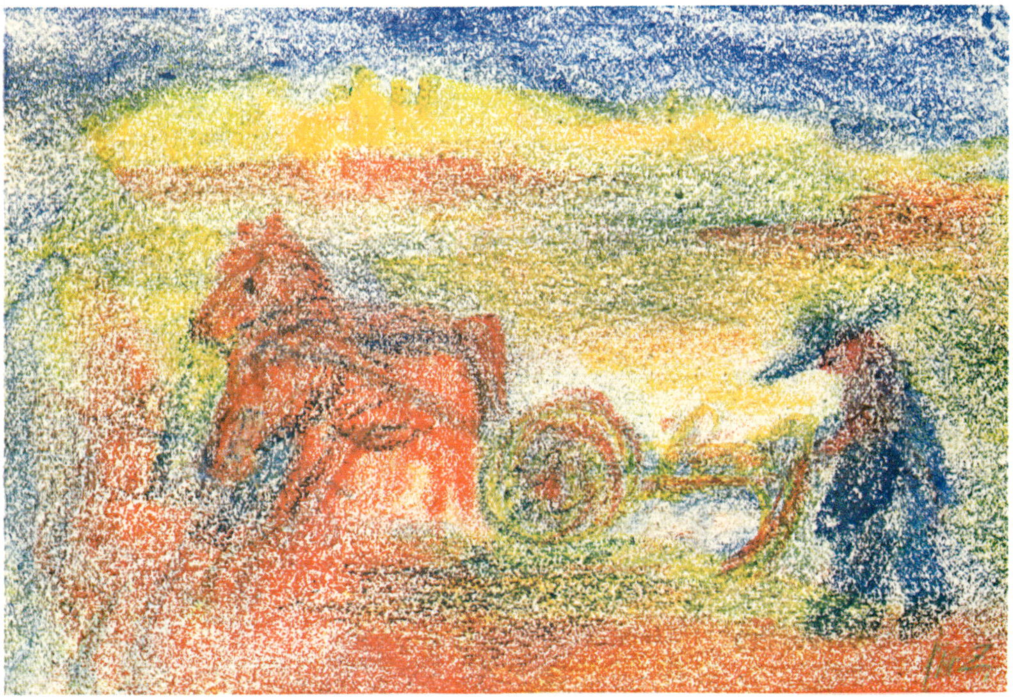

6.

Tafel 24

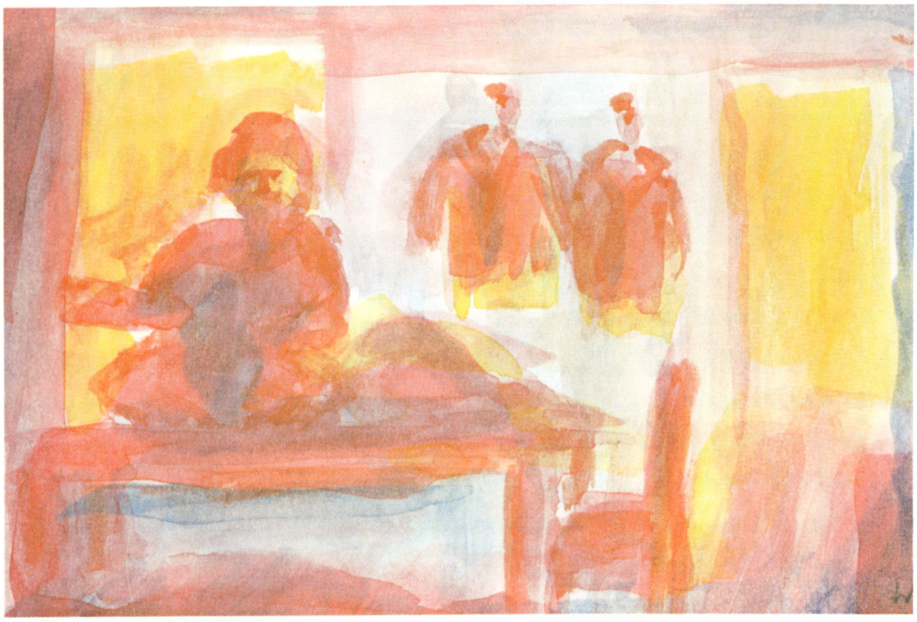

1.

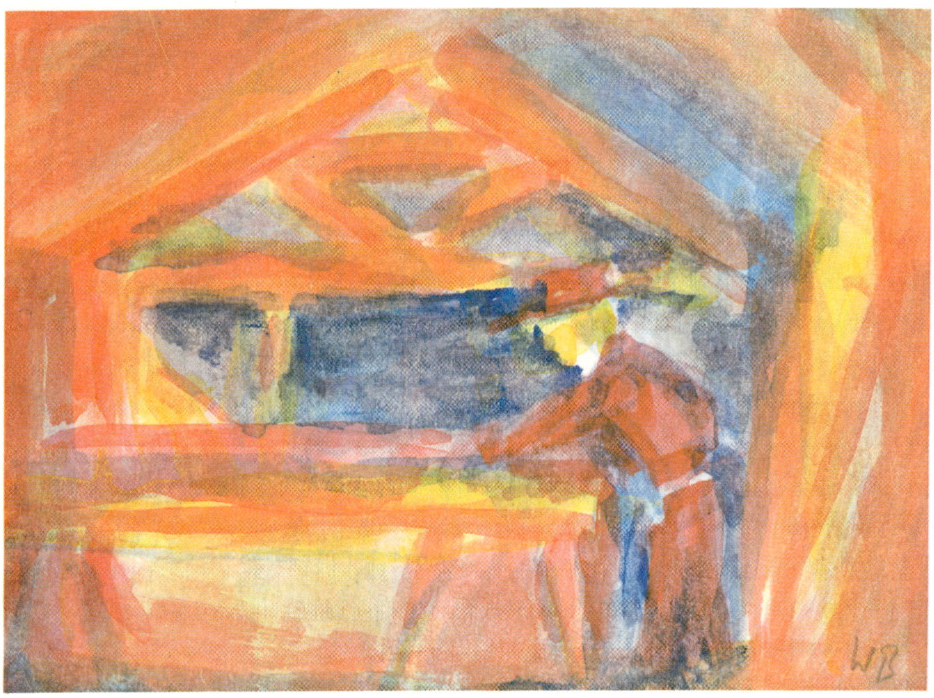

2.

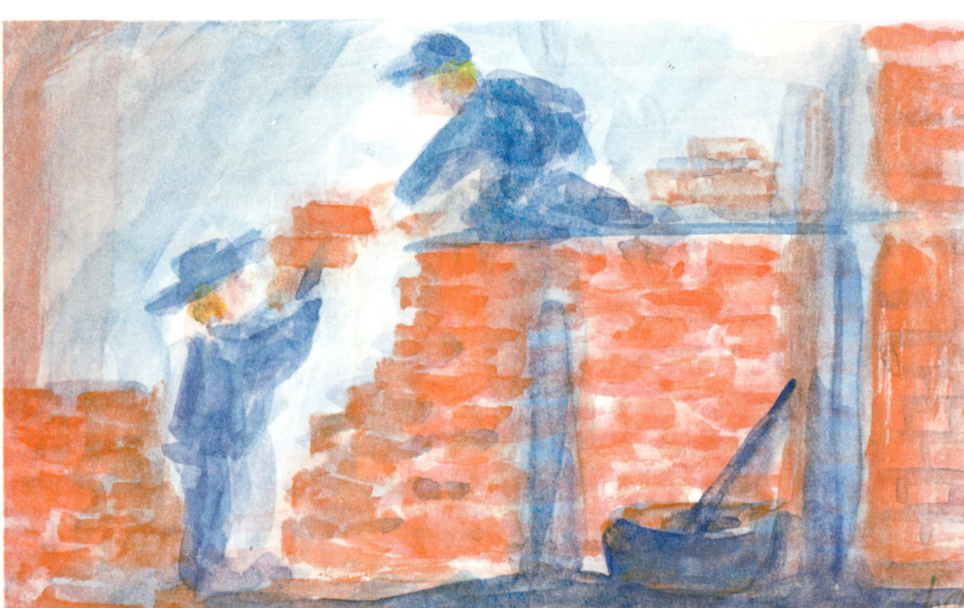

3

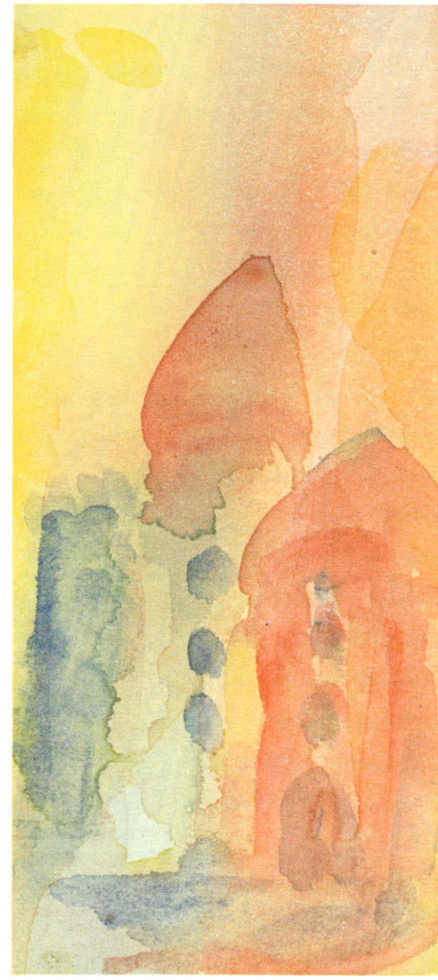

4.

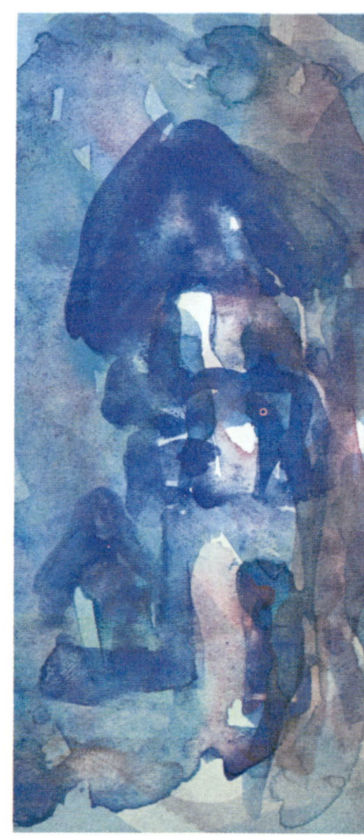

5.

Zur Heimatkunde
3. Schuljahr

Verschiedene
Handwerker:

Tafel 25

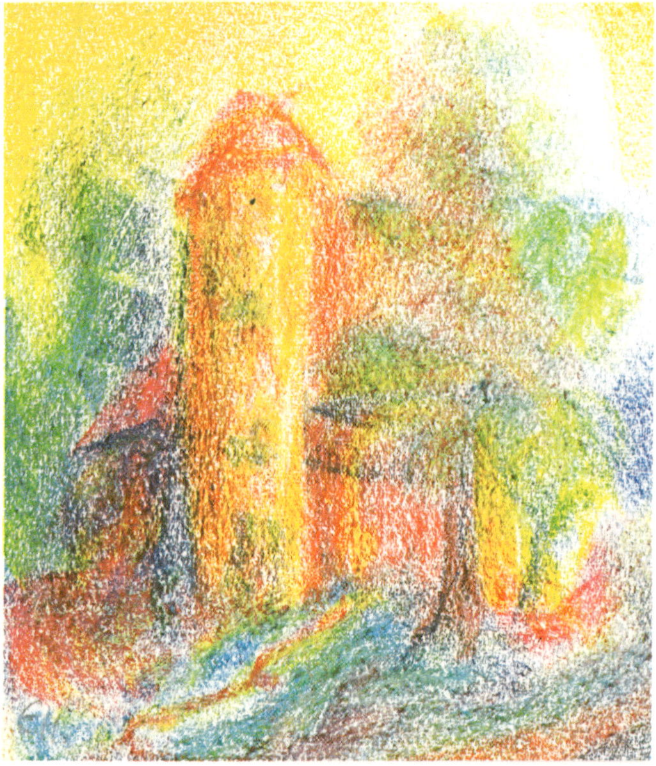

1.

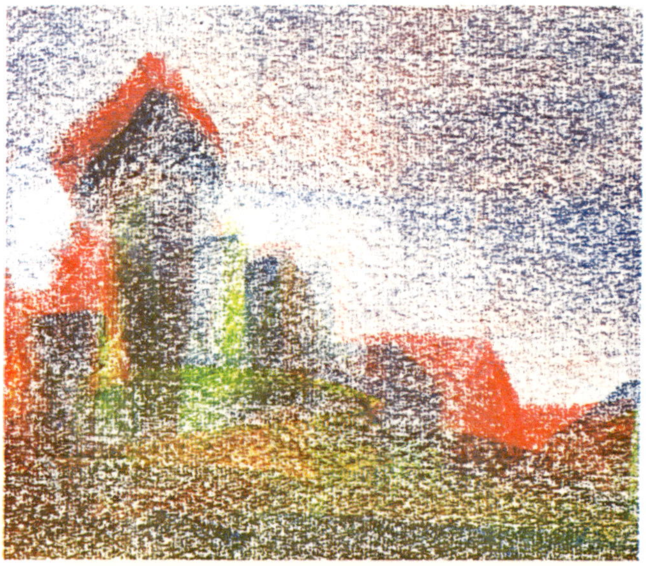

2.

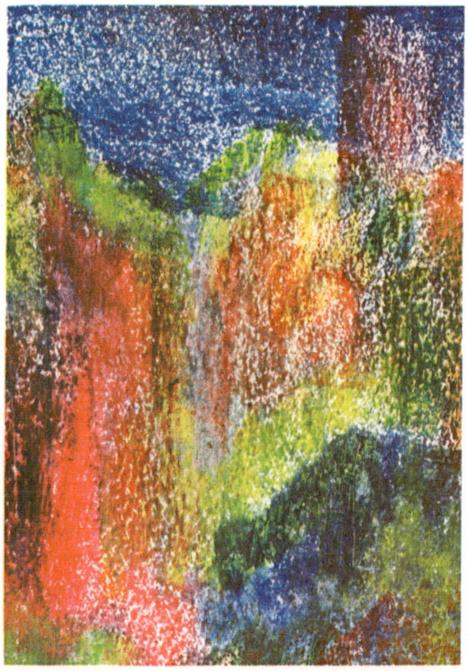

3.

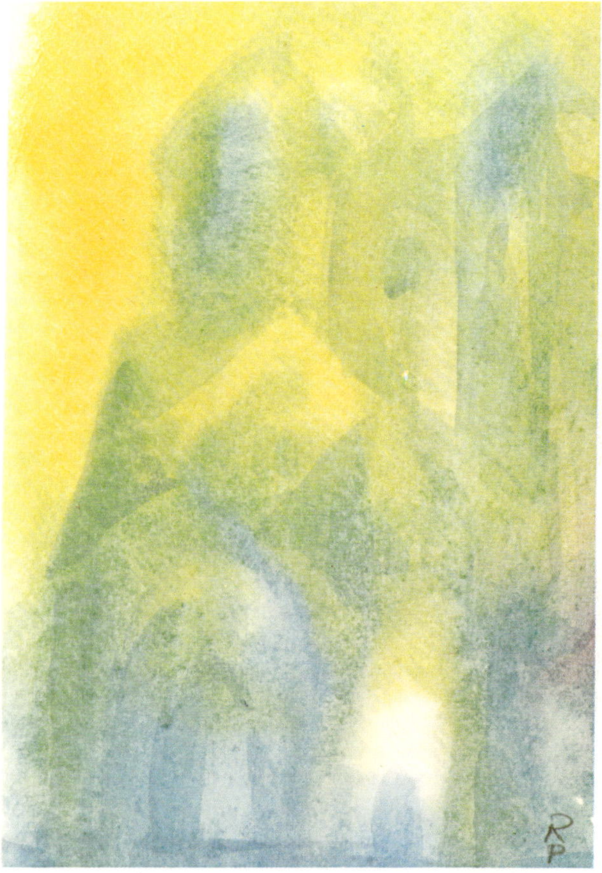

4.

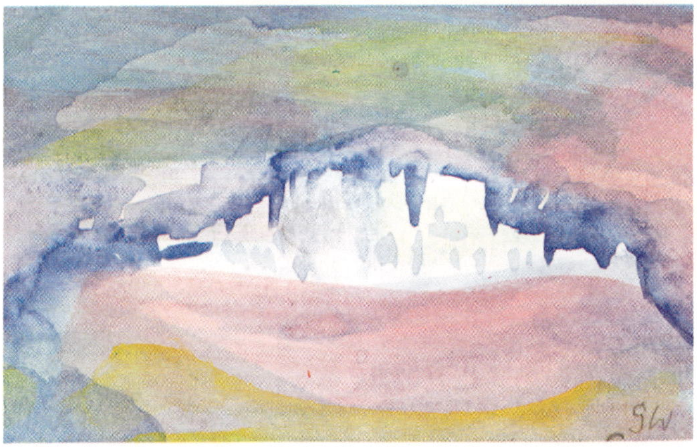

5.

zur Heimatkunde:
ab 3. Schuljahr

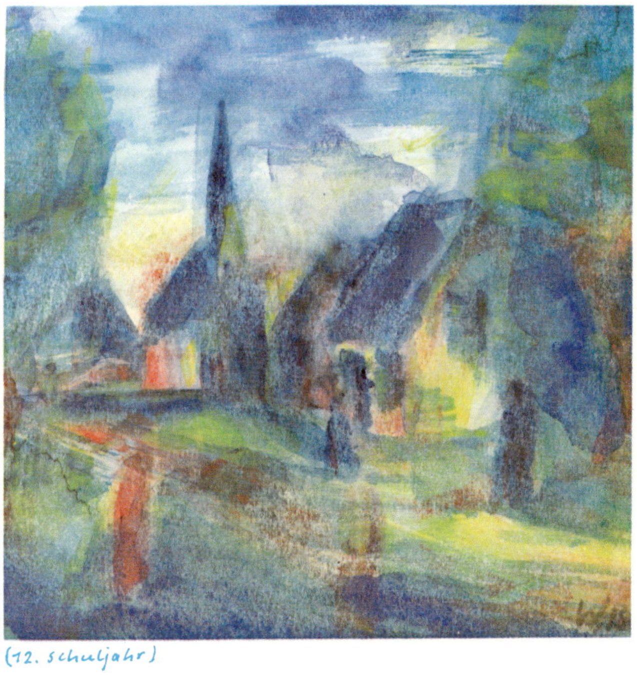

6. (12. Schuljahr)

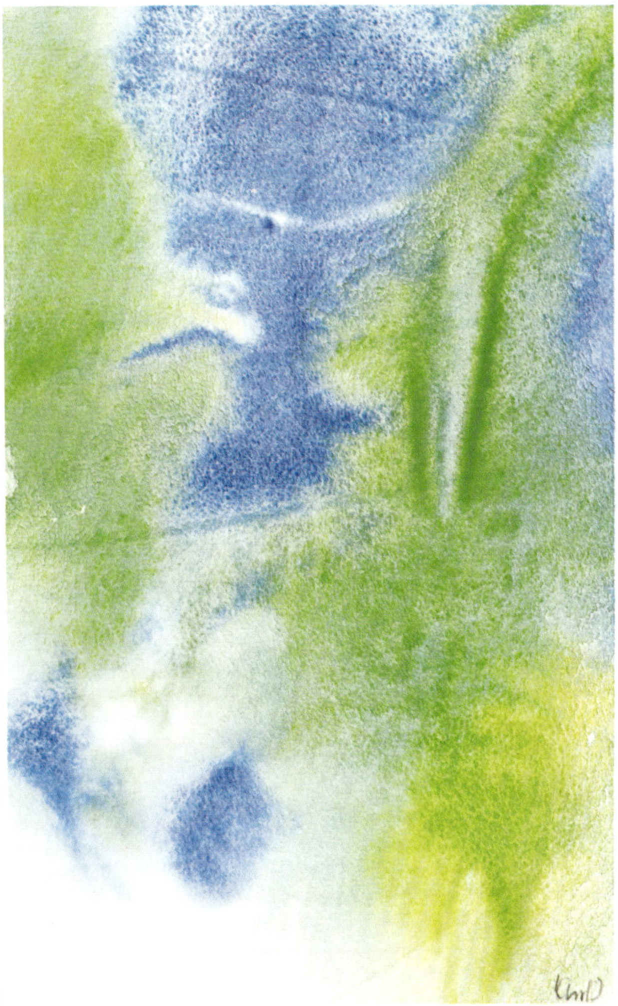

1.

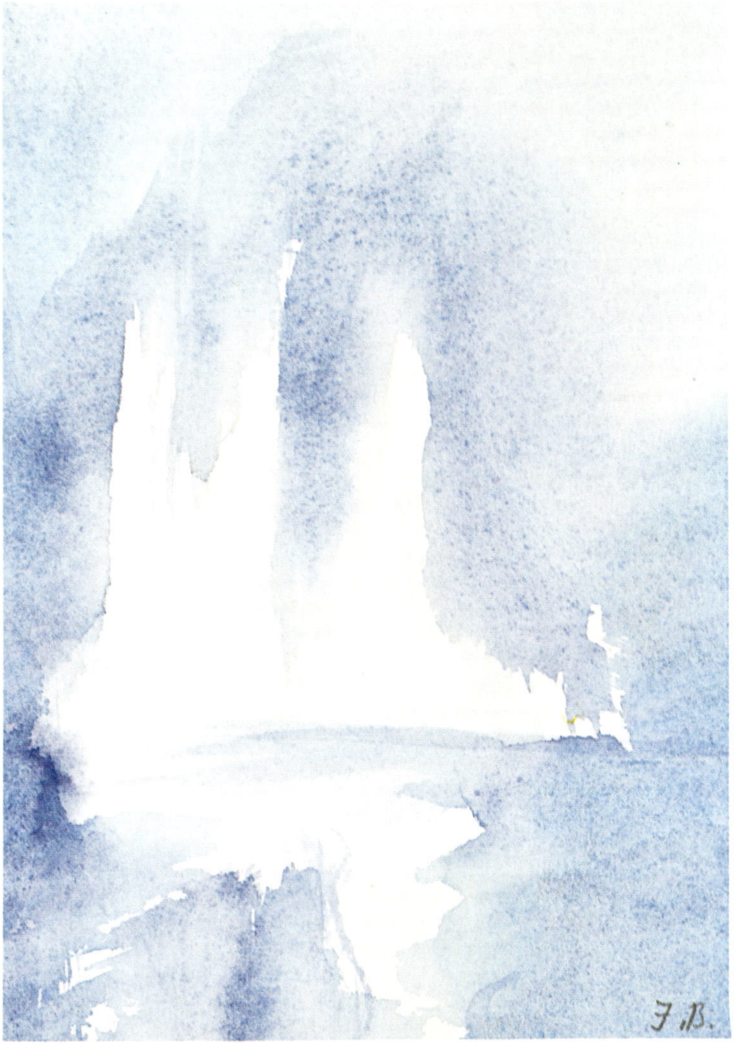

2.

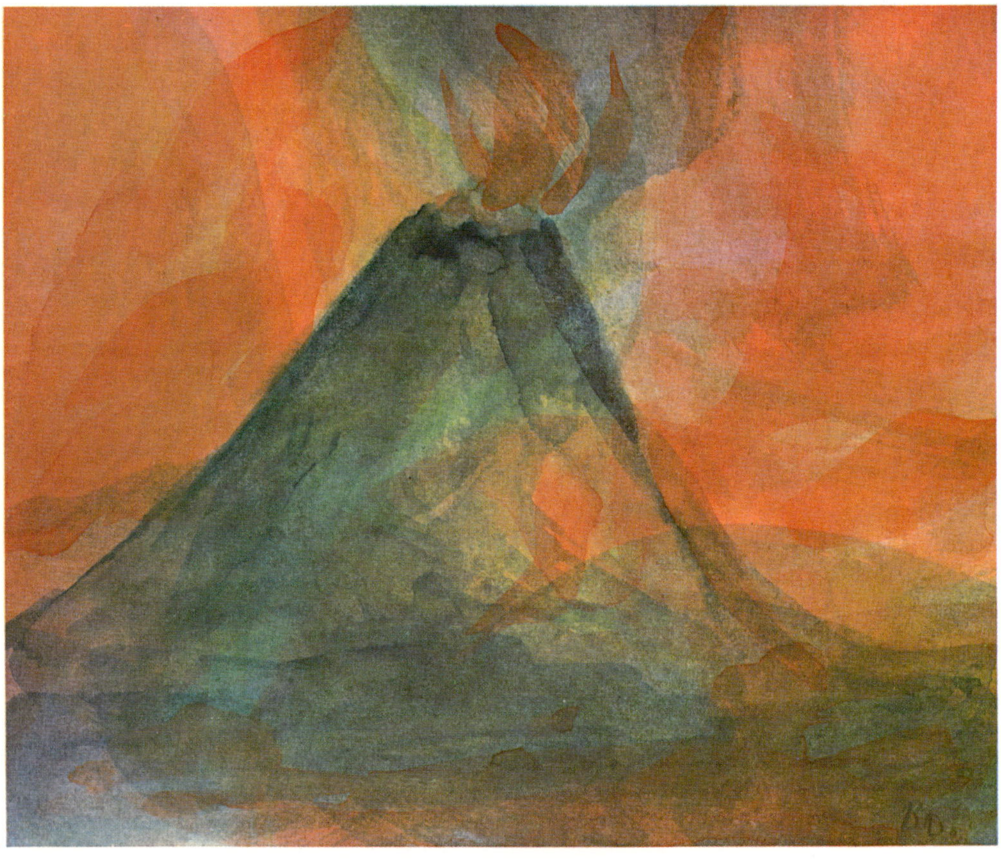

3.

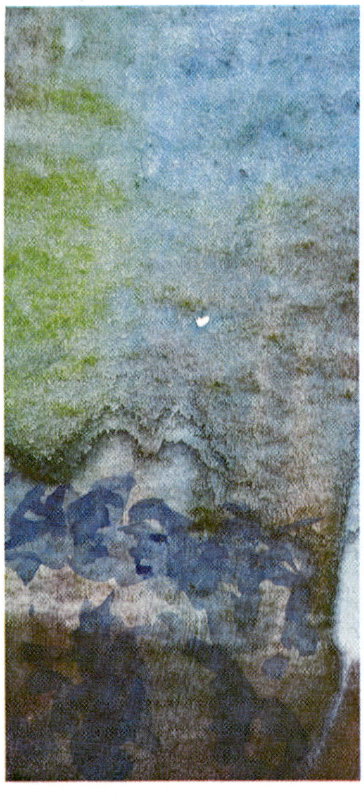

4.

Zur Geographie:

1. Küstenbildung
2. Geysir
3. Vulkan
4. Wattenmeer

Tafel 27

2.

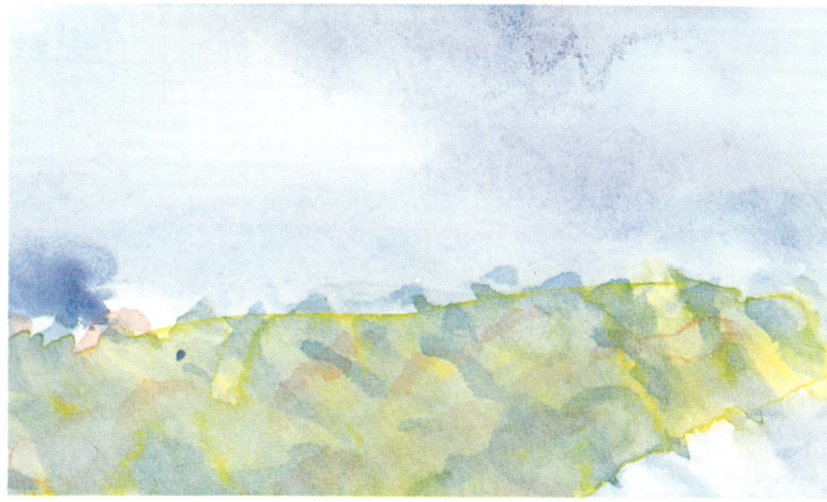

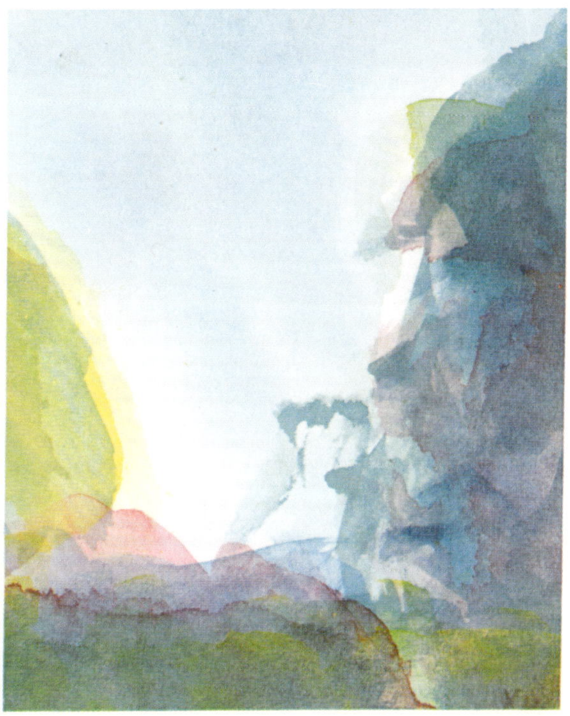

4.

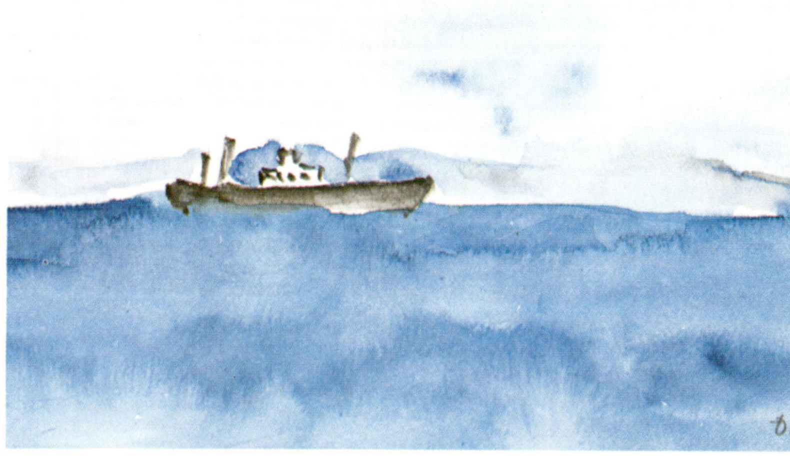

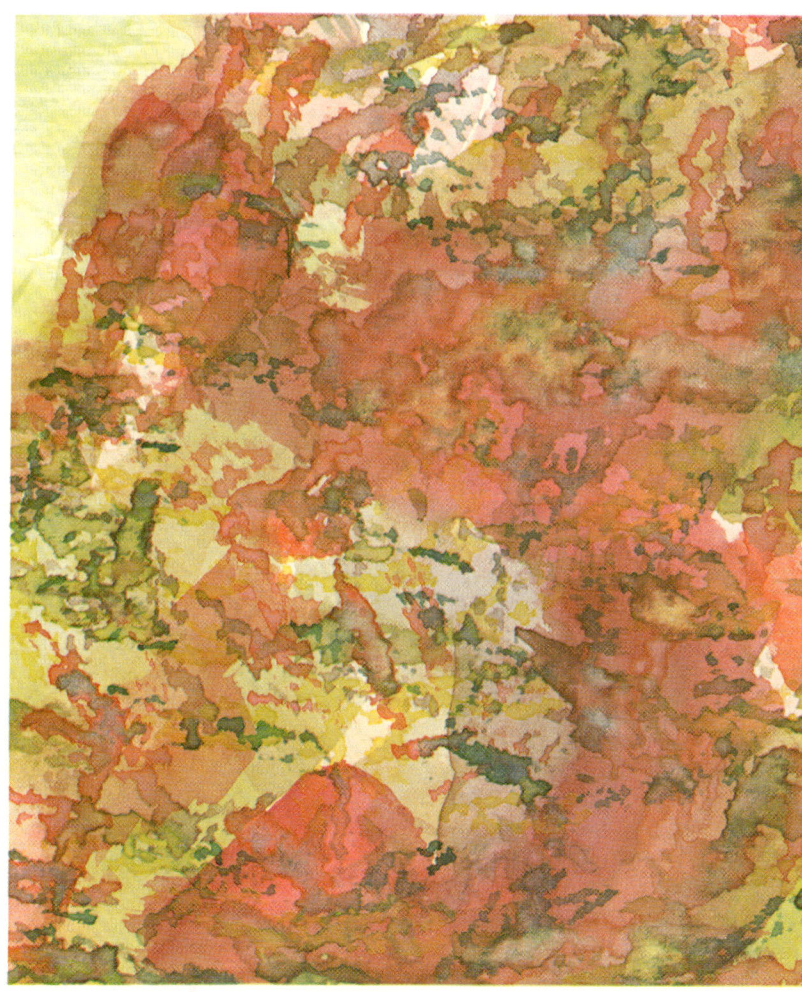

6.

Zur Geographie: Landschaft-Studien, Kartengestaltung. 4./5. Schuljahr Tafel 28

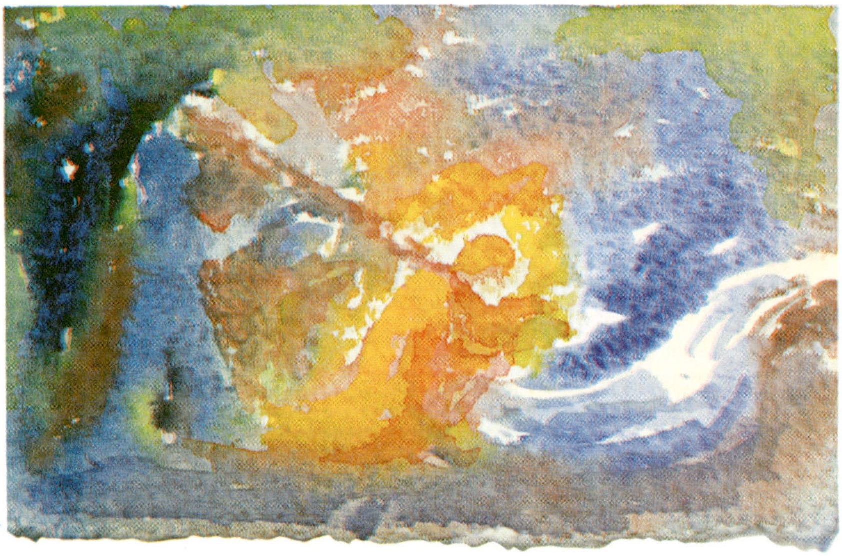

1.

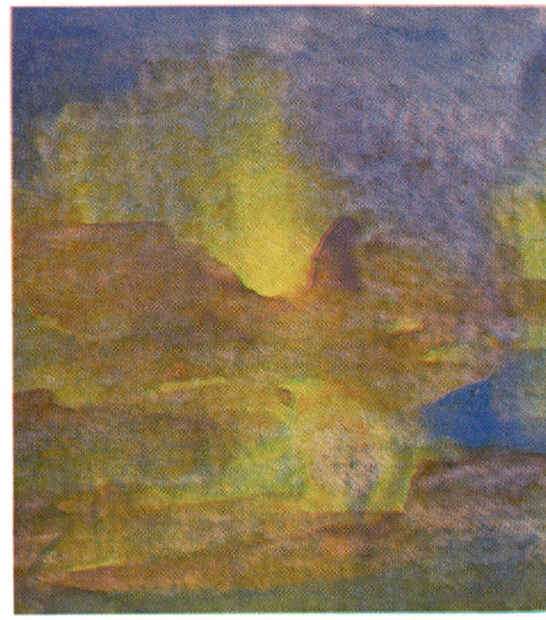

2.

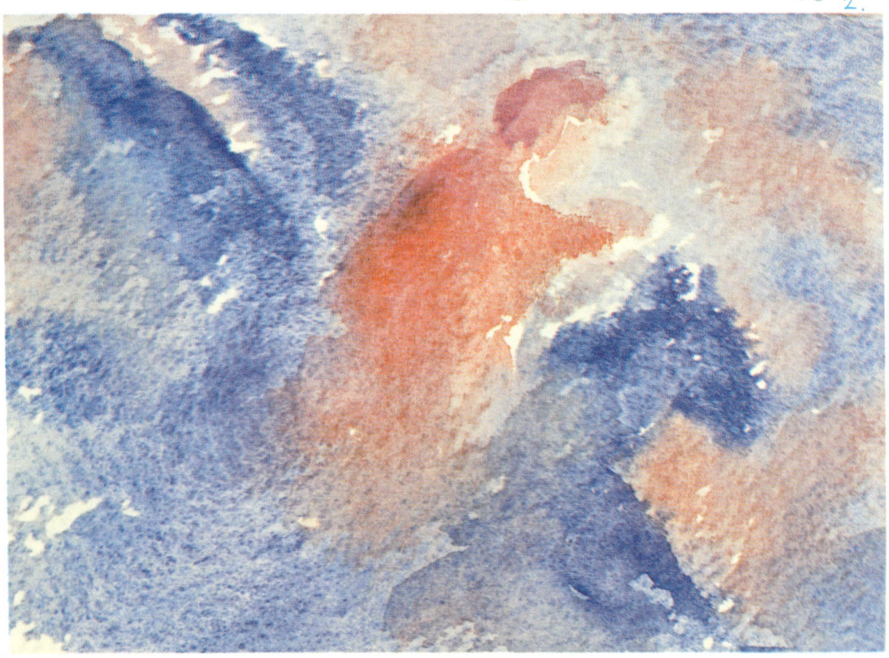

3.

4.

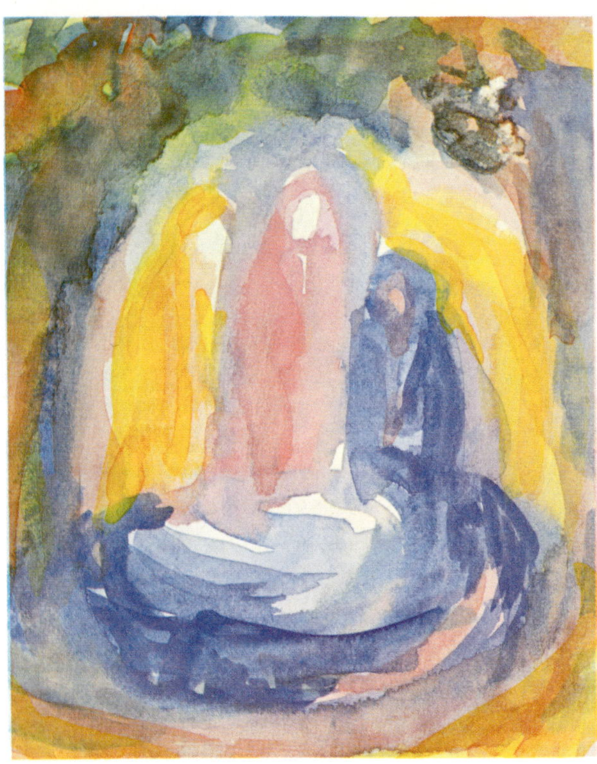

5.

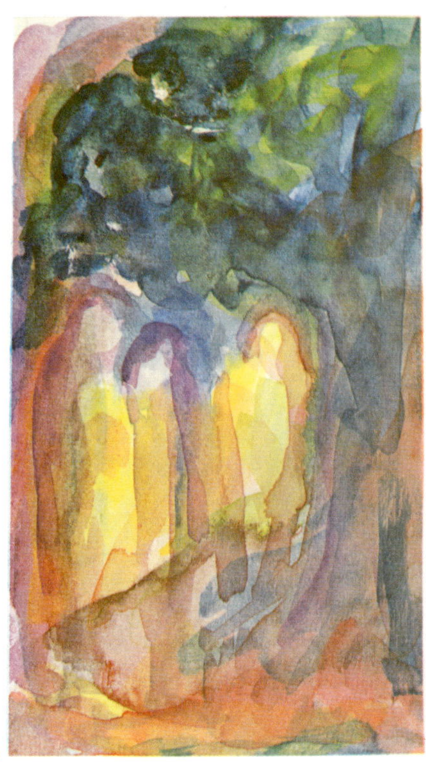

6

Germanische Mythologie und Heldensagen

4. Schuljahr

Stimmungen und Gestaltungen

Tafel 29

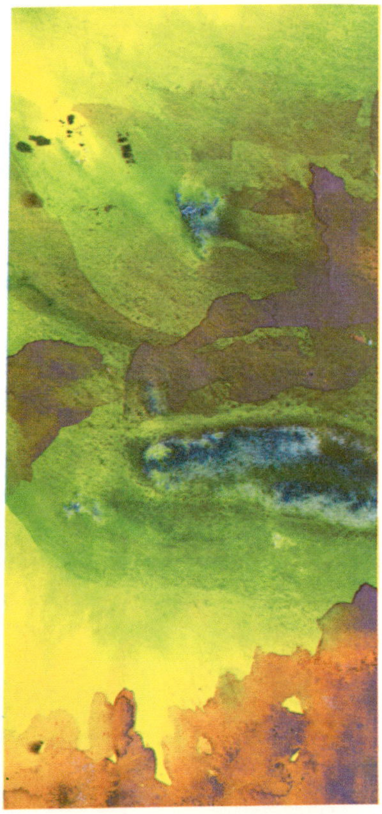
1.

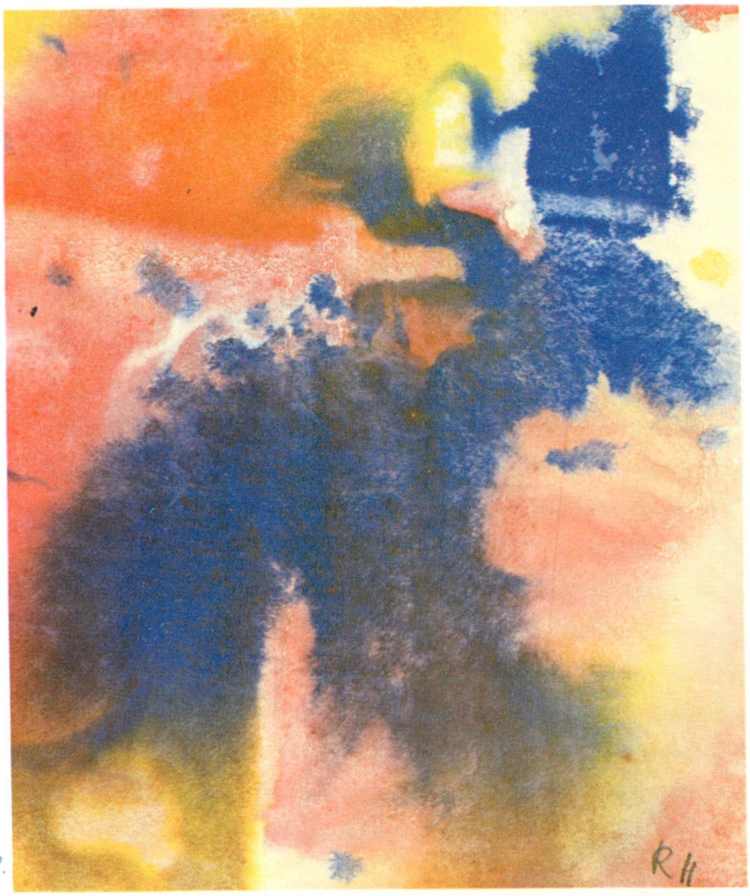

2.

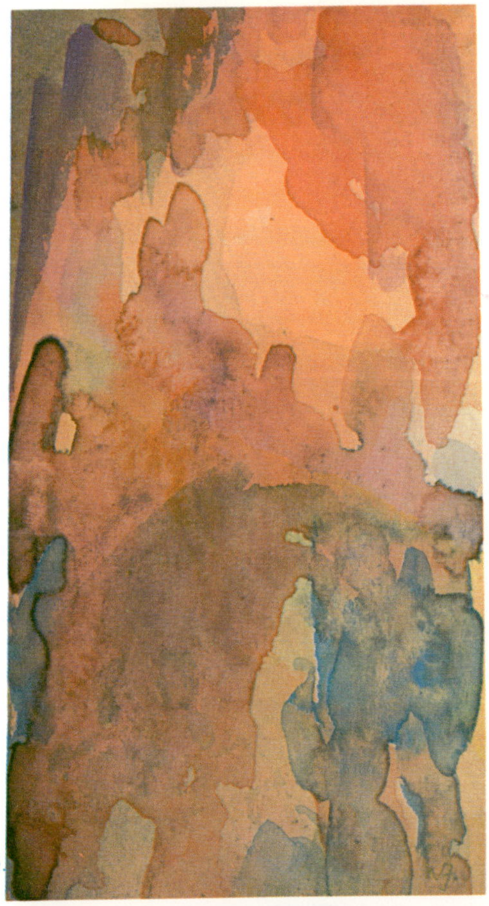
3.

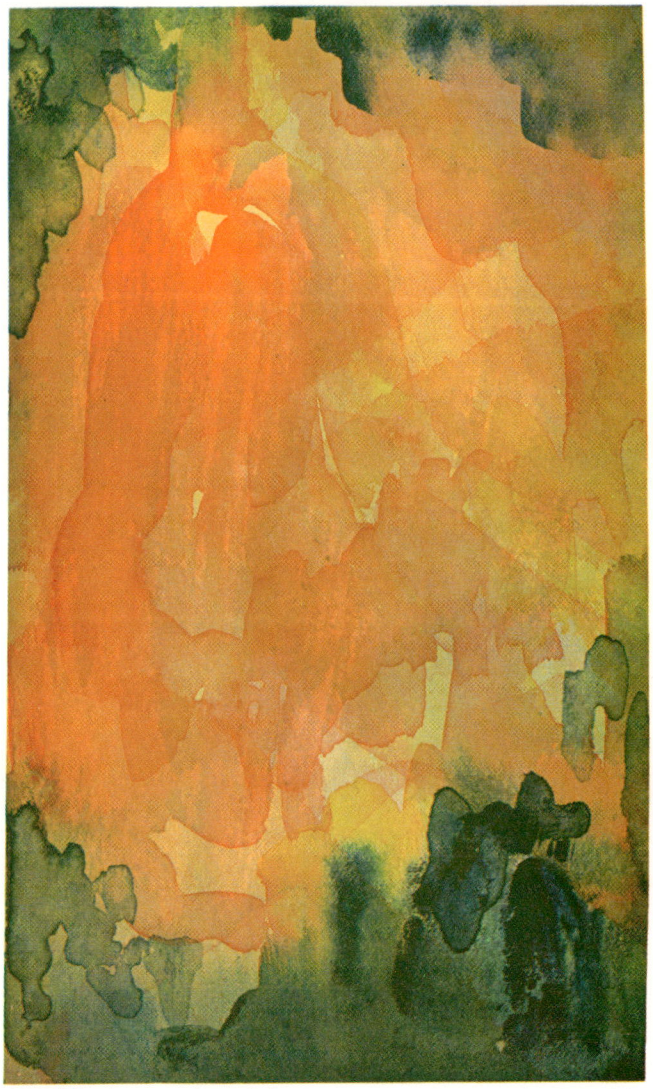
5.

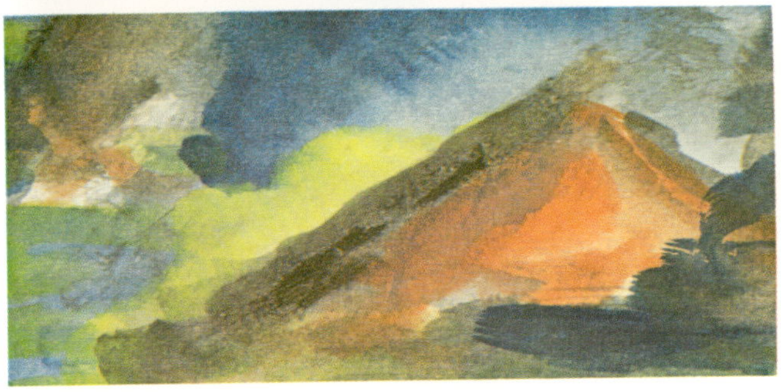
4.

Mythologische Stimmungen
4. Schuljahr

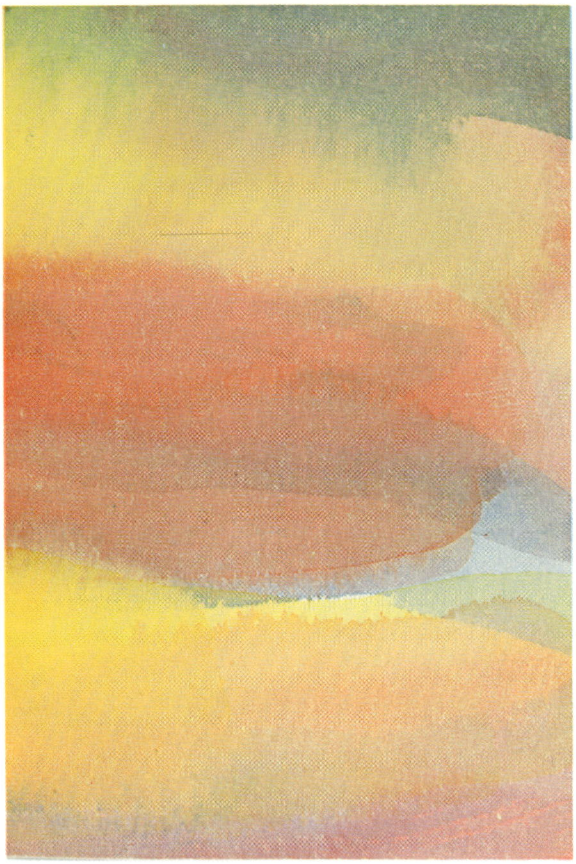

1.

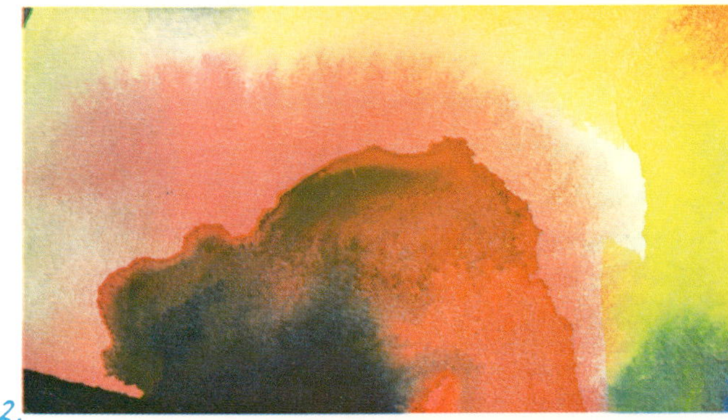

2.

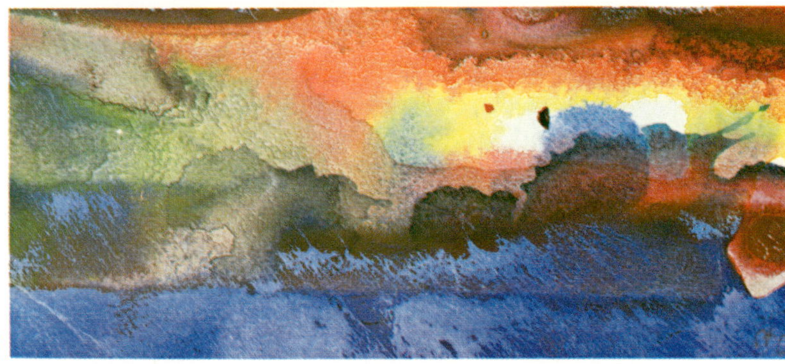

3.

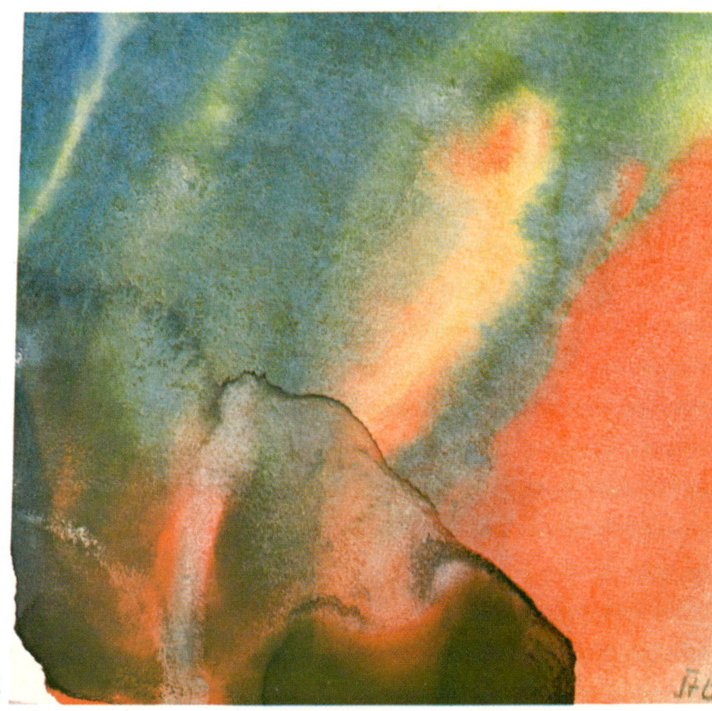

4.

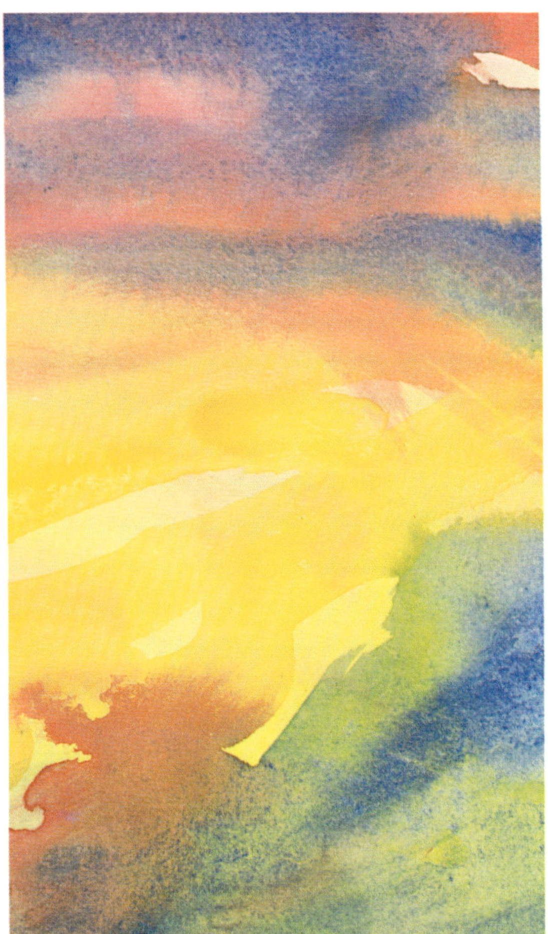

5.

1. u. 5. Athmosphärische Stimmungen
2, 3, 4, 6. Nordische Mythologie
4. Schuljahr

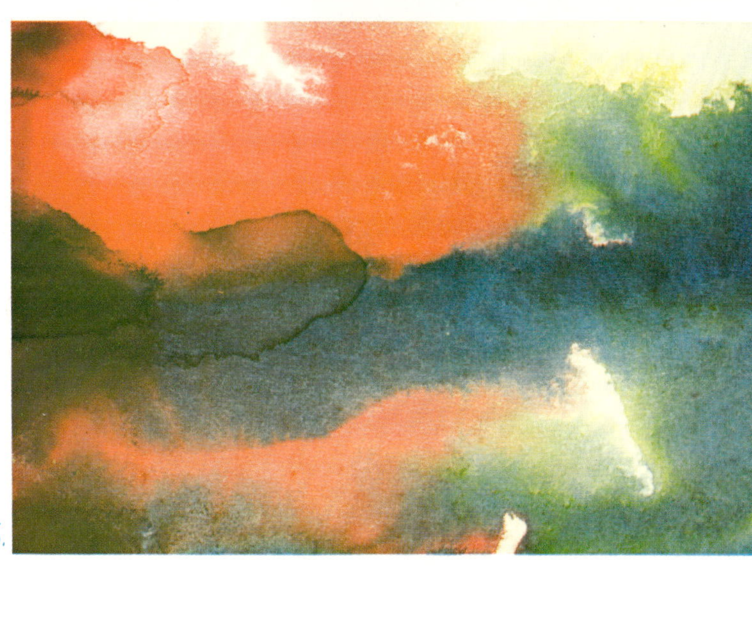

6.

Tafel 31

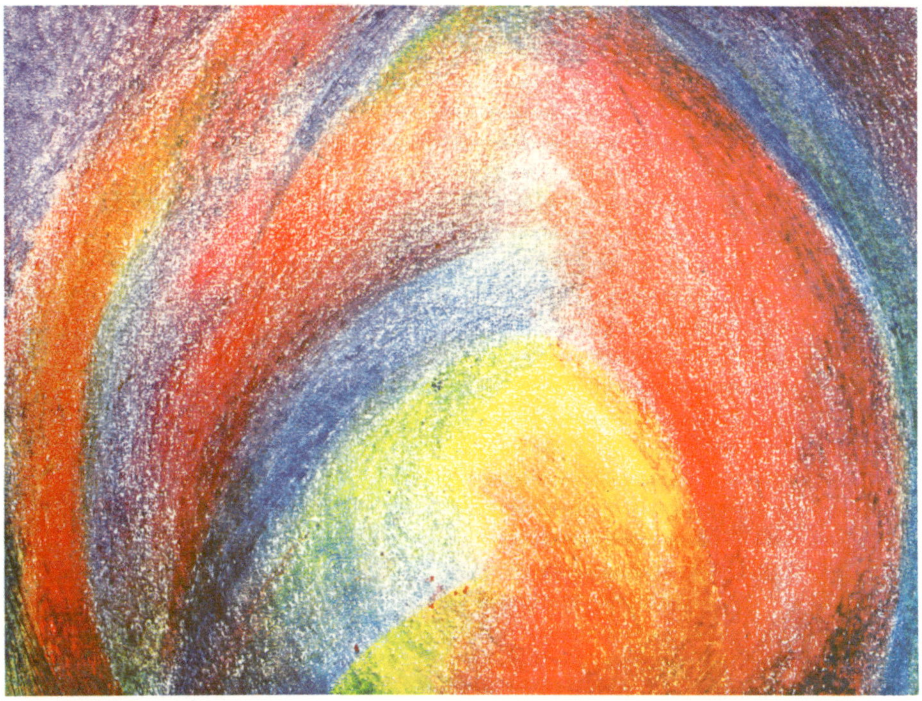

1.

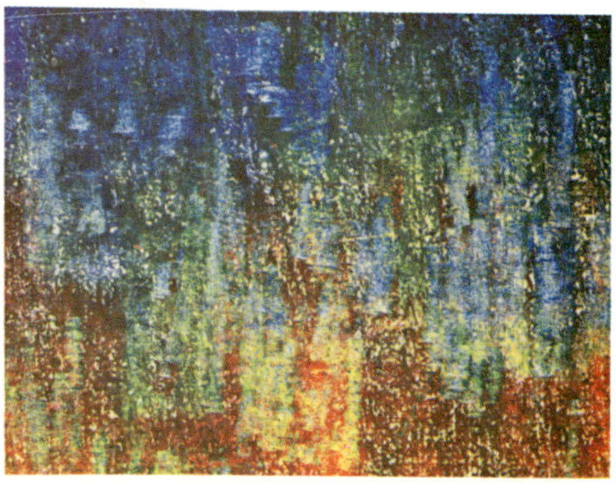

2.

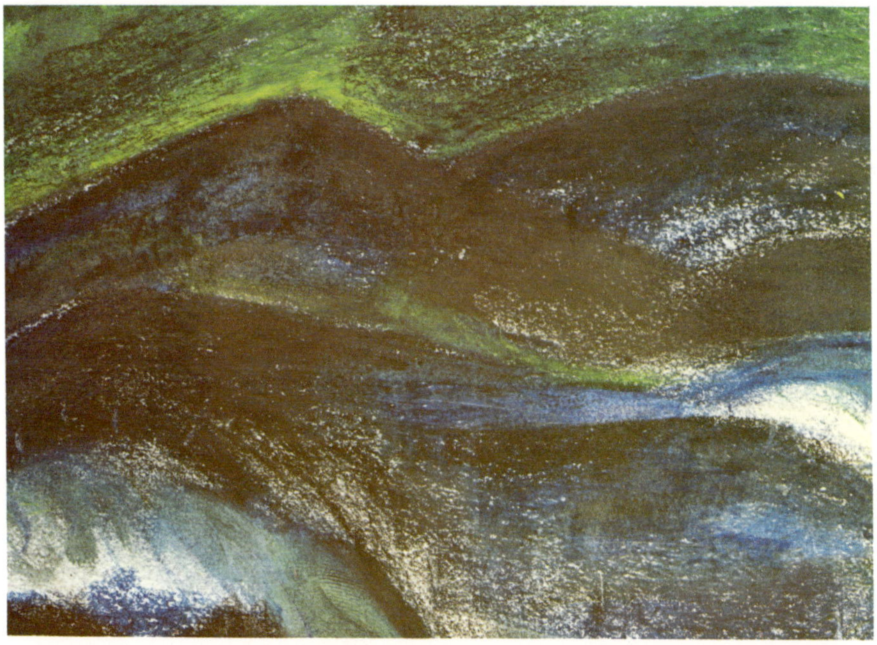

3.

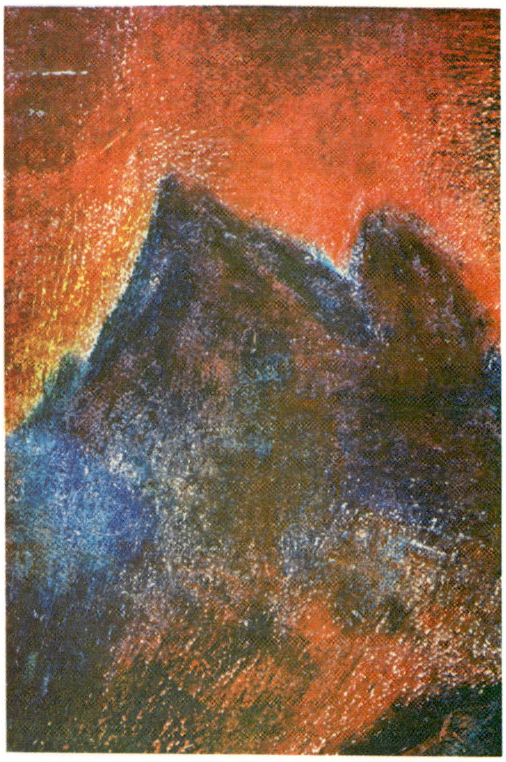

4.

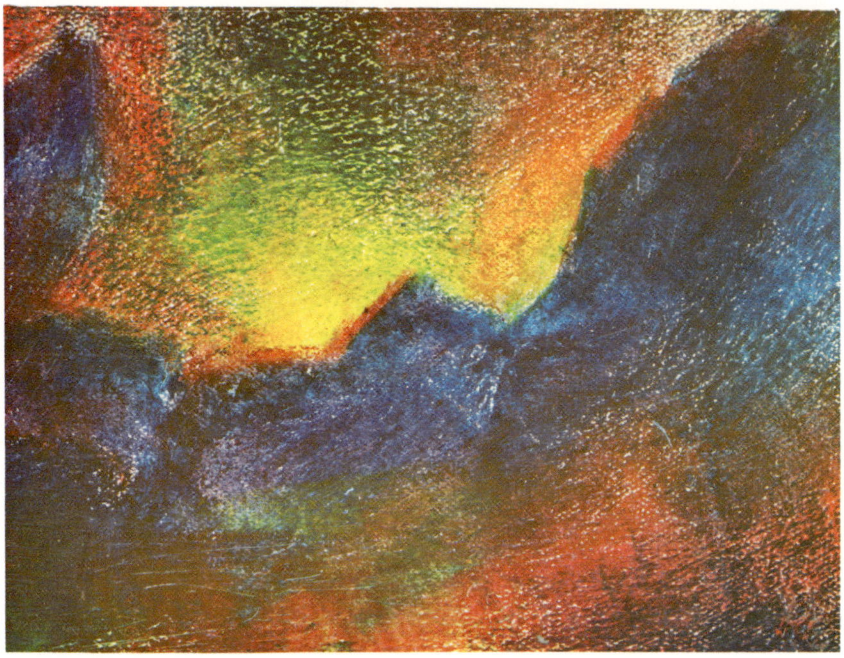

5.

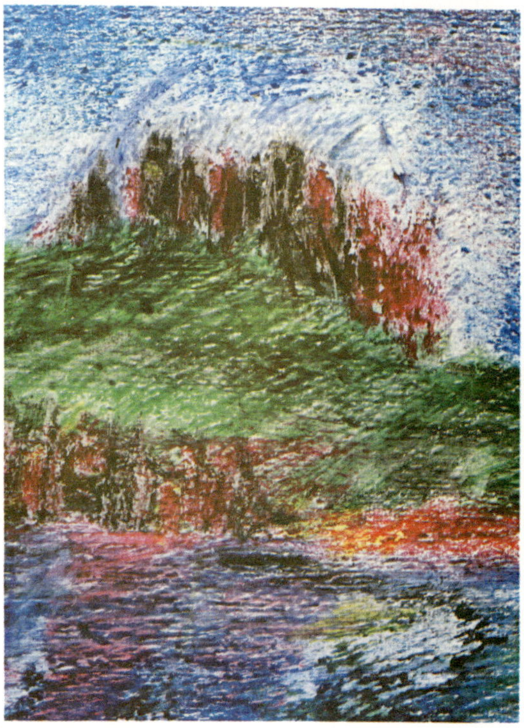

6.

Nordische Landschaftsstimmungen: 4./6. Schuljahr.

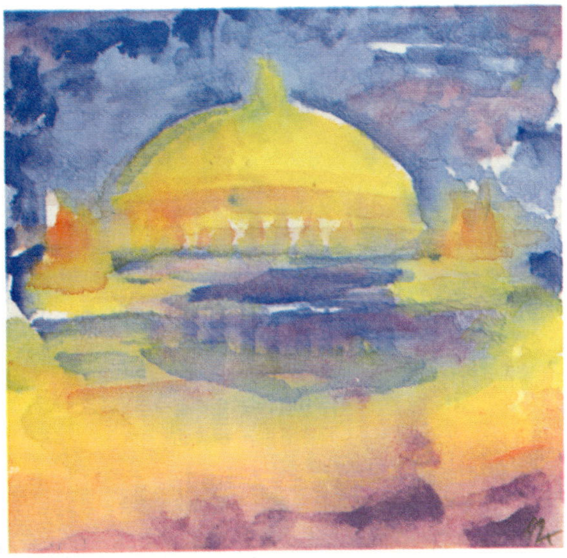

1.

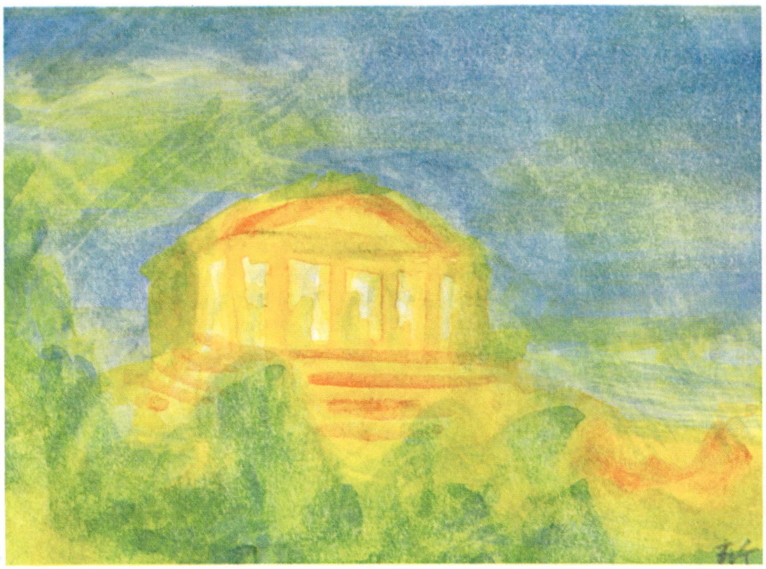

2.

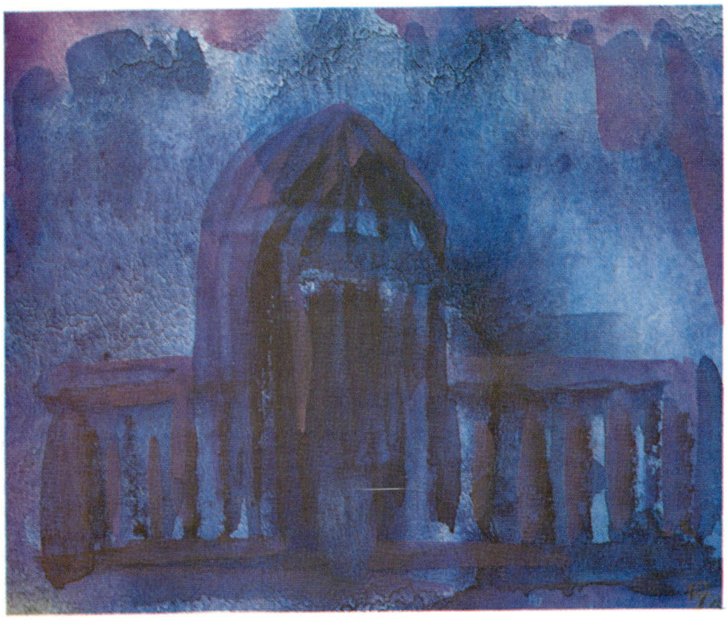

3.

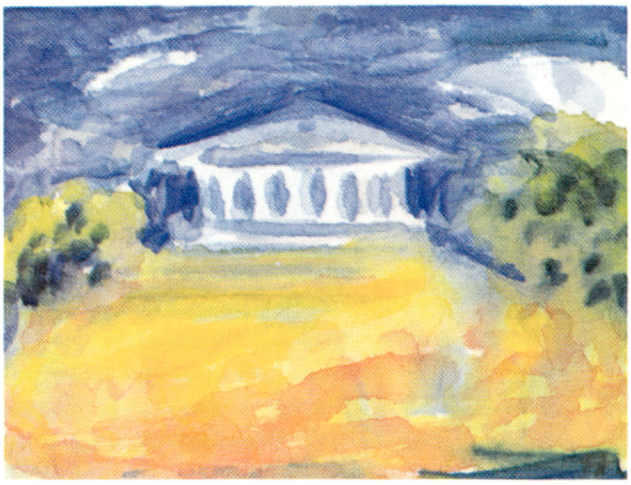

4.

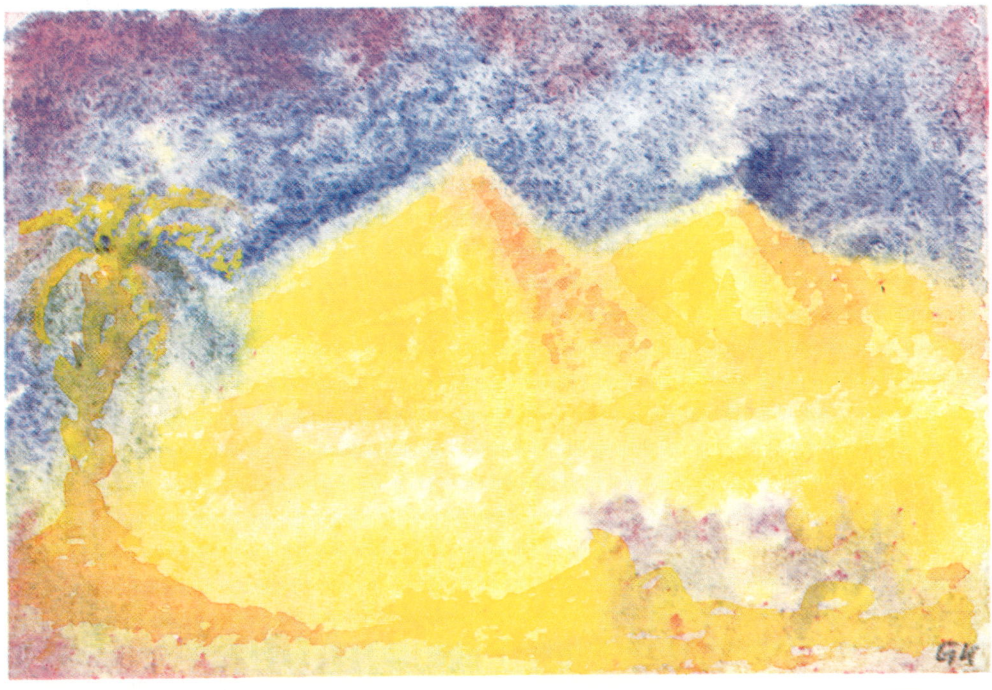

5.

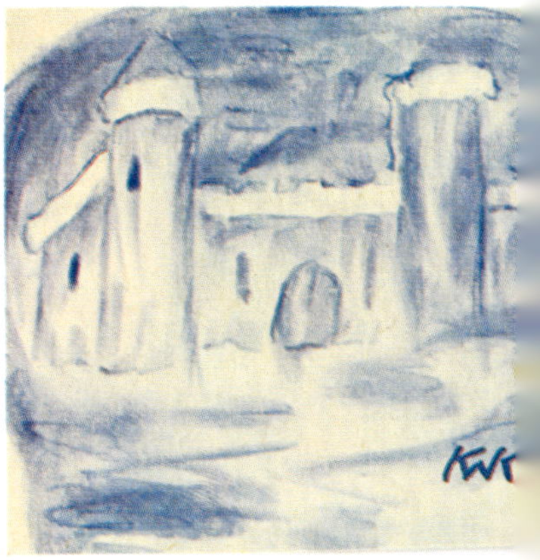

6.

Aus den verschiedenen Kulturepochen!
5./6. Schuljahr.

Architektur-Stimmun
aus alter und neue
Zeit.

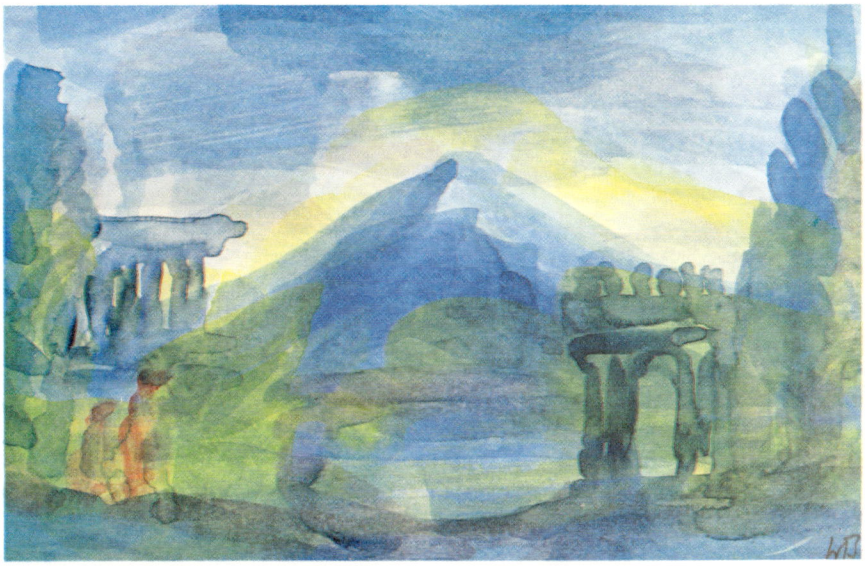

1.

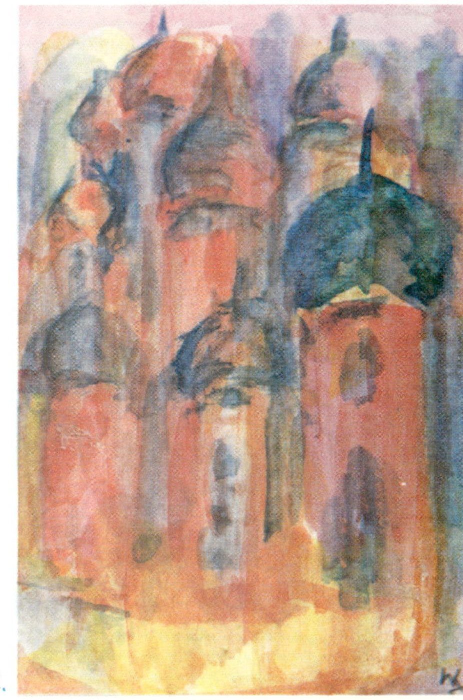

2.

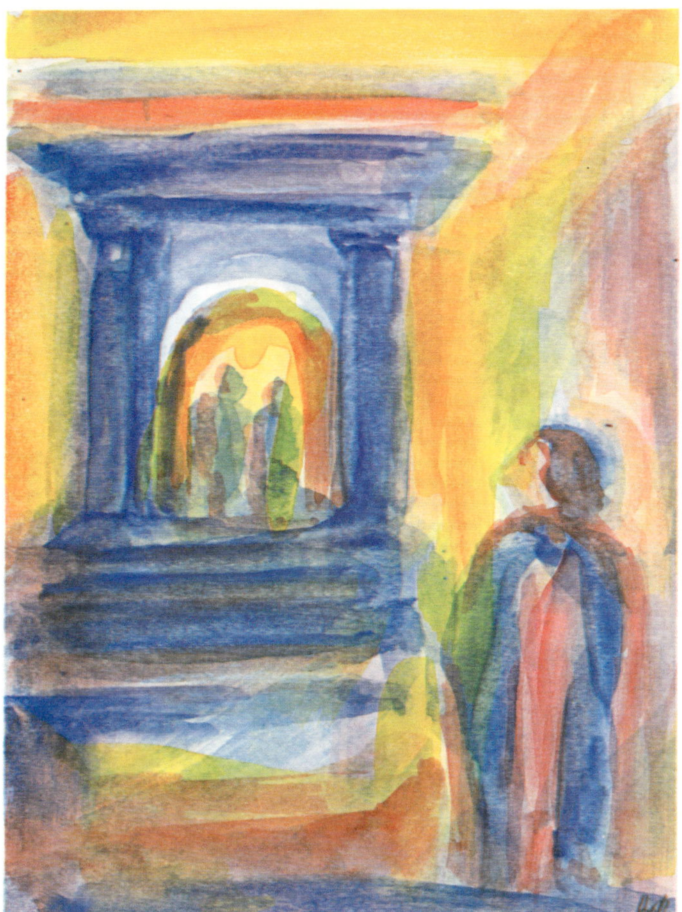

3.

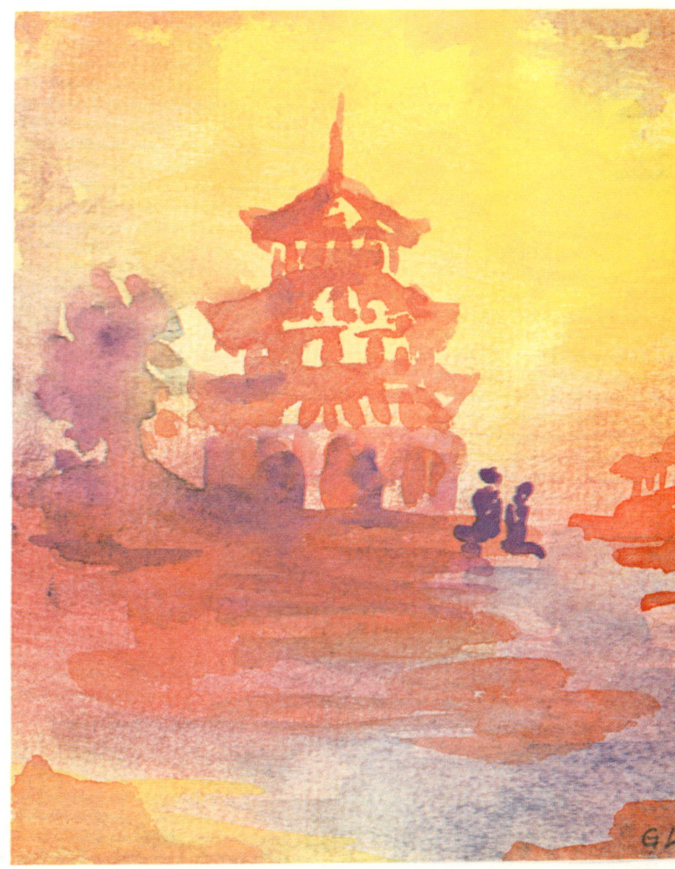

4.

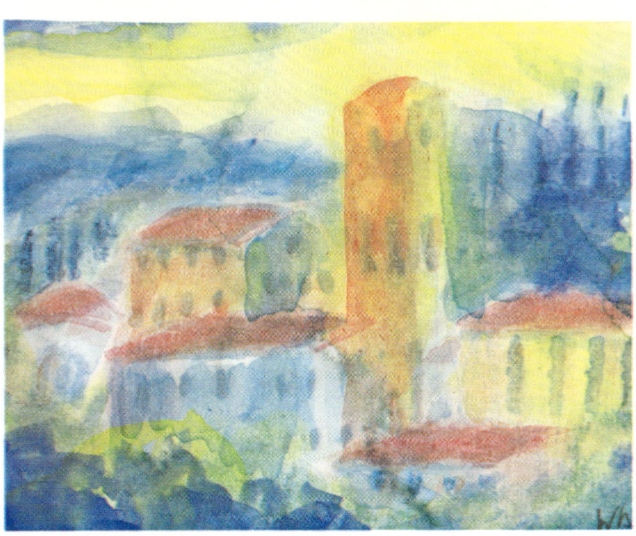

5.

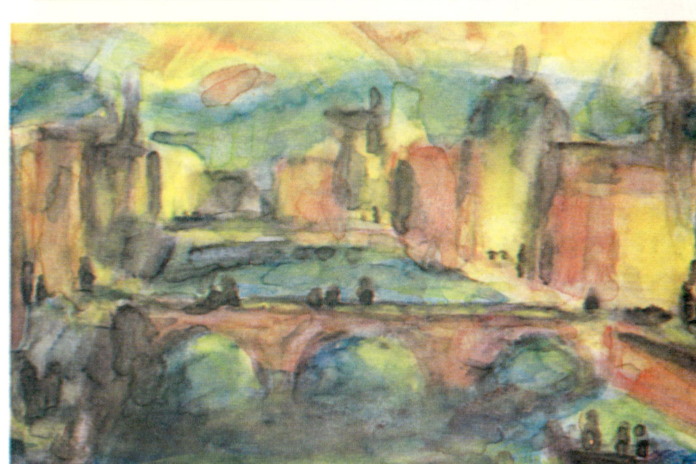

6.

Tafel 34

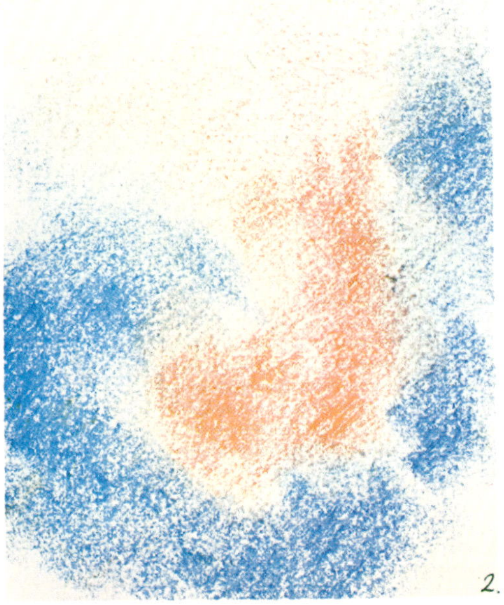
1.

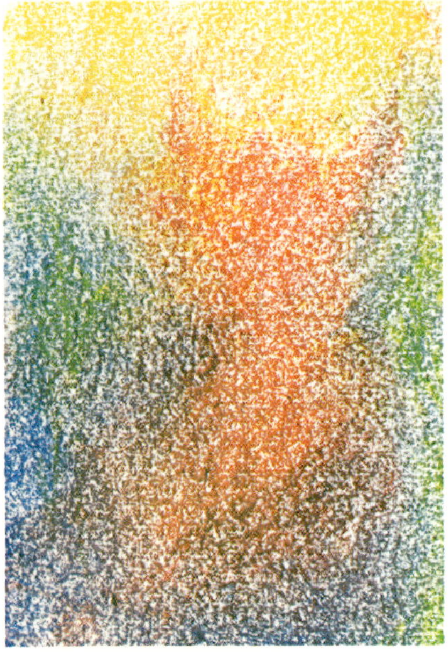
2.

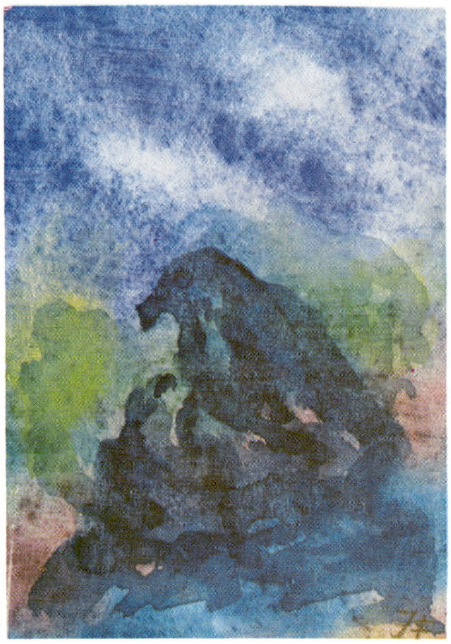
3.

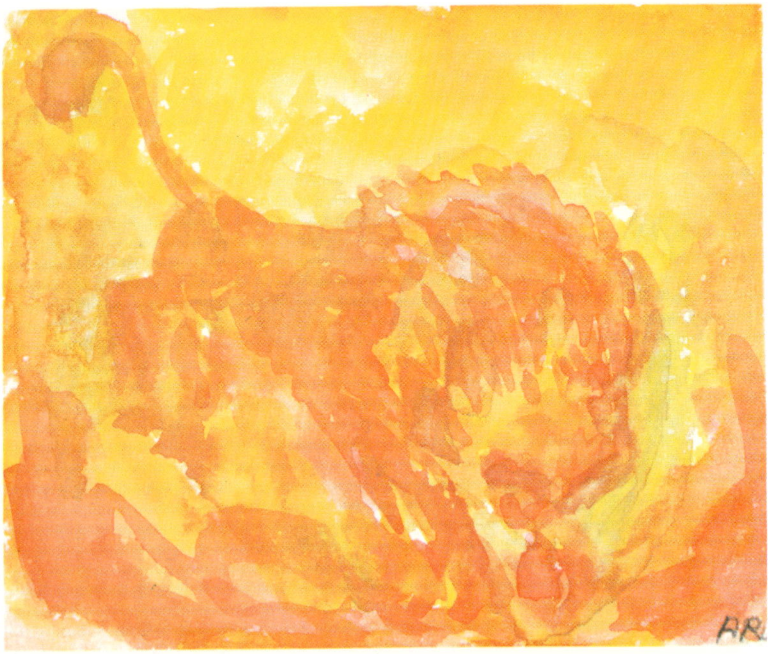
4.

5.

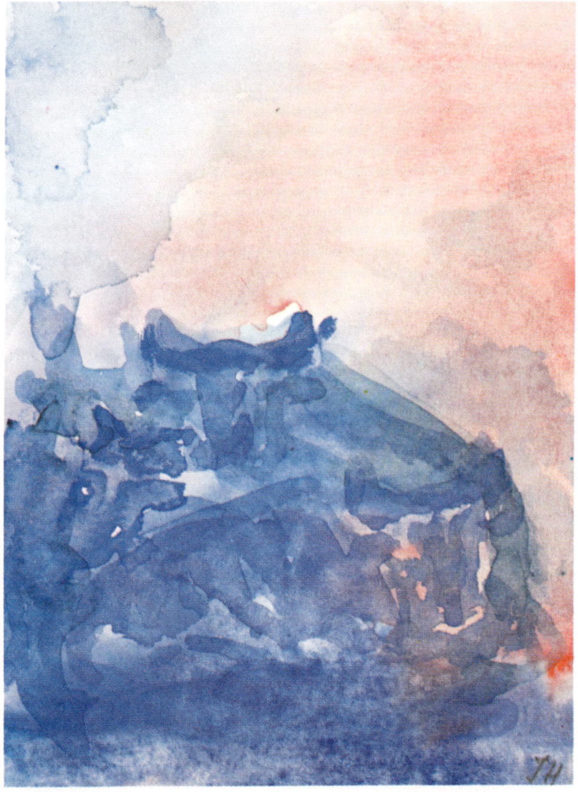
6.

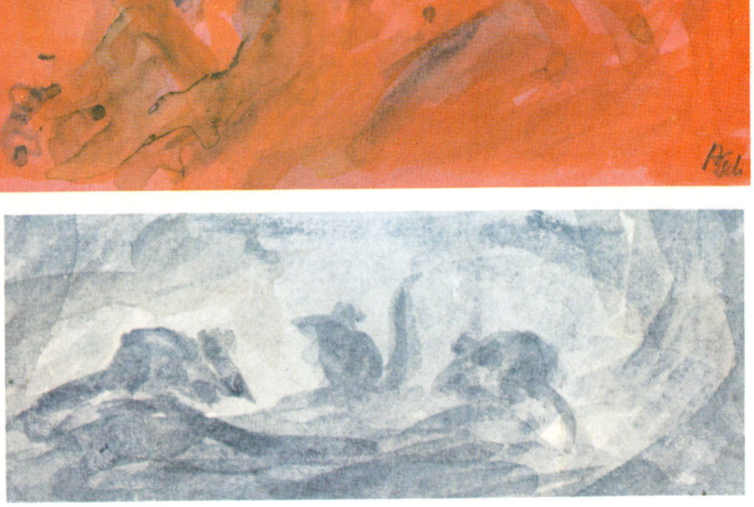
7.

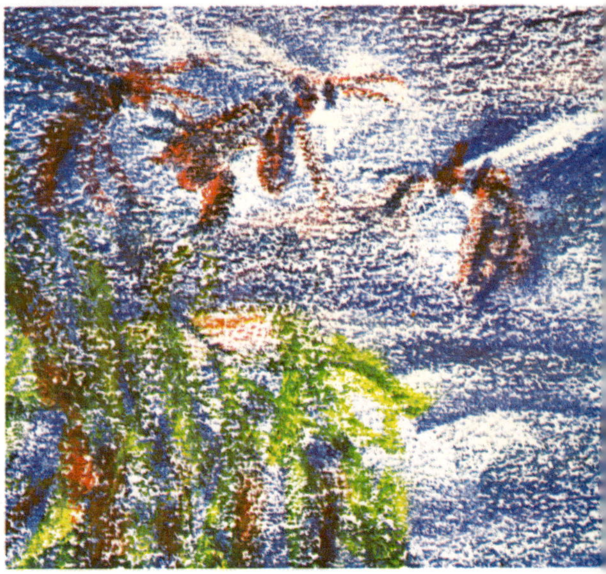
8.

Tafel 35

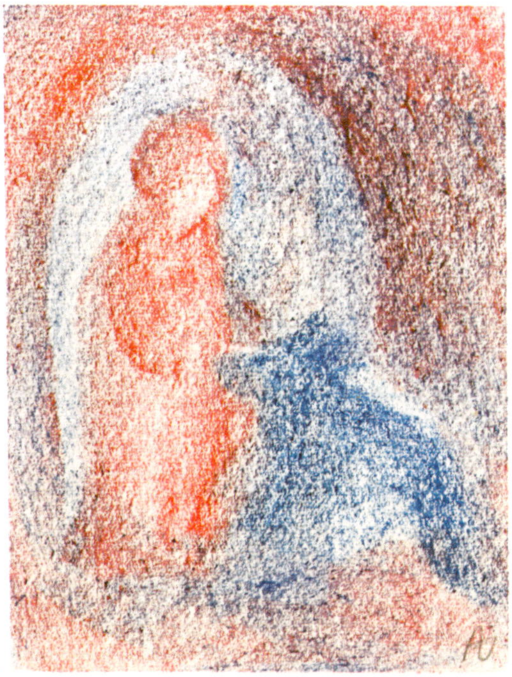

1.

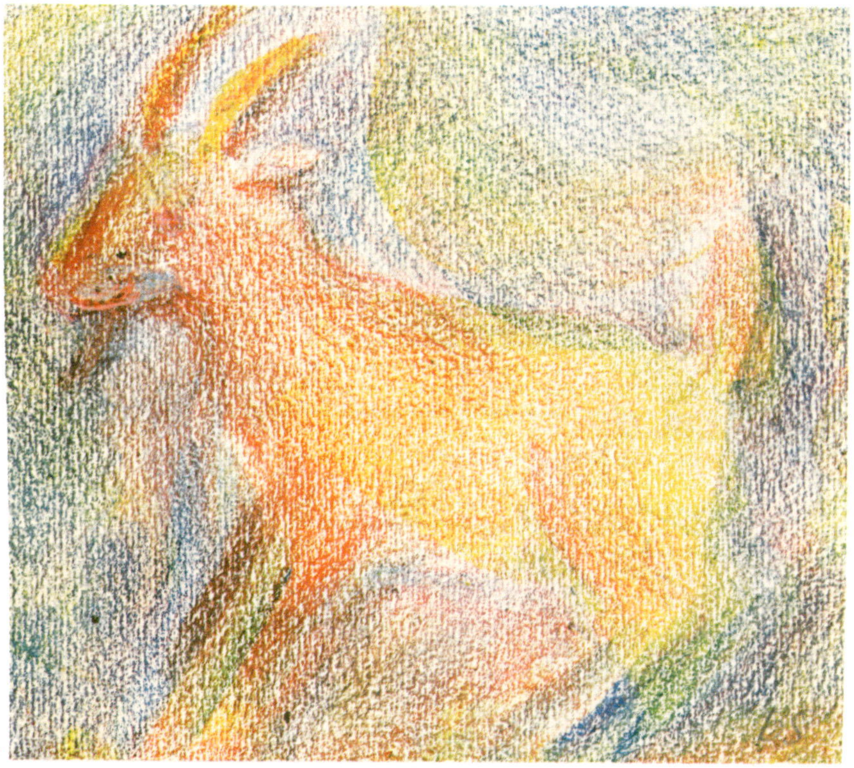

2.

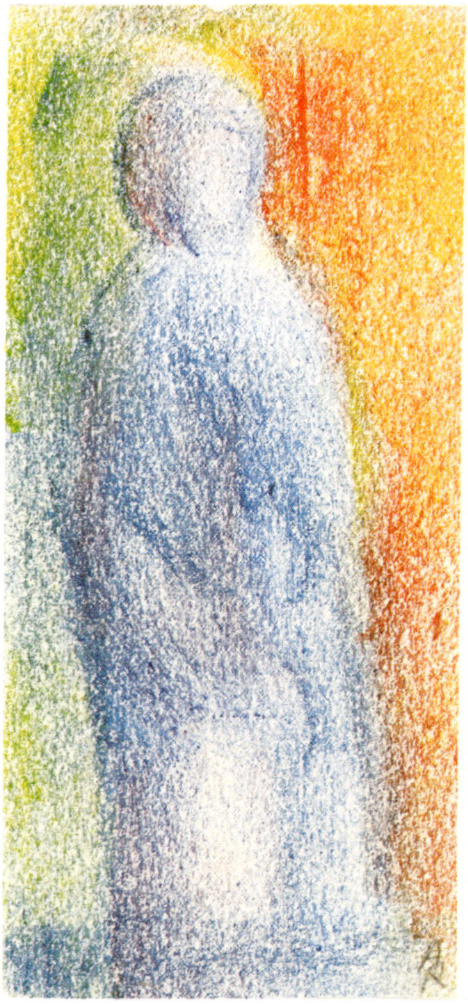

3

Zur Menschen- und Tierkunde 4.– 8. Schuljahr

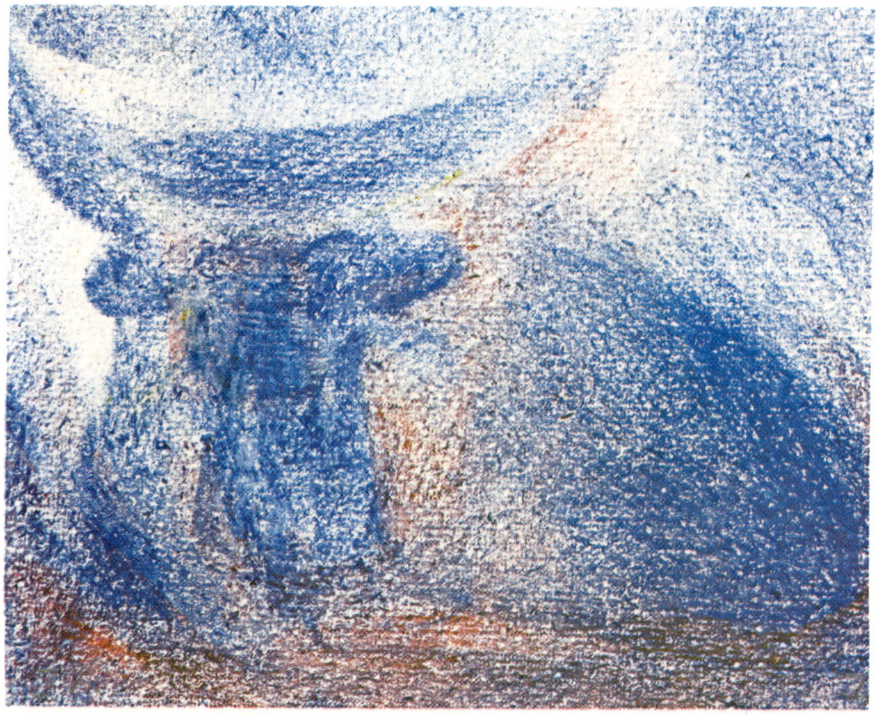

4.

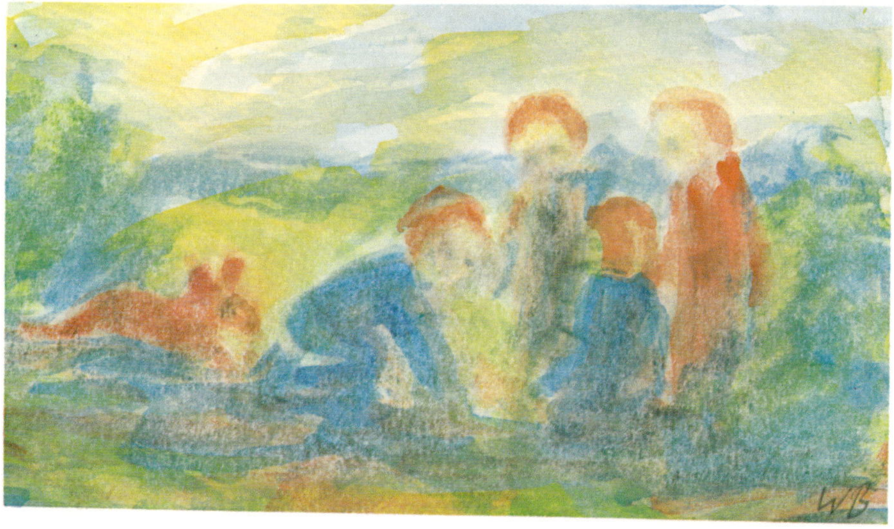

5.

Tafel 36

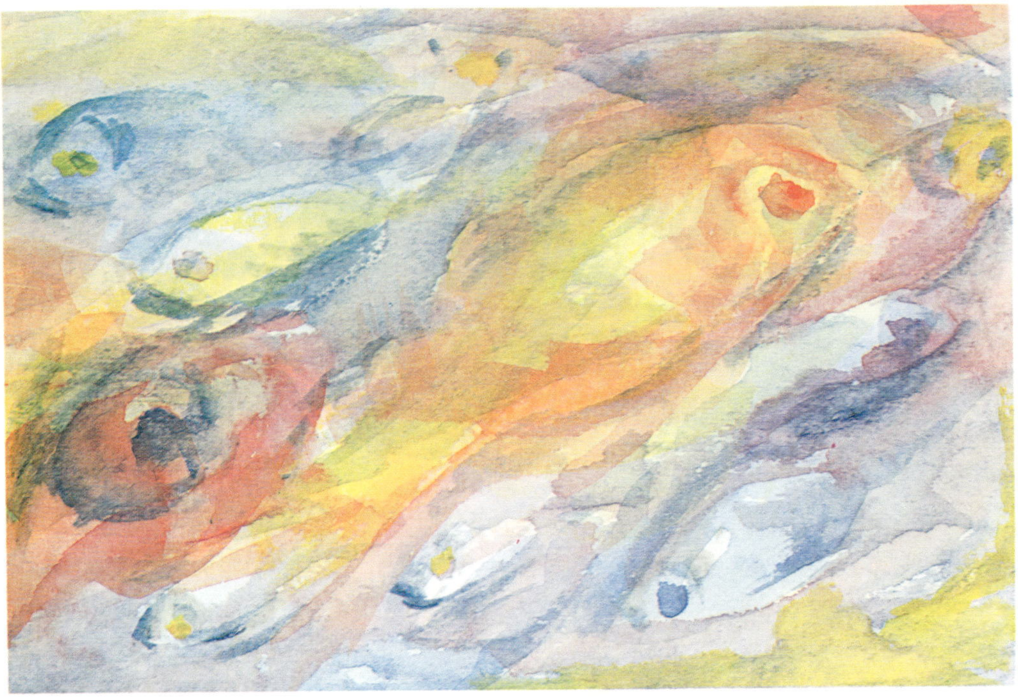

1.

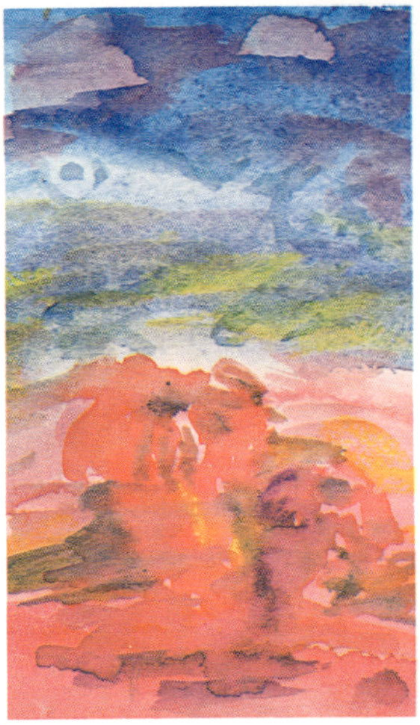

2.

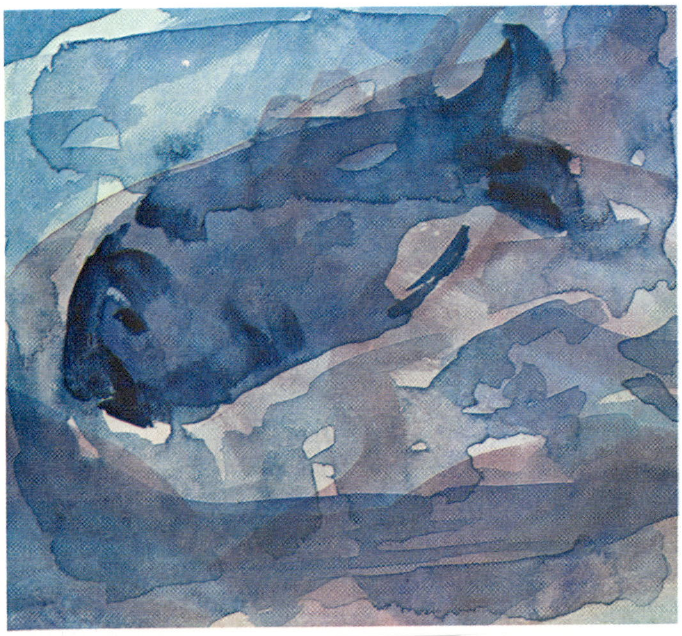

3.

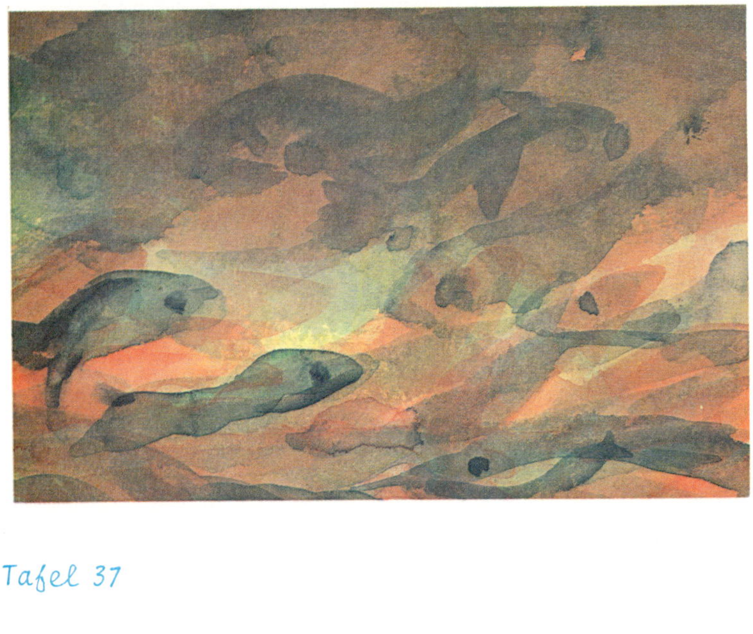

4.

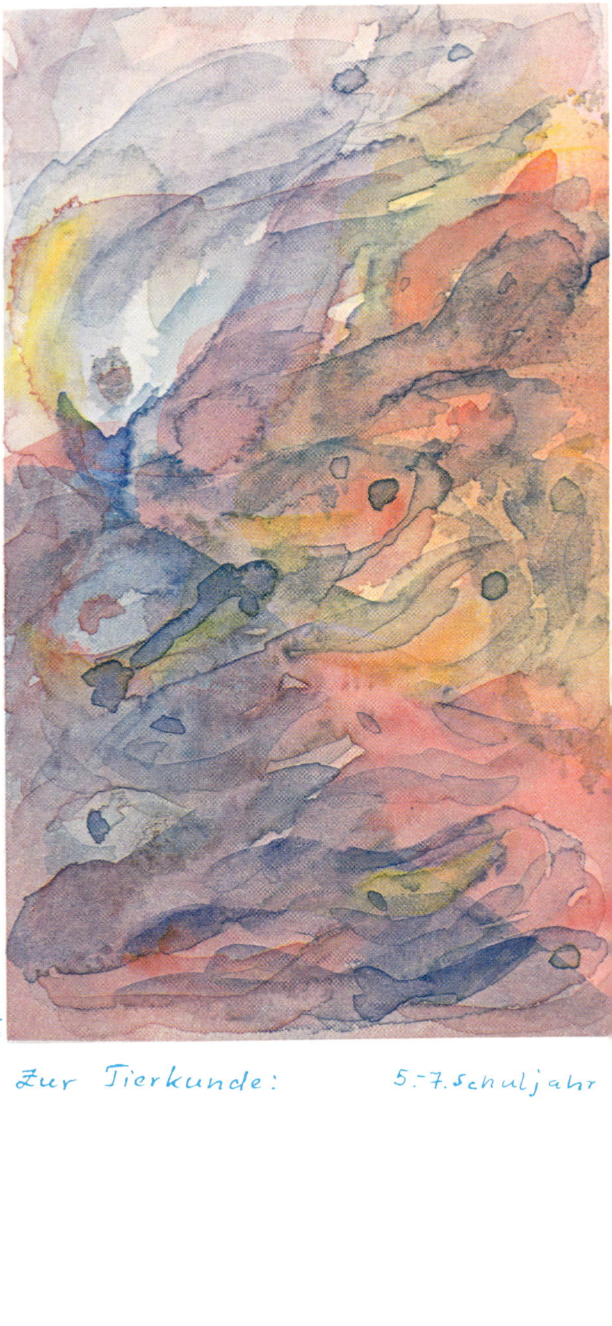

5.

Zur Tierkunde: 5.-7. Schuljahr

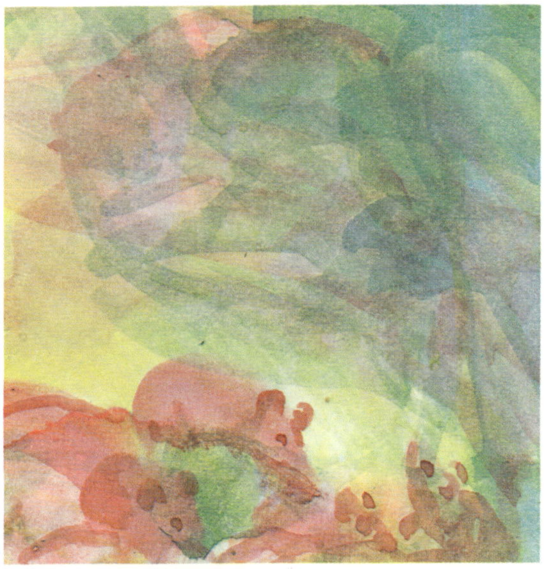

1.

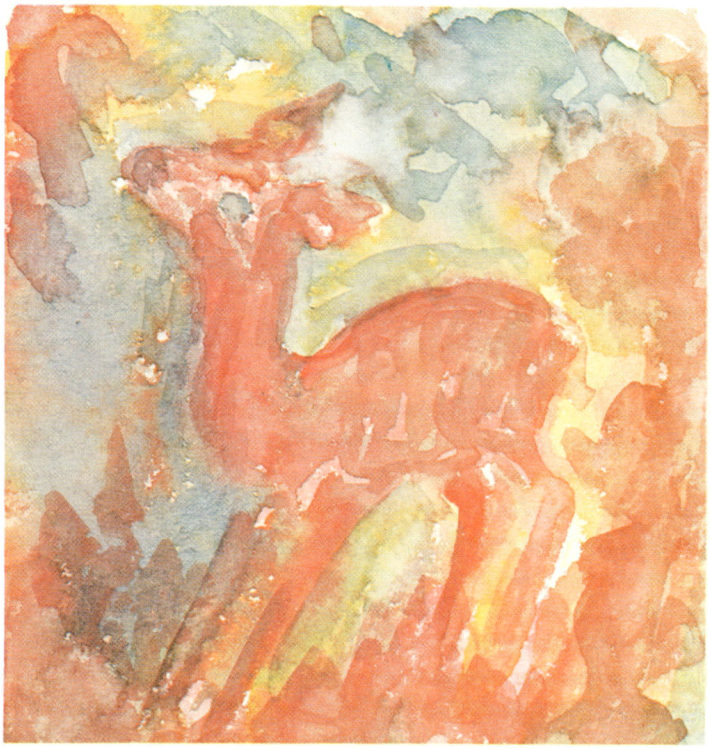

2.

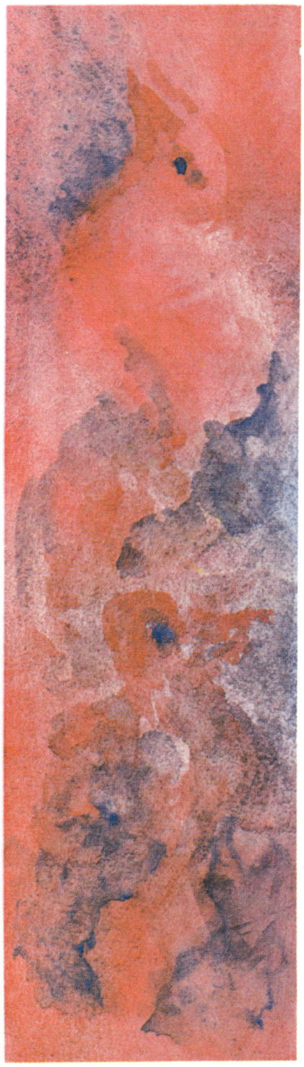

5.

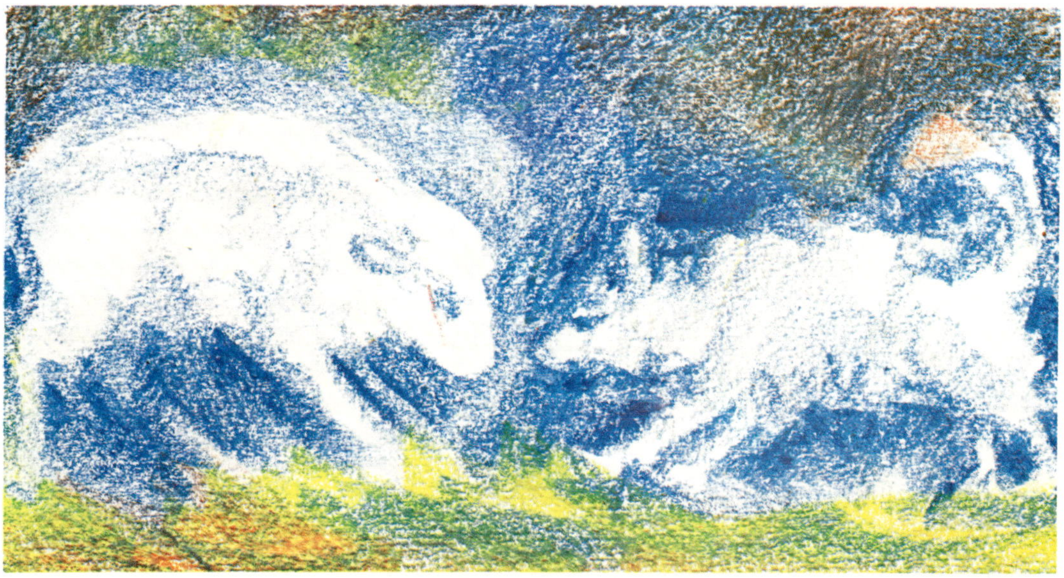

3

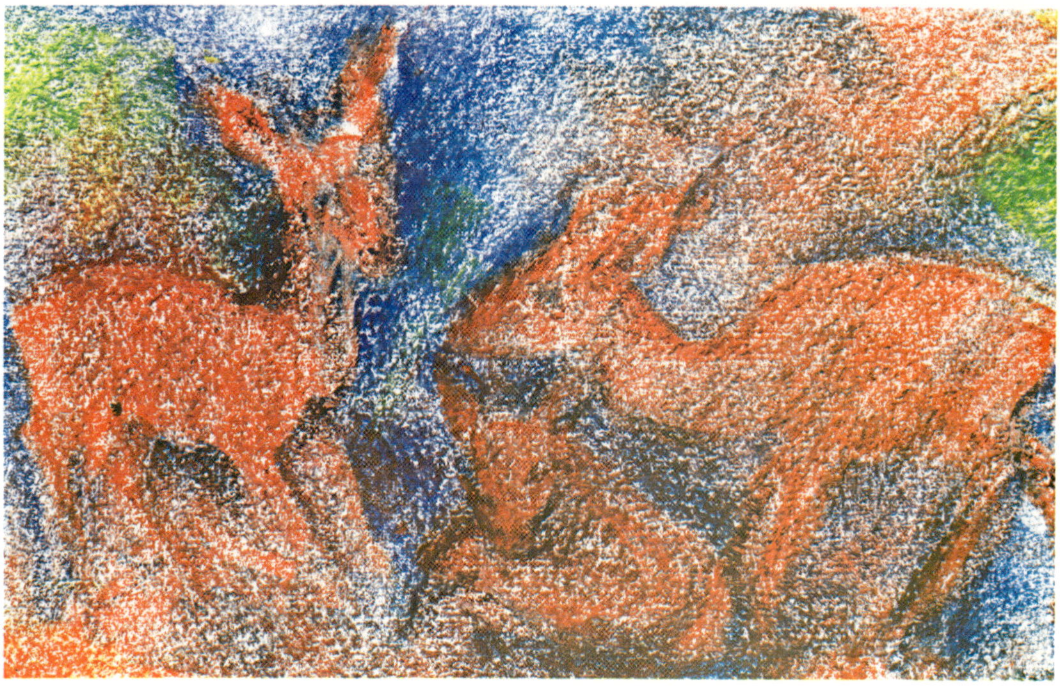

4.

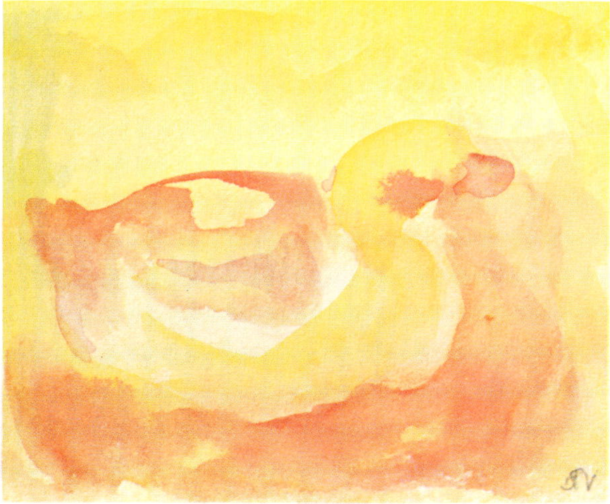

1.

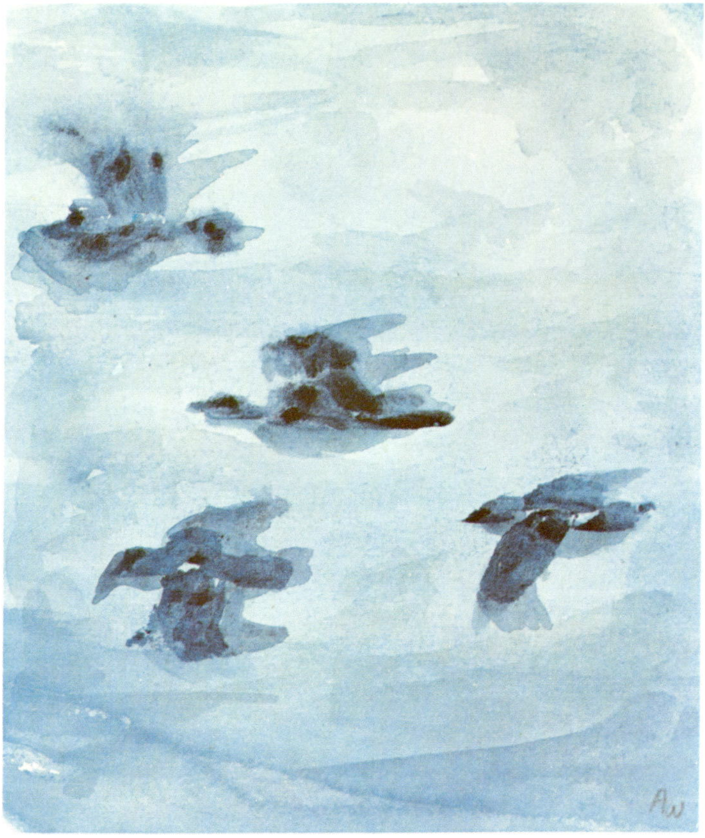

3.

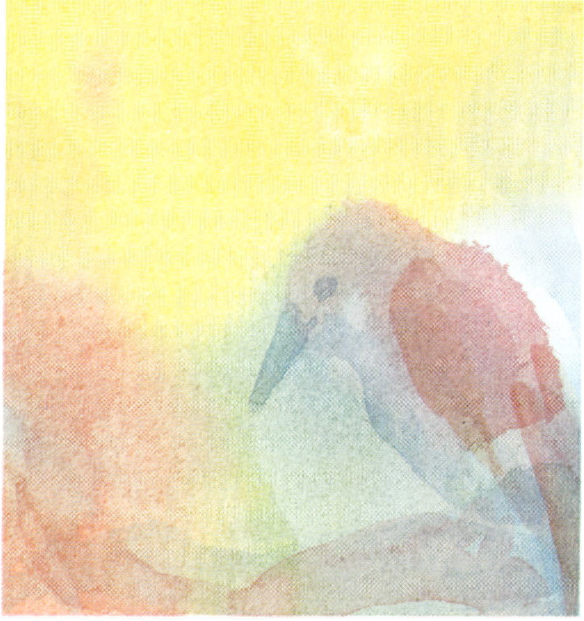

2.

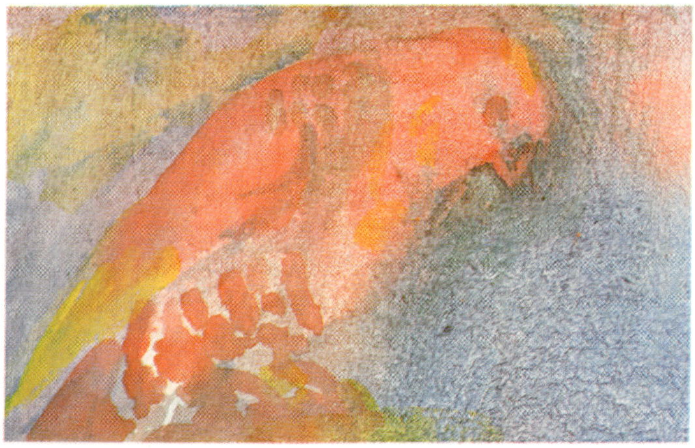

4.

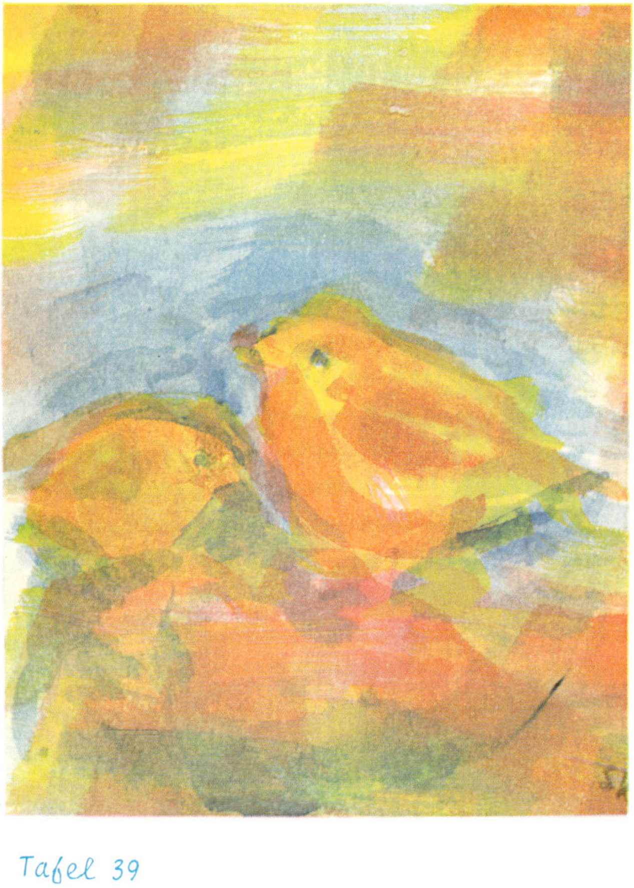

5.

Zur Tierkunde

5

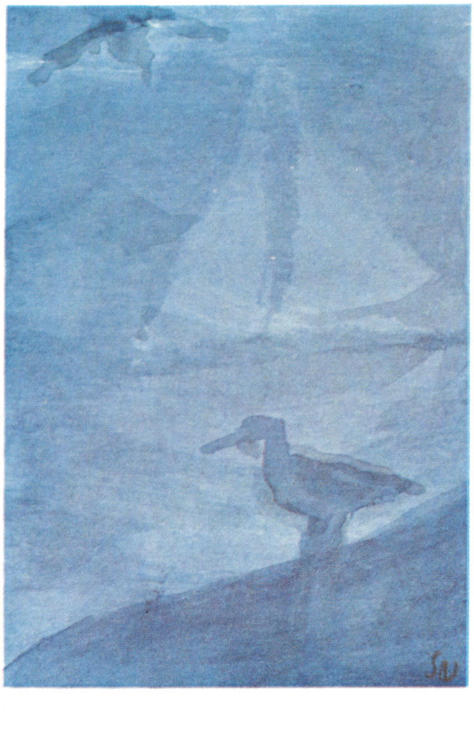

6.

5. 6. Schuljahr

Tafel 39

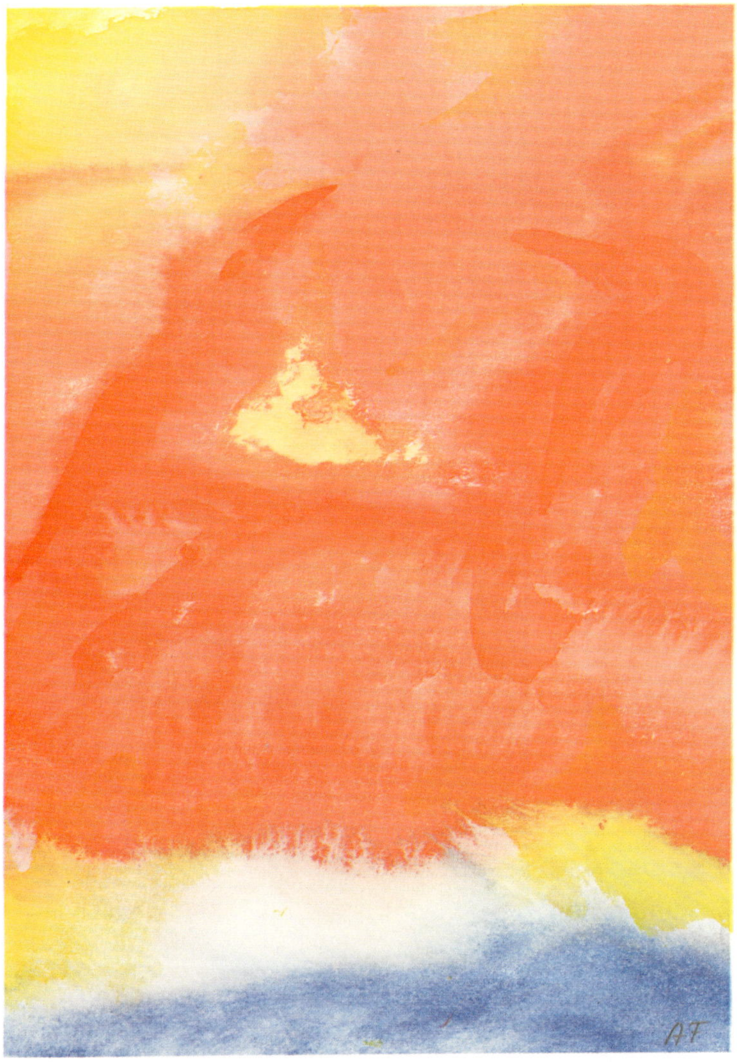

1.

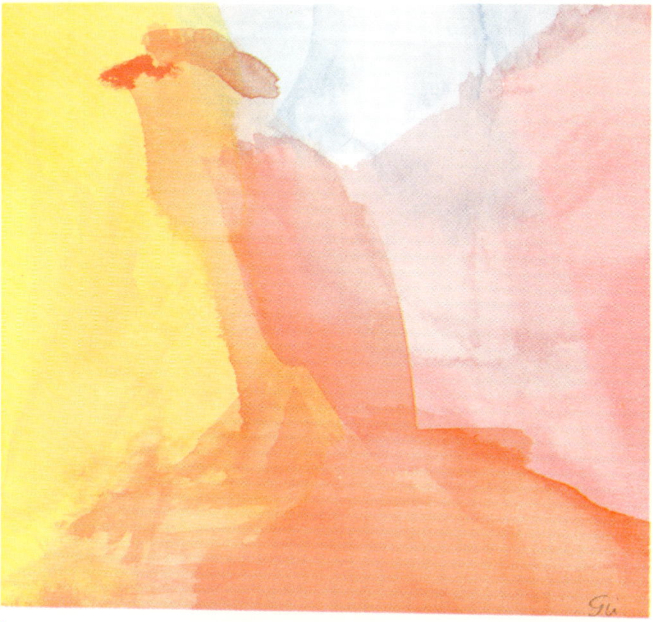

2.

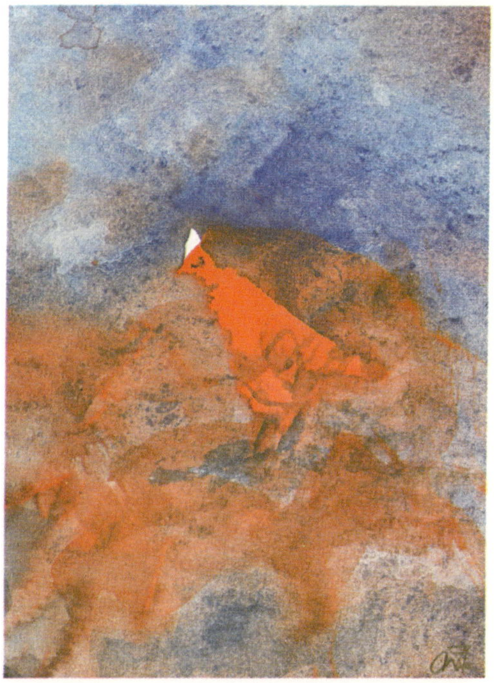

3

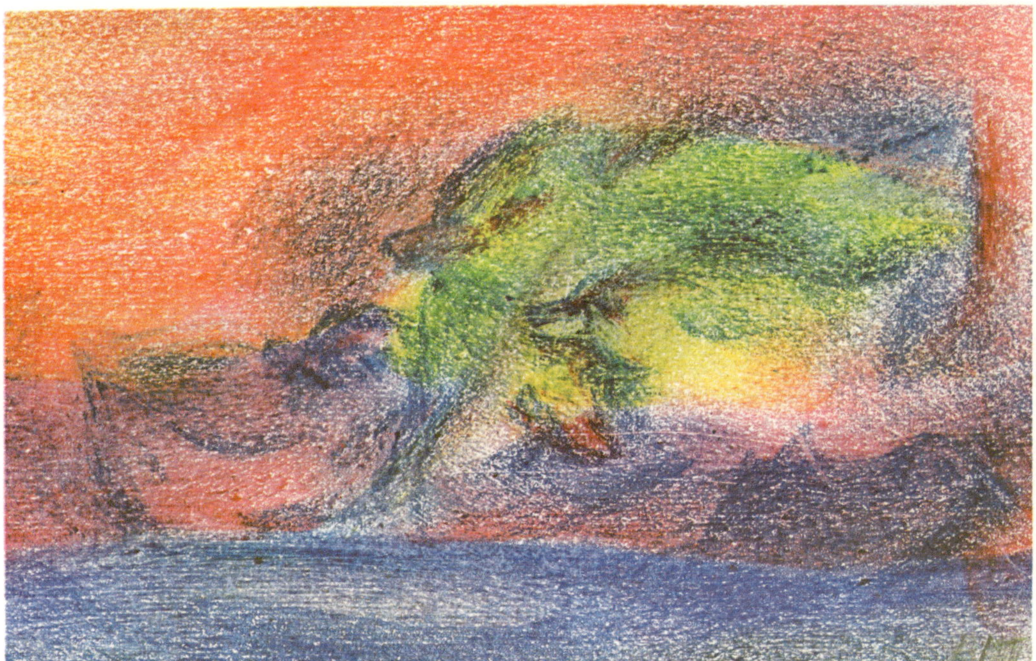

4.

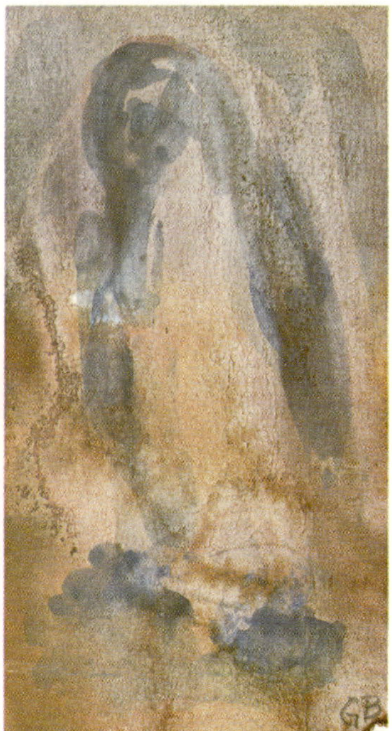

5.

Tafel 40

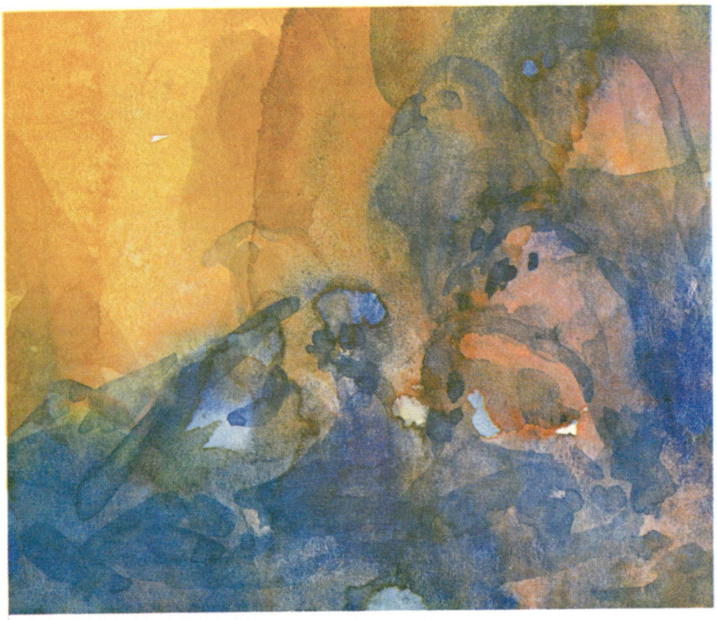
1.

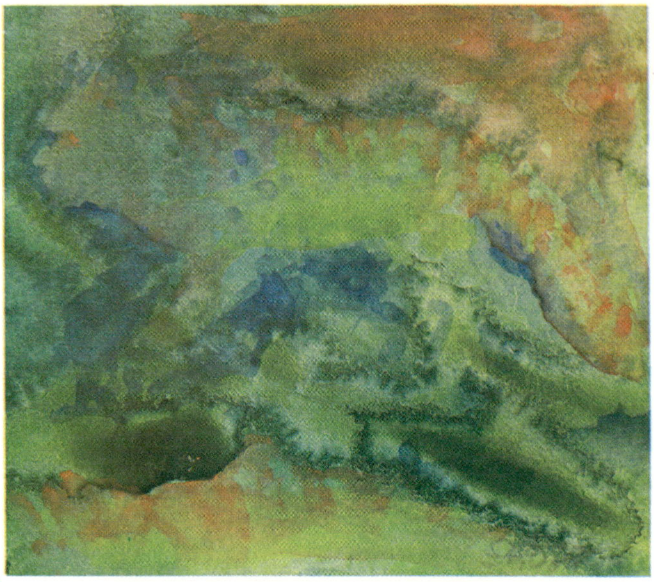
2.

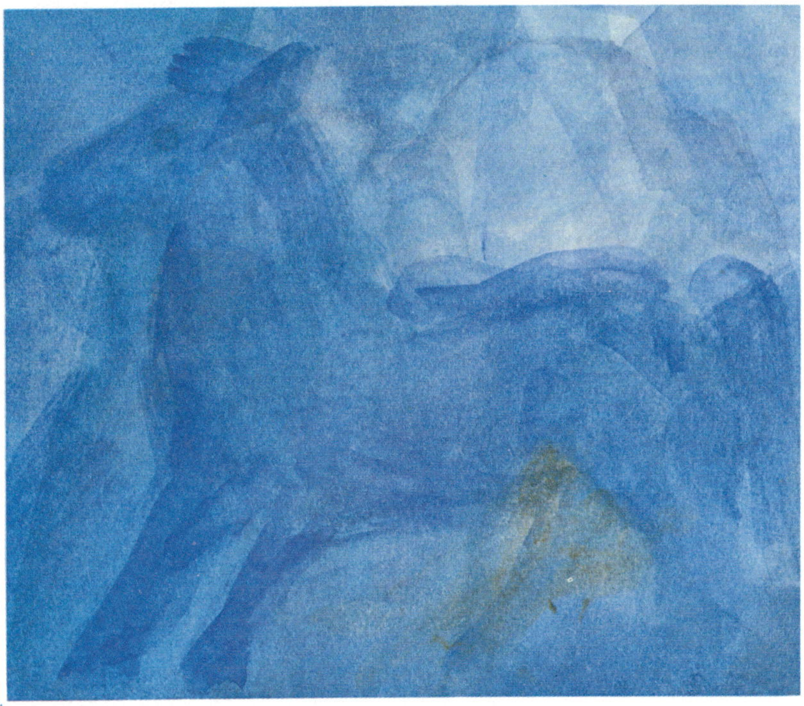
3.

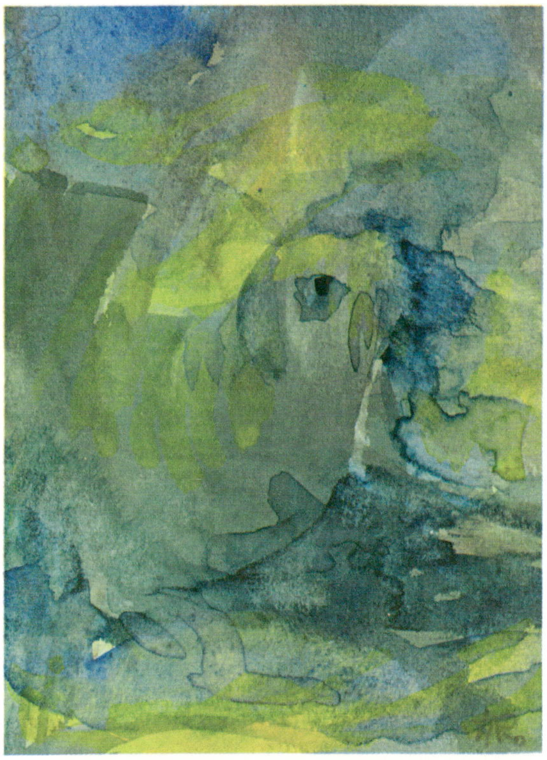
4.

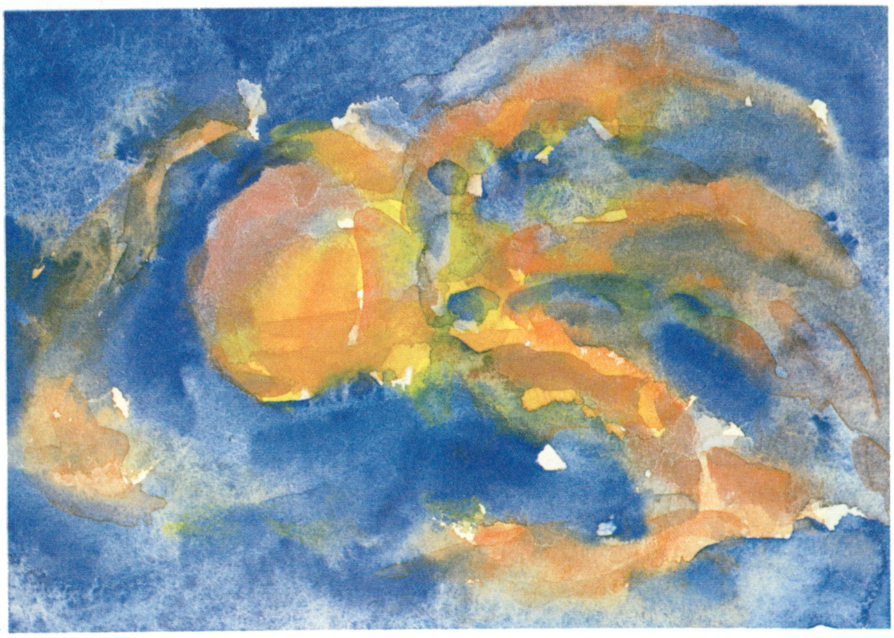
5.

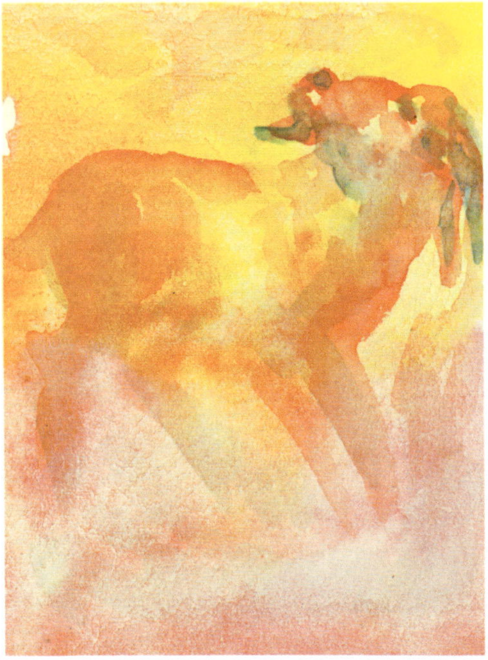
6.

Tafel 41

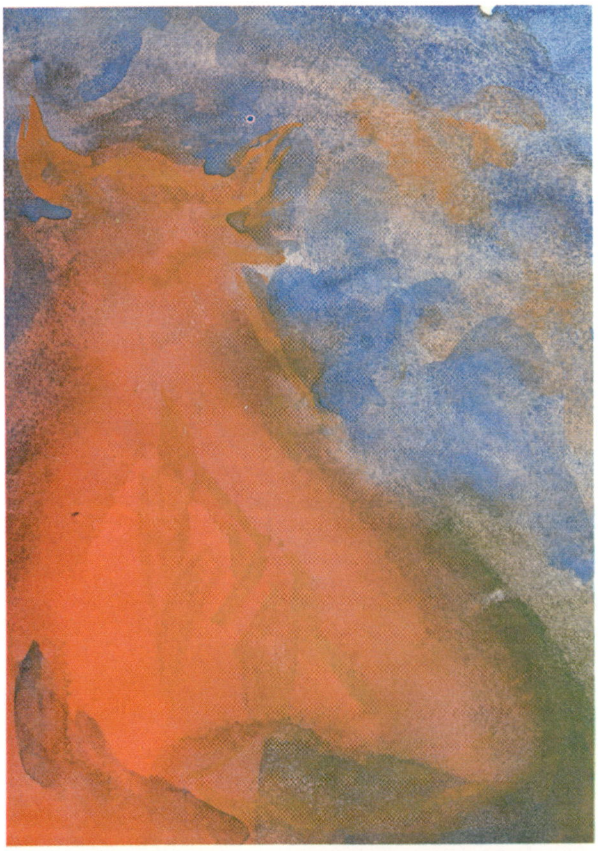

1.

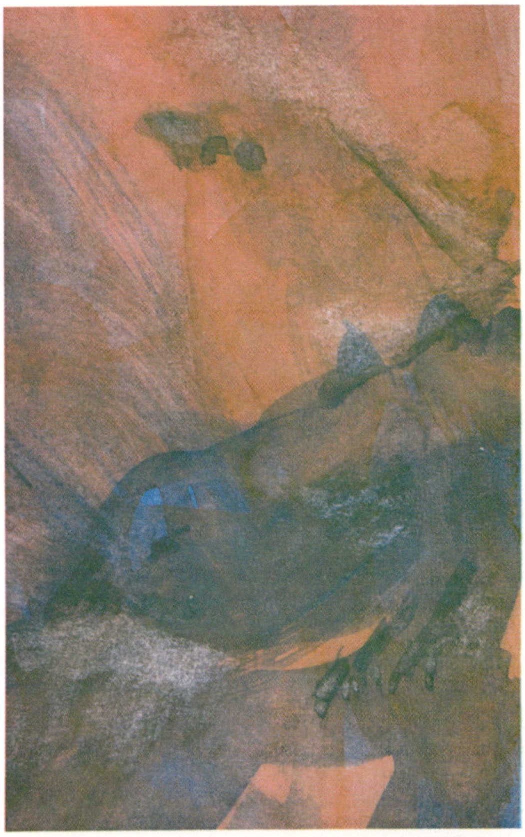

2.

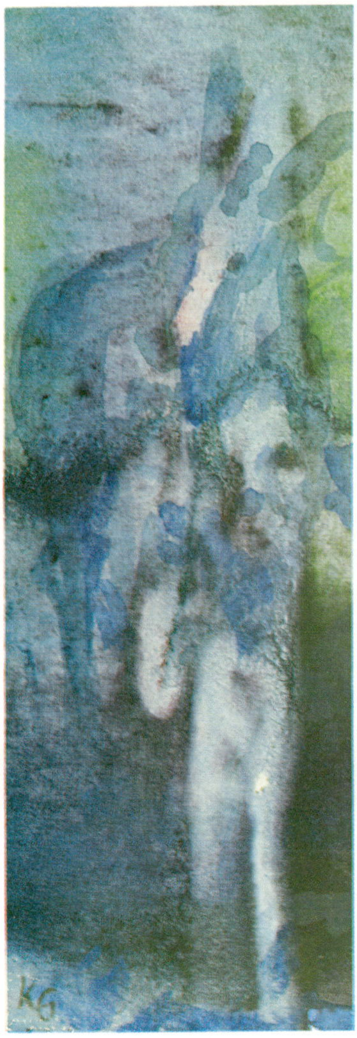

3.

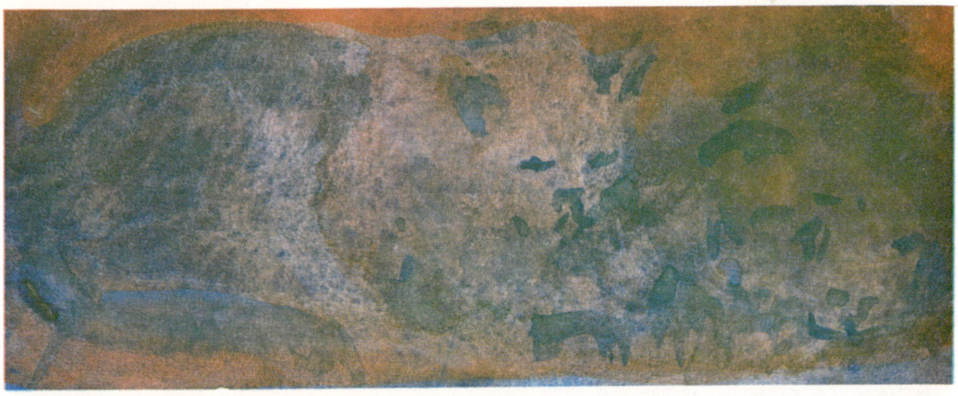

4.

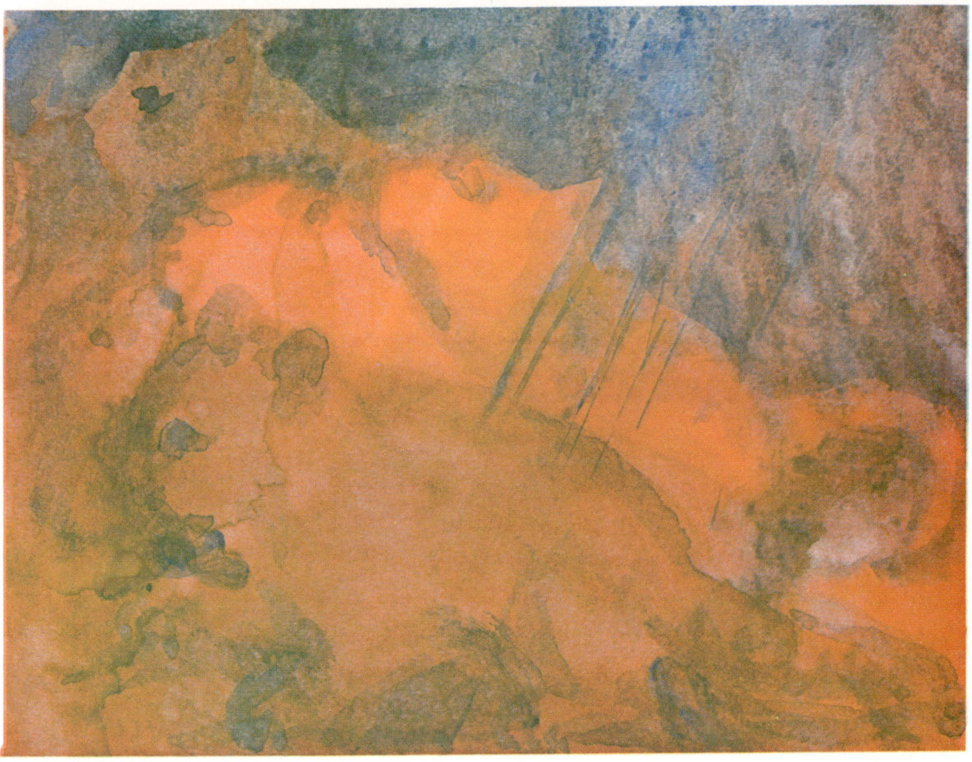

5.

4.- 7. schulj ahr

Tafel 42

1.
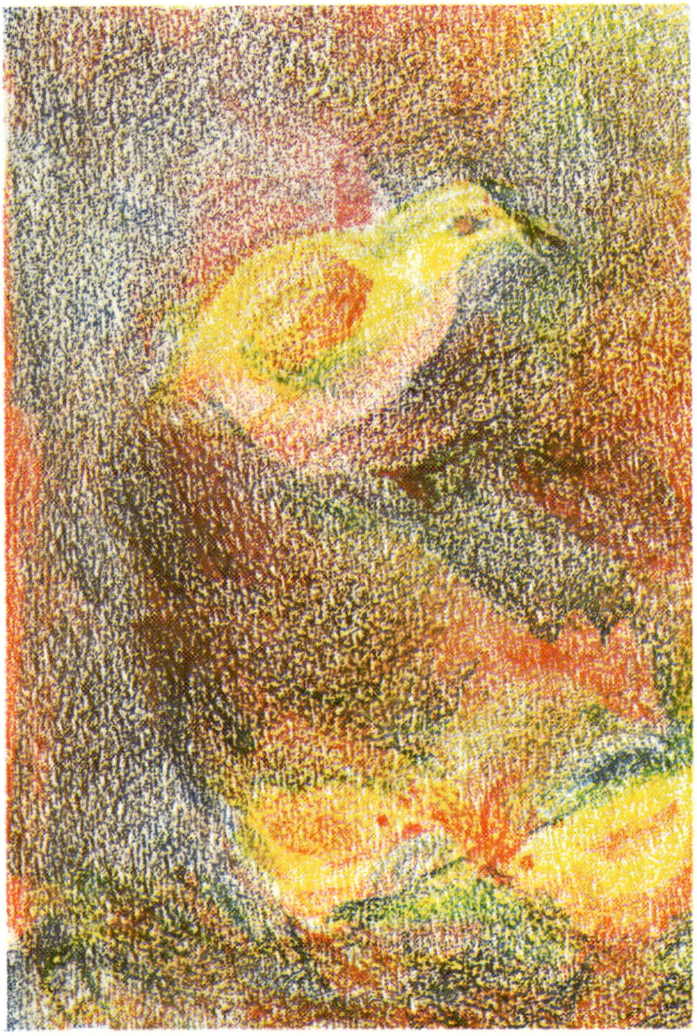

2.
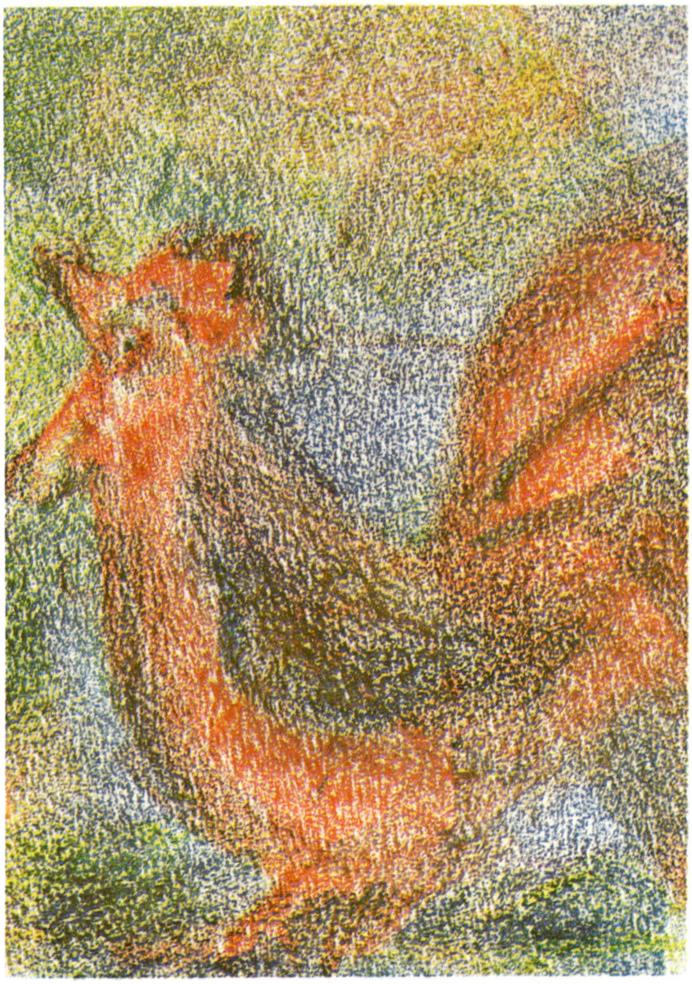

3.
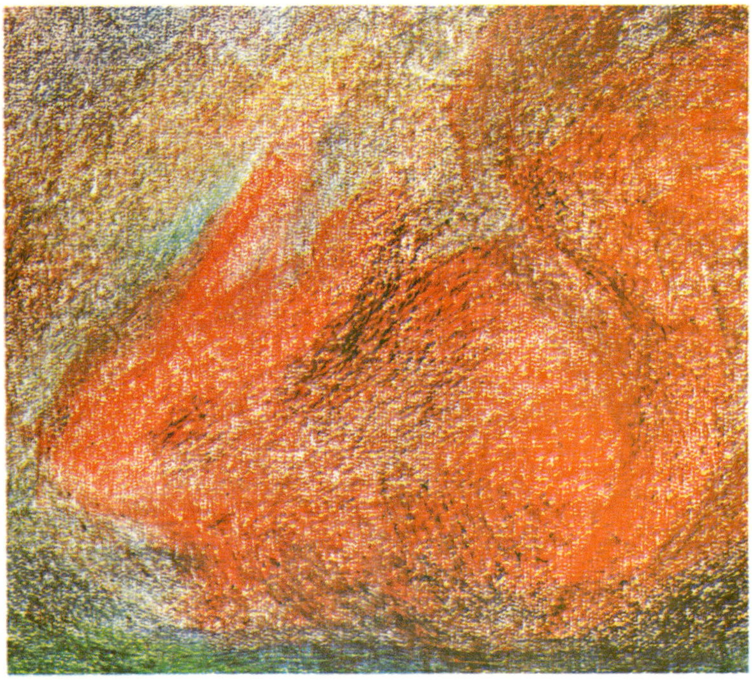

4.
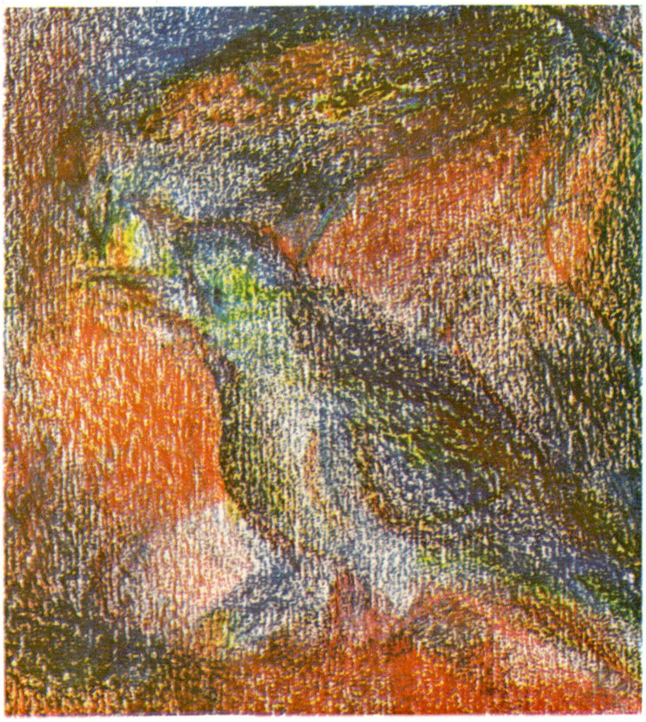

Zur Tierkunde u.

Zur Bilderbucharbeit

6./7. Schuljahr

Bienenwachsfarbe

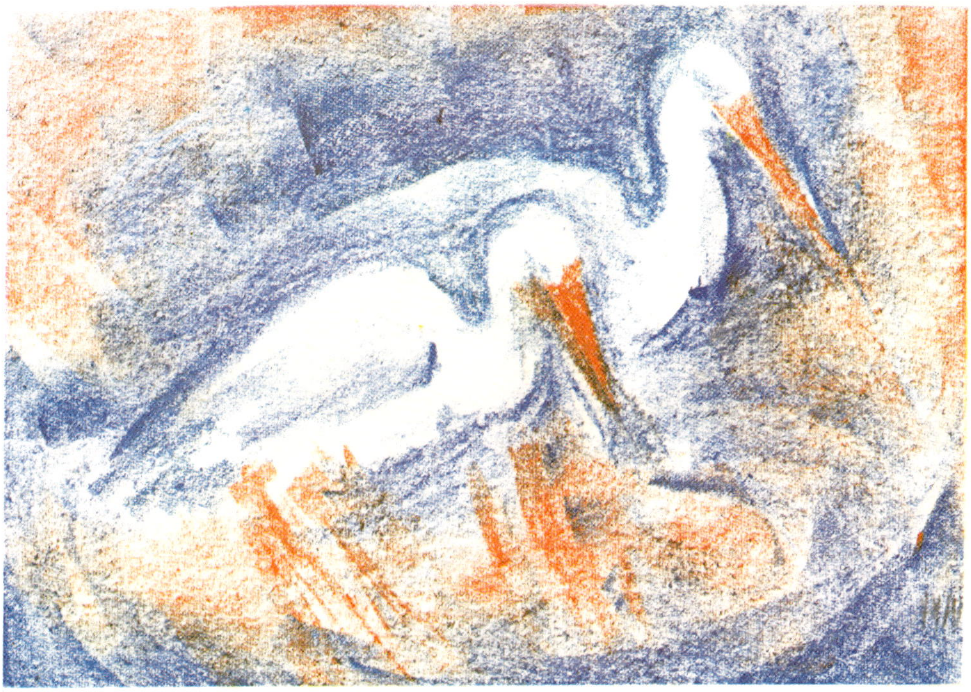

1

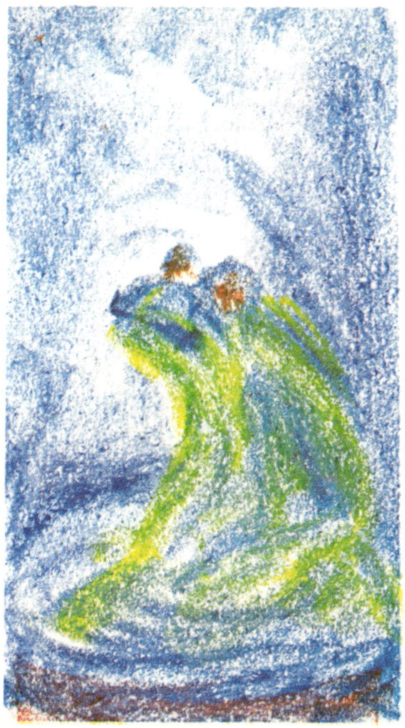

2.

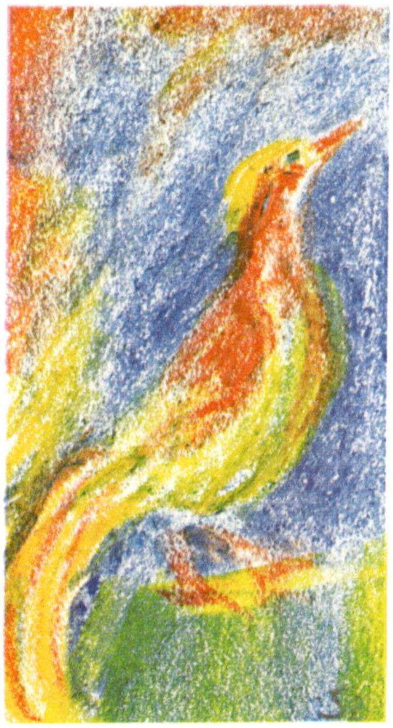

3.

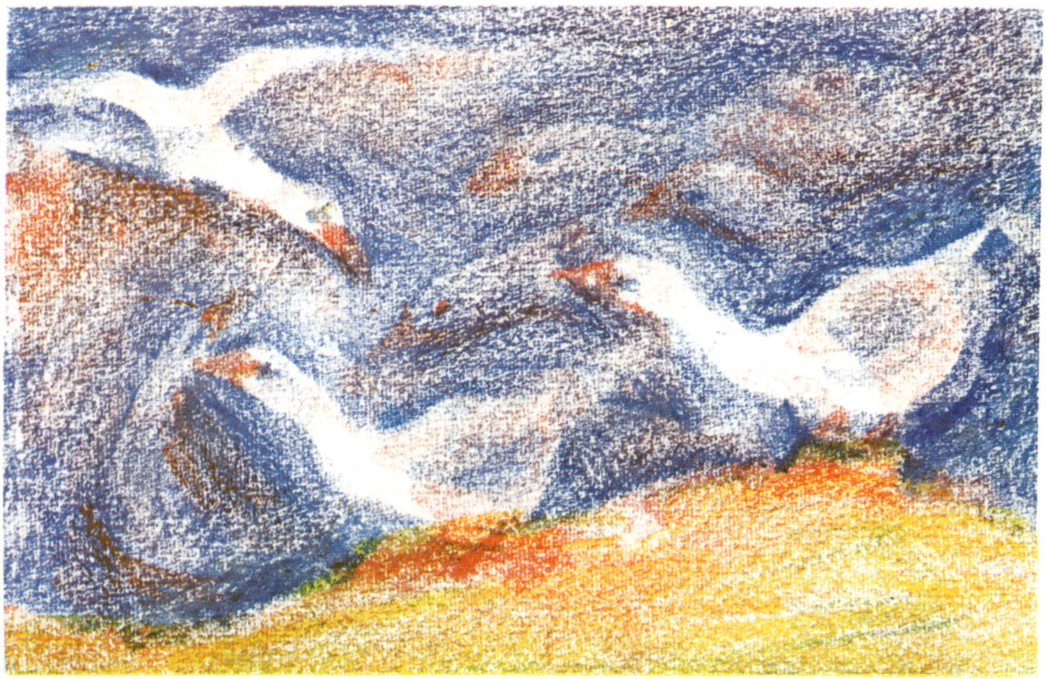

4

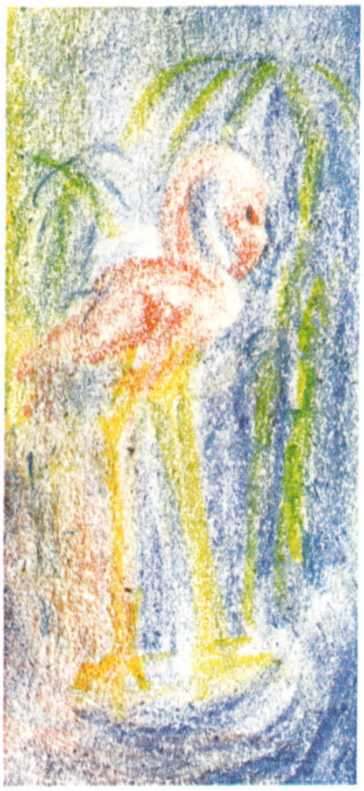

5.

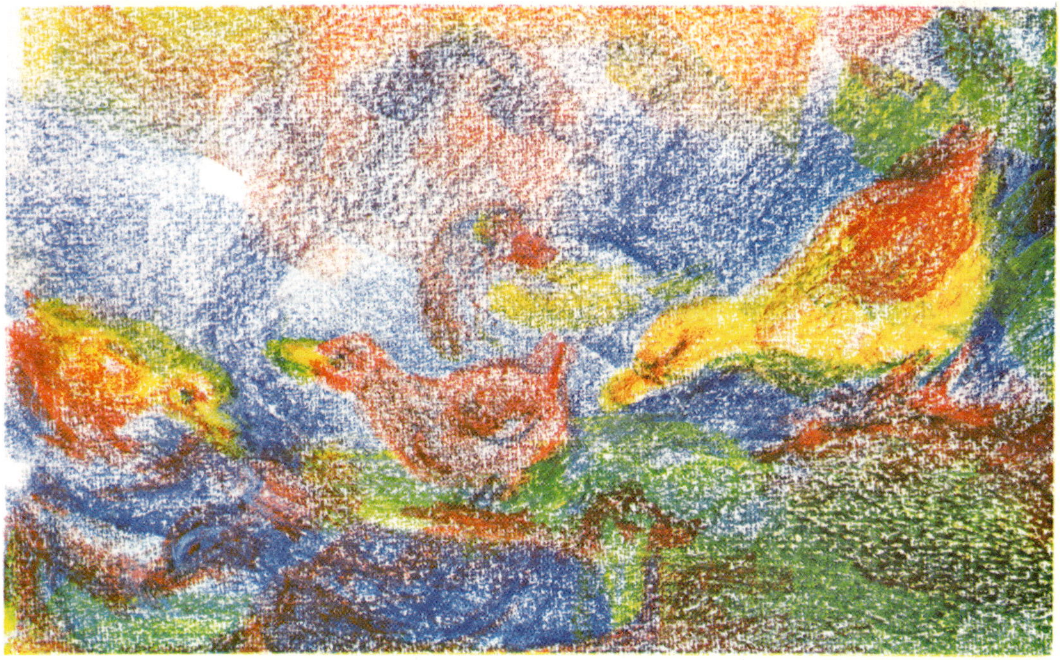

6.

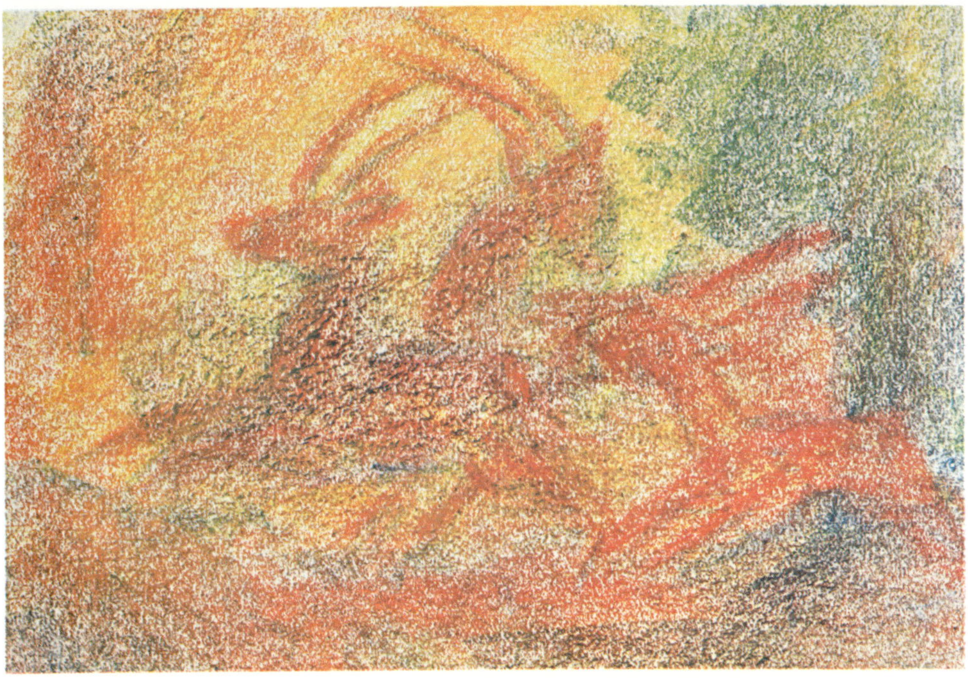

1.

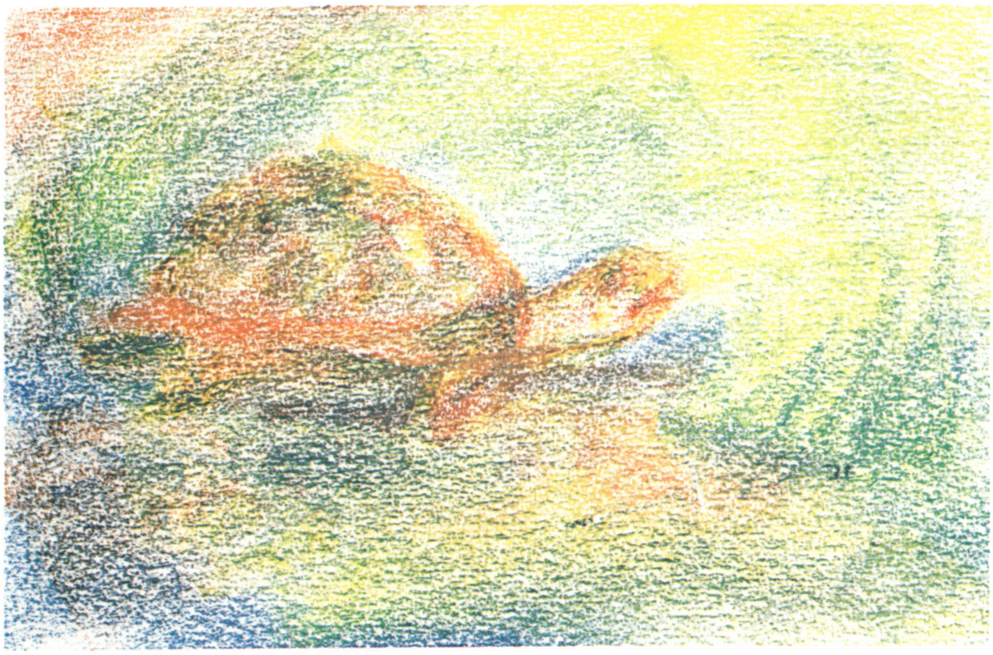

2.

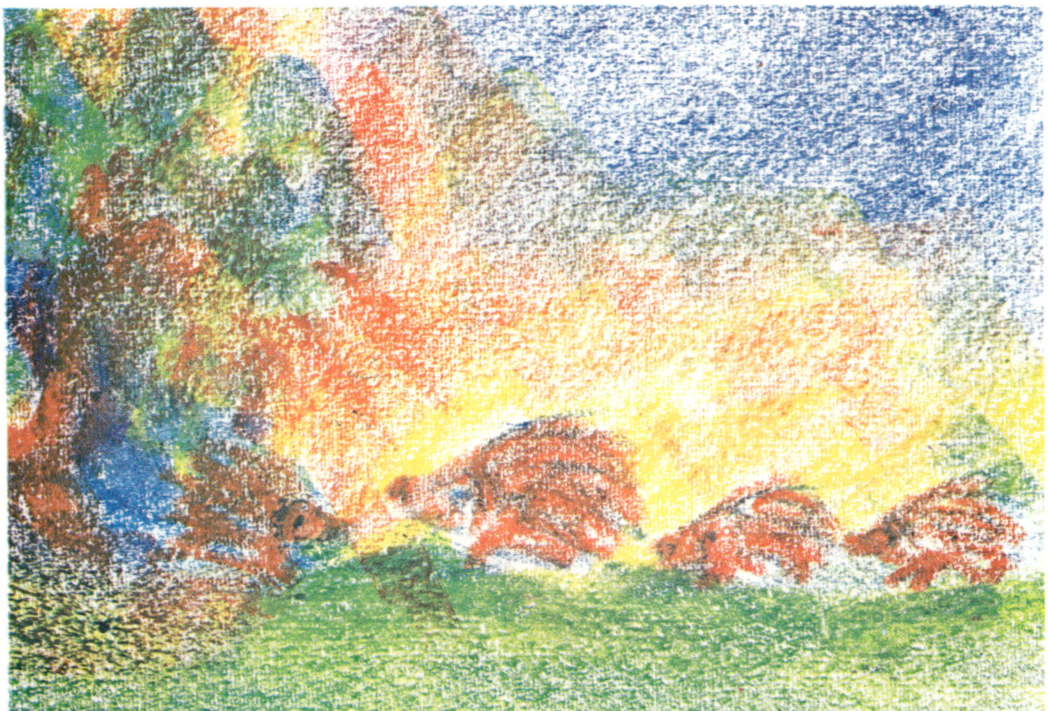

3.

Zur Tierkunde u.
zur Bilderbucharb.

Bienenwachsfarbe
5.-7. Schuljahr

Tafel 45

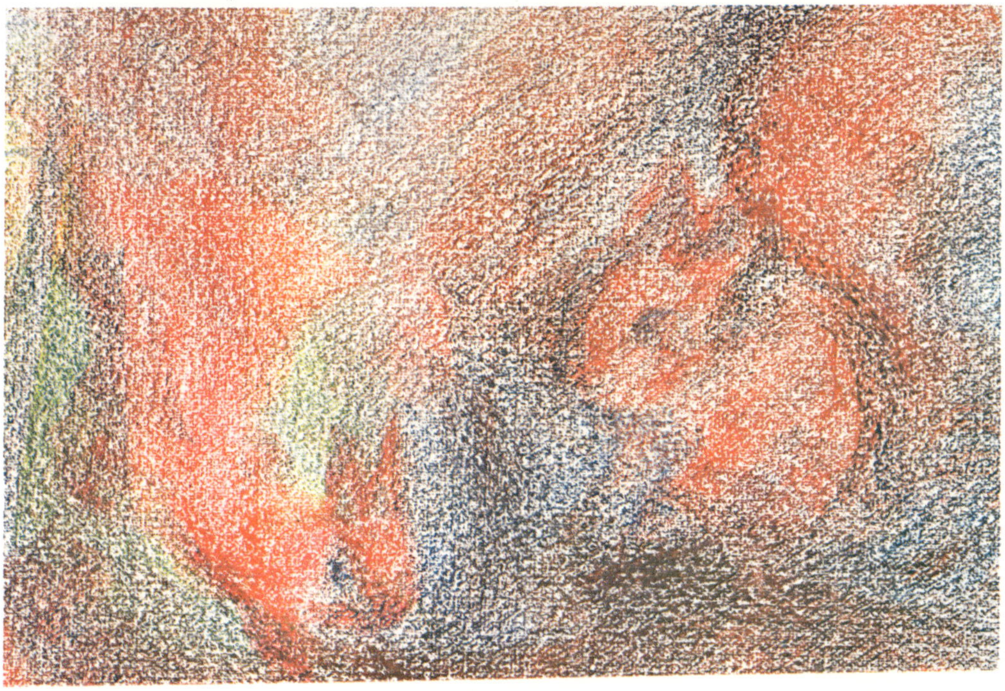

1.

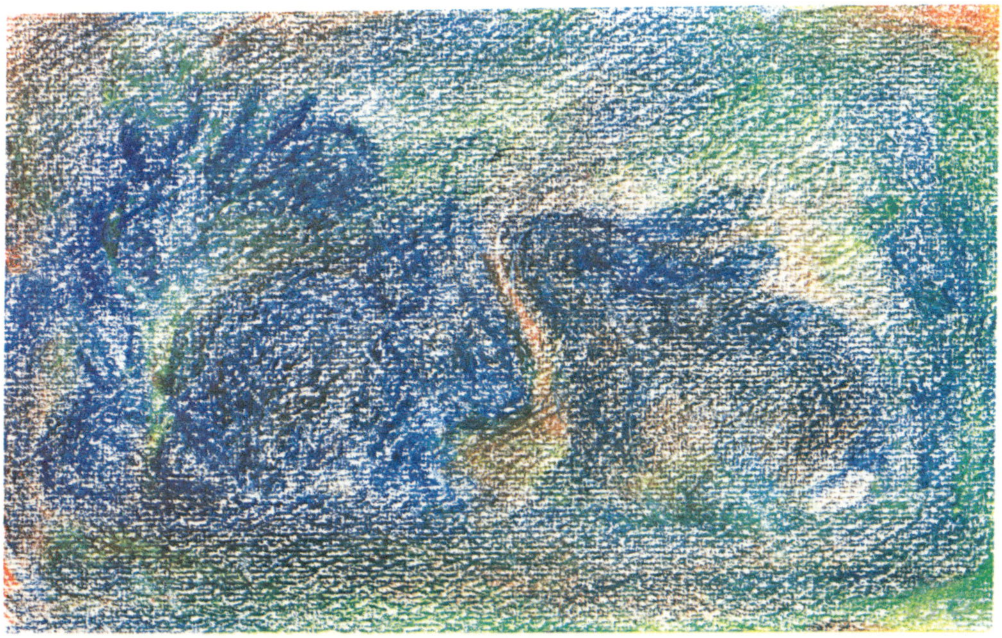

2.

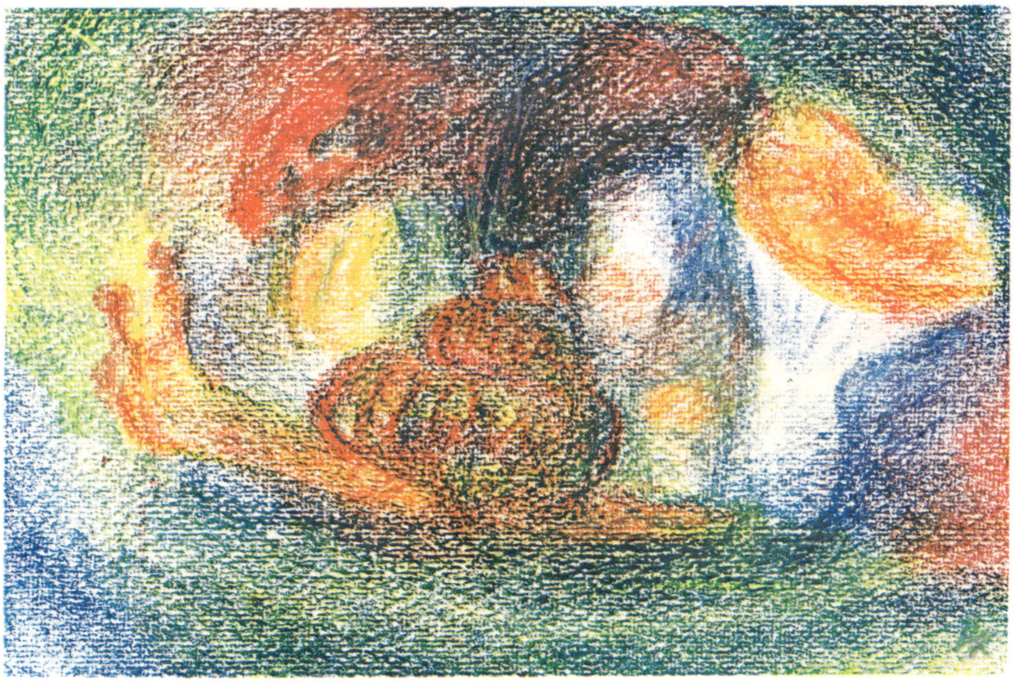

3.

Tafel 46

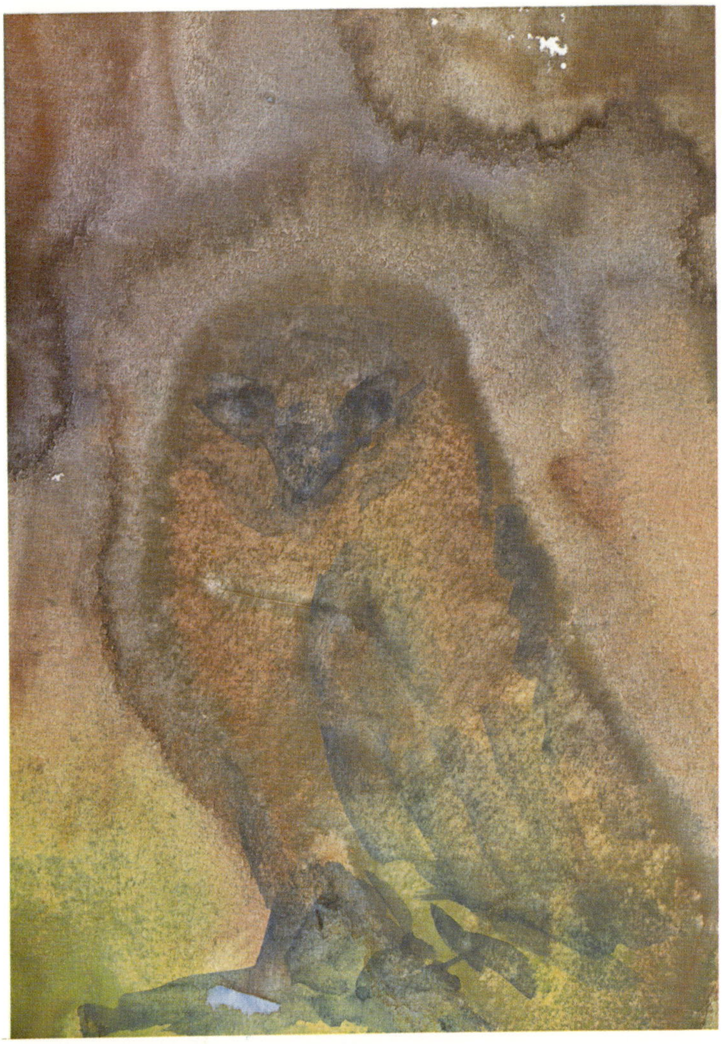

1.

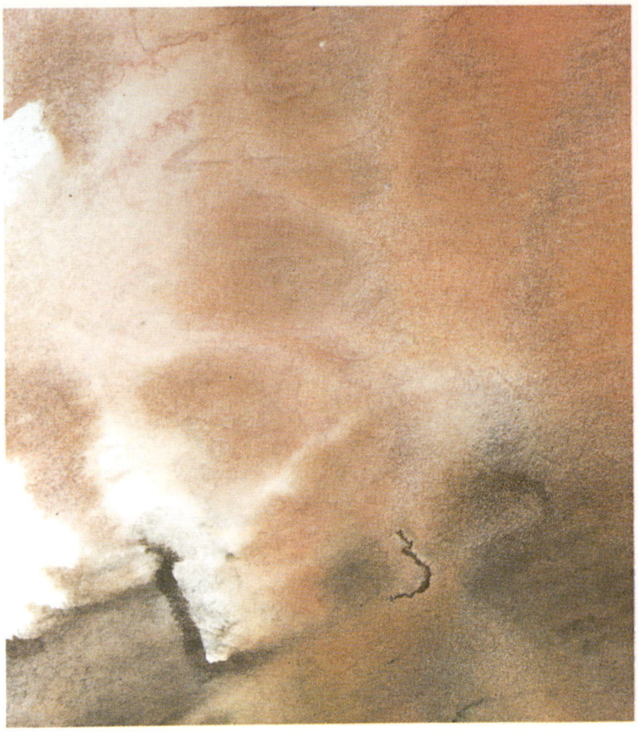

2.

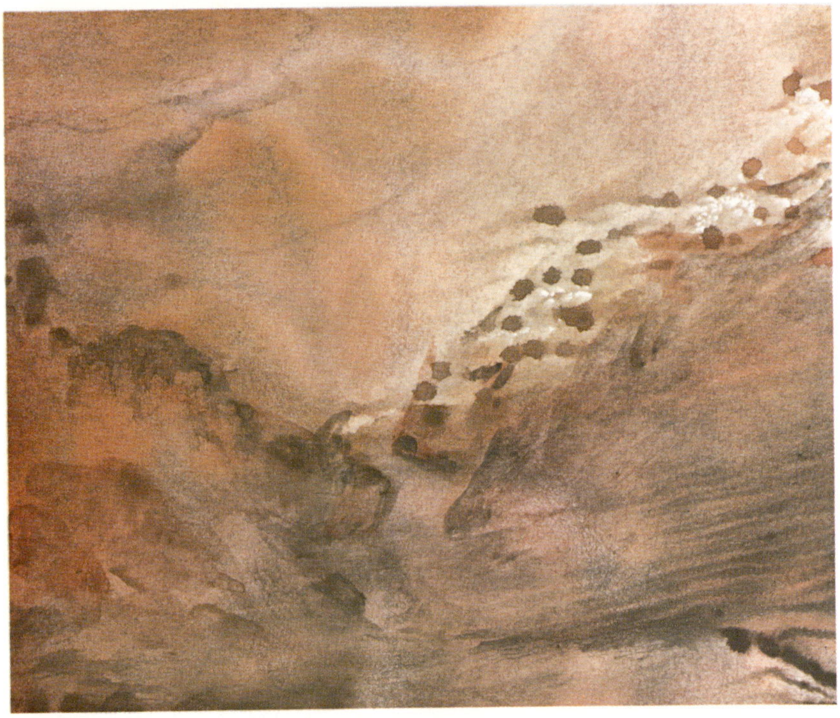

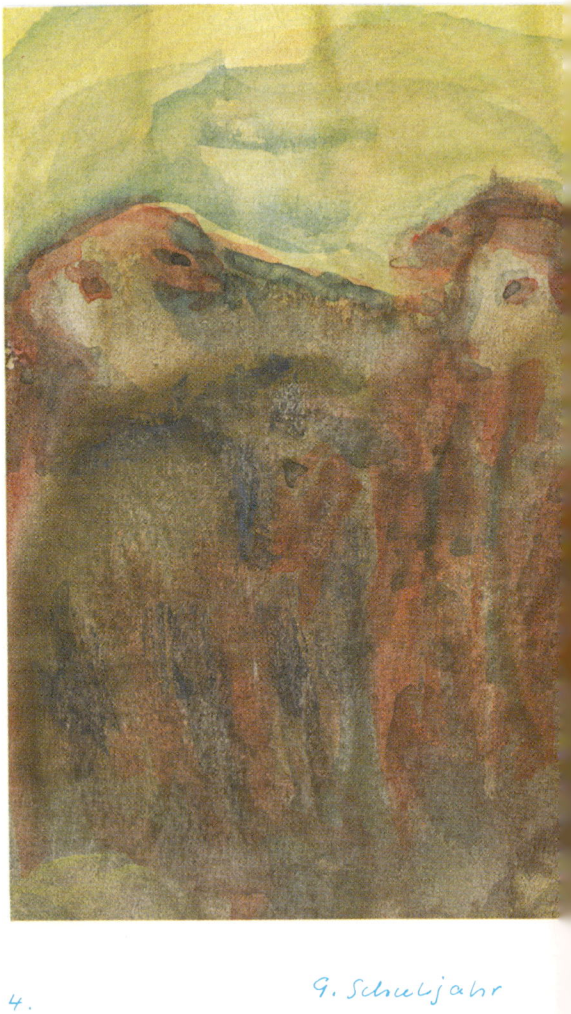

4. 9. Schuljahr

3.

Aquarellfarbe

Tafel 47

1.

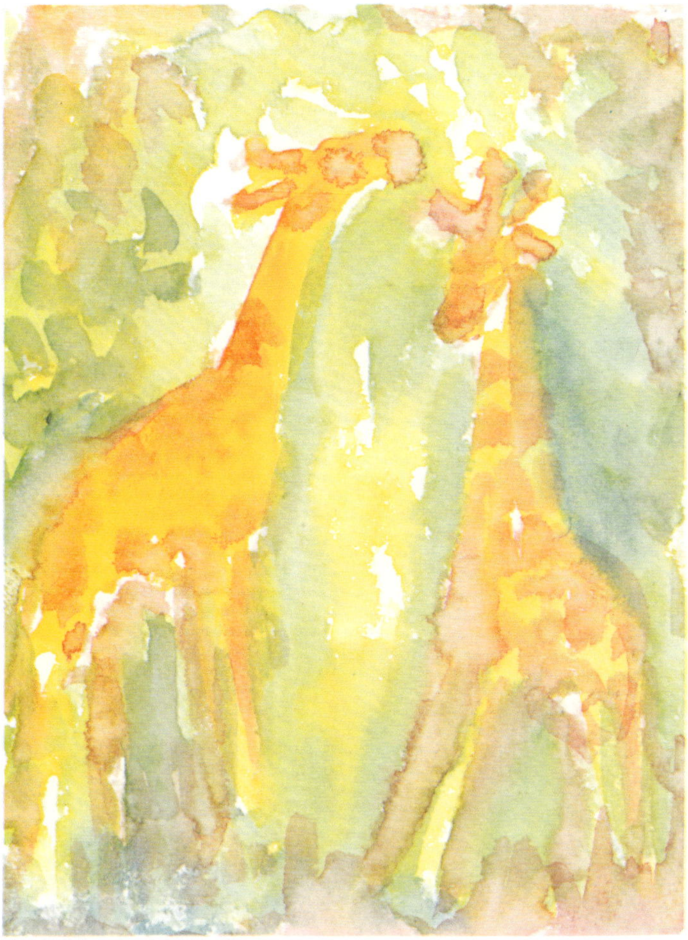

2.

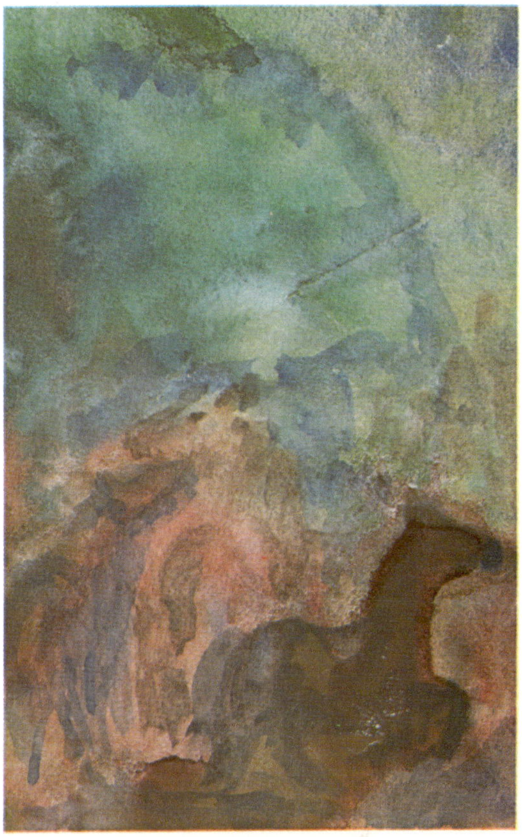

5. Schuljahr

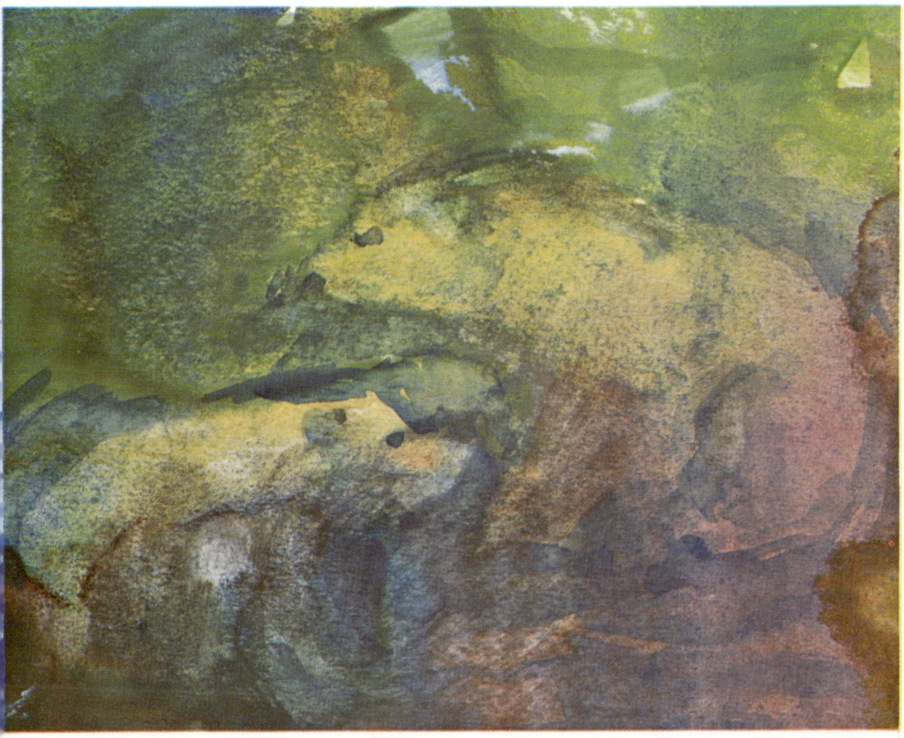

8. u. 9. Schuljahr

4.

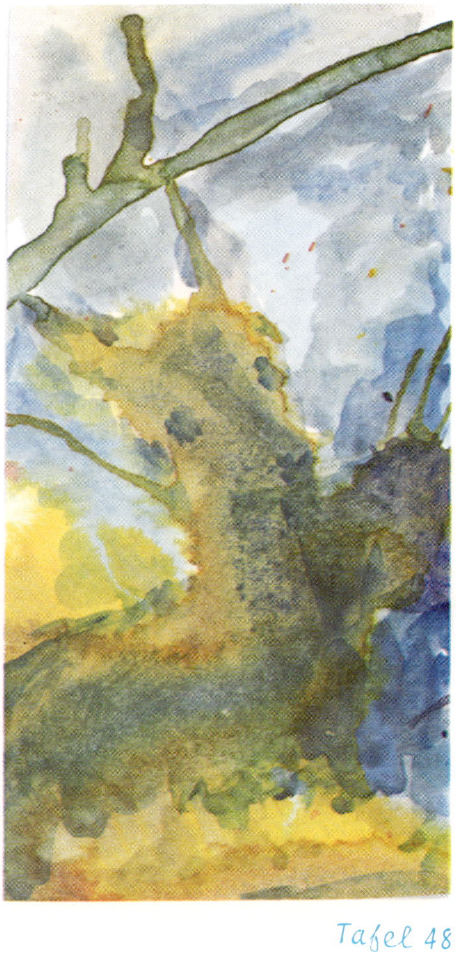

Tafel 48

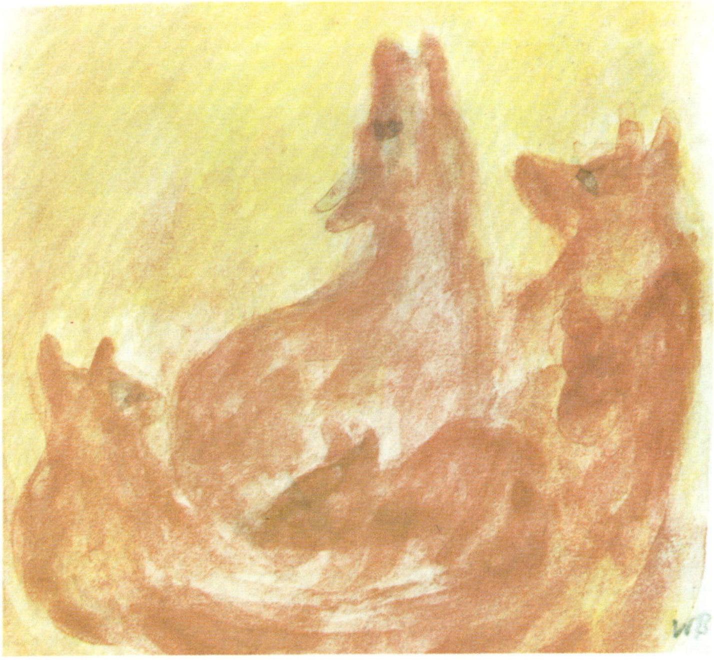
1.

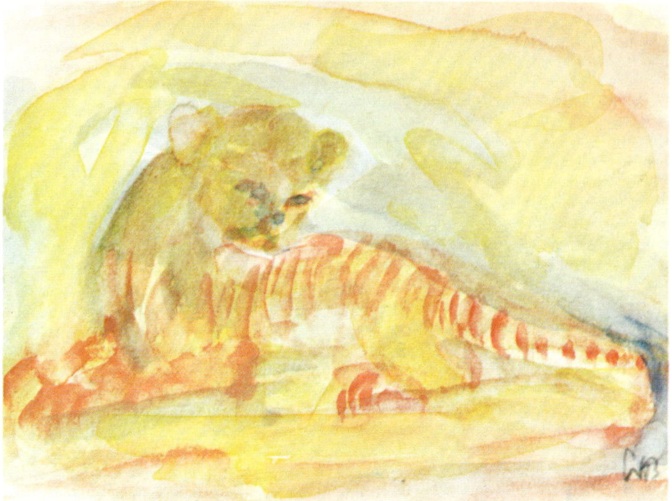
2.

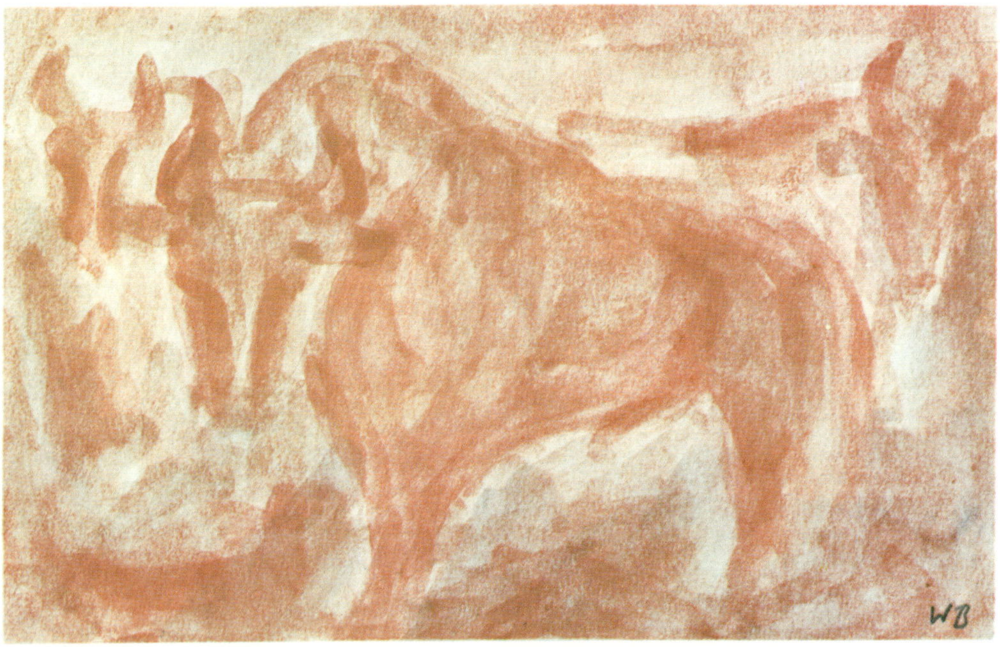
3.

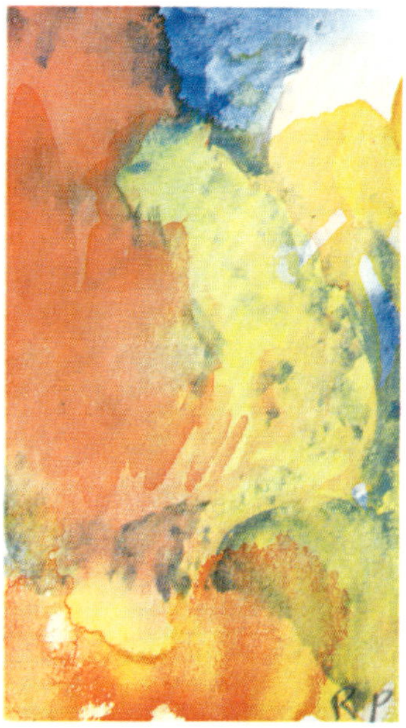
4.

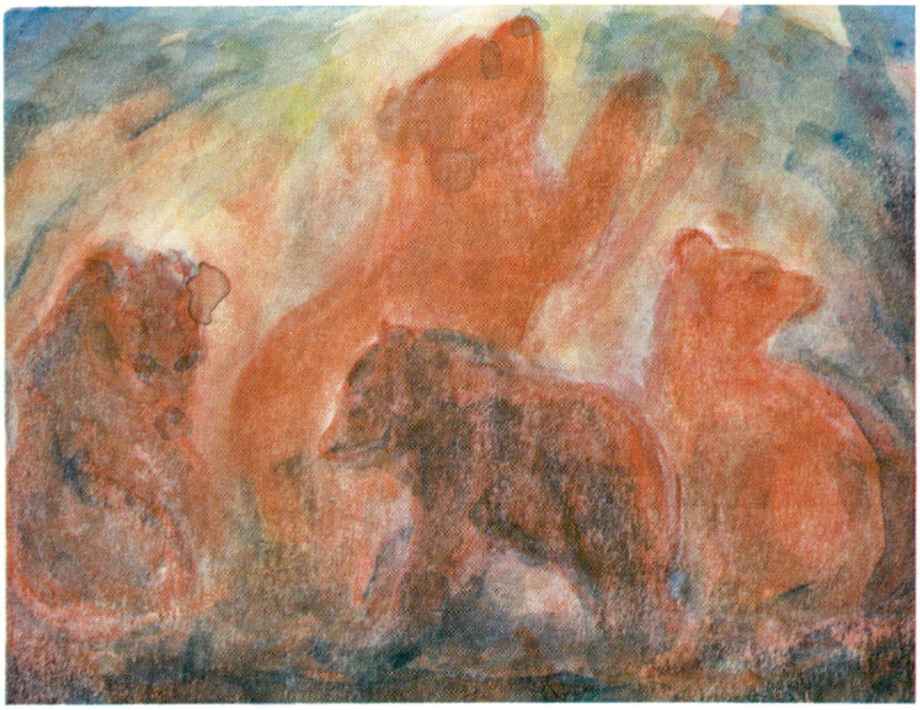
5

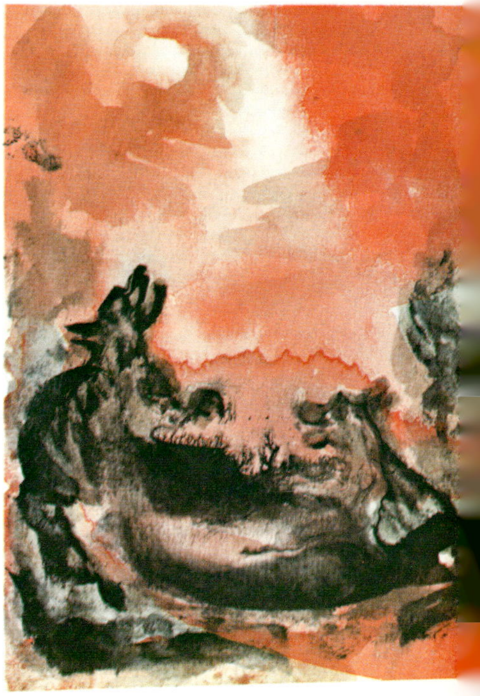
6

Tafel 49 1.–3., 5. Pflanzenfarbe

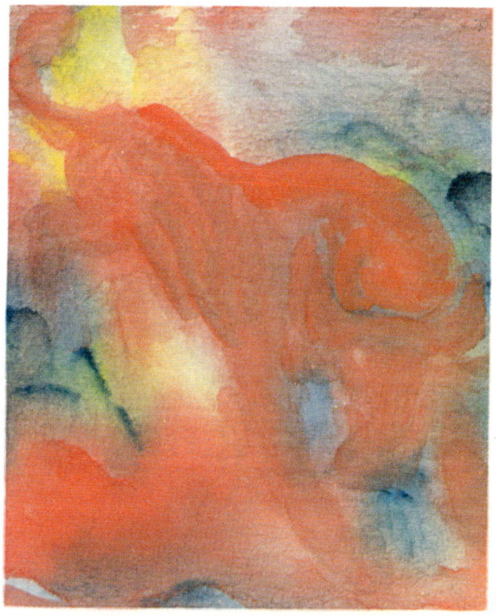

1

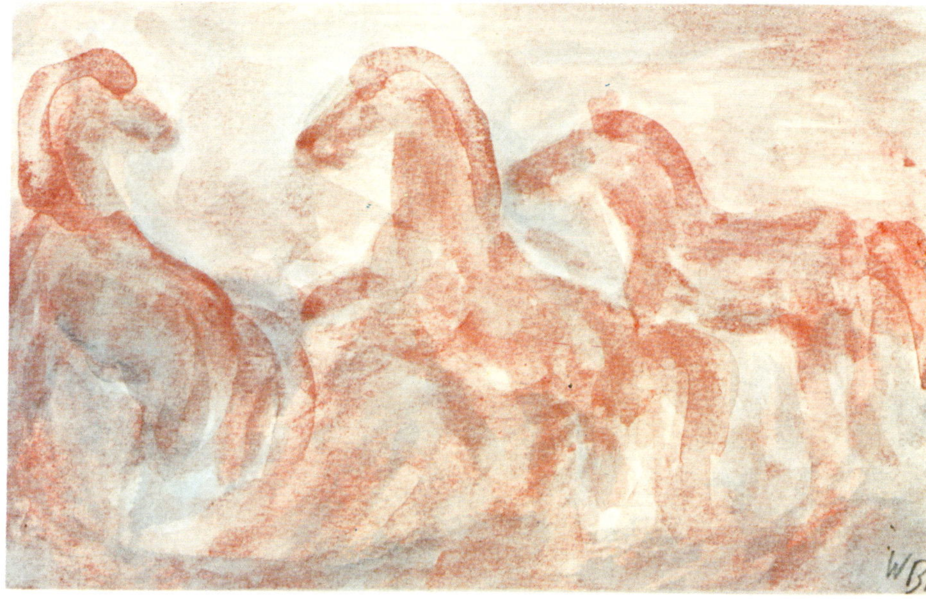

2

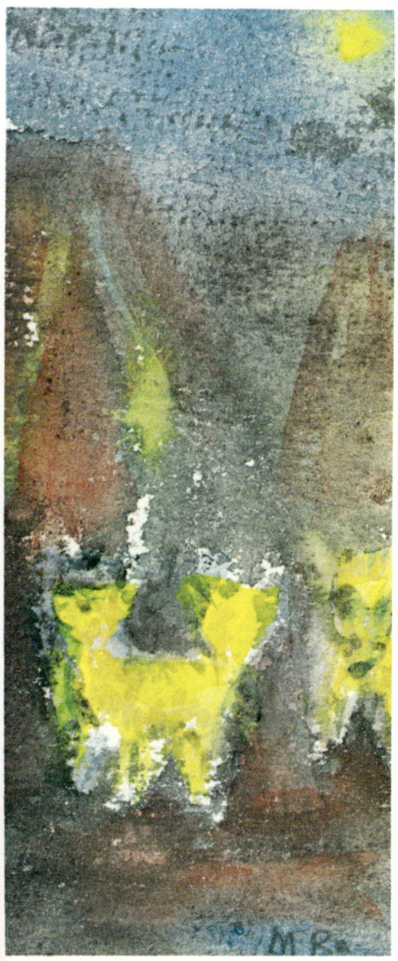

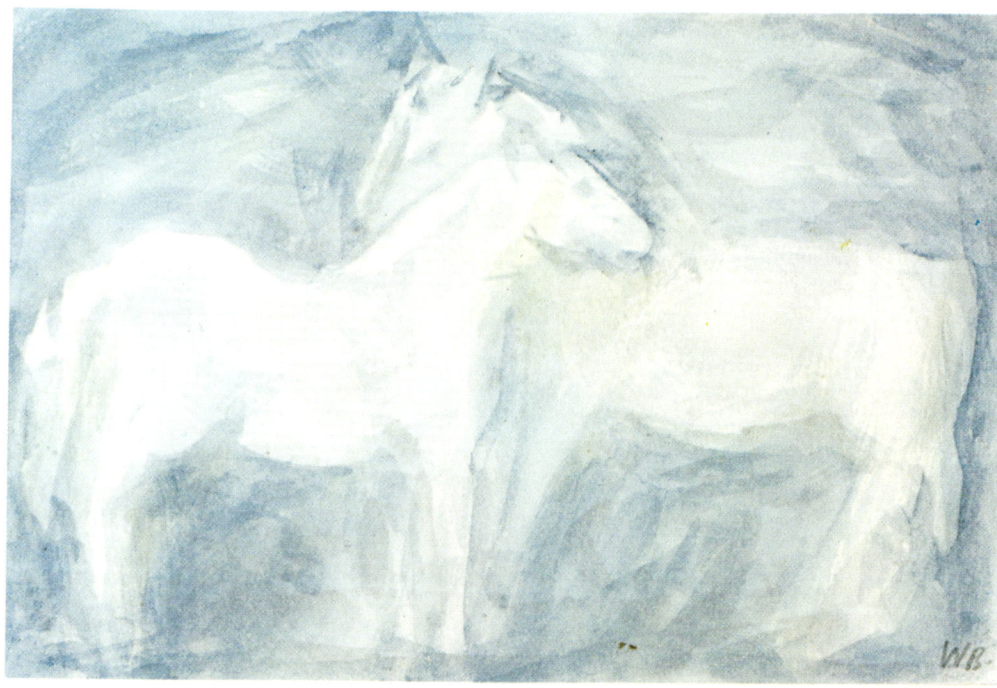

4

"Ich habe gar nie das Verlangen, die Tiere zu malen, wie ich sie sehe, sondern wie sie sind, wie sie selbst die Welt ansehen u. ihr Sein fühlen."

Franz Marc

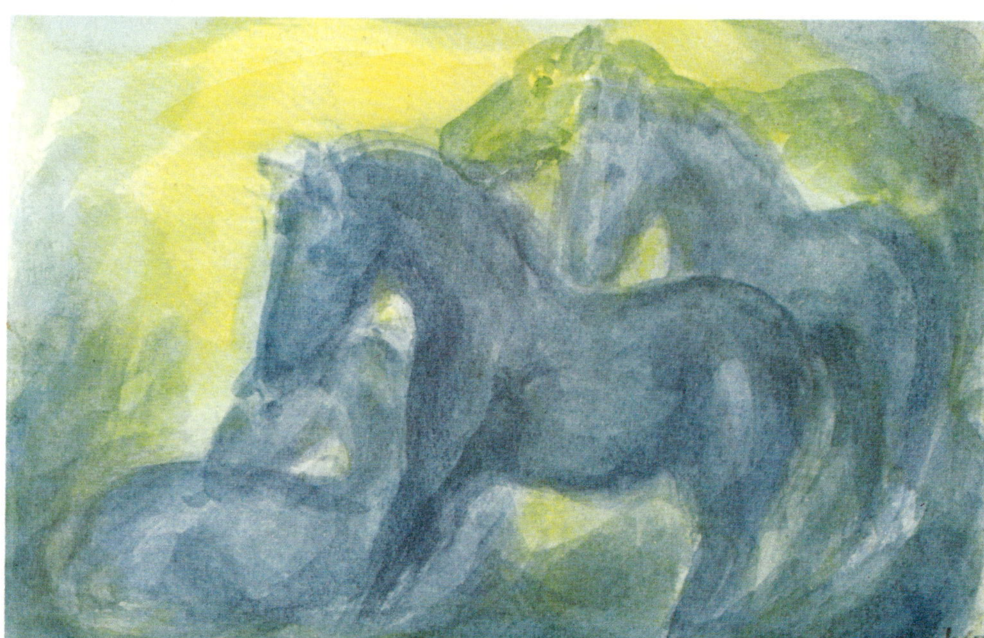

5

2. 4. 5. Pflanzenf. zur Tierkunde 8.–12. Schuljahr

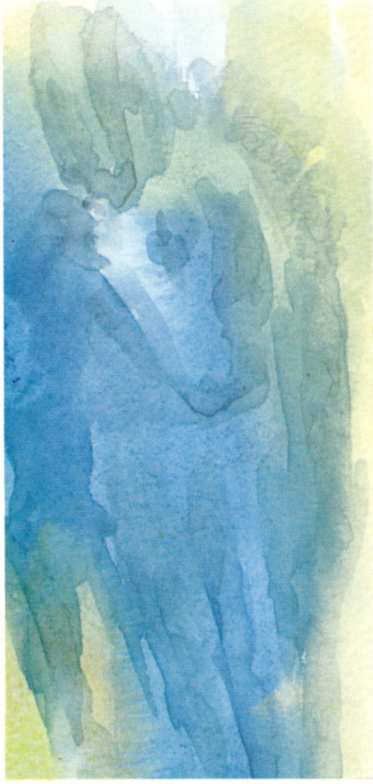

1.

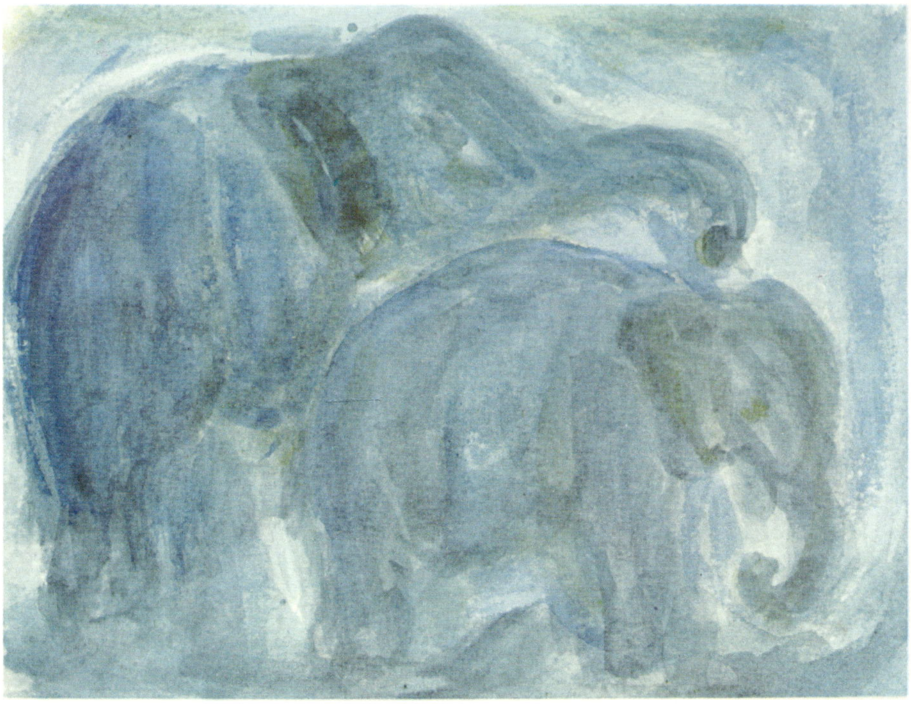

2.

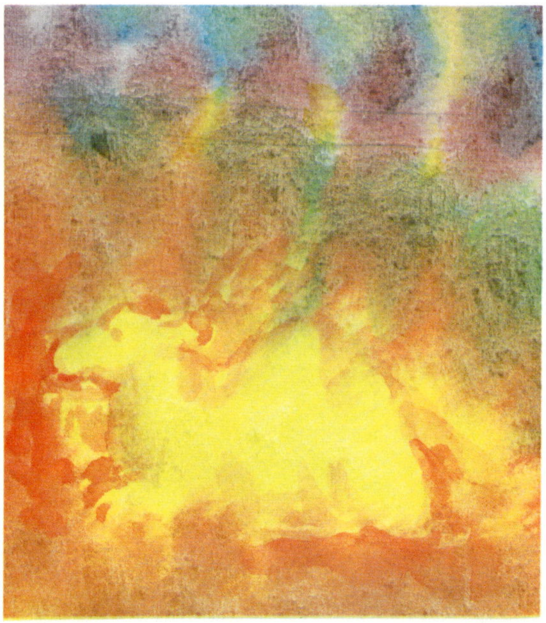

3.

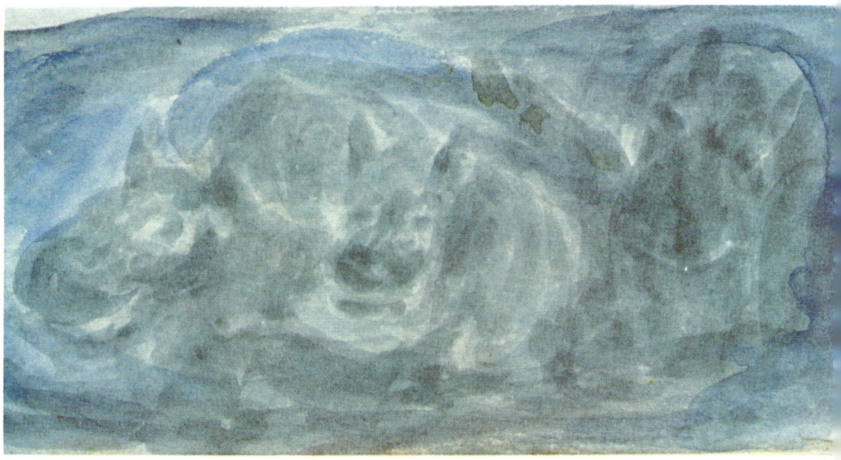

4.

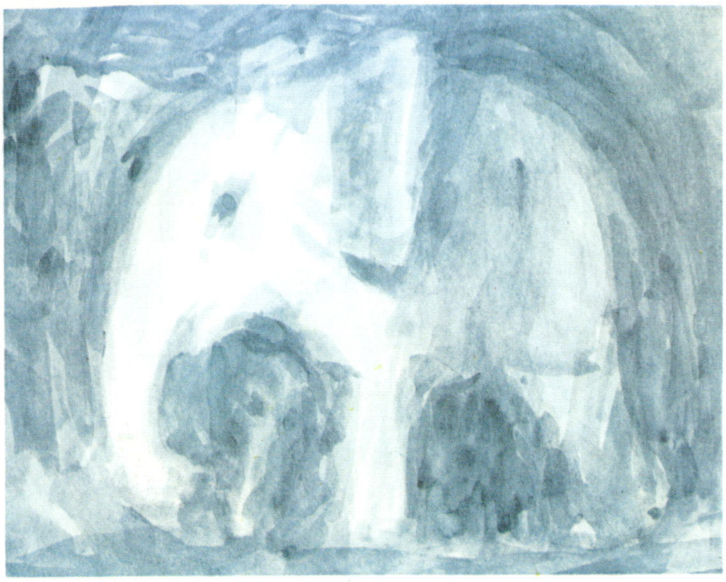

5.

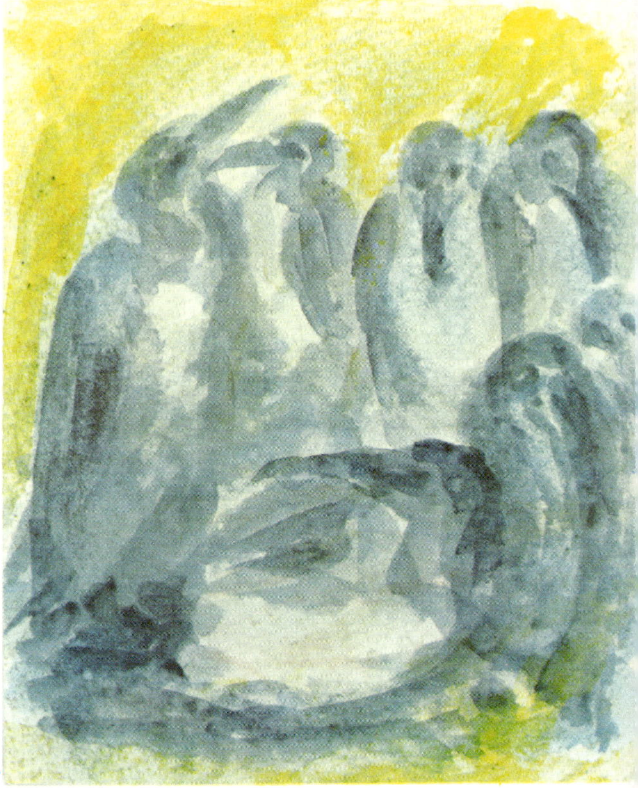

6.

Tafel 51 Zur Tierkunde 5.-8. Schuljahr 2. u. 4.-6. Bild Pflanzenfarbe

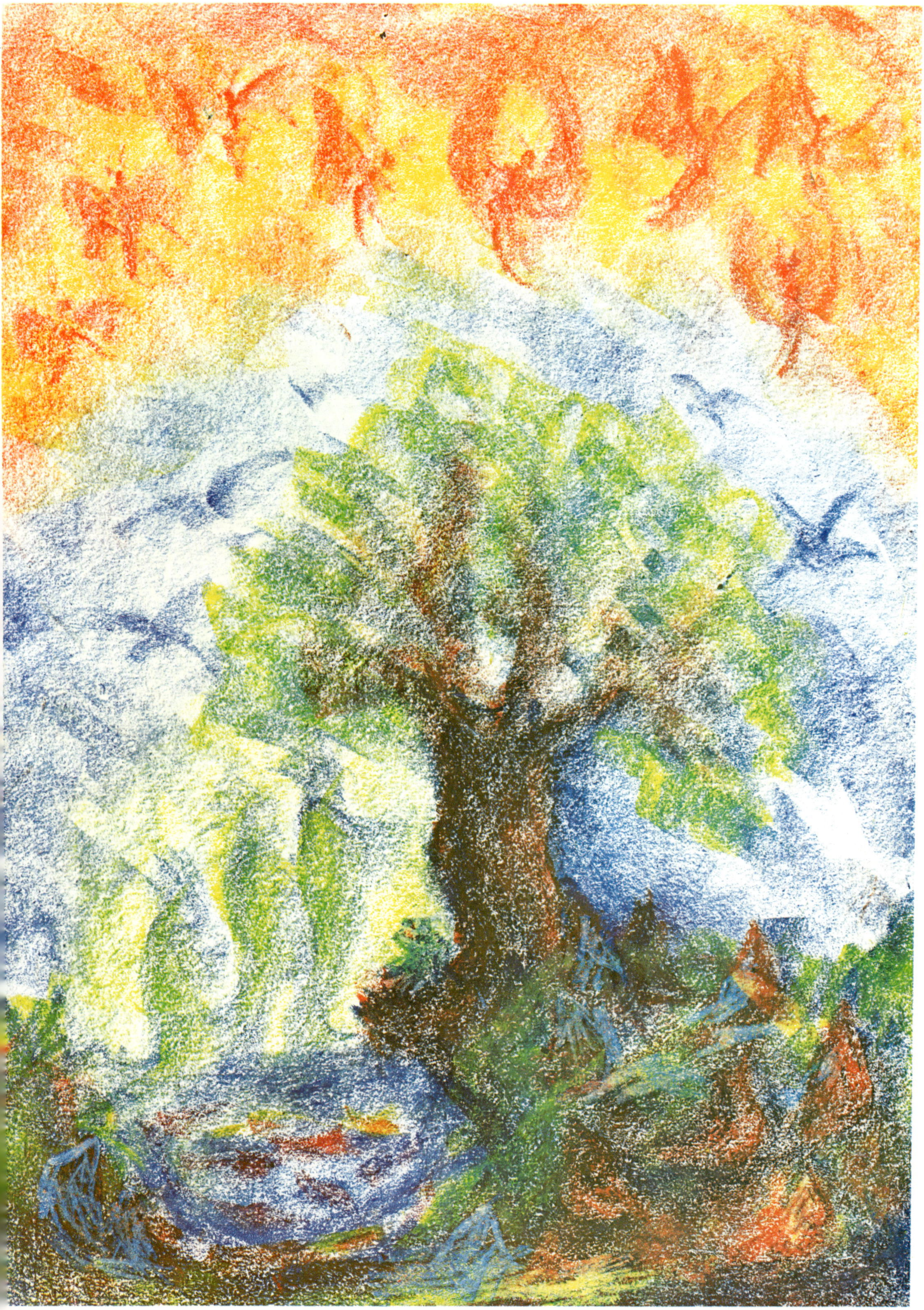

Baum mit Elementarwesen

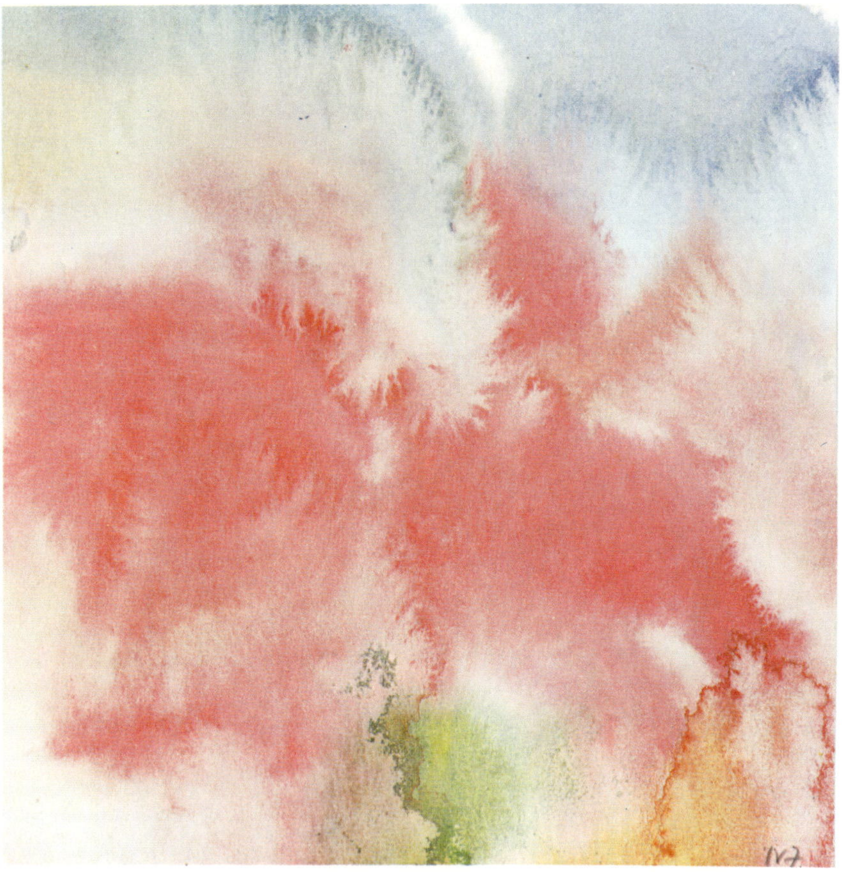

1.

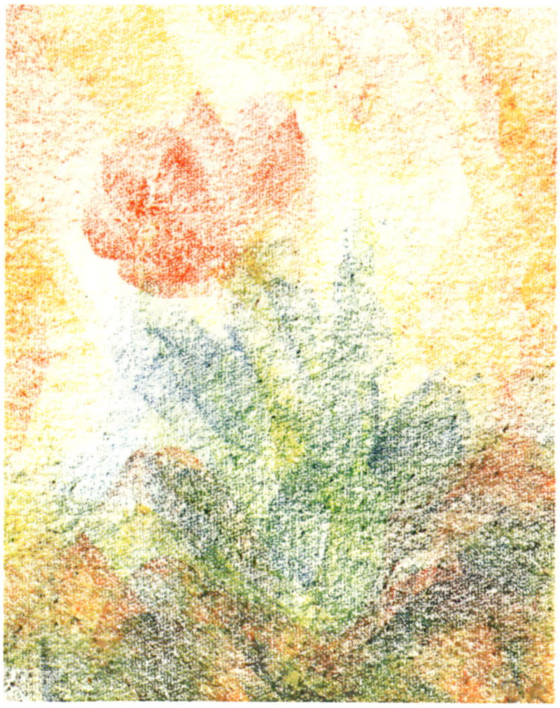

2.

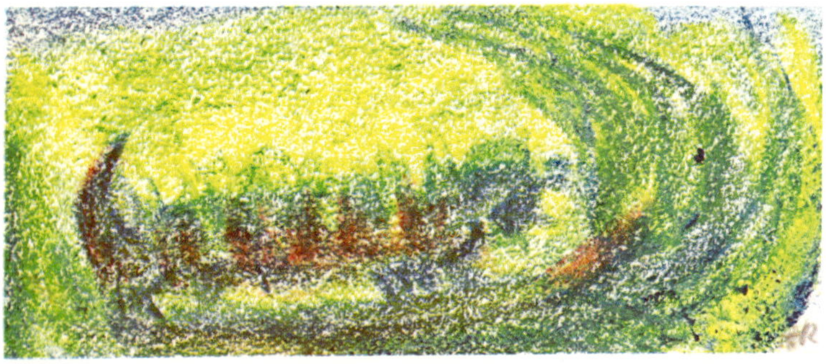

3.

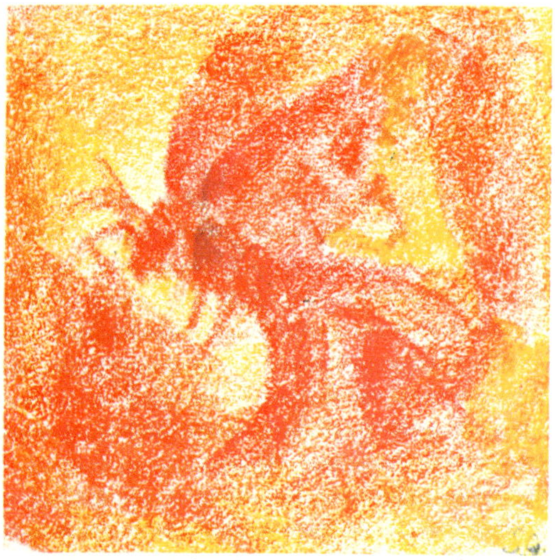

4.

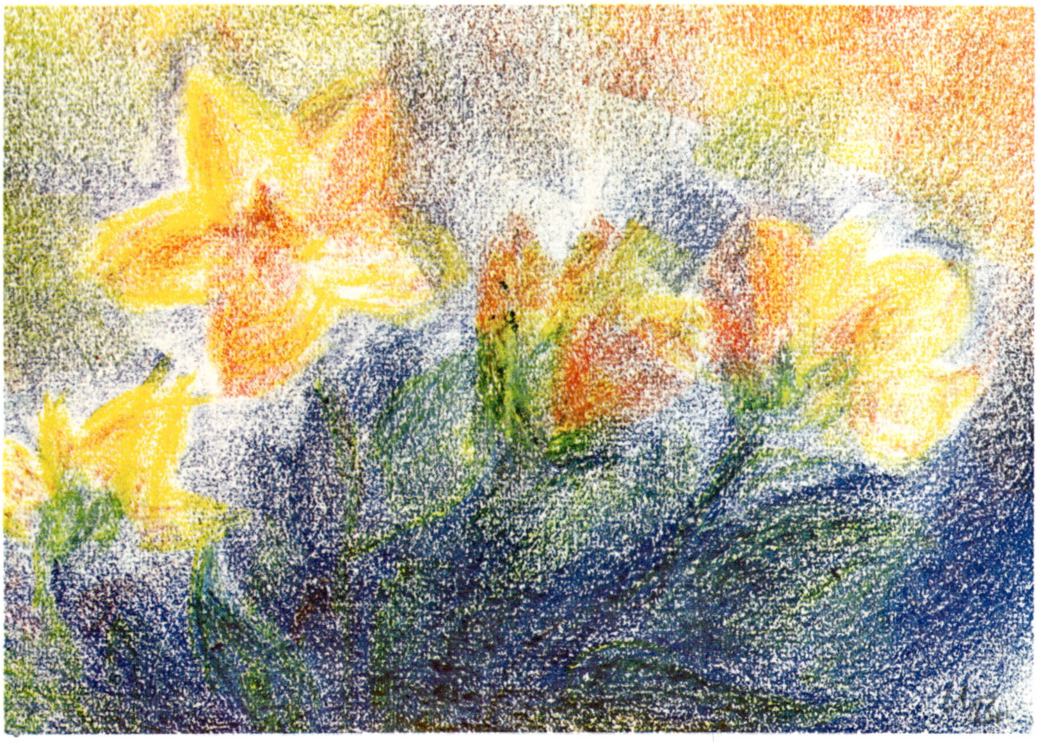

5.

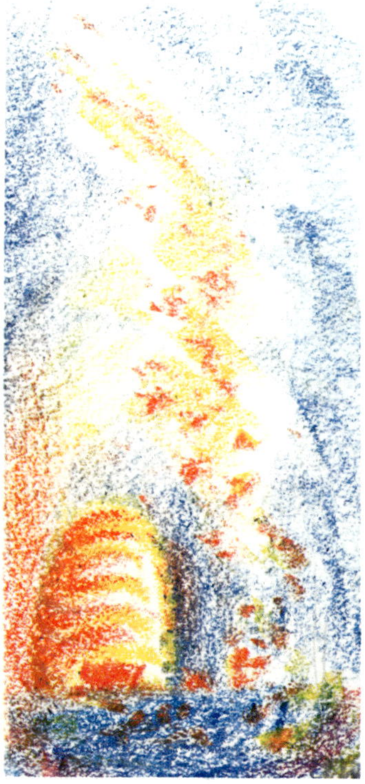

6.

Tafel 53

Bienenwachsfarben

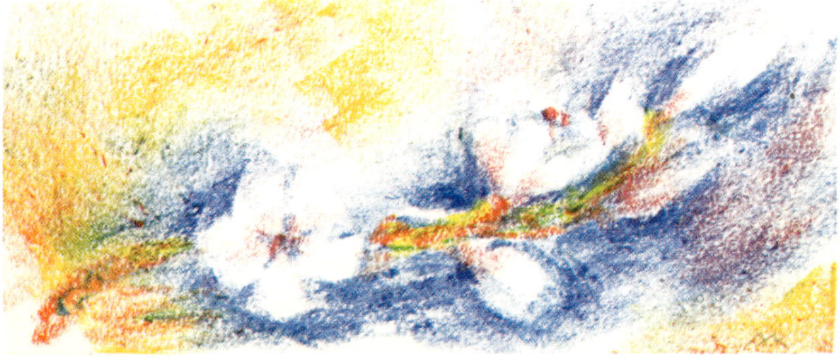

1

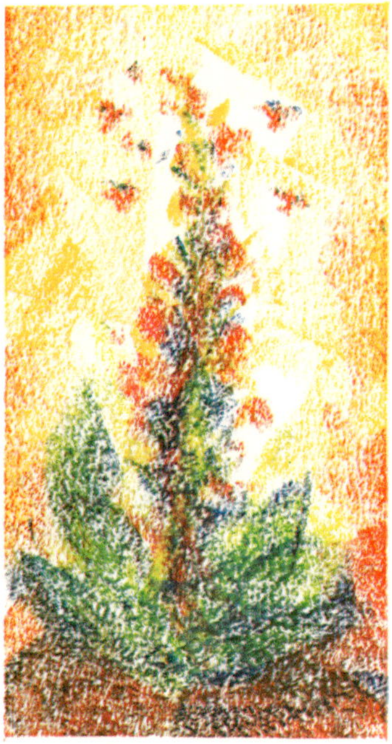

2.

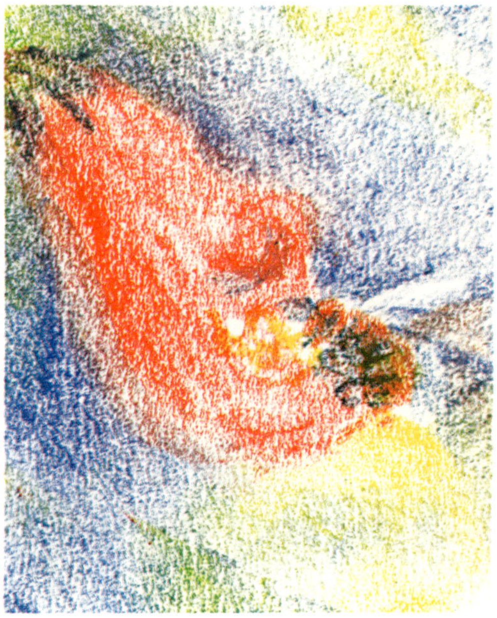

Blüte u. Hummel 3.

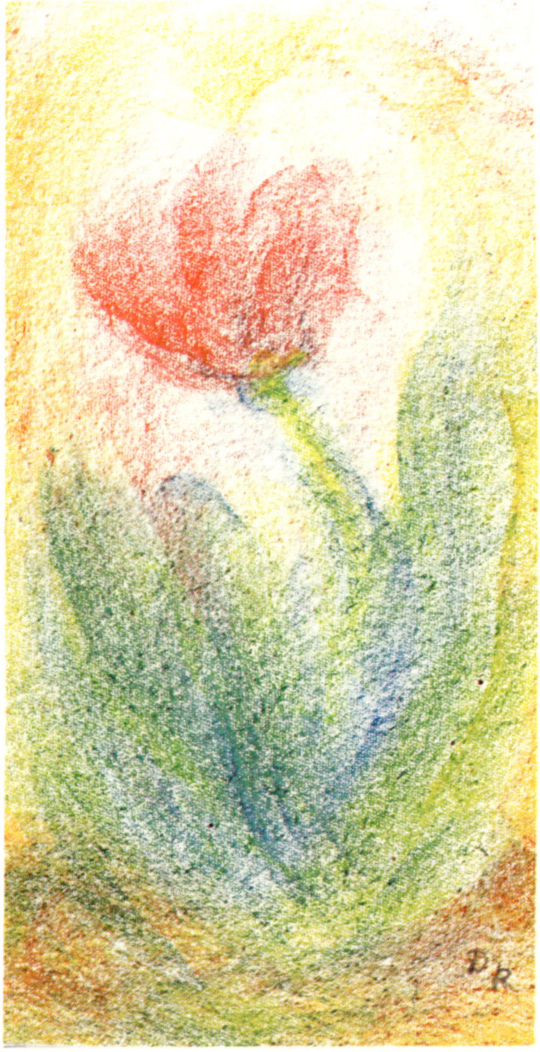

4.

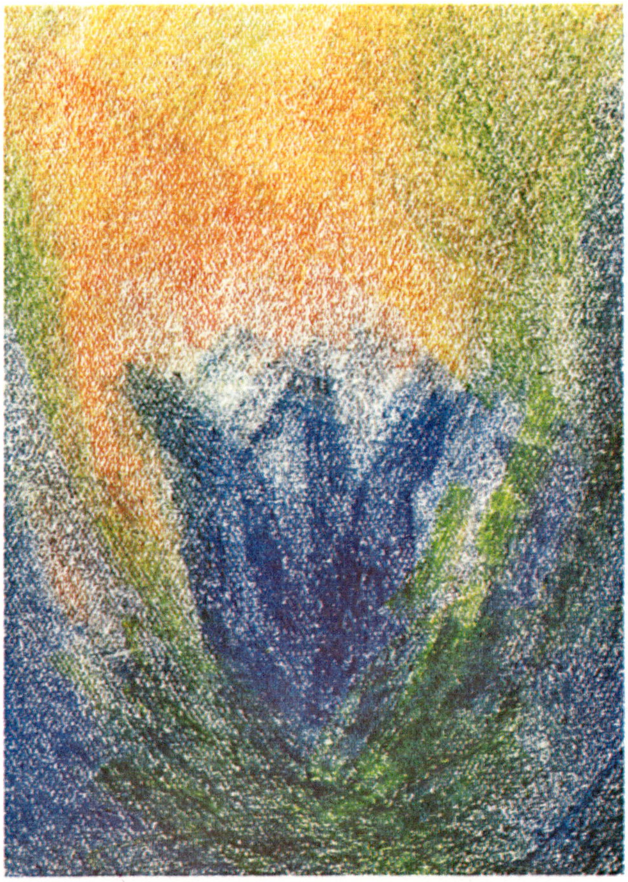

5.

Zur Pflanzenkunde

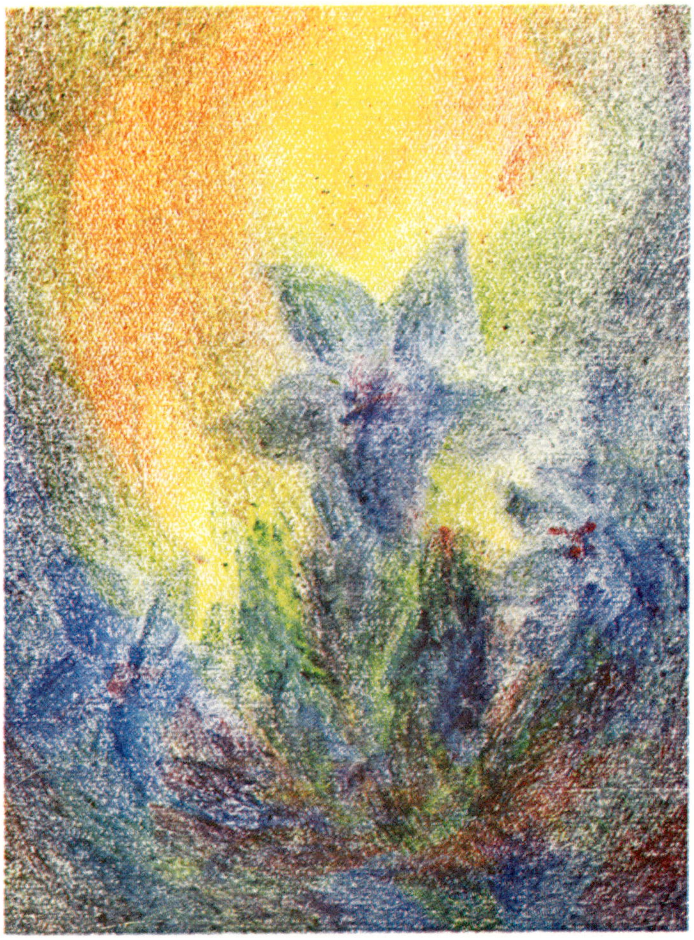

6.

4.-6. Schuljahr

Tafel 54

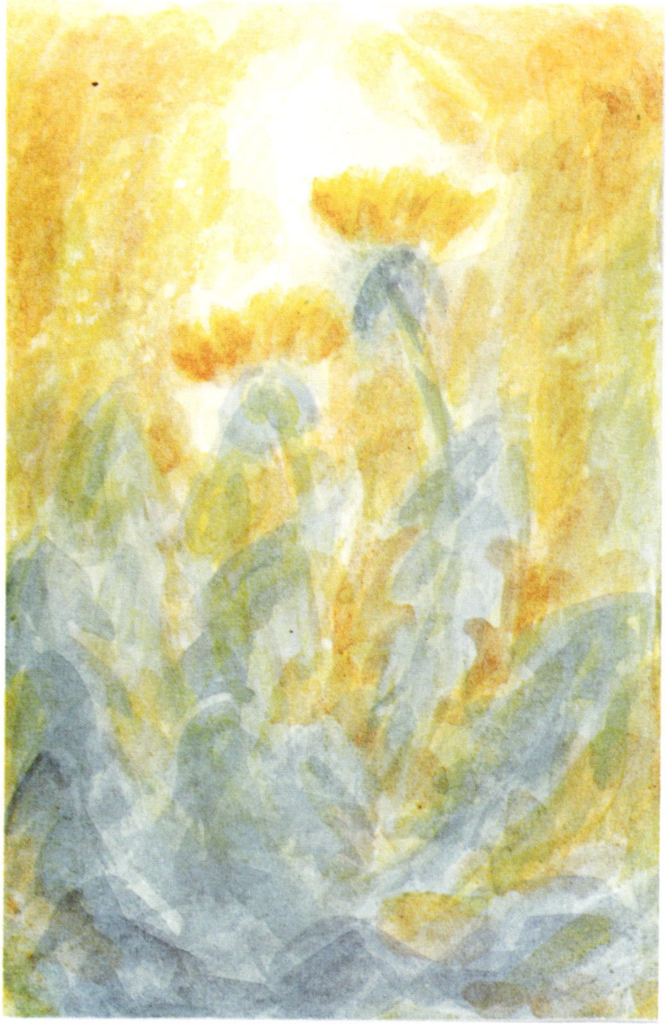

1.

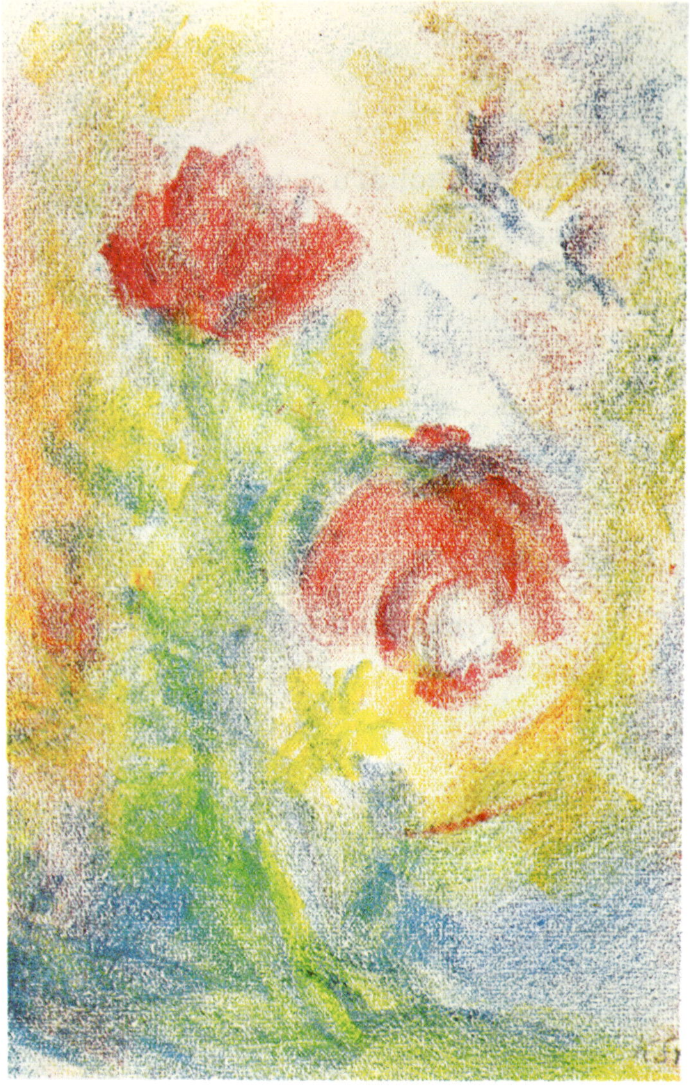

2.

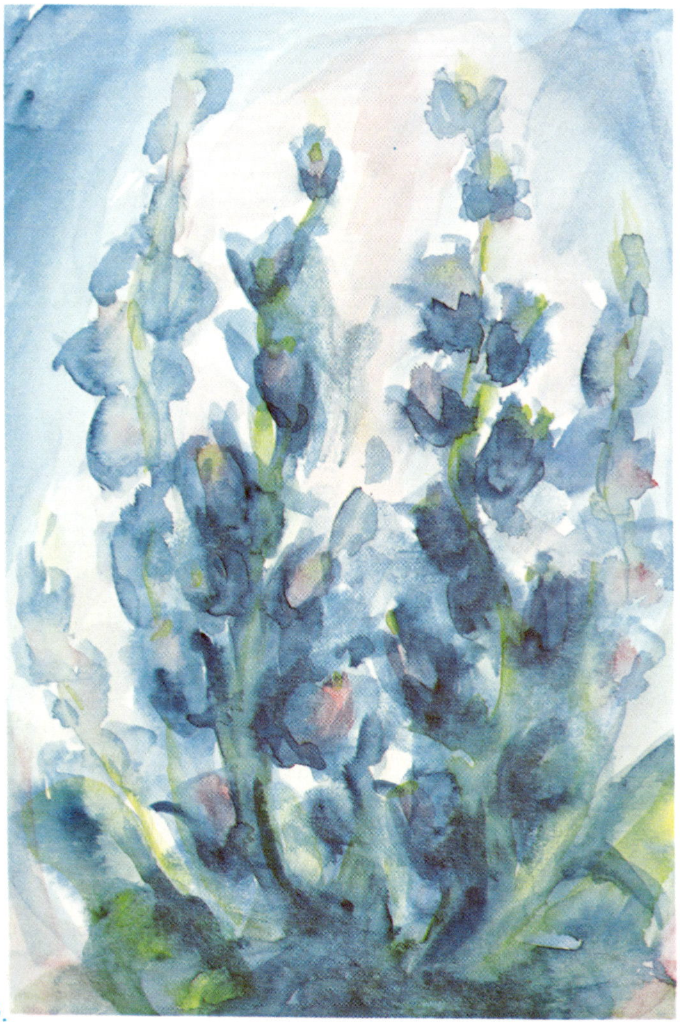

3.

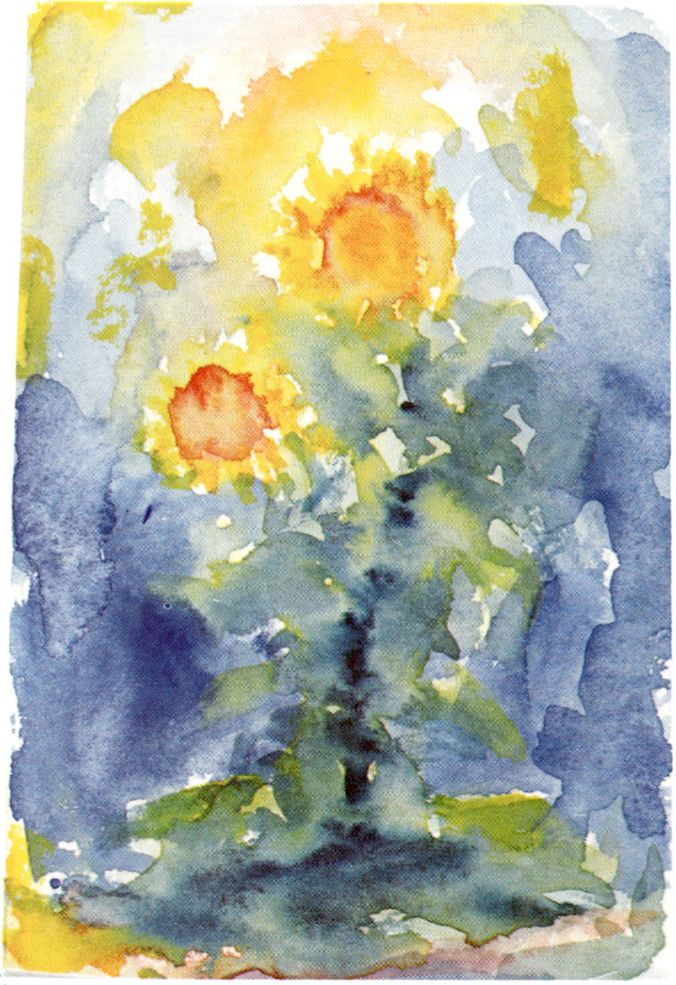

4.

Tafel 55 Pflanzenkunde 1 u. 3. Pflanzenfarbe 6. - 9. Schuljahr

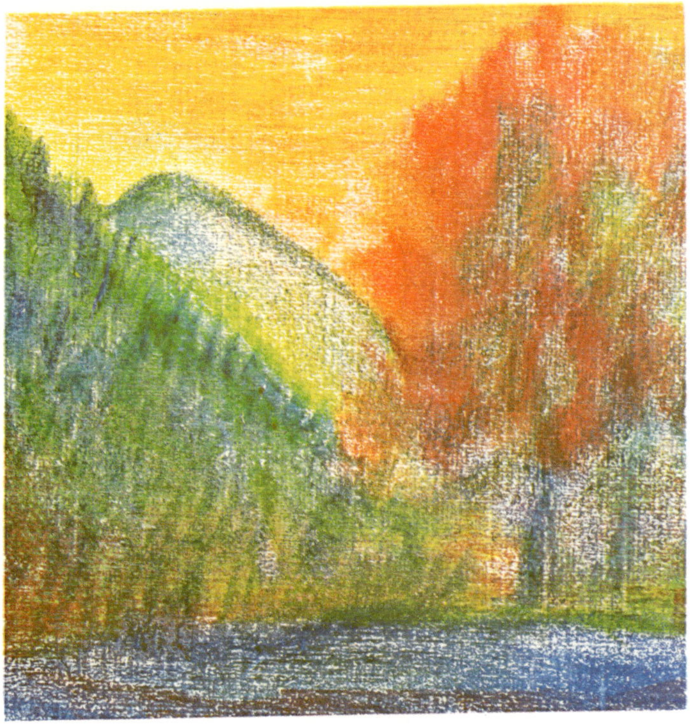

1.

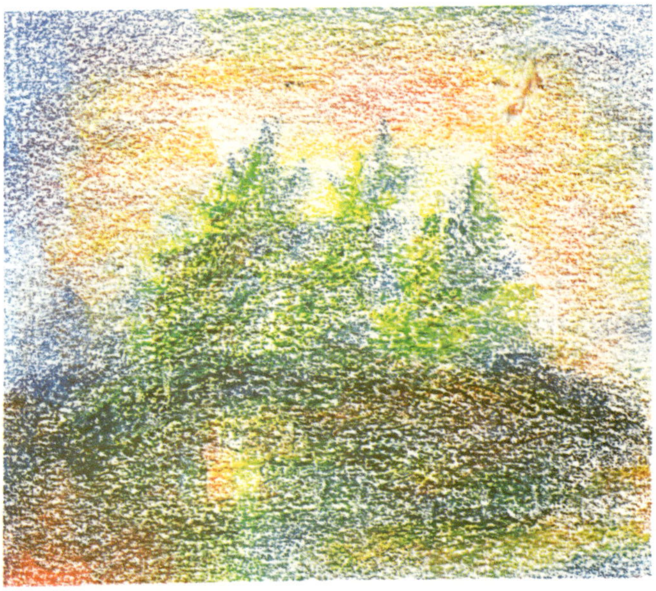

2

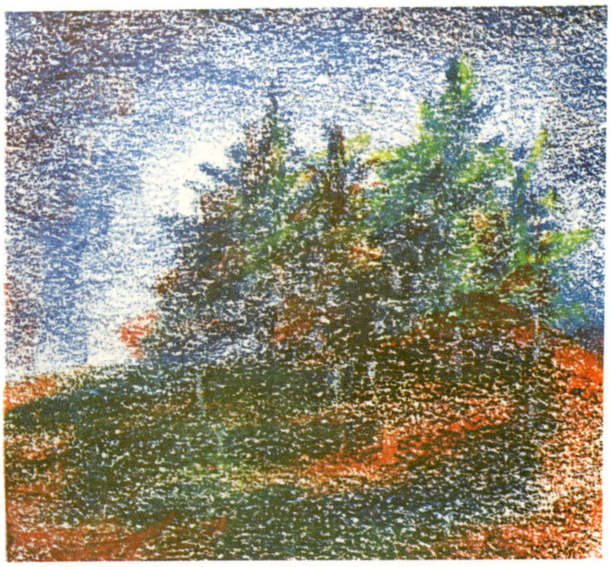

4.

Bäume in verschiedenen Jahreszeiten:

8./9. Schuljahr

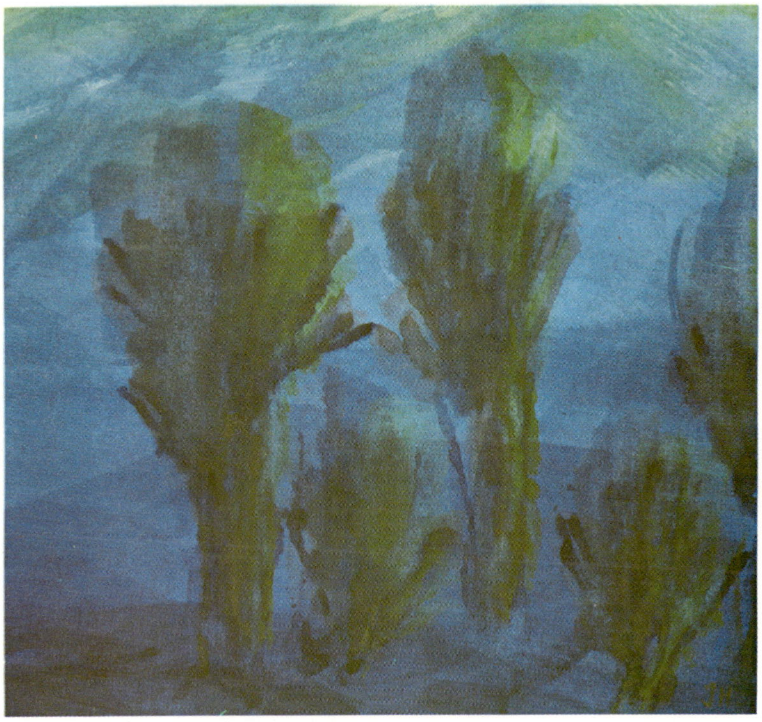

5.

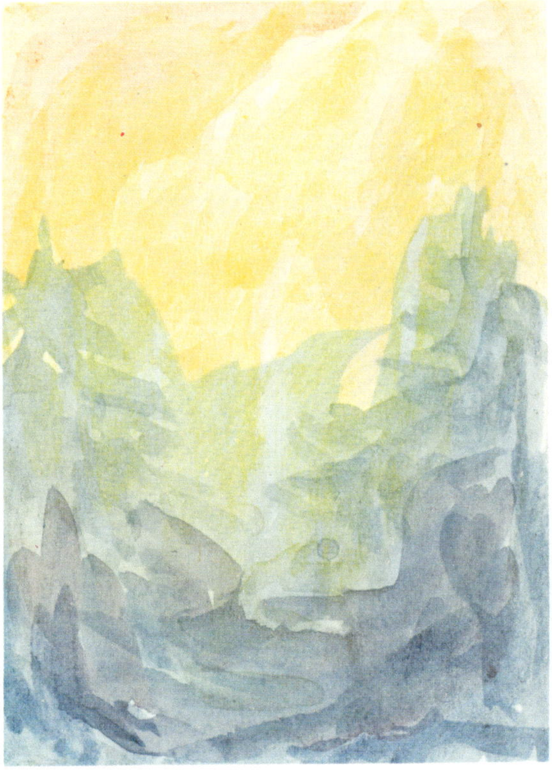

1.

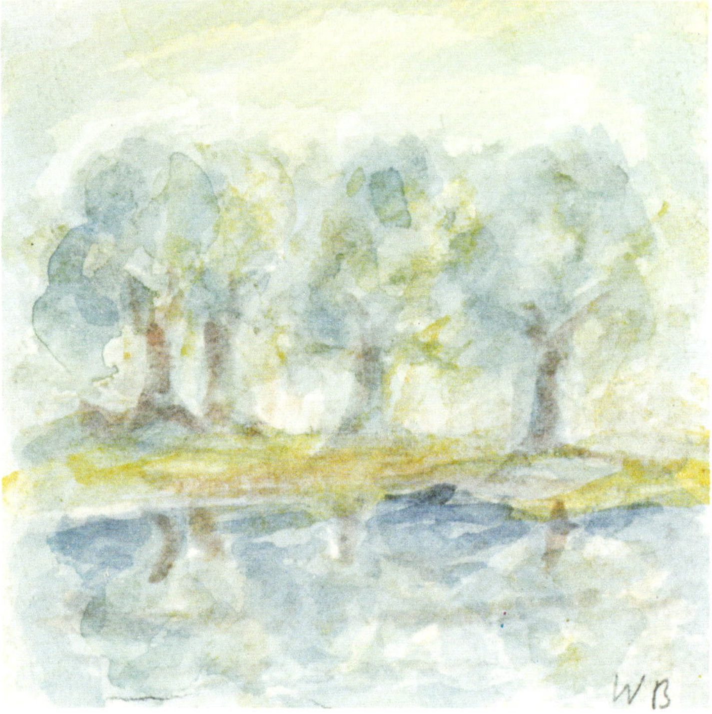

2.

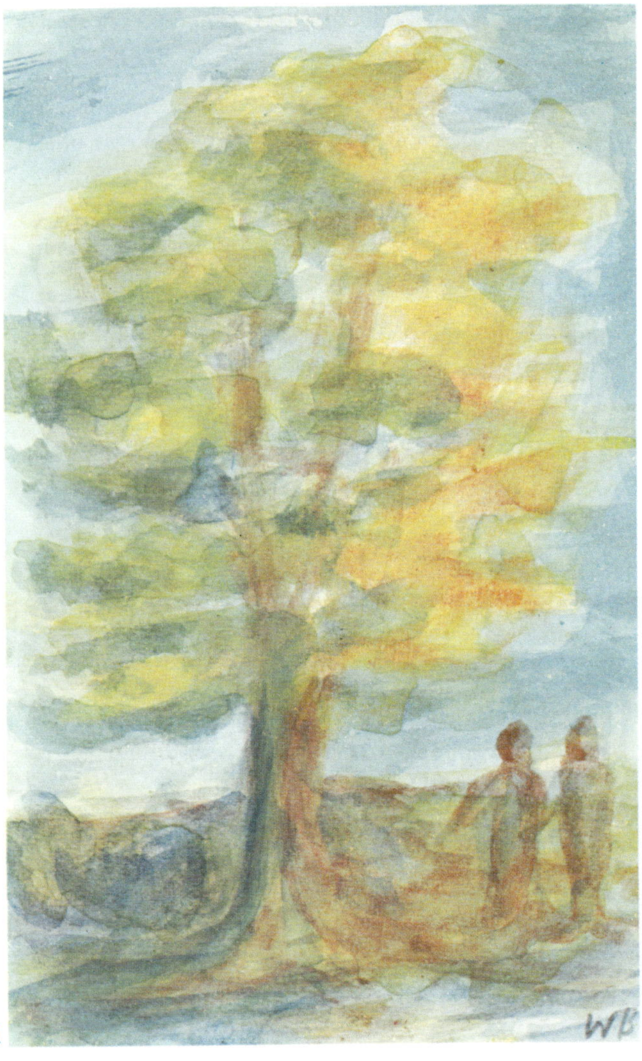

3.

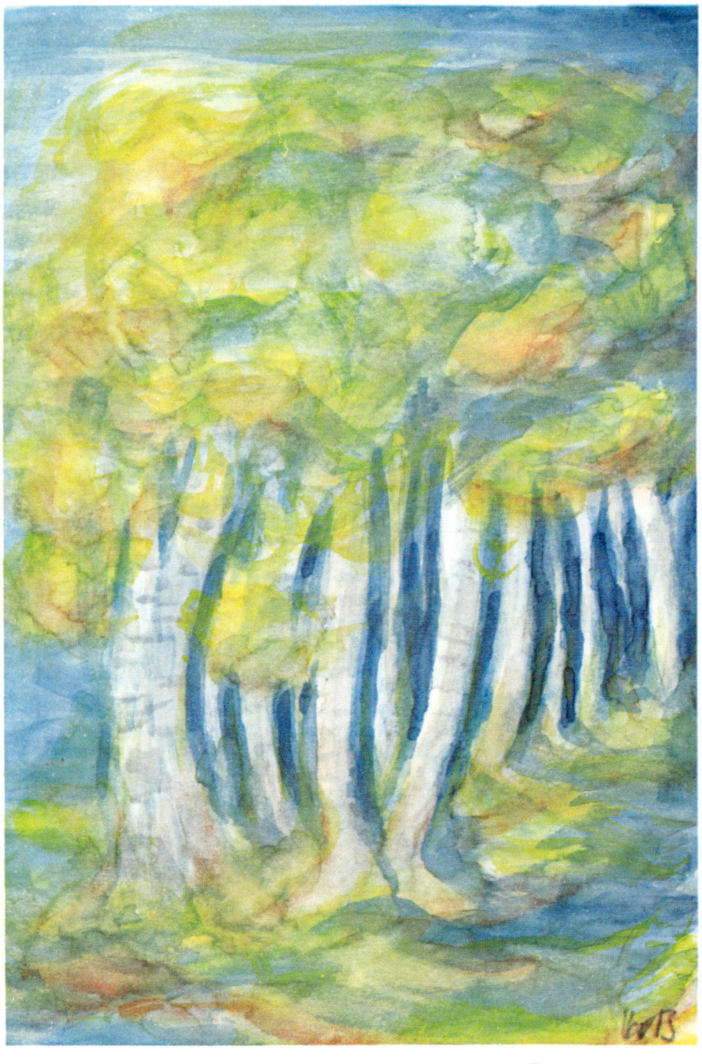

4.

Tafel 57

"Pflanze = Gefüge von Zuständen des Wachstums." Klee

Zur Baumkund
7./8. Schuljah
(Pflanzenfarben)

1. 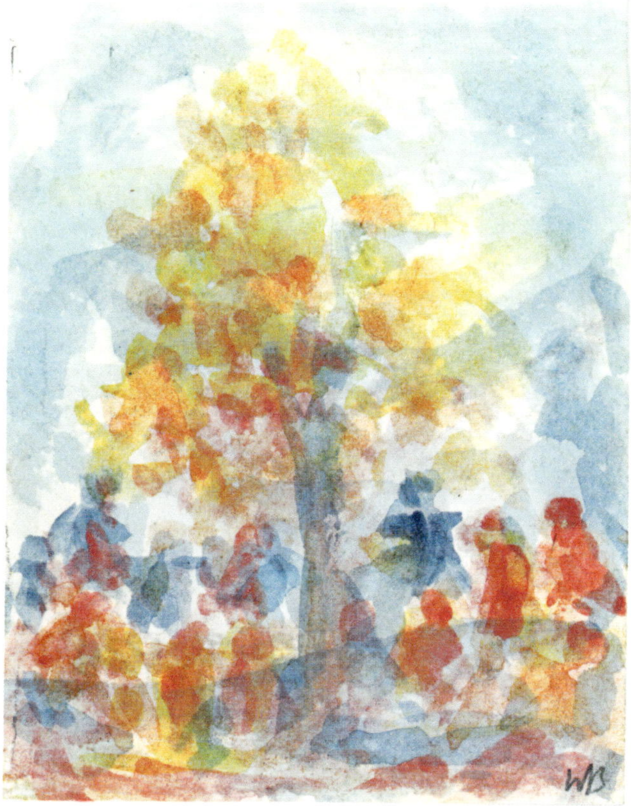

2. 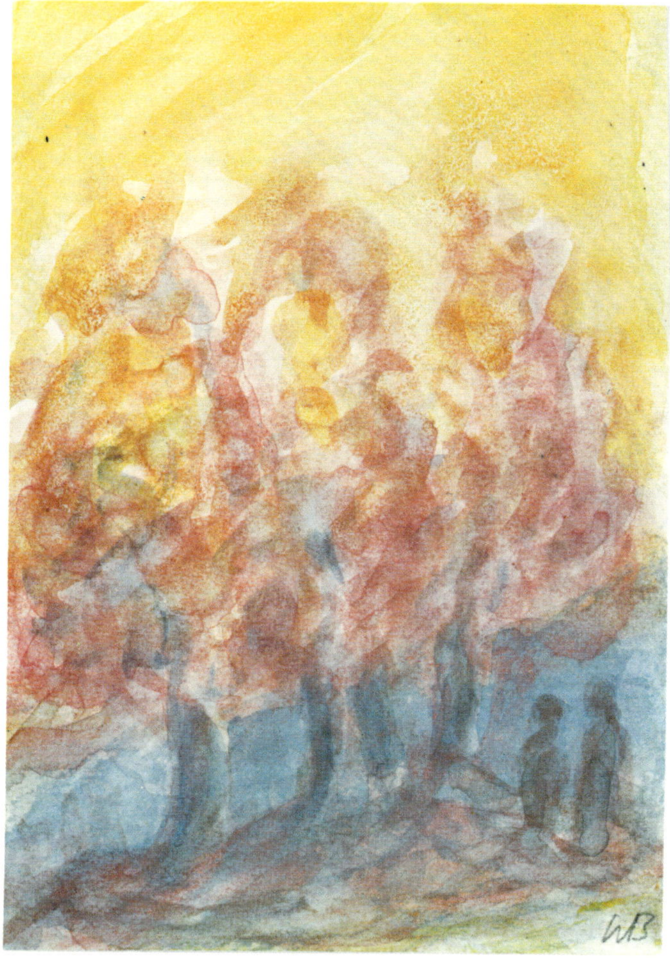

3. 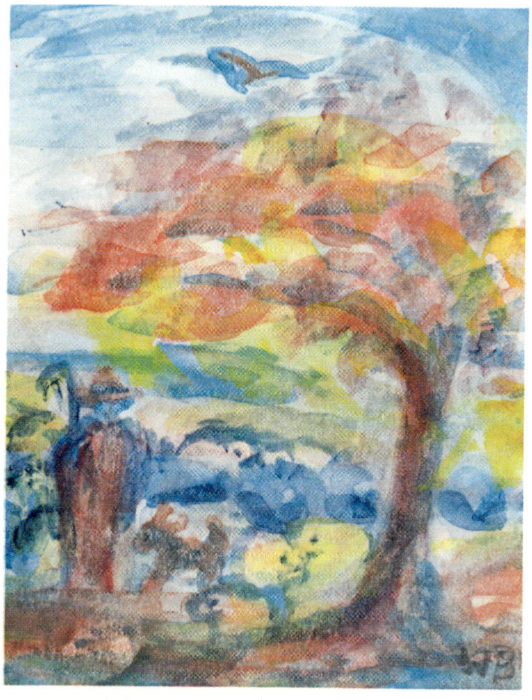

4. 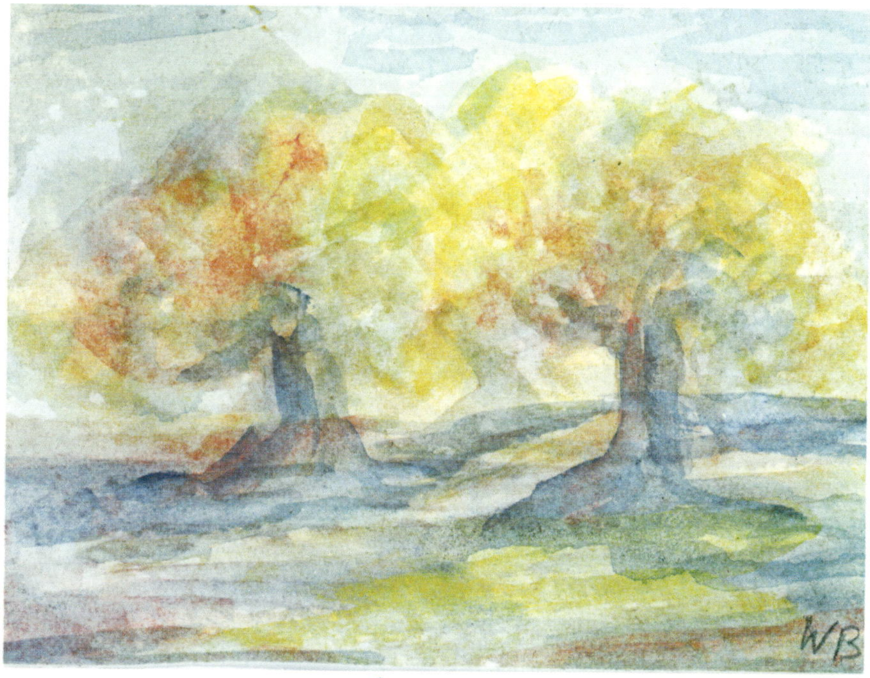

Zur Baumkunde (2./4)
Bilderbuch-Illustrationen:
8. Schuljahr

mit Pflanzenfarben gemalt.

1.

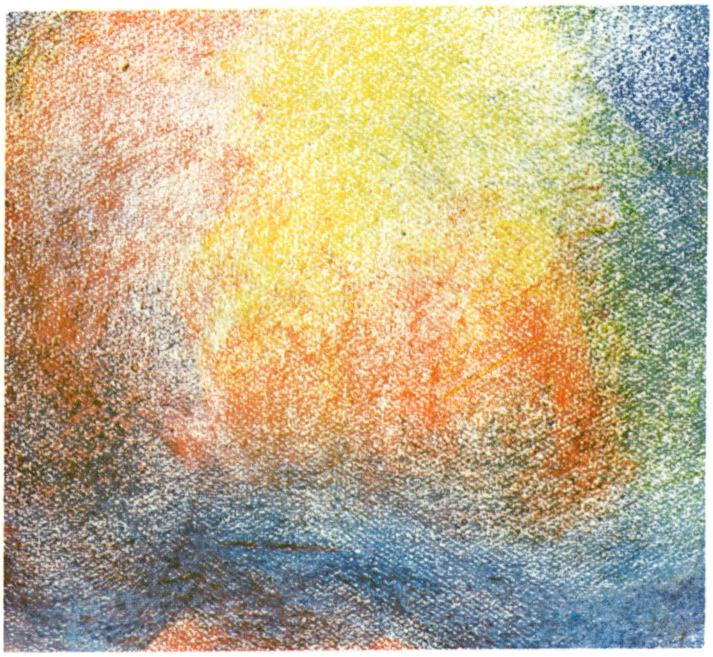

2.

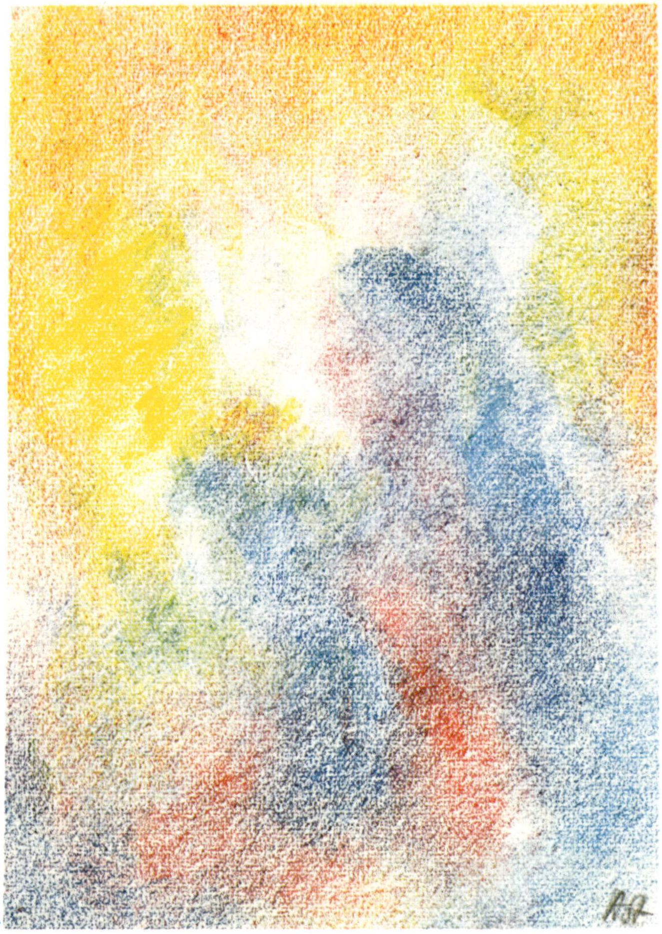

3.

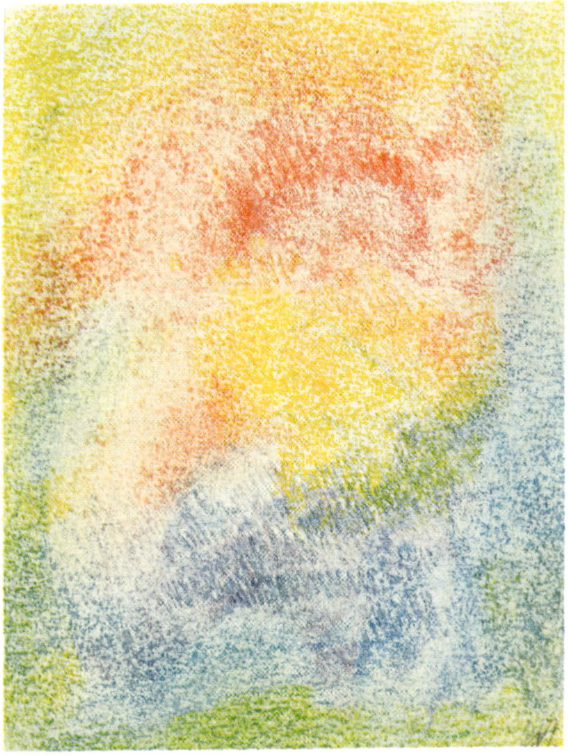

4.

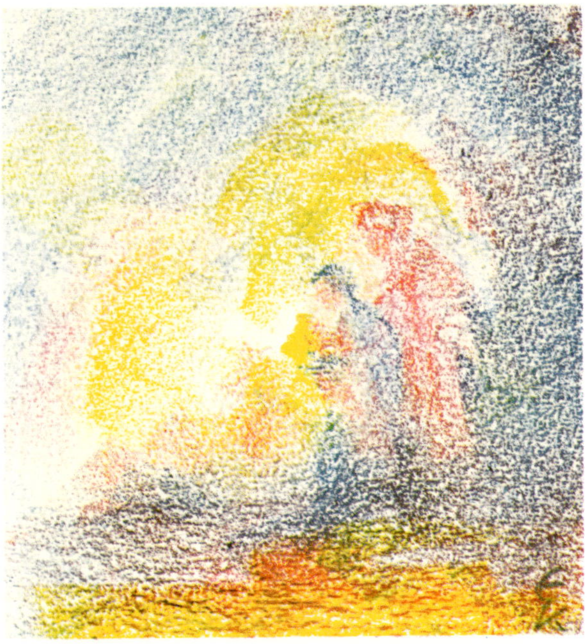

5.

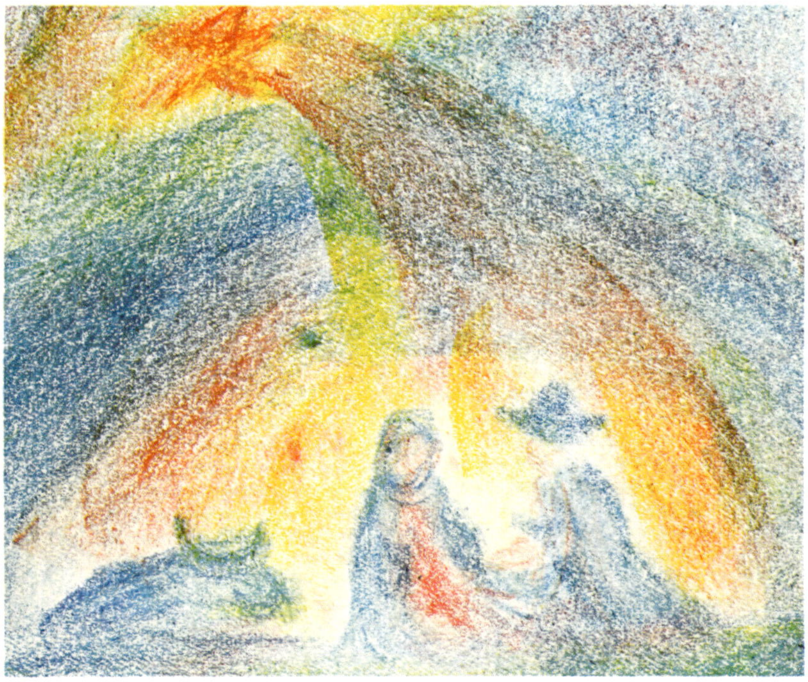

Festeszeiten -- Stimmungen und Gestaltungen:
Weihnachten, Pfingsten.
1. – 7. Schuljahr
Bienenwachsfarbe

Tafel 59

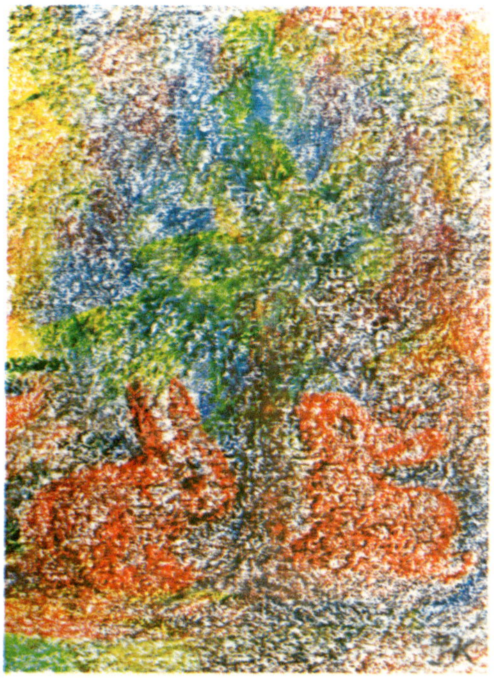

1.

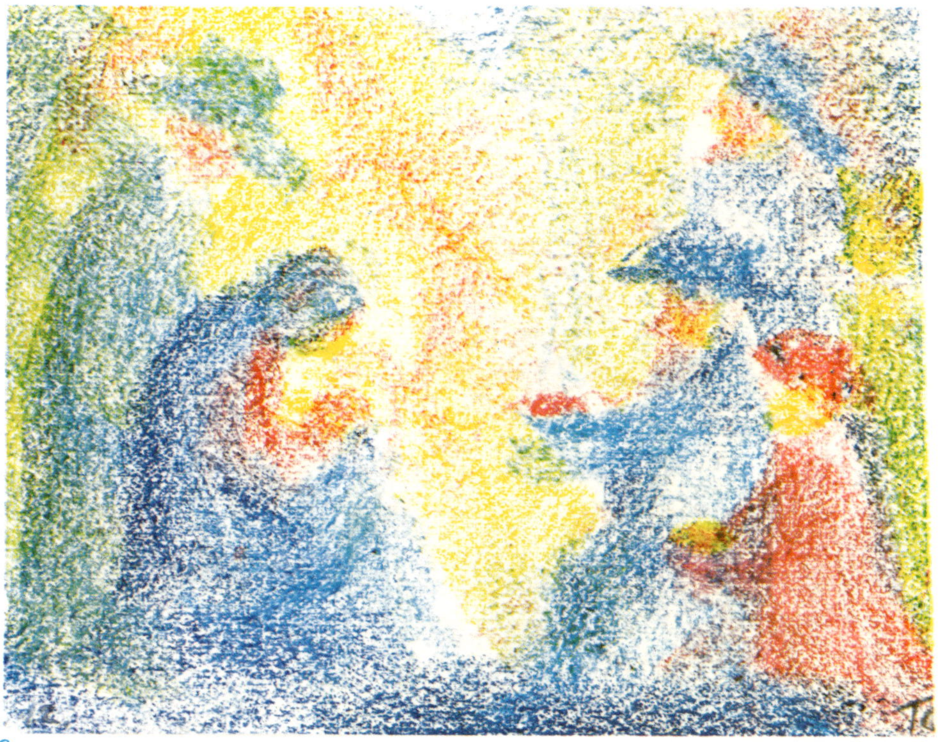

2.

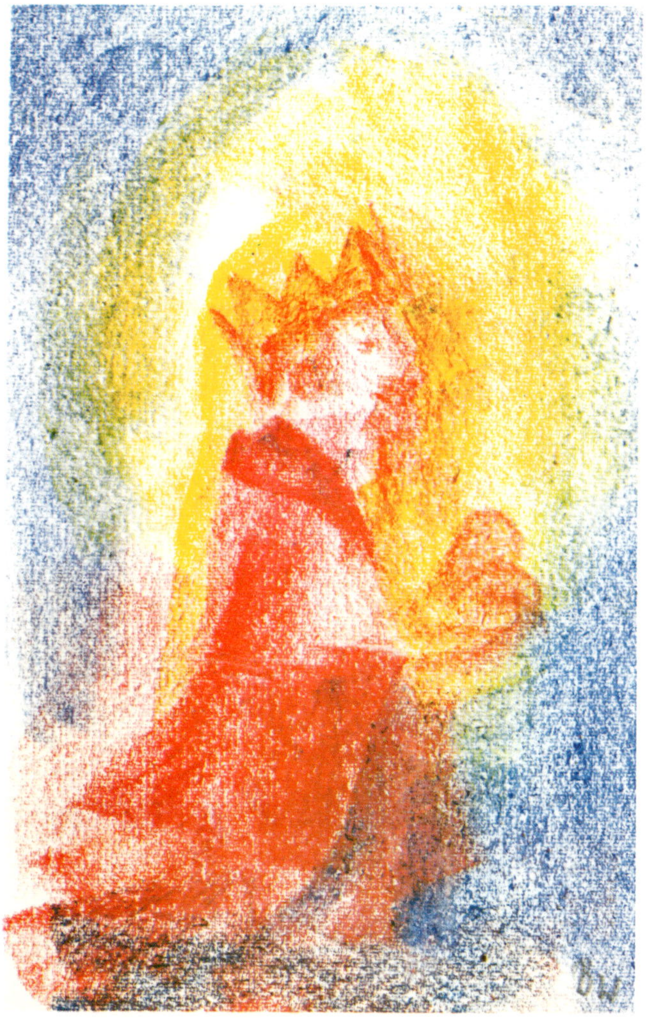

3.

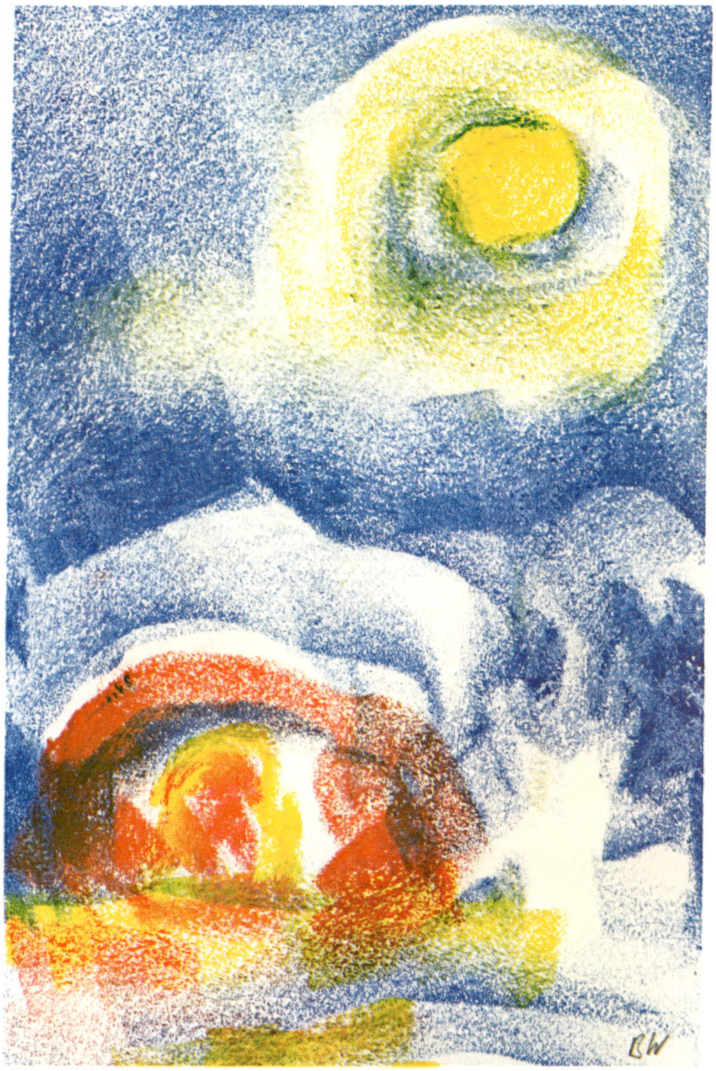

4.

Festeszeiten :

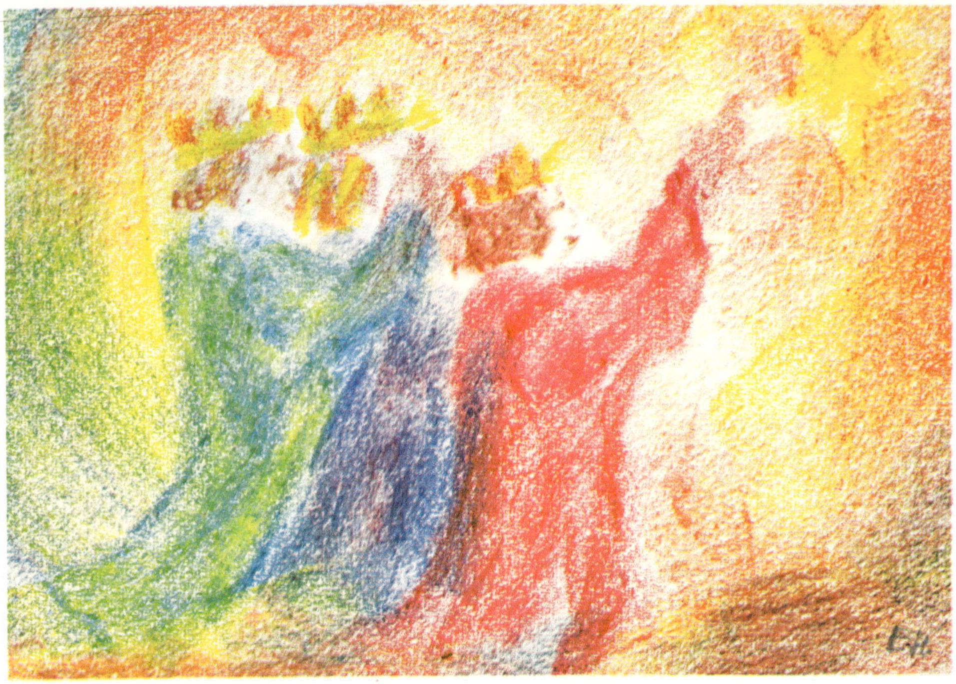

1.

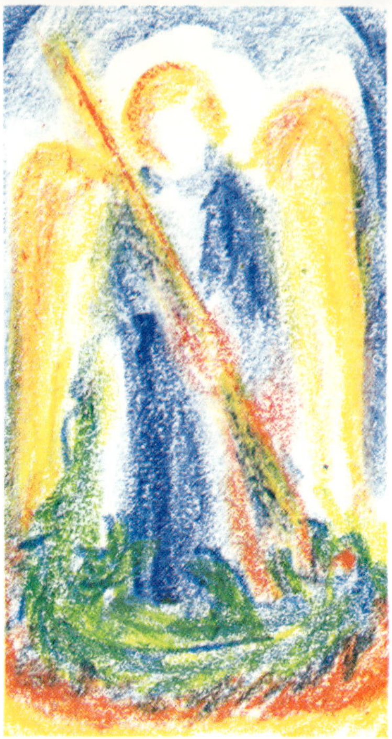

2.

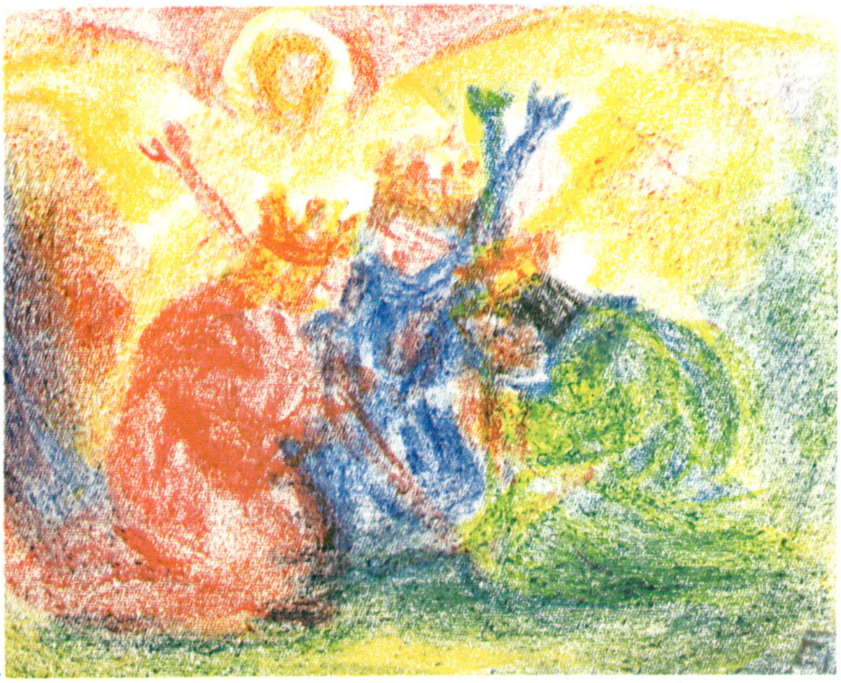

3.

6.

Festeszeiten 6.-8. Schuljahr

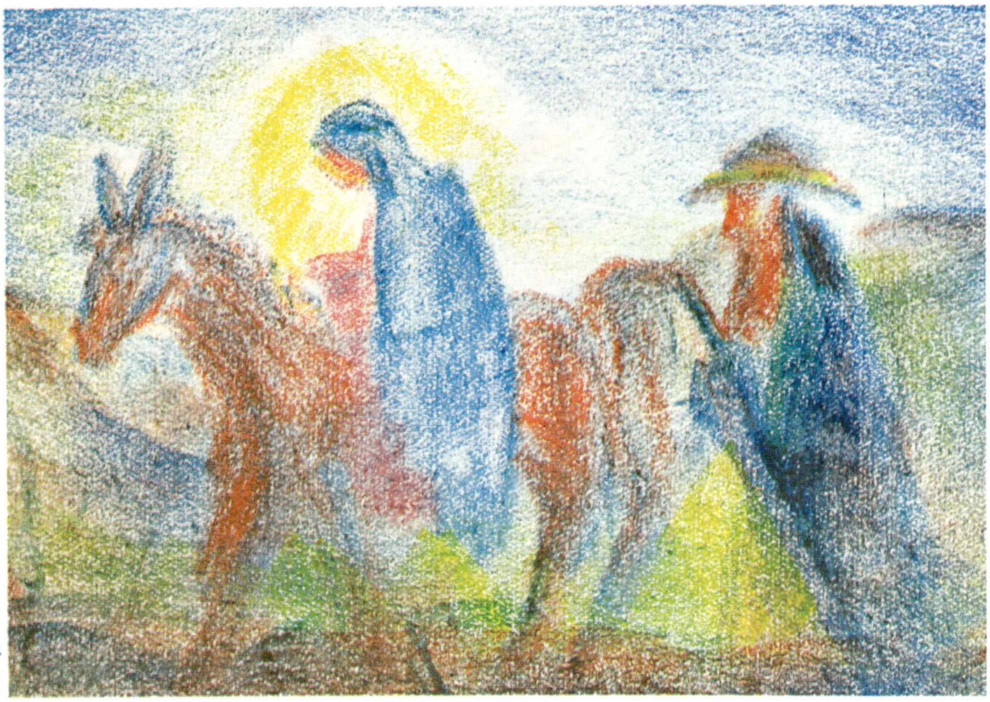

4.

T 61

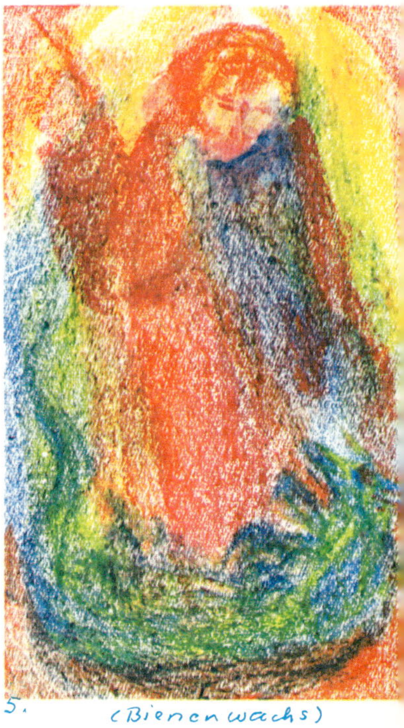

5. (Bienenwachs)

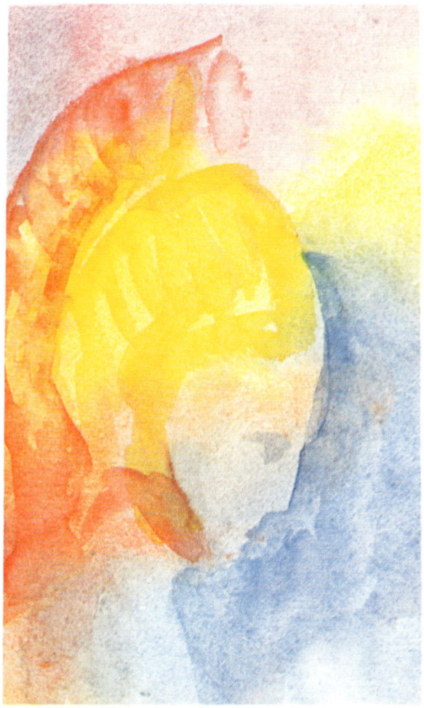

1.

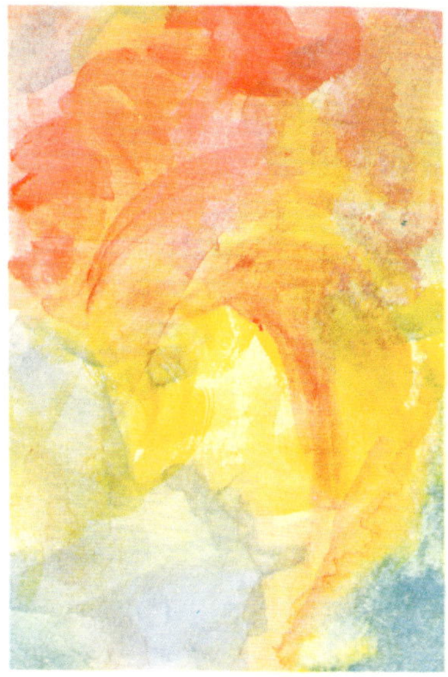

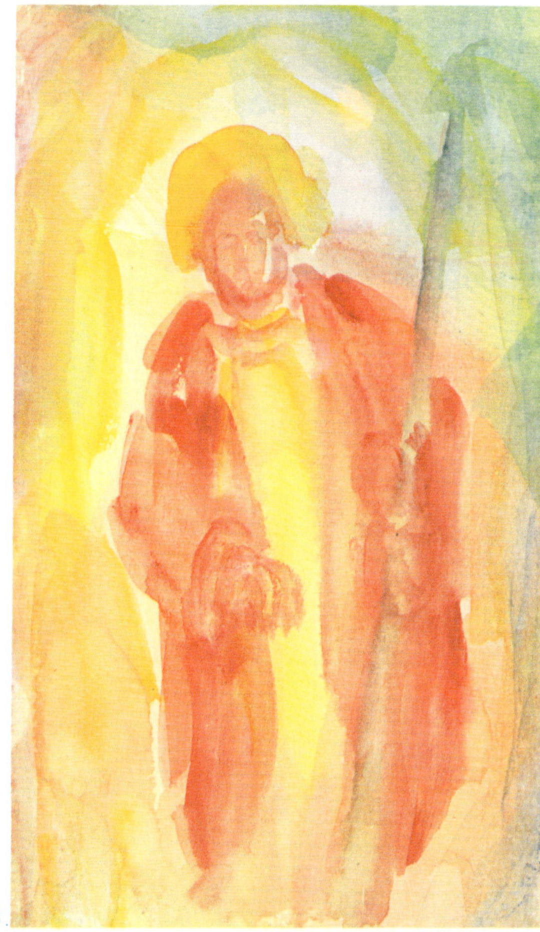

3.

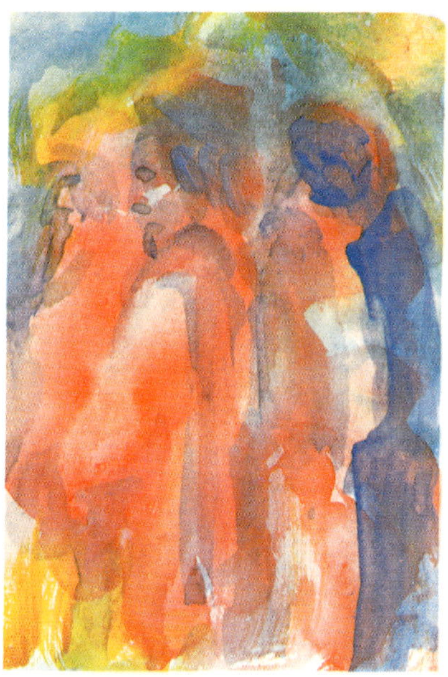

4.

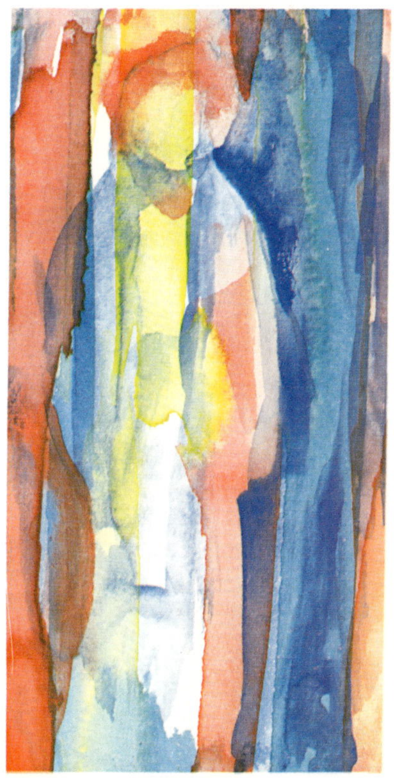

5.

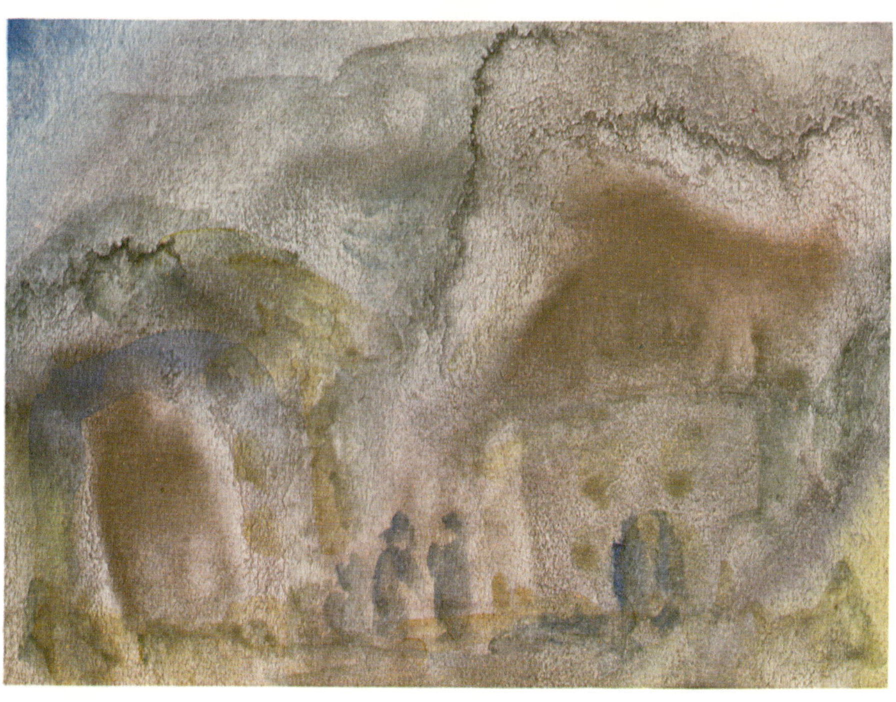

6

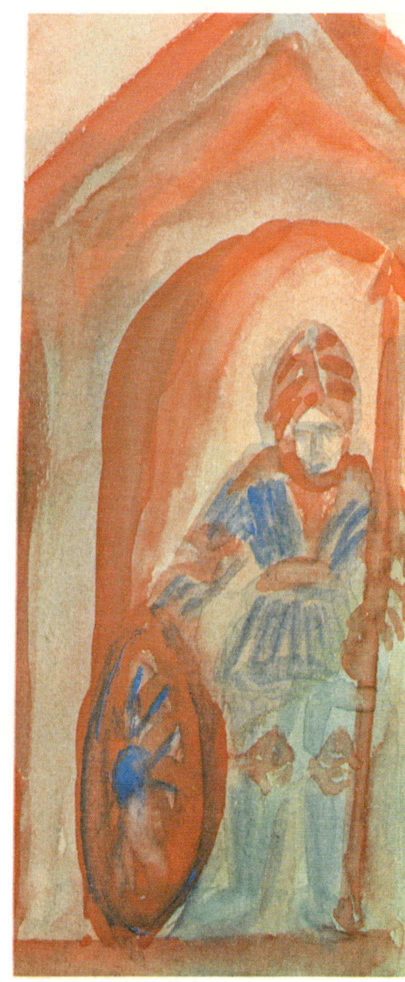

7

zur Geschichte
Griechisch Römisch u.a.

6.–8. Schuljahr

Tafel 62

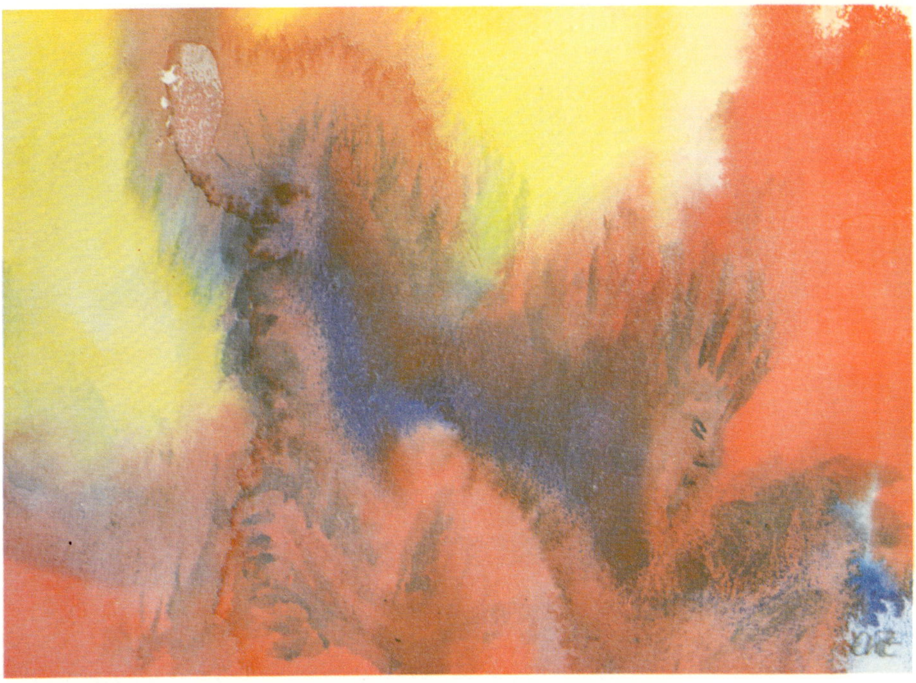

1.

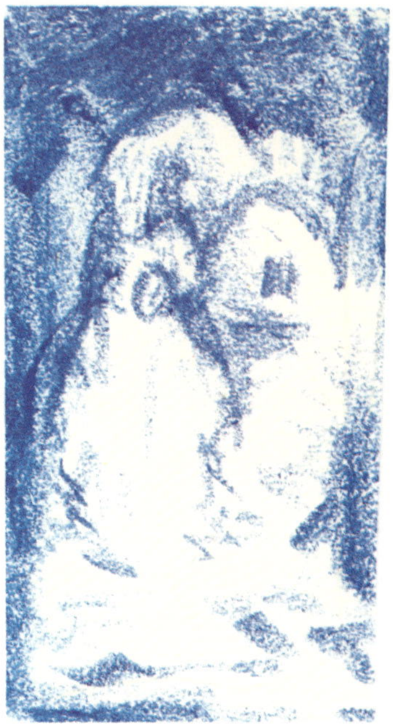

4.

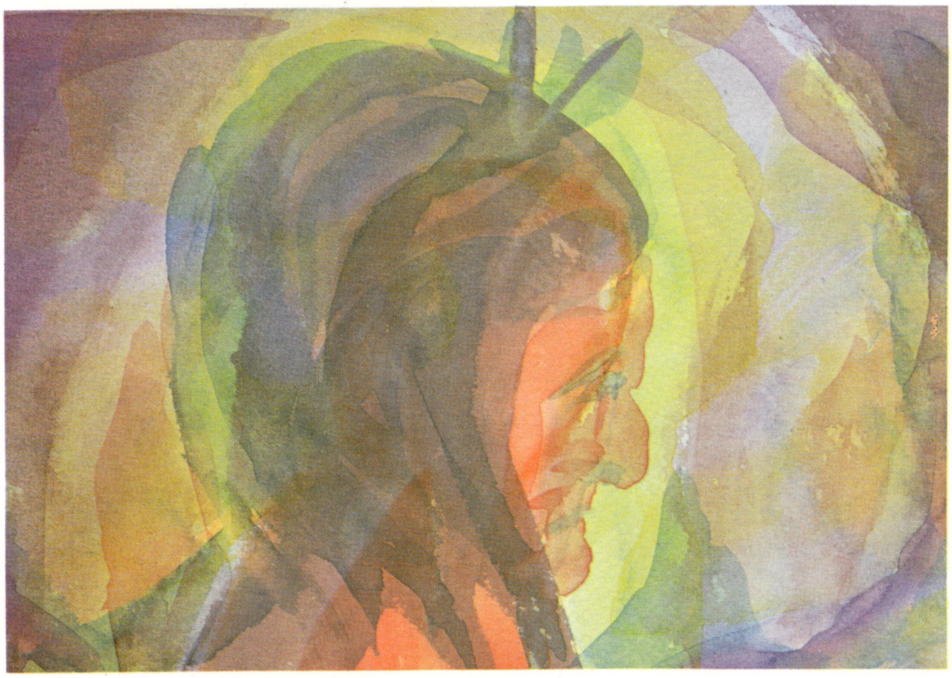

2.

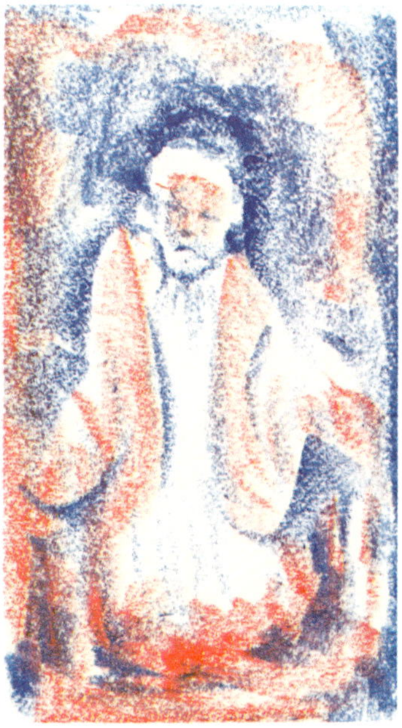

5

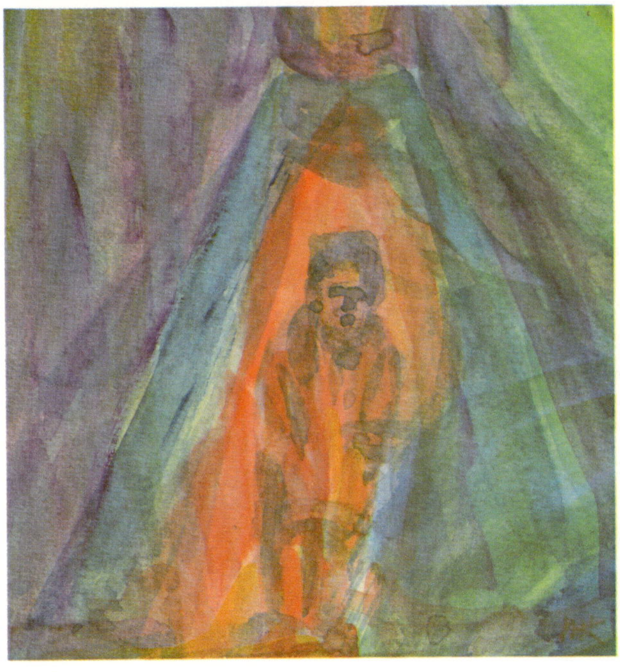

3.

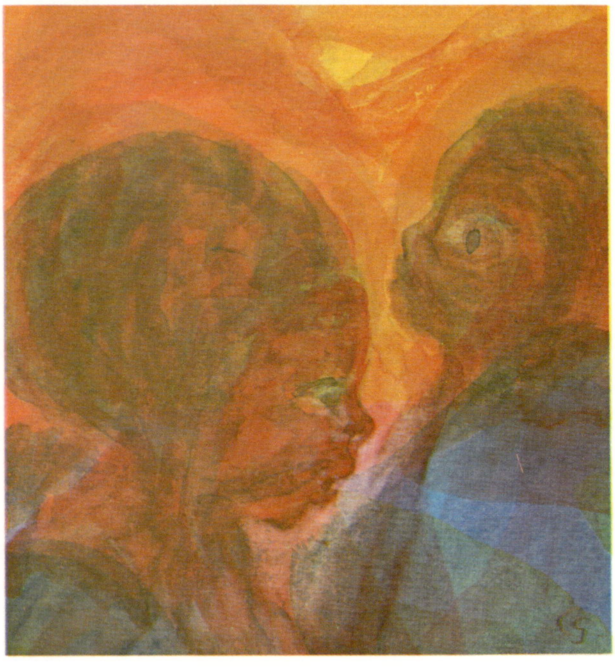

6.

Tafel 63

6.– 8. Schuljahr

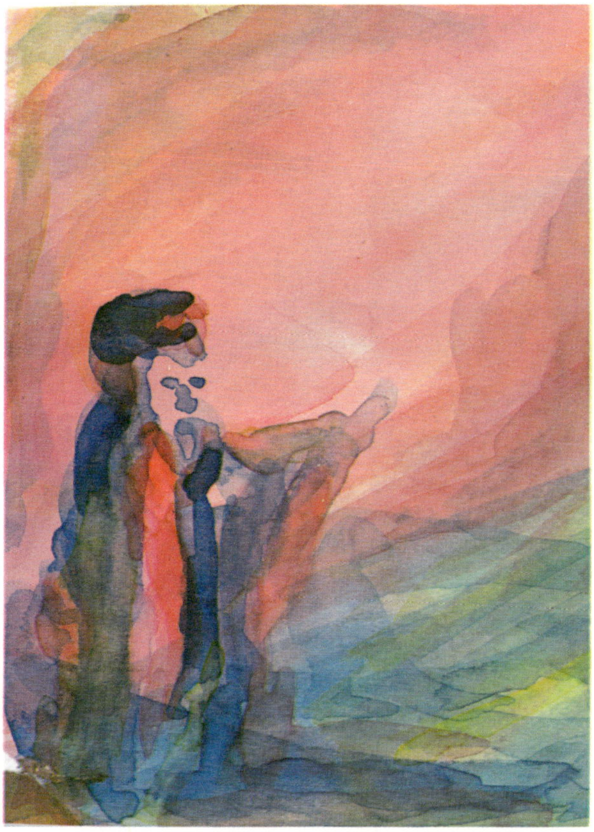

Zur Völkerkunde

2.

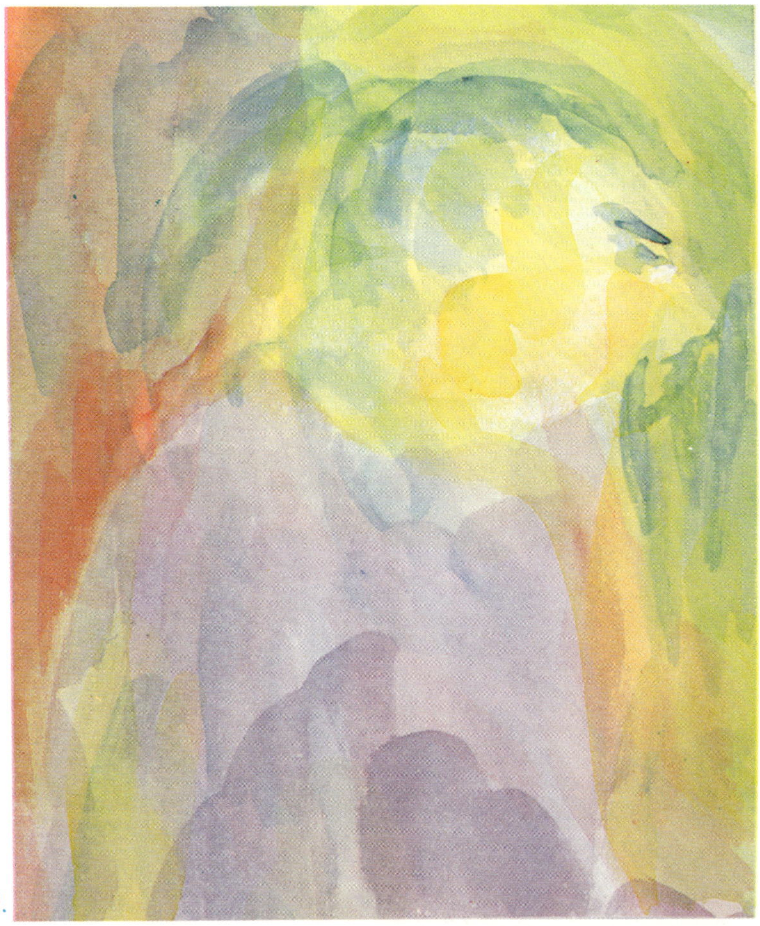

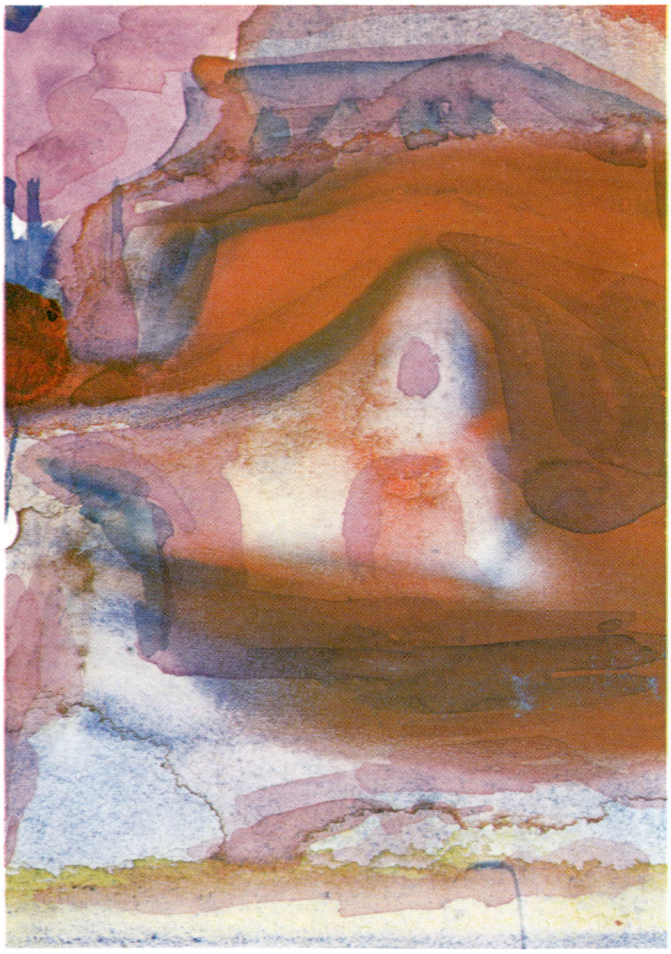

4.

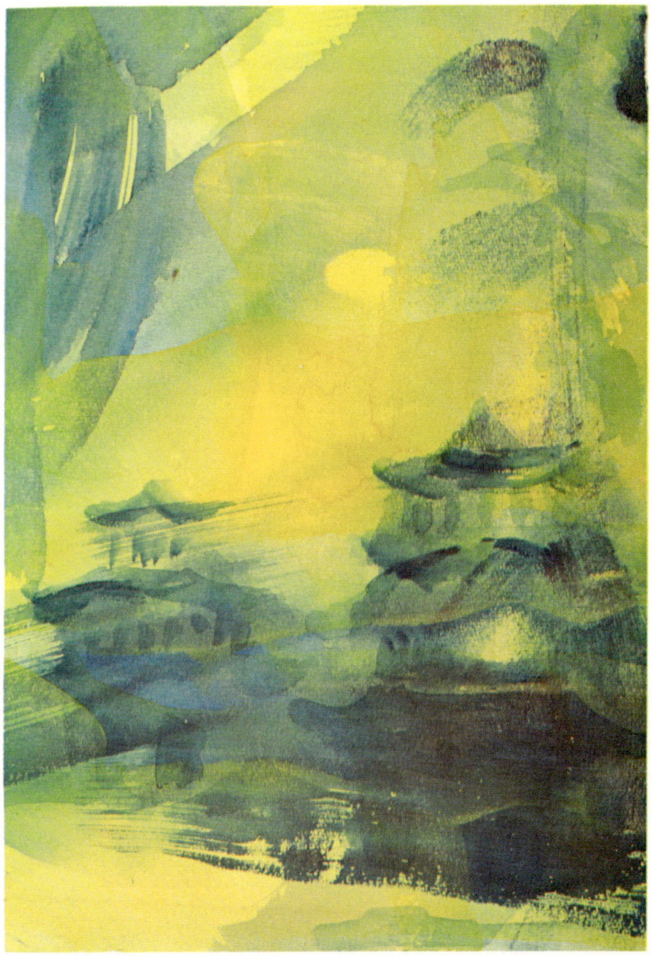

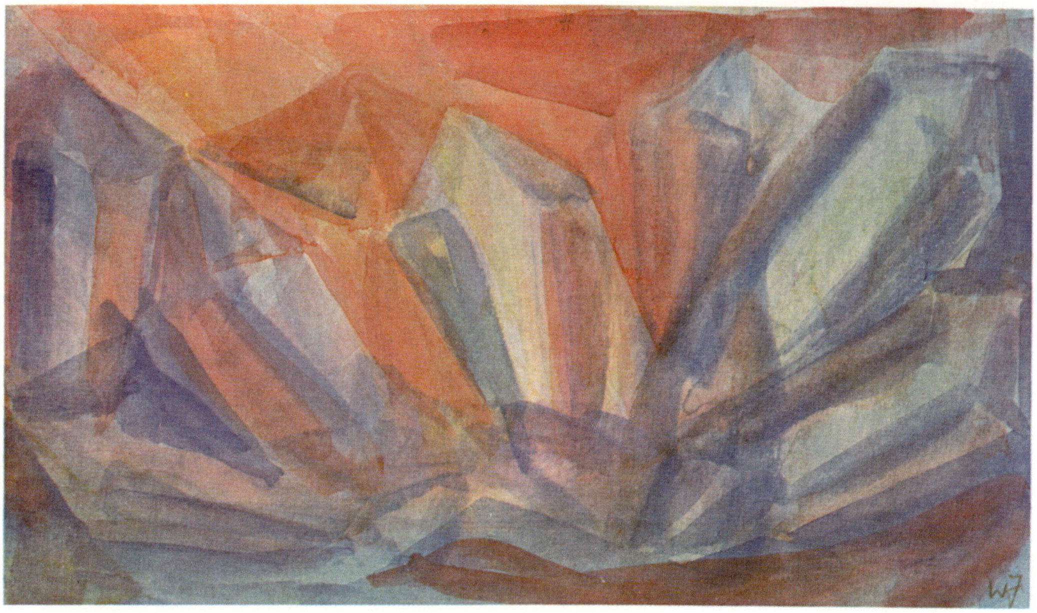

1

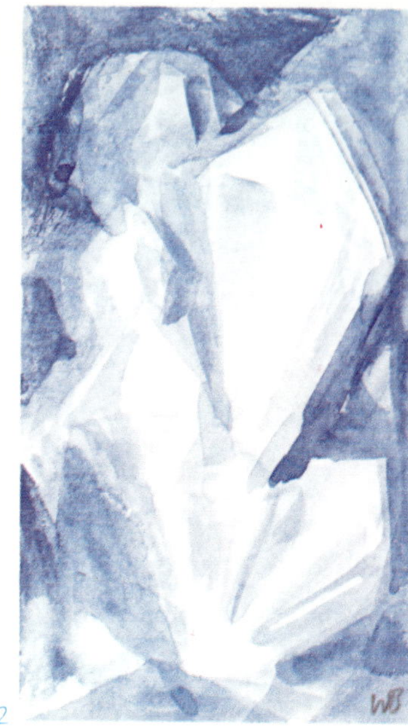

2

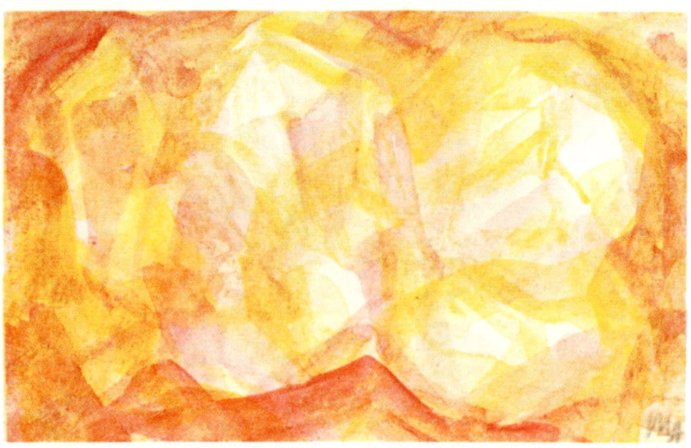

3.

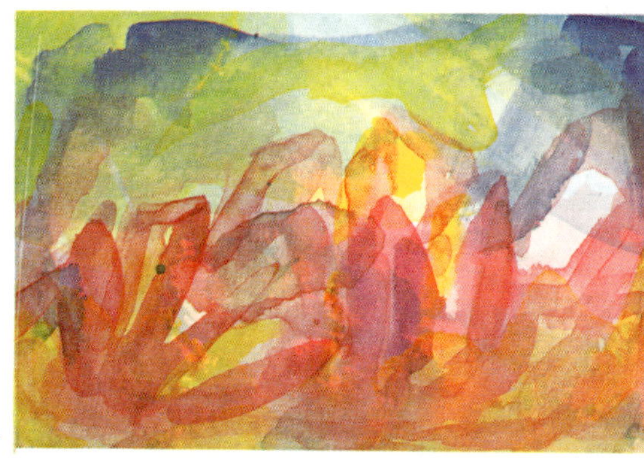

4.

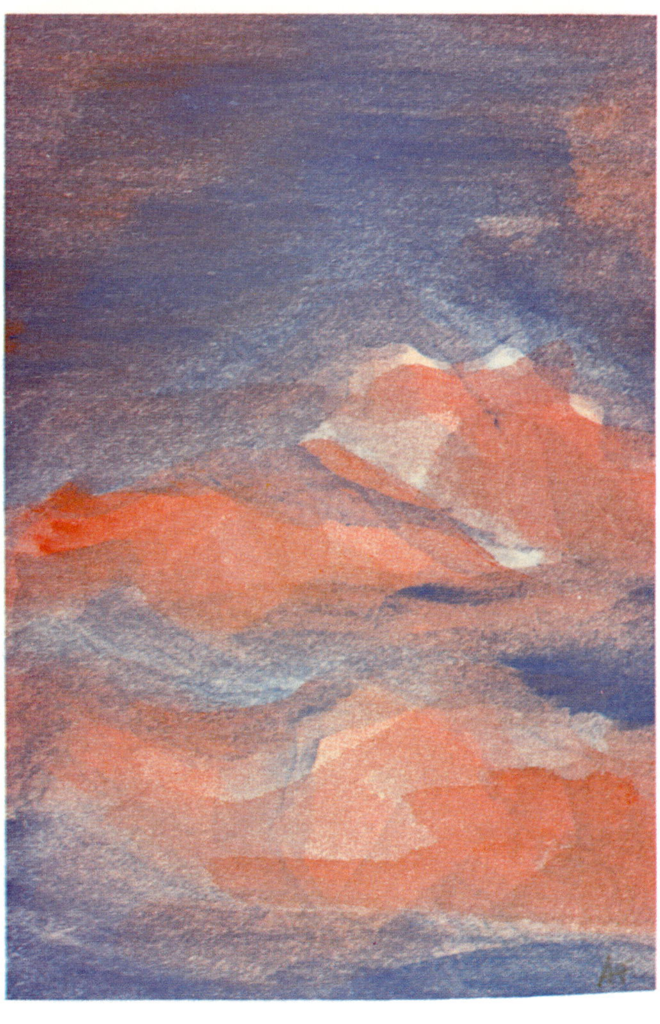

5.

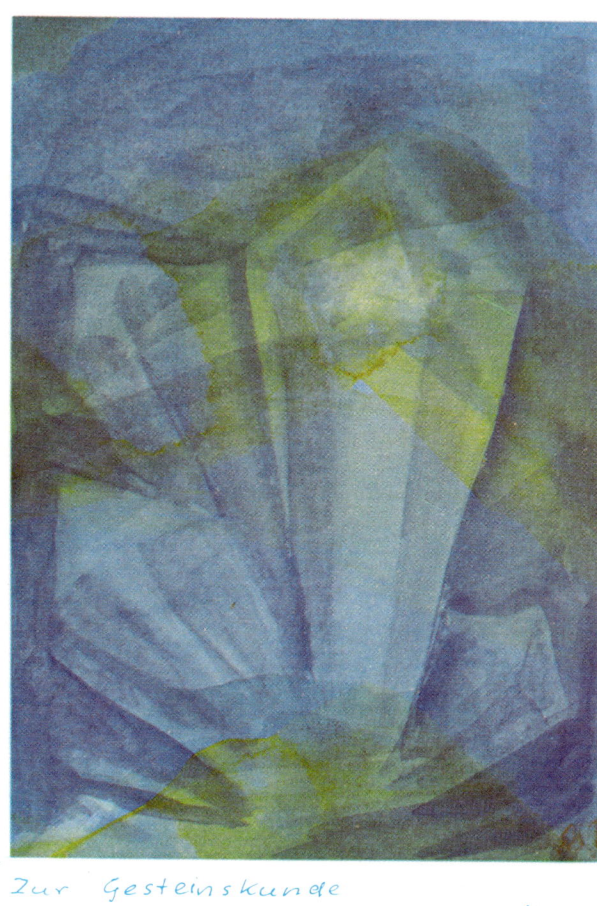

6.

Zur Gesteinskunde

6./8. Schuljahr

Tafel 65

1.

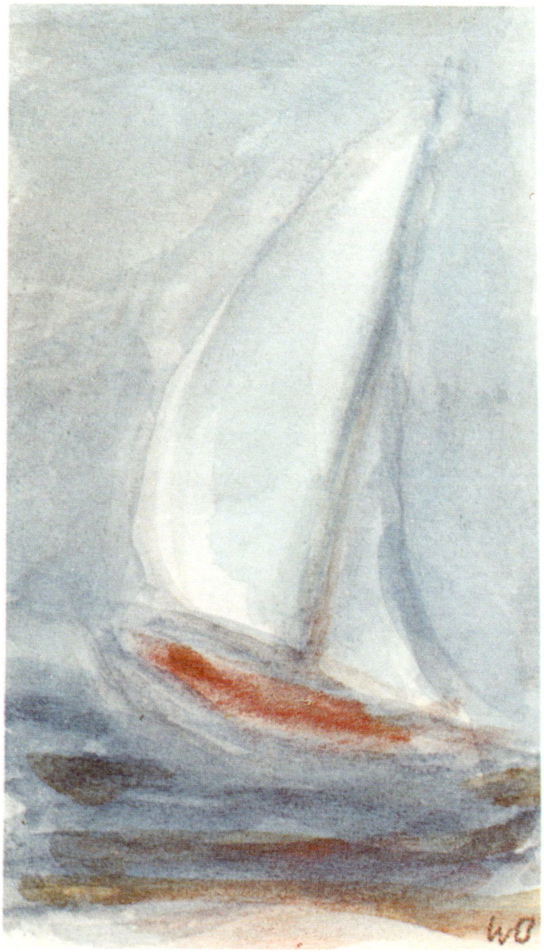

2.

3.

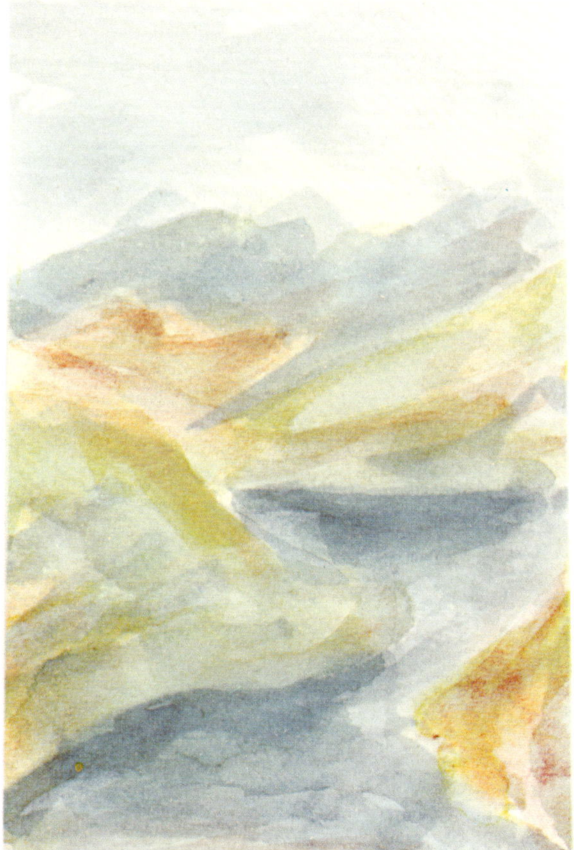

4.

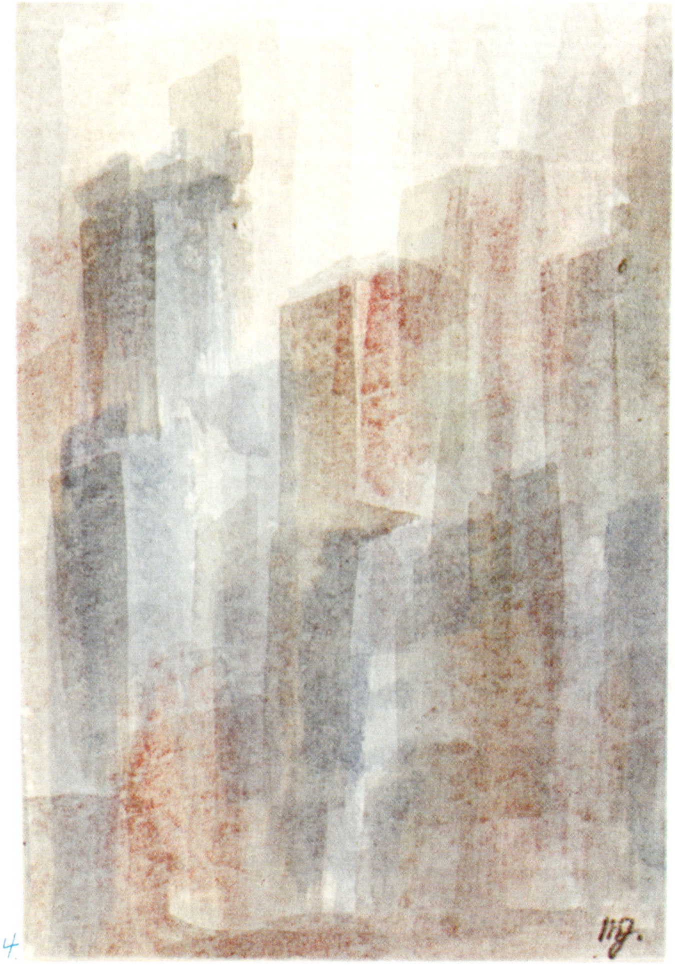

Schichtübungen: 9./10. Schuljahr (Pflanzenfarben)

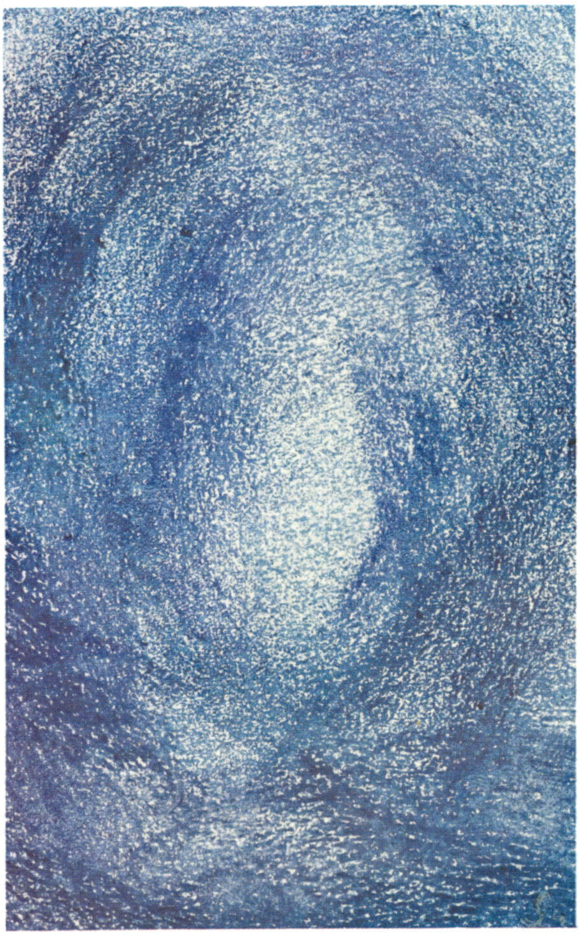

1

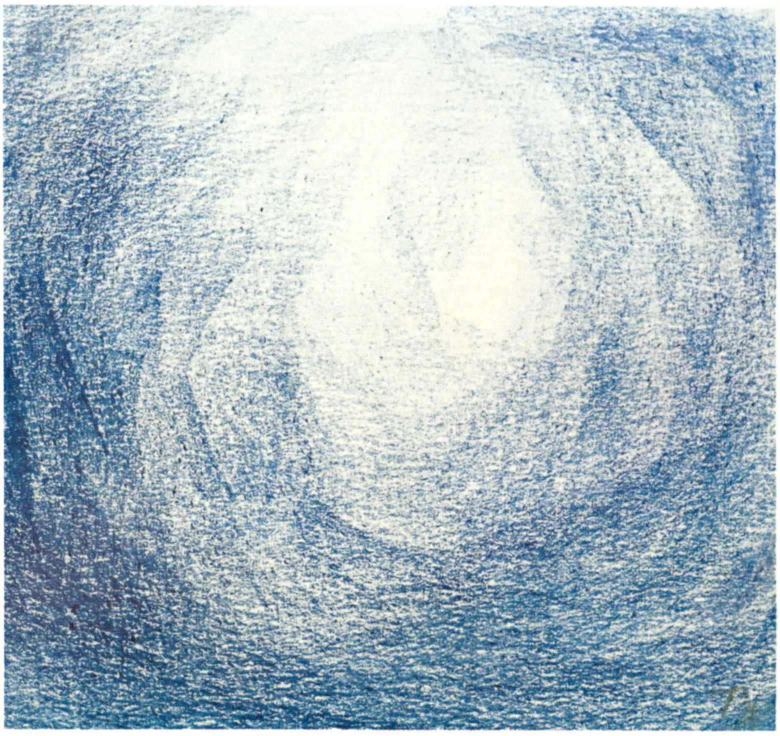

2.

3

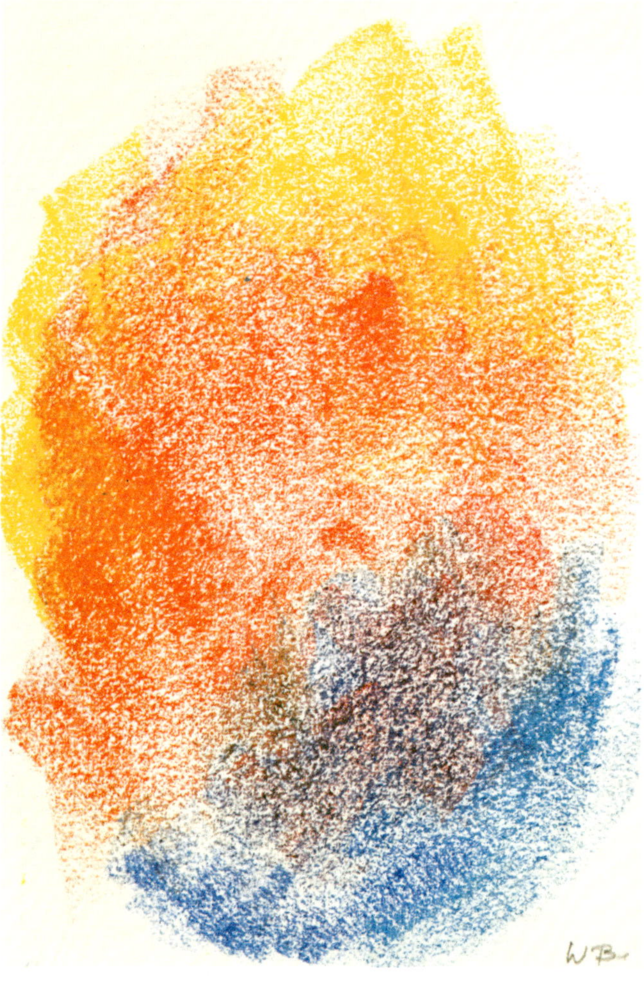

4

Schichtung mit Wachsfarben!
5.–8. Schuljahr

Tafel 67

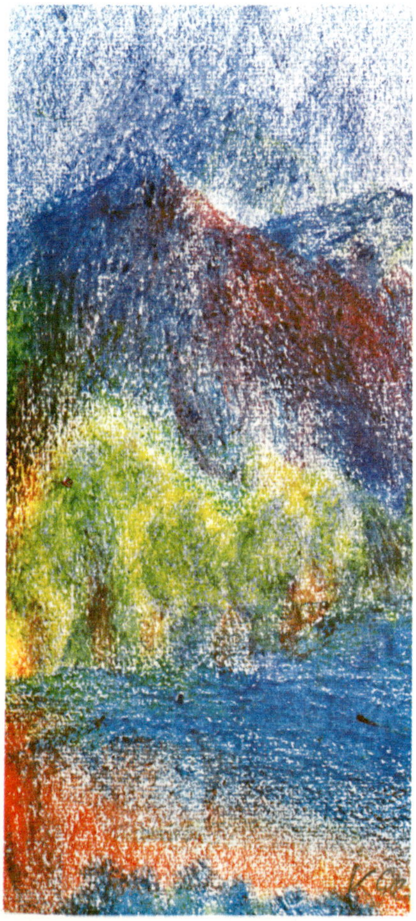

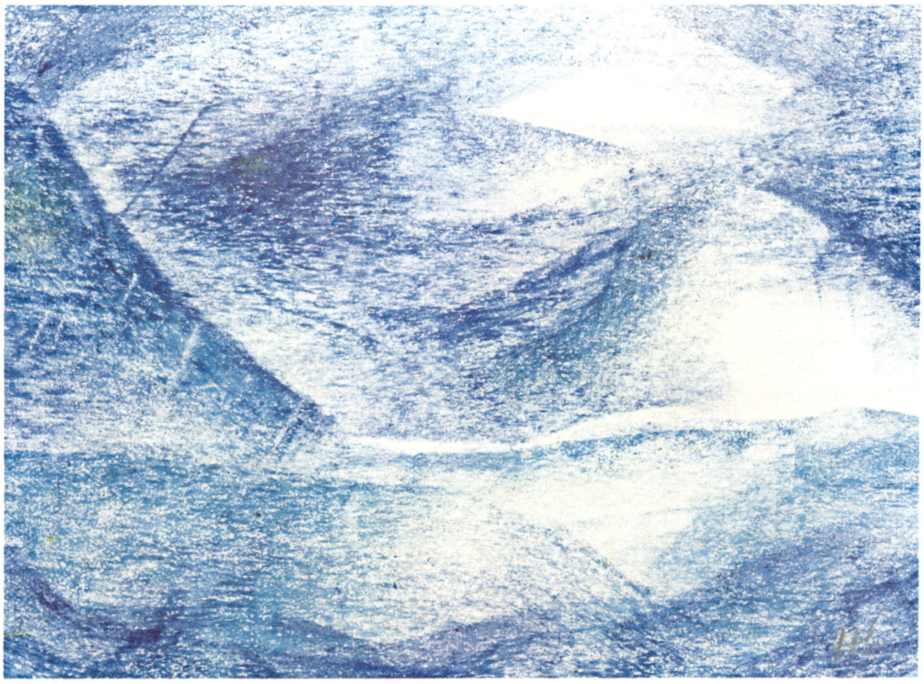

2.

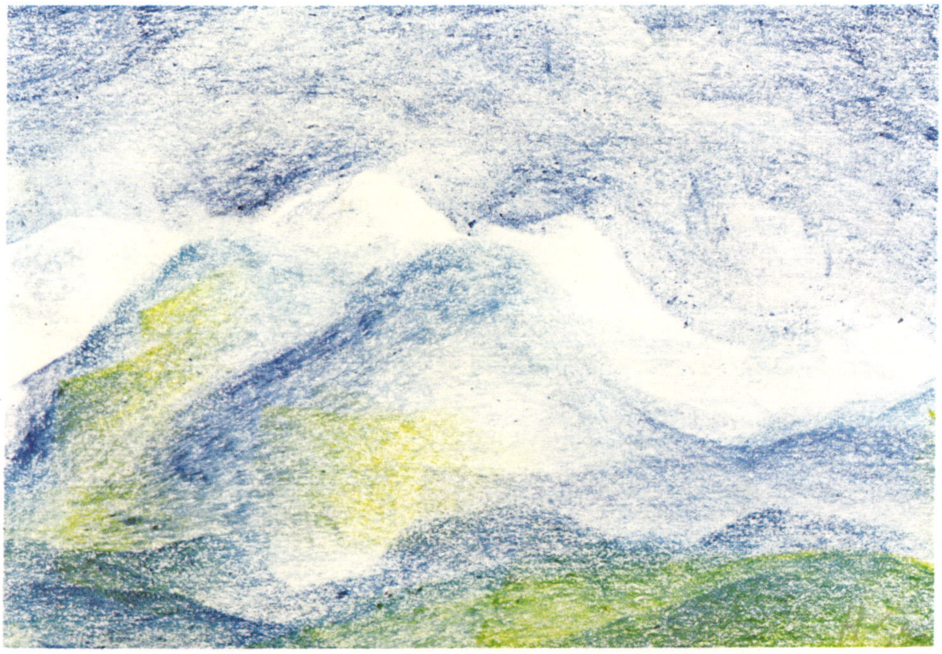

3.

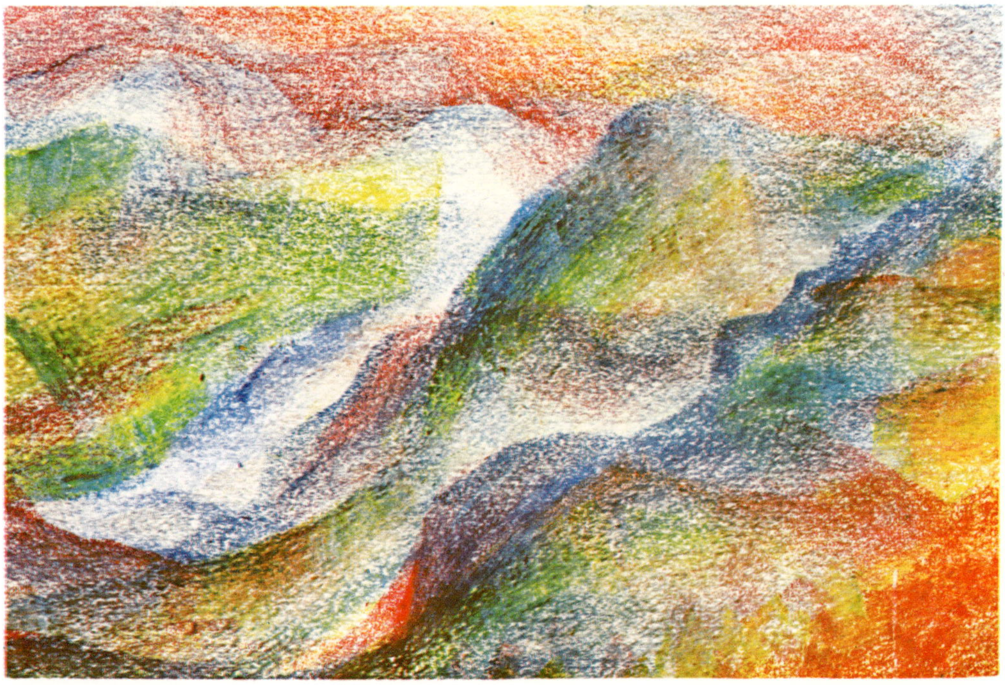

5.

Tafel 68

1.

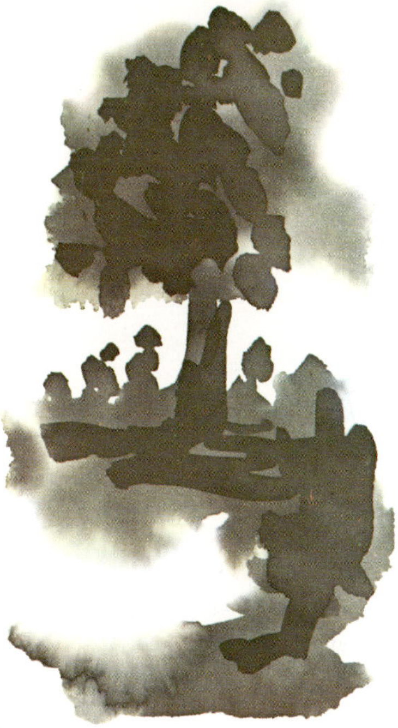

2.

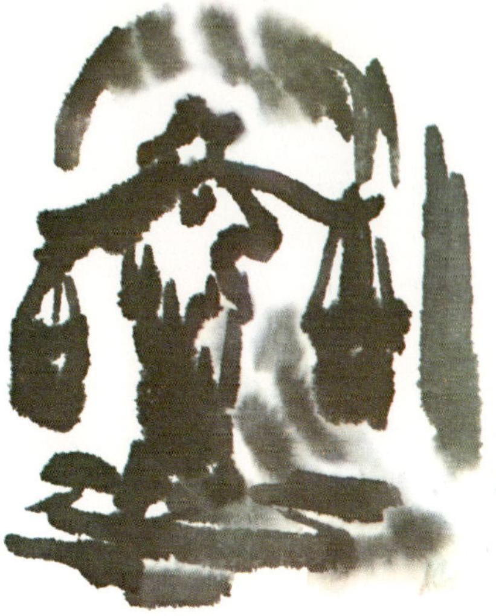

3.

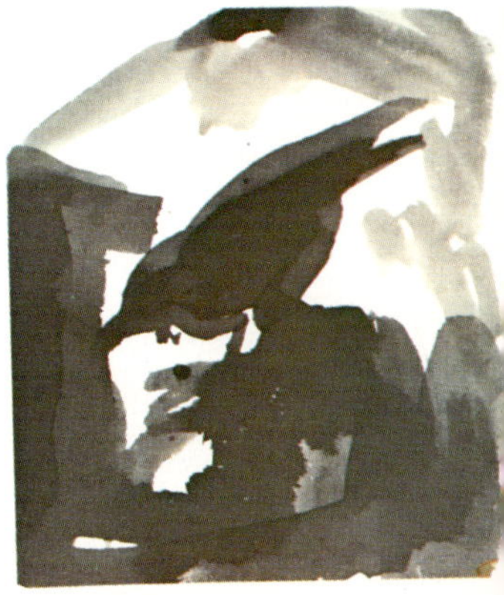

5.

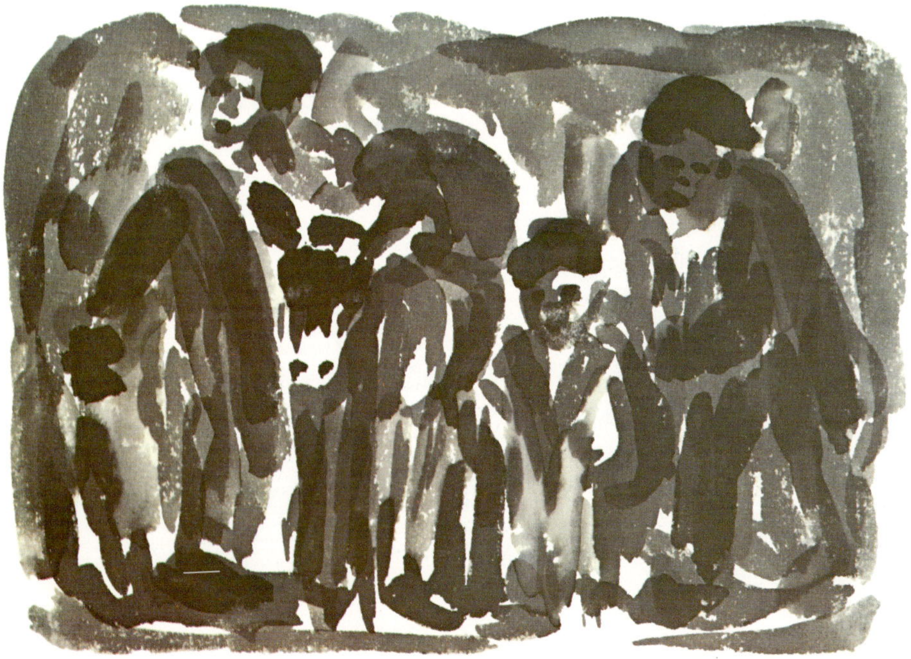

4.

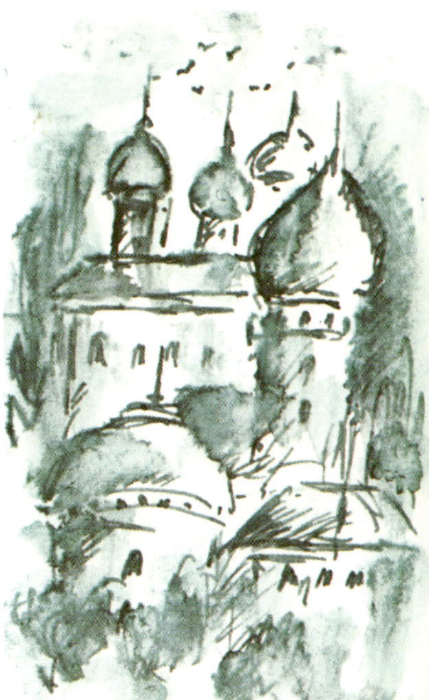

7.

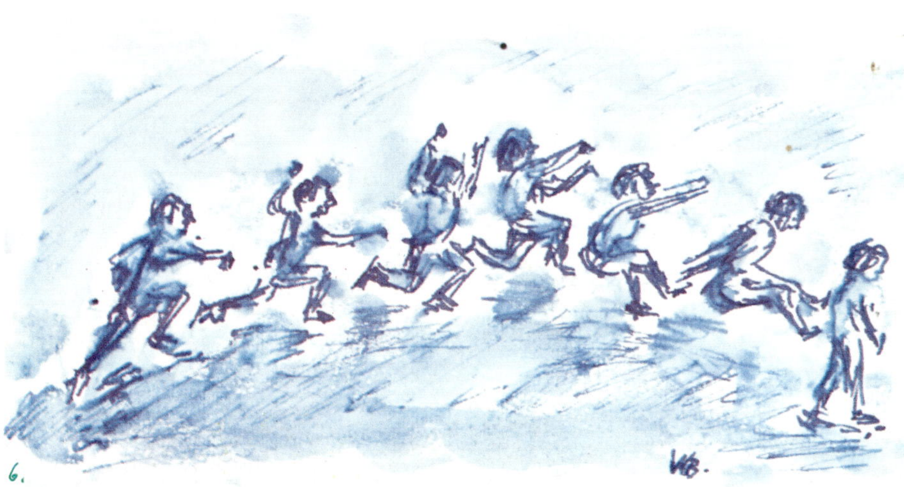

6.

Skizzenblätter mit verschiedenen Tinten:
1.–5. Gallustinte
7.–10. Schuljahr

Tafel 69

1.
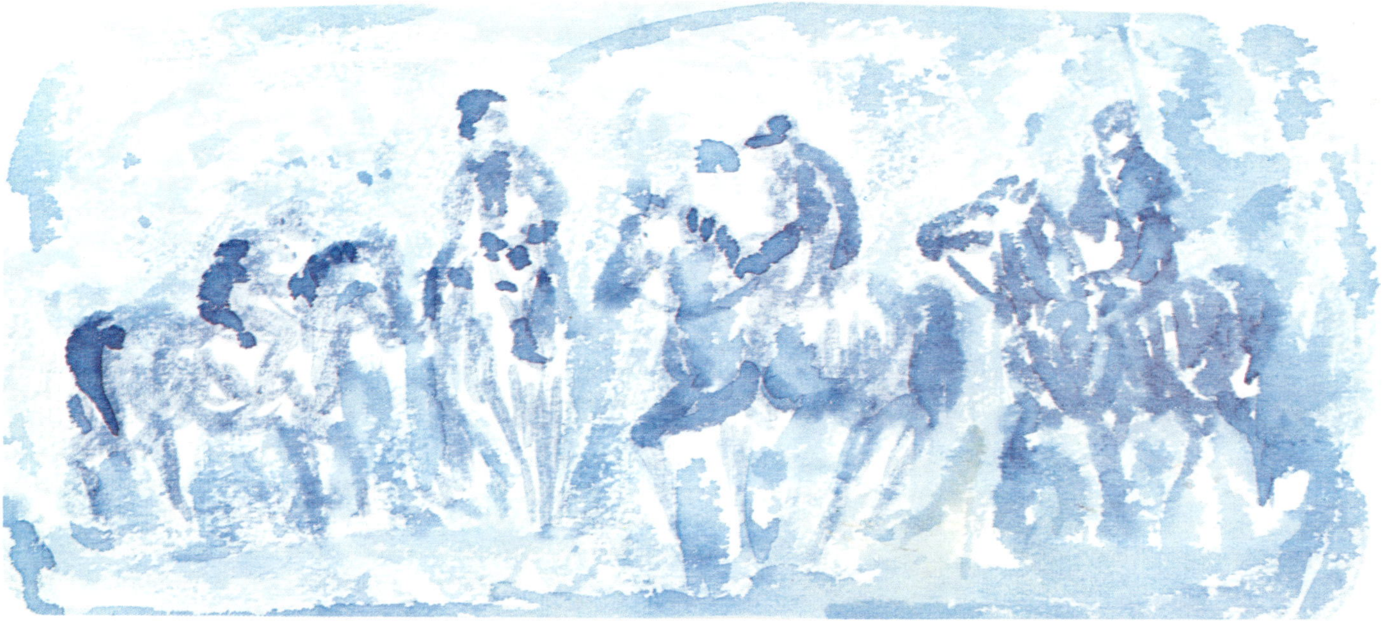

2.
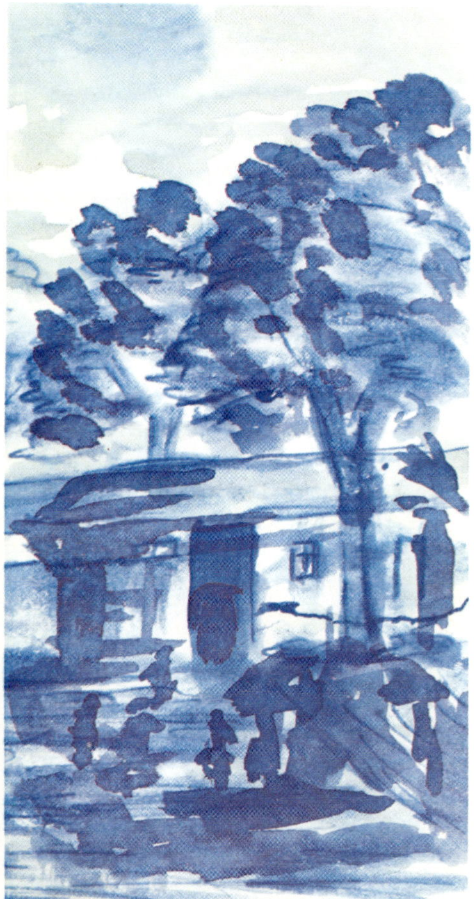

3.
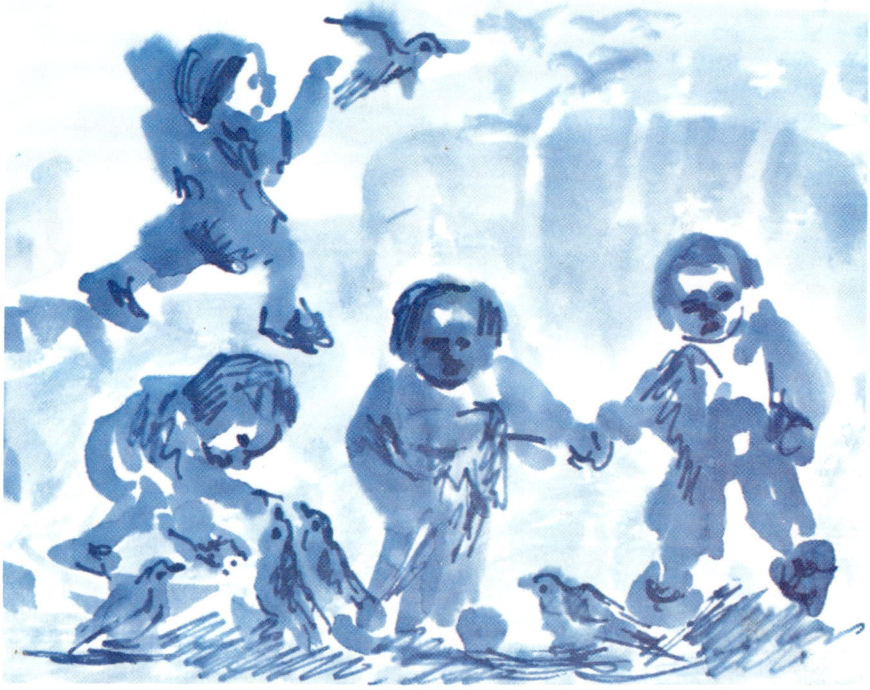

4.
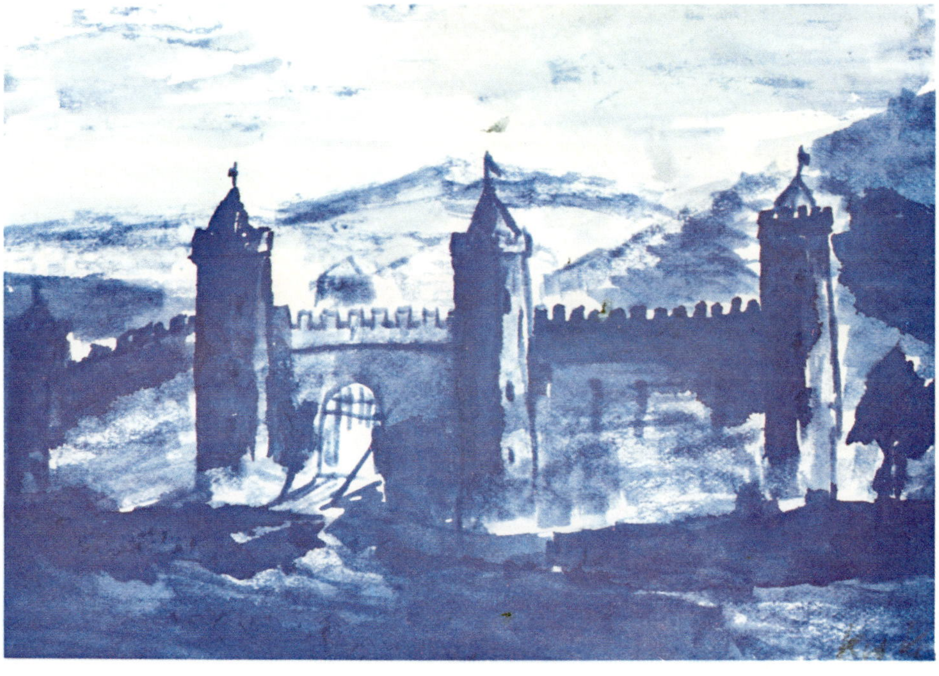

Tafel 70

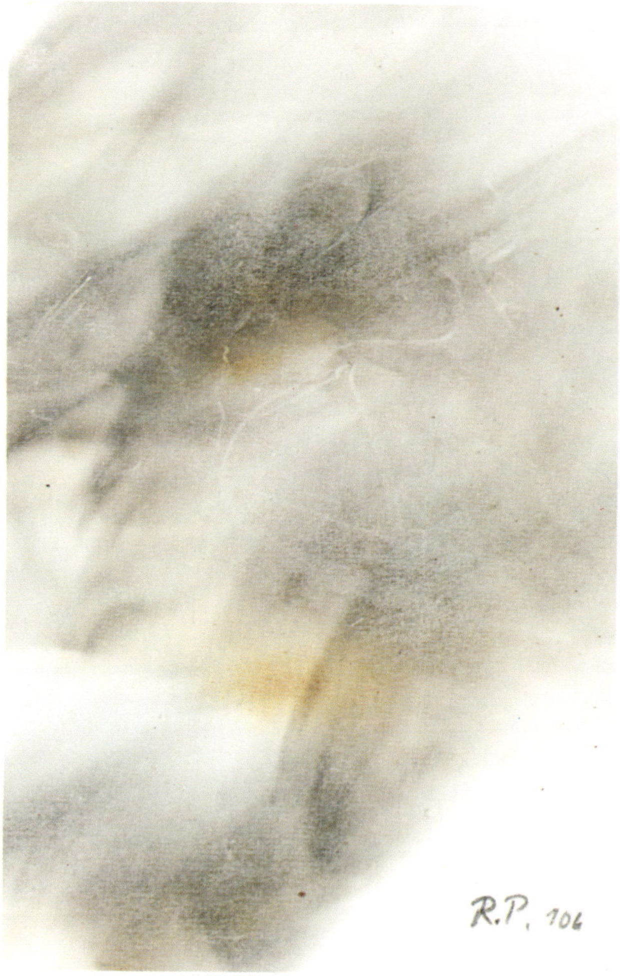

1.

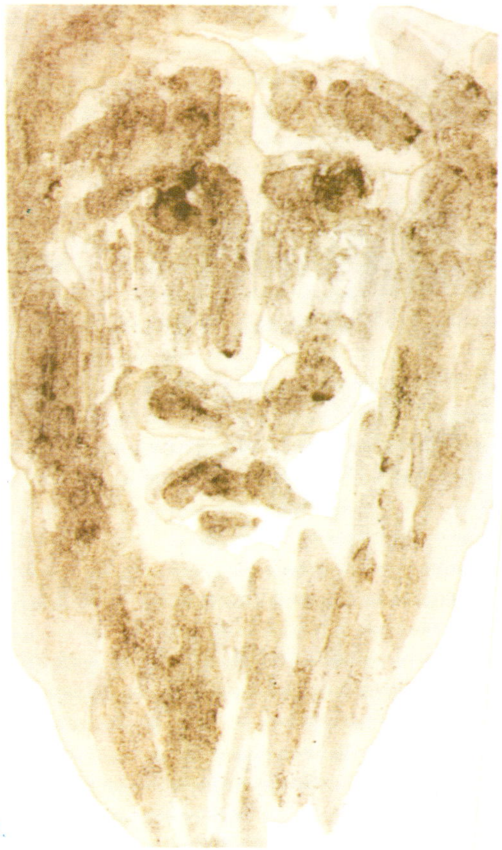

2.

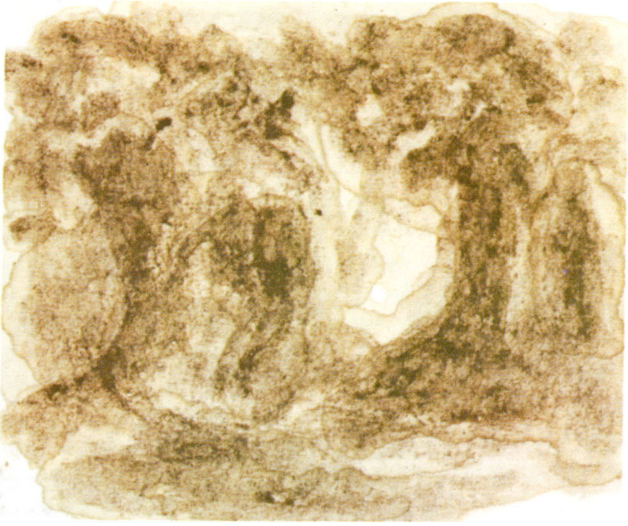

3.

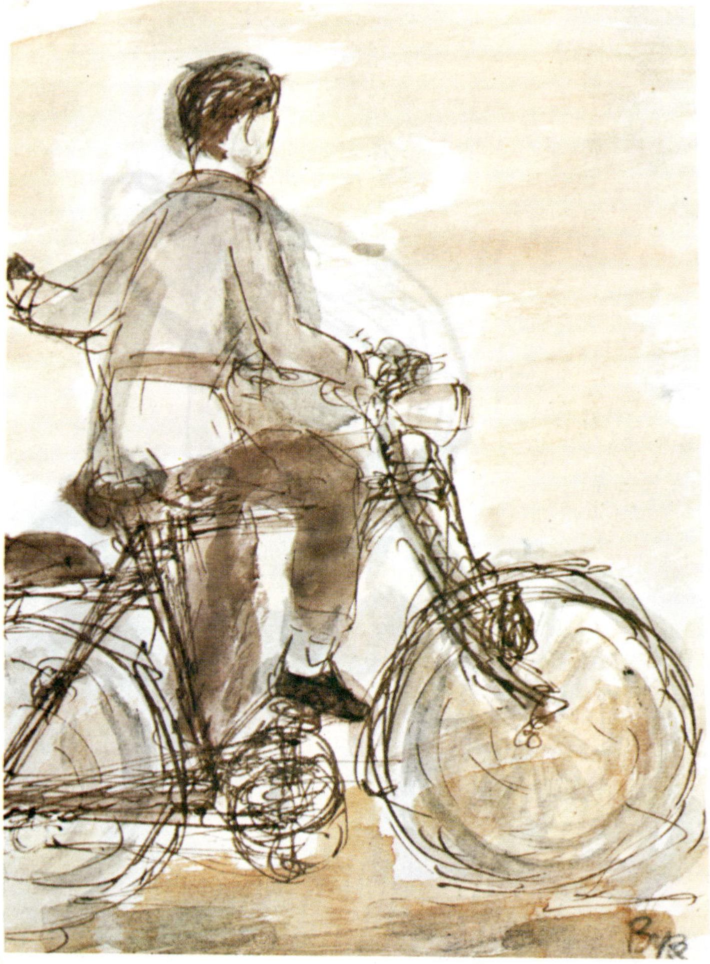

4.

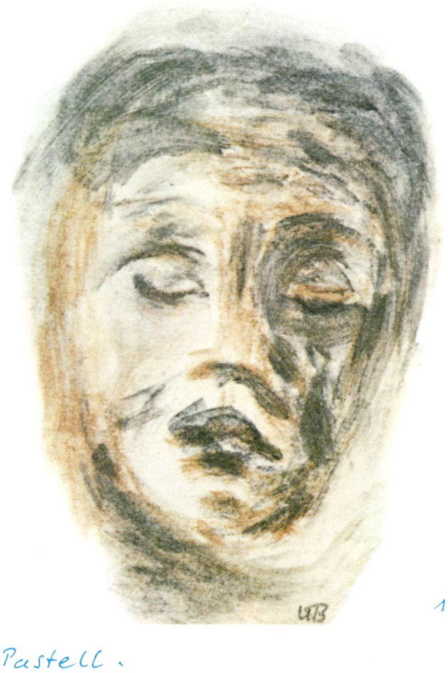

5.

Skizzenblätter mit verschiedenem Material:
1. Experiment mit Kerze (angerußtes Papier)
2./3. Kaffeesatz, 4. Feder-Tusche 5. Pastell.

Tafel 71

10./11. Schuljahr

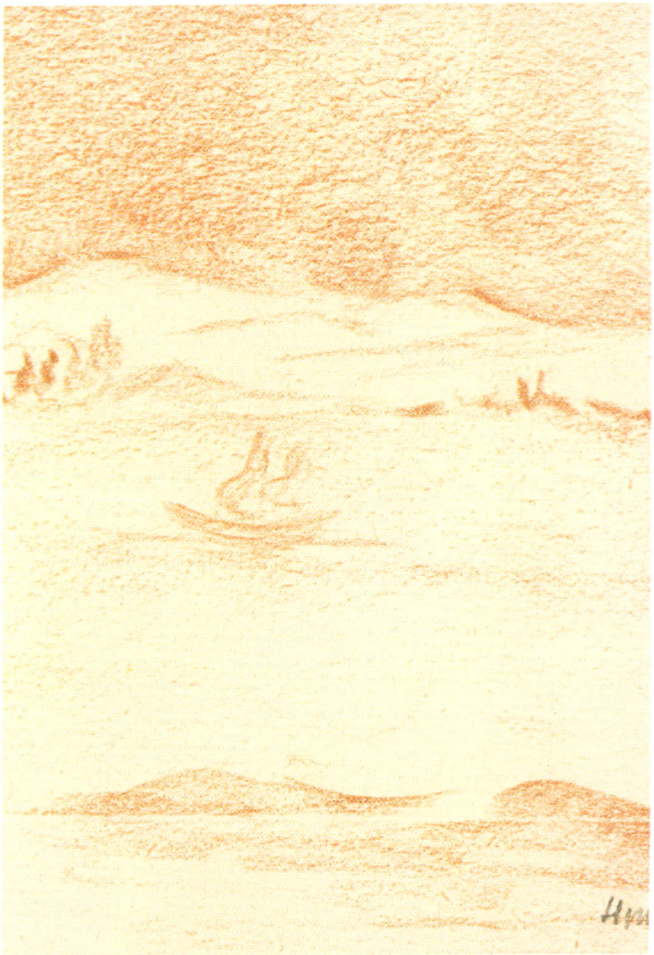

1

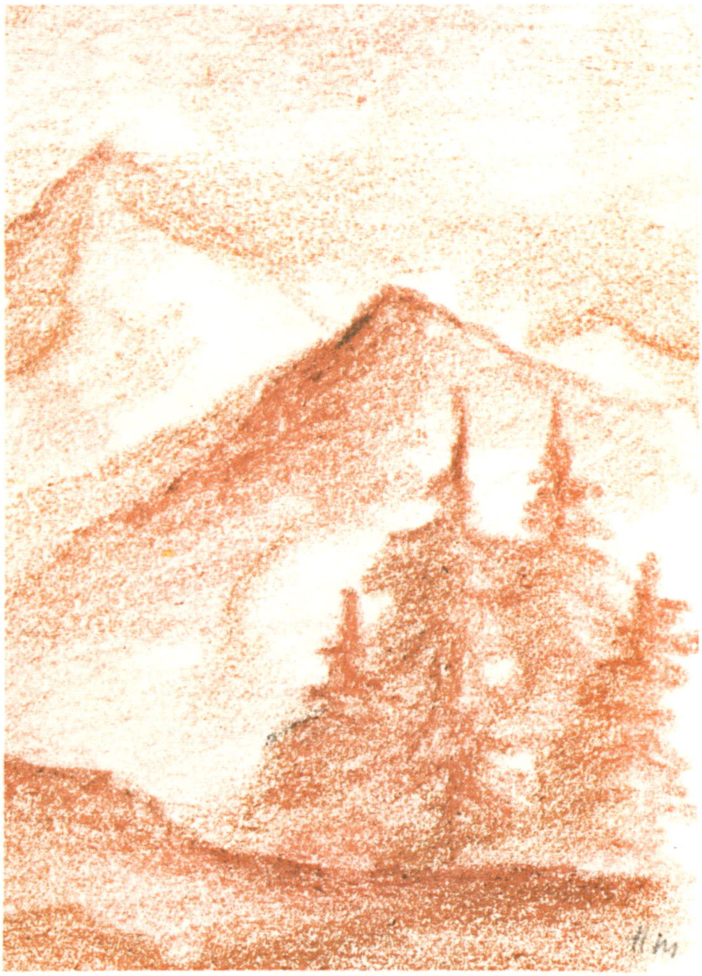

2.

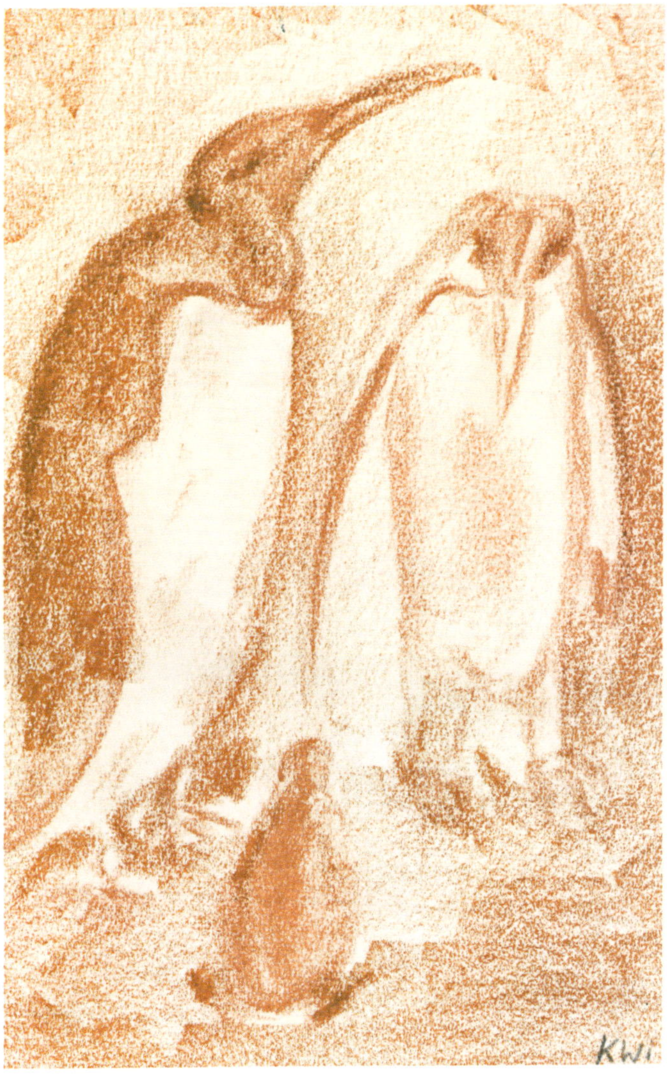

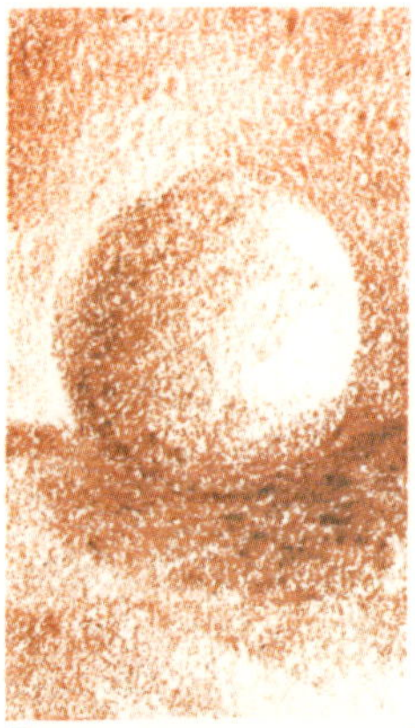

5

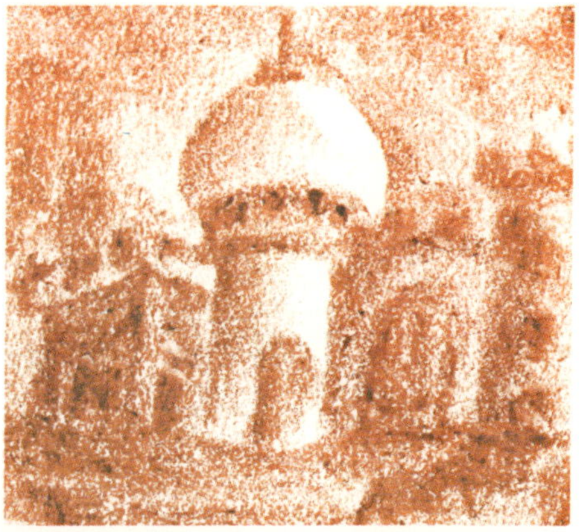

6

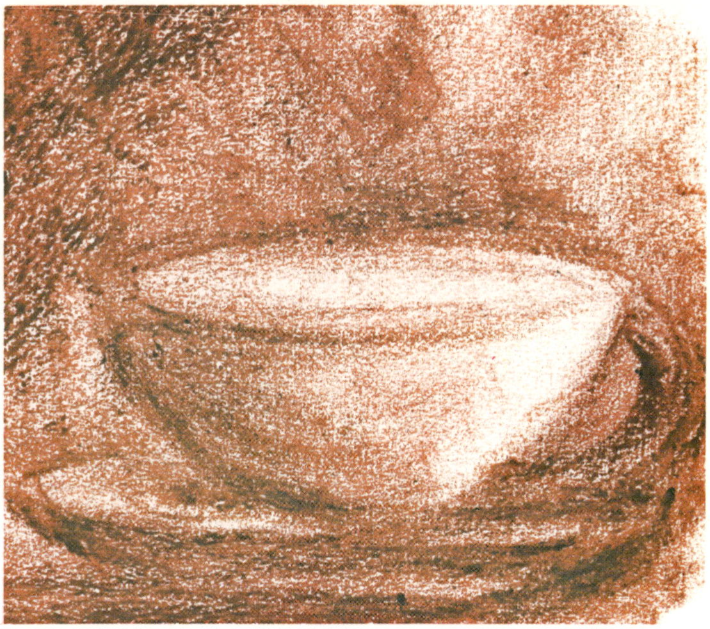

4.

Studien mit Rötel, Vorübungen zum Hell-Dunkel-Zeichnen

ab 5. Schuljahr

Tafel 72

1.

2.

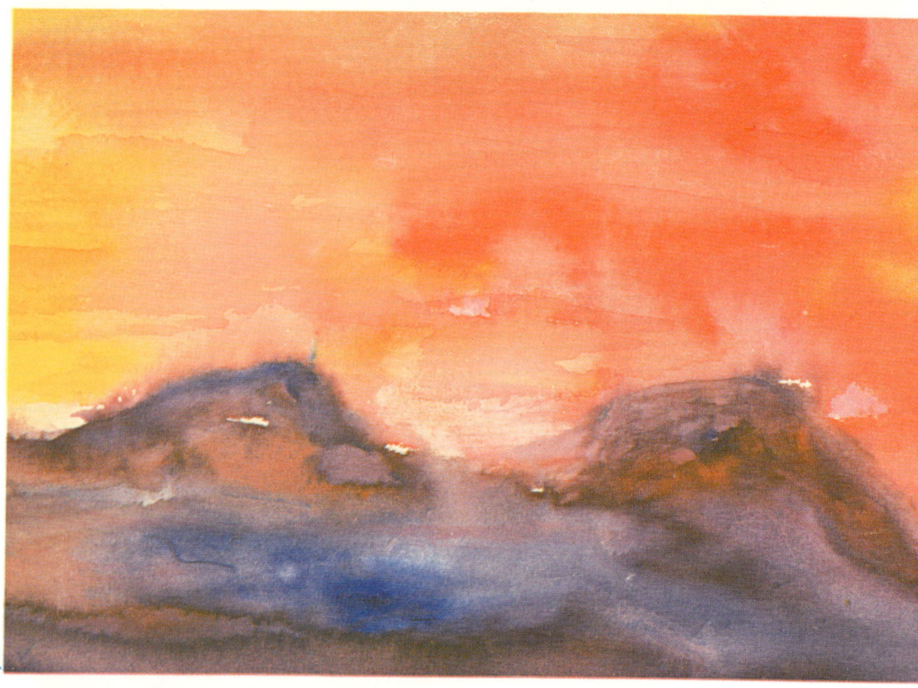

3.

4.

5.

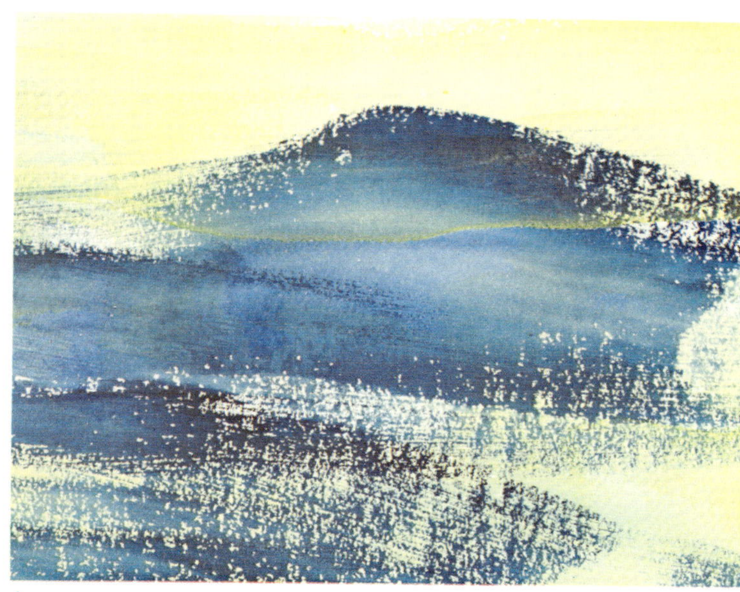

6.

Studien zur Landschaftsgestaltung:
Feucht in Feucht (1–3)
Pastell (4.)
Enkaustik (5)
Aqua-Pastell (6.)

Tafel 73

1.

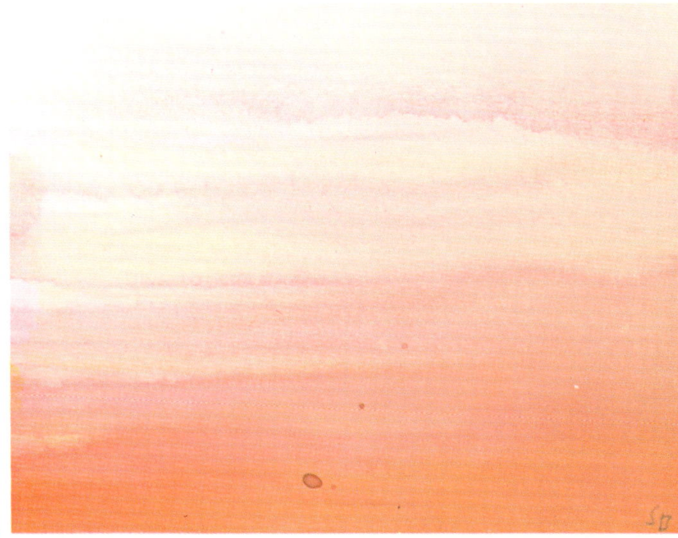

2,

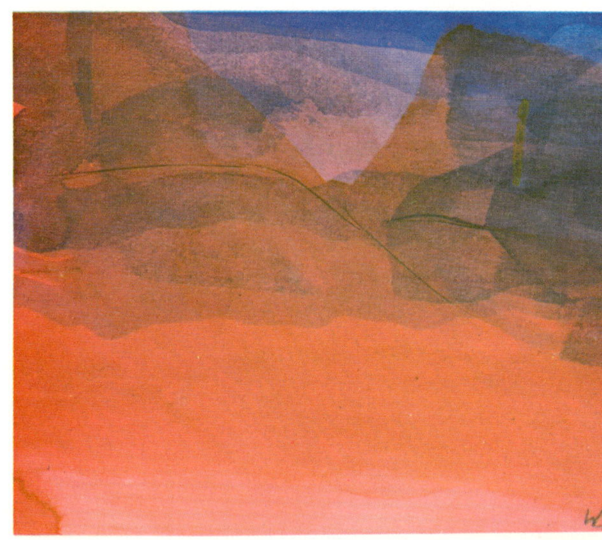

3.

Aquarell-Schichtung! 8. Schuljahr

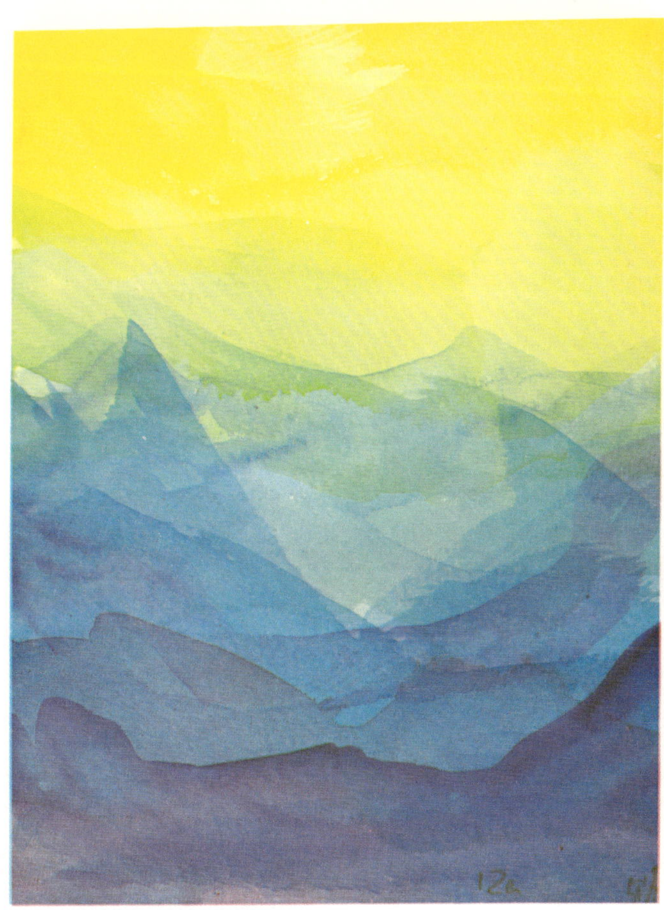

5.

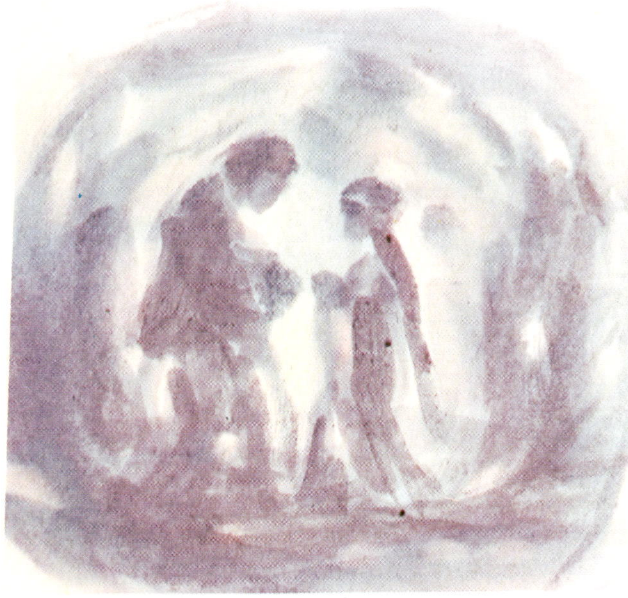

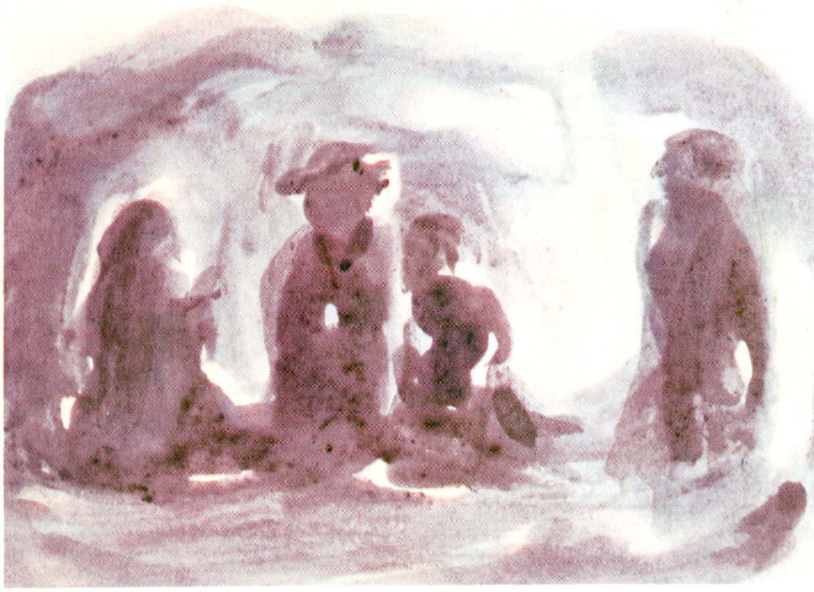

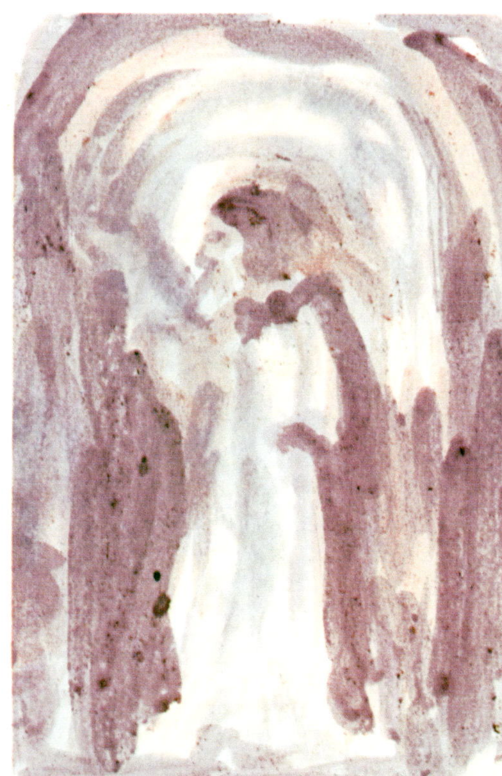

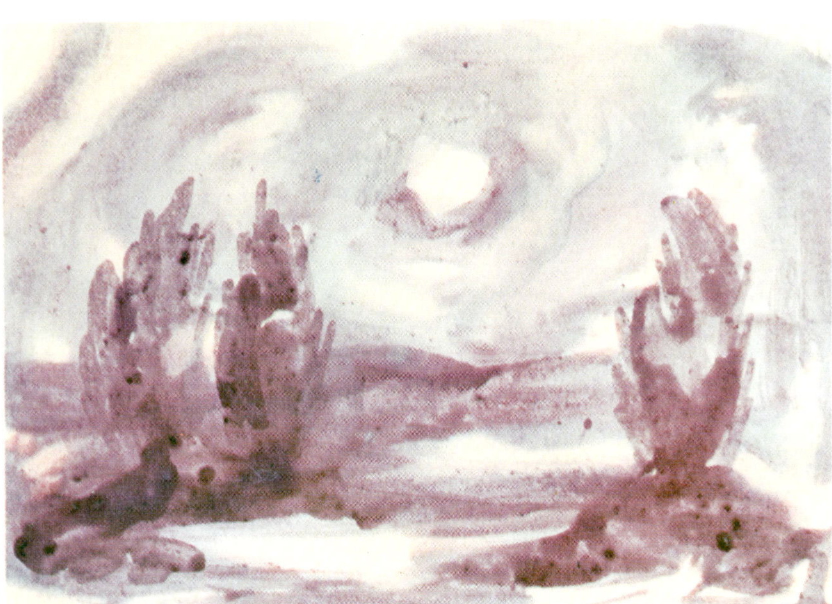

Studien mit verschiedenen Pflanzensäften:
Die billigsten Pflanzenfarben
Heidelbeeren,
Rote Beete u.a.

Tafel 75

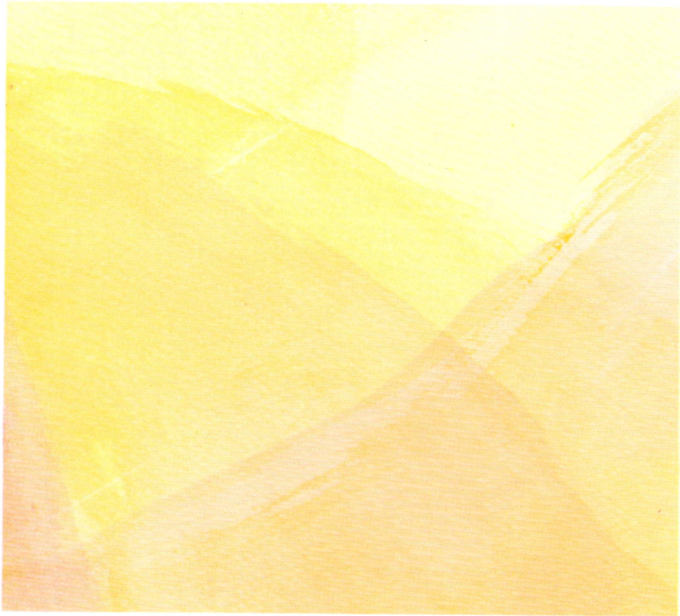

1.

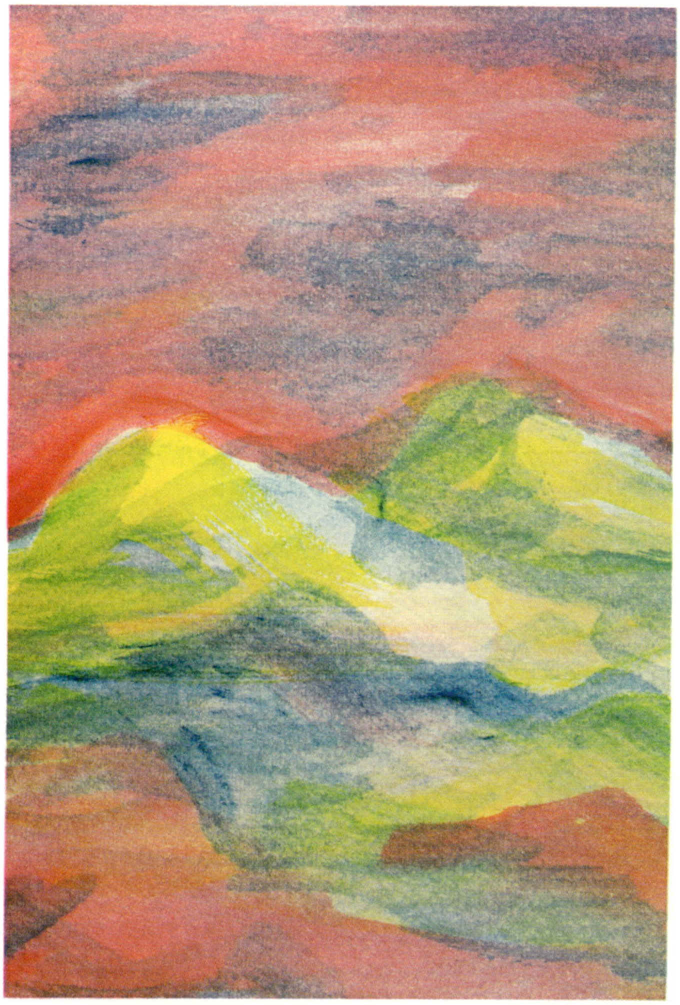

2.

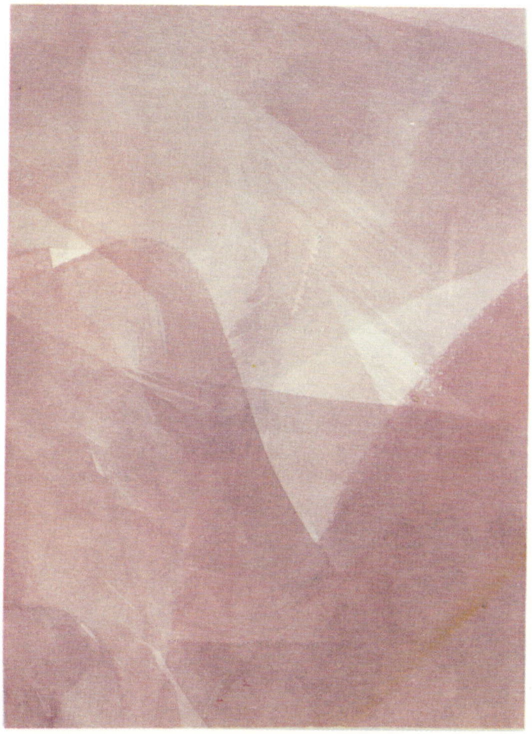

3.

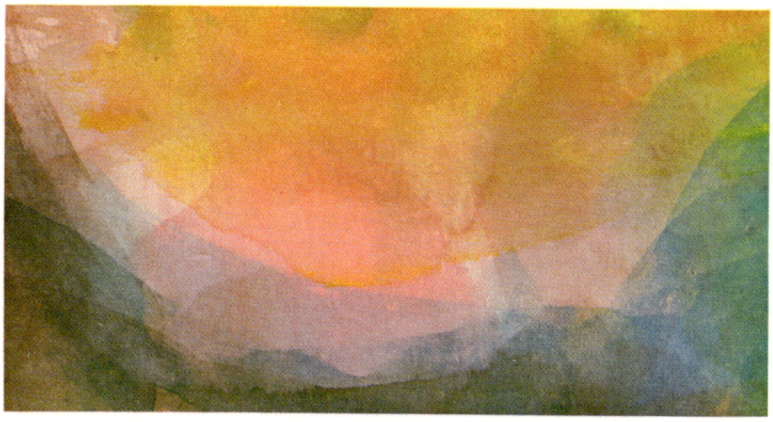

4.

5.

Schichtübungen 5./6. Schuljahr

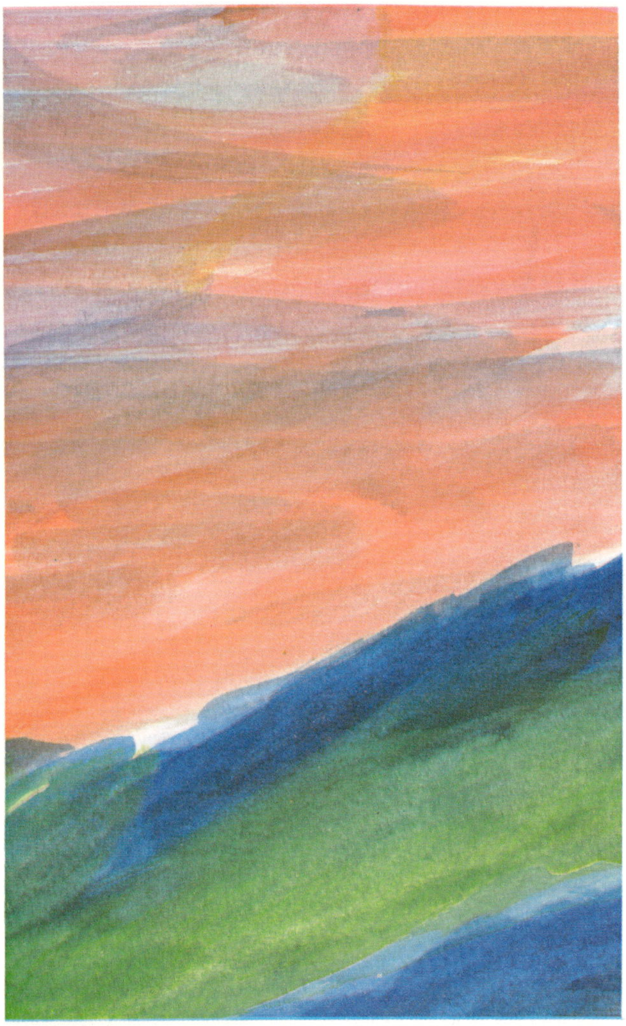

1.

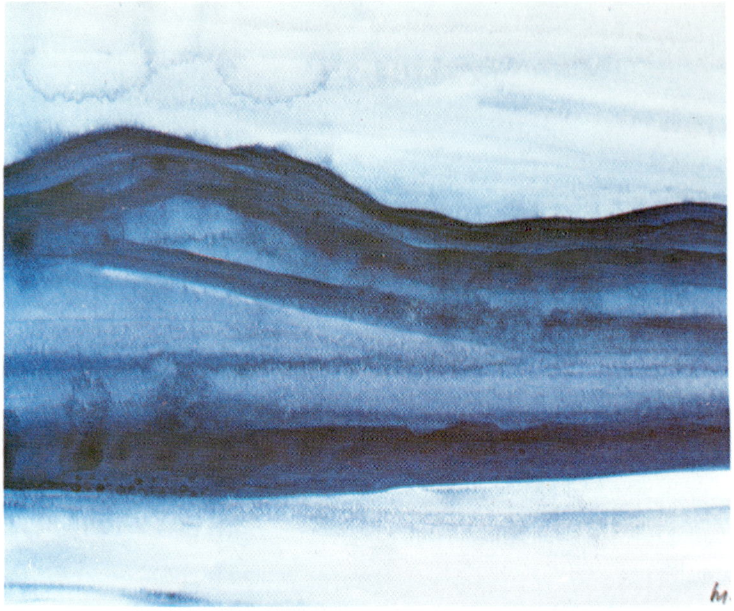

2.

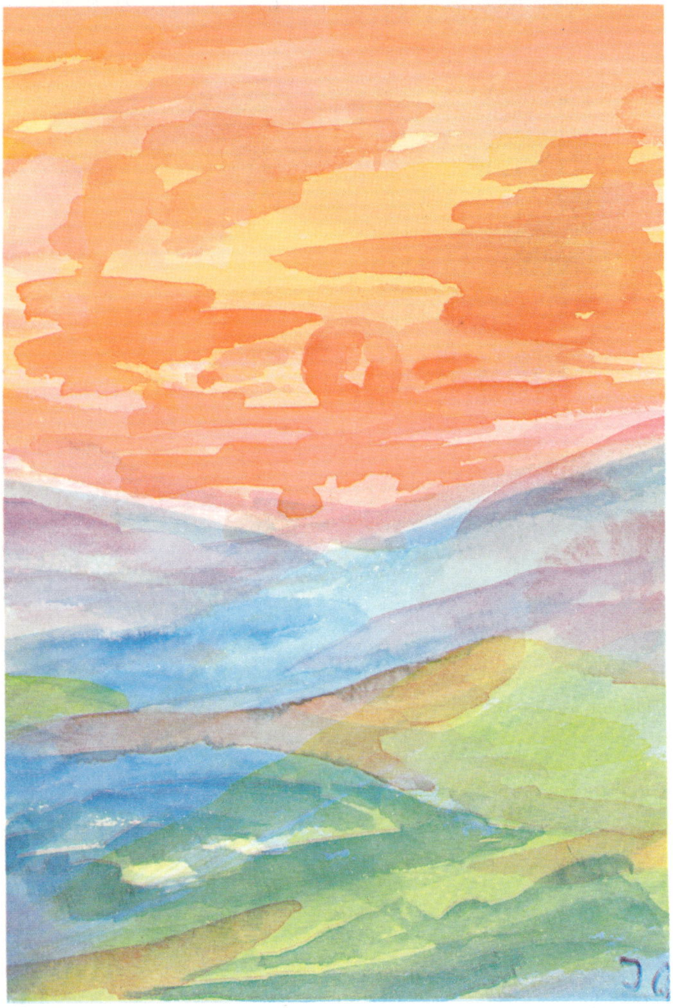

3.

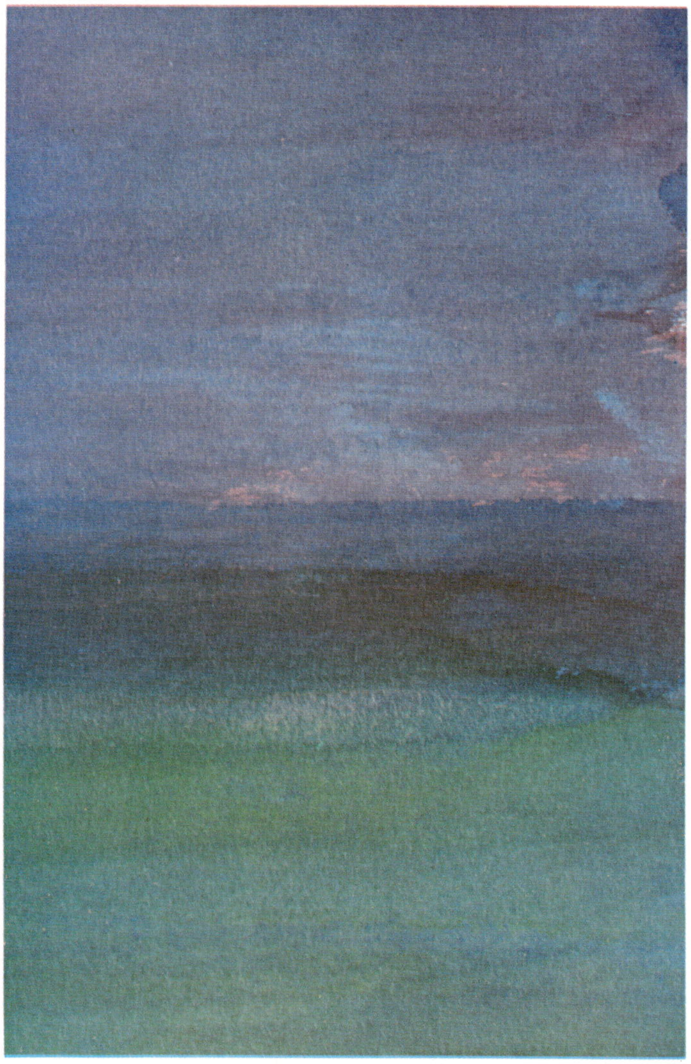

4.

8. u. 9. Schuljahr

Tafel 11

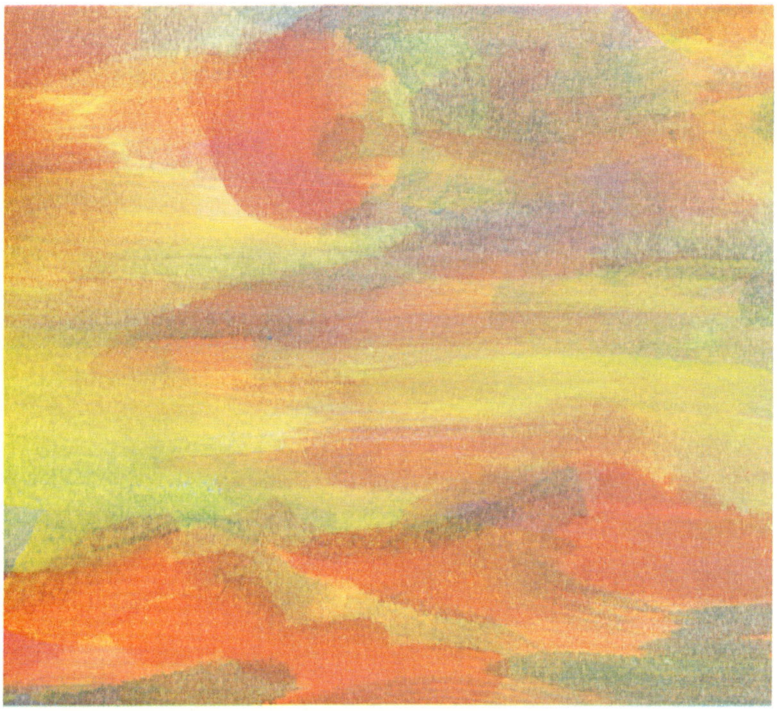
1.

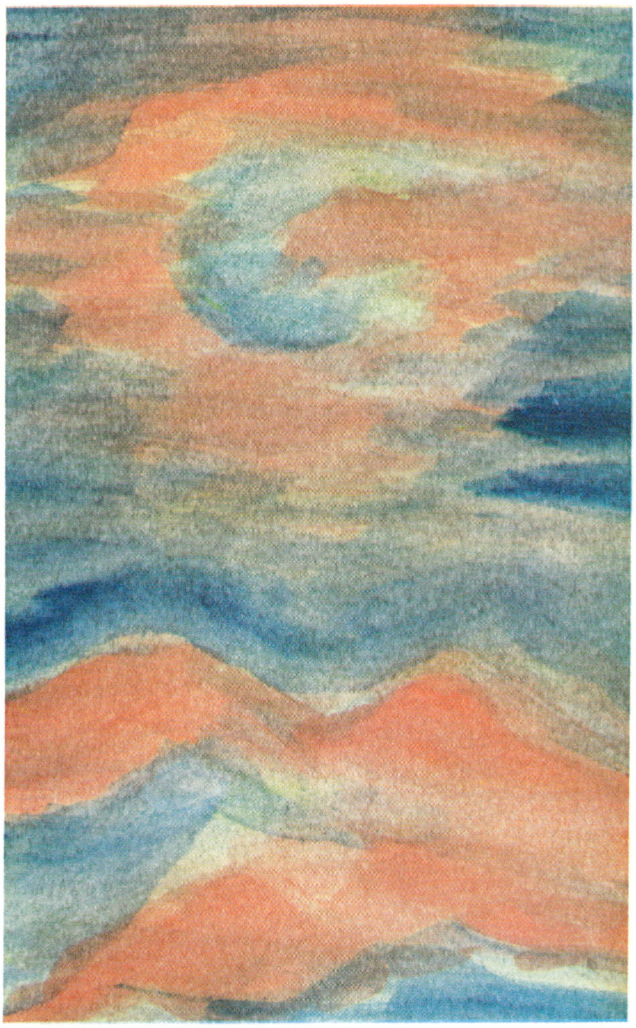
2.

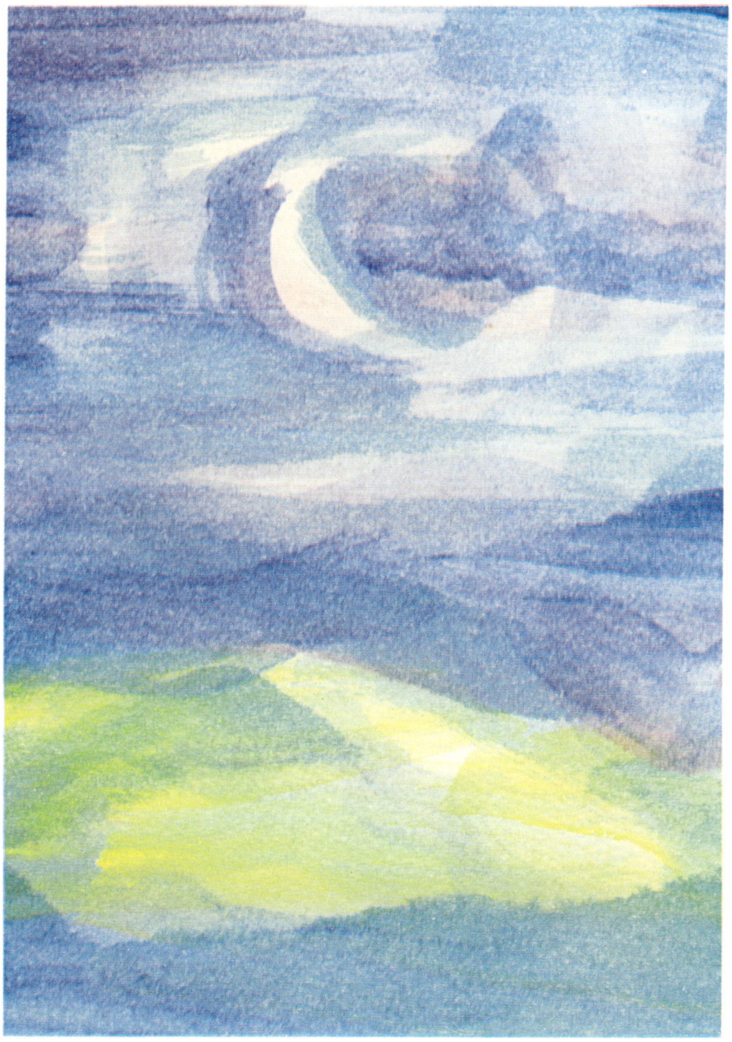
3.

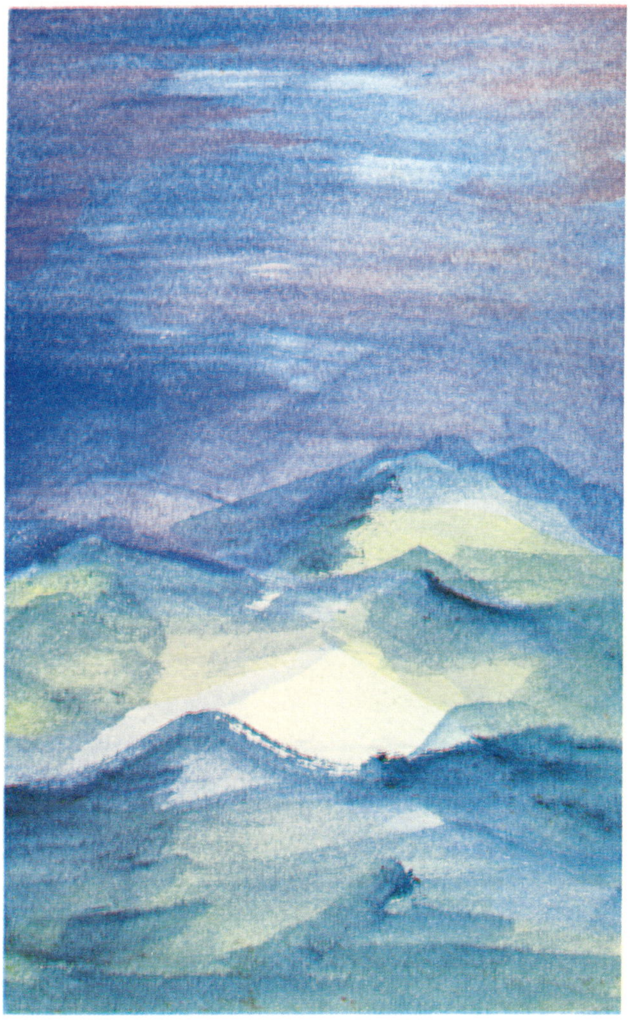
4.

9. Schuljahr

Tafel 78

1.

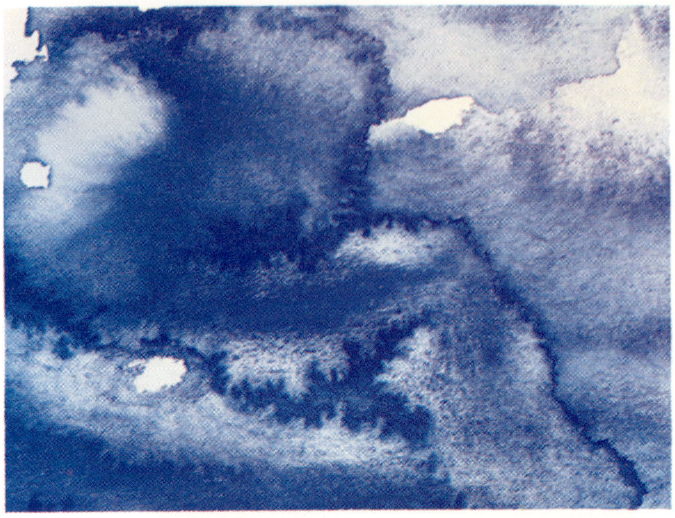

2.

Seelen-Stimmung.

10. Schulj

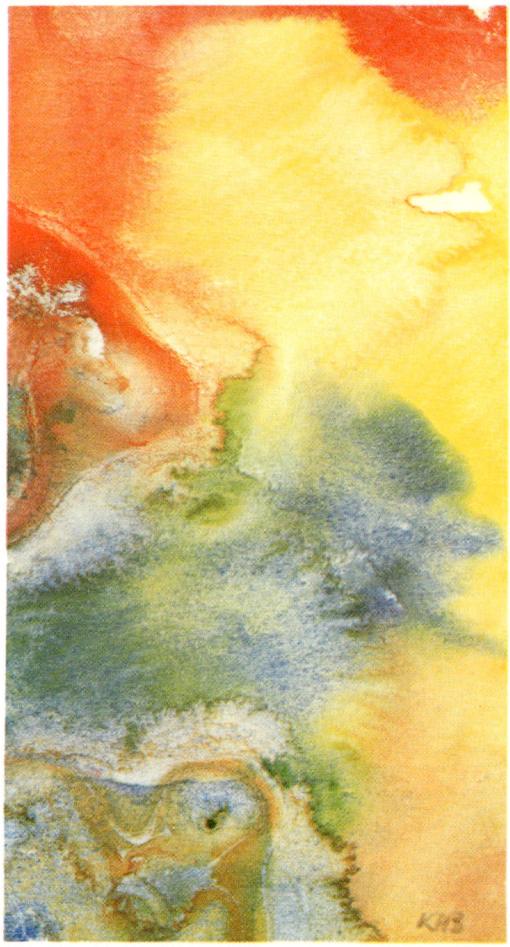

4.

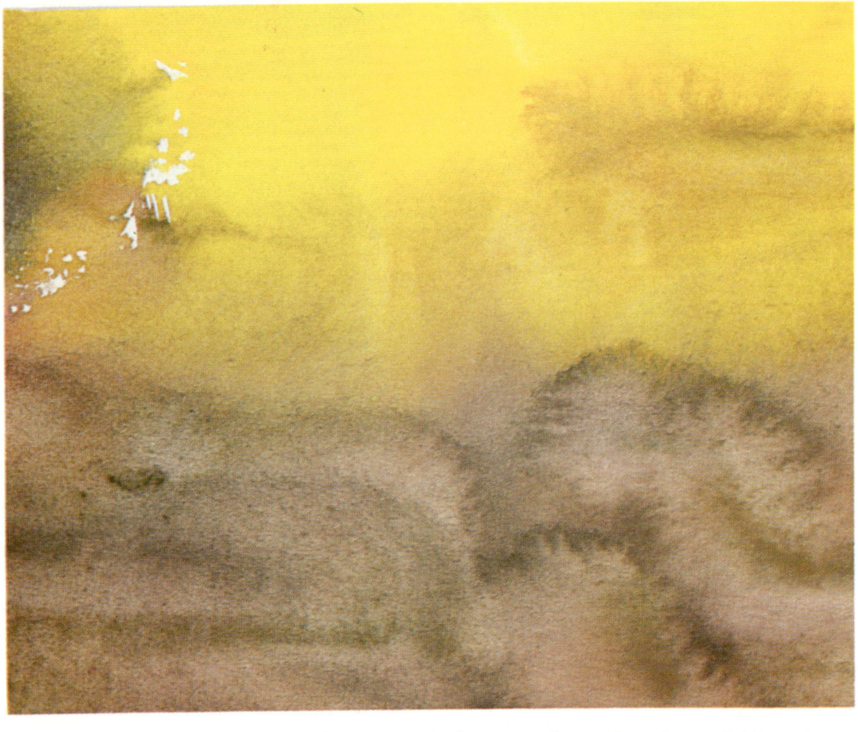

3. "Acht diese meine Meinung nicht gering, in der ich Dir rate, manchmal stehen zu bleiben u. auf Mauerflächen hinzusehen oder in die Asche im Feuer, in die Wolken oder in Schlamm. Du wirst, wenn Du sie recht betrachtest, sehr wunderbare Erscheinungen in ihnen sehen. Durch verworrene u. unbestimmte Dinge wird der Geist zu neuen Erfindungen wach. Es trifft bei derlei Mauern u. Gemisch das ähnliche zu, wie beim Klang der Glocken: da wirst Du in den Schlägen jeden Namen u. jedes Wort wiederfinden können, das Du Dir einbildest.

Leonardo

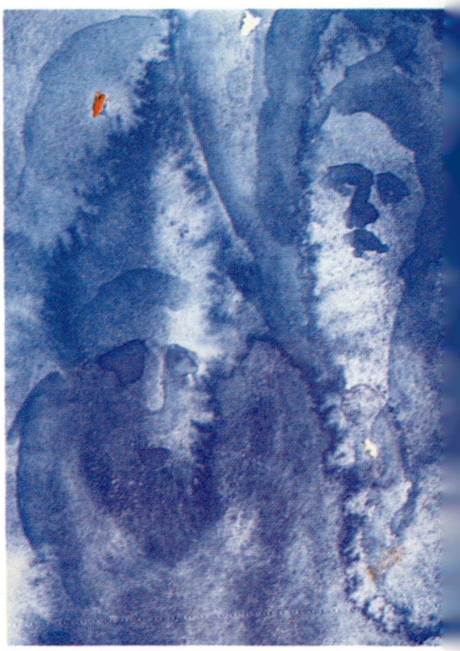

5.

Tafel 79

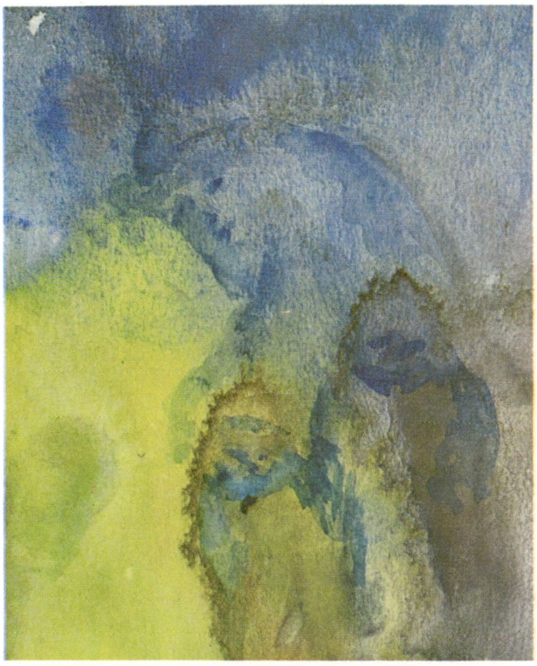

1.

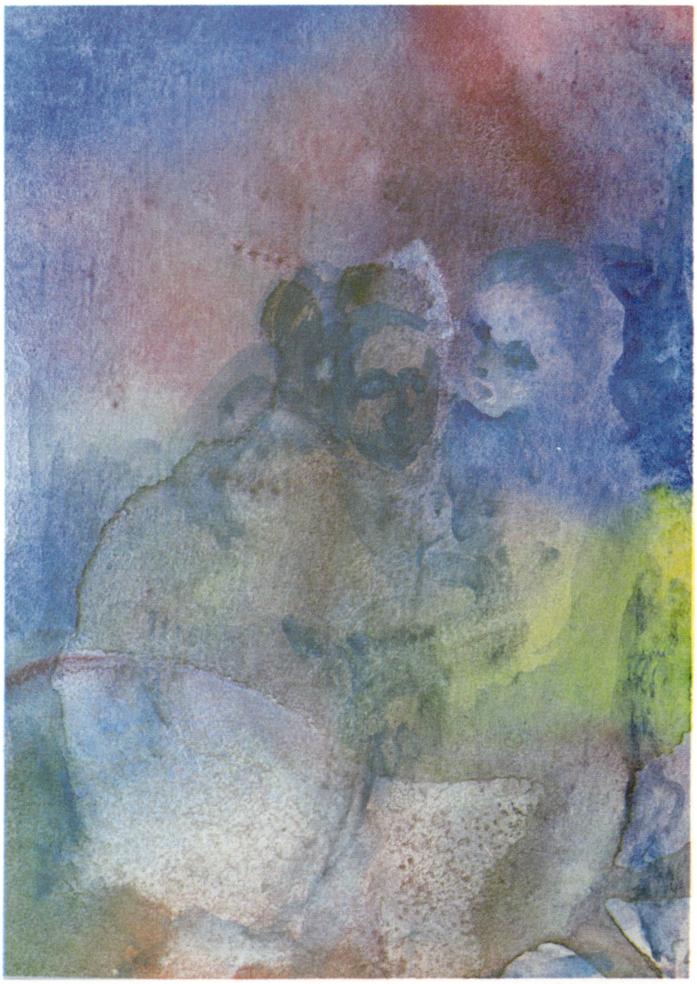

2.

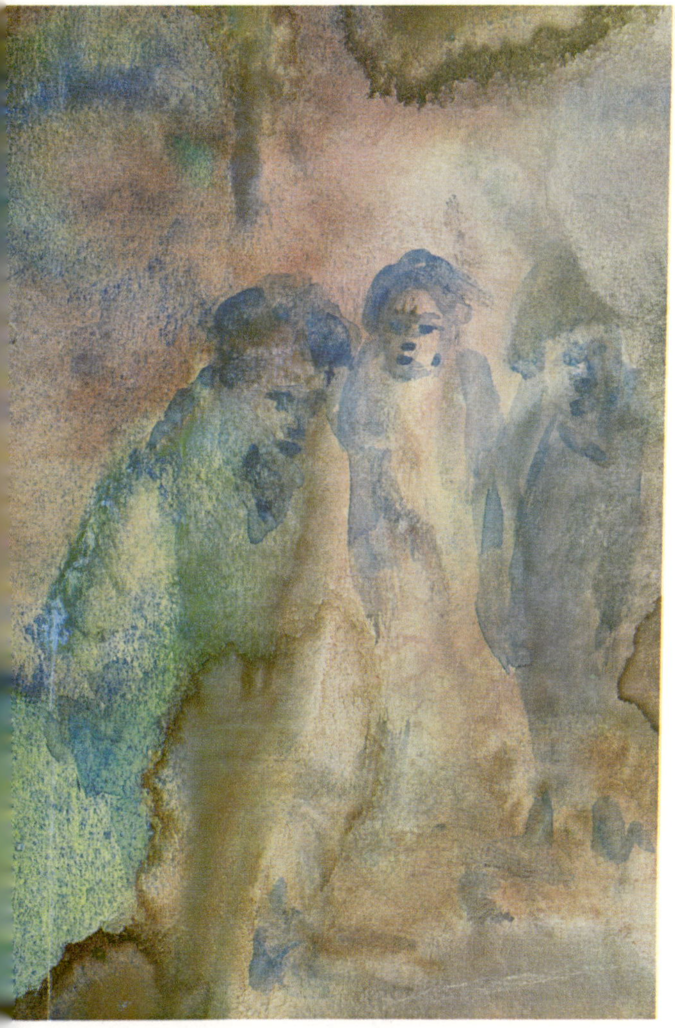

Phantasieübungen = Feucht-Schichtung.
10./11. Schuljahr.

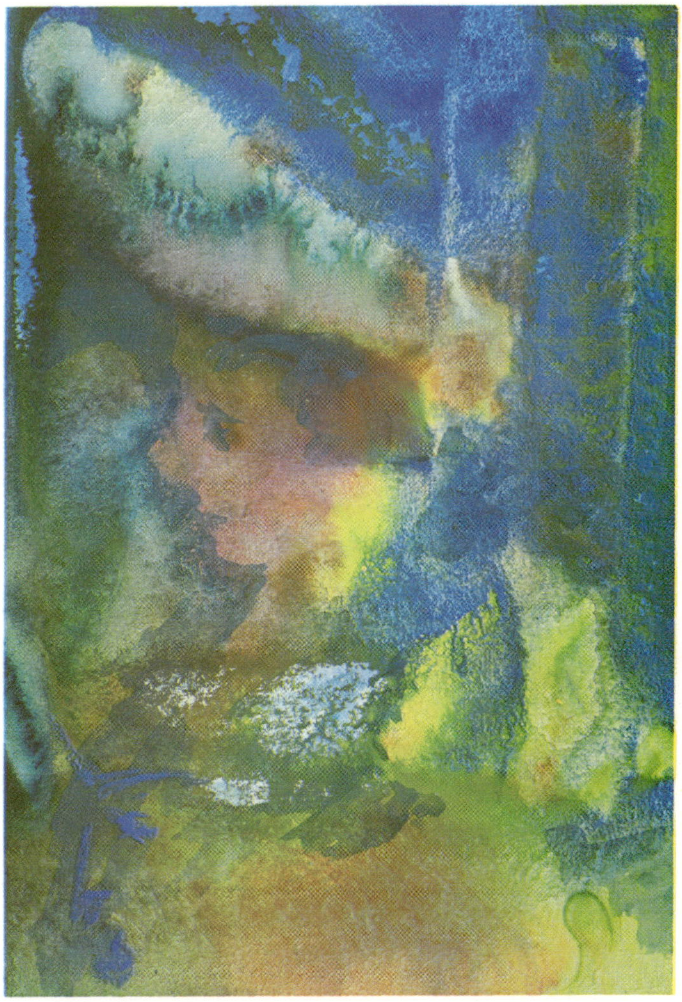

4.

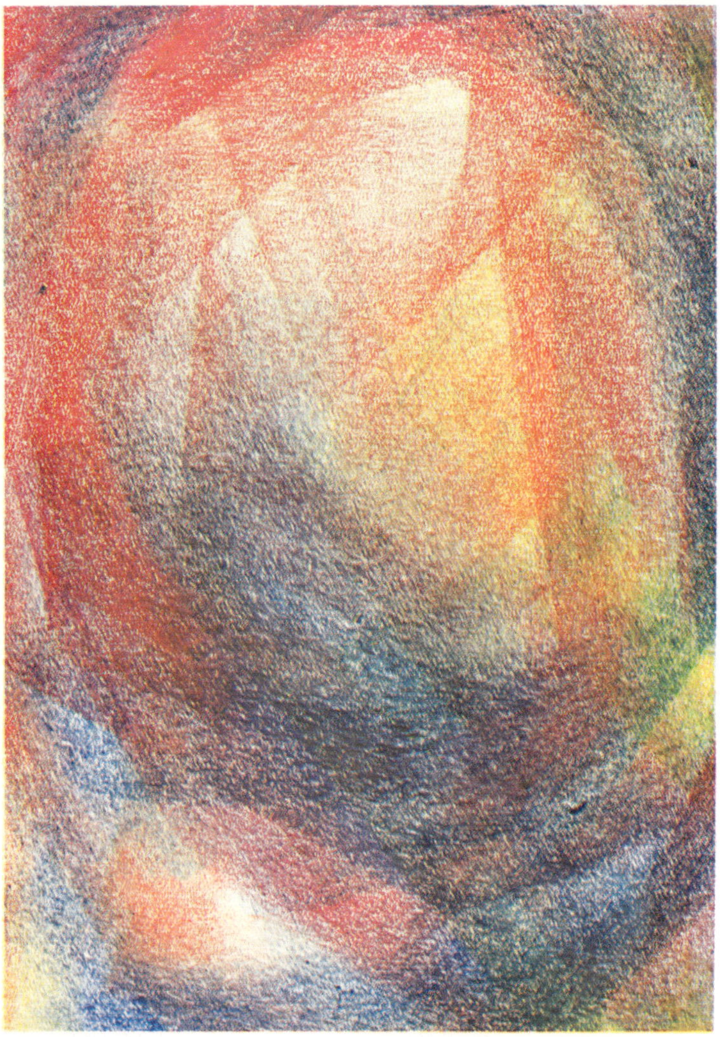

1.

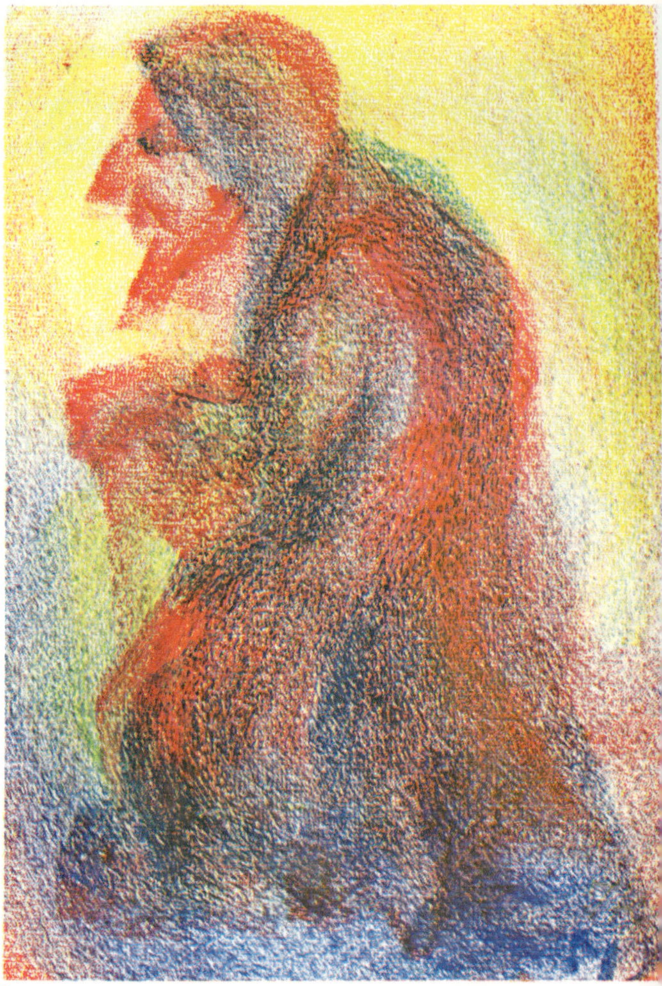

2.

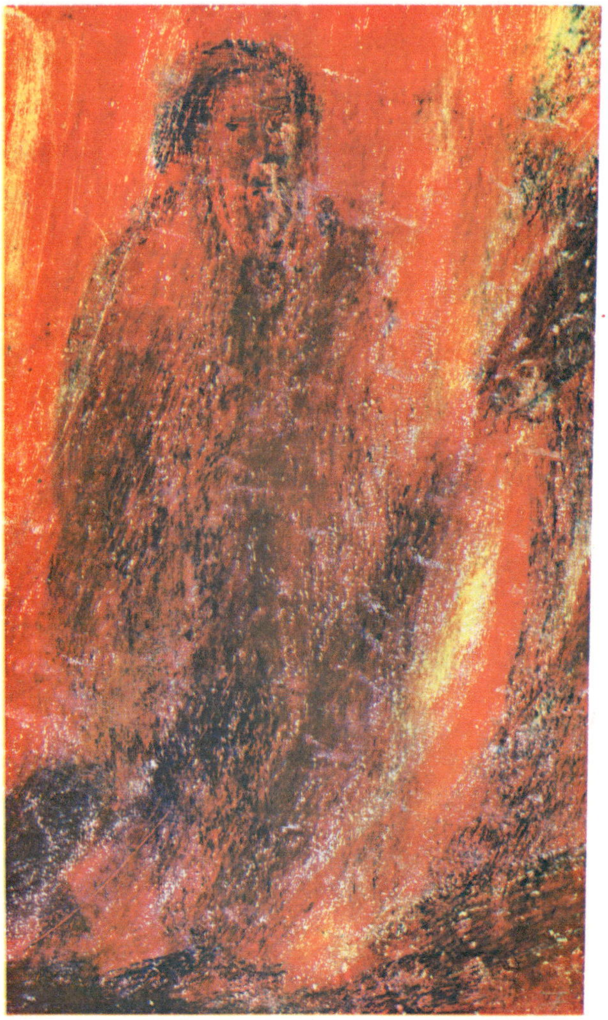

3.

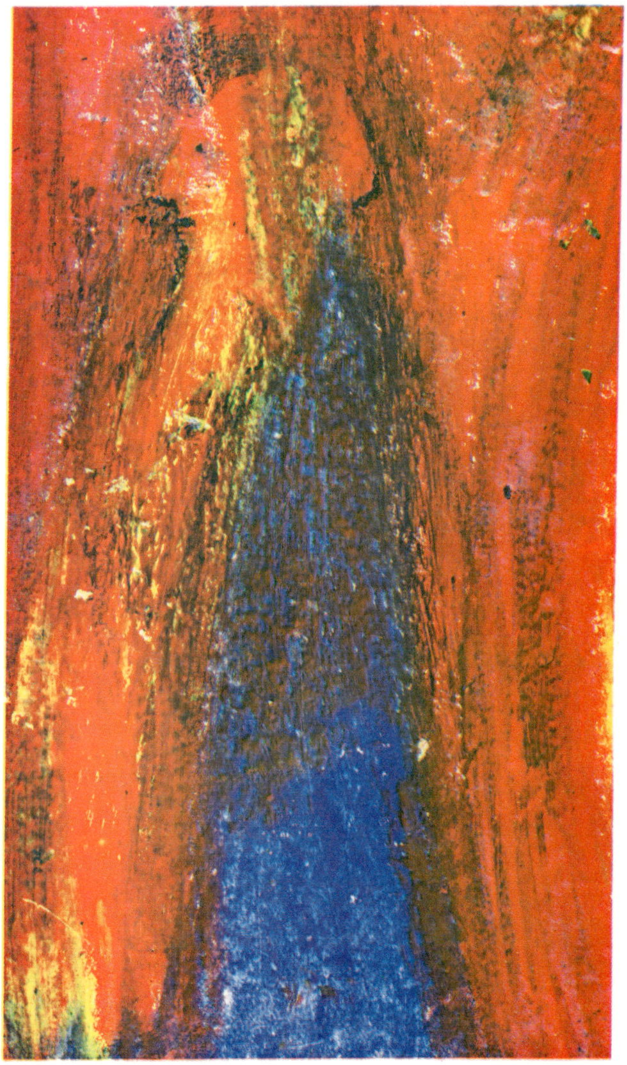

4.

Tafel 81

11. Schuljahr

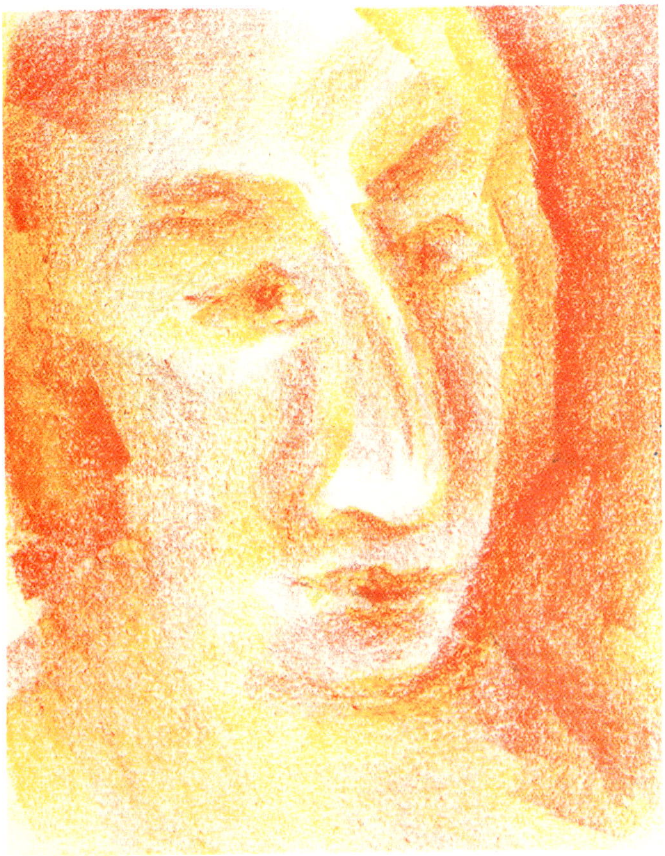

1.

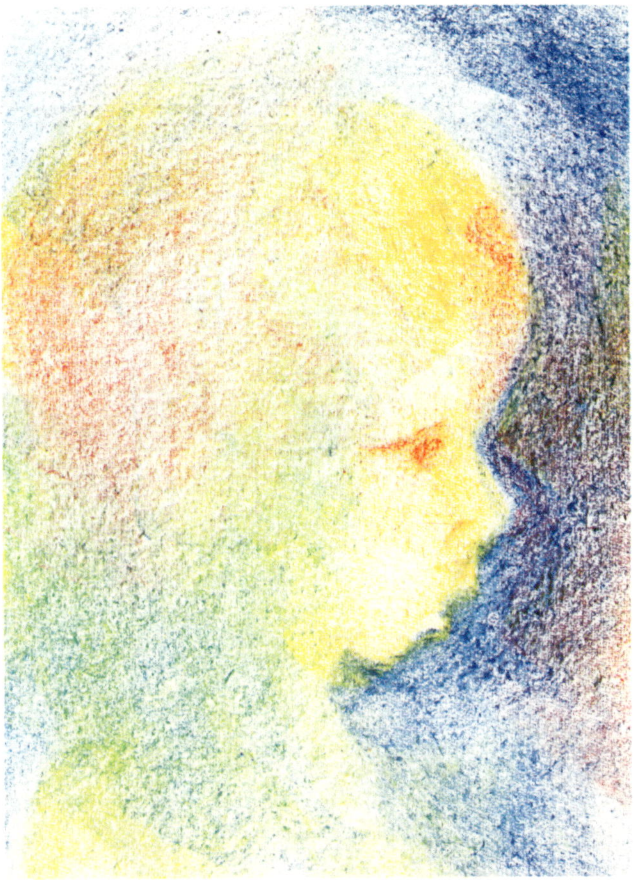

2.

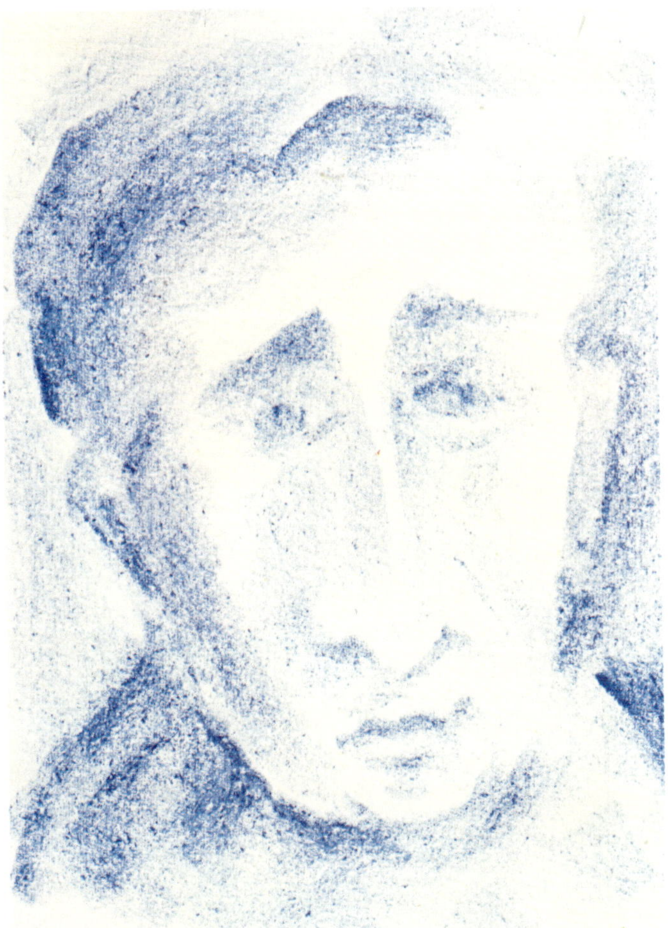

3.

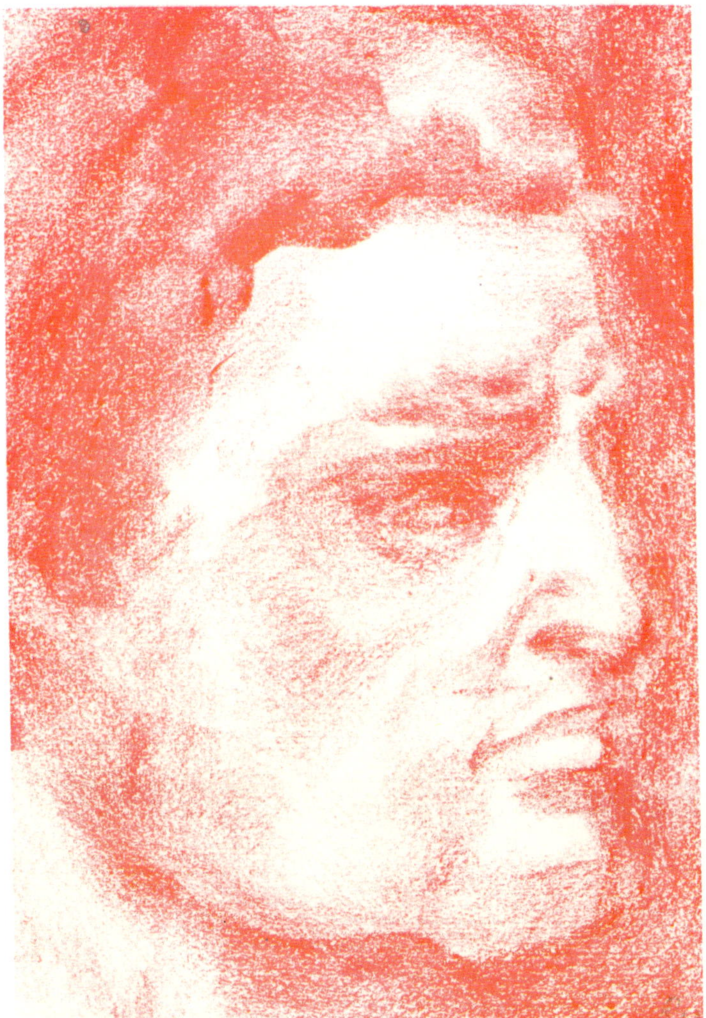

4.

Bienenwachsfarben
10. u. 11. Schuljahr

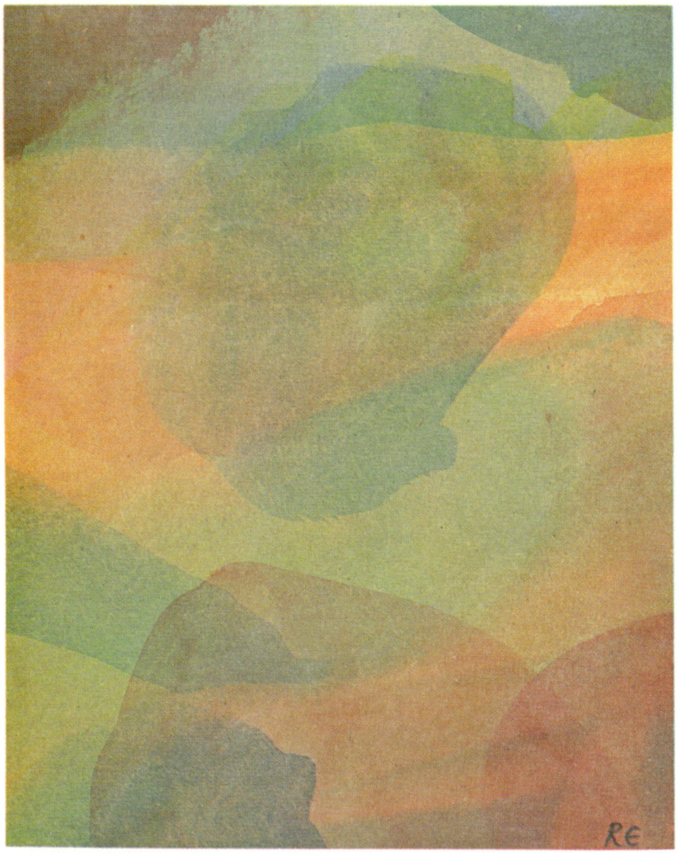

1.

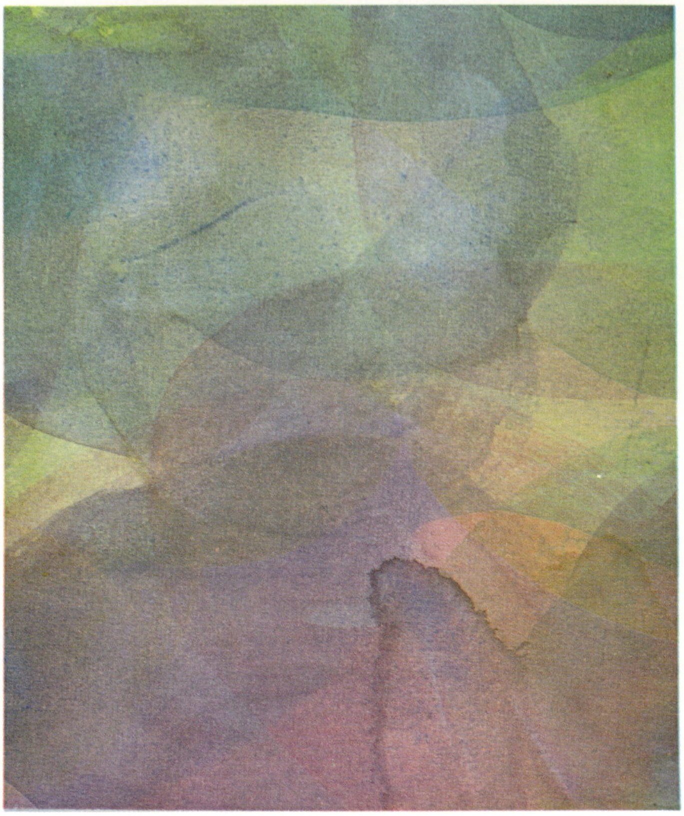

2.

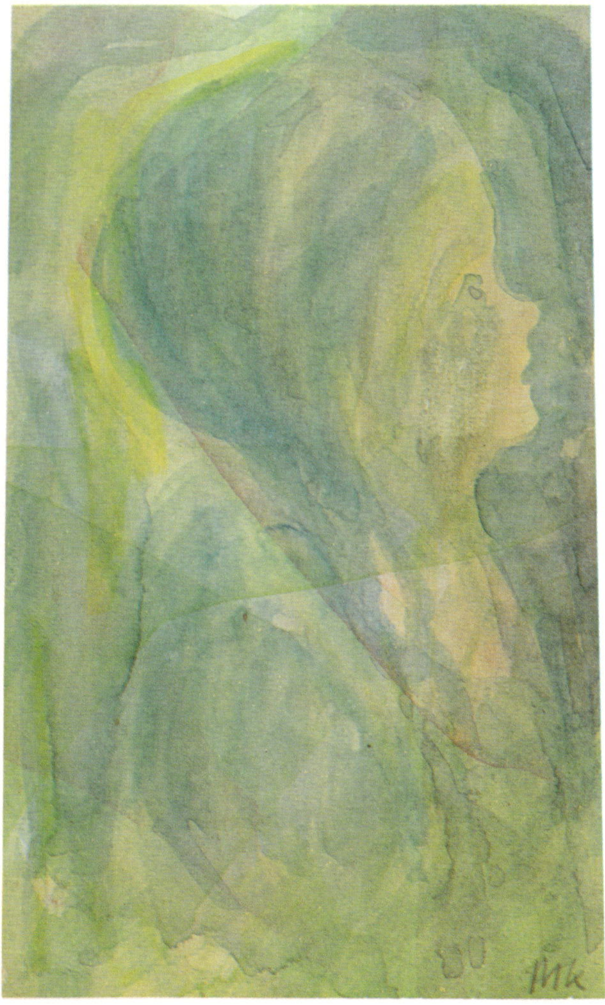

3.

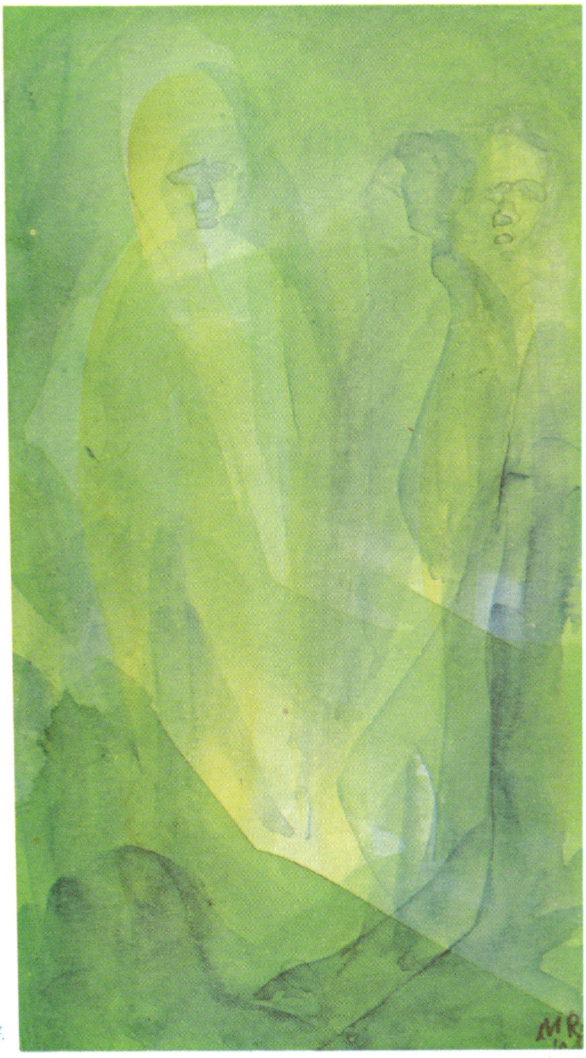

4.

11. Schuljahr.

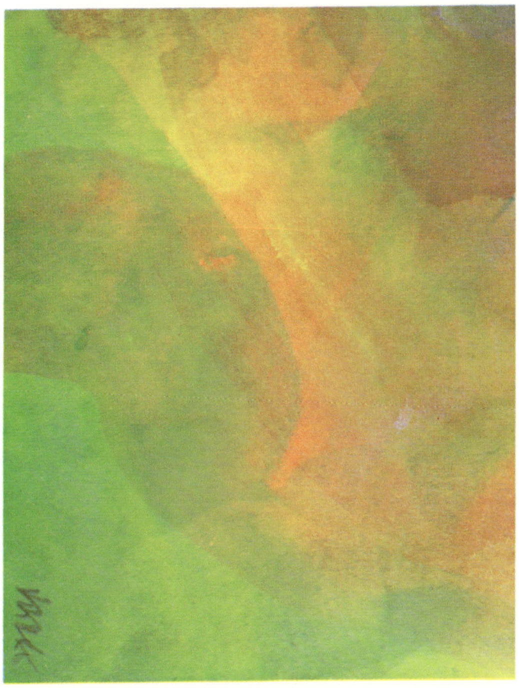

1.

2.

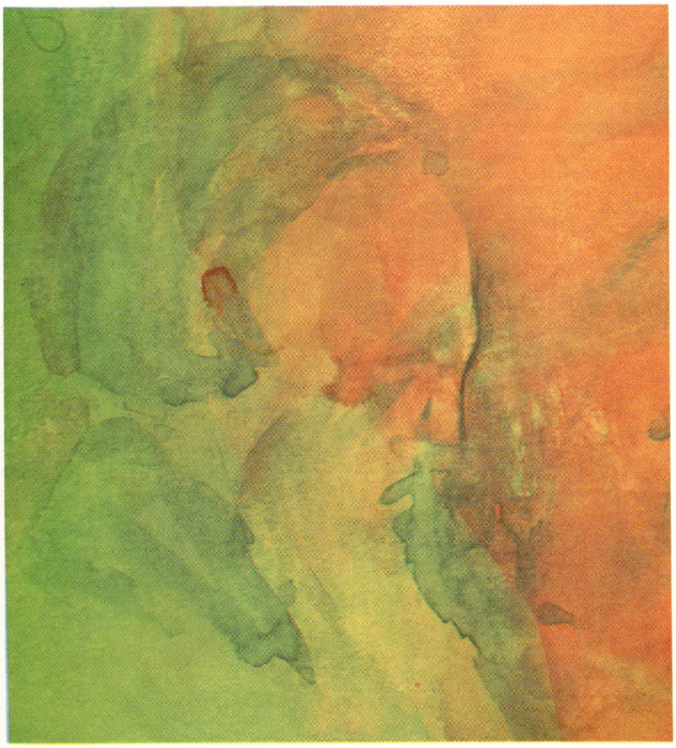

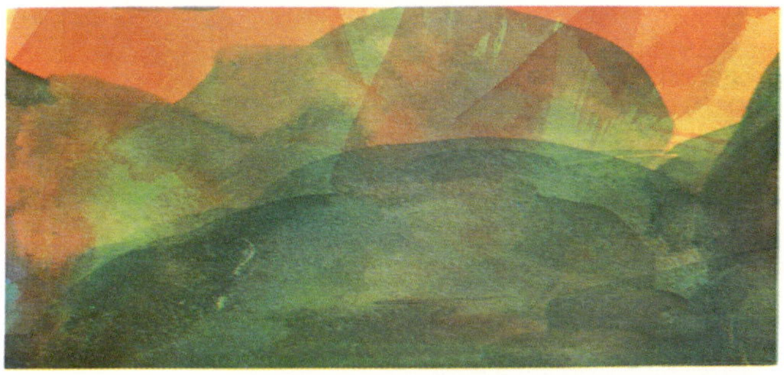

4.

Kopf, 11. Schulj.

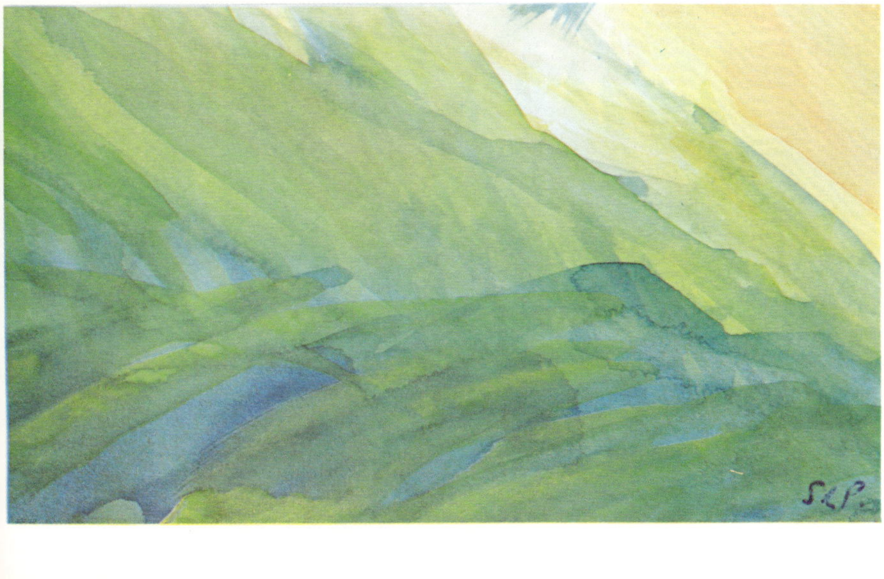

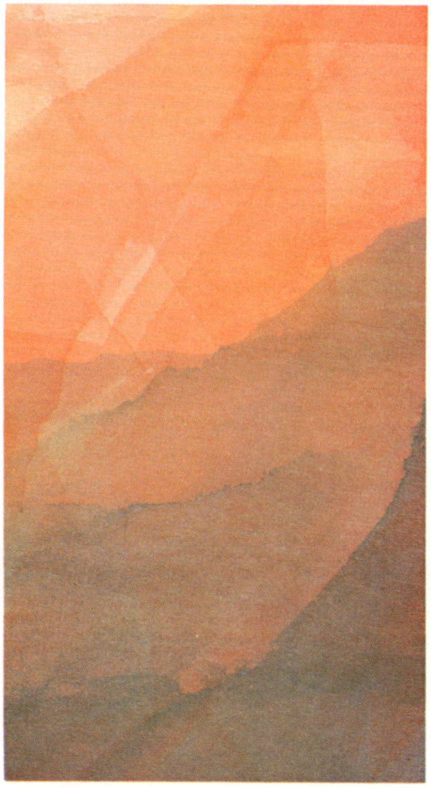

6.

10. Schuljahr

Tafel 84

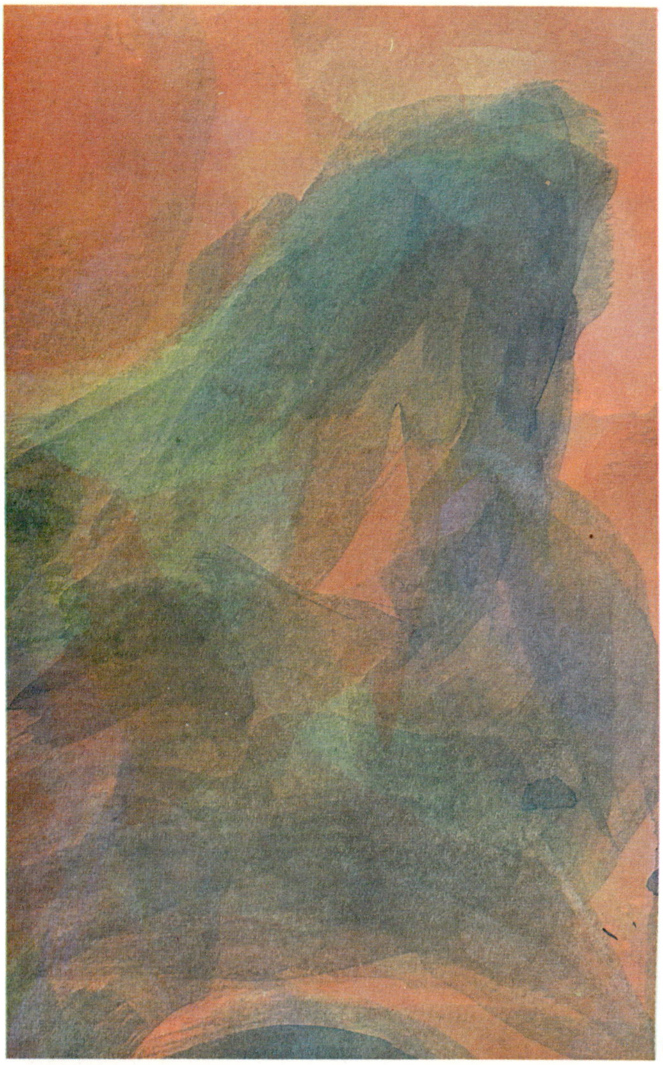

1.

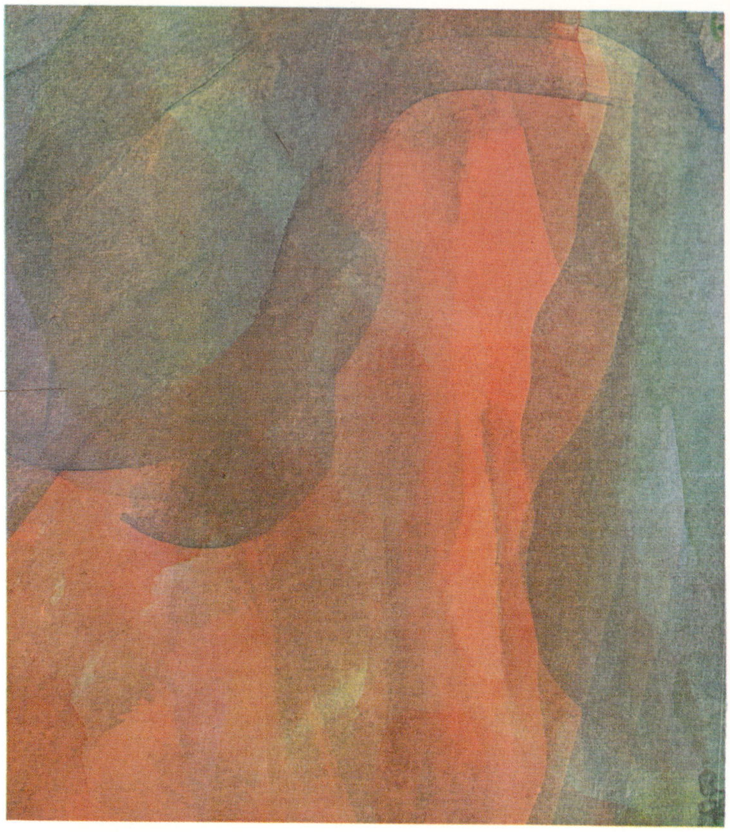

2.

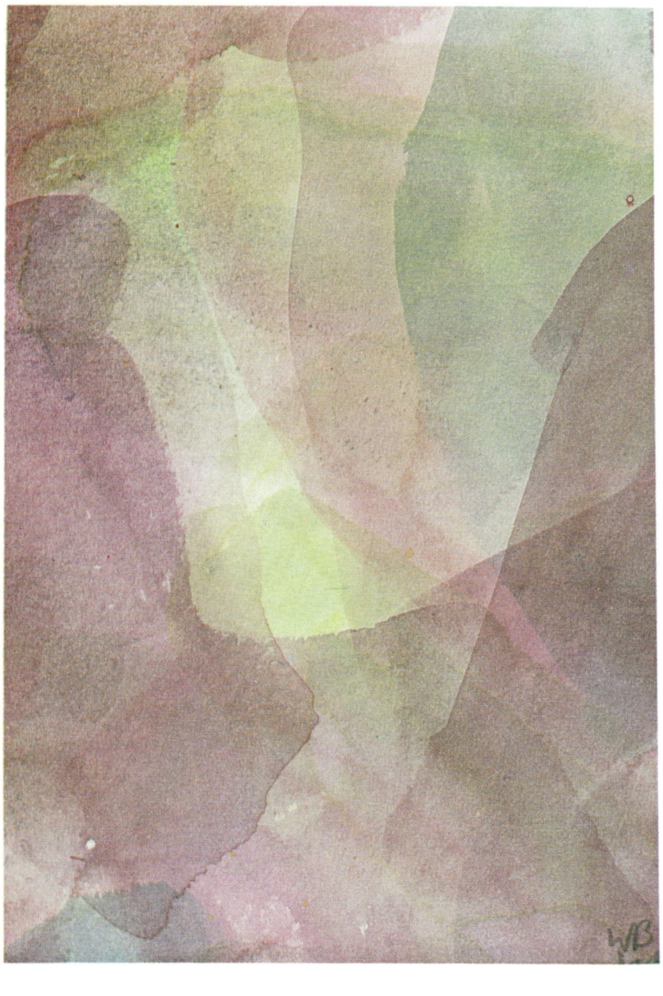

3.

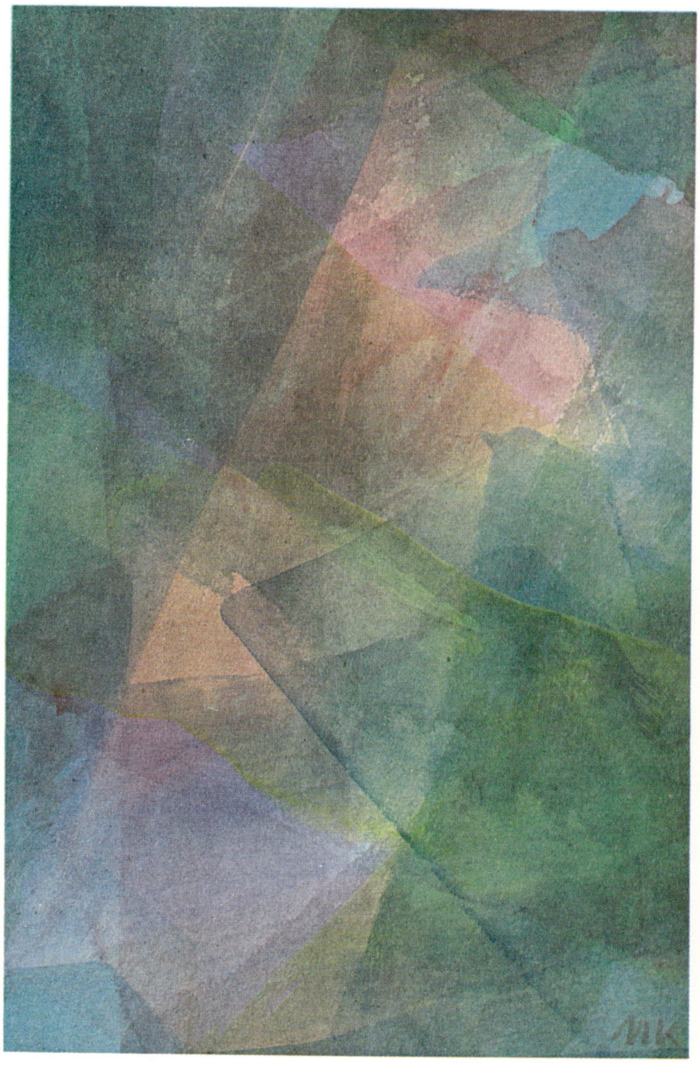

4.

12. Schuljahr

Tafel 85

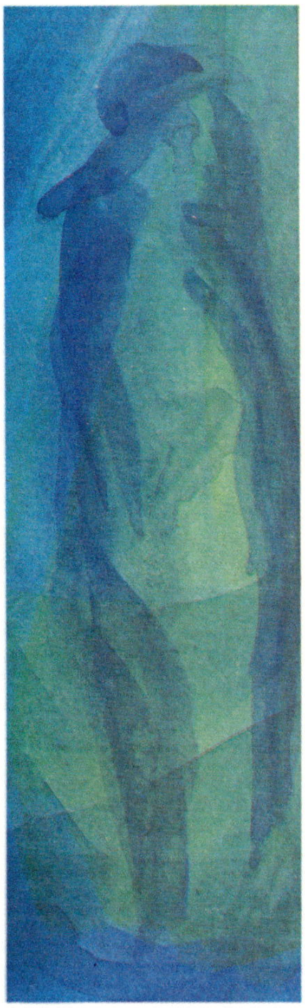

1

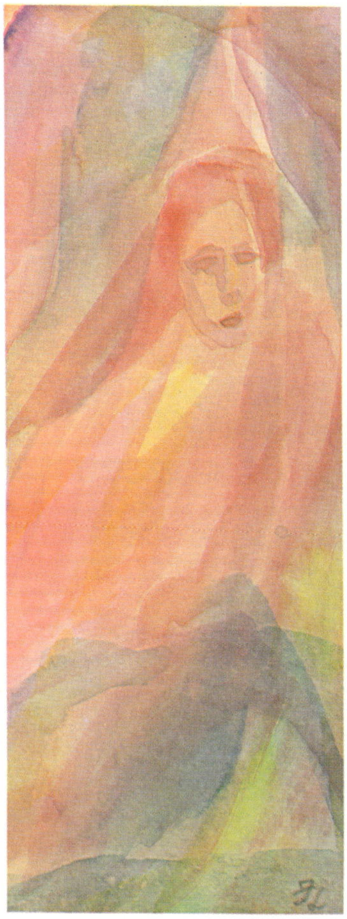

2.

11. Schuljahr

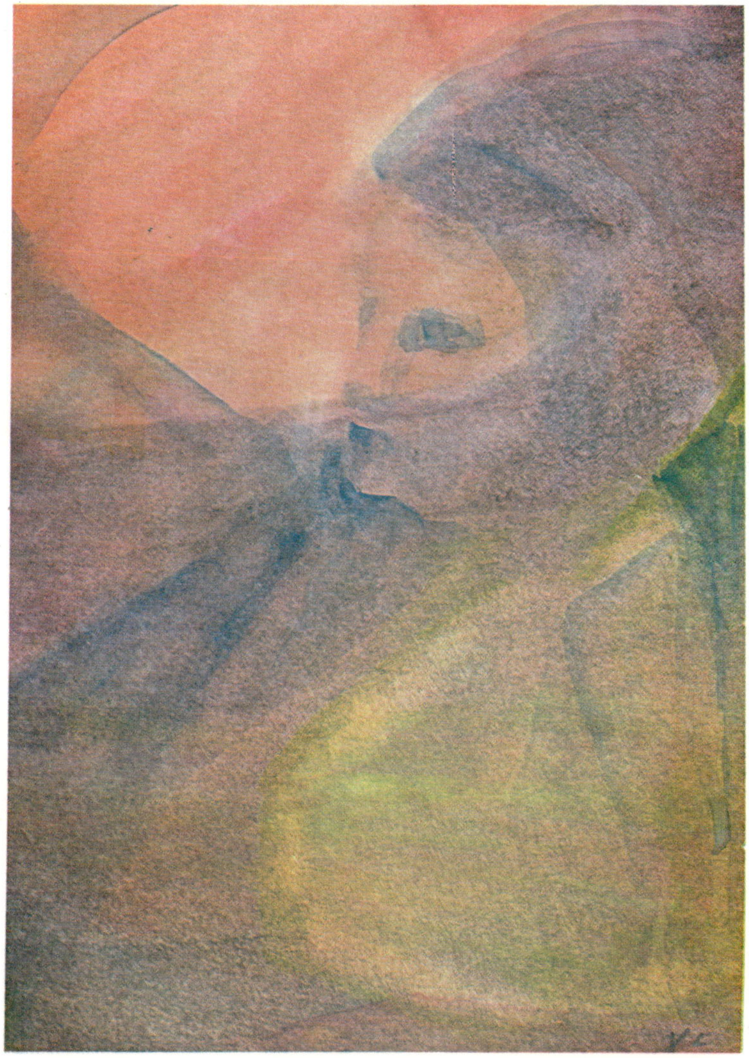

3.

12. Schulj.

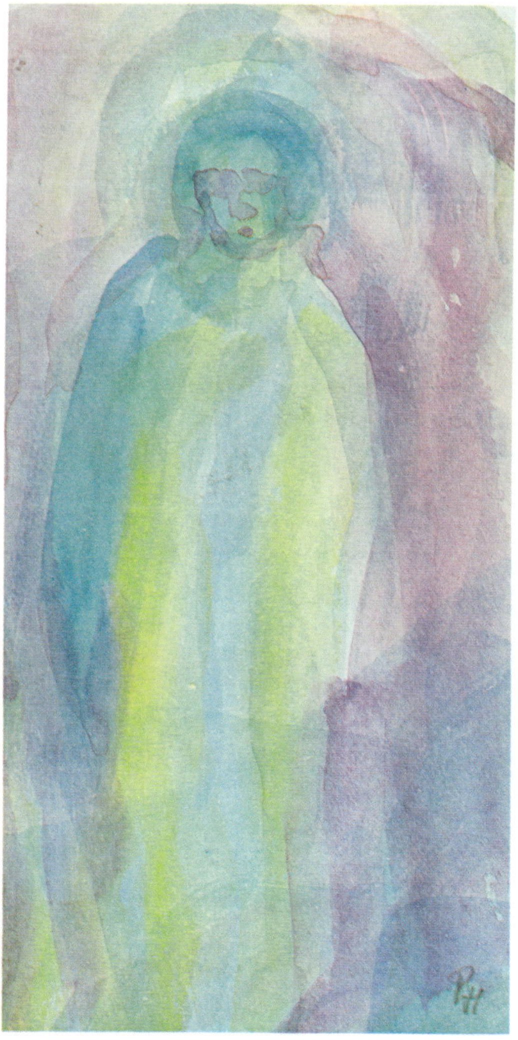

4.

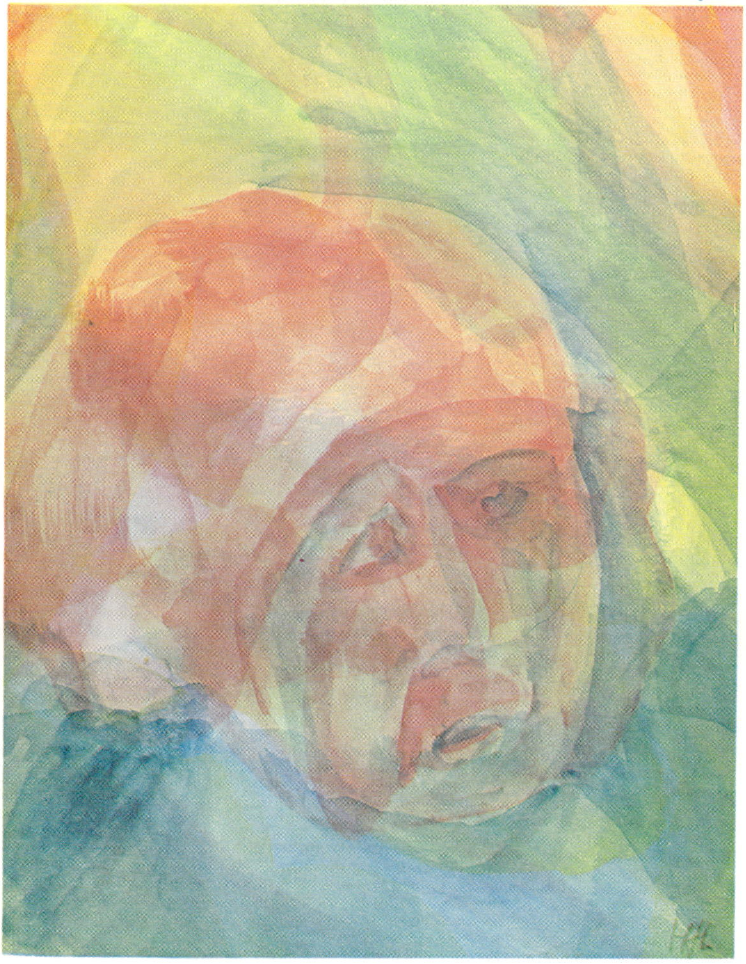

5.

11. Schulj.

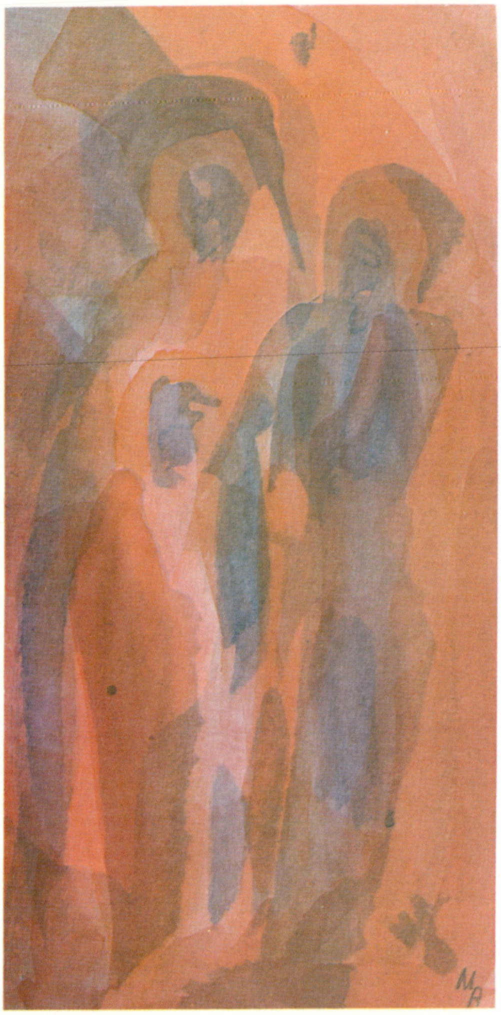

1.

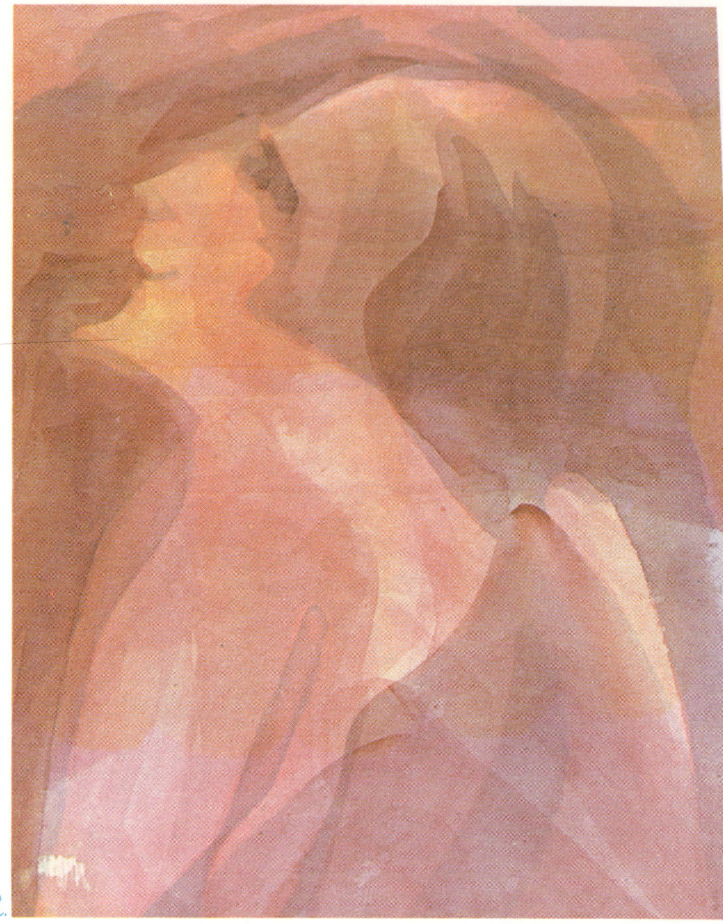

2.

10. Schulj.

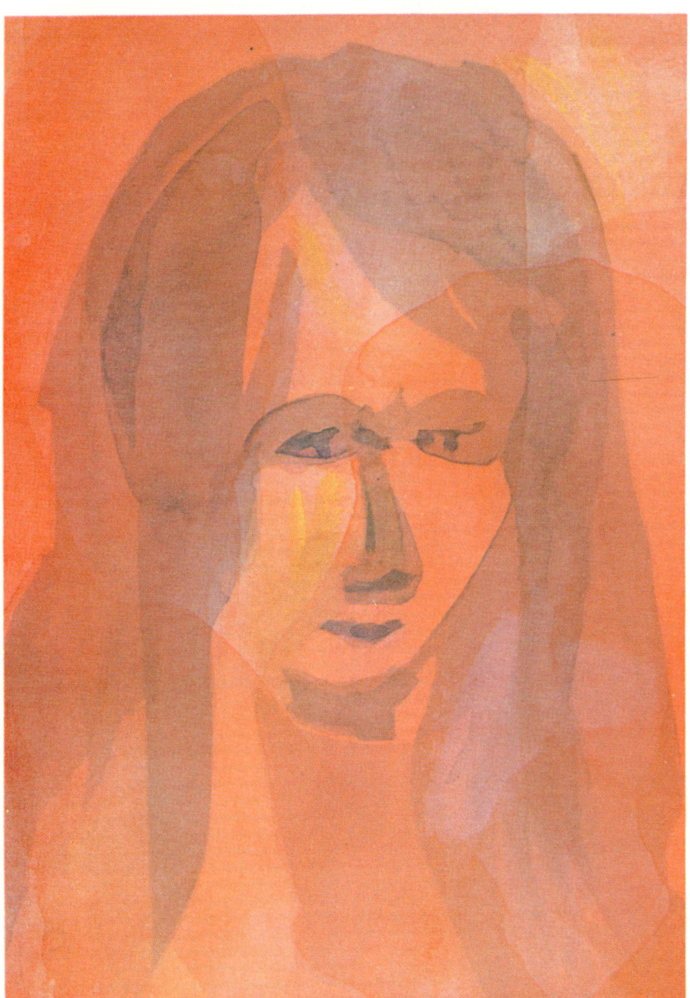

3.

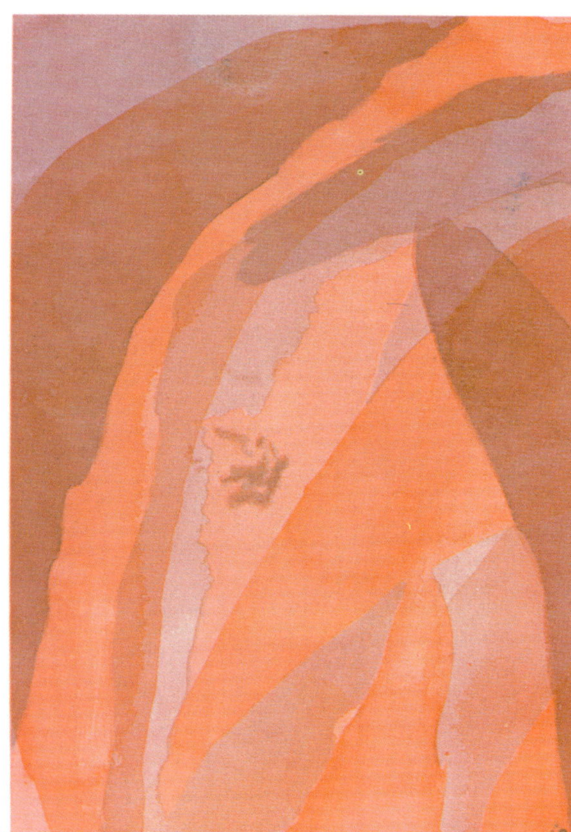

4.

10. Schuljahr

Tafel 87

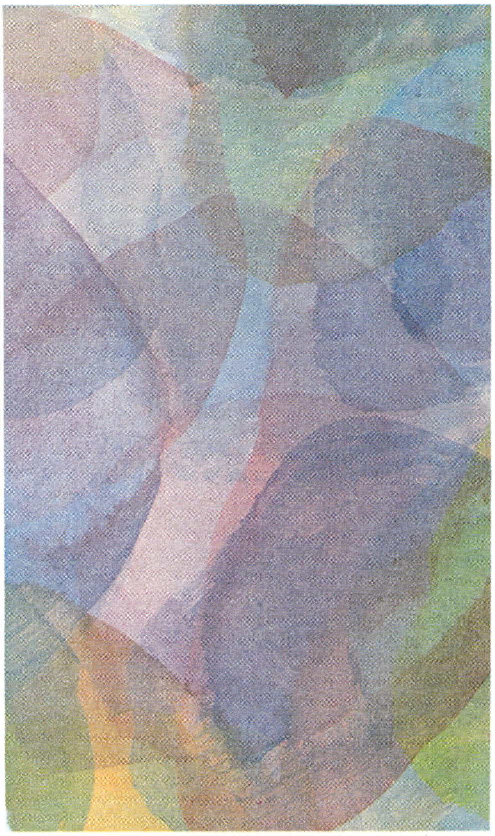

1.

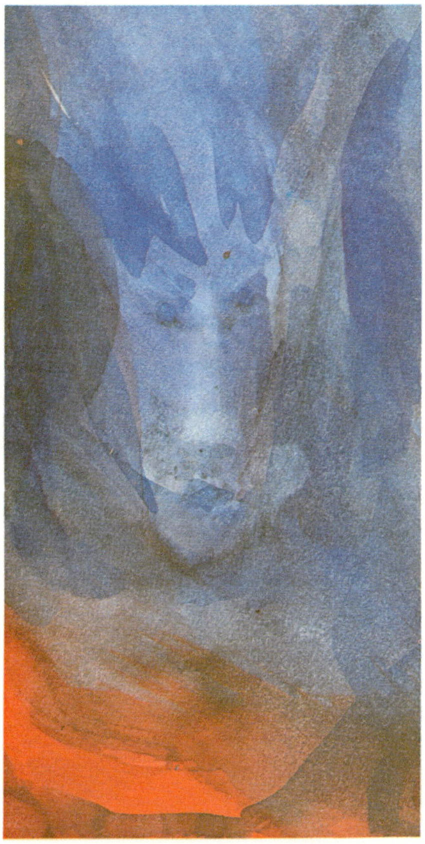

2.

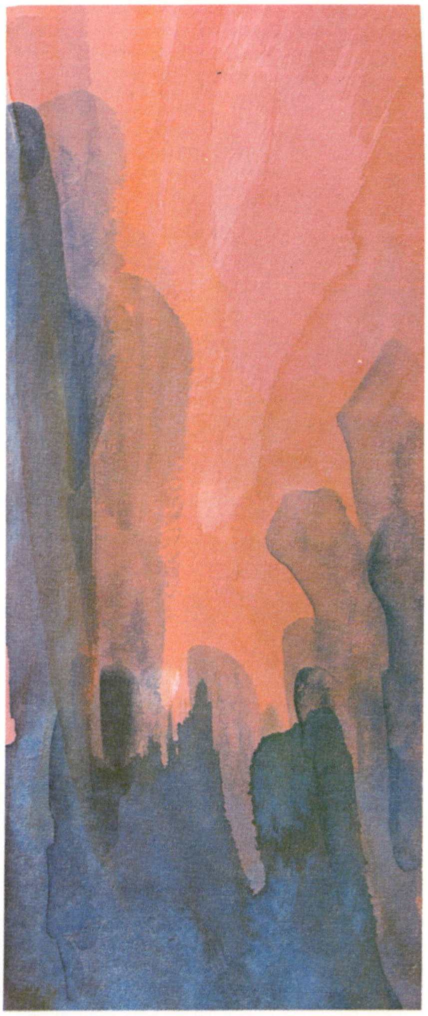

3.

1. 10. Schulj.
2. 10. Schulj.
3. 12. Schulj.

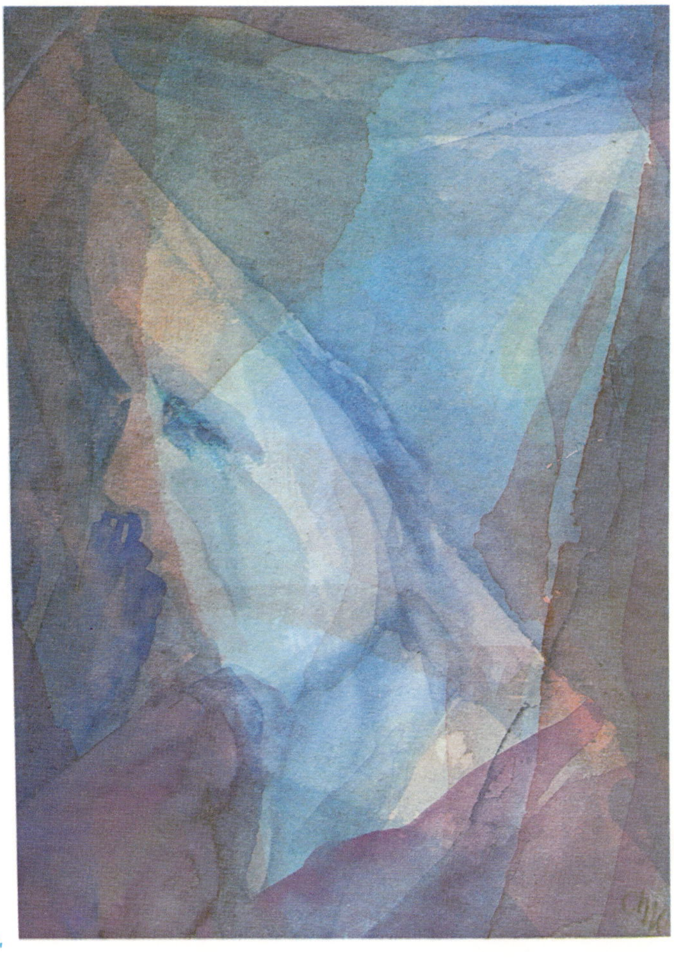

4.

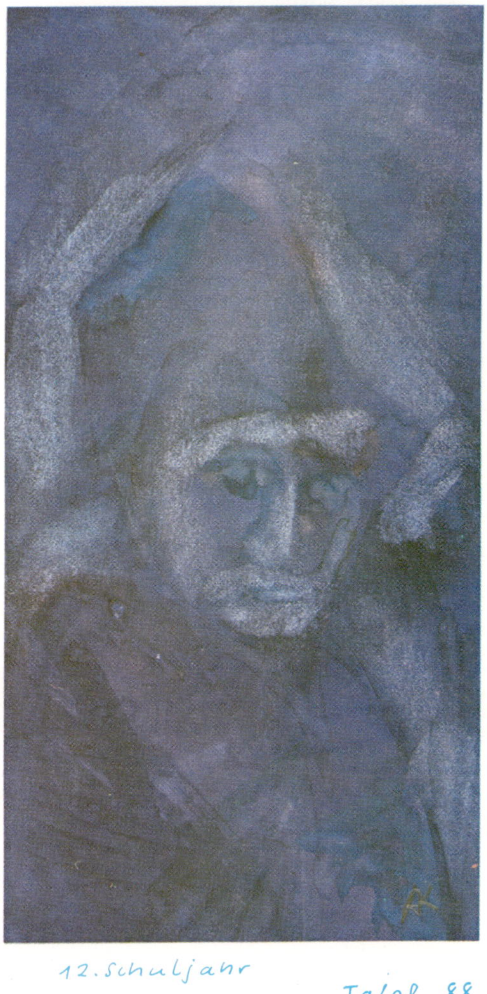

5.

12. Schuljahr

Tafel 88

1.

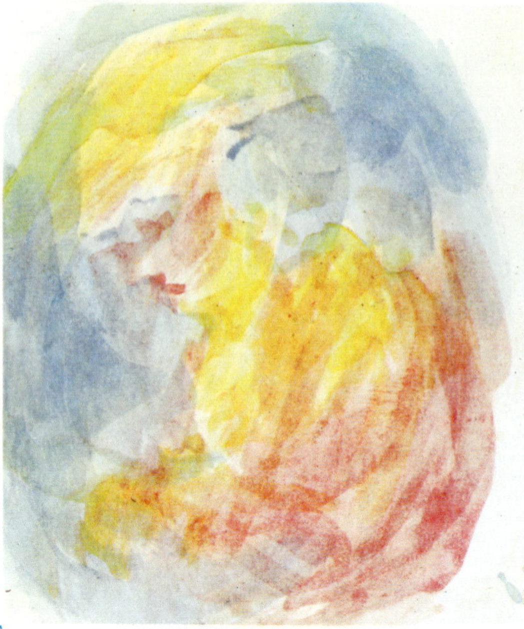

2.

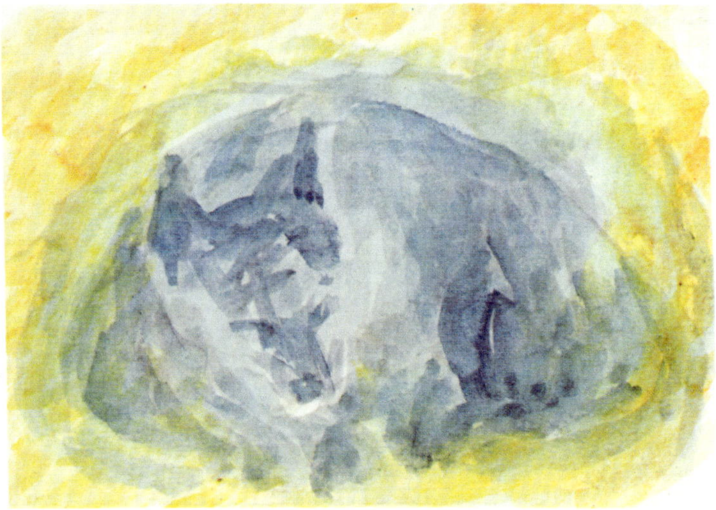

3.

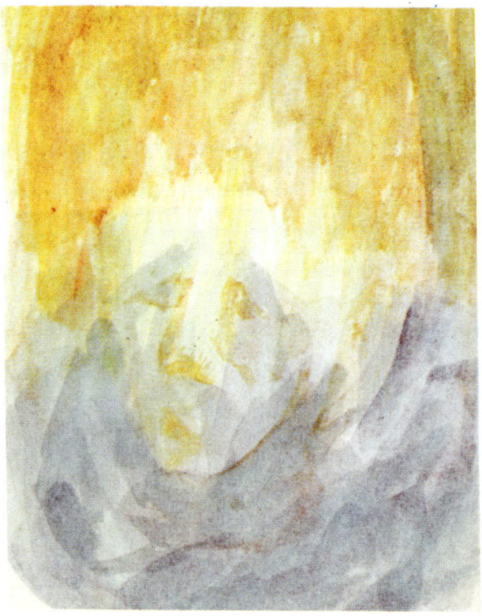

4.

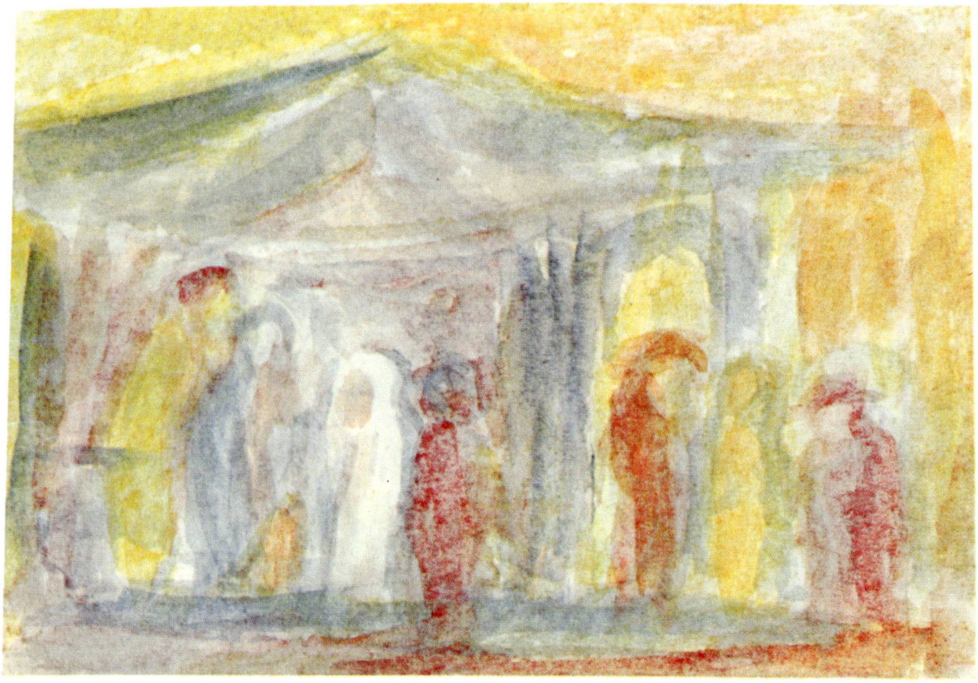

5.

12. Schuljahr
Pflanzenfarben

Tafel 89

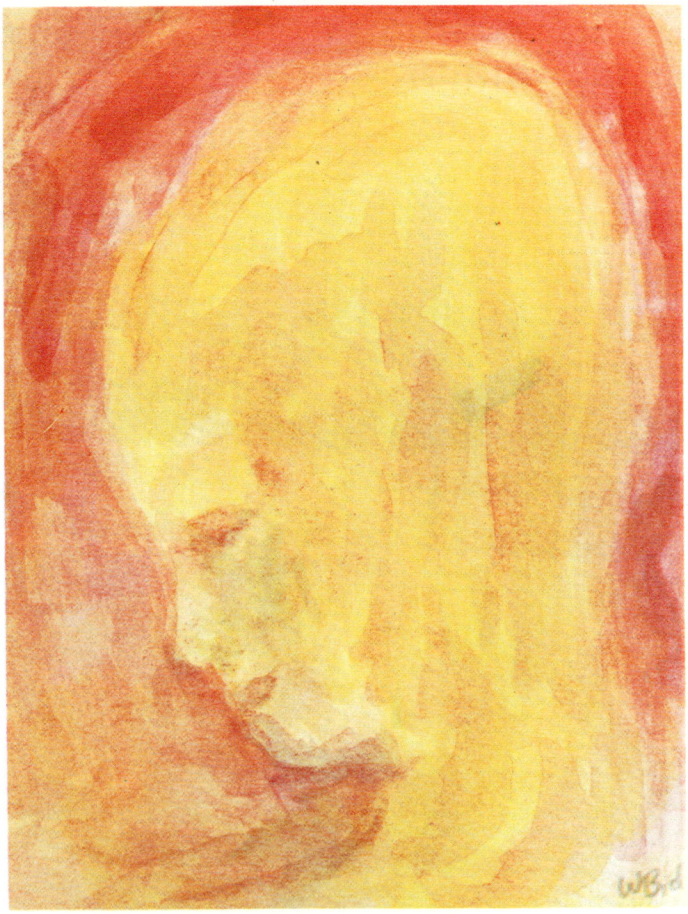

1.

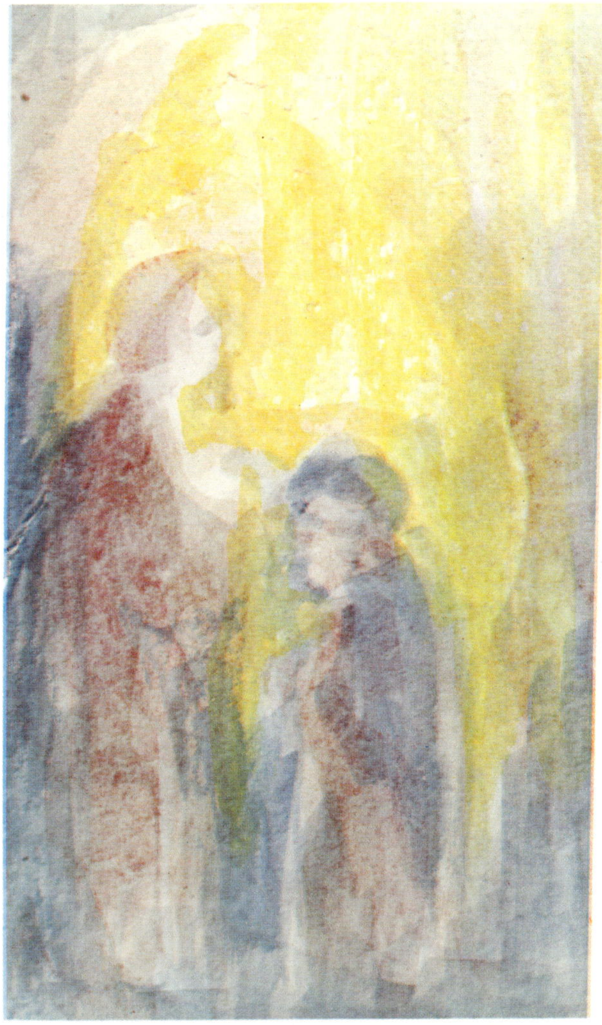

2.

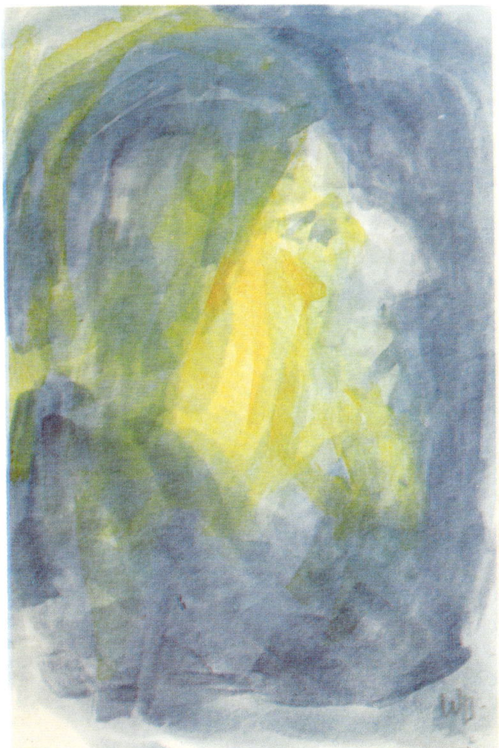

3.

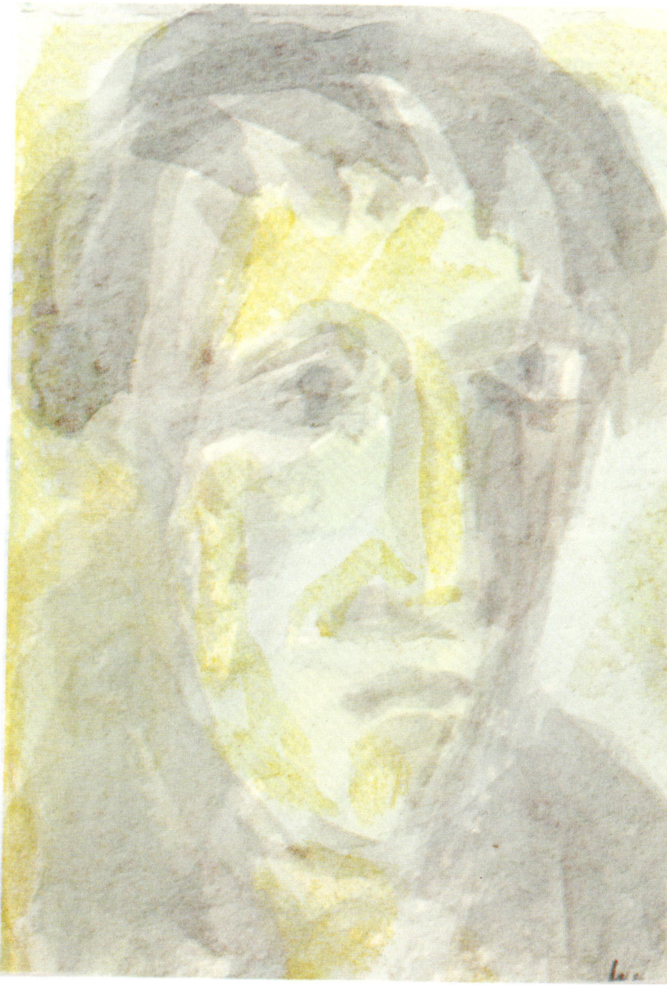

4.

12. Schuljahr
Pflanzenfarben

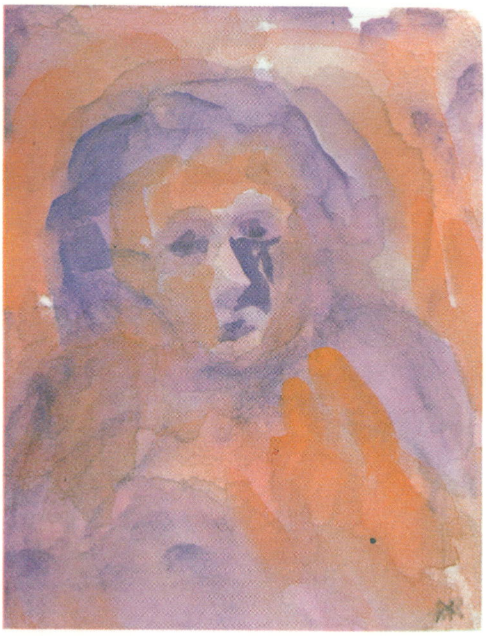

1.

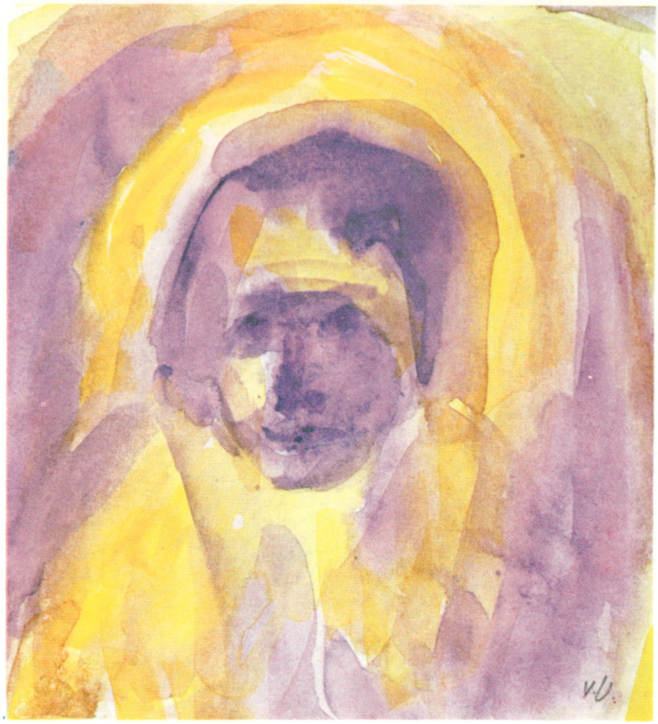

2.

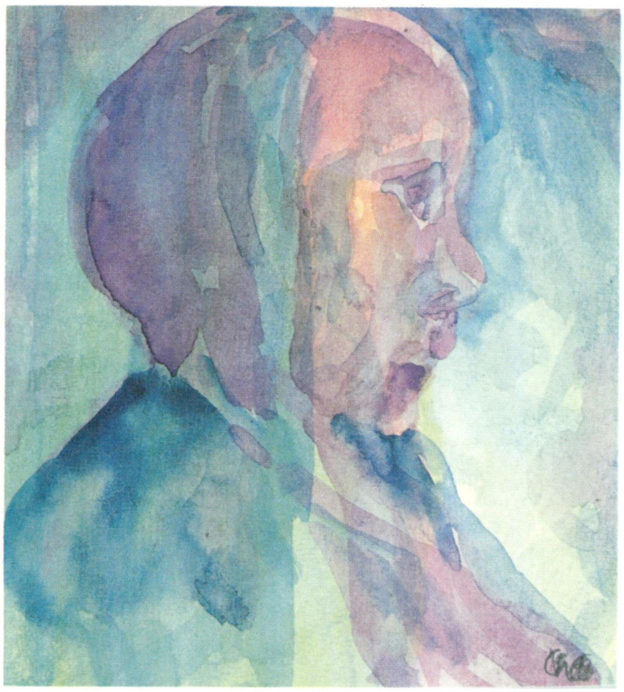

3.

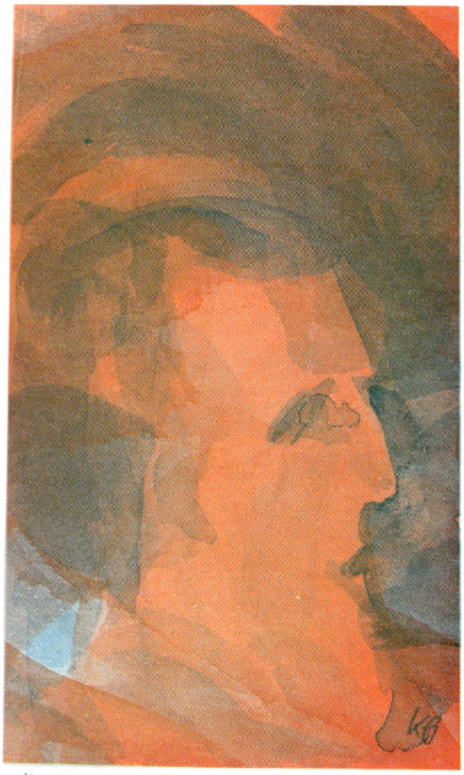

4.

10.-12. Schulj.

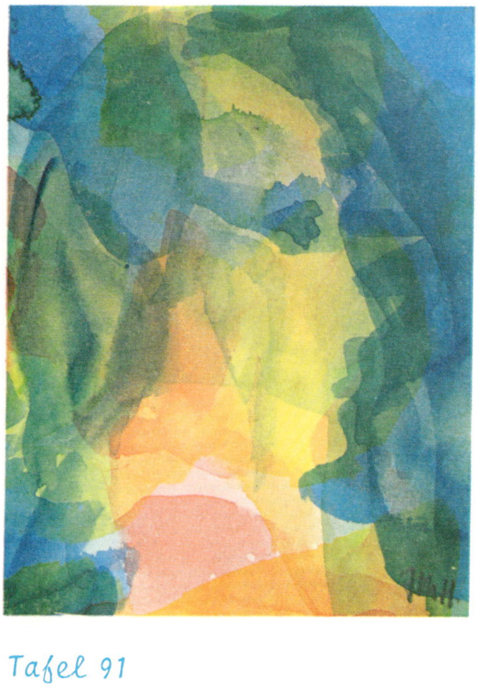

5.

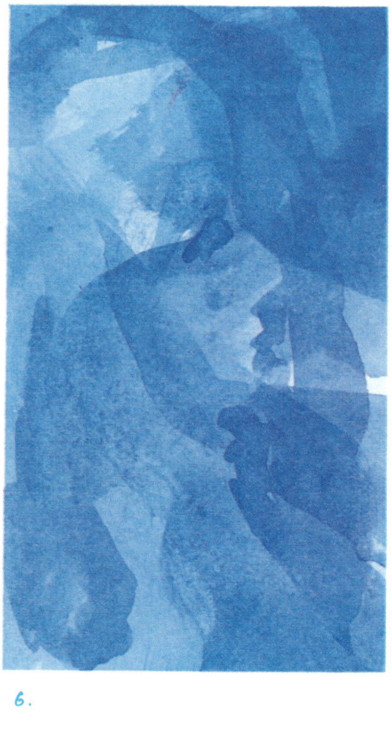

6.

"Der Bildhauer oder der Maler muß hinter der Ähnlichkeit der Maske die Seele suchen. Kurz alle Züge müssen "ausdrucksvoll" sein, d.h. sie müssen helfen, seelisches Leben anschaulich zu machen."

Rodin

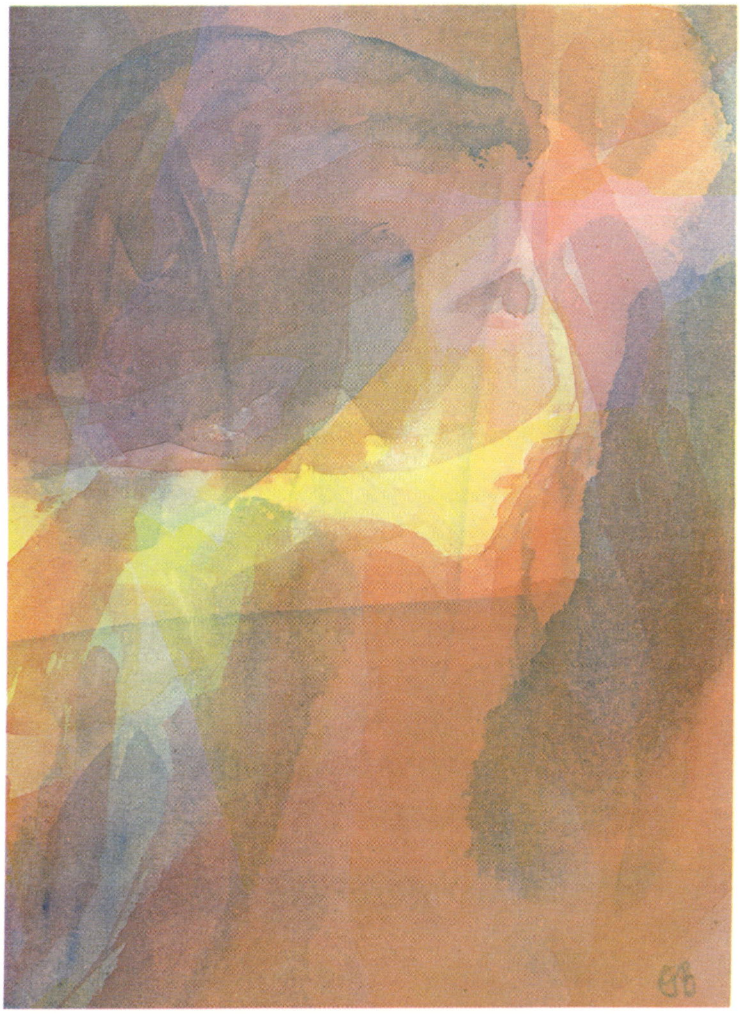
1.

2.
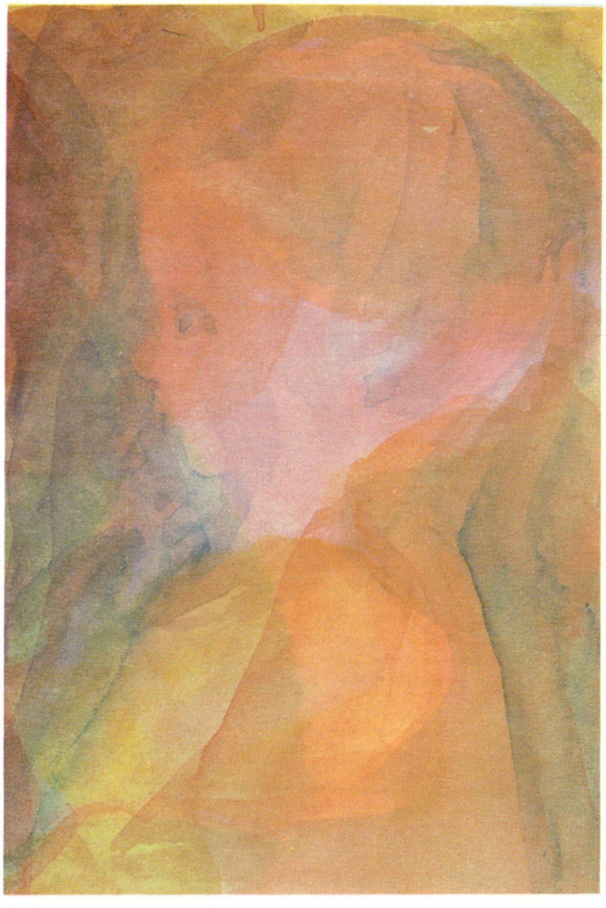
3.
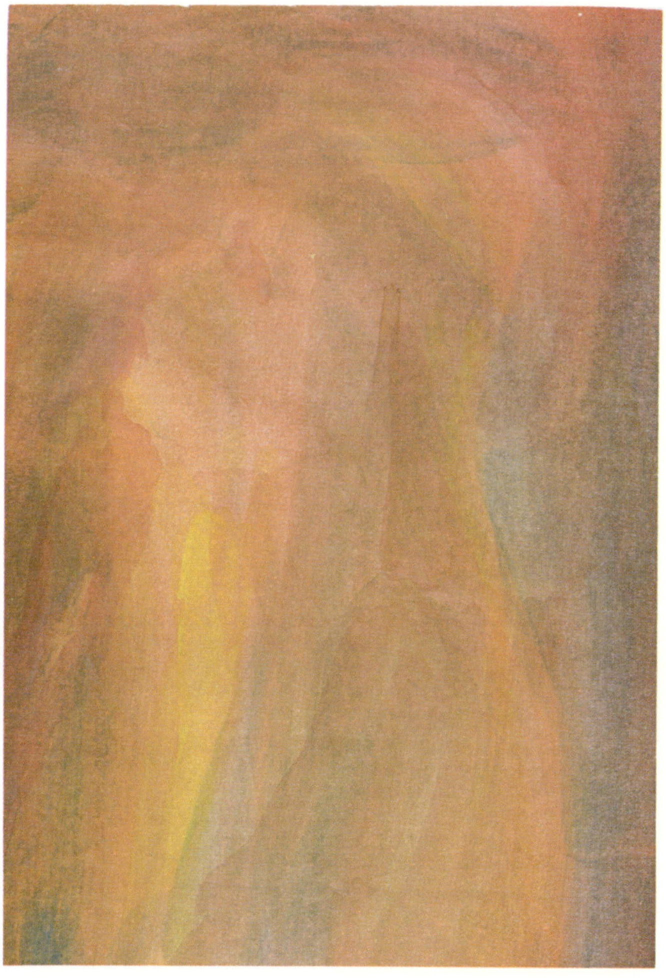
4.

12. Schuljahr

Tafel 92

Zeichnen = Sehen lernen!

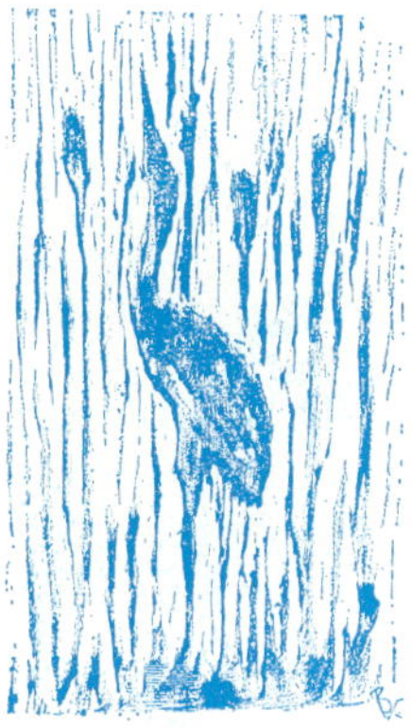
Holzschnitt

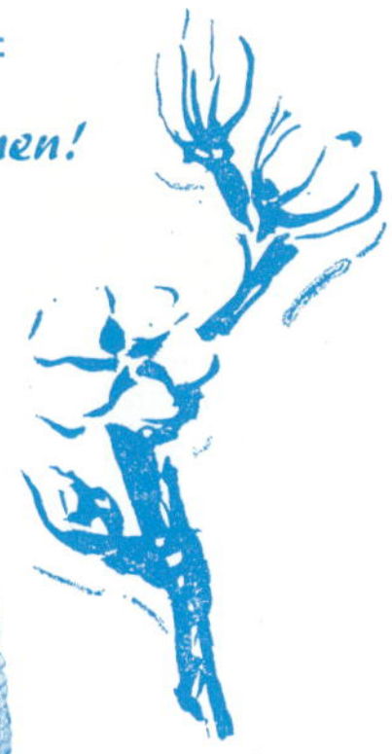
Pinsel

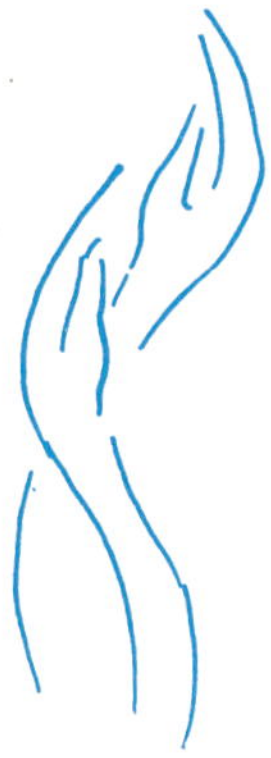
Linie

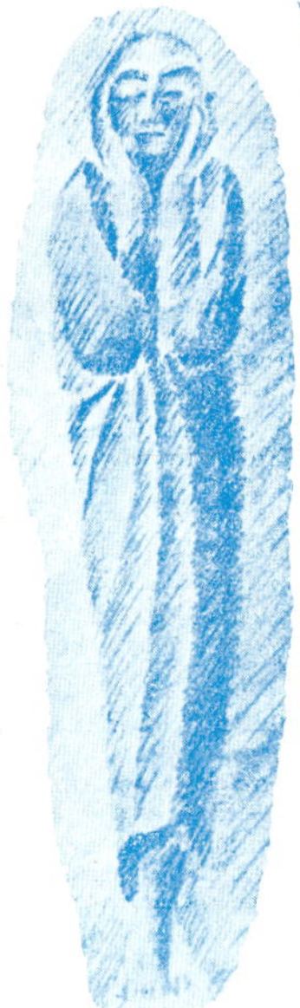
Hell-Dunkel

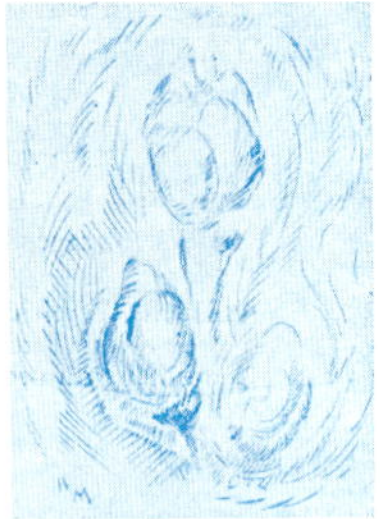
Radierung

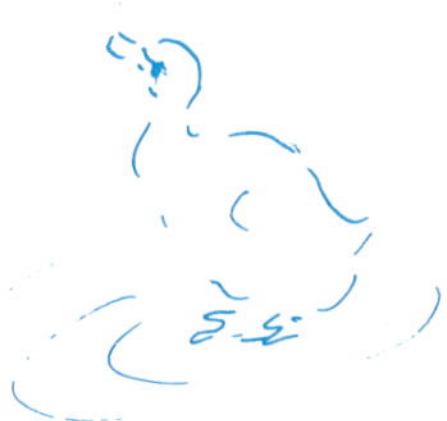

Zeichnen =

Sehen lernen

Methodisches Arbeitsbuch

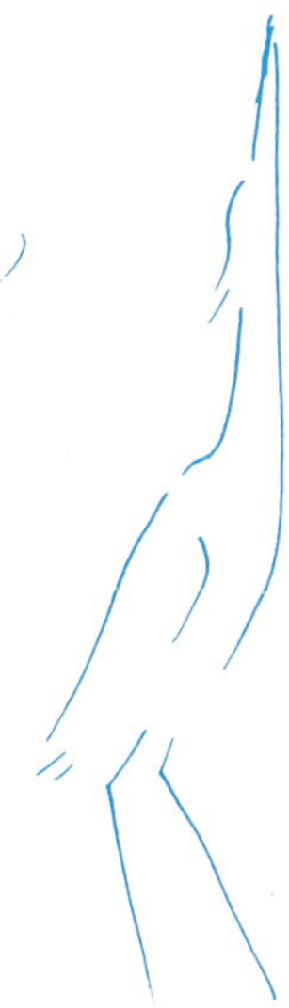

Methodisches Arbeitsbuch

Mit vielen Zeichnungen nach Rudolf Steiner von Schülern und Anke-Usche Clausen

256 Seiten, kartoniert DIN A 4,

Von der Linie über das Pinsel- zum Hell-Dunkel-Zeichnen, vom Holzschnitt zur Radierung mit dem für jede Technik anzuwendenden Werkzeug und Material führt dieses Arbeitsbuch die Lehrer und Lernenden — und auch die Selbststudierenden — methodisch zu schöpferischer Gestaltung und Weiterentwicklung.

Auf rund 240 Seiten bietet sich eine Fülle von Zeichnungen an, die auf Grund von Angaben und Anregungen Rudolf Steiners dem Unterricht der verschiedenen Altersstufen dienen und in ihrer Darstellungsweise das Auge sehend machen für die Eigenheiten der Natur. Stein, Pflanze, Tier und Mensch offenbaren hierin ihre Wesenheiten, ihre Charakteristiken und ihre bildnerische Formensprache.

Ein Hilfsbuch für alle, die am Zeichnen Freude haben und sich mit seinen verschiedenen Techniken vertraut machen wollen.

Plastisches Gestalten

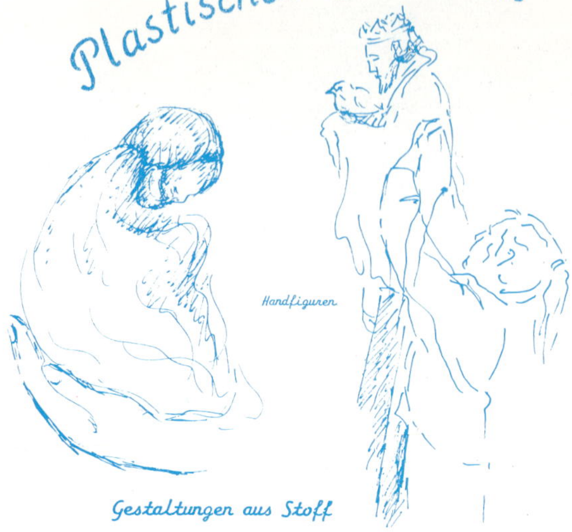

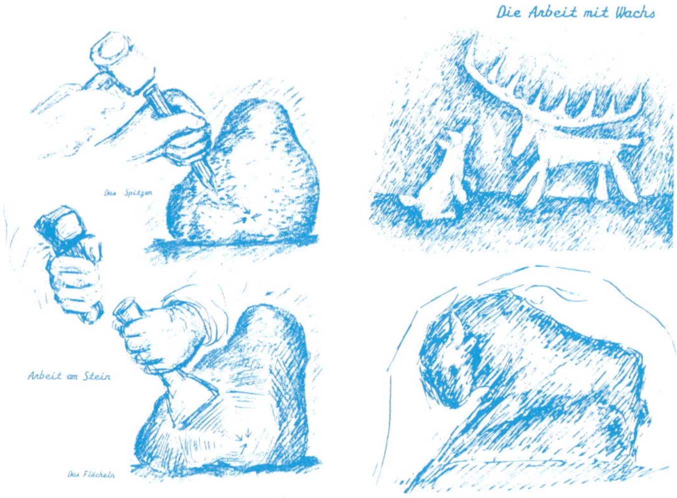

Plastisches Gestalten in Holz

mit der dazugehörigen Baumkunde

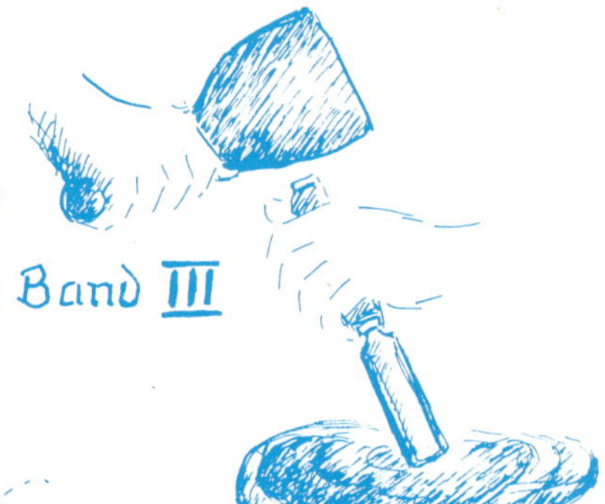

Methodisches Arbeitsbuch Band III

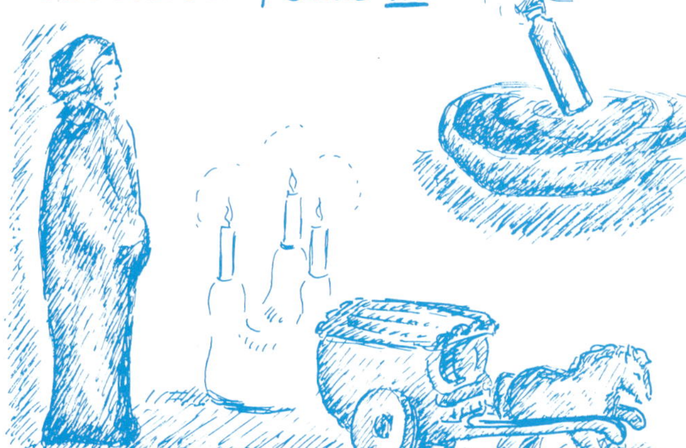

von

Anke-Usche Clausen und Martin Riedel

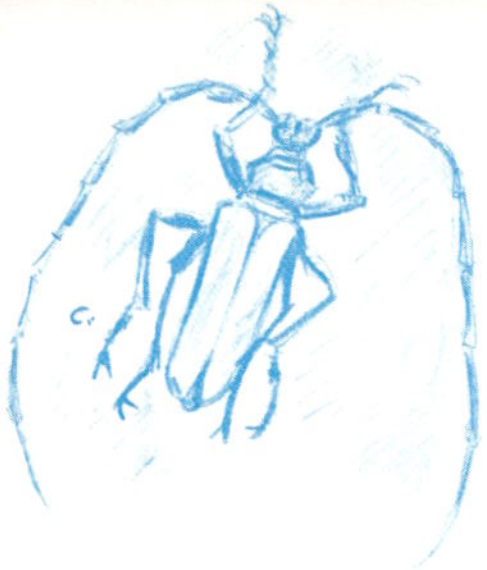
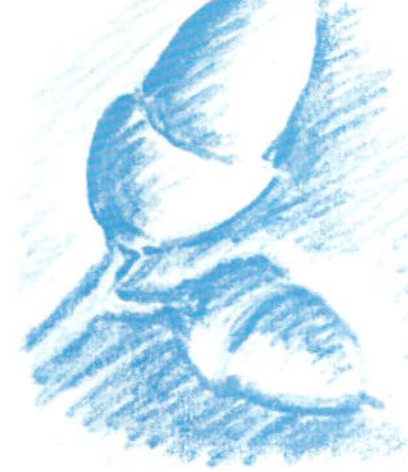
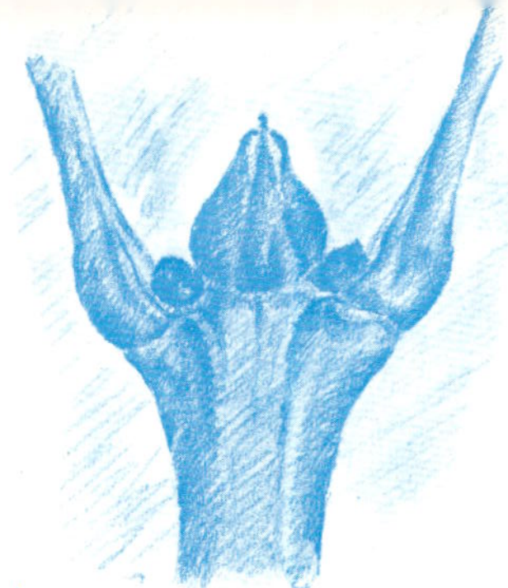
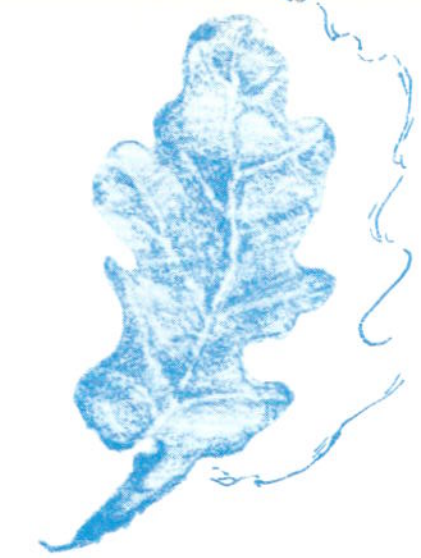
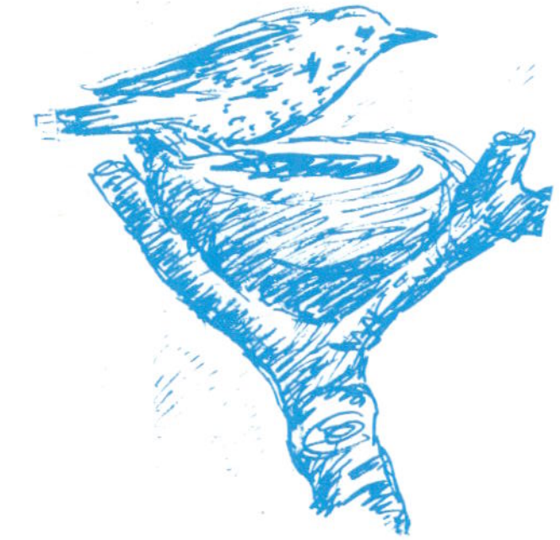
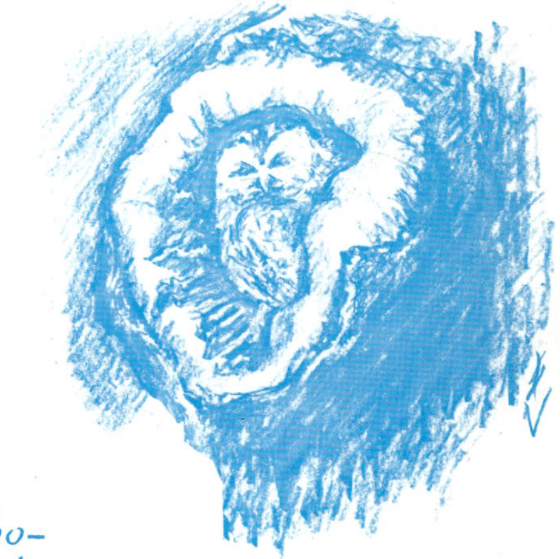

P l a s t i s c h e s G e s t a l t e n

i n H o l z

mit der dazugehörigen B a u m k u n d e

Methodisches Arbeitsbuch III
400 Seiten mit vielen hundert Abbildungen Din A 4

2 Bände - "Zeichnen = Sehen lernen" und "Plastisches Gestalten"

sind diesem neuen Arbeitsbuch bereits vorangegangen.
Eine Fülle vielseitiger Hinweise und Bildbeispiele charakterisiert auch dieses Buch, das sich wieder vor allem dem Schöpferischen widmen möchte.
Von der Baum-, Werkzeug- und Materialkunde führt es zu den plastischen Arbeiten der verschiedenen Altersstufen (begonnen schon im Vorschulalter), bietet Spielzeuganregungen, beschäftigt sich mit der Herstellung von Gebrauchsgegenständen und gibt Einblick in die Arbeit an Skulpturen.

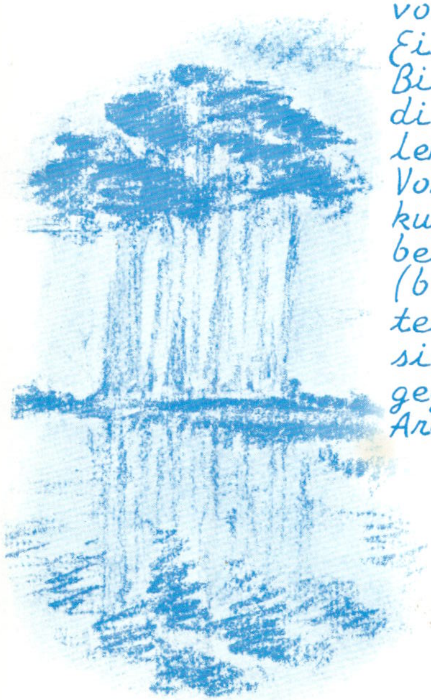

Die Baumkunde ist nicht nur nach botanischen Gesichtspunkten aufgebaut, sondern dient vor allem dem Lebendigmachen der bildnerischen Tätigkeit.
Sie zeigt viele Möglichkeiten, den Baum zu erleben z.B. im Jahreslauf, in der Landschaft, in der Kunst usw. Die Schulung der Beobachtung ist ja für die heutige Zeit besonders wichtig. Die Skizzen versuchen die wunderbaren Verwandlungen aufzuzeigen, die sich vollziehen von der Wurzel bis zum Pollen usw.

Vielfältige Anregungen machen so dieses Buch zu einem "Schatzkästlein" nicht nur für "Erzieher", sondern schenken jedem Menschen eine zur Tätigkeit begeisternde Bereicherung.

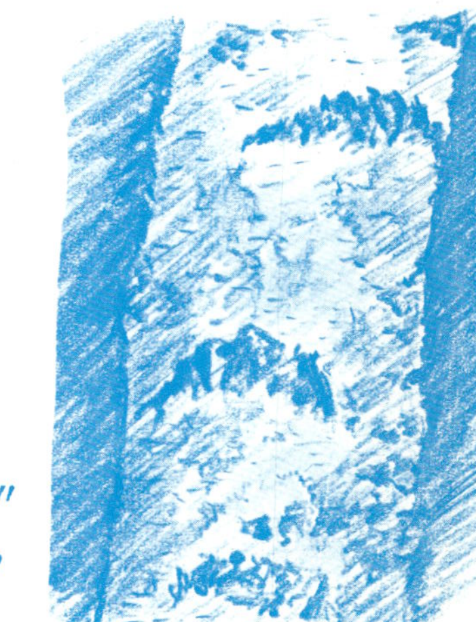
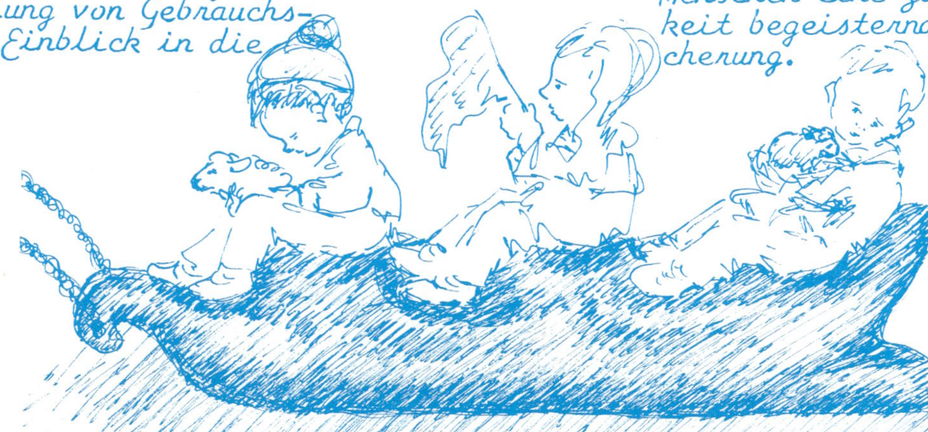
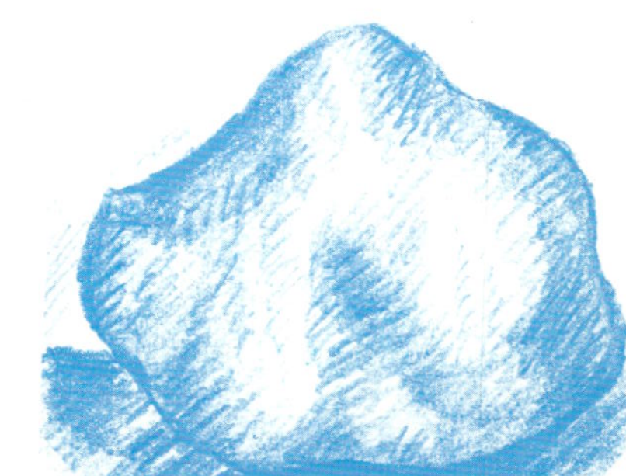

Ein Blick in das Programm des J. Ch. Mellinger Verlags

v. Baravalle, Hermann
Die Geometrie des Pentagramms und der goldene Schnitt
3. Auflage, 30 Seiten, 28 geometrische Figuren, kart.
ISBN 3-88069-005-7

Bindel, Ernst
Das Rechnen — Menschenkundliche Begründung und pädagogische Bedeutung
Das Buch gibt einen umfassenden Überblick über das Rechnen in den Waldorfschulen während der ersten fünf Schuljahre.
3. Auflage, 84 Seiten, kart.
ISBN 3-88069-013-8

Die Arithmetik — Menschenkundliche Begründung und pädagogische Bedeutung
124 Seiten, zahlreiche erläuternde Figuren, kart.
ISBN 3-88069-014-6

Blume, Hellmut
Lehrlingsbildung als soziale Aufgabe
86 Seiten, 13 Abbildungen, kart.
ISBN 3-88069-016-2

Hahn, Herbert
Von den Quellkräften der Seele
2. Auflage, 156 Seiten, 1 Abbildung, Leinen
ISBN 3-88069-150-9

v. Heydebrand, Caroline
Vom Seelenwesen des Kindes
8. Auflage, 192 Seiten, kart.
ISBN 3-88069-192-4

Vom Spielen des Kindes. Das Kind beim Malen
4. Auflage, 32 Seiten, kart.
ISBN 3-88069-040-5

Lievegoed, B. C. J.
Entwicklungsphasen des Kindes
2. Auflage, 148 Seiten, 8 Bilder, versch. Abb. im Text, kart.
ISBN 3-88069-123-1

Nietzold, Jochem
Geistige Strukturen sinnvollen Turnens
200 Seiten, kart.
ISBN 3-88069-197-5

Reubke, Lothar
Der kleine Spielmann — Lieder und Musikstücke für Kinder
32 Seiten, zweifarbiger Einband, kart.
ISBN 3-88069-065-0

Strakosch, Alexander
Einführung in die Geometrie durch übende Anschauung
Mappe mit Textteil von 72 Seiten, 31 Einzeltafeln mit Zeichnungen, kart.
ISBN 3-88069-083-9